T0243943

Rasputín

Edvard Radzinsky

Rasputín

Los archivos secretos

Traducción castellana de
Silvia Furió

CRÍTICA

ARES y MARES

ARES y MARES
es una marca editorial dirigida por Carmen Esteban

Obra editada en colaboración con Editorial Planeta - España

Título original: *The Rasputin File*

© 2000, Edvard Radzinsky

© 2023, Traducción: Silvia Furió

© 2023, Editorial Planeta, S. A., - Barcelona, España

Derechos reservados

© 2023, Ediciones Culturales Paidós, S.A. de C.V.
Bajo el sello editorial CRÍTICA M.R.
Avenida Presidente Masarik núm. 111,
Piso 2, Polanco V Sección, Miguel Hidalgo
C.P. 11560, Ciudad de México
www.planetadelibros.com.mx
www.paidos.com.mx

Primera edición impresa en España: marzo de 2023
ISBN: 978-84-9199-501-2

Primera edición impresa en México: julio de 2023
ISBN: 978-607-569-521-1

Impreso en los talleres de Litográfica Ingramex, S.A. de C.V.
Centeno núm. 162-1, colonia Granjas Esmeralda, Ciudad de México
Impreso en México – *Printed in Mexico*

NOTA A ESTA EDICIÓN

DATACIÓN

El calendario juliano de cálculo estuvo en vigor en Rusia hasta febrero de 1918, año en que se adoptó el calendario gregoriano en el que se omiten trece días. Por consiguiente, el 1 de febrero del calendario juliano se convirtió en el 14 de febrero con el cálculo gregoriano que ya se utilizaba de forma general en el resto de Europa. En el presente volumen, las fechas corresponden al calendario juliano, a no ser que se indique lo contrario.

MONEDA

Desde 1897, momento en que Rusia volvió al patrón oro, hasta 1917 el valor del rublo era aproximadamente de 10 rublos por libra esterlina, lo que equivale a 0,16 euros (27 pesetas).

LENGUA

El autor y el traductor se han mantenido, en la medida de lo posible, fieles a la lengua de la época.

Las cartas, los diarios y los informes citados no se han modernizado.

La ciudad de San Petersburgo se convirtió en Petrogrado en 1914. Tanto el autor como el traductor han mantenido el uso coloquial y hacen referencia a esta ciudad como Petersburgo. No obstante, algunos personajes la mencionan de modo incongruente y contradictorio, en estos casos hemos respetado los distintos usos.

PERSONAJES PRINCIPALES

Grigori Yefimovich Rasputín, «Grishka», «Grisha», «Nuestro Amigo».

Los Romanov

Nicolás II, «Nicky», «Papá»; zar de Rusia, 1894-1917. Hijo de Alejandro III y su esposa danesa María, casado con Alejandra de Hesse-Darmstadt, prima del rey Jorge V.

Alejandra Fiódorovna, «Alix», «Mamá», «la Emperatriz»; casada con Nicolás II, zarina de Rusia, 1894-1917. Hija menor del gran duque Luis IV de Hesse, nieta de la reina Victoria, prima del káiser Guillermo II.

Zarevich Alejo, «Pequeño», «Rayo de Sol», «Nene»; único hijo de Nicolás y Alejandra, heredero del trono de Rusia.

Gran duquesa Olga Nikoláievna, hija mayor de Nicolás y Alejandra.

Gran duquesa Tatiana Nikoláievna, segunda hija de Nicolás y Alejandra.

Emperatriz Dagmar María Fiódorovna, «Tía Minnie»; viuda del zar Alejandro III, madre de Nicolás. Hija del rey Cristián IX de Dinamarca.

Gran duque Mijaíl Alejandrovich, «Misha»; hermano pequeño de Nicolás, y durante un breve tiempo su sucesor al trono.

Gran duquesa Olga Alexándrovna, hermana de Nicolás, casada en primeras nupcias con Pedro, duque de Oldenburg; en segundas con Nikolai Kulikovsky.

Gran duque Alexander Mijáilovich, «Sandro»; primo de Nicolás, casado con Xenia, suegro de Félix Yusupov.

Gran duquesa Xenia Alexandrovna, hermana de Nicolás, esposa del gran duque Alexander Mijáilovich, «Sandro», madre de Irina.

Gran duque Nicolai Mijáilovich, hermano de Sandro, primo de Nicolás e historiador de renombre.

Gran duque Pedro Nikoláievich, primo de Nicolás, casado con Militsa de Montenegro.

Princesa Militsa Nikoláievna, «la princesa negra»; hermana de la princesa Anastasía («Stana»), hija del rey montenegrino, casada con el gran duque Pedro.

Gran duque Nicolai Nikoláievich, «Nikolasha», «N», «el tío terror»; hermano del gran duque Pedro, tío de Nicolás, casado con Anastasía de Montenegro, y comandante en jefe de las fuerzas rusas a comienzos de la primera guerra mundial.

Princesa Anastasía, «Stana»; hermana de la princesa Militsa, hija del rey de Montenegro, casada en segundas nupcias con el gran duque Nicolás Nikoláievich.

Gran duque Constantino Constantínovich, «KR»; poeta admirado, tío de Nicolás.

Gran duquesa Isabel Fiódorovna, «Ella»; hermana de la zarina, esposa del gran duque Sergio Alexandrovich; más tarde abadesa de un convento.

Gran duque Pablo Alexandrovich, tío de Nicolás, padre de Dimitri, casado en segundas nupcias con Olga Pistolkors.

Princesa Olga Valerianovna, casada en primeras nupcias con el general de división Erik Pistolkors; en segundas nupcias con el gran duque Pablo Alexandrovich.

Gran duque Dimitri Pávlovich, hijo del primer matrimonio de Pablo Alexandrovich, primo de Nicolás, amigo de Félix Yusúpov.

Príncipe Félix Yusúpov (también conde Sumarókov-Elston), casado con Irina, hija del gran duque Alexander Mijáilovich «Sandro», y de la gran duquesa Xenia Alexándrovna.

Gran duquesa Irina, hija del gran duque Alexander Mijáilovich (Sandro) y de la gran duquesa Xenia Alexandróvna. Casada con Félix Yusúpov.

Princesa Zinaída Yusúpova, madre de Félix y Nicolás Yusúpov.

Príncipe Nicolás Yusúpov, hermano mayor de Félix Yusúpov.

Corte y sociedad

Piotr Badmaev «el Chino Astuto», empresario y hombre de negocios de Siberia, doctor en medicina tibetana, herbolario y curandero.

A. Bogdánovich, diarista contemporánea, monárquica, esposa de general, y anfitriona de un influyente salón político en San Petersburgo.

Yulia Alexándrovna von Dehn, «Lili»; esposa de un capitán veterano, emparentada con Anna Vyrubova, confidente de la zarina y miembro del círculo de Rasputín.

Pierre Gilliard, tutor de los infantes.

Coronel Dimitri Loman, antiguo oficial del regimiento de caballería, administrador de palacio, amigo de los Lojtin, coadjutor de la Catedral de Feodor, y seguidor de Rasputín.

Mijáil Novosyólov, miembro del círculo de Ella; profesor-ayudante del Seminario de Teología de Moscú y editor.

Monsieur Philippe, «Nuestro Amigo», «Nuestro Primer Amigo»; mago francés y presunto sanador.

Capitán Nikolai Pávlovich Sablin, «NP», capitán veterano y capitán del yate real *Standard*.

Sofia Tyutcheva, dama de honor e institutriz de los infantes, amiga de Filipov.

María Vishnyakova, «Mary»; niñera de los infantes.

Feodosia Voino, ayudante del doctor, doncella de Ania Vyrubova.

Nadezhda Voskoboiníkova, viuda de un oficial cosaco, enfermera veterana de la enfermería de Tsarskoe Selo, miembro del círculo de Rasputín.

Anna Vyrubova, de soltera Taneeva, «Amiga», «La Amiga», «Anya» (o Ania), «Anushka», dama de honor y amiga íntima de la zarina, hermana de Alexandra Pistolkors, miembro del círculo de Rasputín.

Akim Zhuk, ordenanza sanitario al cuidado de Vyrubova, enfermero de Tsarskoe Selo.

El círculo político

Piotr Bark, ministro de Economía entre 1914-1917.

Stepan Beletsky, jefe del Departamento de Policía.

Vladimir Dzhunkovsky, gobernador de Moscú; viceministro de Interior, jefe de la policía política.

Iván Goremykin, primer ministro 1914-1916.

Alexander Ivánovich Guchkov, presidente de la Tercera Duma.

Alexei Jvostóv, «Barrigón», «La Cola»; antisemita de derechas, ministro de Interior, entre 1915-1916.

Vladimir Kokovtsev, senador y ministro de Economía; primer ministro 1911-1914.

Coronel Mijaíl Komissarov, «Nuestro Coronel»; oficial de policía y jefe del guardaespaldas de Rasputín.

A. A. Makarov, ministro de Interior, más tarde ministro de Justicia.

Vasily Maklakov, miembro del Partido Constitucional- Demócrata, ministro de Interior.

Maurice Paléologue, embajador francés.

Alexander Protopópov, «General Kalinin»; vicepresidente de la Duma, después ministro de Interior entre 1916-1917.

V. M. Purishkiévich, monárquico antisemita y miembro de la Duma.

Mijaíl Rodzyanko, presidente de la Tercera y Cuarta Duma.

Príncipe Scherbatov, liberal, ministro de Interior.

P. A. Stolypin, primer ministro, entre 1906-1911; asesinado en Kiev, 1911.

Boris Stürmer, «Viejo Amigo»; primer ministro.

Vladimir Sujomlinov, ministro de Guerra.

Conde Serguei Witte, ministro de Economía, primer ministro entre 1905-1906.

Los eclesiásticos

Alexei, obispo de Tobolsk, jefe del Consistorio de Instrucción de Tobolsk en 1912, padre de Leonid Molchanov, simpatizante jlist.

Feofán, confesor de Alexandra, jerarca de la iglesia, místico y asceta, inspector y rector del Seminario de Teología de San Petersburgo; más tarde obispo de Poltava.

11

Hermógenes, obispo de Saratov, jefe de la eparquía de Tobolsk.

Iliodor, «el Savonarola ruso»; misionero predicador antisemita, monje y sacerdote.

Padre Juan de Kronstadt, curandero y arcipreste de la catedral de Kronstadt.

Padre Isidor, monje, más tarde prior del monasterio de Tobolsk y obispo.

Mitya Kozelsky, «El Gangoso»; vidente. Padre Makary, anacoreta; «padre espiritual» de Rasputín; porquero del monasterio de Verjoturie.

Iván Osipenko, hermano laico, secretario de Pitirim.

Pitirim, sospechoso de pertenecer a la secta de los jlisti, acusado de robo de propiedades de la Iglesia; exarca de Georgia, más tarde metropolitano de Petrogrado.

Vladimir Sabler, procurador general del Sínodo.

Obispo Serguei, rector del Seminario de Teología de San Petersburgo; autor de estudios de controversia religiosa, más tarde nombrado por Stalin Primer Patriarca de Todas las Rusias.

Serafím de Sarov (1760-1833), ermitaño, monje y santo, canonizado en 1903.

Obispo Varnava, «Recadero»; obispo de Tobolsk sin haber cursado estudios superiores en el Seminario.

Víctor Yatskevich, director de la Cancillería del procurador general del Sínodo.

Príncipe Nikolai Zhevajov, místico, viceprocurador general del Sínodo; representante del Consejo de Estado; miembro del círculo de Rasputín.

El círculo de Rasputín

Príncipe Mijaíl Andronikov, homosexual «chismoso», representante menor del Sínodo, amigo de Beletsky.

Vladimir Bonch-Bruévich, experto en sectarismo ruso, miembro clandestino de los bolcheviques, más tarde fundador de la Checa.

Vera Dzhanúmova, esposa de un acaudalado comerciante.

Alexei Filipov, banquero, editor de Rasputín.

María Golóvina, «Munya», «Pollita»; hija de un chambelán, sobrina de la princesa Olga Valeriánovna, amiga de Félix Yusúpov.

Alexandra Gúschina, viuda de un médico.

Baronesa Vera Kúsova, esposa de un capitán de caballería en un regimiento de Crimea.

Akilina Laptinskaya, «Lechuza»; antigua monja y enfermera, «secretaria» de Rasputín.

Olga Lojtina, anfitriona de la sociedad de San Petersburgo, esposa de un ingeniero civil con rango equivalente al de general.

Sheila Lunts, esposa judía de un abogado, más tarde amante de Protopópov.

Iván Fiódorovich Manásevich-Manuílov, periodista judío, espía y agente doble, antiguo oficial de servicios especiales para el primer ministro, «secretario» de Rasputín.

Zinaída Manshtedt o Manchtet, «Zina», «Paloma»; esposa de un secretario colegiado.

Leonid Molchanov, hijo del obispo Alexis, secretario de un juez de distrito.

Elena Patushínskaya, esposa de un notario siberiano; una de las esposas «celestiales» de Rasputín.

Evdokia Pechyorkina, «Dunya»; sirvienta interna de Rasputín.

Ekaterina Pechyorkina, «Katya»; sobrina de Evdokia, sirvienta interna de Rasputín.

Alexandra Pistolkors, «Sana»; hermana de Anna Vyrubova, esposa de Alexander Pistolkors, hijo de Olga Pistolkors e hijastro del gran duque Pablo.

Alexander Prugavin, etnógrafo, publicista, gran experto en sectarismo ruso.

Matryona Rasputín, hija mayor de Rasputín; prometida de Pankhadze, casada con Nikolai Solovyov.

Praskovia Rasputín, casada con Rasputín.

Nikolai Reshétnikov, antiguo notario condenado por falsificación y malversación de fondos; hermano de Anna, «secretario» de Rasputín, más tarde constructor y director de la enfermería de Tsarskoe Selo.

Anisia Reshétnikova, viuda de un acaudalado comerciante, madre de Anna y Nikolai.

Anna Reshétnikova, hija de Anisia y hermana de Nikolai.

Dimitri Rubinstein, «Mitya»; banquero y presidente del consejo del Banco Franco-Ruso.

Gueorgy Sazonov, economista, publicista, editor de revistas y periodista.

María Sazonova, «Cuervo»; esposa de Gueorgy Sazonov.

Princesa Shajovskaya, aviadora y aristócrata.

Aron Simánovich, asesor financiero de Rasputín; jugador y prestamista usurero con historial delictivo.

Vera Tregúbova, intérprete de baladas cíngaras.

Sofía Volynskaya, esposa judía del ex convicto y agrónomo Volynsky (uno de los asesores financieros de Rasputín).

Vera Zhukovskaya, escritora, emparentada con el científico N. E. Zhukovsky.

13

Área San Petersburgo

Lago Ladoga

Kronstadt
Golfo de Finlandia
San Petersburgo

Peterhof

Krasnoe Selo

Tsarskoe Selo
Pavlovsk

Gatchina

*Mar de
Barents*

Murmansk

Helsingfors
(Helsinki)
Vyborg
Golfo de Finlandia
Reval
San Petersburgo
(Petrogrado)

Riga

Pskov

Bologoe

Vologda

Rybinsk

Rostov
Pushkino
Udinka
Moscú
Sarov

Verkhoturye

Perm
Motovilikha
Alapaevsk
Pokróvskoie
Tobolsk

Ekaterinburg
Tiumén

Kazan

Chelyabinsk

Orsha

Baranovichi

Varsovia

Mogilev
(Cuarteles generales)
Brasovo
Orel
Gomel

Simbirsk

Ufa

Volga

Saratov

Przemsyl
Lvov

Kiev
Dniéper
Kharkov

Don

Tsaritsyn

Odessa

Sebastopol
Ai-Todor
Constanta
Livadia
Mar Negro

Constantinopla

Tiflis

*Mar
Caspio*

Mar de Aral

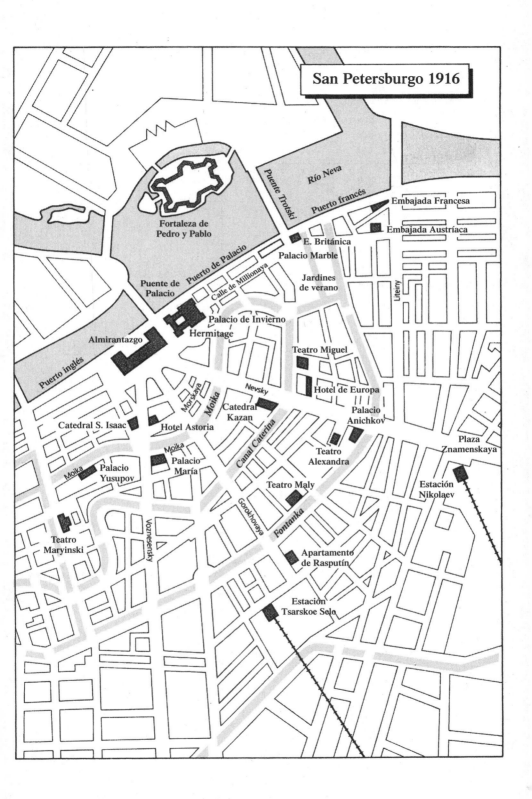

San Petersburgo 1916

Río Neva

Puente Troiski

Puerto francés

Embajada Francesa

Embajada Austríaca

Fortaleza de
Pedro y Pablo

E. Británica

Palacio Marble

Liteiny

Puerto de Palacio

Calle de Millionaya

Jardines
de verano

Puente de
Palacio

Palacio de Invierno

Almirantazgo

Hermitage

Teatro Miguel

Puerto inglés

Hotel de Europa

Morskaya

Nevsky

Palacio
Anichkov

Moika

Catedral
Kazan

Plaza
Znamenskaya

Catedral S. Isaac

Hotel Astoria

Canal Caterina

Teatro
Alexandra

Estación
Nikolaev

Moika

Palacio
María

Moika

Palacio
Yusupov

Teatro Maly

Voznesensky

Gorokhovaya

Fontanka

Teatro
Maryinski

Apartamento
de Rasputín

Estación
Tsarskoe Selo

LAS FAMILIAS DEL ZAR NICOLAS II Y DE SU ESPOSA ALEJANDRA

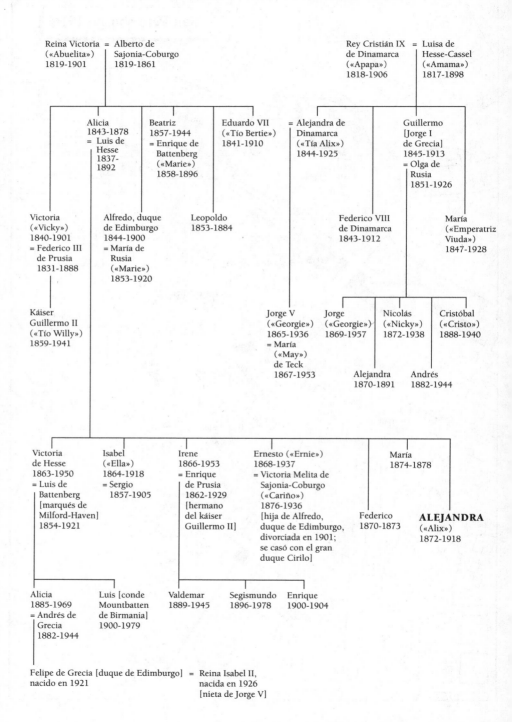

Reina Victoria = Alberto de
(«Abuelita») | Sajonia-Coburgo
1819-1901 | 1819-1861

Rey Cristián IX = Luisa de
de Dinamarca | Hesse-Cassel
(«Apapa») | («Amama»)
1818-1906 | 1817-1898

Alicia
1843-1878
= Luis de
Hesse
1837-
1892

Beatriz
1857-1944
= Enrique de
Battenberg
(«Marie»)
1858-1896

Eduardo VII
(«Tío Bertie»)
1841-1910

= Alejandra de
Dinamarca
(«Tía Alix»)
1844-1925

Guillermo
[Jorge I
de Grecia]
1845-1913
= Olga de
Rusia
1851-1926

Victoria
(«Vicky»)
1840-1901
= Federico III
de Prusia
1831-1888

Alfredo, duque
de Edimburgo
1844-1900
= María de
Rusia
(«Marie»)
1853-1920

Leopoldo
1853-1884

Federico VIII
de Dinamarca
1843-1912

María
(«Emperatriz
Viuda»)
1847-1928

Káiser
Guillermo II
(«Tío Willy»)
1859-1941

Jorge V
(«Georgie»)
1865-1936
= María
(«May»)
de Teck
1867-1953

Jorge
(«Georgie»)
1869-1957

Nicolás
(«Nicky»)
1872-1938

Cristóbal
(«Cristo»)
1888-1940

Alejandra
1870-1891

Andrés
1882-1944

Victoria
de Hesse
1863-1950
= Luis de
Battenberg
[marqués de
Milford-Haven]
1854-1921

Isabel
(«Ella»)
1864-1918
= Sergio
1857-1905

Irene
1866-1953
= Enrique
de Prusia
1862-1929
[hermano
del káiser
Guillermo II]

Ernesto («Ernie»)
1868-1937
= Victoria Melita de
Sajonia-Coburgo
(«Cariño»)
1876-1936
[hija de Alfredo,
duque de Edimburgo,
divorciada en 1901;
se casó con el gran
duque Cirilo]

María
1874-1878

Federico
1870-1873

ALEJANDRA
(«Alix»)
1872-1918

Alicia
1885-1969
= Andrés de
Grecia
1882-1944

Luis [conde
Mountbatten
de Birmania]
1900-1979

Valdemar
1889-1945

Segismundo
1896-1978

Enrique
1900-1904

Felipe de Grecia [duque de Edimburgo] = Reina Isabel II,
nacido en 1921   nacida en 1926
                                            [nieta de Jorge V]

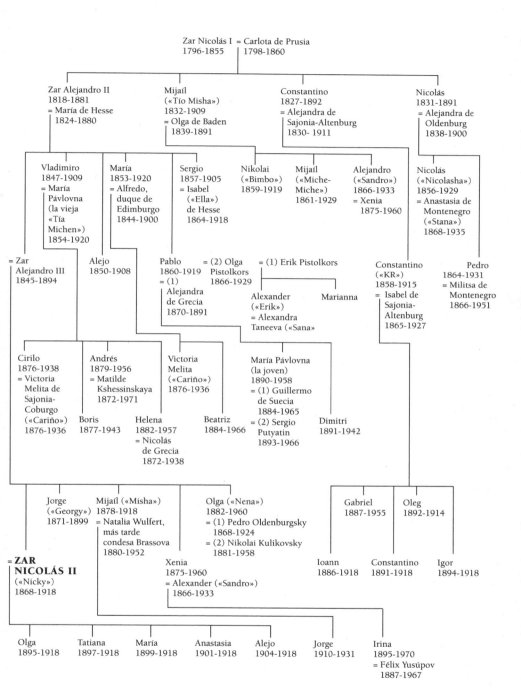

Zar Nicolás I = Carlota de Prusia
1796-1855 | 1798-1860

Zar Alejandro II
1818-1881
= María de Hesse
1824-1880

Mijaíl
(«Tío Misha»)
1832-1909
= Olga de Baden
1839-1891

Constantino
1827-1892
= Alejandra de
Sajonia-Altenburg
1830- 1911

Nicolás
1831-1891
= Alejandra de
Oldenburg
1838-1900

Vladimiro
1847-1909
= María
Pávlovna
(la vieja
«Tía
Michen»)
1854-1920

María
1853-1920
= Alfredo,
duque de
Edimburgo
1844-1900

Sergio
1857-1905
= Isabel
(«Ella»)
de Hesse
1864-1918

Nikolai
(«Bimbo»)
1859-1919

Mijaíl
(«Miche-
Miche»)
1861-1929

Alejandro
(«Sandro»)
1866-1933
= Xenia
1875-1960

Nicolás
(«Nicolasha»)
1856-1929
= Anastasia de
Montenegro
(«Stana»)
1868-1935

= Zar
Alejandro III
1845-1894

Alejo
1850-1908

Pablo   = (2) Olga
1860-1919 Pistolkors
= (1)   1866-1929
Alejandra
de Grecia
1870-1891

= (1) Erik Pistolkors

Alexander   Marianna
(«Erik»)
= Alexandra
Taneeva («Sana»

Constantino
(«KR»)
1858-1915
= Isabel de
Sajonia-
Altenburg
1865-1927

Pedro
1864-1931
= Militsa de
Montenegro
1866-1951

Cirilo
1876-1938
= Victoria
Melita de
Sajonia-
Coburgo
(«Cariño»)
1876-1936

Andrés
1879-1956
= Matilde
Kshessinskaya
1872-1971

Boris
1877-1943

Helena
1882-1957
= Nicolás
de Grecia
1872-1938

Victoria
Melita
(«Cariño»)
1876-1936

Beatriz
1884-1966

María Pávlovna
(la joven)
1890-1958
= (1) Guillermo
de Suecia
1884-1965
= (2) Sergio
Putyatin
1893-1966

Dimitri
1891-1942

Jorge
(«Georgy»)
1871-1899

Mijaíl («Misha»)
1878-1918
= Natalia Wulfert,
más tarde
condesa Brassova
1880-1952

Olga («Nena»)
1882-1960
= (1) Pedro Oldenburgsky
1868-1924
= (2) Nikolai Kulikovsky
1881-1958

Gabriel
1887-1955

Oleg
1892-1914

Xenia
1875-1960
= Alexander («Sandro»)
1866-1933

Ioann
1886-1918

Constantino
1891-1918

Igor
1894-1918

= ZAR
NICOLÁS II
(«Nicky»)
1868-1918

Olga
1895-1918

Tatiana
1897-1918

María
1899-1918

Anastasia
1901-1918

Alejo
1904-1918

Jorge
1910-1931

Irina
1895-1970
= Félix Yusúpov
1887-1967

(Debido a los matrimonios, algunos personajes aparecen más de una vez.)

Introducción

EL MISTERIO

EL 19 DE DICIEMBRE DE 1916, justo antes de las Navidades del último diciembre del imperio de los Romanov, un cadáver emergió a la superficie del río Neva en Petrogrado, incrustado en el hielo y con la cara mutilada. Pero lo más sorprendente eran sus manos. Estaban atadas y levantadas.

Incluso bajo las aguas heladas aquel extraordinario individuo, tras haber sido golpeado y acribillado, había continuado vivo e intentado liberarse de sus grilletes. Y como más tarde escribiría la policía en su informe, multitud de personas acudieron presurosas al río con frascos, jarras y cubos para llenarlos con el agua en la que aquel horrible cuerpo había estado flotando. Querían hacerse con el agua donde se sumergía aquel cadáver diabólico de increíble fuerza, del que toda Rusia había oído hablar.

Siempre había sentido un gran temor a escribir sobre él. No sólo porque se trata de un personaje que en cierto modo huele a literatura barata, después de todo Rasputín es uno de los mitos más populares de la cultura de masas del siglo XX. Me daba miedo hacerlo porque no le comprendía, a pesar de haber leído gran cantidad de libros interesantes acerca de dicho personaje, pues bajo la pluma de los investigadores se había desvanecido lo más importante: el misterio. En el mejor de los casos, Rasputín seguía siendo un tosco campesino barbudo que recorría Petrogrado de un lado a otro, con el falo humeante como un personaje de Henry Miller.

Sin embargo, todo lo que le rodea es incierto y misterioso. Su rostro, conservado en numerosas fotografías, ha sido descrito de forma muy similar por todos cuantos lo vieron: la cara arrugada, quemada por el sol y expuesta a las inclemencias del tiempo, propia de un campesino ruso de mediana edad. Un rostro alargado con una nariz grande e irregular, labios gruesos y sensuales, y una larga barba. El pelo partido en el centro y peinado cubriendo la frente para ocultar (como escribió su hija) un pequeño y extraño bulto que recordaba un cuerno en ciernes. Los ojos, descritos también de la misma manera por distintos testigos, ejercen su atracción incluso en las fotografías: «La mirada al instante resplandeciente y magnética de sus ojos claros en los que no sólo la pupila observa sino no todo el ojo» (Zhukovskaya); «ojos profundos de mirada insostenible» (Dzhanúmova); «un poder hipnótico brilla en sus extraordinarios ojos» (Jvostóv).

Pero tan pronto como los testigos se alejan de las fotografías comienza el misterio. Curiosamente, lo describen de formas harto diversas. Disfruté anotando las distintas descripciones: «alto», «bajo», «pulcro a la manera de los campesinos», «asqueroso y desaliñado», «delgado», «fornido y ancho de hombros». La cantante Belling, que tuvo la ocasión de ver a Rasputín varias veces, escribe acerca de sus dientes podridos y de su fétido aliento. Sin embargo, la escritora Zhukovskaya, que lo conoció muy bien, nos asegura que «su dentadura era perfecta y que estaba completa hasta la última pieza, y que su aliento era absolutamente fresco; dientes blancos para masticar, tan fuertes como los de una bestia». «Su boca era muy grande, y en lugar de dientes se veían raigones ennegrecidos», escribió su secretario, Simánovich. Pero su admirador Sazonov, que visitó varias veces a Rasputín, vio «dientes blancos y fuertes».

Es un ser inestable y extrañamente variable. La gran duquesa Olga, hermana del último zar, dijo de él con exactitud que «es tan cambiante como un camaleón». Muchos de los que lo conocieron sostienen la misma opinión. Zhukovskaya recuerda:

> Cuando uno evoca aquella sorprendente peculiaridad suya de cambiar en un instante ... sentado allí como un simple campesino analfabeto e insignificante, un poco tosco, rascándose, sin apenas mover la lengua y las palabras resbalando torpemente de su boca ... cuando de repente se convertía en un inspirado profeta ... y luego otro brinco de aquel impostor y sus dientes blancos crujían con una voluptuosidad salvaje y bestial, y de-

trás de la densa cortina de arrugas algo desvergonzadamente depredador hacía aparición, irrefrenable, como un animal joven ... y luego, inesperadamente, en vez de un pendenciero descamisado, se encontraba uno frente a un aventurero siberiano de pelo entrecano, alguien que durante treinta años había estado buscando la palabra de Dios.

Sin embargo, lo más misterioso para mí era la ceguera de la familia real. La zarina Alejandra llamaba a Rasputín «anciano» (starets). Pero ¿cómo podía ella, que había leído tantos libros sobre la fe ortodoxa, que conocía las obras de los ancianos famosos y sus vidas, llamar «anciano» a un campesino que se revolcaba en la lujuria y la embriaguez? ¿Acaso no se creía las historias que circulaban sobre él? ¿Exactamente a quién no creía? ¿A los cortesanos? Eso es comprensible. ¿Los informes policiales? También esto puede explicarse. ¿No creía a la gran familia Romanov? ¿No creía a la madre del zar? ¿No creía a los hermanos del zar? Esto resulta más difícil de explicar. Aunque no imposible. Pero ¿cómo podía no creer a su propia hermana? ¿A su querida y bondadosa hermana mayor a la que estaba tan unida? Quizá sencillamente no quería creer.

¿Y Nicolás qué? ¿Por qué estaba de acuerdo con su ciega esposa? ¿Es posible que simplemente estuviesen intentando salvar a su hijo enfermo, a quien el campesino sabía cómo tratar? ¿Y bastaba esto para generar semejante veneración o, más exactamente, adoración? ¿Para producir aquella aterradora simbiosis: una familia profundamente religiosa, la mutua devoción del zar y la zarina, sus castas hijas, y a su lado un campesino lascivo cuyas aventuras estaban en boca de todos? ¿Realmente la vida de su hijo pudo llevarles a cerrar los ojos a todo? ¿Consentir en silencio la destrucción del prestigio de la dinastía, callar la inevitable catástrofe de la que todo el mundo sin excepción hablaba sin parar e ignorar su deber hacia el país y la dinastía como soberanos? Si es así, lo comprenderemos y nos apiadaremos de aquellos buenos e infelices padres. Sin embargo, maldecimos a los gobernantes que fueron responsables de la catástrofe que se cernió sobre Rusia en 1917. Y que no sólo se cobró sus propias vidas, la del hijo al que tanto amaron y las de sus hijas, sino también las de millones de súbditos.

¿O acaso había otra razón muy distinta para su asombrosa fe en aquel hombre? ¿Otra explicación muy diferente para las acciones de éste?

Cuando su terrible cadáver emergió a la superficie, a principios del siglo XX, estaba todo muy claro: Rasputín era un siervo del Anticristo. Eso afirmaban entonces todos, los rusos creyentes y los no creyentes. El caso es que ochenta años después uno todavía se pregunta ¿quién era, en definitiva, Grigori Yefimovich Rasputín?

1

EL EXPEDIENTE: EN BUSCA DE DOCUMENTOS

EL BAILE DE LA PRISIÓN

HACÍA TIEMPO QUE SABÍA QUE EL EXPEDIENTE TENÍA QUE EXISTIR. Estaba convencido de que sólo después de encontrarlo todas aquellas preguntas tendrían respuesta.

En los años setenta, mientras escribía mi libro sobre Nicolás, tuve ocasión de ver los papeles de la Comisión Extraordinaria del Gobierno Provisional.

En marzo de 1917, tras la abdicación de Nicolás y el triunfo de la revolución de Febrero, las celdas de aislamiento de la fortaleza de Pedro y Pablo estaban abarrotadas. Fueron entregados a la Bastilla rusa, donde durante el reinado del zar fueron encarcelados los disidentes políticos, aquellos que los habían encerrado allí, los que poco antes habían controlado los destinos de Rusia. Los primeros ministros zaristas, Stürmer y Golitsyn; el ministro de Interior, Protopópov; el jefe del infame Departamento de Policía, Beletsky y su sustituto Alexis Vasiliev; el anciano ministro de la Corte, conde Fredericks; el presidente del Consejo de Estado, Schlegovitov; el gobernador de palacio Voeikov; la íntima amiga de la zarina, Anna Vyrubova; y así una larga lista. En pocas palabras, la alta sociedad. De manera que las húmedas celdas de la fortaleza, expuestas a constantes inundaciones, parecían más bien un distinguido baile en el palacio de Invierno.

El 4 de marzo de 1917, el Gobierno Provisional constituyó la Comisión Extraordinaria de Inspección para la Investigación de Actos Ilegales por parte de los Ministros y Otras Personas Responsables del Régimen

Zarista. Así, desde la fortaleza de Pedro y Pablo enviaban a los ministros para ser interrogados al palacio de Invierno, tan familiar para ellos; allí, donde hacía muy poco tiempo estaban ellos cubiertos de medallas y bandas se había instalado la Comisión Extraordinaria. Otras veces los instructores de la Comisión se dirigían a la fortaleza para proseguir con sus interrogatorios cuyas transcripciones fueron descifradas y redactadas. El poeta más célebre de Rusia, el famoso Alexander Blok, realizó esta labor. En sus anotaciones describe el ambiente de los interrogatorios y el aspecto del palacio de Invierno con su sala del trono vacía, «donde toda la tapicería de las paredes había sido arrancada y el trono trasladado, ya que los soldados querían destrozarlo».

Las transcripciones de los interrogatorios se prepararon y revisaron para ser publicadas. Según los planes de la Comisión, se suponía que toda Rusia debía enterarse de lo que sucedió entre bastidores en el misterioso Tsarskoe Selo, desde donde el zar y la zarina gobernaron Rusia. Sobre la base de esta información, se esperaba que el futuro primer Parlamento ruso decidiese de los destinos del zar, la zarina y los ministros, es decir, de las personas que hacía cuatro días habían gobernado Rusia. Una de las principales incógnitas hacía referencia al semianalfabeto campesino ruso Grigori Rasputín.

SECCIÓN DECIMOTERCERA

El Consejo ejecutivo de la Comisión y sus veintisiete equipos de investigación llevaron a cabo continuos interrogatorios a sus distinguidos prisioneros desde marzo de 1917 hasta el golpe de Estado bolchevique del mes de octubre.

Un equipo especial de investigación que llevaba el significativo nombre de Sección Decimotercera se encargaba específicamente de «inspeccionar la actividad de las fuerzas oscuras». En la jerga política de la época, las «fuerzas oscuras» eran Rasputín, la zarina y sus más íntimos allegados. La verdadera sustancia del trabajo encomendado a la Sección Decimotercera fue averiguar la influencia de las «fuerzas oscuras», a través de Rasputín, sobre el zar Nicolás II en lo relativo al gobierno del Estado.

El jefe de dicha sección era un tal F. P. Simpson, antiguo presidente del Tribunal de Apelación Provincial de Jarkóv. Los interrogatorios fueron llevados a cabo por varios instructores: dos personas con el mismo apellido, Vladimir y Tikhon Rudnév y Grigori Girchich. También éstos habían sido destinados a la Comisión procedentes de tribunales provinciales, como garantía de que no tenían relación alguna con la anterior camarilla de Gobierno de la capital, ahora sometida a examen.

En ese momento se produjo el golpe de Estado de octubre de 1917. Los bolcheviques, que habían tomado el poder, acabaron con el Gobierno Provisional. Los que el día anterior eran ministros en aquel Gobierno fueron conducidos a las mismas celdas de la fortaleza de Pedro y Pablo donde fueron saludados, no sin humor, por los ministros zaristas que ellos mismos habían encarcelado. Los bolcheviques, por su parte, abolieron también la Comisión Extraordinaria.

Sin embargo, en 1927, en el décimo aniversario de la revolución, los propios bolcheviques decidieron editar parte de los interrogatorios de los ministros zaristas más importantes. Es de suponer que la publicación perseguía un fin ideológico, es decir, debía demostrar la «senilidad» del régimen zarista controlado por aquel campesino ignorante y depravado que era Grigori Rasputín.

Por aquel entonces, Alexander Blok, que trabajaba en la estenografía, había muerto. La impresión de las transcripciones fue supervisada por uno de los miembros más célebres de la Comisión Extraordinaria, P. Schyogolev, que aceptó colaborar con los bolcheviques.

Antes de la Revolución, Schyogolev había sido editor de la revista *Biloie* («Antaño»). Una publicación «de talante enteramente revolucionario», que más de una vez fue cerrada por las autoridades zaristas. Lev Tolstói dijo que «si yo hubiera sido joven, habría empuñado un revólver en cada mano depués de leer *Biloie*». A causa de su revista tuvo que soportar los rigores de una celda en la fortaleza de Pedro y Pablo, donde finalmente él mismo interrogaría a los ministros zaristas que le habían encarcelado. Pero tras el acceso al poder de los bolcheviques, el antaño incorruptible Schyogolev cambió por completo y se integró en el régimen bolchevique. Las malas lenguas afirmaban que en su apartamento guardaba montones de documentos y mobiliario del palacio de Invierno.

Todo lo que Schyogolev publicó a partir de la ingente cantidad de material obtenido de los interrogatorios fueron siete libritos titulados *Actas de la investigación de la Comisión Extraordinaria*; durante muchos años esos penosos volúmenes fueron la principal base documental para todos los libros escritos acerca de Rasputín.

Cuatro décadas más tarde, en 1964, otro documento sensacional sobre Rasputín, procedente del legado de la Comisión Extraordinaria, vino a añadirse a aquellos volúmenes. Tras la aparición de este material comenzó mi búsqueda del Expediente.

EL EXPEDIENTE DESAPARECIDO

En 1964 el periódico *Temas de Historia* publicó un número sensacional que en la época fue leído con avidez no sólo por los historiadores. En él aparecía impresa por primera vez la «Resolución del investigador F. Simpson de la Comisión Extraordinaria respecto a las actividades de Rasputín y sus colegas más allegados y su influencia sobre Nicolás II en lo relativo al gobierno del Estado», un documento que hasta entonces había permanecido guardado en un depósito secreto del archivo de la revolución de Octubre.

La «Resolución» era un resumen de los esfuerzos de la Sección Decimotercera por clarificar el papel desempeñado por Rasputín.

Leí la publicación más tarde, cuando comenzaba a trabajar en mi libro sobre Nicolás II. La «Resolución» me causó una gran impresión. En su conclusión Simpson citaba profusamente los testimonios de las personas pertenecientes al círculo más íntimo de Rasputín: su editor Filipov; su amigo Sazonov, en cuyo apartamento había vivido Rasputín y con cuya mujer había mantenido relaciones íntimas; la famosa María Golóvina, una verdadera adoradora de Rasputín que se convirtió en causa involuntaria de su muerte; las prostitutas de Petersburgo con las que Rasputín mantenía estrechas relaciones; y los admiradores que sucumbieron a su hipnótica influencia.

Naturalmente, enseguida empecé a buscar aquellos testimonos en las *Actas* publicadas por Schyogolev. Como era de esperar, no encontré nada, ya que se trataba de testimonios de personas favorables a Rasputín. Su punto de vista era absolutamente inaceptable para Schyogolev, y obviamente no incluyó sus opiniones.

En realidad, las citas de los testigos que Simpson incluyó en su informe cambiaban muy poco las cosas, puesto que en su «Resolución» trataba ante todo de defender el mismo punto de vista que Schyogolev anticipaba en su publicación.

La «Resolución» esbozaba la misma imagen de un tosco y depravado campesino obnubilado por la embriaguez y el libertinaje que gobernaba tanto a la familia real como a los ministros corruptos, que aceptaban servirle en calidad de favorito.

¿Era ésta toda la verdad de las declaraciones obtenidas por la Sección Decimotercera? Tenía buenas razones para dudarlo; ya entonces conocía la profunda disensión que existía en el seno de la propia Comisión. Uno de los principales investigadores de la Sección Decimotercera, Vladimir Rudnév, llegó incluso a dimitir en señal de protesta. Después de haber emigrado, escribió sus razones: «En agosto de 1917, presenté una petición para que se me eximiese de mis deberes ante las presiones del presidente de la Comisión, Muravyov, incitándome ostensiblemente a la parcialidad».

Entonces resolví llevar a cabo algo harto difícil en aquellos tiempos: acudir al archivo yo mismo y leer las declaraciones que Simpson citaba de forma tan tendenciosa.

No relataré mis esfuerzos para reunir todos los papeles oficiales necesarios y acceder así a los documentos de la Comisión Extraordinaria. Ni cuán inútiles resultaron ser todos aquellos papeles. Ni cómo lo único que en realidad me ayudó fue mi posición de dramaturgo de moda, de escritor de obras cuyas producciones eran casi imposibles de realizar en aquella época, y de guionista de una película que en aquellos momentos gozaba de gran éxito. Baste con decir que finalmente logré acceder al archivo de la Comisión Extraordinaria.

Cuál no sería mi sorpresa al comprobar que allí no figuraba ninguno de los testimonios citados por Simpson. Los documentos habían desaparecido.

Era muy probable que aquellos documentos fueran los más interesantes. Representaban el testimonio de personas que frecuentaron diariamente a Rasputín, y de otras que por alguna razón habían aceptado servirle con devoción. Quizá allí se encontrase la solución al enigma; quizá allí estuviese oculto el auténtico retrato de aquel misterioso personaje.

Denominé Expediente a los documentos desaparecidos, así comenzó mi búsqueda.

EL ESCRITOR GRIGORI RASPUTÍN

Finalmente encontré el expediente, más bien penoso, del propio Rasputín en el archivo de la Comisión.

Primero estaban sus famosos telegramas dirigidos al zar y a la zarina. Celosamente conservados por esta última hasta la Revolución, fueron confiscados por la Comisión Extraordinaria y ampliamente divulgados en diversas publicaciones.

Hallé también algunos misteriosos telegramas, todavía inéditos, enviados desde Tsarskoe Selo a Rasputín con la firma «Cariño» (dushka). A éstos volveremos más tarde, ya que arrojaban una nueva luz sobre las relaciones entre Rasputín y la zarina.

Asimismo se conservaban en el archivo las obras del propio Rasputín. La de mayor consistencia y más sorprendente de todas, la *Yitie opitnovo strranniká* («Vida de un vagabundo experimentado»), se editó después de su muerte. Las otras tres sí se publicaron: *Velikie torjestva v Kievie* («Grandes festejos en Kiev») (fue durante dichos festejos cuando el primer ministro Stolypin fue asesinado), *Blagochestivie rasmishleniia* («Meditaciones piadosas») (una serie de homilías), y *Maí misli i rasmisheleniia* («Mis pensamientos y reflexiones») (un relato del viaje de Rasputín a Jerusalén).

Estos documentos, en concreto, eran transcripciones: el semianalfabeto Rasputín hablaba y alguien tomaba nota de sus palabras y tomaba nota con afecto. Más adelante volveremos a estos sorprendentes transcriptores, más exactamente transcriptoras.

Después de la Revolución, todos los escritos de Rasputín publicados hasta entonces fueron eliminados de las bibliotecas públicas y trasladados a depósitos cerrados. Es muy difícil apreciar el encanto de sus libros en una traducción, pues encierran un mundo especial, ingenuo y hermoso, parecido a las pinturas de los primitivistas. Por desgracia, su poderoso y a la vez tierno ruso antiguo desaparece en la traducción. Haría falta un poeta para traducirlo.

Puedo imaginar la fascinación que experimentaban quienes escuchaban aquel lenguaje, y contemplaban los penetrantes ojos lupinos y las electrizantes manos con las que solía rozar suavemente a su interlocutor mientras conversaba.

EL DIARIO INÉDITO DE RASPUTÍN

Luego encontré el «diario» de Rasputín en el archivo. Llevaba como subtítulo, «Escrito al dictado. Kramer, L. P.». ¡El diario inédito de Rasputín! ¡Qué suerte! Era como si todos los personajes de las *Actas de la Comisión Extraordinaria* de Schyogolev hubieran salido de sus páginas. ¡Muchas de las historias del diario, así como sus héroes, coincidían con lo que había leído en las *Actas*! Sin embargo... cuanto más leía el diario, más disminuía mi entusiasmo. Todo lo que la erudición histórica de los bolcheviques intentó demostrar en su tiempo, la depravación del anciano, la venalidad de la alta sociedad de Petersburgo, la patética necedad del zar, estaba contenido en el diario.

Aquí tenemos a Rasputín instruyendo al zar, «golpeando con el puño», y explicando al necio autócrata el enigma del pueblo ruso: «¿Cómo pensáis enseñar al campesino? ¿Por el culo? Queréis arrancarle el culo, pero esto acrecentará la ira en su cabeza». «Con los zares», explica Rasputín, «hay que utilizar el alma, no la razón ... Él no entiende de razones, pero teme al alma.» En este otro punto vemos cómo domina a la sumisa zarina: ha decidido firmar la paz con Alemania y la zarina se arrodilla con reverencia ante él prometiendo cumplir sus deseos. También encontramos, por supuesto, sus incesantes desmanes con la «podrida aristocracia»: «Mamá [la zarina] me llevó a casa de Kusija [de la baronesa Kúsova] en Pávlovsk ... La esposa del general V. también estaba allí. Las dos se pegan a mí como moscas. Ella misma se pega a mí y luego tiene miedo de que alguien se entere».

Evidentemente, todo aquello no era más que una tosca falsificación ideológica. No sin motivo en el subtítulo «escrito al dictado», alguien había añadido en lápiz la palabra, «como»: «Como escrito al dictado».

A mi modo de ver, no resulta difícil identificar al autor de la falsificación. Pues el autor (o autores) era ya harto conocido por haber perpetrado otra falsificación que en su día gozó de un éxito espectacular entre sus lectores.

29

EL «CONDE ROJO» Y LOS FALSOS DIARIOS

En 1927, en el décimo aniversario de la caída del zar, la revista *El Pasado* comenzó a publicar el diario de Vyrubova. Toda Rusia se estremeció con su lectura, pues revelaba secretos y detalles muy íntimos acerca de la desintegración de la familia real y del régimen que hasta hacía poco gobernaba el país.

No tardaron en circular rumores de que Vyrubova no había tenido nada que ver con la edición. Entre los nombres de los posibles autores de la entretenida falsificación figuraban dos conocidos personajes: el editor de las *Actas de la Comisión Extraordinaria*, P. Schyogolev, y el célebre escritor conde Alexei Tolstói (el «Conde Rojo», como se le conocía en Moscú), un activo colaborador bolchevique.

Schyogolev y Tolstói ya habían escrito en colaboración una obra de ideas muy similares: *La conspiración de la emperatriz*, sobre el intento de Rasputín de llevar a cabo una revolución en palacio e instalar a la zarina a la cabeza del país. La obra obtuvo un notable éxito y fue representada simultáneamente en seis de los mayores teatros de Moscú y Leningrado.

Y en 1927, en dicho décimo aniversario, evidentemente hubiera sido imposible realizar una poderosa campaña ideológica desacreditando el zarismo sin la ayuda de Schyogolev y el conde Rojo. Tampoco se hubiera podido prescindir de la campaña en sí; se trataba, para utilizar una expresión de la época, de un «imperativo social». Schyogolev, como editor de las *Actas*, consiguió el material, mientras que el Conde se ocupó de la escritura. De este modo, el falso diario de Vyrubova hizo su aparición. El enorme éxito obtenido exigía que la obra continuase. El diario de Rasputín pretendía ser una especie de secuela del de Vyrubova. Así pues, como en la creación del diario de Vyrubova y de *La conspiración de la emperatriz*, Schyogolev proporcionó al Conde Rojo detalles históricos extraídos de las *Actas* publicadas y, sobre todo, del material inédito. No obstante, gracias al extremadamente sociable y a menudo ebrio Conde Rojo, la historia de la falsificación Vyrubova salió a la luz. Era inútil pensar siquiera en publicar una segunda entrega, y la idea fue descartada. Schyogolev, que al parecer tenía debilidad por los engaños literarios, entregó el diario de Rasputín al archivo, pero en los años treinta el tema del zarismo ya no interesaba al pueblo. Por tanto, el diario quedó olvidado acumulando polvo en el archivo de la Comisión.

EL OJO VIGILANTE DE LA POLICÍA

Probablemente, los documentos pertenecientes a Rasputín más entretenidos que leí en aquella época, en el archivo de la Comisión, fueron los volúmenes de los informes policiales realizados por los agentes encargados de vigilarle. Aquellos agentes de «vigilancia externa» tenían que escribir un informe diario de todos los movimientos de Rasputín por la ciudad. Intentaron describir a los innumerables visitantes que acudían a su apartamento. Anotaron cuándo Rasputín se ausentaba de sus aposentos, a qué horas regresaba, adónde iba y con quién se encontraba por el camino. Ninguna otra figura pública fue objeto de tan detallada descripción de su vida a lo largo de los años como aquel semianalfabeto campesino llamado Grigori Rasputín. Pero los volúmenes que quedaron en el archivo no eran más que un vestigio. Parte de la documentación obtenida de la vigilancia desapareció durante la revolución de Febrero, cuando ardió por completo el cuartel general del Departamento de la Policía secreta del zar; parte fue destruida por los propios agentes, puesto que también ellos figuraban entre los visitantes de Rasputín y éste entre sus invitados. Tal como testificó el antiguo ministro de Interior Jvostóv ante la Comisión Extraordinaria: «Cuando me retiré del servicio, Stürmer [el primer ministro] se llevó los documentos a su oficina, especialmente los relativos a Rasputín ... [ya que] el principal interés radicaba en él. Todo ardió al instante». Aunque los informes que han sobrevivido revelan el desenfrenado mosaico de los días de Rasputín, las visitas a los restaurantes y a las cantantes cíngaras, las reuniones con los ministros, las arriesgadas escenas en su cocina de las que los agentes estaban al tanto gracias a la ausencia de cortinas, y el variado abanico de visitantes a su apartamento: rameras, duquesas, banqueros, conspiradores, piadosas damas admiradoras y prostitutas caras. La policía dejó constancia de todo: sus nombres, las horas de llegada y su salida a la mañana siguiente después de pasar una noche con el campesino.

31

OTRO «DIARIO» DE RASPUTÍN

Sin embargo, el Expediente desaparecido de los que conocieron bien a Rasputín nunca abandonó mis pensamientos.

Tras el inicio de la *Perestroika* reanudé mis pesquisas. A principios de los años noventa realicé una minuciosa búsqueda en Petersburgo; el único documento relativo a Rasputín conservado en el Archivo Histórico Estatal, ubicado en los antaños lujosos edificios del antiguo Senado y Sínodo (donde, como veremos, se reunían al mismo tiempo aquellos que habían sido nombrados para los distintos cuerpos por el propio campesino), era una pequeña libreta escolar con un retrato de Pushkin y la semianalfabeta inscripción, «Diario». Su descubrimiento en la década de 1990 provocó un alud de artículos en los principales periódicos del mundo. ¡Se había descubierto el «diario» de Rasputín! Pero lo cierto es que Rasputín, a quien como a todos los campesinos semianalfabetos le encantaba escribir, sólo consiguió garabatear unas pocas reflexiones. Evidentemente, utilizó el término «diario» porque sonaba importante, ya que sabía que tanto el zar como la zarina también los llevaban.

Finalmente, en el antiguo Museo de la Revolución, en la villa de la bailarina Mathilde Kschessinska, amante del joven Nicolás, descubrí algo que recientemente había causado sensación: las fotografías del expediente, descubiertas en los noventa, procedentes de la pesquisa policial realizada tras el asesinato de Rasputín. Había una vista del patio del palacio Yusúpov que Rasputín atravesó, a toda prisa, una noche de diciembre de 1916 mientras trataba de huir de sus asesinos. Encontré fotografías de su cadáver después de haber sido recuperado del río, de su rostro mutilado y de su cuerpo desnudo con orificios de bala. Averigüé que el informe sobre la autopsia de Rasputín estuvo en la década de 1930 en manos de la Academia de Medicina Militar y que de repente desapareció. De hecho, no sólo se perdieron los documentos. Al poco tiempo varios de los ayudantes en la investigación que habían visto el informe de la autopsia desaparecieron también. Era la época del terror estalinista. Cierto, desenterré un documento oficial relativo a la exhumación e incineración del cuerpo del anciano después de la Revolución. A pesar de todo, no encontré vestigio alguno de los documentos elaborados por la Sección Decimotercera; ni rastro del Expediente.

LA BÚSQUEDA DE DOCUMENTACIÓN

A principios de los años noventa se publicó en Rusia mi libro sobre Nicolás II. Por no tener aún el Expediente, fui extremadamente circunspecto acerca de Rasputín. Soy también presentador del popular programa de la televisión rusa, *Los enigmas de la Historia*. Después del libro sobre Nicolás II, me llegó una avalancha de cartas que me pedían que escribiese uno sobre Rasputín. Decidí dedicar dos programas a su muerte.

Para ello intenté recavar todo tipo de información sobre dicho personaje. Recordé un manuscrito que había visto en el Archivo de Arte y Literatura cuando todavía era un estudiante. Hasta la fecha, las «Memorias de Zhukovskaya» todavía no se han publicado en su totalidad en Occidente.

Vera Alexandrovna Zhukovskaya (emparentada con el famoso científico N. E. Zhukovsky) era una joven escritora, pero el implacable erotismo de sus memorias me hizo sospechar que pudiera tratarse simplemente de una astuta invención y que nunca hubiera visitado realmente a Rasputín.

El vehemente deseo de verificar su autenticidad me recordó una vez más el Expediente. Como la propia Zhukovskaya escribió, fue un tal Alexander Prugavin quien le facilitó el acceso al anciano. En tiempos de Rasputín el suyo era un nombre famoso, siendo uno de los más eminentes expertos en sectarismo ruso. Además, Zhukovskaya insistía en que fue ella la que llevó a Prugavin a visitar a Rasputín, y que Prugavin escribió un relato basado en sus historias sobre los encuentros con Rasputín. Así pude verificar fácilmente toda la historia. Después de todo, el testimonio de Prugavin acerca de Rasputín se citaba en la «Resolución» de Simpson, lo cual significaba que también ella se encontraba en el Expediente. Tenía que encontrarlo.

«UN INMENSO MONTÓN DE CENIZAS»

En la época en la que estaba trabajando en el programa, pensaba en los papeles de Vyrubova. Algunas transcripciones de sus interrogatorios fueron incluidas en las *Actas* publicadas por Schyogolev. Probablemente había más, pues, como había afirmado el instructor Rudnév, la Sección Investigadora Decimotercera «llevó a cabo un escrutinio especial» de las actividades de la íntima amiga de la zarina y principal admiradora del anciano.

Tras la muerte de Rasputín, Vyrubova residió con la familia real en el palacio Alexander en Tsarskoe Selo. Hacia finales de febrero de 1917, cuando las multitudes rebeldes ocupaban ya las calles de la ciudad, el heredero forzoso y las cuatro grandes duquesas enfermaron de sarampión. Vyrubova se contagió y yacía inconsciente. Cayó enferma siendo la amiga de la mujer más poderosa de Rusia y despertó en un palacio no solamente asediado sino irremediablemente ahogado en un mar de revolución. El palacio quedó inmerso en la oscuridad, el ascensor ya no funcionaba y la zarina se movía apresurada entre sus pacientes. Sin embargo, tan pronto como Vyrubova recuperó la conciencia, ella y la zarina se lanzaron a la tarea de quemar documentos. A finales de marzo Vyrubova fue arrestada y conducida ante la Comisión Extraordinaria.

En su testimonio publicado en las *Actas*, a la pregunta de los investigadores de «por qué había quemado tantos documentos», Vyrubova respondió: «No quemé casi nada, sólo unas cuantas cartas recientes de la emperatriz, puesto que no quería que cayeran en malas manos». Y yo la creía. Quizá realmente había escondido los documentos más importantes. Después de todo, ¿no había conservado las cartas de la zarina escritas durante el posterior encarcelamiento de la familia real en Tobolsk, a pesar de la insistencia de Alix en que las quemase? Y si de verdad había escondido aquellas cartas, ¿no era también posible que se las hubiese llevado consigo la noche en que huyó de la Rusia roja rumbo a Finlandia atravesando el traicionero hielo del golfo?

Vyrubova murió plácidamente en Finlandia en 1964. Fue una de las pocas personas íntimas de la familia real que pudo escapar sana y salva. En los Archivos Nacionales de Helsinki me enseñaron el dossier policial de Vyrubova que incluía el interrogatorio llevado a cabo por las autoridades finlandesas tras su aparición en un campo de refugiados en la ciudad de Terioki. Los finlandeses comprendieron la importancia de su testimonio. Tal como reza en el Expediente: «esta declaración del campo de internamiento ha de ser enviada al primer ministro y al presidente».

Pero Vyrubova no tenía nada nuevo que contar. Sus respuestas eran una escrupulosa reiteración de su testimonio ante la Comisión Extraordinaria del Gobierno Provisional. En 1923, Vyrubova escribió y publicó sus memorias. Quiso utilizar su nombre de soltera, Taneeva, para ocultar su identidad, pero sus editores prefirieron Vyrubova. No encontré ningún borrador de las memorias en su archivo.

En Finlandia se hizo monja, aunque en secreto, es decir, podía vivir en su casa en vez de hacerlo en el convento (era coja de una pierna y su condición de inválida se tuvo en cuenta). Me puse en contacto con el convento en el que tomó los hábitos en secreto, pero allí no había nada. Vyrubova vivió completamente sola, casi sin ver a nadie. Incluso se me ocurrió que pudo haber hecho una especie de voto de silencio. Pero resultó no ser ser así. Encontrándose en extrema necesidad de dinero en 1937, firmó un contrato con un editor finlandés para una nueva edición de sus memorias. Pero el estallido de la segunda guerra mundial la sorprendió en plena escritura. La primera guerra mundial destruyó su imperio y su vida, y ahora la segunda acababa con sus esperanzas de obtener algunos ingresos. Unas memorias sobre el zar y la zarina rusos combatiendo contra Alemania no eran precisamente lo que se necesitaba en una Finlandia aliada de los alemanes. Después de la guerra, cuando el sóviet NKVD empezó a introducirse en Finlandia y los emigrados fueron abiertamente deportados a la URSS, probablemente la amiga de la zarina tuvo miedo de recordar su existencia a la gente. Sólo en 1953, año en que murió Stalin, hizo entrega de su libro, ya terminado, al editor finlandés. Pero no se publicó; al parecer consideraron que el manuscrito no añadía gran cosa a las ediciones anteriores. Más tarde, a principios de los ochenta, revolviendo los papeles del editor tras su muerte, su hija descubrió un sobre que contenía fotografías. En él estaba escrito: «Fotos de Anya Vyrubova con su autógrafo en el reverso». Encontró también el manuscrito de las memorias de Vyrubova. El libro fue editado en 1984. La edición pasó desapercibida, ya que no contenía ninguna novedad.

Cuando leí aquellas memorias preparadas para su publicación, en Finlandia, tuve la certeza de que Vyrubova no se había llevado consigo nada nuevo de Rusia.

A diferencia de su prudente amiga, la zarina (afortunadamente para nosotros), no fue capaz de quemar muchas de sus cartas en las que expresaba su imperecedero amor por Nicky. Casi toda la correspondencia que intercambió con Nicolás ha sobrevivido. Y en ella hay interminables referencias a Nuestro Amigo. Si hemos de juzgar las relaciones de Rasputín con la familia real antes de 1914 basándonos eminentemente en el testimonio de otros testigos, también desde el primer día de la guerra el zar y la zarina comenzaron a hablar ellos mismos de aquellas relaciones. No obstante, hubo otra fuente que me ayudó a comentar aquellas cartas: Olga, la hermana menor de Nicolás II.

LA ÚLTIMA DE LA FAMILIA REINANTE

A los pocos periodistas que la visitaron en aquellos años les resultaba difícil creer que la propietaria de aquella casita escondida en Canadá; la mujer de escasa estatura vestida con una anticuada falda negra, un jersey raído y sólidos zapatos marrones, hubiera poseído palacios, siendo atendida por docenas de sirvientes. Sobrevivió hasta 1960 consiguiendo superar la barrera de la mitad del siglo. Su funeral en la catedral ortodoxa de Toronto reunió a lo que quedaba de la primera emigración rusa. En las diminutas habitaciones de la casa se conservaban algunos muebles antiguos; aunque, el único objeto que verdaderamente recordaba el pasado era el enorme retrato de Alejandro III sobre la chimenea.

Olga, la hermana de Nicolás, y la hija menor de Alejandro III, era el último miembro superviviente de su inmensa familia. Su memoria fue portentosa hasta el momento de su muerte, asombrando sobremanera al periodista que transcribió sus memorias. Al preparar el programa sobre Rasputín, utilicé aquellas memorias que ella dictó al tenaz periodista; otra voz más de la para siempre desaparecida Corte del palacio de Invierno.

LA RESURRECCIÓN DE RASPUTÍN EN LA NUEVA RUSIA

Seguía sin encontrar el Expediente. Por otro lado, en la década de 1990 fueron rescatados del olvido documentos concernientes a Rasputín y procedentes de los archivos de Tobolsk y Tiumén. Allí se encuentran también los registros de nacimiento de la Iglesia de la Madre de Dios, gracias a los cuales ha sido posible establecer la fecha precisa del nacimiento de Rasputín. En el archivo de Tiumén está también el «Expediente del Consistorio Eclesiástico de Tobolsk con relación a la Afiliación de Grigori Rasputín a los jlisti», que se suponía perdido, y el «Expediente relativo al atentado contra la vida de Grigori Rasputín». Estoy muy agradecido a ambos archivos, que me proporcionaron abundantes fotocopias de los preciosos documentos sobre Rasputín que obraban en su poder.

Últimamente Grigori Rasputín ha gozado de una especie de resurrección en Rusia, e incluso se ha convertido en parte esencial de un recuperado sentimiento nacional o, más exactamente, de una ideología nacionalista. En realidad, nos encontramos ante otra de las bromas de la Historia: el hombre al que los monárquicos rusos vieron como el destructor de la autocracia se ha convertido en el adalid de las nuevas ideas autocráticas.

De hecho, el propio personaje —o, mejor dicho, sus escritos— ha desempeñado un considerable papel en su resurrección. Después de la *Perestroika*, sus escritos volvieron a estar al alcance de todos, y causaron una tremenda impresión. En un país en el que la ignorancia de la Biblia era universal, sus olvidados refranes bíblicos y el lenguaje primario del pueblo resultaban seductores.

El nuevo interés por Rasputín deriva de la impresión, justificada, de que la imagen que a lo largo del siglo XX se creó de él es poco más que una leyenda política. El testimonio publicado por Schyogolev en sus *Actas de la Comisión Extraordinaria* era básicamente el de los enemigos de Rasputín: y contenía muchas incongruencias.

Pero todo lo que la nueva investigación ha aportado es una leyenda política opuesta. El «sagrado diablo» Grigori se ha convertido en el sagrado anciano Grigori. Los mitos rusos sobre diablos y santos. ¡Cuántos ha habido en el siglo XX! El sangriento Nicolás II y luego Nicolás el santo, el padre y maestro Stalin y luego el sanguinario monstruo Stalin, el santo Lenin y luego el maldito Lenin. La culminación de las recientes investigaciones acerca de Rasputín es el cuento favorito de los nacionalistas sobre los malvados «judeomasones». «En esencia, fueron los masones los que crearon el mito de Rasputín, un mito cuya finalidad era mancillar y desacreditar Rusia y sus principios espirituales» (Oleg Platonov, *La corona de espinos de Rusia*).

A la Historia le encanta bromear. El hecho es que, antes de la Revolución e inmediatamente después, los nacionalistas de la época acusaron a Rasputín de ser un agente de los masones. Sostenían que «las fuerzas oscuras» de la masonería habían decidido explotar su influencia sobre el zar y la zarina para sus propósitos. Rasputín fue acusado de ser un «siervo judío rodeado de secretarios judíos». Pero mucho más divertidas son las nuevas burlas de la Historia en la Rusia actual. El historiador N. Koslov asegura que el asesinato de Rasputín fue un asesinato «ritual». ¡Ahora resulta que Rasputín fue asesinado por judíos que manipulaban y controlaban a los masones!

De este modo ha surgido un nuevo mito sobre el zar y el campesino Rasputín como depositarios de las inmemoriales ideas rusas de ortodoxia y autocracia, como hombres convertidos en objeto de persecución por parte de los masones que pretendían que Rusia mirase a Occidente. Todo esto se ha convertido en algo sumamente aburrido, simplista y vulgar.

Después de todo, pueden hacer toda clase de reivindicaciones; pueden desechar los informes de los agentes secretos de la policía zarista sobre Rasputín tildándolos de mentiras; declarar que Rasputín nunca se emborrachó, que nunca se dejó arrastrar por la lujuria y que fue un verdadero buen cristiano calumniado por sus enemigos, pues no había testimonio alguno de sus amigos. El Expediente todavía seguía desaparecido. Tenía que encontrarlo.

EL EXPEDIENTE

Mientras me preparaba para mi programa de televisión sobre el asesinato de Rasputín, decidí echar un vistazo al archivo de la familia Yusúpov.

El archivo ha sido torpemente dividido en dos partes. El principal archivo Yusúpov se encuentra en el Archivo Estatal Ruso para Documentos Antiguos (RGADA). El archivo RGADA contiene la historia de las incalculables riquezas de la antigua familia. Descendientes de gobernantes tártaros que entraron al servicio de los zares moscovitas, a lo largo de tres siglos los Yusúpov se convirtieron en terratenientes acaudalados; el futuro asesino de Rasputín poseía miles de hectáreas de tierra. En el siglo XIX los Yusúpov serían los más poderosos industriales. En 1914, sus ingresos ascendían a 1,5 millones de rublos de oro al año. La familia más rica de Rusia.

La parte más pequeña del archivo Yusúpov se conserva en el Museo de Historia. Encontré en los dos depósitos tanto la correspondencia inédita de Félix Yusúpov (el asesino de Rasputín) y su esposa, Irina, así como las cartas escritas a Félix por su madre, la bella Zinaída, una de las principales enemigas de Rasputín. Las cartas revelan cómo se gestó el complot para asesinar al anciano y arrojan una nueva luz sobre el asesinato en sí y el secreto de la relación entre Félix y María Golóvina, una de las admiradoras de Rasputín.

El propio Palacio Yusúpov está lleno de secretos. Aún hoy en día se descubren extraños aposentos que no figuran en ningún plano del edificio. Secretos y cadáveres constituyen de hecho una tradición en la familia Yusúpov. La bisabuela de Félix Yusúpov fue una de las mujeres más hermosas de Europa. Después de la Revolución, los bolcheviques descubrieron una puerta secreta en sus dependencias. Detrás de la puerta encontraron un ataúd con el cuerpo corrupto de un hombre. Su bisnieto Félix contó una historia acerca de un peligroso revolucionario amante suyo que fue encarcelado en la fortaleza de Sveaborg y cuya fuga urdió ella misma. Al parecer, lo mantuvo oculto en su palacio hasta su muerte.

En 1925, en Moscú se observó que el yeso que cubría la parte inferior de la escalera principal del palacio Yusúpov —del siglo XVII— tenía un tono distinto al de las paredes adyacentes. Los investigadores hicieron un agujero que descubrió una cámara en la que encontraron siete cofres. Aparentemente habían sido colocados allí a toda prisa y de cualquier manera por los propietarios en su huida del país. De este modo se descubrieron la plata, los diamantes, las perlas y las esmeraldas de la familia Yusúpov, así como otros documentos que posteriormente pasaron a engrosar el archivo Yusúpov.

El día que fui ver el palacio Yusúpov resultó extrañamente inquietante. Aquella mañana, el príncipe Miguel, duque de Kent, que entonces estaba visitando Petersburgo, me invitó a comer. Descendiente del rey Jorge V, aquel doble de Nicolás II, el príncipe Miguel guarda un asombroso parecido con el último zar ruso en sus rasgos y especialmente en sus ojos: ojos claros con la misma expresión tierna y triste descrita en las innumerables memorias de Nicolás. Tras el encuentro con el pariente con el rostro del último zar, me fui a grabar en vídeo el palacio donde fue asesinado el hombre que destruyó al zar.

Todo se había conservado tal cual: descendí por la misma escalinata desde la que el gran duque Dimitri Pávlovich y los demás conspiradores escucharon nerviosos las noticias de lo que estaba sucediendo en el sótano.

Salí al patio por la misma puerta por la que el ensangrentado Rasputín huyó intentando ponerse a salvo. Luego volví al sótano, que Félix había transformado en una elegante sala. Aquí estuvieron sentados justo antes del asesinato. Ahora, dos ridículas figuras de cera representan a Félix y a Rasputín. La puerta de entrada al sótano se cerró y me quedé solo. Tuve la extraña sensación de haber visto antes aquel lugar: el reducido espacio, las ventanas ligeramente elevadas sobre el suelo, a través de las cuales tan sólo podían verse las piernas de los que por allí pasaban, las paredes macizas que amortiguaban cualquier sonido. Era una copia del sótano de la Casa Ipatiev, donde fuera ejecutada la familia real.

Al día siguiente regresé a Moscú. Se celebraba el estreno de *Jovanschina* en el Teatro Bolshói y mi amigo Slava Rostrópovich, que dirigía la ópera, me había invitado. Contemplaba la escena y los trajes de la época del reino de Moscovia, los mismos trajes que a Nicolás y Alejandra les gustaba vestir en sus bailes «históricos». Lo que veía me parecía una continuación del día anterior.

Y en efecto lo era.

Después de la ópera, fui a felicitar a Rostrópovich en el camerino abarrotado de gente. Me dijo: «¡Qué regalo te he preparado! ¡Te volverás loco! ¡Te vas a morir! ¡Tienes que venir a verme a París inmediatamente! ¡Lo tengo allí!». Guardé silencio, pero ya sabía lo que venía a continuación. Luego añadió: «Compré unos documentos para ti en una subasta de Sotheby. Es un archivo completo, enorme. ¿Sabes de qué trata?». Lo sabía. Y terminó: «Es sobre Rasputín. Son los interrogatorios de la Comisión del Gobierno Provisional a las innumerables personas que le conocieron».

El día más largo de mi vida había terminado.

En el apartamento de Rostrópovich de París, en su salón engalanado con las cortinas del palacio de Invierno que lucen el escudo de armas de los zares, y en cuyo centro se erguía un caballete con un retrato de Nicolás con aquellos mismos ojos de lapislázuli, indescriptiblemente tristes, pintado por el gran retratista Valentin Serov, mi amigo sacó un enorme volumen. El testimonio de Filipov, editor de Rasputín, de Sazonov, de

María Golóvina y de muchos más. Era el Expediente, la fuente de las declaraciones citadas por Simpson. ¡El Expediente que llevaba buscando durante tanto tiempo!

UNA BREVE DESCRIPCIÓN DEL EXPEDIENTE

La cubierta llevaba la inscripción «La Comisión Extraordinaria de Inspección para la Investigación de Actos Ilegales por parte de los Ministros y Otras Personas Responsables». En su interior había casi quinientas páginas de documentos con los impresos y el sello de la Comisión. Todas las transcripciones de los interrogatorios estaban firmadas por las personas que habían sido interrogadas: Vyrubova; el gendarme (jefe de la Policía política) Vladimir Dzhunkovsky, el coronel Komissarov, el doctor en medicina tibetana Badmaev; el ministro de Interior Jvostóv, el jefe de la Policía secreta de Moscú, Martynov, y así sucesivamente. Como si las celdas de los detenidos en la fortaleza de Pedro y Pablo, en marzo de 1917, hubiesen cobrado vida de nuevo. También figuraban las firmas de los famosos instructores de la Sección Decimotercera que llevaron a cabo los interrogatorios: T. y V. Rudnév y G. Girchich.

¡Qué lectura tan apasionante! El Expediente contenía la impresionante declaración del obispo Feofán, el famoso jerarca de la iglesia y asceta a través del cual, como a menudo se había afirmado antes del Expediente, accedió Rasputín a la familia real. También había declaraciones de monjes de remotos monasterios siberianos y del monasterio de Verjoturie donde comenzó la transformación de Rasputín; y, por último, las declaraciones tan importantes y deseadas para mí: las de aquellos que habían apreciado y valorado especialmente a Rasputín.

UNA FOTOGRAFÍA QUE COBRA VIDA

Hay una famosa fotografía de Rasputín que aparece en todas sus biografías. En ella se ve a Rasputín rodeado por unas dieciocho mujeres y unos pocos hombres: se titula tácitamente: «Rasputín rodeado por sus devotos».

Ahora las declaraciones del Expediente permiten por primera vez identificar a todos los componentes de la foto. Y no sólo esto. En el Expediente figura el testimonio directo sobre Rasputín de varios de los presentes en el retrato. De modo que en las páginas de este libro la famosa fotografía cobrará vida y los que frecuentaron a Rasputín casi a diario empezarán a hablar.

Por otro lado, el Expediente contenía las declaraciones de personas sin las cuales hubiera sido imposible escribir una biografía imparcial de Rasputín. La primera de ellas es Alexei Filipov, «editor y sincero admirador de Rasputín», como suele ser definido por quienes se adhieren a las nuevas leyendas del «santo Rasputín». Filipov no era simplemente un «admirador», sino un fiero defensor de Rasputín. En sus revelaciones, el editor (y, añadiría, acaudalado banquero) debido a sus hábitos literarios ofreció al instructor descripciones minuciosas, desde la psicología y vida sexual de Rasputín, hasta su cuerpo, incluidos los órganos reproductores que tanto preocupaban a la sociedad de Petersburgo en aquella época. El Expediente también incluye el testimonio de Gueorgy Petrovich Sazonov, otro «ardiente admirador de Rasputín», tal como lo definen los nuevos devotos del anciano. Asimismo figura el testimonio del amigo de Rasputín y uno de los más misteriosos personajes de Petersburgo, el curandero asiático Badmaev, que trataba a los más importantes dignatarios zaristas con hierbas tibetanas. Por último, el Expediente contiene la declaración de un grupo de damas sospechosas de haber mantenido relaciones íntimas con Rasputín: la joven baronesa Kúsova, la cantante Varvarova, la joven viuda Voskoboiníkova, y las prostitutas Tregúbova y Sheila Lunts.

Además de todo esto, aparecen varios interrogatorios exhaustivos de las devotas de Rasputín, María Golóvina y Olga Lokhtina, esta última harto conocida en la sociedad de Petersburgo y cuya relación con Rasputín la convirtió en una santona chiflada (*yurodivaya*); la amiga de la zarina, Yulia («Lili») Dehn; y así sucesivamente. Muchos de los interrogatorios fueron transcritos de puño y letra por los mismos investigadores (en el Archivo de la Federación Rusa se encuentran ejemplares de su caligrafía, así como muestras de la escritura de muchos de los que fueron sometidos a interrogatorio y que firmaron los documentos). Por consiguiente, no resultó difícil establecer la autenticidad de los documentos.

Por otra parte, el Expediente me permitió confirmar la legitimidad de las sorprendentes memorias de Zhukovskaya. Encontré la detallada declaración del propio Alexander Prugavin, en la que este experto en sectarismo ruso corroboraba lo que Zhukovskaya escribió acerca de que había conocido a Rasputín a través de Prugavin y de la visita de Prugavin a Rasputín con ella. Así quedaban confirmadas sus historias acerca de que Rasputín permitió a Prugavin escribir su relato. Además, según Prugavin, fue el «erotismo de Zhukovskaya» lo que la indujo a tratar de comprender en toda su extensión la enigmática doctrina del «anciano». Así pues, sabía perfectamente acerca de lo que estaba escribiendo.

Finalmente, aparece en el Expediente una reflexión del primer amigo de Rasputín y que más tarde se convirtió en su enemigo, el monje Iliodor, que publicó en el extranjero un famoso libro sobre Rasputín, *Un diablo sagrado*, considerado un mero pasquín que no merece atención alguna, aunque en el Expediente la Comisión Extraordinaria hace preguntas acerca del libro a las personas que aparecen mencionadas en él. Ilidor contaba en gran parte la verdad, que realmente estaba en posesión de las cartas de la emperatriz y de sus hijas y que las citaba con exactitud. También tenía el diario de Olga Lojtina, cosa que ella misma confirma en el Expediente. Después de familiarizarse con el libro de Iliodor, tanto Lojtina como el obispo Feofan no hicieron más que algunas observaciones privadas. Por lo tanto, Iliodor no debería descartarse como fuente.

UNA CASA RESCATADA DEL OLVIDO

Cuando comencé a escribir este libro, recibí el último grupo de documentos inéditos sobre Rasputín, procedente de los archivos siberianos. Entre estos papeles había un inventario de las propiedades pertenecientes a Rasputín, realizado inmediatamente después de su asesinato. Incluía una detallada descripción de la legendaria casa de Pokróvskoie. Ahora también yo conocía cada silla de su casa y cada vaso de su mesa: la «decoración de ciudad» pequeñoburguesa de las habitaciones de arriba donde sus devotos de Petersburgo se alojaban, y el anticuado y chapucero estilo campesino que predominaba en la planta baja.

Ahora podía ver lo que él vio; oía su forma de hablar, que perduraba detrás de sus escritos. Ahora Rasputín estaba *vivo*. Podía empezar. ¿Sería el mío un retrato nuevo? No lo sabía. Pero sí advertía que sería un retrato justo: la garantía de ello residía en la participación de los que le quisieron.

Este libro es la conclusión de la investigación sobre aquel misterioso personaje, iniciada por el Gobierno Provisional en 1917. Una indagación única acerca de Rasputín en la que los únicos testimonios permitidos han sido los de quienes le conocieron de verdad.

Pero lo más importante es que aquí se oirán las voces de aquellos cuyas declaraciones inéditas figuran en el Expediente.

Cuando estaba terminando el libro sobre el último zar, escribí impulsivamente: «Éste es un libro que nunca terminaré». Una vez más, toda aquella multitud de antiguos conocidos ha irrumpido en mi vida, he vuelto a ver aquella misma noche en mis sueños. Aquella escena final, en un sucio sótano, de la historia de un imperio de trescientos años: el zar cae de espaldas; dos de las hijas agazapadas junto a la pared se cubren con las manos para protegerse de las balas, y el comandante Yurovsky se adentra en el humo de la pólvora para terminar con el chico que se arrastra a través de la estancia. Sólo ahora veo a un hombre barbudo aparecer entre el humo. Aquel que tanto hizo para provocar aquella escena en el sótano. Y que sabía que acabaría ocurriendo.

2

EL MISTERIOSO VAGABUNDO

EL PERÍODO DE LEYENDA

L A MAYOR PARTE DE SU VIDA ES OSCURA. En 1917, los investigadores de la Comisión Extraordinaria hablaron con los habitantes del pueblo de Grigori Rasputín en un infructuoso intento por establecer la biografía de sus primeros años. Se limitaron a crear una versión ideológica del cuento del campesino predestinado al robo y a la embriaguez desde su temprana juventud. Tampoco son de mucha ayuda las memorias de su hija Matryona. Escritas después de su emigración, son fruto de su propia imaginación y de la de la periodista que la ayudó en su composición.

Aunque en el archivo de la Comisión hay un relato del propio Rasputín sobre aquella época. En 1907, tras haberse establecido junto a la familia real, solía contar historias de sus andanzas por Rusia. La propia zarina conservaba una transcripción de las mismas con el título «La vida de un experimentado vagabundo»; no olvidemos que él relataba sólo lo que sus admiradoras reales querían oír: una especie de «Vida de san Grigori». Es decir, una leyenda. No obstante, ya podemos encontrar rastros de lo que para nosotros es fundamental: la transformación de Rasputín. Los pocos documentos sobre su pasado recientemente descubiertos en los archivos de Siberia nos servirán de complemento.

La fecha de nacimiento perdida

Grigori Yefimovich Rasputín nació en Tiumén, distrito de la provincia de Tobol, en el pueblo de Pokróvskoie, una pequeña colonia situada en plena llanura siberiana a orillas de río Tura, cerca de una inmensa carretera; donde recorriendo cientos de verstas, los cocheros conducían sus diligencias siguiendo el curso del Tura desde Verjoturie, la ciudad de los montes Urales, con su monasterio Nikolaev (tan querido para Grigori), a través de Tiumén, hasta llegar a Tobolsk.

La familia real cruzó esta misma vía a través de Pokróvskoie, pasando por la casa de Rasputín, camino de su muerte en Ekaterinburg, en el terrible año 1918.

La fecha de nacimiento de nuestro héroe ha sido hasta hoy un enigma. Incluso sus recientes biógrafos han ofrecido las más variadas fechas, desde la década de 1860 hasta la de 1870. Las enciclopedias soviéticas dan la fecha de 1864-1865.

En el pueblo nativo de Rasputín, Pokróvskoie, han sobrevivido hasta nuestros días las ruinas de la iglesia de la Madre de Dios, donde fue bautizado. En los archivos de Tobolsk se conservan unos cuantos «registros» de la iglesia, libros en los que se anotaron los nacimientos, matrimonios y defunciones. En uno de ellos figura una anotación del matrimonio, el 21 de enero de 1862, del campesino Efim Yakovlevich Rasputín, de veinte años, y la campesina Anna Vasilievna, de veintidós años.

Anna enseguida le dio varias hijas a Efim, pero todas murieron siendo bebés. Finalmente, el 7 de agosto de 1867 dio a luz un chico, Andrei, que también falleció en su temprana infancia. Al igual que en el caso de Hitler y Stalin, todos los hijos anteriores murieron. Como si Dios actuase con gran cautela al conceder hijos a aquella familia.

Y llegamos al año 1869. Antes de 1869 no hay constancia alguna del nacimiento de Grigori en ningún archivo. Por consiguiente, no pudo nacer antes de 1869, y las fechas que figuran en las enciclopedias son erróneas. Los registros de 1869 y posteriores han desaparecido del archivo.

Sin embargo, ha sido posible establecer una fecha exacta. En el archivo de Tiumén se encontró un censo de los habitantes del pueblo de Pokróvskoie, y junto al nombre de Grigori Rasputín, en la columna del «año, mes, y día de nacimiento según el registro», figura la fecha de 10 de enero de 1869, lo cual zanja cualquier discusión. Es el día de san Gregorio, y ése fue el nombre que le pusieron.

Toda esta confusión creada en torno a su fecha de nacimiento es obra del propio Rasputín. En el «Expediente del consistorio de Tobolsk» de 1907, declara que tiene cuarenta y dos años. Es decir, se pone cuatro años de más. Siete años más tarde, en 1914, durante la investigación realizada por Jionia Guseva a raíz de su atentado, afirma: «Mi nombre es Grigori Yefimovich Rasputín-Novy, de cincuenta años de edad». Esto es, añade cinco años. En el cuaderno de 1911, en el que la última zarina anotaba los dichos de Rasputín, él mismo asegura: «He vivido cincuenta años y estoy en el comienzo de mi sexta década». ¡Aquí añade ocho años!

En realidad, no resulta demasiado difícil comprender el porqué de esta obstinada insistencia en ponerse años. La zarina le llamaba «anciano». La categoría de anciano constituye una distinción especial en la vida eclesiástica rusa. En el pasado, los monjes recibían el nombre de ancianos, pero sólo si eran anacoretas. Sin embargo, en el siglo XIX dicho término se aplicó a aquellos monjes que habían sido distinguidos con alguna señal especial. Monjes que a través del ayuno, la oración y una vida dedicada a complacer a Dios merecían ser elegidos por Él. Dios les había otorgado el poder de la profecía y la curación. Eran guías espirituales e intercedían ante Dios. Al mismo tiempo, en la mente popular, los ancianos eran personas de avanzada edad y con gran experiencia que, por esta razón, habían repudiado las cosas terrenales. En el léxico ruso la palabra «anciano» significa también «hombre de avanzada edad».

Así pues, Rasputín, a quien la zarina llamaba «anciano», se sentía incómodo al no ser viejo. De hecho, era más joven que el zar, por lo que exageraba su edad, cosa que le resultaba fácil debido a su cara arrugada, de campesino prematuramente envejecido.

EL VERGONZOSO NOMBRE

El apellido de Rasputín viene de la vergonzosa palabra *rasputa*. Los patéticos intentos de los investigadores occidentales y de los admiradores rusos de Rasputín por derivar su nombre de *rasputitsa* (época de la primavera o del otoño en que las carreteras rusas se hacen impracticables debido al barro) o de *rasputia* (cruce de dos o más carreteras) no hacen más que poner de manifiesto su escaso conocimiento de las reglas de derivación de los nombres en ruso.

«El nombre de "Rasputín" procede del nombre común *rasputa*: una persona inmoral, que no sirve para nada (*neputyovyi*)» (V. A. Novikov, *Diccionario de los apellidos rusos*).

Un *rasputa* es una persona disoluta (*besputnyi*), depravada (*rasputnyi*), que no sirve para nada (*neputyovyi*). A veces, este término se utilizaba como nombre propio. En tiempos de Iván el Terrible, vivía en el mar Blanco un campesino llamado Vasily Kiriyanov que puso a sus hijos los nombres de Rasputa y Besputa (Yu. Fedosyuk, *Los apellidos rusos*). Tampoco los estudiosos de los apellidos rusos mencionan ningún *rasputitsa*. En realidad, lo que justifica los intentos del zar por cambiar el apellido de Rasputín, tan dudoso para un hombre tan santo, es su primera derivación, *rasputa*.

Rasputín se convirtió en un joven flaco y poco atractivo. Sin embargo, ya en aquel tiempo sus ojos poseían un extraño encanto hipnótico. Había en él una cierta ensoñación que sorprendía a sus toscos semejantes y atraía a las mujeres. Según el testimonio de sus paisanos, más de una vez lo pillaron con putas y lo molieron a palos.

A medida que iba encajando una a una las piezas que componían la biografía de Rasputín, encontré en un ejemplar de 1912 del *Nuevos Tiempos* un artículo del conocido periodista M. Menshikov acerca de una conversación que había mantenido con Rasputín. En dicho artículo había una historia verdaderamente poética contada por el «anciano» sobre su niñez:

> A la edad de quince años, en mi pueblo, cuando brillaba el sol ardiente y los pájaros cantaban melodías celestiales ... Yo soñaba con Dios. Mi alma anhelaba aquello que estaba lejos. Soñaba muchas veces ... y lloraba sin saber por qué ni de dónde venían mis lágrimas ... Así transcurrió mi juventud. En una especie de contemplación, en una especie de ensueño. Luego, después de que la vida me hubiese conmovido, corría a refugiarme en un rincón y rezaba en secreto.

El periodista se había sentido tan cautivado por esta conversación que en el diario de la anfitriona de un conocido salón en Petersburgo, la mujer del general Bogdánovich, encontré lo siguiente: «26 de febrero de 1912. Menshikov cenó con nosotros ... Dijo que había visto a Rasputín ... que era un creyente, sincero, y todo eso».

Con este mismo lenguaje poético Rasputín relató el principal misterio de su transformación en su «Vida».

EL GOZO DEL SUFRIMIENTO

Entre los papeles de la Comisión Extraordinaria se encuentra el testimonio de los compañeros de Rasputín acerca de su pecaminosa juventud. «Su padre lo enviaba a por grano y heno a Tiumén, a unas ochenta verstas de distancia, y él regresaba a pie, caminando las ochenta verstas sin dinero, derrotado y borracho, y a veces incluso sin los caballos.» Ya desde su juventud anidaba en aquel desagradable campesino una fuerza peligrosa que se manifestaba a través de la diversión, las peleas a puñetazos y las borracheras. Aquella inmensa fuerza animal pesaba sobre él como una fatigosa carga.

«No me sentía satisfecho», dijo Rasputín a Menshikov. «Había demasiadas cosas para las que no encontraba respuesta, y me refugiaba en la bebida.» La embriaguez era la norma para los campesinos. Su padre había bebido, como declararon los testigos interrogados por la Comisión Extraordinaria, aunque después se reformó. (Llegó incluso a obtener algunos ingresos y adquirió una parcela de tierra. En invierno trabajaba de carretero y en verano, como todos los campesinos de Pokróvskoie, pescaba y trabajaba la tierra y ganaba algún dinero como estibador en los barcos de vapor y barcazas de remolque.)

Pero Rasputín estaba constantemente borracho: ahora, aquella tierna ensoñación que había dado pie a que sus compañeros le llamasen Grishka, «el Loco», se alternaba cada vez más con episodios de violento libertinaje y encarnizadas peleas. Hasta tal extremo que otro paisano suyo describió a la Comisión Extraordinaria un Grishka violento e insolente de naturaleza salvaje que «la emprendía a puñetazo limpio no sólo con los forasteros sino también con su propio padre».

«A pesar de todo, en el fondo de mi corazón pensaba en ... cómo pueden salvarse las personas», asegura Rasputín en su «Vida». Y evidentemente era verdad. Las insulsas vidas de las gentes de su pueblo —trabajando en el campo de sol a sol y emborrachándose de vez en cuando—, ¿era eso vida?

Entonces, ¿qué era la vida? No lo sabía; las violentas borracheras continuaban. No tenía suficiente dinero para una vida licenciosa, por lo tanto emprendió negocios peligrosos. Un tal E. Kartavtsev, paisano suyo, declaró ante la Comisión Extraordinaria:

> Pillé a Grigori robando la cerca de mi almiar. La había cortado y apilado en su carreta y estaba a punto de llevársela. Pero le cogí y quise hacerle llevar lo que había robado a la oficina administrativa regional. Quiso huir y casi me golpea con su hacha, pero yo le aticé fuertemente con una estaca haciéndolo sangrar por la boca y la nariz ... Al principio pensé que lo había matado, pero luego se movió ... Me encaminé con él a la oficina regional. Él se resistía, pero le propiné varios puñetazos en la cara hasta que accedió a caminar hacia la oficina regional ... Después de aquella paliza se volvió extraño y como imbécil.

«Le golpeé con una estaca, la sangre corría», era todo tan habitual. Las peleas salvajes, sangrientas y a puñetazo limpio eran moneda corriente en Siberia. La complexión de Rasputín era todo menos robusta, pero aun así era, como más adelante tendremos ocasión de comprobar más de una vez, una persona de inusitada fuerza. Por lo tanto, la paliza que recibió del no precisamente joven Kartavtsev no hizo en él demasiada mella. Como afirma Kartavtsev, no fue una casualidad que reanudara inmediatamente sus actividades delictivas:

> Poco después del robo de mis estacas, dos caballos desaparecieron del ejido. Yo mismo estaba vigilando los caballos cuando vi a Rasputín y a sus compinches acercarse a ellos, pero no le di ninguna importancia. Horas más tarde descubrí que faltaban dos caballos.

Sus valientes compañeros se dirigieron a la ciudad para vender los caballos. Pero según Kartavtsev, Rasputín por alguna razón soltó los caballos y volvió a casa.

Algo le sucedió a Rasputín durante aquella paliza. La simple explicación de Kartavtsev de que Rasputín «se volvió extraño y como imbécil» resulta insuficiente. Él no podía comprender la complicada y oscura naturaleza de Rasputín. Cuando, durante la paliza, el golpe de estaca pareció poner en peligro su vida y la sangre comenzó a resbalar por su cara, sin duda alguna Rasputín experimentó algo. El joven apaleado sintió un extraño deleite en su alma que más tarde calificaría de «el gozo de la humillación», «el gozo del sufrimiento y los malos tratos». «El abuso es un gozo para el alma», explicaría años más tarde a la escritora Zhukovskaya. Por esto Grishka aceptó sin resistencia su castigo en la oficina regional. Y también por esta razón, tras el segundo robo no fue a la ciudad a vender los caballos. Quizá entonces se produjo su renacimiento: la gente del pueblo percibió un cambio en él. No fue ninguna casualidad que después del robo de los caballos, «el asunto fue llevado a los tribunales para desterrar a Rasputín y a sus compinches a Siberia oriental por su deplorable conducta»; sus compañeros fueran expulsados «por veredicto de la sociedad», mientras que Rasputín quedaba en libertad.

Había llegado la hora de casarse, de aportar dos brazos más a las tareas del hogar. Su esposa Praskovia (o Paraskeva) Fiódorovna era del pueblo vecino de Dubrovnoye. Era dos años mayor que Rasputín. En los pueblos se escogía a las esposas no por su belleza o juventud sino por su fuerza, para que pudiesen trabajar duramente en los campos y en la casa.

Según el censo de 1897, Rasputín, aunque contaba ya veintiocho años, todavía no había formado su propio hogar y continuaba viviendo con la familia de su padre. Ésta estaba formada por el cabeza de familia, Efim Yakovlevich Rasputín, de cincuenta y cinco años; su esposa, Anna Vasilievna, también de cincuenta y cinco años; su hijo Grigori, de veintiocho, y la esposa de Grigori, Praskovia Fiódorovna, de treinta. Todos estaban censados como granjeros y todos eran analfabetos.

Praskovia fue una esposa ejemplar. Le dio a su marido tres hijos varones y dos hijas. Pero lo más importante es que era una trabajadora infatigable. En casa de Rasputín se necesitaban brazos para trabajar, ya que Grigori se ausentaba a menudo para visitar los lugares sagrados. Por aquel entonces su transformación era ya total.

«Llegué a la conclusión de que en la vida de aquel simple campesino, Rasputín, se había producido una experiencia profunda que cambió por completo su psique y le hizo volver la mirada a Cristo», escribiría después el instructor de la Comisión Extraordinaria, T. Rudnév.

COMIENZA EL MISTERIO

«Hasta los veintiocho años, viví, como dice la gente, "en el mundo"; estaba con el mundo, es decir, amaba lo que había en el mundo», confesó el propio Rasputín. Los veintiocho años marcaron el límite, fue el momento en que se llevó a cabo la transformación.

La leyenda insiste en que Rasputín trabajó de cochero, que utilizaba sus propios caballos para trasladar a la gente de un lado a otro por la carretera. Un día, dirigiéndose a Tiumén con Melety Zborovsky, un estudiante seminarista que más tarde llegó a ser obispo y después rector del Seminario de Teología de Tomsk, comenzaron a hablar de Dios. La conversación operó un profundo cambio en el alma de Rasputín. O, para ser más exactos, parecía que su alma la hubiera estado esperando.

Era una charla sobre un Dios misericordioso que aguarda el retorno del hijo pródigo hasta el último aliento humano, para que «en la postrera hora no sea todavía demasiado tarde para acercarse a Él». Melety le dijo las palabras esenciales: «Ve y sálvate».

Rasputín quería que aquella conversación continuase: no consiguió recibir del sacerdote pueblerino de Pokróvskoie, falto de educación, lo que había obtenido del futuro maestro de Teología. Por esta razón decidió partir solo en busca de alimento espiritual: el «pan angelical del alma humana».

Se dirigió en primer lugar hacia los monasterios cercanos a Pokróvskoie, a los claustros de Tiumén y Tobolsk. Su vida errante había comenzado. Recorrió a pie el profundo río Tura. Y, tal como escribió en su «Vida», en el curso de aquellas andanzas «vi ante mis ojos la imagen del Salvador caminando a lo largo de la orilla. La naturaleza me enseñó a amar a Dios y a conversar con Él». Esta primaria adoración pagana de la naturaleza fue muy importante para sus enseñanzas posteriores. El suyo era un Dios que vive en los árboles y resuena en las voces de las aves y contempla al viajero desde todas y cada una de las briznas de hierba.

Regresó a su pueblo siendo ya una persona distinta. Fue entonces, durante sus andanzas, cuando comenzó a atesorar un cierto secreto místico.

Y ahora las visiones le visitaban con mayor frecuencia. Las visiones y los milagros se convirtieron en su realidad. Sentía la divinidad en su interior cada vez de forma más clara. «Una vez», relataba, «pasé la noche en una habitación donde había un icono de la Madre de Dios. Me desperté de repente en plena noche y vi que el icono estaba llorando: "Grigori, lloro por los pecados de la humanidad. Ve, erra por el mundo y limpia los pecados de la gente".»

Pero en Pokróvskoie no confiaban en aquel antiguo borracho y fornicador. En su casa también se burlaban de él. En una ocasión, cuando durante una oración los miembros de su familia se rieron de su piedad, «clavó su pala en un montón de trigo y se marchó, tal como estaba, a visitar los lugares sagrados».

LOS VAGABUNDOS DE LA DESAPARECIDA SANTA RUS

De este modo se convirtió en una persona nueva. Y no sólo dejó de beber y fumar, sino que dejó también de comer carne y dulces. Se hizo peregrino o vagabundo (*strannik*).

En el pasado, deambular errante era una parte fundamental de la vida rusa. Todos los campesinos hacían una peregrinación a los lugares sagrados. Por regla general, estos sitios solían ser monasterios famosos por sus reliquias de santos o por sus iconos milagrosos. También las familias acomodadas realizaban sus peregrinajes. «Deambulaban» en carruajes, mientras que los campesinos lo hacían a pie con la mochila a la espalda. Incluso las emperatrices rusas Isabel y Catalina la Grande lo hicieron.

Sin embargo, a finales del siglo XIX sólo personas solitarias emprendían estos viajes. La santa Rus se estaba convirtiendo en una leyenda. Ahora eran muy pocas «las personas de Dios» que abandonaban su hogar a pie para ir a adorar las santas reliquias y los iconos sagrados. En su «Vida de un vagabundo experimentado», Rasputín cuenta que pasó temporadas en los monasterios de Kiev, en las iglesias de Moscú y en los templos de Petersburgo. Desde su pueblo de Siberia había caminado miles de verstas hacia Kiev y Petersburgo siguiendo los caminos y carreteras rusas con su mochila a la espalda, mendigando limosnas y un lugar a cubierto para dormir. De esta forma fue de pueblo en pueblo, de iglesia en iglesia y de monasterio en monasterio. Los campesinos de los pueblos le ofrecían cobijo por deferencia a su divina tarea. Veían en los vagabundos a los últimos herederos de aquellos tiempos, en vías de extinción, en que los hombres trataban de agradar a Dios. De vez en cuando, en alguna carretera solitaria el indefenso caminante era atacado por asaltantes. Y tal como Rasputín relata en su «Vida»: «yo les decía, no es mío sino de Dios. Coged de mí. Os lo doy gustoso». Y al final del interminable camino aparecía un pueblo con su pequeña iglesia. «El tañido de sus campanas alegra el corazón.» Pero en lugar de regocijarse por haber encontrado el templo de Dios, «el diablo susurraba al oído del exhausto caminante, "ocupa un lugar bajos los pórticos, recoge limosnas, el camino es largo, se necesita dinero, pide que te den de cenar en sus casas y aliméntate mejor". Tenía que luchar contra aquellos pensamientos».

SATÁN MERODEANDO

La mayor astucia de Satán consiste en convencernos de que no existe, pero para Rasputín no sólo era una realidad sino que estaba siempre cerca. Satán, escribe, se le aparecía «en forma de mendigo y susurraba al oído del agotado vagabundo, atormentado por la sed, que todavía faltaban muchas verstas para llegar al siguiente poblado». Rasputín «hacía la señal de la cruz o comenzaba a cantar un himno del querubín ... y luego miraba y encontraba un pueblo».

Un testigo que vio a Rasputín después de uno de sus peregrinajes contó a la Comisión Extraordinaria que «parecía subnormal ... Cantaba algo y agitaba las manos de forma amenazante». Esto se convirtió en una costumbre en él, hablaba con Satán constantemente y lo amenazaba pidiendo a Dios con himnos que le ayudase en su lucha contra el diablo. «Un enemigo astuto» quiere apoderarse del alma que le ha sido prometida a Dios; «y la gente le ayuda en eso. Todos miran a la persona que busca la salvación como si fuera una especie de ladrón, y enseguida se burlan de él», escribe Rasputín en su «Vida».

Durante todo este tiempo el extraño sistema nervioso de Rasputín le causaba dificultades, especialmente en primavera. «Cada primavera era incapaz de conciliar el sueño durante cuarenta noches», recuerda Rasputín en su «Vida». Esto ocurrió desde los quince hasta los treinta y ocho años. Pero en el mundo de los milagros, donde ahora residía, el tratamiento era simple. No tenía más que pedir ayuda en sincera oración a su santo favorito: Rasputín imploraba a san Simeón de Verjoturie.

EL PODEROSO SANTO

El constante objetivo de sus andanzas durante todo aquel tiempo era el monasterio Nikolaev de Verjoturie. Este antiguo claustro, fundado por los zares moscovitas en el siglo XVI, se erguía sobre una colina en la confluencia de dos pequeños arroyos. Los devotos de toda Siberia acudían allí a rendir homenaje a las reliquias del virtuoso Simeón.

San Simeón de Verjoturie se había convertido en el santo favorito de Rasputín; a él debía aquella fuerza misteriosa que crecía en su interior.

Simeón de Verjoturie nació a comienzos del siglo XVII y vivió en aquellos lugares a orillas del río Tura. Siendo también un vagabundo como Rasputín, recorría los pueblos de la zona o vivía por su cuenta en los márgenes del Tura. Le mostraron a Rasputín la piedra bajo la pícea donde el santo solía sentarse. Simeón murió a consecuencia de una extraordinaria abstinencia y ayuno en 1642. Medio siglo más tarde, como consta oficilmente en la *Vida de san Simeón*, «observaron que su ataúd había empezado a levantarse hasta salir de la tierra, y que sus restos incorruptos podían verse a través de las juntas de la madera».

En la tumba del santo comenzaron las sanaciones. La primera persona que fue curada a finales del siglo XVII, según la *Vida de san Simeón*, se llamaba Grigori y cogió «tierra del ataúd, frotó sus extremidades con ella, y se curó». Durante los doscientos cincuenta años siguientes, peregrinos de toda Rusia acudieron a la tumba de san Simeón para ser curados. A principios del siglo XVIII, las reliquias de san Simeón fueron trasladadas solemnemente al monasterio Nikolaev de Verjoturie.

Y tal como Rasputín escribió: «el virtuoso Simeón de Verjoturie me curó de mi insomnio» junto a sus reliquias. De este modo se convirtió en su santo patrón. Y hasta su muerte, Rasputín visitó el monasterio llevando allí a sus dementes admiradores.

Como veremos más adelante, acudió a san Simeón de Verjoturie para pedirle ayuda en su primer intento de acercarse a la familia real: su primer regalo a la familia real fue un icono de este santo. Era como si éste le acompañase en su búsqueda espiritual. Más tarde, cuando la vida de Rasputín dio un vuelco hacia abajo, Simeón le seguiría hasta su muerte.

Cuando la familia real fue ejecutada en el verano de 1918, las reliquias de san Simeón perecieron también, arrancadas del monasterio por los bolcheviques.

Las profecías de Rasputín empezaron en la época de su renacimiento. Como él mismo relató a Zhukovskaya:

> Cuando el Señor me visitó ... perdí todos mis sentidos ... y empecé a correr por el pueblo en plena helada sólo con la camisa puesta y pidiendo arrepentimiento. Y después me desplomé con gran estrépito junto a una cerca, donde permanecí un día entero ... Luego desperté ... y los campesinos acudieron a mí corriendo desde todas partes. «Dijiste la verdad, Grisha», decían. «Debimos habernos arrepentido mucho antes, pues anoche ardió medio pueblo.»

Por lo tanto, su fama y los rumores de sus milagros comenzaron al inicio del nuevo siglo XX. Según palabras de Feofán, entonces inspector del Seminario de Teología de San Petersburgo: «Y le fue dado cerrar los cielos y la sequía se cernió sobre la tierra hasta que ordenó a los cielos que se abriesen de nuevo».

Pero, tal como podemos leer en las declaraciones a la Comisión Extraordinaria, Rasputín regresaba de sus viajes acompañado cada vez con mayor frecuencia por «dos o tres mujeres errantes vestidas con una especie de atuendo de monja».

LA CAPILLA BAJO EL ESTABLO

No es una casualidad que también san Serafim de Sarov, uno de los últimos santos rusos del siglo XIX, estuviera siempre rodeado de mujeres jóvenes.

Entre los primeros discípulos de Rasputín figura Evdokia («Dunya») y Ekaterina («Katya») Pechyorkina (que no eran hermanas, como frecuentemente se ha afirmado en las biografías de Rasputín, sino tía y sobrina), que vivían con él «ganándose el pan» como sirvientas.

Katya, que por aquel entonces era muy joven, le siguió finalmente a Petersburgo, donde se convertiría en su criada. El destino quiso que fuera ella quien viera la cara del asesino de Rasputín aquella noche de diciembre de 1916.

Había muy pocos hombres en su círculo. Tan sólo su pariente Nikolai Rasputín, y otros dos paisanos suyos, Nikolai Raspopov e Ilya Arsyonov.

En la futura investigación del Consistorio de Tobolsk por la acusación de sectarismo contra Grigori Rasputín, Nikolai Rasputín exponía que «había entonces una capilla situada bajo el establo». Y de acuerdo con las confesiones de los testigos de la Comisión Extraordinaria, «se reunían con gran secreto en un subterráneo bajo el establo, y cantaban y leían el Evangelio, cuyo significado oculto les descubriría Rasputín». Pero la investigación no reveló nada más sobre aquel misterio que Rasputín les revelaba.

Sin embargo, Rasputín no permaneció mucho tiempo en Pokróvskoie. Abandonó a sus discípulos y se marchó de nuevo a visitar monasterios. Su deambular se hizo todavía más riguroso. «Por experiencia y para probarme a mí mismo», decía:

no me cambié la ropa interior en seis meses cuando me dirigía de Tobolsk a Kiev, y a menudo caminaba durante tres días seguidos comiendo lo menos posible. En días calurosos me imponía un severo ayuno. No bebía *kvas* sino que trabajaba todo el día con los braceros, igual que ellos; trabajaba y luego reposaba y oraba.

Con estas palabras elevadas contaba Rasputín en su «Vida» su transformación a los zares.

Pero no les contó nada sobre el motivo esencial de sus andanzas: los peligrosos claustros ocultos en el corazón de los remotos bosques siberianos, sus creencias, y la «ortodoxia del pueblo» no oficial que había creado el semianalfabeto campesino de Siberia y sus misteriosas enseñanzas.

No les dijo nada de la religiosa clandestina Rus que durante siglos había coexistido junto a la Iglesia oficial.

La oculta santa Rus

La desconfianza en la iglesia oficial tenía profunda raigambre en Rusia.

Desde hacía mil años, en el siglo X, se había adoptado el cristianismo en Rus; pero no por ello desapareció el paganismo. Las iglesias cristianas de Rusia se construyeron en los antiguos lugares sagrados paganos. Los dioses paganos que los príncipes habían obligado al pueblo a repudiar continuaban viviendo sin ser vistos. El dios pagano Volos, por ejemplo, cuyo ilimitado poder se manifestaba, según las creencias paganas, en la alternancia entre la fecundidad y la destrucción del mundo natural, fue transformado en «sirviente de Dios, san Vlasy, el que obra milagros». El dios pagano del trueno, Perun, fue sustituido por el profeta Elías, que hacía retumbar los truenos: el deleite pagano por la naturaleza, su adoración y deificación, perduraron en el alma del pueblo. La prontitud con que se aprestaron tras la Revolución a destruir sus grandes templos ortodoxos a requerimiento de los bolcheviques es comparable a la facilidad con que derribaron y quemaron sus lugares sagrados paganos por orden de los príncipes.

Regiones enteras vivieron durante mil años en una mezcla de paganismo y ortodoxia. Los antiguos hechiceros, que conjuraban maleficios o protegían de ellos, y los sanadores beatos coexistían.

Siberia y el Trans-Volga eran el centro de aquella extraña «ortodoxia del pueblo».

Una «América rusa»

En el siglo XVII, los bosques del Trans-Volga se extendían sin interrupción hasta el norte. A lo largo de las cuencas de los afluentes del Volga había aldeas diseminadas y separadas entre sí por vastas extensiones de bosques infranqueables. Los habitantes de aquellos caseríos estaban, en cierto modo, incomunicados y aislados del resto del mundo bautizado, y los rusos ortodoxos de la zona se parecían, por sus costumbres salvajes, a los primitivos moradores de aquellos lugares, los feroces cheremís y los tramperos votiakos. Las bodas se celebraban en el bosque y los participantes adoraban al mismo tiempo a los santos y a los árboles. «Vivían en el bosque, rezaban a los tocones, se casaban de pie alrededor de una pícea, y los diablos les cantaban a ellos», se decía de los habitantes del Trans-Volga.

En la segunda década del siglo XVII, nuevos residentes poblaron aquellas impenetrables espesuras. Eran los hijos del sangriento Período de las Revueltas (1584-1613) que recorrían el territorio ruso arrasándolo con sus insurreciones y que acabaron provocando la caída del Estado. El Período de las Revueltas terminó con el acceso al trono de la dinastía de los Romanov; huyendo de la cólera de los nuevos zares, los que habían estado implicados en los recientes motines escaparon hacia el Trans-Volga y la Siberia: los mismos que en el Período de las Revueltas saquearon y ensangrentaron todo el territorio ruso. Hallaron refugio en las regiones de los bosques, lejos del *knut* y de la horca. Era una «América rusa» única e irrepetible.

UN DESASTROSO CISMA EN LA IGLESIA RUSA

Más adelante, en el siglo XVII, el número de nuevos refugiados fue aumentando en los bosques del Trans-Volga y la Siberia. Las reformas de la iglesia bajo el zar Alejo Mijáilovich fueron acompañadas de una renovación de los textos sagrados y de un cambio en el misterio de la señal de la cruz. Ahora los creyentes tenían que santiguarse con tres dedos en lugar de dos. La naciente ortodoxia provocó un mar de sangre. Muchos creyentes declararon que los «nuevos libros» y ritos eran una tentación de Satán. Se aferraron a las antiguas tradiciones, santiguándose como antes, y leyendo solamente las viejas versiones de los textos sagrados. Se llamaron a sí mismos Viejos Creyentes.

El gran cisma de la iglesia había empezado. La iglesia oficial se aprestó a castigar con severidad a los Viejos Creyentes; hubo encarcelamientos, ejecuciones y autoinmolaciones masivas de sus partidarios. A consecuencia de ello, los Viejos Creyentes establecieron sus claustros sagrados fuera del alcance de las autoridades en los infranqueables bosques del Trans-Volga y Siberia.

El progresivo desarrollo de la industria diezmó los bosques y los claustros cismáticos del Trans-Volga retrocedían más allá de los Urales, en la impenetrable espesura siberiana. Así pues, durante los trescientos años de historia de la dinastía de los Romanov existió en Siberia, paralela a la iglesia ortodoxa oficial, una «iglesia del pueblo» secreta y poderosa.

EL ZAR GOBIERNA LA IGLESIA

Pedro el Grande, hijo del zar Alejo Mijáilovich, prosiguió con éxito lo que su padre había iniciado al separar la Iglesia rusa. Este zar reformador destruyó el antiguo patriarcado y se burló abiertamente de los ritos de la vieja iglesia. Asimismo estableció, con un procurador jefe nombrado por él como su cabeza, un Santo Sínodo que a partir de entonces gobernaría los asuntos eclesiásticos; aunque el padre de Nicolás, Alejandro III, era un hombre profundamente religioso, la iglesia oficial permaneció subordinada al zar llevando bajo su reinado la misma penosa existencia de antes. El favorito del emperador, K. Pobedonostsev, en calidad de procurador jefe, servía como cabeza del Santo Sínodo. Era una de las personas más sagaces del país, pero, como sucede con frecuencia en Rusia, su mente estaba concentrada en la opresión. El menor resquicio que permitiese libertad de pensamiento y de expresión estaba sujeto a furibundos ataques. Estaba dispuesto a destruir de raíz cualquier ley capaz de mitigar, aunque fuera mínimamente, el ilimitado poder del zar sobre la Iglesia. Como cabeza del Santo Sínodo, aquel hombre profundamente devoto hizo cuanto pudo por mantener el inmenso e infinito mundo de la vida eclesiástica dentro de los cauces de una implacable burocratización y obligó a los jerarcas de la Iglesia a reconocer una sola ley: la autoridad del zar y del procurador jefe. La Iglesia oficial se encontraba en una situación de profundo letargo.

Entretanto, el caldero social había comenzado a hervir. Poco antes de su muerte, el zar Alejandro III mantuvo una conversación con uno de sus leales consejeros, el general responsable del departamento administrativo, O. Richter: «Tengo la impresión de que las cosas en Rusia no van como debieran», manifestó el padre de Nicolás y le pidió a Richter su opinión al respecto. «He pensado mucho en todo esto», respondió Richter, y me imagino el país como si fuera un inmenso caldero rodeado de hombres provistos de hachas, en cuyo interior se produce una gran fermentación. Cuando aparece la más mínima grieta en las paredes del caldero, la sellan con remaches. Pero al final los gases del interior provocarán una grieta tan enorme que será imposible sellarla, y todos nos asfixiaremos.

Y, recuerda Richter, el soberano empezó a gemir como si le doliera algo.

La indefensa Iglesia oficial ya no podía ofrecer ayuda en caso de catástrofe. El pueblo no confiaba en ella. Aquellos que se encontraban en una encrucijada o bien se encaminaban con sus problemas hacia la Revolución; o acudían a los santurrones y ancianos; o a los sectarios en busca de ayuda: a los claustros perdidos en los bosques.

LAS PROFECÍAS DE LOS ANCIANOS

Había transcurrido ya más de la mitad de la vida de Rasputín, que se dirigía precipitadamente hacia la muerte. Su cuarta década había comenzado y él todavía deambulaba de monasterio en monasterio.

Los rostros de las imágenes sagradas en sus antiguos marcos brillan con luz trémula delante de las lámparas en el oscuro refectorio. En tres hileras, extendiéndose hacia las ventanas están las mesas y, a ambos lados, los bancos. Aquí no sólo se sientan los hermanos sino también los laicos que visitan el monasterio. Hay sitio para todo el mundo. ¡Qué colección de caras y personajes! ¡Cuántas pasiones vencidas o reprimidas! ¡Cuántas historias instructivas! Aprendió a leer las más lamentables pasiones humanas en aquellos rostros. Vio el gran poder de la piedad, que podía ayudar a sanar enfermedades incurables. Pero también llegó a conocer a los curanderos y hechiceros siberianos, que conservaban del pasado pagano los secretos de sus curas y hechizos. Miles de caras y de encuentros, miles de confesiones y conversaciones hasta bien entrada la noche.

Bajo la vitrina de los iconos hay libros en viejas encuadernaciones negras y un pequeño cáliz: una copa de cobre con una cruz que sirve de campana durante las comidas. Cuántas veces había oído el vagabundo Rasputín su sonido indicando el inicio de la comida. Cuántas veces ha-

61

bía contemplado con ojos desorbitados a aquellos monjes de aspecto corriente, los «ancianos», cuyas proezas ocultaba el monasterio.

Los venerables ancianos, aquellos que habían alcanzado la perfección moral y obtenido la sabiduría que era inalcanzable en el mundo, vivían en el monasterio como monjes corrientes. Las reglas del monasterio no permitían exhibir ni mostrar las riquezas espirituales y protegían el crecimiento espiritual de sus devotos aislándolos de las tentaciones mundanas. Pero aquello que durante el día estaba escondido, por la noche era registrado por la mano temblorosa de un anciano. Y qué feliz se sentía Grigri cada vez que conseguía hablar con alguno de estos hombres. De ellos aprendió su forma de hablar, tierna y amorosa.

En los monasterios oyó las profecías de los ancianos respecto a la destrucción que se cernía sobre el reino de los Romanov. Aquellas predicciones son ahora famosas y se conocen como las profecías de los ancianos del monasterio de Optina Pustin y de Serafim de Sarov. Pero ¿cuántas otras adivinaciones hechas por ancianos anónimos han sucumbido en los lejanos monasterios que fueron saqueados durante la guerra civil y destruidos por los bolcheviques? De sus andanzas Rasputín trajo consigo aquel sentido de catástrofe cerniéndose sobre el reino.

EL «SUEÑO RUSO»

Al inicio de sus recorridos por los antiguos claustros ocultos en la espesura, Grigori supo también de una nueva experiencia espiritual, que al principio había seducido y, luego, dominado a cientos de personas, y que atrajo secretamente a monasterios enteros. Eran seguidores secretos, poderosos partidarios de una fe fanática. Mientras que otras sectas procedían de Occidente, los jlisti (flageladores) y los skoptsi (castrados) constituían un fenómeno exclusivamente ruso. Eran doctrinas en las que el fanatismo, la lascivia y la fe en Dios se confundían de forma blasfema en una sola cosa. Sectas que desempeñaron un papel decisivo en el destino de Rasputín y del imperio.

La opresión que sufría el pueblo, la cruel represión de los campesinos y la persecución de los viejos ritos de sus antepasados dieron lugar al antiguo «sueño ruso» del advenimiento de un redentor. Al principio, el sueño se refería a un redentor terrenal, un gobernante. Y por consiguiente, autoproclamados «zares» hicieron continuas apariciones a lo largo de un período de doscientos años, durante los siglos XVII y XVIII.

En todos los países ha habido impostores de esta clase pero sólo en Rusia alcanzó este fenómeno tales dimensiones y gozó de tanto éxito. El primer gran farsante, el monje fugitivo Grigori Otrepiev, se declaró hijo de Iván el Terrible y, ante el asombro de Europa, derrotó al poderoso zar Boris Godunov. Así se convirtió en el zar moscovita, gobernando hasta ser desenmascarado y asesinado por los boyardos. A consecuencia de este suceso, en lugar de un impostor surgieron infinidad de falsarios. La gente no dudaba en unirse a las fuerzas de estos «zares», y Rusia se vio durante muchos años envuelta en las sangrientas insurrecciones del Período de las Revueltas. Más de cien falsos pretendientes, cada uno de ellos proclamando ser «verdadero zar», surgieron en Rusia a lo largo de aquellos dos siglos. Uno de ellos, el campesino analfabeto Emelyan Pugachyov, reunió un ejército de varios miles de campesinos y cosacos que casi termina con la propia emperatriz Catalina la Grande.

Paralelamente a la aparición de los falsarios, pretendientes al trono durante el reinado de más de trescientos años de la dinastía de los Romanov, hubo otra clase de impostores, los celestiales, es decir, los «Cristos».

Los jlisti y el delirio sexual

Los jlisti aparecieron en Rusia en el siglo XVII durante los reinados de los primeros Romanov. Y se hicieron poderosos. Su historia es muy simple. El fundador de la secta era un tal Daniil Filipovich, que se proclamó a sí mismo «Señor de los anfitriones». Tal como lo describe la tradición jlist, este «Daniil Filipovich descendió del cielo rodeado de gloria en un carro de fuego» y permaneció en la tierra en forma de hombre. Según esta misma leyenda: «quince años antes del advenimiento del "Señor de los anfitriones" Daniil Filippovich; "el hijo de Dios" Iván Suslov nació de una Madre de Dios de cien años». A los treinta años, Suslov fue llamado por el «Señor de los anfitriones» Daniil Filippovich, que lo convirtió en un «dios viviente». Así aparecieron los dos, el «Señor de los anfitriones» y «su hijo Cristo», en la pecaminosa Rus, junto con una «madre de Dios» que había dado a luz al «Cristo». Todos ellos habían venido a defender a un pueblo agraviado y empobrecido.

Según la tradición jlist, el primer «Cristo», Iván Suslov, fue apresado por los boyardos, conducido a Moscú y crucificado en la Puerta Spassky del Kremlin. Pero se levantó de entre los muertos, volvieron a crucificarlo y resurgió. Después, ambos, Daniil Filipovich e Iván Suslov, murieron o, más exactamente, regresaron al cielo, y otros se convirtieron en los nuevos «señores de los anfitriones», «cristos», y «madres de Dios».

La propensión de los «dioses vivientes» jlist a corromperse no preocupaba lo más mínimo a sus ignorantes seguidores. Según la creencia jlist, al abandonar el último «Cristo» la vida terrenal (o, mejor, al ascender al cielo), el Espíritu Santo se instalaba en otro cuerpo. De este modo, durante aquella época muchos «mesías» vivieron en las implacables tierras de Rusia.

Esta particular mezcla infantil de paganismo y ortodoxia estaba destinada a hacer mella en la Rusia más salvajemente oprimida, ignorante y servil. La doctrina jlist abría un mundo de posibilidades ilimitadas al campesino sometido, puesto que enseñaba que todo hombre podía llegar a convertirse en un Cristo y que toda mujer podía ser la Madre de Dios. Lo único que tenían que hacer era liberarse del pecado de la carne (el Adán del Antiguo Testamento) y mediante una vida virtuosa y de oración preparar su alma para el descenso a ella del Espíritu Santo; es decir, criar a Cristo en sí mismo. Y convertirse en Él. Era el misticismo de un pueblo ignorante en el que el Espíritu Santo estaba materialmente alojado en el alma de la gente. Para los campesinos analfabetos esta evidencia era de una claridad diáfana.

Cada comunidad jlist (o «arca», en su terminología) tenía su propio «Cristo» y su propia «Madre de Dios». Al principio, la gente llamaba «Cristos» a los sectarios. Pero el rito de autoazotarse y flagelarse, procedente una vez más del paganismo y extrañamente combinado con ciertas nociones acerca de la flagelación de Cristo, dio a la secta el nuevo nombre de jlisti (que significa «látigos»). No obstante, ellos se denominaban a sí mismos «pueblo de Dios» y, más tarde, «Creyentes en Cristo».

En la preparación de sus almas para el descenso del Espíritu Santo predicaban, naturalmente, un extremo ascetismo. Pero una vez más, de forma inesperada y característicamente rusa, la supresión de la lujuria se llevaba a cabo a través de una depravación sin límites.

En algunas sectas jlist, la abstinencia, el rechazo de la vida sexual de la familia se transformaba, durante el rito de «regocijo» (*radenie*), en un «pecar colectivo» (*svalnyi grej*): en relaciones sexuales promiscuas entre los miembros de la secta. El «regocijo», el principal rito jlist, derivaba de los brujos paganos y de los chamanes y no era más que una mezcla de paganismo y cristianismo. Precisamente durante el «regocijo», en opinión de los jlisti, era cuando el Espíritu Santo descendía sobre ellos. Entonces los miembros de la secta trataban de concebir tantos nuevos «Cristos» y «Madres de Dios» como fuera posible. Este acto de concepción se llevaba a cabo en un estado de absoluto delirio precedido por una danza jlist.

LA DANZA *JLIST*

Tuve ocasión de ser testigo de este «regocijo» en una pequeña isla de Chechenia en el mar Caspio. En el siglo XVII muchos Viejos Creyentes huyeron a aquella isla, aunque hacia el siglo XVIII comenzaron a llegar también fugitivos jlisti y mantuvieron vivas las costumbres de su antigua secta durante siglos. Al igual que en el pasado, los ritos eran totalmente secretos, aunque los rigores actuales no permiten en absoluto la comparación con épocas anteriores. No detallaré las tretas y, especialmente, los sobornos mediante los cuales conseguí ver qué sucedió allí. Tuve que hacer un terrible juramento: «permanecer en silencio durante treinta y tres años»; pero aquellos treinta y tres años ya han transcurrido.

Cito de mis notas de 1964:

Vestidos con camisas blancas de lino sobre sus cuerpos desnudos descendieron al sótano de la vivienda de un campesino. Una vez allí, encendieron velas. Empezaron a cantar algo sagrado en aquella penumbra; un verso del canon de Pascua, como nos explicaron después: «Viendo, nos llenamos de alegría, pues Cristo ha resucitado». Después, un viejecito de ojos claros y alegres —el «Cristo» local— empezó a cantar una oración jlist a la temblorosa luz de las velas. Y, entonces, con una inusitada energía empezó a «regocijarse», es decir, a dar vueltas sobre sí mismo frenéticamente, haciendo la señal de la cruz y azotándose el cuerpo sin parar. El coro cantaba oraciones, sus voces rezaban cada vez más salvajemente, más fervorosa y apasionada, algunos incluso gritaban y sollozaban. Llegados a este punto, el viejecito se detuvo y gritó como un demente: «¡Hermanos! ¡Hermanos! ¡Puedo sentirlo, el Espíritu Santo! ¡Dios está conmigo!». Y empezó a profetizar, vociferando sonidos incongruentes mezclados con las palabra: «¡Oh, Espíritu!» «¡Oh, Dios!» «¡Oh, Espíritu del Señor!». Tras esto, dio comienzo el rito más importante de la comunidad, el «regocijo», o el torbellino delirante de todos los miembros.

Creían que el Espíritu Santo aparecía durante la danza y el torbellino de movimientos. Y que las gotas de Su sudor, derramadas en el Huerto de Getsemaní, resucitaban en su propio sudor durante la danza. Presumiblemente, tras experimentar los efectos psicológicos de aquel enloquecido girar, que actúa en el cerebro como si fuera acohol, lo denominaron «cerveza espiritual».

Todo volaba. Ya no eran personas dando vueltas, sino cabellos volando, ropas ondeando, sollozos y gritos. El sudor corría a mares, y ellos nadaban en él como si estuvieran en un baño. Las llamas de las velas parpadearon y se extinguieron: todo quedó a oscuras.

A continuación, intoxicados por aquella frenética danza, se desplomaron al suelo: ahí terminó todo; aunque, al parecer, sólo porque yo estaba allí presente.

Gimnasia espiritual rusa

En aquel sublime momento es cuando en muchas «arcas» sus miembros se unen en el acto de «amor», en el «pecar colectivo». Pero sólo es un pecado para los no iniciados. Ellos saben que están pecando para suprimir la carne, para purificarse, para que sus almas resplandezcan con el fraternal amor de un «Cristo», un amor liberado del pecado y de cualquier deseo carnal por el propio pecado. Aniquilan el pecado con el pecado. Ésta es la revelación jlist.

En aquel preciso instante, el Espíritu Santo desciende a sus «cuerpos puros».

Por esta razón aseguran que si algún niño nace de aquella noche, nace no de la carne sino del Espíritu Santo.

El peligroso coraje del alma rusa, que no teme al pecado, está expresado en la doctrina jlist. Pues, tal como enseñan los jlisti, en la persona religiosa el pecado va siempre seguido de un gran sufrimiento, y éste conduce a un profundo arrepentimiento: a una inmensa purificación del alma, que acerca la persona a Dios. La idea básica es la continua alternancia entre un gran pecado y un gran arrepentimiento. Pecado-arrepentimiento-purificación constituyen la gimnasia esencial del alma. Sin comprender esta idea jlist, el concepto de la «gimnasia espiritual» y de su importancia en el pecado, no entenderemos a Rasputín.

La iglesia oficial reconoció el peligro de los jlisti y emprendió la lucha contra ellos. En Moscú, en 1733, setenta y ocho personas fueron condenadas, sus líderes ejecutados y el resto de ellas se exiliaron a remotos monasterios. La tumba del fundador de la secta, Daniil Filipovich, en el monasterio Ivanov fue exhumada y sus restos quemados. Pero esto no detuvo al movimiento jlist.

LA «PRIMERA LLEGADA» DE LOS JLISTI A LOS PALACIOS

A comienzos del siglo XIX, no sólo los campesinos analfabetos sino también los terratenientes, el clero, y la alta nobleza estaban involucrados en la herejía jlist. Al inicio del siglo una secta secreta jlist operaba en Petersburgo en el castillo Mijaílov, antigua residencia del emperador Pablo I. Al frente de la secta había una «madre de Dios», la esposa del coronel E. F. Tartarinova, de soltera baronesa Buchsgefden. Al casarse se convirtió del luteranismo a la religión ortodoxa. En aquel preciso momento «sintió que el Espíritu Santo había entrado en ella; que se había convertido en una madre de Dios y reconoció el don de la profecía en su interior. Por la noche, bajo la guía de la baronesa se llevaban a cabo incongruentes conjuros proféticos y frenéticas danzas jlist en el castillo Mijaílov. La más alta nobleza de Petersburgo participaba en los ritos: generales, duques e importantes oficiales como P. Koshelev, mayordomo de la Corte, y el príncipe A. Golitsyn, ministro de la iluminación y asuntos espirituales. Todo en el más absoluto secreto, que los participantes guardaban celosamente de las crueles garras de los no iniciados. Esta secta continuó con su actividad durante todo el reinado de Alejandro I.

No obstante, los ritos que al principio tenían un carácter profundamente ascético fueron degenerando gradualmente en una salvaje orgía de pasión desenfrenada. En 1837, durante el reinado de Nicolás I, Tartarinova fue arrestada y encerrada a la fuerza en un convento. De todos modos, las personalidades que se unieron a los jlisti eran una excepción. Ante todo, la secta siguió siendo un movimiento campesino, una extraña «ortodoxia del pueblo».

LAS FANÁTICAS HEREJÍAS RUSAS

Sin embargo, la idea de purificarse del pecado a través del pecado empezó a suscitar dudas entre algunos de los miembros del «pueblo de Dios». Entonces el sueño de la victoria sobre la lujuria y la lascivia, sin la cual no podía uno convertirse en «Cristo», dio paso a una nueva idea fanática.

A mediados del siglo XVIII, la secta conocida como *skoptsi* o «castrados» se escindió de los jlisti. El fundador de la nueva secta, Kondraty Selivanov, empezó a lanzar vituperios contra la depravación sexual de los jlisti y a predicar un ascetismo absoluto que sólo podía alcanzarse a través del «atroz bautismo» de la castración. La base de la nueva doctrina era un fragmento del Evangelio según san Mateo, que los campesinos semianalfabetos interpretaban como una guía a la acción inmediata.

En san Mateo, Cristo dice en una conversación con sus discípulos que «hay eunucos que nacieron así del vientre de su madre, y hay eunucos que fueron hechos por los hombres, y hay eunucos que a sí mismos se han hecho tales por amor del reino de los cielos. El que pueda entender, que entienda» (Mateo 19:12). Y a estas palabras les siguieron actos masivos de fanática automutilación. El terrible procedimiento de la castración masculina mediante un hierro candente (también se utilizaban hachas) iba acompañado de una operación todavía más horrible infligida a las mujeres: les cortaban los órganos sexuales externos, los pezones e incluso los pechos enteros. También inventaron un «grado supremo» de castración: la extracción del órgano sexual masculino. Todas estas horribles mutilaciones del cuerpo eran realizadas voluntariamente por los miembros de la secta. Los skoptsi se preparaban para la vida eterna. Y basándose en el mismo fragmento del Evangelio según san Mateo, estaban convencidos de su superioridad sobre los demás mortales. Los cantos de los skoptsi durante las ceremonias exultaban de gozo.

Al igual que sucedió con los jlisti, la nueva secta atrajo también la atención de la aristocracia. Hubo terratenientes, oficiales e incluso clérigos que se castraron voluntariamente. El propio zar Alejandro I encontró tiempo para hablar con Selivanov, padre del movimiento *skoptsi*.

Tras recibir esta atención real, en los círculos *skoptsi* surgió la idea de enviar a sus «Cristos» a ayudar al zar, para la salvación de su reinado, que se estaba ahogando en el latrocinio burocrático y la incredulidad. Se trazó un elaborado plan para la transformación de Rusia en una tierra donde dominase el «pueblo de Dios». El principal «Cristo» viviente, el propio Selivanov, ocuparía su puesto junto a la persona del emperador. Se sugirió también que cada ministro tuviese su propio «Cristo». En 1803 le presentaron este proyecto a Alejandro I. La idea enfureció al zar; el autor de semejante proyecto, el noble polaco y eunuco Alexei Elensky, fue obligado a retirarse a un monasterio.

¡No importaba! Ya llegaría la hora en que uno de los miembros del «pueblo de Dios» gobernase el país.

ANDANZAS SECRETAS EN «RINCONES» SECRETOS

Los *skoptsi* no se convirtieron en una secta masiva. La secta de masas de mayor influencia seguía siendo la de los jlisti.

A finales del siglo XIX había «arcas» jlist muy poderosas en Siberia, en las fábricas de Perm, por ejemplo. También se extendieron por toda la Rusia europea. En el Segundo Congreso del Partido Obrero Socialdemócrata de Rusia, en 1903, Lenin habló de una organización jlist secreta que había «tomado el control de las masas en pueblos y granjas de la parte central de Rusia y se estaba extendiendo con gran fuerza».

Había comunidades jlist en Petersburgo y alrededores, y en Moscú y las afueras de la ciudad. La famosa poetisa Marina Tsvetaeva recuerda en su ensayo autobiográfico *Las hijas de Kirill* cómo en la ciudad de Tarus, ante el asombro de su imaginación infantil, un «Cristo» y una «madre de Dios» jlist iban a venir a su huerto a recoger manzanas. «Cristo ha venido a por manzanas», decían los adultos.

Así pues, a lo largo del camino recorrido por Rasputín en sus andanzas había «arcas» establecidas, comunidades enigmáticas de «Cristos» y «madres de Dios» jlist.

Sometidos a la clandestinidad por la Iglesia oficial, los jlisti elaboraban sus normas de comportamiento en el mundo. «Nuestro», «de los nuestros», así se llamaban los unos a los otros, y se ponían sobrenombres en lugar de los verdaderos. Estos apodos y el término «nuestro» no tardarían en oírse en el palacio real.

Muchas de las ideas favoritas de los jlisti podemos encontrarlas en las «obras» de Rasputín. Sobre todo, el vilipendio del clero oficial y el desprecio por el libro de enseñanzas de los jerarcas de la Iglesia. «He tenido que pasar mucho tiempo entre los jerarcas, he hablado con ellos largo y tendido ... Sus enseñanzas son insignificantes, pero escuchan tus sencillas palabras.» «Aprender por piedad no es nada. La letra ha ofuscado sus mentes y atado sus pies, y no pueden caminar siguiendo los pasos del Salvador.» Y por este motivo, dice, no pueden proporcionar el consejo indispensable a aquellos que necesitan alimento espiritual. Y Rasputín añade una frase importante: «Hoy en día, aquellos que son capaces de dar consejo han sido todos apartados a un rincón».

Las sectas jlist «apartadas a un rincón», aquellas «arcas» y «flotillas» repartidas por toda Rusia, mantenían comunicación constante y secreta unas con otras. Lo hacían empleando mensajeros: «serafines» o «ángeles voladores», es decir, vagabundos que viajaban incesantemente de un arca a otra.

Quizá se oculte aquí una respuesta al enigma de la primera mitad de la agitada y para siempre secreta vida del experimentado vagabundo.

Rasputín emprendió por primera vez su camino hacia Dios en la «oculta Rus», entre los jlisti. Allí aprendió un secreto místico: la capacidad de acoger a Cristo en su seno. Empezó con esto. Y no es de extrañar que incluso entonces, en aquel oscuro período de su vida, fuera objeto de investigación.

LA PRIMERA ACUSACIÓN

La primera persecución eclesiástica a Rasputín se remonta a 1903, cuando su fama ya había comenzado a extenderse hasta alcanzar Petersburgo. Como «hombre de Dios», fue denunciado en el Consistorio Teológico de Tobolsk por su extraña conducta respecto a las mujeres que iban a visitarlo procedentes del «mismísimo Petersburgo». Las acusaciones se remiten al hecho de que en su juventud Rasputín «había estado en contacto con las enseñanzas de la herejía jlist en las fábricas de la provincia de Perm». Enviaron un investigador a Pokróvskoie, pero no pudo encontrar nada incriminatorio. Sin embargo, desde entonces y hasta su muerte, la etiqueta de jlist nunca le abandonó.

3

EL CAMINO HACIA PALACIO

LA CONQUISTA DE LA CAPITAL

RASPUTÍN EMPEZÓ A PREPARARSE PARA SU VIAJE A LA CAPITAL. Un lugar al que su fama ya le había precedido. Todavía era joven, pero su rostro estaba surcado por el sol y el viento de sus interminables recorridos. Una cara de campesino, incluso a los veinticinco años, podía parecer la de un viejo. Su constante deambular le había convertido en un juez infalible frente a las personas. Las sagradas escrituras, las enseñanzas de los pastores, los innumerables sermones que había escuchado, fueron absorbidos por su tenaz memoria. En las «arcas» jlist, donde los conjuros paganos contra la enfermedad se combinaban con el poder de la oración cristiana, aprendió a curar. Había comprendido su fuerza. Con sólo apoyar sus inquietas y nerviosas manos era suficiente. Las enfermedades se disipaban.

Rasputín apareció en Petersburgo en 1903, en la víspera de la primera Revolución rusa para destruir por completo la ciudad y el mundo de los zares, que en tan sólo catorce años se convertiría en una Atlántida de irrecuperable memoria.

> A nuestra orgullosa capital
> Llegó —¡Dios nos libre!
> Sedujo a la zarina
> De la ilimitada Rus ...

¿Por qué las cruces de
la catedral de Kazán y de san Isaac
no se doblaron? ¿Por qué no
abandonaron su lugar?

NIKOLAI GUMILYOV

UN ENCUENTRO CON EL PATRIARCA DE STALIN

Por fin, aquí en la capital concluyen las leyendas y conjeturas. Ahora comienza la historia de Rasputín confirmada por documentos y declaraciones de testigos.

Como él mismo relataría en su *Vida de un vagabundo experimentado*, partió hacia Petersburgo con un gran objetivo: solicitar dinero para la construcción de una iglesia en Pokróvskoie. «Yo no soy más que una persona analfabeta y, sobre todo, sin medios, pero en mi corazón este Templo ya se alza ante mis ojos.»

Al llegar a la gran ciudad, «se dirigió en primer lugar a la abadía de Alejandro Nevski». Asistió a un servicio de oración pública y luego llevó a cabo un desesperado plan: «acudir directamente al rector del Seminario de Teología, el obispo Sergio, que vivía en la misma abadía». Si hemos de creer este relato, la idea era verdaderamente extravagante, dada su apariencia harto sospechosa: botas gastadas, abrigo de indigente, barba enmarañada y el pelo peinado como el de un camarero de hostal. Así es como lo describió el monje Iliodor. Y ahora este lastimoso campesino se encamina hacia los aposentos del obispo y pide al conserje que tenga la amabilidad de anunciarle a Sergio. El propio Rasputín describe lo que sucedió a continuación: «El portero tuvo la gentileza de propinarme un buen cogotazo. Caí de rodillas ante él ... Comprendió que había algo especial en mí y me anunció al obispo». Así pues, gracias a ese «algo especial» aquel campesino fue recibido directamente de la calle por el propio obispo Sergio. Y lo cautivó al instante.

Según Rasputín, maravillado por sus palabras, Sergio lo alojó en la abadía con él. ¡Y no sólo eso! «El obispo», escribe Rasputín, «me presentó a las "más altas personalidades".» Las «más altas personalidades» incluían al famoso asceta y místico Feofán, que era recibido en el palacio real. Así describe Rasputín, en su «Vida», su llegada a Petersburgo.

Pero el período de leyenda termina aquí. El Expediente destruye fácilmente toda invención de Rasputín, puesto que contiene el testimonio de la «alta personalidad», Feofán, acerca de su primer encuentro.

Feofán fue llamado a declarar ante la Sección Decimotercera de la Comisión Extraordinaria en 1917. A sus cuarenta y cuatro años y siendo obispo de Poltava, testificó:

> que «Grigori Rasputín llegó a Petrogrado procedente de la ciudad de Kazán, en invierno, durante la guerra ruso-japonesa con una carta de presentación del ahora fallecido Chrysanthos, archimandrita de la eparquía de Kazán. Rasputín se alojó en la abadía de Alejandro Nevski con el obispo Sergio, rector del Seminario de Teología.

De modo que, nada de mísero vagabundo. Por aquel entonces la fama de Rasputín ya había traspasado los límites de Siberia y tenía infinidad de admiradoras en Kazán. El propio archimandrita de aquella eparquía le había dado una carta de presentación para Sergio. Por lo tanto, no hubo necesidad de humildes peticiones al conserje, ya que llegaba a Petersburgo con una influyente carta de presentación de uno de los jerarcas de la Iglesia. Por este motivo fue recibido por el obispo Sergio sin dilaciones.

Tampoco es casual que Chrysanthos le diera a Rasputín aquella carta para el obispo Sergio. En aquella época, el nombre de Sergio sonaba con fuerza no sólo en los círculos eclesiásticos. El obispo protagonizaba uno de los eventos que mantenían en vilo a los intelectuales rusos.

En el momento de la llegada de Rasputín, se celebraban en la sede de la Sociedad Geográfica una serie de encuentros poco comunes en la capital. Su vestíbulo estrecho y alargado estaba invariablemente abarrotado. Reunidos en el estrado o alrededor del vestíbulo había gente con sotana y tocado clerical, junto a la flor y nata de la cultura rusa. Aquellas reuniones eran los famosos coloquios religiosos y filosóficos de Petersburgo, un intento desesperado por superar la destructiva separación de la Iglesia oficial y la intelectualidad rusa, y sacar a la Iglesia de su letargo. En los coloquios, los participantes hablaban sobre la peligrosa crisis espiritual en que se hallaba sumido el país y de la influencia de las sectas. Los intelectuales se lamentaban amargamente de que la Iglesia oficial se asociase cada vez más con el oscurantismo y pedía a ésta que vol-

74

viese de nuevo su mirada al mundo y revelase sus tesoros espirituales. Los predicadores oficiales no conseguían transmitir la esencia profética y mística del cristianismo; se quejaban de que se consideraba el cristianismo tan sólo un ideal de otro mundo y por lo tanto no se tomaba en consideración la vida terrenal.

Los coloquios estaban presididos por el obispo Sergio, un jerarca de cuarenta años y autor de audaces estudios teológicos, nombrado recientemente rector del Seminario de Teología.

En disputas acaloradas era capaz de encontrar el tono correcto. No era ni el presidente ni el jerarca, sino un simple cristiano el que decía: «No discutáis, sed cristianos, y entonces lo lograréis todo». Los coloquios concluyeron en abril de 1903 tras veintidós sesiones y acalorados debates, interrumpidos por el procurador jefe Pobedonostsev, quien los prohibió.

(Los destinos humanos son sorprendentes. En 1942, durante la guerra, cuando decidió restablecer el cargo, Stalin nombró a Sergio primer Patriarca de Todas las Rusias.)

Chrysanthos había escogido muy bien al protector de Rasputín: el futuro patriarca estaba abierto a nuevas tendencias. Qué interesante debió de parecer el profeta siberiano del pueblo en 1903, en el punto álgido de toda aquella historia.

Rasputín no traicionó sus expectativas. Aquel «algo especial» del recién llegado no tardó en cautivar a Sergio, quien lo presentó a las «más altas personalidades».

Tal como el obispo Feofán declaró en el Expediente:

> Una vez [el obispo Sergio] nos invitó a sus aposentos a tomar el té, y nos presentó por primera vez a mí y a varios monjes y seminaristas a un hombre de Dios recién llegado, al hermano Grigori, como le llamábamos entonces. Nos dejó anonadados con toda su perspicacia psicológica. Su rostro era pálido y sus ojos excepcionalmente penetrantes, con la mirada característica de quien guarda ayuno. Nos causó una fuerte impresión.

En aquella época, los rumores del excepcional don que poseía Rasputín habían llegado a Petersburgo: las «más altas personalidades» ansiaban profecías. Y en esto Rasputín sorprendió a todo el mundo. «En aquel entonces», declaró Feofán, «la escuadra del almirante Rozhdestvensky ya había zarpado. Así pues, le preguntamos a Rasputín: "¿Saldrá victoriosa de su encuentro con los japoneses?" Rasputín respondió: "siento en mi corazón que será hundida". Y posteriormente su predicción se hizo realidad en la batalla del estrecho de Tsushima».

¿Qué estaba sucediendo? ¿Un campesino inteligente que en su interior conocía la desgraciada debilidad de su gran país? ¿O simplemente se había enterado de lo que decían todos los periódicos rusos: que una escuadra formada por barcos antediluvianos, que navegaban sin disimulo al encuentro de una flota japonesa moderna para presentarle batalla, estaba condenada de antemano? ¿O tenía el don de comprender lo misterioso?

En cualquier caso, cuando «Rasputín dijo sin errar a los estudiantes del Seminario, a quienes veía por primera vez, que uno sería escritor y que otro estaba enfermo, y luego le explicó a un tercero que era un alma sencilla de cuya simpleza se aprovechaban sus amigos», Feofán creyó a pie juntillas en su gracia profética. «En sus conversaciones Rasputín reveló no un conocimiento profundo de los libros sino una sutil comprensión de la experiencia espiritual alcanzada a través del conocimiento personal. Y una perspicacia que rayaba en la clarividencia», testificaba Feofán en el Expediente.

LAS «PRINCESAS NEGRAS»

Feofán invitó a Rasputín a instalarse con él en su apartamento. Gracias a ello Rasputín no tardó en hacer aparición en una de las casas más influyentes de Petersburgo, en aquella época, el palacio del gran duque Pedro Nikoláievich, primo de Nicolás II.

Los personajes más destacados en el palacio del achacoso gran duque eran dos mujeres, las princesas montenegrinas Militsa y Anastasía.

Militsa, de treinta y siete años, y su hermana Anastasía, un año menor, procedían de una familia de príncipes montenegrinos empobrecidos. Eran hijas del rey de Montenegro, Nicolás Njegos. La mayor, Militsa, estaba casada con el gran duque Pedro Nikoláievich; su inseparable hermana Anastasía pasaba sus días y sus noches en el palacio de Militsa.

Anastasía, o «Stana» como la llamaban en la familia, estaba casada con el duque de Leichtenberg y tenía hijos de este matrimonio. El hermano del marido de Militsa, el gran duque Nicolai Nikoláievich, se había hecho asiduo en el palacio. Los cotilleos de la alta sociedad no tardaron en lanzar al vuelo rumores sobre una aventura entre Stana y el gran duque Nicolai Nikoláievich.

Aquel corpulento y apuesto soldado de caballería, de cuarenta y siete años, era una de las figuras más pintorescas de la gran familia Romanov. El «tío terror», como lo llamaban en familia, era el predilecto de la Guardia. Y, en aquel entonces, era íntimo del zar.

Por su parte, las hermanas montenegrinas estaban todavía más cerca de la zarina. Desde el día de su llegada a Rusia, la zarina tuvo que enfrentarse a la frialdad y hostilidad de la Corte; las montenegrinas supieron cómo rodearla de una calurosa y casi servil deferencia.

La Corte se percató de la amenaza. Un enlace entre Anastasía y Nicolai Nikoláievich crearía el clan más influyente de la familia Romanov. Un peligroso clan. También eran conscientes de la gran influencia de Alix sobre el zar y, sobre todo, de cómo el poder dentro de la familia estaba del lado de Pedro y Nicolai Nikoláievich: el primero era débil y enfermizo, mientras que el segundo, el «tío terror», sufría, en palabras de la emperatriz viuda, «una enfermedad incurable: es un tonto». O, para decirlo de forma menos cruda, era inflexible, al modo militar. Repetía las opiniones de las princesas montenegrinas o, más exactamente, las de la mayor, la inteligente Militsa, ansiosa de poder.

Militsa, de cabellera morena, se las daba de gran experta en literatura mística. Estaba sumamente interesada en todo lo concerniente a lo sobrenatural y maravilloso. Su hermana Stana se hacía eco de ella obedientemente. No por nada habían nacido en Montenegro, un país de brujas y hechiceros. La Corte las llamaba maliciosamente las «mujeres negras», en alusión a su pelo negro y a su «negro» lugar de origen.

No fue pues casualidad que Feofán acudiera al palacio de Militsa. Tal como él mismo declaró: «Yo más que nadie estaba interesado en el lado místico de la vida».

El Expediente, a partir del testimonio de Feofán, reza:

> Llegué a conocer a las personalidades de la casa gobernante ... en mi calidad de ... inspector del Seminario de Teología de Petrogrado ... El gran duque y la duquesa, Pedro Nikoláievich y Militsa Nikoláievna, solían visitar el Seminario y se reunían conmigo allí. Yo había oído que las personalidades

de la casa reinante querían conocerme mejor, pero yo, manteniendo mis convicciones como monje, lo evitaba ... Entonces, un sábado santo, la gran duquesa Militsa Nikoláievna me invitó a oír su confesión. No sabiendo qué hacer, acudí al metropolitano Antony, y con su bendición fui a ver a la gran duquesa. Después de esto, empecé a visitar asiduamente su casa.

Feofán no tardó en sentirse allí como en su propio hogar. Él y Militsa tenían muchas cosas de qué hablar. «La gran duquesa Militsa Nikoláievna había leído mucho ... y conocía la literatura mística y ascética relativa a los santos padres e incluso había publicado una obra, *Fragmentos escogidos de los santos padres*.»

Desde el palacio de Militsa el camino hacia el del zar era directo. «Fui invitado», testificó Feofán, «al hogar del antiguo emperador por primera vez por la gran duquesa Militsa Nikoláievna.»

Así pues, en sus conversaciones con Feofán, el nuevo huésped, padre Grigori, no tuvo dificultades en comprender de dónde partía el camino hacia la familia real; tampoco tardó en saber que pronto «las puertas se le abrirían de par en par».

Otro enigma de Rasputín

En realidad, ¿cómo podía Feofán, entonces encantado con el campesino siberiano, no compartir su gozo con Militsa, que se sentía tan atraída por todo lo milagroso? «Al visitar la casa de Militsa, insinué que un hombre de Dios llamado Grigori Rasputín había aparecido en nuestra comunidad. Militsa Nikoláievna mostró un enorme interés al respecto y Rasputín recibió una invitación para presentarse ante ella.»

A partir de aquel momento, todo estaba en manos de Rasputín. Por supuesto, fue también capaz de sorprender a la gran duquesa. Ahora ya iba solo a su palacio.

Según palabras de Feofán: «Había estado allí sin mí. Y evidentemente, había acaparado su atención, ya que no sólo empezaron a invitarle sino que Militsa Nikoláievna me pidió que proporcionara alojamiento a Rasputín en mi propia casa cada vez que éste visitase Petrogrado».

¡Pero aquí comienza el enigma! Según todas las biografías de Rasputín, fueron Militsa y Feofán quienes le facilitaron la entrada al palacio real. Sin embargo, el obispo Feofán asegura en el Expediente que Militsa no tuvo nada que ver en ello y añade:

> No tengo la más remota idea de cómo llegó a conocer Rasputín a la familia del emperador. Y aseguro rotundamente que yo no tuve parte alguna en ello. Supongo que accedió a la familia real de forma indirecta ... Ni siquiera el propio Rasputín habló nunca de esto a pesar de ser una persona más bien gárrula ... Observé que tenía enormes deseos de entrar en casa del emperador, y así lo hizo incluso en contra de la voluntad de la gran duquesa Militsa Nikoláievna. Él mismo me confesó que estaba ocultando a Militsa su relación con la familia real.

Es imposible no creer en las palabras del extremadamente honesto Feofán.

4

ESPERANDO A RASPUTÍN

LA SANGRE Y EL TEMOR DE LOS ZARES

L A FAMILIA QUE RASPUTÍN ACABABA DE CONOCER había estado esperándole durante mucho tiempo. Y la sensación mística de inevitable catástrofe de la que era presa la sociedad rusa residía también en aquel hogar.

Nicolás había accedido al trono siendo muy joven y podía suponer que viviría para ver el gran jubileo: el tercer centenario de su dinastía. Pensando en esta celebración, Nicolás, presidente honorario de la Sociedad Histórica Rusa y gran aficionado a la Historia, no podía evitar sopesar ciertas características de los trescientos años de historia de la familia Romanov. Reflexionar sobre lo efímera que era la vida de los zares Romanov; sobre toda la sangre que habían derramado. Pedro el Grande había sentenciado a muerte a su propio hijo porque le maldijo a él y a su familia. Los legítimos zares Romanov fueron víctimas de golpes y traiciones familiares. El joven zar Iván Antonovich y Pedro III fueron asesinados, durante el reinado de la ilustrada tatarabuela de Nicolás, Catalina la Grande. En el amado Tsarskoe Selo, de Nicolás, donde su familia residía permanentemente, las habitaciones palaciegas lucían muebles de la época de Catalina, y los aposentos aún olían a las mismas fragancias que se usaban en aquellos días. Todo estaba impregnado de recuerdos de la gran emperatriz durante cuyo reinado dos zares legítimos fueron asesinados.

La carrera de relevos de asesinatos de familia prosiguió durante todo el siglo XVIII. A finales de siglo, el hijo de Catalina, Pablo I, fue brutalmente asesinado por los conspiradores de un complot en el que estaba implicado su propio hijo Alejandro, el futuro vencedor de Napoleón. Y lo que es más, la propia vida de Alejandro terminó de forma poco clara: o bien murió realmente en Taganrog como se anunció oficialmente, o, como insiste la leyenda, otra persona fue enterrada en su tumba y Alejandro desapareció para convertirse en un vagabundo siberiano. Tras hacer sus votos y tomar el nombre de Anciano Fyodor Kuzmich, pasó el resto de su vida como un anacoreta expiando los pecados de su familia que habían mancillado todo un siglo entero. En cualquier caso, el primo de Nicolai II, el conocido historiador gran duque Nicolai Mijáilovich, no sólo se atrevió a hablar de expiación de los pecados de la familia sino que creía en las leyendas sobre Fyodor Kuzmich e incluso intentó encontrar los documentos pertinentes en el archivo secreto de la familia.

¿Quizá la dinastía misma terminó en realidad con el reinado de la tatarabuela Catalina? En las memorias de Catalina la Grande (durante largo tiempo guardadas con celoso secreto en los archivos reales) hay una clara alusión a que su infeliz hijo Pablo no era hijo de Pedro III, sino de uno de sus amantes. Sangre y misterios. Una familia misteriosa incluso para sus miembros. Éste era el pasado de la dinastía de trescientos años, de la familia de Nicolai: su capital Petersburgo, aquella ciudad mística, de noches de fantasmal blancura, construida en una ciénaga con la sangre de miles de obreros atormentados por la brutalidad y la malaria había sido maldita por un Romanov. Evdokia, la primera esposa de Pedro el Grande, a quien confinó en un convento, maldijo aquella nueva capital con un terrible clamor: «¡Que seas yerma!».

El recuerdo de la sangre derramada hechizó a Nicolás desde su infancia. Creció en el palacio de Gatchina. En el palacio favorito de su bisabuelo, el estrangulado Pablo I. Allí, tal como recordaba la gran duquesa Olga, hermana de Nicolás, los criados insistían en que habían visto el irredento espíritu del asesinado Pablo. Olga y Nicky tenían miedo y en sus sueños veían al emperador muerto.

Pero la sangre no sólo se hallaba en el pasado histórico, también había sido derramada en los años de Nicolás, en sus primeros pasos hacia el trono: se convirtió en heredero de su abuelo Alejandro II, asesinado por revolucionarios. La sangre le rodeaba por todas partes.

EL SUFRIDO JOB

Desde su más tierna infancia, Nicolás creció taciturno y reservado. Poseído desde su juventud por un sentimiento místico de predestinada infelicidad. Consideraba la fecha de su nacimiento como una señal de su terrible futuro. Nació el día del sufrido Job. El embajador francés Maurice Paléologue cita una conversación de Nicolás con su primer ministro Stolypin: «"¿Sabes cuál es la fecha de mi nacimiento?" le preguntó. "Cómo no, el 6 de mayo." "¿Y qué santo es este día? El del sufrido Job. Tengo más que un presentimiento. Tengo la profunda certeza de que estoy condenado a terribles experiencias".»

Hay algunas líneas en las «Memorias» de la hermana del zar, Olga, que suenan como un eco de esta conversación: «Solía abrazarme y decir: "nací el día del sufrido Job y estoy preparado para aceptar mi destino"». Y en una línea de las cartas de la zarina continúa este melancólico tema: «naciste el día del sufrido Job, pobre amor mío» (4 de mayo de 1915).

Un sentimiento de inminente destrucción se apoderó también de su excitable esposa. Por esta razón, la tímida princesa de Darmstadt se sintió tan atormentada, llorando sin motivo, al responder a la proposición del heredero del trono de Rusia de convertirse en la futura zarina. Escribió Nicolás en su diario: «Estuvo llorando todo el rato y de vez en cuando decía: "No puedo"».

Como prueba de lo acertado de sus presentimientos hubo un abundante derramamiento de sangre durante la ceremonia más importante de sus vidas: la coronación, aquel místico desposorio con Rusia, aquella transformación de un hombre corriente en un zar sagrado. Durante una distribución pública de recordatorios en honor de la coronación, en el Campo Jodynka cerca de Moscú, hubo tal atropello de personas que durante toda la noche siguiente estuvieron evacuando cientos de víctimas pisoteadas del campo ensangrentado. No es difícil imaginar cómo pudo afectar aquel suceso a una pareja tan inclinada al misticismo.

Más tarde, con el comienzo del nuevo siglo XX sus presentimientos se hicieron realidad. La sangre vino a formar parte de la vida en Rusia. Las bombas de los terroristas rusos empezaron a estallar con frecuencia y crueldad. Sus dignatarios perecían. Sólo en los primeros años del nuevo siglo el ministro de Educación, el gobernador general de Finlandia y, uno tras otro, dos ministros del Interior murieron a manos de los terroristas. Como para demostrar que ya ninguna fuerza de seguridad podía salvar a nadie de la muerte. Los días de dolor del sufrido Job estaban próximos. Sus resignadas anotaciones tras las muertes de los ministros quedan plasmadas en su diario: «Uno debe soportar con humildad y firmeza los sufrimientos que nos manda el Señor». «Es su santa voluntad.» Un ternero destinado al sacrificio.

Sin embargo, su esposa era una persona de carácter muy distinto. Ella se rebelaba y luchaba contra su destino. Y desde el principio buscó protección contra las futuras desgracias.

EN BUSCA DE UN REDENTOR

Fue idea de sus entonces inseparables amigas, las princesas montenegrinas. Nacidas en un país pobre donde, como decía Feofán en el Expediente, «la aristocracia estaba mucho más cercana a la gente común», las montenegrinas aportaron a palacio que la verdad, los milagros y la fuerza están ocultos en el pueblo llano, en la gente común. Hay que forjar alianzas con el pueblo obviando a los oficiales sobornables y corruptos y a la arrogancia de la Corte. El pueblo y el zar sin mediar nadie entremedio.

Por extraño que parezca, esta conjetura unió a todos los intelectuales de Rusia, incluso a los más radicales, que odiaban a los zares y a su vez eran odiados por ellos. Los más célebres pensadores rusos del momento —Tolstói, Dostoievski y Turguéniev— aunque a menudo peleasen entre sí y se contradijesen; y todas las distintas tendencias del pensamiento filosófico ruso coincidieron en una idea: que sólo el pueblo llano, desposeído, analfabeto y oprimido poseía una especie de verdad oculta. Únicamente en la penumbra de sus destartaladas cabañas podía sobrevivir el verdadero espíritu de Cristo, conservado a través de sus constantes sufrimientos. Para contemplar una vida cristiana y bondadosa, uno debía dirigir su mirada hacia el pueblo.

Sucedió algo gracioso: el zar de Rusia confesó profesar aquellas mismas ideas. Este tímido zar de corta estatura y de apariencia poco regia que se sentía incómodo en los bailes y reuniones y en compañía de ministros y cortesanos, donde, según él, se le comparaba constantemente con aquel gigante, ya muerto, que fue su padre. Cuánto más a gusto se sentía entre la gente sencilla en un ambiente de recogimiento y adoración. Y aquí surge la paradoja. El zar empezó a buscar alguna relación entre el pueblo llano y, uno tras otro, comenzaron a aparecer por palacio emisarios del pueblo. Solían ser enviados por las princesas montenegrinas. El gran duque Nicolai Nikoláievich le habló a Nicolás de un funcionario de poca monta llamado Klopov. Klopov estaba ansioso por hacer llegar la verdad del pueblo al zar. Había escrito interminables cartas al gran duque acerca de la malversación de fondos públicos en el negocio de la molienda de harina. Aquellas misivas fueron presentadas al zar por las montenegrinas y leídas con deleite por Alix y Nick; la voz de un hombre sencillo del pueblo fue escuchada y Klopov fue llamado a palacio. Tras conversar con él, el zar lo envió con toda clase de poderes plenarios secretos para registrar toda Rusia y averiguar la verdad del pueblo sobre cualquier abuso por parte de altos funcionarios. Pero aquella experiencia inicial de una reunión con un emisario del pueblo terminó en confusión. Por desgracia, el pobre Klopov no comprendía absolutamente nada fuera de su negocio de la molienda de harina.

No obstante, un paso sí se había dado. Alix, hija de una princesa inglesa, y Nicky, hijo de una princesa danesa, se habían encaprichado de la noble idea de la unidad con el pueblo llano de Rusia.

Por aquel entonces, Alix había dado a luz tres grandes duquesas, una tras otra vinieron al mundo. Pero la tarea más grande, la de dar a luz un varón destinado a la divina corona, era algo de lo que la devota Alix simplemente no era capaz. Buscando ayuda encontró a las montenegrinas y escuchó las historias de Militsa acerca del pueblo de Dios y de los ancianos a quienes Dios había concedido un gran poder muy especial.

Zhukovskaya escribió que el rostro de Militsa «con sus grandes ojos negros y rasgados, cansados y orgullosos, parecía inerte, como la cara de un retrato antiguo. Poseía una extrema palidez». Militsa mostró a Alix un mundo de milagros que asombró a la nieta de la escéptica reina Victoria. En él se mezclaban increíbles maravillas: la literatura persa, los misterios de Zaratustra, el mundo pagano de Montenegro, en cuyas montañas cubiertas de bosques moraban hechiceros, capaces incluso de hablar con los muertos, y los milagros de los venerables ancianos ortodoxos de los monasterios rusos. Militsa había creado una soprendente síntesis de elementos mutuamente excluyentes, unidos por una sola cosa, el poder seductor de los milagros creados en su mundo mágico por la gente corriente, por aquellos que nada sabían de la vanidad de la Corte, de aquella patética Feria de Vanidades.

Según las revelaciones de Vyrubova en el Expediente:

> Militsa Nikoláievna y Anastasía Nikoláievna, sobre todo la primera ... ejercieron al principio una enorme influencia sobre la familia real, tenían, por así decirlo, una influencia mística. Profunda conocedora de la literatura mística y habiendo estudiado incluso la lengua persa para poder familiarizarse con los místicos persas en su idioma original, [Militsa] era considerada casi un profetisa.

Alix sabía cómo hacer amigos y, lo que es más importante, cómo *creer con todo su corazón*; al igual que su madre inglesa, Alicia, famosa por su admiración, o, más exactamente, su veneración, al filósofo religioso alemán David Strauss.

Así daba comienzo la búsqueda de un hombre de Dios. Alguien que rezase a Dios por la concesión de un hijo varón.

¿UNA HORA Y MEDIA CON UN IDIOTA?

El primero en llegar fue Mitya, llamado «Kozelsky» o a veces «el gangoso» (por sus dificultades de pronunciación). Dimitri Oznobishin, a quien todo el mundo llamaba simplemente Mitya, vivía en la pequeña ciudad de Kozelsk. Se conserva una descripción de su persona en los archivos de la Seguridad: «Lleva el pelo largo y suelto y camina descalzo todo el año apoyándose en un bastón. Viste una sotana de monje». Después de la Revolución, los periodistas se reían de la zarina describiéndolo como un idiota. Por esta razón, Vyrubova en su testimonio intentó proteger a la familia real del patético Mitya. «Creo que nunca estuvo en palacio», mintió a la Comisión Extraordinaria. Por el contrario, Mitya estuvo allí, y en más de una ocasión.

Del diario de Nicolás: «14 de enero de 1906. El hombre de Dios, Dimitri, vino a vernos desde Kozelsk cerca del monasterio de Optina Pustin. Trajo consigo una imagen dibujada a semejanza de una visión que tuvo. Hablamos durante hora y media aproximadamente».

No fue casualidad. Mitya era, en efecto, una persona excepcional. «Su influencia sobre las masas populares es inmensa, da a los pobres el dinero que recibe de sus admiradores. Corre el rumor de que posee el don de la predicción y la clarividencia», leí en los archivos del Departamento de Policía. Y realmente tenía esta gracia.

Tal como Feofán testificó en el Expediente:

> El «Bendito Mitya» tenía sin duda el don de la clarividencia, pues tuve oportunidad de convencerme por propia experiencia: en nuestro primer encuentro, esbozó a grandes rasgos y con precisión las circunstancias de mi vida ... Predijo con exactitud el curso de la guerra con Japón ... especialmente la caída de Port Arthur.

Pero las plegarias de Mitya eran en vano: la zarina no conseguía dar a luz un varón.

En ese momento Matryona la Descalza hizo su aparición. Llevaba consigo un icono. Vestida con harapos y gritando profecías apenas comprensibles como un oráculo délfico, la mujer descalza se desvaneció de la Corte tan repentinamente como había aparecido. Según confesión de Vyrubova: «Oí hablar de Matryona la Descalza ... ofreció al soberano un icono en Peterhof, pero yo nunca la vi». Tomamos buena nota de este recorrido hacia el palacio real: llevar un icono milagroso que ayude al nacimiento de un varón.

Éste era el mundo en el que la pareja real vivía: un mundo de milagros, reliquias sagradas, iconos y objetos milagrosos. Y cada vez parecían estar más fuera de lugar en Petersburgo, donde la sociedad ilustrada era abiertamente atea. No deja de ser significativo que Chéjov escribiera una carta al escritor Kuprin en estos términos: «Ahora miro con sorpresa a cualquier intelectual que se declare creyente».

Pero la pareja real creía que su mundo se prolongaba más allá de los límites de la depravada capital, en algún lugar distante entre aquellos pueblos diseminados a lo largo y ancho de su ilimitado imperio. El mundo de la santa Rus, del pueblo llano que amaba a Dios, al zar y a la Iglesia.

Y esperaban a un emisario de aquel mundo.

Una leyenda les hizo errar el camino

Pero aquel mundo, que durante tanto tiempo había embaucado a Occidente, ya no existía. En su lugar había ahora un pueblo resentido y empobrecido cuya fe en el clero era cada vez más débil. El escritor y filósofo religioso Sergei Nilus (cuyas obras leyeron Nicolás y la zarina durante su encarcelamiento) relata con amargura en su libro *A orillas del río de Dios* la historia de una monja a la que conoció:

> Llegó una monja ... y me dijo que ahora las monjas no pueden viajar en tren: no hay improperio, escarnio o blasfemia que la malicia satánica no arroje sobre sus cabezas ... tiene que ponerse una falda azul marino para hacerse pasar por una pacífica anciana, puesto que de otro modo no podría caminar por el pasillo sin tener que soportar las maldiciones dirigidas a los monasterios y a todos aquellos que practican la vida monástica.

«¡Ésta es la "santa Rus"!» exclama Nilus. «¡Pobre pueblo! ¡Penosa Rusia!» Y los ancianos que vivían en los grandes monasterios repetían lo mismo con idéntica angustia. En boca de un asceta citado también por Nilus: «Llegaron tiempos sin Dios y sin fe para la ortodoxa Rusia. Los rusos han empezado a vivir por la carne y sólo por la carne ... Son cristianos ortodoxos sólo de nombre pero no en el alma». Por lo tanto, no es de extrañar que tras hacerse con el poder los bolcheviques, el «pueblo elegido» tomase parte activa en la destrucción de las iglesias, la quema de iconos y los ultrajes contra las reliquias sagradas.

Un ensayo general para la llegada de Rasputín

Finalmente las princesas montenegrinas encontraron al milagrero adecuado para la zarina. Militsa, que recogía rumores acerca de sucesos sobrenaturales, había oído hablar de los milagros parisinos de un tal *monsieur* Philippe. Este milagrero resultó más del agrado de la zarina, que todavía no había olvidado el mundo europeo que acababa de abandonar. Tampoco su discurso la cansaba como había sucedido con la incomprensible palabrería de Mitya o los desvaríos incongruentes de Matryona la Descalza. «La familia real conoció [en el palacio de Militsa] al ocultista cristiano Philippe, recién llegado de París», declaró Vyrubova en el Expediente.

Su apellido era Nizier-Vachod. Era oriundo de Lyon, un adivino y curandero. Aseguraba que tenía el don de poder hablar con los muertos y que vivía, por así decirlo, en la frontera entre ambos mundos. Philippe fue llamado para que acudiera a Rusia. «Un hombre de unos cincuenta años, pequeño, de pelo oscuro y bigote negro y con un terrible acento del sur de Francia. Hablaba de la decadencia de la religión en Francia y en Occidente ... Cuando nos despedimos trató de besar mi mano, y conseguí zafarme con mucha dificultad», según escribió el gran duque Constantino Constantínovich en su diario.

Philippe se percató enseguida de la naturaleza excitable de la zarina y del terror que anidaba en su alma. Teniendo en cuenta su religiosidad, fue capaz de reconciliar su mundo de magia con el de las santas escrituras. Para ella, Philippe se convirtió al instante en un hombre de Dios enviado para auxiliar a la divina dinastía. Supo también cómo satisfacer su sed de milagros. Hizo uso de una teatralidad circense barata y de toda la parafernalia empleada por los grandes aventureros del siglo XVIII, como Casanova y Cagliostro. Todo aquello de lo que la prensa de París se había mofado produjo una indeleble impresión en Petersburgo. Nicky, abrumado por la apasionada fe de su esposa, compartía su satisfacción. Sin embargo, la Corte observaba al mago parisino con desprecio. Comprendía perfectamente la situación: no era más que el último juguete ideado por las montenegrinas para su amiga real. «Militsa presentó a Philippe a la emperatriz como alguien que sabía curar cualquier enfermedad, incluyendo la sífilis», escribió burlonamente en su diario, A. Polovstev, un respetado miembro del Consejo de Estado. «Y este tal Philippe ... le ha prometido que dará a luz un varón, no una niña.»

Las historias irónicas que empezaban a circular alarmaron a la madre de Nicolás. Registró Polovstev en su diario:

La emperatriz viuda está muy molesta con Militsa y Stana ... A instancias suyas, el Departamento de Policía utilizó sus agentes secretos en París para investigar el pasado de Philippe. Los informes que le facilitaron eran tremebundos: los franceses calificaban a Philippe de aventurero deshonesto. El agente ruso en París envió un artículo irónico de un periódico francés acerca de una demostración pública de hipnosis llevada a cabo por Philippe.

Pero, al igual que sucedería más tarde con Rasputín, nada de esto hizo mella en Alix. Ella sabía creer. Sabía ser piadosa y mantener su fe, tenía una voluntad de hierro. De hecho, Alix poseía grandes cualidades. Tan sólo adolecía de una cosa: la capacidad de prestar atención a las opiniones de la sociedad. Una cualidad sin la cual resulta, por desgracia, muy peligroso ocupar el trono; como María Antonieta, otra hermosa mujer que carecía por completo de esta aptitud, podría haberle advertido.

La sociedad se quejaba. «El gran duque Sergio Mijáilovich me contó que, tras la llegada de París del desfavorable informe sobre Philippe, el emperador dio orden de despedir al agente responsable del mismo en veinticuatro horas», escribió Polovstev en su diario. La misma actitud se repetiría en la historia de Rasputín: la antipatía de la gran familia Romanov, la fe ciega de Alix y las increíbles habladurías que circulaban por todas partes. Félix Yusúpov recordó una historia de su padre. Una vez estaba paseando junto al mar de Crimea y se encontró con Militsa, que se dirigía en coche a algún sitio con un conocido suyo. Él se inclinó ante ella, pero ella no le correspondió. Unos días más tarde, al verla de nuevo le preguntó: «¿Por qué no respondiste a mi saludo?». «No pudiste verme», dijo ella, «puesto que iba con el doctor Philippe. Cuando se pone el sombrero, resulta invisible, y los que van con él también se vuelven invisibles.» Ésta era la clase de chistes que circulaban entre los cortesanos por aquel entonces.

Otro de los rumores de aquellos días: Philippe se alojaba en el dormitorio de la pareja real para conjurar hechizos y conseguir que Alix diera a luz un heredero.

Lo más triste del caso es que (como posteriormente en la historia de Rasputín) estas fábulas procedían de las Cortes de los otros grandes duques, molestos por el trato de favor que demostraba Nicky hacia sus primos Pedro y Nicolai Nikoláievich. Y, anticipando también la futura historia de Rasputín, la emperatriz viuda decidió hablar seriamente con Nicky. Él, por supuesto, prometió a su madre deshacerse de Philippe. Alix, una vez más, demostró ser la más fuerte. Le suplicó que no tocase al hombre de Dios y todo continuó como estaba. Tal como veremos repetidamente en la historia de Rasputín.

Y al igual que harían con Rasputín, llamaron a Philippe Nuestro Amigo.

En aquella época Alix estaba embarazada. Y Dios, ¡lo había conseguido! Nuestro Amigo había augurado un varón. Y el 5 de junio de 1901, nació ... una niña.

En el diario de la hermana de Nicolás, la gran duquesa Xenia, leemos: «5 de junio ... ¡Qué decepción: la cuarta niña!».

Pero Nuestro Amigo explicó que todo se debía a la falta de fe de la zarina. Al igual que sucedería con Rasputín, los Romanov intentaron sustituir al mago por alguien más valioso. Y el gran duque Nicolai Mijáilovich fue incluso a visitar al hombre más famoso de Rusia, al entonces caído en desgracia, Lev Tolstói. Pero apenas pudo ejercer influencia alguna sobre el zar.

«QUÉ VALIOSA ES LA VIDA DESDE QUE LO CONOCEMOS»

Para no enojar a la emperatriz viuda ni a la familia y así evitar las habladurías de la Corte, Alix y Nicky se las arreglaron para ver a Nuestro Amigo en secreto. Exactamente como ocurriría más tarde con Rasputín.

Empezaron a reunirse con él en los aposentos de Militsa y Stana, apresurándose hacia el palacio de Znamenka después de haber cumplido con todas sus obligaciones sociales. De la vanidad mundana al mundo místico de las montenegrinas y Nuestro Amigo con su seductora mescolanza de vida y milagros. En 1901 leemos en el diario del zar:

> 13 de julio, Peterhof. A las 2,30 nos dirigimos a Znamenka y estuvimos sentados en el jardín hasta las 5,00. Nuestro Amigo estuvo con nosotros.
> 19 de julio. ... Partimos hacia Znamenka ... Escuchamos a Nuestro Amigo durante toda la velada. Regresamos de noche a la maravillosa luz de la luna.
> 20 de julio ... Después de cenar nos fuimos a Znamenka y pasamos la última noche con Nuestro Amigo. Rezamos todos juntos.

Cuánto echaron de menos a Nuestro Amigo cuando regresó a su hogar en Lyon.

El 27 de agosto Alix escribió a Nicky (en inglés, como era su costumbre): «Sábado noche hacia las 10.30; todos nuestros pensamientos volarán hacia Lyon. Qué valiosa es la vida desde que lo conocemos y todo parece más soportable». «Soportable» significaba vencer sus premoniciones y sus miedos. Philippe había conseguido lo más importante: aliviar a Alix de su constante angustia, de su terror oculto.

Pero el logro primordial de Philippe era que había llevado a cabo el tan anhelado milagro. Nicky y Alix eran felices. Ella estaba embarazada, y Philippe había asegurado que sería un chico. Aunque los médicos, tras practicar tediosas pruebas médicas, expresaron sus dudas. Pero ¿quiénes eran aquellos científicos chiflados y sus pruebas al lado de un hombre que estaba en contacto con el cielo? Alix prohibió que los médicos la examinasen. Sus amigas montenegrinas y *monsieur* Philippe, ahora oficialmente titulado doctor en medicina, se convirtieron en sus doctores. Juntos esperaron el nacimiento del pronosticado heredero. La hora del parto se acercaba. Habían transcurrido nueve meses. Y entonces, en agosto de 1902, aconteció algo vergonzoso.

De una de las cartas de la gran duquesa Xenia: «Imagina qué horror: resultó que la pobre Alexandra Fiódorovna no estaba embarazada ... Mamá [la emperatriz viuda] la encontró en un lamentable estado de melancolía, aunque se muestra resignada ante su destino ... ¡Qué golpe tan duro para su orgullo!».

Polovtsev registró en su diario los comentarios de la Corte al respecto:

30 de agosto de 1902 ... Philippe la convenció de que estaba embarazada hipnotizándola. Cediendo a sus indicaciones, no permitió que sus médicos la visitasen hasta mediados de agosto, cuando mandó llamar al tocólogo Ott, aunque sólo para consultarle acerca de su repentina pérdida de peso. Ott le aseguró que no estaba embarazada ... En el *Heraldo del Gobierno* se publicó una declaración harto confusa sobre el tema, que ha dado pie a que se extiendan los rumores más ridículos entre las distintas capas de la población. Dicen, por ejemplo, que la emperatriz dio a luz un monstruo con cuernos que tuvo que ser extrangulado, y cosas por el estilo. No obstante, este suceso no ha mermado la confianza que la pareja imperial tiene depositada en Philippe, quien a sus ojos sigue siendo un ser magnífico y estimulante ... Resultaría todo muy divertido si no fuera tan triste.

Y la familia dio la voz de alarma. Philippe se había convertido en un constante y penoso tema de conversación en el seno de la familia Romanov. Exactamente igual que ocurriría con Rasputín.

«PRONTO REGRESARÁ ... EN FORMA DE OTRO»

El gran duque Constantino Constantínovich, poeta de fama que escribió bajo el seudónimo «KR», anotó en su diario el 24 de agosto de 1902:

> Sergio [el gran duque Sergio Mijáilovich, primo de Nicolás y amigo de juventud] asegura que Sus Majestades están sumidos en un estado mental de absoluto misticismo, que rezan con Philippe en Znamenka ... pasan largas veladas allí ... y regresan a casa en un estado febril, de éxtasis, con los ojos brillantes y el rostro reluciente ... En mi opinión, todo esto es más ridículo que peligroso. Lo malo es que mantienen en secreto sus visitas a Znamenka.

25 de agosto:

> Elena, la hija del rey de Serbia, dijo que su hermano estaba sometido a la influencia de Militsa y Philippe. [Su hermano] aseguró que la misión de Philippe en la tierra estaba tocando a su fin ... que morirá pronto, pero que regresará a su círculo de amigos en forma de otro. ¡¡Qué tontería!! ... Sergio me dijo que estaba muy trastornado por las visitas del emperador y la emperatriz a Znamenka.

6 de septiembre:

> Ayer me pasé por casa del gran duque Vladimir Alejandrovich ... mencionó el tema candente de Philippe ... Cree que el responsable principal de la intimidad de los soberanos con él es el gran duque Nicolai Nikoláievich ... el culpable de esta situación ... Y que los timos y engaños de Philippe han cubierto de ridículo a la pareja imperial, abusando de ella.

Ahora toda la familia exigía la partida de Philippe, pero Alix mostraría una vez más que sabía cómo creer y defender a aquellos en quienes creía.

ELLA DEL MUNDO DEL REINO DE MOSCOVIA

La zarina soportó con entereza los ataques de la familia Romanov, a quienes no agradaba y a los que pagaba con la misma moneda. Pero Philippe se convirtió en la causa de sus primeras desavenencias con su querida hermana, Ella, la gran duquesa Isabel Fiódorovna. La hermosa Ella, hermana mayor de la emperatriz, se había casado con el tío de Nicolás. De hecho, fue en la boda de Ella donde Nicky se fijó por primera vez en la belleza rubia de Alix y se enamoró para siempre. Tras sus respectivos matrimonios, Alix y Ella permanecieron muy unidas. El marido de Ella, el gran duque Sergio Alexandrovich, era el gobernador general de Moscú.

Moscú ocupaba un puesto especial en la vida de Nicolás y Alexandra. Su capital era Petersburgo, aquella ciudad espejismo construida en las marismas finlandesas bajo la dirección de arquitectos franceses e italianos, con sus avenidas de una precisión y rectitud que repugnaban al alma rusa, y con su ángel en lo alto de una columna frente al palacio de Invierno postrándose simbólicamente ante una cruz católica. Era la capital del occidentalismo, la encarnación de la nueva aristocracia rusa que se extendía hacia Europa. Mas el símbolo de la identidad nacional seguía siendo Moscú, la antigua capital de los zares moscovitas y de los primeros Romanov. La ciudad de las innumerables iglesias y calles enmarañadas y tortuosas, tan acorde con el alma rusa; la hermana Ella y su marido eran los custodios de aquella «ciudad de los zares».

Fue precisamente en Moscú donde la leyenda preferida de Nicky y Alix sobre los antiguos zares moscovitas del pueblo se hizo realidad, la leyenda de un reino en el que los principales consejeros de los zares no eran los grandes de la aristocracia sino gente de vida santa, ancianos y santurrones chiflados (un fenómeno del que hablaremos en profundidad).

Cuando, anticipándose al tercer centenario de la dinastía de los Romanov, Nicky y Alix empezaron en 1903 a celebrar sus famosos bailes «históricos», el Moscú de la época de los primeros Romanov regresó a los salones del palacio de Invierno. Los cortesanos lucían el oro de los atuendos de los boyardos en los tiempos del reino de Moscovia y el propio Nicolás aparecía con las vestimentas de su querido zar Alejo Mijáilovich.

Aunque la religiosa Ella, que había adoptado las reglas de la ortodoxia como propias, no podía dejar de sentirse alarmada por la amistad de Alix con las fanáticas princesas montenegrinas, comprendía la soledad en que se encontraba su hermana en el gélido Petersburgo y se reconcilió con aquella amistad. Sin embargo, la aparición de Philippe obligó a Ella a unir sus fuerzas al resto de los Romanov. Conocía perfectamente el carácter de su hermana. Sabía que atacar directamente a Philippe equivaldría a reforzar su posición. Así pues, explicó pacientemente a su hermana menor que los zares rusos no tenían necesidad de brujos extranjeros. Tenían patrones en el cielo que eran mucho más poderosos; éstos eran (como Simeón el Nuevo Teólogo había escrito) los santos que habían ido al cielo. Allí, en el otro mundo, se convertían en defensores de los zares y del pueblo. Llevaban a cabo su elevado propósito tanto individualmente como en conjunto, formando una asamblea de guardianes o una cadena de oro: los zares moscovitas, que ahora duermen su sueño eterno en la catedral del Kremlin, habían gozado repetidamente de su protección.

Esta idea mística tuvo su efecto. Pero al oír las palabras de Ella en boca de la zarina, la inteligente Militsa recogió el testigo. Pocos días después tuvo lugar una conversación entre Philippe y la zarina. Por primera vez le explicó a Alix con claridad la razón del fracaso de su embarazo. Había sido una vez más consecuencia de la debilidad de su fe. Tan pronto como empezó a dudar y llamó al tocólogo, el milagro se desvaneció. Un milagro sólo puede realizarse en presencia de una creencia absoluta. Sólo la fe es capaz de mover montañas. Alix todavía no estaba preparada para aquella clase de fe. Por esta razón él no había podido ayudarla. En ese momento, para alegría de Alix, Philippe empezó a hablar de lo mismo que había hablado Ella, a quien tanto desagradaba: Alix debe solicitar la ayuda de un santo ruso y pedirle que intercediera para que Dios le concediese un heredero. Philippe repitió un nombre que Alix ya le había oído a Militsa, y anteriormente a Ella. Era el nombre de un gran santo de Sarov que todavía no había sido canonizado debido a la lentitud de la Iglesia oficial. Serafim de Sarov, un anciano que había muerto, en 1833, en el claustro de Sarov.

El santo de la realeza

Al igual que Rasputín, Projor Moshnin (éste era el nombre mundano de Serafim de Sarov) había abandonado su hogar para convertirse en vagabundo, yendo de monasterio en monasterio a adorar a Dios. En su pueblo natal, Serafim se paseaba rodeado de vírgenes, de «novias de Cristo» lo cual fue motivo de una investigación, puesto que habían empezado a circular rumores y el misterio de su santidad se convirtió en objeto de pesquisa policial.

Después vivió largo tiempo en silencio y abstinencia, buscando alimento en la «palabra de Dios», que es el «pan angélico que alimenta el alma».

Serafim tenía mucho que decir acerca de la santidad del poder real. A menudo citaba las palabras del comandante del rey David, Abishai: «Si nos tuvieran que matar a todos, entonces por lo menos vos, señor, viviríais. Pero si dejáseis de existir, ¿qué sería del pueblo de Israel?». La zarina conoció también una profecía escrita por Motovilov, un admirador de Serafim, en 1879; en ella Serafim predecía el futuro de ambos y sus nombres, zar Nicolás y zarina Alexandra Fiódorovna. Asimismo auguró su propia canonización durante su reinado.

Así pues, Serafim fue declarado patrón de la familia real; a pesar de la resistencia del Sínodo, Alix obligó a Nicolás a cumplir la predicción: Serafim de Sarov fue canonizado. El 16 de julio de 1903, el tren imperial llegó a la estación de Arzamas y la familia Romanov al completo continuó a pie hasta Sarov Pustin y el monasterio Diveev, donde Serafim de Sarov había vivido y rezado. El 18 de julio de 1903, tras una misa solemne, el zar, el clero y los grandes duques extrajeron el ataúd que contenía las sagradas reliquias del venerado Serafim y lo pasearon alrededor de la iglesia. De este modo la zarina contribuyó a que se cumpliese otra de las profecías de Serafim transcritas por Motovilov: «¡Qué gozo se alcanzará! El zar y toda su familia se acercarán a nosotros».

Cierto, todavía quedaba otra de las profecías de Serafim de la que nadie era consciente entonces, aquella «sobre las futuras y terribles insurrecciones que superarán toda imaginación ... sobre los ríos de sangre rusa» que correrían durante su reinado.

Cada vez más el mundo intangible de las profecías y los milagros se estaba convirtiendo en el mundo real de Alix. En Sarov pasaron noches enteras junto al manantial y la roca donde Serafim había alzado su voz en plegaria. La zarina y Nicky se bañaban de noche en las aguas del manantial, depositando su confianza en la ayuda del santo y rezando por un heredero. La espera había comenzado. Serafim, ahora en la cadena de oro junto al trono de Dios, intercedería en su nombre y ella daría a luz un varón. Alix se parecía cada vez más a una zarina del nido de águila del Kremlin en la época del reino de Moscovia.

Adiós a Nuestro Primer Amigo

Poco después Nuestro Amigo fue invitado a regresar a París. Nicolai Nikoláievich no toleraba el ostracismo al que la familia Romanov le había condenado a él y a las hermanas montenegrinas. Por ello le insinuó a Philippe la necesidad de su partida.

Entretanto, la fe de Alix había triunfado. Todo lo que ella había rogado en sus plegarias a san Serafim se había visto cumplido. De su diario: «El Heredero Zarevich Alejo Nikoláievich nació el viernes 30 de julio de 1904 a la 1.15 de la tarde». Le pusieron el nombre de su zar favorito, Alejo Mijáilovich Romanov.

Por lo tanto, podía pensar otra vez que su fe y creencia en Philippe no habían sido en vano. Todo era tal como Nuestro Amigo había vaticinado. Ella había dado a luz a un hermoso bebé, a un príncipe, de ojos grises, de cuento de hadas, nacido para gobernar y causar admiración.

De esta manera terminaba el ensayo general para la aparición de Rasputín en palacio. Ya en la Corte y entre la gran familia Romanov se había llegado a una conclusión: el pobre y bondadoso Nicky carecía de voluntad y Alix mandaba en todo. Él veía el mundo a través de los ojos de Alix.

Philippe no regresó. Tal como había profetizado, aunque más bien antes de lo previsto, en 1905, abandonó este mundo; una vez más, Alix se persuadió de que había hecho bien al creer en él. Por esto nunca le olvidó. Años más tarde, durante la guerra, ella le escribiría a su marido: «nuestro primer Amigo me entregó aquella Imagen con la campana para prevenirme contra aquellos que no son buenos, y evitará también que se acerquen». (16 de junio de 1915.)

Y ahora a Philippe no le quedaba más que cumplir su promesa: «regresar en forma de otro». Cuánto le necesitaba ella en aquella nueva forma. Pues había ocurrido algo terrible. El tan esperado príncipe sufría una enfermedad fatal heredada de la familia de Alix: la hemofilia. Sus frágiles vasos sanguíneos no eran capaces de resistir la presión de su sangre. Lo mismo que estaba ocurriendo fuera de los límites de palacio.

Los vasos del imperio estaban también gastados y eran delicados. El reino autocrático sufría una grave hemorragia.

UN SANGRIENTO PRÓLOGO A SU LLEGADA

En primer lugar, estaba la vergonzosa y sangrienta guerra con Japón, a la que Nicolás se vio abocado. Los militares explicaron que se podían ocupar tierras en Manchuria con toda tranquilidad, y que el pequeño país, Japón, no se atrevería a tomar represalias; si lo hacía, entonces habría una pequeña guerra y una gran victoria. La guerra se convirtió en un gran conflicto de ingentes derrotas. «Es penoso y decepcionante», escribió Nicolás en su diario. Pero aquello no era más que el principio. La enfermedad del chico y a continuación el terrible año 1905. Las derrotas en la guerra. Y luego le fue enviada otra prueba, algo sin precedentes en Rusia durante los trescientos años de reinado de la dinastía Romanov: una revolución.

Aquel espantoso año empezó con un derramamiento de sangre: la masacre durante una manifestación de obreros que se encaminaba hacia el palacio de Invierno. El zar y su familia estaban en Tsarskoe Selo, y en su ausencia, el aterrorizado Vladimir Alexandrovich, tío de Nicolás, que estaba al mando de la guarnición de Petersburgo, dio orden de disparar. El 9 de enero, el zar escribió en su diario: «Un día terrible ... Ha habido muchos muertos y heridos ... Dios mío, qué penoso resulta ... qué espantoso». Los revolucionarios respondieron sembrando el terror. En Moscú, menos de un mes después, el marido de Ella, el gran duque Sergio Alexandrovich, fue despedazado al estallar una bomba. Nicolás quedó obsesionado con esta visión: Ella, con la cabeza destapada, cubierta de sangre y arrastrándose a gatas entre los restos de su marido. Y a continuación, días terroríficos y caos en el país. Una huelga de ferrocarriles que cortó la comunicación entre Petersburgo y Moscú desde el interior, y concentraciones con llamamientos a la rebelión armada.

Cómo anhelaba la llegada del nuevo hombre de Dios. Pero seguían solos, acompañados de sus rezos y de su fe en Dios. En lugar de un hombre de Dios junto a ellos, estaban sus constantes invitados: el nuevo primer ministro, Serguei Witte, y el gran duque Nicolai Nikoláievich. Eran los mejores momentos de las princesas montenegrinas. El «tío terror», el gran duque Nicolai Nikoláievich, se convertiría en un dictador. En aquellas circunstancias, éste parecía el único modo de detener la revolución. El romance de Stana, la mayor de las princesas, con Nicolai Nikoláievich estaba en pleno apogeo. Y si él se convertía en un dictador que aplastaba la revolución ... En la imaginación de las eufóricas montenegrinas, existía incluso la posibilidad de una corona, que el propio empequeñecido y débil Nicolás entregaría al salvador del país. Pero Nicolai Nikoláievich las decepcionó. Convertirse en tirano era algo para lo que no estaba preparado. El ejército se encontraba lejos luchando contra los japoneses; y no tenían fuerzas para sofocar la rebelión. Por consiguiente, colaboró con el primer ministro Serguei Witte para persuadir a Nicolás de que aceptase una constitución.

Durante aquellos acontecimientos la familia real se encontraba en Peterhof, aislada de la capital por la huelga de ferrocarriles; y en la Corte la gente decía que en las inmediaciones de la costa había un barco en el que la familia real pensaba huir a Inglaterra.

La aparición de un milagrero

Fue entonces cuando las montenegrinas se dedicaron a buscar febrilmente un milagrero ruso; Militsa llevó a Feofán a palacio.

De acuerdo con las declaraciones de Feofán en el Expediente: «La primera vez que me invitaron ... a casa del antiguo emperador fue por una cuestión de asuntos eclesiásticos. Más tarde, volvieron a invitarme por temas teológicos y para una "comunión" con la esposa del zar, la siempre enfermiza emperatriz Alejandra Fiódorovna».

Pero el honesto asceta Feofán no podía sustituir al taimado Philippe; Juan de Kronstadt era requerido al palacio de Militsa cada vez con mayor frecuencia. El padre Juan, arcipreste de la catedral de Kronstadt, era por aquel entonces famoso en toda Rusia. El padre de Nicolás había sentido un gran afecto por él. Estuvo junto al lecho de muerte de Alejandro III.

Durante su vida, Juan de Kronstadt estuvo en contacto con diversas congregaciones en el seno de la Iglesia y fuera de ella. Estaba dotado del mayor poder que un cristiano podía tener: el don de curar a través de la plegaria. Acudían a él aquellas personas que habían llegado al límite de sus sufrimientos, allí donde la ciencia nada podía hacer. Y él las sanaba. Eran gentes de los más diversos credos: ortodoxos, cristianos, judíos, musulmanes. La edición del 20 de diciembre de 1883 del *Nuevos Tiempos*, el más respetable de los periódicos de Petersburgo, estaba repleta de expresiones de gratitud por parte de aquellos a los que había ayudado. La abuela del padre Alexander Mehn, un conocido clérigo ortodoxo, no sólo fue curada por él; Juan había profetizado que en su familia judía nacería un nieto que se convertiría en sacerdote ortodoxo. Curó también a la futura admiradora de Rasputín, la joven Vyrubova, así como a Zinaída Yusúpova, madre del futuro asesino de Rasputín.

LA LLEGADA DEL REDENTOR

Sin embargo, Juan, demasiado agobiado por sus responsabilidades, era demasiado severo con su congregación. Entonces Militsa decidió presentar a la zarina y a Nicky alguien que les causara profunda impresión. Alguien a quien había preparado meticulosamente para aquel encuentro: el padre Grigori, el vagabundo de la Siberia. Aunque, al parecer, tenía un presentimiento al respecto, por lo que, antes de presentarlo le hizo jurar que no se reuniría con los «zares» (como ella llamaba a Alix y a Nicky) por su cuenta. Como ya había sucedido antes, tendría que permanecer bajo sus auspicios. Se convertiría en el nuevo Philippe a quien Alix y Nicky conocerían en su casa. «Según Militsa Nikoláievna, Rasputín prometió no intentar reunirse con la familia real por su cuenta», testificó Feofán en el Expediente.

Militsa estaba segura del éxito del campesino. ¡Desde que se tropezó con aquellos ojos hipnóticos! No es de extrañar que Juan de Kronstadt se sintiera atraído por el padre Grigori. Y Feofán, a quien la zarina tenía en gran estima, también lo veneraba. Asimismo, el metropolitano Sergio disfrutaba departiendo con él. ¡Éstas eran sus recomendaciones! Y todas ellas juntas: el profeta, el sanador, el hombre del pueblo, y el emisario místico de la santa Rus.

A mediados de octubre de 1905 corrían tiempos difíciles, los peores de aquel terrible año. Nicolás decidió firmar un manifiesto concediendo la primera Constitución rusa, acabando así con los trescientos años de autocracia de sus antepasados. Y junto a él en aquellos penosos días estaban las montenegrinas y «Nikolasha» (Nicolai Nikoláievich).

En el diario del zar leemos:

17 de octubre ... Desayunamos con Nikolasha y Stana ... Nos sentamos y charlamos, mientras esperábamos a Witte ... Firmé la Proclamación a la cinco. Después de semejante jornada, la cabeza me daba vueltas, y mis pensamientos empezaron a confundirse. Ayúdanos, Señor. Salva a Rusia y concédele la paz. 20 de octubre. Nikolasha, Militsa y Stana cenaron con nosotros.

Según el diario de Nicolás, los días 21, 22, 23, 24 y 25 recibieron asiduamente la visita de las princesas montenegrinas. Por consiguiente, fue durante uno de aquellos días cuando Militsa le habló a Alix del maravilloso campesino siberiano. Estaba preparando a la impresionable Alix, poniéndola a punto para el regalo que le iba a hacer: un encuentro con el profeta del pueblo; Militsa tenía muchas cosas que contarle. Entre otras cosas porque había correspondencias místicas muy al gusto de las «princesas negras». Al igual que Serafim de Sarov, el padre Grigori (como todos le llamaban ahora, evitando el desagradable sonido de su apellido) había abandonado el hogar y recorrido su tierra natal como un vagabundo; como el santo patrón, se había paseado por su pueblo rodeado de sus seguidoras; lo mismo que Serafim, le habían calumniado, y su santidad y misterio habían sido objeto de investigación. ¡Cómo debió de saltar el corazón de Alix! Todo encajaba. ¡Philippe no les había abandonado! ¡Les enviaba un defensor! ¡Tal como había prometido, había vuelto en «forma de otro»! Justo cuando todos los que les rodeaban les aconsejaban que pensasen en el barco que los sacaría del caos y los conduciría a Inglaterra, a la salvación.

Llegó el 1 de noviembre. Por fin aquel terrible mes había terminado. Era su último día en Peterhof, se estaban preparando para trasladarse a su querido Tsarskoe Selo. Cómo anhelaba Alix que aquel mes se llevase consigo todas sus desgracias. Y qué significativo era que el primer día del nuevo mes fuera el elegido para conocer al extraordinario campesino de Militsa. Del diario de Nicolás:

1 de noviembre ... Fuimos a Sergeevka a las cuatro. Tomamos el té con Militsa y Stana. Conocimos al hombre de Dios, Grigori, de la provincia de Tobol ... Por la noche hice las maletas y trabajé un buen rato, luego pasé el resto del tiempo con Alix.

2 de noviembre. Emprendimos viaje a Tsarskoe Selo y llegamos a las 5.20 ... Fue agradable volver a los acogedores y viejos aposentos.

5

CON LOS ZARES

LA SEDUCCIÓN

E L PROPIO RASPUTÍN CONTÓ LO SUCEDIDO AQUELLA NOCHE de noviembre. Según declaraciones del obispo Feofán en el Expediente: «Escuché del propio Rasputín la profunda impresión que causó en la emperatriz, en su primer encuentro. Sin embargo, el soberano sólo sucumbió a su influencia después de que Rasputín le diera algo sobre lo que pudiera reflexionar».

No fue muy difícil para aquel experto en rostros humanos percatarse de lo mucho que ella le necesitaba, lo atormentada que estaba por las desgracias que se abatían sobre ella, y lo mucho que la habían conmovido sus palabras sobre los sencillos campesinos y su lealtad: el pueblo no iba a decepcionar a su zar. Más tarde relató esta conversación a Iliodor, quien, aunque de forma primitiva, lo plasmó en su libro: «Cuando la Revolución irguió la cabeza, estaban aterrorizados ... y decían: "Dejadnos recoger nuestras cosas" ... Pero hablé con ellos largo y tendido, convenciéndoles para que escupieran todos sus miedos y gobernasen». Esto la impresionó sobremanera. Con el zar fue más complicado. Estaba preocupado, demasiado obsesionado con todo lo que tenía que lidiar. Y al parecer no prestó atención a Rasputín. Para «darle algo sobre lo que pudiera reflexionar», sería necesario un nuevo encuentro.

Pero Militsa, dándose cuenta de la gran impresión que había provocado en Alix, advirtió al campesino que no tratase de ver a los «zares» por su cuenta. De lo contrario sería su fin.

«Mi explicación de su advertencia de que representaría el fin de Rasputín fue que había muchas tentaciones en la Corte y mucha envidia e intriga, y que Rasputín, un simple e inocente peregrino errante, perecería espiritualmente bajo tales circunstancias», testificó Feofán en el Expediente.

Pero Rasputín tenía otros planes totalmente distintos. Y el hecho de vivir en el apartamento de Feofán, quien mantenía estrechos lazos con Militsa, ya no le convenía. Necesitaba libertad de acción.

LA ENCANTADORA ESPOSA DEL GENERAL

De hecho, Rasputín tenía ya muchos otros sitios a los que acudir en busca de alojamiento, además del desvencijado apartamento del asceta Feofán. Su éxito en Petersburgo había sido rápido. Había estado muy ocupado desde su llegada a la ciudad.

La testigo E. Kazakova declaró ante la Comisión Extraordinaria que en aquella época «había visto a muchas damas importantes ... que cuidaban de él y lo consideraban un hombre virtuoso, y que le cortaban las uñas y se las cosían en el canesú como recuerdo». Una de estas damas era la célebre anfitriona de los salones de moda de Petersburgo, Olga Lojtina. Sobrepasaba la cuarentena pero todavía era muy atractiva. Por aquel entonces estaba enferma y Rasputín fue invitado para curarla. Por lo tanto, se conocieron por primera vez dos días después de su encuentro con la familia real.

Olga Lojtina fue interrogada por la Comisión Extraordinaria en 1917. Su testimonio se encuentra en el Expediente:

> Vi a Rasputín por primera vez el 3 de noviembre de 1905. En aquella época ya me había desencantado de la vida en sociedad, tras experimentar un cambio espiritual, y además me encontraba muy enferma de una neurastenia intestinal que me tenía postrada en cama. El único modo que tenía de desplazarme era apoyándome en la pared ... El sacerdote padre Medved [entonces uno de los más leales admiradores de Rasputín] se compadeció de mí y me trajo a Rasputín ... Desde el momento en que apareció el padre Grigori en mi casa me sentí completamente curada, y a partir de entonces quedé liberada de mi dolencia.

Así pues, Rasputín decidio trasladarse a su casa.

El Expediente, de acuerdo con el testimonio de Feofán: «Estuvo conmigo muy poco tiempo, puesto que yo tenía que ausentarme y permanecer en el seminario durante días. Era aburrido para él ... y se mudó a otro sitio. Luego fijó residencia en Petrograd, en casa del funcionario del gobierno Vladimir Lojtin». El coronel Loman, un amigo de los Lojtin, declaró en el Expediente: «Era un hogar familiar excelente. La propia Lojtina era una hermosa mujer de moda y tenía una hijita verdaderamente encantadora».

El padre Grigori había elegido aquel hogar con mucho tiento. Era un cómodo puente para llegar a la familia real. El marido de Olga Lojtina era ingeniero y consejero estatal (un rango civil correspondiente al rango militar de general, razón por la cual solían llamar a Lojtina «la esposa del general»). Lojtin estaba al frente de las carreteras asfaltadas de Tsarskoe Selo; era precisamente allí donde la familia real, aislada en los «acogedores aposentos» del palacio Alexander, pasaba ahora la mayor parte de su tiempo. La enfermedad del heredero, que ellos habían convertido en un secreto de Estado, les obligaba a vivir recluidos para protegerlo. Sin embargo, Rasputín, a través de la familia Lojtin, estaba enterado de todos los rumores de la Corte.

Unos años después se publicarían fotografías de Lojtina en los periódicos de mayor tirada de Petersburgo y los periodistas intentarían comprender lo sucedido a aquella encantadora mujer. ¿Cómo era posible que la anfitriona de un salón de moda, una belleza de Petersburgo, hubiese terminado pidiendo limosna descalza y vestida de forma estrafalaria?

El campesino causó un fuerte impacto en ella. «Relataba su interesante vida de vagabundo, y durante la conversación aludía a los pecados de sus oyentes y obligaba a que sus conciencias hablasen», testificó Lojtina. Presentó ante sus ojos un mundo de Amor y Libertad, donde no existía el dinero y donde la única vida era la del espíritu. Pocos días después de aquel encuentro, la dama de Petersburgo abandonó su hogar y a su hija y partió con el campesino hacia su casa de Pokróvskoie. Lojtin la dejó partir gustoso en compañía de aquel asombroso sanador para poder recuperarse por completo de su enfermedad. Ni siquiera se le ocurrió sospechar del interés de su esposa por aquel grosero y no precisamente joven campesino.

Según las alegaciones de la propia Lojtina en el Expediente:

A instancias suyas, fui invitada a su casa de Pokróvskoie, donde permanecí desde el 15 de noviembre hasta el 8 de diciembre de 1905. Viajar con Rasputín resultó un inusitado placer, porque animaba el alma. Durante el viaje predijo la huelga y no paraba de decir: «Ojalá lleguemos antes». Y justo cuando llegamos, comenzó la huelga.

Obviamente, no era muy difícil predecir una huelga en aquellos tiempos. El país entero estaba paralizado. Pero ella estaba ansiosa de milagros y en Pokróvskoie todo era milagroso. Conoció a una humilde familia campesina:

Me gustó mucho su estilo de vida. Al ver a su marido, su esposa se postró a sus pies ... Me sorprendió la humildad de su esposa. Cuando yo tengo razón, no me rindo ante nadie. Y en cambio aquí estaba la esposa de Rasputín cediendo en una discusión con su marido, aun sabiendo que la razón estaba de su parte y no de la de él. En respuesta a mi ... sorpresa, dijo: «un marido y su mujer deben vivir con un solo corazón, unas veces cedes tú, y otras cede él» ... Dormíamos donde podíamos, a menudo en una sola habitación, pero dormíamos poco, escuchando las charlas del padre Grigori, quien, por así decirlo, nos instruía en nuestras noches de vela. Por la mañana, si me levantaba temprano, rezaba con el padre Grigori ... Rezar con él me arrancaba de la tierra ... En casa pasábamos las horas cantando salmos y cánticos.

Pero los investigadores tenían serias dudas sobre la inocencia de su vida en Pokróvskoie. A lo que ella respondió:

Sí, tenía la costumbre de besarme al encontrarnos e incluso de abrazarme, pero sólo las personas perversas tienen sucios y malos pensamientos ... También es verdad que en una de mis visitas al pueblo de Pokróvskoie me bañé con Rasputín y su familia, con su esposa y sus dos hijas, con total ausencia de malos pensamientos, a ninguno de nosotros nos parecía extraño ni indecente. Yo estaba convencida de que Rasputín era realmente un «anciano», tanto por haberme curado, como por las predicciones que tuve ocasión de oír y que se hicieron realidad.

De esta forma barrió todas las sospechas acerca de las presuntas relaciones sexuales entre ambos.

No obstante, la verdad sobre las relaciones de Rasputín con Lojtina, la primera de sus apasionadas devotas que nos es conocida, es muy importante. Pues de lo contrario no entenderemos ni sus enseñanzas ni su posterior historia. Sobre todo, porque los estudios llevados a cabo por los nuevos admiradores de Rasputín insisten en que el testimonio acerca de sus relaciones sexuales con sus seguidoras fue inventado por sus enemigos.

Pero dejaremos que hable un amigo. Y uno de los más íntimos de Rasputín. En el Expediente figura la declaración de su editor Filipov:

> Una vez, en 1911 en su palacio de la calle Nikolaev fui el inesperado testigo de una penosa escena. Al llegar a casa de Rasputín temprano por la mañana a tomar el té como era mi costumbre ... le vi tras el biombo que separaba su cama del resto de la habitación. Estaba golpeando salvajemente a *madame* Lojtina, que llevaba puesto un fantástico salto de cama consistente en un vestido blanco con pequeños lazos colgando, y que sujetaba su miembro mientras gritaba: «¡Eres Dios!». Me abalancé sobre él ... «¡Qué estás haciendo! ¡Estás pegando a una mujer!» Y Rasputín respondió: «¡No quiere dejarme en paz, la zorra, y exige pecado!». Y Lojtina, escondiéndose tras el biombo, gemía: «soy tu oveja, y *tú eres Cristo!*». Sólo más tarde supe que era *madame* Lojtina, una devota de Rasputín, que tenía una aventura con él ... Yo había pasado tan buenos ratos con ella escuchando sus ingeniosas observaciones, que daban fe de su gran inteligencia y buena educación, que no podía creer lo que había visto.

Otros testigos que conocieron a Lojtina hablan, con asombro, de su agudeza mental e ingenio malicioso. ¿Cómo había logrado, pues, el campesino esclavizar para siempre a aquella brillante mujer? ¿De dónde venía aquella salvaje pasión que ya nunca abandonaría a la desdichada esposa del general, incluso después de que él no sintiera más que repulsión por la vieja en que acabó convirtiéndose? La respuesta se encuentra en el principal misterio de aquel hombre, al que más tarde haré referencia.

La familia real regresó a la capital en diciembre de 1905. Lojtina estaba a su lado mientras Rasputín meditaba los pasos que había que hacer para verles de nuevo. Feofán tenía razón en esto: fue el propio Rasputín quien preparó el siguiente encuentro con la familia real.

En el Expediente consta la revelación de otro importante testigo, el coronel Dimitri Loman, que compareció ante la Comisión Extraordinaria, en 1917. Fue conducido al palacio de Invierno, donde recientemente había ocupado uno de los apartamentos destinados a mandatarios, para ser interrogado. Loman se había labrado una brillante carrera en la Corte: le había sido confiado el edificio de la catedral de Feodorov, y era muy estimado por la familia real. Tal como otros testigos asegurarían, le fue concedido el nombramiento gracias a la ayuda de Rasputín. Cuando lo conoció no era más que un simple oficial en el regimiento de caballería y un amigo de los Lojtin.

«Conocí a Rasputín a su llegada a Petersburgo por primera vez», aseguró Loman.

> Rasputín hizo su primera entrada en palacio de este modo: en cierta ocasión el soberano (según rumores) recibió de un campesino siberiano, es decir de Rasputín, una carta pidiendo audiencia y permiso para presentarle un icono que por alguna razón era especialmente venerado. La carta suscitó el interés del soberano.

EL SALTO A PALACIO

Loman estaba en lo cierto; la corroboración proviene del mismo Rasputín, puesto que ha sobrevivido un telegrama, sin fecha, enviado por un campesino al zar, en 1906.

> Amado zar, acabo de llegar a esta ciudad procedente de Siberia, y me complacería ofreceros un icono del Virtuoso san Simeón, el Milagrero de Verjoturie ... con la esperanza de que el Santo Bendito os proteja todos los días de vuestra vida y os asista en vuestra misión para beneficio y felicidad de vuestros leales hijos.

Al parecer, el telegrama fue escrito por Lojtina, la devota esposa del general, pues es sumamente distinto de los otros, incoherentes, con los que Rasputín más tarde inundaría a los «zares».

Y Nicolás concedió audiencia al campesino tras recibir su telegrama. Así lo escribiría el propio zar más tarde, en una misiva al primer ministro Stolypin, que nos permite establecer una fecha casi exacta de aquel encuentro verdaderamente histórico; esta vez el campesino impresionó tan profundamente al zar que el reservado Nicolás mandó una significativa carta, sobre aquella reunión, a su primer ministro:

16 de octubre de 1906. Días atrás recibí a un campesino de la provincia de Tobol ... que me trajo un icono de san Simeón de Verjoturie ... Causó una profunda impresión en Su Majestad, la zarina y también en mí. Y en vez de cinco minutos, nuestra conversación duró más de una hora. Pronto regresará a su región natal. Tiene un enorme interés en conoceros y bendecir con el icono a vuestra hija herida. [Los terroristas habían volado la dacha del primer ministro. Él sobrevivió milagrosamente y pudo sacar a su hija malherida de lo que quedó del edificio.] Espero que podáis encontrar un momento esta semana para recibirle.

«Causó una profunda impresión en Su Majestad, la zarina y también en mí.» De este modo logró «apoderarse» también del zar.

Uno puede imaginarse fácilmente de qué hablaría con los «zares». San Simeón de Verjoturie había desempeñado un importante papel en la transformación del disoluto Grisha en el padre Grigori. Y, por supuesto, estaba también la historia del hallazgo de Dios; sus andanzas en el nombre de Dios y sobre todo aquello que estaba fuera del alcance de aquellas personas religiosas, pero, que era el objeto de sus sueños: en esto Rasputín no tenía par. Era casi un poeta. Estos mismos pensamientos eran los que expondría en su *Vida de un vagabundo experimentado*. Y su favorito era: «Grande, grande es el campesino a los ojos de Dios!». Así pues, el campesino era más poderoso que todos aquellos patéticos intelectuales urbanos que habían provocado sedición y discordia. Y lo que es más importante: el campesino amaba a sus zares y no les decepcionaría. Al igual que tampoco lo haría Dios. ¡El pueblo y el zar sin nadie de por medio! De esa manera escucharon justo lo que querían escuchar.

Por último, el campesino les pidió algo que hizo que sus corazones dieran un vuelco: solicitó permiso para ver a su hijo. Empezó a hablar de su enfermedad como si la conociera desde hacía tiempo y apeló a su consentimiento para aliviar los sufrimientos del niño con una oración. Por esta misma razón había traído el icono de san Simeón de Verjoturie, cuyas reliquias e imagen religiosa poseían un gran poder curativo.

Es de suponer que fue en aquella ocasión cuando lo llevaron a ver al niño, puesto que después de este encuentro escribió el zar aquella carta tan entusiasta a Stolypin aconsejándole que permitiera al campesino «bendecir, con el icono, a su hija herida». Evidentemente, a sus ojos se había realizado un milagro de la clase que Vyrubova relataría más tarde y que se produciría otras muchas veces.

En la penumbra de la habitación de Alejo iluminada por las lámparas frente a los iconos, su «Pequeño», su «Rayo de sol», no había podido conciliar el sueño, atormentado por las secuelas de su último ataque. El extraño campesino se inclinó sobre la cuna; su enorme y encorvada sombra se dobló sobre el niño en actitud de rezo: ante sus propios ojos, se calmó y se quedó dormido para despertar sano al día siguiente. (¡Milagro! ¡Milagro!).

¿Conocía el campesino los misteriosos secretos de la curación conservados en Siberia desde tiempos paganos? ¿O era sugestión hipnótica? ¿O realmente sentía en su interior un gran e inexplicable poder curativo? Para nosotros, ésta es una cuestión sobre la que reflexionar y dudar. Pero para ella, ya no había duda alguna después de este encuentro. El emisario del pueblo había acudido a ellos, el hombre de Dios que su precursor, Nuestro Primer Amigo, había vaticinado. Para salvar al heredero y defender a los zares.

Poco después del encuentro con el zar, el primer ministro recibió al campesino. El padre Grigori fue a casa de Stolypin con el mismo icono milagroso.

Según testimonio de Vyrubova ante la Comisión Extraordinaria: «Stolypin ... tras la explosión de su dacha, llamó a Rasputín para que viera a su hija malherida, y al parecer rezó inclinado sobre ella y se recuperó».

A partir de aquel día la familia real empezó a venerar al santo siberiano del que el campesino les había hablado. El zar hizo erigir a sus expensas un magnífico pabellón sobre el sepulcro de san Simeón. La procesión de la cruz el día de la apoteosis de san Simeón estuvo encabezada por el padre Ioann Storozhev; un sacerdote de la ciudad de Ekaterinburg, que dos días antes del ajusticiamiento de los zares, en 1918, celebraría la santa comunión con ellos y les daría su última bendición. Tras la ejecución de los zares y sus hijos, en la Casa Ipatiev, se encontró «un icono de san Simeón de Verjoturie de pequeño tamaño en un marco de metal», que un día un campesino siberiano les regaló.

Rasputín se hizo indispensable. Ahora eran ellos quienes lo citaban a palacio. Aunque en aquel lugar no eran libres en absoluto. Después del asunto con Philippe, actuaban con mucha cautela. Para evitar rumores convocaban al campesino de Pokróvskoie junto con Feofán, persona de rango oficial que entonces ejercía como rector del Seminario de Teología de Petersburgo.

De acuerdo con el testimonio de Loman en el Expediente: «Aparte de su audiencia oficial, Rasputín acudió dos o tres veces quizá ... con Feofán, pero en el modesto papel de hermano laico y seguidor de Feofán». El padre Grigori pidió a Feofán que no le dijera nada a Militsa de aquellas visitas. «El propio Rasputín me informó que estaba ocultando a Militsa Nikoláievna sus relaciones con la familia real» declaró Feofán en el Expediente.

Y Militsa, sin sospechar nada, continuó cantando las alabanzas del campesino. «9 de diciembre. Militsa y Stana cenaron con nosotros. Estuvieron hablando de Grigori toda la noche», escribió el zar en su diario.

EL VATICINIO DE LA «MUJER NEGRA»

Pero era imposible seguir ocultando a Militsa esta nueva relación. Al igual que era imposible que Feofán continuara mintiendo. Desde Tsarskoe Selo les llegaron rumores a las montenegrinas. Y a la primera pregunta de Militsa, Feofán contó la verdad. La gran duquesa se puso furiosa con el campesino. Sin embargo, todavía no comprendía entonces con quién se estaba peleando.

El testimonio de Feofán en el Expediente asegura: «Rasputín me informó que Militsa le había dicho claramente: "Tú, Grigori, eres una persona solapada". Militsa Nikoláievna me dijo personalmente que estaba disgustada con Rasputín por haber entrado en la familia real por su cuenta, y mencionó haberle advertido de que si lo hacía sería su fin».

¿Era sólo el inofensivo enfado de la poderosa Militsa? ¿O la intuición de una mujer mística? Pero ¿qué podía hacer ella con alguien a quien los zares habían llamado? En cualquier caso, no tuvo tiempo entonces de tratar con Rasputín, pues a finales de 1906 las montenegrinas se convirtieron en el centro de un escándalo en la Corte.

En el diario de KR leemos:

6 de noviembre ... Me quedé horrorizado cuando mi esposa me contó que Stana va a divorciarse ... ¡¡¡ y a casarse con Nikolasha!!! El permiso para este matrimonio no puede ser más que una indulgencia obtenida gracias a la íntima relación de Nikolasha con el soberano ... Viola la regla eclesiástica que prohíbe que dos hermanos se casen con dos hermanas.

10 de noviembre. Nikolasha declaró que él no había movido un solo dedo para que aquella boda se celebrase ... que sólo podía ser obra de Philippe desde el más allá.

ESCÁNDALOS EN LA NOBLE FAMILIA

Fue el último de una serie de escándalos en la gran familia Romanov. Poco tiempo antes el tío del zar, el gran duque Pablo Alexandrovich, se había atrevido a encapricharse de la esposa del ayudante de otro gran duque y se casó con ella, por lo que tuvo que exiliarse de Rusia. Según las leyes del Imperio Ruso, «ningún miembro de la Casa Imperial tiene derecho a casarse con personas que no pertenezcan a una Casa gobernante o soberana». A continuación, otro escándalo amenazó a la familia. Misha, el hermano pequeño del zar, se empeñó en llevar al matrimonio a la esposa de un oficial de caballería de su propio regimiento de Coraceros Azules, la bella Natalia Wulfert dos veces divorciada. La emperatriz viuda, con grandes dificultades, logró convencerle de que desistiese de su peregrina idea. Y otro escándalo más. Esta vez fue Cirilo, el hijo de otro tío, Vladimir. El apuesto intendente del Cuerpo de Guardias había destrozado la familia del hermano de Alix, Ernie, duque de Hesse-Darmstadt. La esposa de Ernie le había dejado por Cirilo a quien Nicolás se vio obligado a castigar. ¿Qué podía hacer? La condena impuesta por el padre de Nicolás a semejante conducta fue cruel. Ahora, como cabeza de la familia Romanov, le correspondía a Nicolás imponer la penitencia ante este nuevo escándalo con el «tío terror». Pero cuál no debía ser la influencia que las montenegrinas ejercían sobre Alix para que la zarina, aunque indignada por aquellos divorcios, lo tolerase todo dócilmente y forzase al zar a hacerlo también, a pesar de las amenazas de la emperatriz viuda de castigar a Nicolai Nikoláievich y restaurar el orden en la familia.

Como reza el diario de la esposa del general A. Bogdánovich del 26 de octubre de 1906: «Dicen que ella [es decir, Stana] es la encarnación del médium Philippe, que él reside en ella, y que predice ahora la paz ... El zar y la zarina creen todas y cada una de sus palabras, y mientras esperan la paz se despreocupan y viven alegres».

Pero esta vez la esposa del general y los chismosos de la Corte estaban equivocados. Todavía no sabían nada del campesino que por aquel entonces ya habitaba en el corazón de los «zares» y había devuelto a sus almas la paz y la confianza.

UN DESEO ESPECIAL DE SU MAJESTAD

Mientras Pedro y Nicolai Nikoláievich y las montenegrinas estaban ocupados resolviendo sus asuntos personales, la suerte de Rasputín experimentó un rápido ascenso. Dos meses después de su primer encuentro, el zar estaba personalmente ocupado intentando cambiar el apellido del desconocido campesino.

Para ello, Su Majestad había convocado al conde Benckendorff, jefe de la cancillería real. Alix estaba preocupada por el nombre malsonante, tan poco adecuado al carácter de aquel hombre santo que se había acercado a ellos. Le pidieron a Rasputín que escribiese una petición de cambio de nombre. Y Benckendorff informó al ministro del interior: «Al transmitirme esta petición escrita de Rasputín, Su Majestad me ha expresado su vivo deseo de que la solicitud sea respetada».

El 22 de diciembre de 1906, la petición del campesino Rasputín solicitando permiso para llamarse a partir de entonces Rasputín-Novy (Nuevo) le fue concedida.

El monje Iliodor relata en palabras del propio Rasputín la historia que se suponía debía ser la oficial: «Tan pronto como me presenté en el umbral de la puerta, el heredero empezó a dar palmas con sus manitas y a balbucear: "¡El Nuevo, el Nuevo, el Nuevo!" Eran sus primeras palabras. Entonces el zar dio la orden de que no me llamasen por mi nombre Rasputín, sino por el de Novy».

Es posible que hubiera otra intención no manifiesta en aquel nombre, del que me ocuparé a continuación. Sin embargo, de un modo u otro, durante algún tiempo se le concedió el derecho de llamarse sólo Novy.

Pero la vida no lo permitiría. La vida pronto le devolvería el nombre de Rasputín.

EL ENIGMA DEL NUEVO NOMBRE

Con la aparición de Novy, comenzó en la Corte una vida nueva y secreta. Sólo un año después decidió la pareja real revelar el secreto de aquella nueva vida a la hermana de Nicolás, Olga, cuyo diario recoge lo siguiente: «Otoño de 1907. Nicky me preguntó si me gustaría ver a un auténtico campesino ruso». Y entonces vio lo que más tarde recordaría en el lejano Canadá:

> Rasputín llevó [a Alejo] a su habitación, y nosotros tres le seguimos, y ... nos sentimos como si estuviéramos en una iglesia. No había electricidad en el cuarto de Alejo, y la única luz procedía de las lámparas frente a los iconos ... El niño estaba de pie junto a una sombra gigante con la cabeza inclinada. Estaba rezando, y el niño se unió a él en su plegaria.

En aquella ocasión se enteró Olga de que Rasputín había prometido a los «zares» que su hijo se recuperaría de su enfermedad. Tal como declaró Vyrubova: «Rasputín predijo que con el tiempo el chico se curaría completamente ... y que superaría la dolencia».

La fe en la recuperación de su hijo les devolvió la paz. A continuación vieron también el fracaso de la terrible revolución. Hasta hacía muy poco los revolucionarios habían perseguido al zar como a una presa de caza, y el Zar de Todas las Rusias le había escrito a su madre: «Tú comprendes cómo me siento ... no poder salir fuera de las puertas de palacio. ¡Y éste es mi hogar! ... Me avergüenza escribirte esto a ti». Ayer el caos se había apoderado del país. Y ahora, tal como había vaticinado el campesino, habían conseguido aplastar la revolución.

Una nueva vida daba comienzo. Todo sucedía tal y como lo había pronosticado la «nueva» persona. Philippe fue el antiguo Nuestro Amigo. Rasputín se convirtió en el nuevo, Nuestro Nuevo Amigo. Y éste era al parecer el significado oculto de su nuevo apellido.

Otro encuentro histórico más

Rasputín siguió visitando a las princesas montenegrinas durante toda la primera mitad de 1907. El estallido de ira de Militsa parecía haberse apaciguado. Por lo menos eso era lo más aconsejable, puesto que los zares continuaban reuniéndose de vez en cuando con Rasputín en su casa. Pareció perdonar y pasar por alto el hecho de que Rasputín fuera ahora un huésped asiduo y secreto en el palacio real. Como hacía al principio, elogiaba al vidente delante de sus conocidos. Lo comprendió enseguida: la constante glorificación del padre Grigori era muy del agrado de la zarina.

Entonces en el palacio de Militsa tuvo lugar otro encuentro de vital importancia para el destino del imperio.

Por aquel entonces una nueva amiga había hecho aparición junto a la zarina, la joven dama de honor Anya Taneeva. Poco después, la Corte empezó a hablar de la ardiente amistad entre la zarina y su joven dama de honor. Inmediatamente Militsa empezó a invitar a la nueva favorita a que la visitase. Anya parecía una muchacha ingenua que imitaba a la zarina hasta rozar el ridículo. Mantenía con Militsa idénticas conversaciones sobre los temas místicos favoritos de la zarina. Y, por supuesto, Anya deseaba conocer a Rasputín. Sobre todo porque entonces, a principios de 1907, estaba haciendo los preparativos para su boda con el oficial de Marina Vyrubov.

En el Expediente, Vyrubova declaró:

> Conocí a Rasputín en casa de Militsa Nikoláievna en 1907, unos días antes de mi boda ... Aunque había oído que el soberano y la emperatriz solían verlo en su casa. El encuentro fue precedido de la lectura de libros místicos en ruso y en francés, que Militsa Nikoláievna me había prestado y que demostraban la existencia de personas que, gracias a sus piadosas vidas, se habían convertido en videntes. A principios de marzo de 1907 Militsa Nikoláievna me invitó a visitarla, avisándome de que Rasputín estaría allí. Me recibió a solas en el salón y empezó a hablarme de personas a las que el cielo les ha concedido un don y que poseen la gracia de ver el futuro. Militsa Nikoláievna me habló durante una hora aproximadamente sobre este tema y me previno para que no me sorprendiera si intercambiaba un triple beso con Rasputín ... Yo estaba muy nerviosa, sobre todo cuando dijo: «Pídele lo que quieras, él rezará por ti. Puede solicitar cualquier cosa de Dios» ... Ras-

putín y Militsa se besaron y luego me lo presentó ... Me sobresalté al contemplar sus penetrantes ojos, hundidos en sus cuencas ... Estaba preocupada por mi boda porque no conocía muy bien al novio, y le pregunté si debía casarme. Rasputín respondió que me lo recomendaba, aunque sería un matrimonio infeliz.

Poco después, Rasputín dejó de visitar a Militsa. Y la montenegrina se enteró de que el campesino se había atrevido a opinar en contra de la boda de su hermana con Nicolás Nikoláievich. Entonces la zarina empezó a visitarla cada vez con menos frecuencia. Y esto Militsa nunca pudo perdonarlo.

Esperando al campesino en Pokróvskoie

Rasputín regresó a su casa en otoño de 1907. Viajó a Pokróvskoie acompañado de Olga Lojtina y de tres jóvenes devotas suyas: la enfermera soltera Akilina Laptinskaya, la viuda del ingeniero Jionia Berladskaya, y la esposa de un secretario colegial Zinaída Manshtedt (o Manchtet, como se la denomina en otras fuentes).

En aquella época se había comprado una nueva y espaciosa casa en Pokróvskoie. Allí cambiaba y se volvía hablador. Revivía en él el sencillo campesino analfabeto; presumía ante la gente del lugar y exhibía a las «pequeñas damas de Petersburgo» que habían regresado con él y que lo reverenciaban. Les hablaba a los sacerdotes locales de las grandes duquesas e incluso de los «zares», que le pedían consejo a él, al Grishka a quien hacía cuatro días ellos habían golpeado y de quien tanto se habían burlado.

Pero, esta vez, una sorpresa aguardaba a Rasputín a su retorno. Se enteró de que un inspector del Consistorio Teológico de Tobolsk había llegado al pueblo. Y los sacerdotes locales con quienes Rasputín solía conversar habían sido llamados para ser interrogados por el inspector: éste les había hecho preguntas acerca de Rasputín. Poco después registraron su nueva casa, donde encontraron cartas de las «pequeñas damas» y se las llevaron. También las «pequeñas damas» tuvieron que acudir para ser interrogadas. Y, por último, el propio Rasputín fue requerido a declarar.

De este modo se abrió un nuevo expediente relativo a la terrible pero conocida acusación de realizar actividades jlist. Cuatro años antes había logrado defenderse contra los cargos que los investigadores del Consistorio le imputaban. Y ahora volvían a acusarle.

Mijaíl Rodzyanko, presidente de la Duma Estatal, quien posteriormente tomó prestado el expediente del Sínodo, informó que poco después dicha carpeta había desaparecido. No obstante, el expediente perdido ha sido hallado recientemente, emergiendo del olvido, en el archivo de Tobolsk.

LA INVESTIGACIÓN ENTERRADA

El documento lleva la siguiente inscripción: «Expediente del Consistorio de Tobolsk de la Acusación contra Grigori Yefimovich "Rasputín-Novy", campesino del pueblo de Pokróvskoie del distrito de Tiumén, por difundir la falsa doctrina jlist y por formar una Sociedad de Seguidores de su falsa doctrina. Abierto el 6 de septiembre de 1907».

Resultó que mientras Rasputín estaba ausente en Petersburgo, el obispo de Tobolsk obtuvo información, como se afirma en el expediente, relativa al período de sus misteriosas andanzas. Según «la información que ha sido recavada y verificada, el mencionado campesino trajo consigo de su vida en las fábricas de la provincia de Perm el conocimiento de las enseñanzas de la herejía jlist y de sus cabecillas». Luego, «mientras residía en Petersburgo, reclutó a sus propios seguidores, quienes tras el regreso de Rasputín a su pueblo de Pokróvskoie lo visitaban a menudo y vivían con él en su casa». Que «las cartas de sus seguidoras J. Berladskaya, O. Lojtina, y Z. Manchtet hablan de las peculiares enseñanzas de Rasputín». Que aquellas seguidoras de Petersburgo «caminan del brazo de Rasputín, y que a menudo las besa, abraza y acaricia ante la mirada de todos». Y en la parte superior de la casa nueva que Rasputín acaba de adquirir,

se llevan a cabo reuniones nocturnas para rezar ... Durante estas reuniones se viste con una sotana negra medio monástica sobre la que cuelga una cruz pectoral de oro ... Dichas reuniones suelen terminar tarde y se rumorea que en la casa de baños junto a la antigua casa de Rasputín se realiza el «pecar colectivo». Circulan rumores entre los habitantes del pueblo de Pokróvskoie de que Rasputín predica la doctrina jlist.

Así empezaba el expediente. No es difícil de adivinar quién estaba detrás de todo aquello. Militsa, gracias a su poder y a su gran interés en el misticismo ortodoxo, tenía sólidas influencias en el Sínodo. Como buena conocedora de las enseñanzas místicas, hacía tiempo que comprendía el sorprendente secreto del campesino; es su irritada voz la que oímos en la conclusión de la denuncia, donde se menciona «la prepotencia y el orgullo satánico» de Rasputín, como se pone de manifiesto al osar asumir el papel de «extraordinario preceptor, mediador, consejero y consolador», y al atreverse, él, hombre de escasa educación, a «hablar de sus visitas a los palacios de los grandes duques y otras altas personalidades».

Por supuesto, al ser interrogado, Rasputín negó toda relación con los jlisti. También negó haber ido a la casa de baños con mujeres. Es decir, negó lo que más tarde reconocería en Petersburgo e incluso contaría a sus conocidos. Y las «damitas» se mantuvieron firmes en su incondicional apoyo. Berladskaya, Laptinskaya y Lojtina, además de Edvokia y Ekaterina Pechyorkina, la tía y sobrina que estaban a su servicio, no añadieron nada nuevo en sus declaraciones a excepción de entusiastas alabanzas acerca de la elevada moralidad del padre Grigori. En respuesta a la pregunta del inspector sobre los besos de Rasputín, Laptinskaya explicó pomposamente a los provincianos de Tobolsk que «es un fenómeno corriente en los círculos de la intelectualidad». Y así pregunta tras pregunta.

Pero todo esto resultó no ser más que el principio. A su llegada a Pokróvskoie, el inspector del Seminario de Teología de Tobolsk, D. Beryozkin, hizo constar en su informe sobre el caso que la investigación se había llevado a cabo por «personas mal informadas sobre la práctica jlist», y que sólo se había registrado la casa de dos plantas de Rasputín. «Cuando es bien sabido que el regocijo nunca se celebra en las residencias ... sino en patios traseros, baños, graneros, sótanos e incluso refugios subterráneos.» Se estaba refiriendo a la «capilla secreta bajo el suelo del establo» de la vieja casa de Rasputín. «De los cuadros e iconos encontrados en la casa no se hizo descripción alguna, aunque suelen ser indicativos de la herejía jlist». Después de esto, Antonio, obispo de Tobolsk, promulgó un decreto ordenando una investigación a fondo sobre el asunto; que ésta fuera confiada a un misionero antisectario experimentado. El inspector Beryozkin ya se había preparado para practicar aquella indagación suplementaria.

Rasputín recibió un buen susto. En un instante lo habían convertido en un campesino avasallado y sin derechos. Pero la taimada Lojtina, chiflada pero conocedora del mundo, hizo al parecer una exacta valoración de la situación. Comprendió que semejante investigación sobre un oscuro campesino sólo podía venir de alguna persona muy poderosa de la capital; que sólo se podía poner fin allí mismo.

Lojtina viajó a Petersburgo sin dilación. Poco después, la investigación fue suspendida a pesar de la orden reciente del obispo. Y quedó claro a todo el mundo, quien enterró la investigación del obispo en las mismas entrañas del Sínodo.

De manera que Militsa había cometido un grave error. Había decidido aprovecharse de las circunstancias para poner al campesino en su sitio. Estaba segura de que una investigación acerca de sus afiliaciones jlist lo pondría en una situación comprometida y le cerraría el paso a palacio. Se equivocó, porque no podía imaginarse hasta qué punto ejercía ya su influencia sobre la familia real: la inteligente zarina adivinó fácilmente quién estaba detrás de aquella investigación, quién había intentado arrebatarle al «hombre de Dios».

UN CAMBIO EN PALACIO

Poco después, como Feofán explica en el Expediente:

Las buenas relaciones entre la familia real y Militsa, Anastasia Nikoláievna, y Pedro y Nicolás Nikoláievich se hicieron tensas. El propio Rasputín lo menciona de pasada. A partir de algunas frases suyas, llegué a la conclusión de que con toda probabilidad había inculcado en el emperador la idea de que tenían demasiada influencia en los asuntos de Estado y estaban usurpando la independencia del emperador.

El campesino había estado alardeando un poco. Quería demostrar su fuerza. Sin embargo, ocurrió que aquella idea hizo mella en la zarina y se instaló en ella tan pronto como dejó de agradarle su antigua amiga.

117

También en la enemistad su naturaleza era consecuente: era capaz de detestar con igual pasión y vehemencia. Y Nuestro Nuevo Amigo captó inmediatamente el nuevo talante de «Mamá» («Mamá» y «Papá» era cómo él llamaba a los «zares»; padre y madre de la tierra rusa). Sabía perfectamente cuál era su papel: inculcar constantemente en Papá aquella actitud de Mamá. Pues a Nicky le resultaba muy difícil modificar sus afectos. Y, como Vyrubova bien testificó: «continuó confiando en el gran duque Nicolai Nikoláievich».

Desde entonces en la familia real se referían a sus antiguas amigas de la misma manera que lo habían hecho hasta entonces quienes en la Corte les deseaban el mal: como las «mujeres negras». Y los oídos de la zarina eran ahora más receptivos a todo aquello que antes no había querido escuchar.

«De vez en cuando se me ocurría la idea de que Militsa Nikoláievna había presentado a Rasputín a la emperatriz para más adelante utilizarlo como instrumento para conseguir sus propósitos», testificó Vyrubova en el Expediente. Así pues, Anya hablaba con ingenuidad y sinceridad a la zarina sobre las mismas cosas que ésta pensaba: las dos estaban indignadas con las «mujeres negras», que se habían atrevido a promover una lamentable investigación contra el «hombre de Dios». El Nuevo Amigo explicaba gustoso a Alix de dónde procedían los maliciosos rumores sobre ella. Declaró Vyrubova en el Expediente:

> Todas las cosas desagradables que se decían de la emperatriz se originaban en Militsa y Anastasía Nikoláievna ... Decían que la emperatriz ... estaba psicológicamente trastornada, que veía demasiado a Rasputín.

La buena de Anya informaba a Alix de todo, apartando para siempre del trono a las «mujeres negras». La zarina nunca volvió a poner los pies en casa de ninguna de ellas.

Poco después, la omnisciente mujer del general A. Bogdánovich escribiría en su diario:

> Radtsig [el ayuda de cámara del zar, N. A. Radtsig] insiste en que las relaciones entre el zar y el gran duque Nicolás Nikoláievich se han enfriado por completo, al igual que ha sucedido entre la zarina y la mujer del gran duque Anastasía Nikoláievna.

Alix rompió con las montenegrinas sin remordimientos. Porque ahora no estaba sola. Había encontrado en Vyrubova una Amiga. Una verdadera Amiga.

LA AMIGA PELIGROSA

En marzo de 1917 la íntima amiga de la zarina fue conducida desde su húmeda celda de la prisión al palacio de Invierno y a la Comisión Extraordinaria. La investigación quería desentrañar a través de ella los secretos de palacio. Y, por supuesto, el enigma de la influencia de Rasputín si bien, en realidad, el mayor enigma de todos era la propia Anya Vyrubova. La amiga de Alix. Numerosos testigos declararon sobre Vyrubova:

De pocas luces ... Tuvo serias dificultades para aprobar el examen de profesora particular ... No le interesaba nada ... Es difícil comprender cómo pudo mantener una relación tan íntima con la enérgica y culta zarina.

Entrará en la historia con semejante descripción. A pesar de ello, basta con leer la transcripción del interrogatorio para percatarse de lo astuta y peligrosamente inteligente que era esta mujer.

Desde el principio escogió el papel que iba a interpretar en la indagación con notable seguridad. Era la misma representación de la Anya ingenua, candorosa, infantil y de pocas luces que desempeñó con éxito para la familia real.

El secretario de la Comisión, el poeta Alexander Blok, que estuvo presente en los interrogatorios, escribiría sobre ella: «Una persona humillada y en apuros vuelve a la infancia. Recordad a Vyrubova: mentía como una niña».

Era la única táctica posible en su situación: mentir abiertamente como una niña, demostrando así su debilidad, necedad y total ignorancia de lo que ocurría en palacio. Reacciona incluso con sorpresa cuando se entera por un investigador de que se la consideraba una fanática admiradora de Rasputín.

«¿Así pues insiste en que su interés por Rasputín era el mismo que podía sentir por cualquier otra persona de su entorno?» inquiere exasperado el investigador Girchich. «¿O sentía él algún interés especial por usted?».

«¿Especial? ¡No!», responde sinceramente. Y para frustrar cualquier otra pregunta al respecto, empieza a lamentarse en tono mojigato.

> Porque, ¿cree usted que era fácil vivir en la Corte? Me envidiaban ... Por regla general, para una persona honrada era difícil vivir allí, donde bullía la envidia y la calumnia. Yo era sencilla, por lo tanto durante aquellos doce años, excepto desgracias, no vi absolutamente nada.

Pero todavía queda una nueva pregunta, muy importante: «¿Por qué quemó tantísimos documentos?».

«No quemé casi nada», miente manifiesta e ingenuamente, ella que llenó la chimenea entera con las cenizas de los papeles quemados.

Es acusada de haber nombrado ministros y tomado parte en intrigas políticas con Rasputín. De nuevo e ingenuamente, simula sorpresa: ¡ellos sólo hablaban de religión! Le muestran las pruebas, su correspondencia con Rasputín.

«¿Pero cómo es posible que personas que nada tienen que ver con la política y que sólo están interesadas en la oración y el ayuno mantengan correspondencia sobre asuntos políticos?», exclamó triunfalmente el investigador.

Ella suspira y prosigue tan ingenua como antes: «Mucha gente acudía a verme con toda clase de preguntas».

«Bueno, podríamos aceptar que acudieran durante unos días, un mes, un año, pero por lo que aquí consta acudieron durante largos años.»

«¡Era terrible, eso es lo que era!», suspira. «¡Nunca me dejaban en paz!»

Y luego, después de todas estas mentiras, otro investigador, V. Rudnév, que dirigía el interrogatorio junto con Girchich, escribiría algo sorprendente:

«Su testimonio ... estaba impregnado de verdad y sinceridad. La única deficiencia era su extraordinaria vulnerabilidad y su impresionante capacidad para saltar de un pensamiento a otro».

Esto, mientras ella le mentía en su cara. ¿Por qué escribiría semejante despropósito? Porque ella conocía perfectamente a la gente. Enseguida se percató de la diferencia que había entre los dos investigadores y escogió distintas tácticas con cada uno de ellos. Contra Girchich sólo podía defenderse fingiendo ingenuidad y necedad. Pero Rudnév, aquel provinciano sentimental que tanto valoraba la nobleza humana, podía convertirse en un aliado suyo. Y lo consiguió haciendo gala de su inquebrantable devoción por la destronada familia real, mostrando su disposición a mentir sólo por ellos. Le ofreció la oportunidad de juzgar su paciencia cristiana en la cárcel. Bien es verdad que fue su madre quien se apresuró a informar a Rudnév de su paciencia.

Posteriormente, Rudnév recordaría

> su perdón puramente cristiano hacia quienes se vio obligada a soportar en el interior de los muros de la fortaleza de Pedro y Pablo. Es decir, las mofas de los guardias, que le escupían en la cara y le sacaban el vestido y la ropa interior a la vez que la abofeteaban en el rostro y en otras partes del cuerpo ... Debo decir que me enteré de estas vejaciones no por ella, sino a través de su madre. Vyrubova lo confirmó todo sin dar muestra alguna de rencor, explicando que quienes así actuaban no eran responsables, pues «no saben lo que hacen».

Es verdad, pidió que no se castigase a los responsables para no empeorar su situación. Por lo tanto, sin ni siquiera comprobar si verdaderamente se habían producido tales ofensas, Rudnév la creyó y la hizo trasladar fuera de la fortaleza.

No obstante, se guardó el as para la jugada final. El investigador provinciano conocía la leyenda de la que toda Rusia hablaba: que Vyrubova había sido «la concubina del zar y de Rasputín». Cerciorándose bien de que aquel buen hombre conociera toda la verdad sobre ella, insistió en que se le practicase un examen médico como prueba. Rudnév se quedó boquiabierto: Vyrubova era virgen. Ahora podía creerla a pie juntillas; estaba dispuesto a cerrar los ojos ante las «mentiras piadosas» que Vyrubova le decía a la cara. En su sumario escribió:

> No gozaba de influencia alguna en la Corte, ni podía ejercerla, puesto que la emperatriz aventajaba en intelecto y en voluntad a la limitada e indecisa Vyrubova, aunque generosamente abnegada y cariñosa.

Así fue como Rudnév calificó a la mujer más influyente de Rusia. Aquel pobre provinciano no podía siquiera empezar a sospechar las exquisitas intrigas eróticas y psicológicas llevadas a cabo por aquella mujer a la que estaba investigando. De este modo vino a sumarse al coro de voces de testigos que de forma unánime hablaban en sus interrogatorios de la «corta de miras e ingenua» Vyrubova. Lo cierto es que la mayoría de los testigos perecerían en la Revolución, mientras que la «corta de miras e ingenua» Vyrubova sobreviviría intacta. La amiga de la zarina sabría cómo utilizar al escritor revolucionario Gorky y al líder Trotsky para salir de su celda. ¡Tras recuperar la libertad, y mientras se escondía en Petrogrado, reanudó la correspondencia con la zarina e incluso intentó por todos los medios liberarla! ¡Y consiguió también organizar su propia huida de la Rusia bolchevique! Aquella mujer que destituía y nombraba ministros y que de vez en cuando incluso gobernaba sobre la férrea voluntad de la zarina, sabía cómo fingirse una candorosa cabeza de chorlito rusa. La máscara de conveniencia se había convertido en su rostro desde hacía tiempo.

EL JUEGO DE ANYA

Cuando Anya conoció a Rasputín, ella ya ocupaba su lugar junto al trono. Su padre, Alexander Sergeevich Taneev, un hombrecillo fornido que hacía cumplidos a todo el mundo, desempeñaba el cargo de director en jefe de la Cancillería de Su Majestad Imperial. Era un puesto de familia: su abuelo y su bisabuelo ya lo habían ocupado durante los reinados de tres emperadores. Había heredado por parte de su madre genes reales, pues entre sus antepasados se contaba un hijo ilegítimo del loco emperador Pablo. En 1904 fue presentada a la emperatriz y recibió el monograma y el rango de dama de honor municipal. Alix enseguida se dio cuenta de que había encontrado una Amiga. Un año después, en 1905, Anya acompañaba a la emperatriz en el yate real, *Estrella Polar*. «Durante el viaje, la emperatriz se lamentó de que no tenía amigos fuera de su familia y de que se sentía como una extraña», explicó en su interrogatorio.

Anya comprendió a la zarina de inmediato. La observadora Vyrubova describiría en sus memorias la consecuente y perentoria personalidad de la solitaria Alix. Sin embargo, sólo en su libro fue observadora. En la vida y en palacio había elegido otro papel, el único posible habida cuenta del carácter de la zarina: «amable y candorosa», es decir, la muchacha abnegada, atenta a cada palabra de la emperatriz y asombrada por sus ideas. Así es cómo Anya hizo su aparición en la vida de la familia real poco antes de la llegada de Rasputín. Muy pronto empezaría a aparecer en el diario del zar.

«9 de enero de 1906. Sergio y A. A. Taneeva desayunaron con nosotros»; «4 de febrero. A. A. Taneeva vino a desayunar con nosotros». La joven dama de honor se convirtió en muy breve tiempo en un personaje del diario del zar y de sus vidas. Inmediatamente arrancó a las princesas montenegrinas del corazón de la zarina mientras visitaba con asiduidad el palacio de Militsa para estudiar misticismo, por el que la zarina sentía una gran pasión.

En 1907 Anya se casó. O, más exactamente, se vio obligada a hacerlo. Habían comenzado a circular peligrosos rumores acerca de la amistad entre Anya y la zarina. La Corte sentía celos ante la aparición de la nueva favorita.

Filipov, banquero y editor de Rasputín y bien situado en el centro de la vida de Petersburgo, declaró en el Expediente que «en algunas esferas de la Corte se explicaba la amistad de Vyrubova con la emperatriz como una intimidad basada en una psicopatología sexual». La monárquica A. Bogdánovich, esposa del general que sirvió como coadjutor en la catedral de San Isaac, la más grande de Rusia, más de una vez registraría en su diario las palabras de los cortesanos acerca de aquella «amistad antinatural» de Vyrubova y la zarina.

Para acabar con los chismes, la abnegada Anya decidió sacrificarse y casarse. Contrajo matrimonio con un modesto oficial de Marina, el teniente Alexander Vyrubov, aunque bien es cierto que poseía extensas propiedades.

Del diario de Nicolás del 4 de febrero de 1907 leemos: «Anna Taneeva nos presentó a su futuro esposo Vyrubov». Una vez casada, ya no podía seguir siendo dama de honor y los ánimos de la Corte se apaciguarían. «La pobre emperatriz sollozó como la mujer de un mercader de Moscú entregando a su hija en matrimonio», escribió burlonamente Witte en sus memorias.

Por supuesto, la zarina le había pedido que preguntase al vidente Rasputín acerca de su boda. Y Anya, que enseguida se percató de lo que Militsa no se había dado cuenta, es decir del papel del campesino en palacio, se dirigió a casa de Militsa para conocer a Nuestro Amigo. Volvió a palacio con lo que Alix quería oír: las más entusiastas impresiones.

En realidad, el matrimonio de Anya no cambió ni su vida ni su situación.

De acuerdo con el testimonio de la propia Vyrubova, tal como consta en el Expediente: «En 1907 me casé con el teniente Alexander Vasilievich Vyrubov, y a nuestro regreso de la luna de miel alquilamos una dacha, primero en Petersburgo y luego en Tsarskoe Selo» (puesto que aquí era donde vivía la familia real). «Mi marido fue destinado nuevamente a la Cancillería de Campo, y aquel mismo año de 1907 acompañamos a la familia real al mar.» Vyrubov fue designado a la Cancillería para que las amigas no tuviesen que separarse.

La cantante Alexandra Belling conoció a Vyrubova en aquella época. «Me la encontré en una velada musical», recuerda Belling:

> Se acababa de casar y era feliz ... Su marido, un marinero de cara redonda y pelo oscuro, no se apartaba de su lado, y la miraba constantemente a los ojos. Ella reía continuamente y, al parecer, disfrutaba de la vida ... «¡Oh qué divertido!», me dijo. «Tú te casaste el 9, y yo el 11.» Y estalló en una risa contagiosa ... Pero a pesar de su alegría, su cariñosa voz, su dulce sonrisa y sus ojos amables, uno no veía sinceridad en ella ni nada que le predispusiera a uno a la credulidad ... Una noche, mientras ... yo cantaba ... y Vyrubova estaba sentada con las manos en la cara escuchando ... alguien entró y anunció que Anna Alexandrovna era «requerida». Se puso nerviosa y salió apresuradamente. Al cabo de unos minutos volvió a aparecer en el umbral de la puerta del salón con una espléndida boa de plumas blancas alrededor del cuello, cosa que le daba un aspecto sorprendente, y con un magnífico ramo de rosas rojas, que me entregó dándome las gracias efusivamente, abrazándome, y apretando, como si le doliese, su frente contra la mía.

Así pues, lo tenía todo: una luna de miel, felicidad y un marido que la miraba a los ojos. Pero «tras vivir con mi marido un año y medio», declaró Vyrubova a la Comisión Extraordinaria, «me divorcié de él porque resultó que sufría una enfermedad mental ... Se fue a Suiza, no recuerdo a qué ciudad, para seguir un tratamiento y luego nos divorciamos, así que desde entonces no le he vuelto a ver».

El investigador Rudnév recordaba benevolentemente:

> Según la madre de Taneeva, el marido de la hija resultó ser totalmente impotente, con una psicología sexual extremadamente perversa

que se manifestaba a través de episodios de sadismo en los que le infligía un terrible sufrimiento moral y le provocaba sentimientos de suma repugnancia.

¿Y cómo pudo ella ser «feliz»? ¿Cómo pudo soportar año y medio de vida con un sádico y ocultar su suplicio? ¿Era el marido de Vyrubova realmente un completo psicópata que acabó desapareciendo del mapa en una clínica suiza? En absoluto. El antiguo esposo de Vyrubova se volvió a casar y desde 1913 hasta 1917 vivió apaciblemente en su propiedad. En su región gozaba de alta estima siendo incluso elegido oficial de Justicia de la nobleza en la ciudad de Polotsk. Por consiguiente, es obvio que los cortesanos mirasen con suspicacia las razones esgrimidas para su divorcio y volviesen más insistentemente, si cabe, a las murmuraciones de antes.

La esposa del general Bogdánovich, anfitriona de un salón monárquico, escribió en su diario el 2 de febrero de 1908:

> Zilloti, un asistente del jefe del alto mando naval, explicó la sorpresa que causó a todo el mundo la extraña amistad de la joven zarina con su antigua dama de honor Taneeva, que se había casado con Vyrubov ... Cuando durante un viaje a las islas de los arrecifes el barco embarrancó en una roca, la familia real pasó la noche en el yate. El zar durmió solo en un camarote, mientras que la zarina llevó a Vyrubova al suyo y pasó la noche con ella en la misma cama.

Basando su relato en las palabras de Dolly Kochubei, de soltera duquesa de Leichtenberg (y por lo tanto pariente de los Romanov), Bogdánovich expone las razones del divorcio de la siguiente manera: «10 de junio de 1908 ... Existe una amistad antinatural entre la zarina y Taneeva, y ... el marido de Taneeva, Vyrubov, al parecer ... encontró entre sus cosas algunas cartas de la zarina que le provocaron tristes pensamientos». La mujer del general volvería a tocar el tema en repetidas ocasiones: «6 de febrero de 1909. La joven zarina acaba de sufrir un grave ataque de neurastenia ... que se atribuye a su anormal amistad con Vyrubova. Algo no va bien en Tsarskoe Selo».

«Algo no va bien en Tsarskoe Selo»

Pero ¿cómo podía vivir con alguien que era impotente y sádico y, sin embargo, fingir ser la pareja feliz que describe Belling tan expresivamente? Quizá fuera realmente feliz en aquellos años; precisamente porque su marido era impotente y no la tocaba. Sólo cuando intentó dominar la situación y, como decían en el siglo XVIII, lanzar «una flecha en su carcaj», a ella le resultó terriblemente «sádico y repugnante». Quizá por esta razón el infeliz teniente Vyrubov se convirtió en un «psicópata» durante aquel año y medio. Si es así, y ella mostró una auténtica aversión a los hombres, entonces resulta fácil comprender que incluso después no hubiera hombres en la vida de aquella hermosa mujer. ¡Pues en 1917, diez años después de su divorcio de Vyrubov, todavía era virgen!

No obstante, hubo numerosos coqueteos en su vida, aunque sólo para salvaguardar las apariencias.

He pensado muy detenidamente sobre sus relaciones con la zarina, y en mi último libro sobre Nicolás II traté de explicarlas. Ahora creo que las entiendo mejor. Su contacto con la zarina estaba basado en un amor oculto, profundamente secreto y reprimido; esto ejercía en la pobre Alix una inevitable atracción, al mismo tiempo que la asustaba: conociendo la religiosidad y pureza de la zarina, Anya, para ocultar aquel sentimiento, inventó un delicioso juego que al principio hizo que la zarina se interesase todavía más en ella.

Los más íntimos secretos del corazón

Encontré un testimonio asombroso en el Expediente. En 1917 la Comisión Extraordinaria interrogó a una tal Feodosia Voino, que había trabajado de doncella para Vyrubova. Voino declaró que:

> Vyrubova estaba enamorada del zar, pero ignoro si era correspondida. Recibía cartas del zar, y una de ellas fue interceptada por la zarina. Entonces ella y la zarina tuvieron una pelea, aunque duró muy poco. La propia Vyrubova me advirtió a mí y a la sirvienta de que tenía cartas del zar en su caja fuerte, y que si moría repentinamente, las cartas habían de serle devueltas a él.

Esto podría parecer una burda invención si no hubiesen sobrevivido las propias cartas de la zarina. Durante la guerra, Alix y Nicky, suspirando de amor, se escribieron misivas que se conservan como un hermoso romance de cuento. Pero aun así hay algunas líneas misteriosas en ellas. Por ejemplo, en uno de los mensajes Alix añade la siguiente posdata: «Cariño, ¿ya quemas sus cartas para que no caigan nunca en manos de nadie?» (6 de junio de 1916). Y en otra: «Si ahora no te mantienes firme, volveremos a tener discusiones, escenas de amor y peleas como en Crimea» (26 de enero de 1915). Y aún más: «Ya verás cuando volvamos, cómo te dirá lo mucho que sufrió sin ti ... Sé amable y firme ... siempre necesita calmarse un poco». (27 de octubre de 1914.) ¡Así pues, resulta que «ella» se había atrevido a montarle escenas y peleas a Nicolás, a acosarlo con cartas! Y Alix, sin pelos en la lengua, la tacha de «grosera» (27 de octubre) y afirma que no hay en ella «nada de la cariñosa y encantadora mujer» (20 de noviembre de 1914). ¡Y en otra carta se refiere a ella como «la Vaca»! (6 de octubre de 1915).

Pero casi al mismo tiempo Alix escribe a su marido: «Quizá quieras mencionar en tu telegrama que [le] agradeces las cartas y los mensajes enviados». (21 de noviembre de 1914.) Y en otra carta: «Cuando A[nya] habla de su soledad, me irrita, ... viene a vernos dos veces al día, todas las tardes se pasa horas con nosotros» (2 de enero de 1916).

Anya comprendió lo peligroso que eran para el alma religiosa de la zarina los rumores sobre la anormalidad de su amor por Alix. La inteligente Anya ideó este juego. Un juego que tranquilizó a la zarina. El juego de su reprimido, puro y no correspondido amor por Nicky. Esto mismo hacían por aquel entonces las alumnas del Instituto para Señoritas Nobles, que mientras idolatraban a una amiga mayor, se enamoraban perdidamente del hombre elegido por aquella muchacha. Pero Anya no se permitía competir con la emperatriz, únicamente hacía alguna que otra escena, siempre escenas ridículas, ingenuas e inofensivas. El zar se veía obligado a calmar a la encaprichada Anya con cartas, mientras que la zarina lo hacía por compasión. Su papel era el de la inofensiva «tercera parte» que añadía tensión a su relación. Esto avivó el fuego, la pasión, en el gran amor de Nicky y Alix.

Anya era astuta, reservada, taimada y lista, una mujer peligrosa que se había entregado a dos pasiones. Witte escribió: «Todos los cortesanos cercanos a la familia real ofrecen sus servicios a Anya Vyrubova ... Anya les hace algunos favores e influye en el soberano para decantarlo hacia un determinado grupo político u otro».

Su primera pasión era el poder. Fue la gobernante invisible de la Corte más brillante de Europa. Pero su otro amor, oculto para siempre, era Alix. Y aquella pasión secreta estaba combinada con algo aterrador y carnal que posteriormente penetraría sin ser visto en palacio junto con Rasputín. Mientras que en palacio se convirtió en un hombre santo, el invisible campo de su lujuria, de su desenfrenada potencia, no pudo haberle pasado desapercibido a la zarina: los apasionados sueños carnales de Alix, que comentaba en sus cartas a Nicolás, quizá no fueran expresiones de humilde amor conyugal, sino más bien llamamientos eufóricos.

En sus memorias, Anya Vyrubova, explica que después de su divorcio «todavía se acercó más a la familia real», viviendo en Tsarskoe Selo en una casita junto a palacio.

El día 7 de septiembre de 1908 en el diario de la hermana del zar, la gran duquesa Xenia, leemos: «Fuimos a ver a Nicky y a Alix ... Alix estaba en el jardín con Olga, Tatiana y la constante Vyrubova».

Una poderosa alianza entre los dos

En aquel tiempo, Alix presentaba al misterioso anciano a las personas más cercanas a la familia real.

En el Expediente, según testimonio del capitán (de primera clase) Nikolai Pávlovich Sablin, capitán del yate imperial *Standard* y uno de los personajes más allegados al zar y a la zarina:

> Creo que fue en 1908, mientras navegábamos en el *Standard*, cuando la emperatriz empezó a prepararme para recibir la noticia de que conocía a Rasputín. Dijo que había personas que tienen un poder especial debido a su forma de vida ascética; me anunció que había encontrado a una: de nombre Rasputín, y que deseaba presentármela.

De las declaraciones de Vyrubova:

> El siguiente encuentro con Rasputín se produjo un año después en el tren, cuando iba de camino a Tsarskoe Selo. Rasputín también se dirigía allí

en compañía de una dama a visitar a unos conocidos ... Me alegró mucho verle y le dije que me gustaría hablar con él sobre mi desdichada vida. Rasputín me dio su dirección, «en casa de los Lojtin en la Avenida Grechesky» ... Me reuní con Rasputín en el salón de casa de Lojtina ... En aquella época Olga Lojtina ... todavía era una elegante dama de moda sin el menor atisbo de las excentricidades que más tarde harían presa en ella.

Creo que todo fue mucho más simple: la zarina quería que las personas que le eran queridas fuesen amigas; así pues, Anya partió hacia lo que podríamos llamar el cuartel general de Rasputín en el apartamento de la esposa del general. La propia Lojtina lo menciona en el Expediente: «Conocí a Vyrubova antes de romper con mi familia. La primera vez que me visitó fue para averiguar cuándo volvería Rasputín a Petrogrado».

Anya sabía que todos los que quisiesen conseguir el cariño de la zarina tenían que amar al «hombre de Dios» y sentir su poder; ella lo sintió inmediatamente. Siempre le resultó fácil interpretar papeles, de modo que al instante se convirtió en la más ferviente admiradora de Rasputín. Una fanática devota.

De este modo ganó Rasputín a su más entusiasta partidaria, y además Anya tenía su propia historia: el perspicaz anciano había pronosticado su desgraciado matrimonio. Él lo había vaticinado, pero ella no le había hecho caso y había sido castigada.

Posteriormente, Lojtina cedió su papel de principal admiradora del anciano a Anya. Comprendió que aquella otra mujer le sería más útil al padre Grigori. En palabras de Iliodor, «Lojtina se resignó a aquel cambio en su destino».

EN UN OSCURO PASILLO DE PALACIO

La familia real se encontraba sola. Los amigos de infancia de Nicky, los grandes duques Sergio y Sandro, hacía tiempo que se habían apartado de él. Solamente el poeta KR, el gran duque Constantino Constantínovich y su esposa eran bienvenidos a Tsarskoe Selo. Alix escribía fragmentos de los poemas de KR en la libreta donde anotaba sus proverbios favoritos. Sin embargo, dicha libreta no tardaría en convertirse en el registro de los pensamientos del semianalfabeto campesino Grigori Rasputín. En muy poco tiempo sólo dos personas compartirían el aislamiento de la familia real: el padre Grigori y Anya Vyrubova.

Con la caída de las montenegrinas, Anya heredó su papel más importante. Alix no se atrevía a recibir al anciano públicamente (los rumores sobre aquel extraño campesino en palacio comenzaban a extenderse) ni podía decir que estaba tratando a su hijo, pues la enfermedad del heredero era todavía un secreto.

La familia real se reunía con Rasputín en la pequeña casa de Anya en Tsarskoe Selo. Los mensajes de Anya a V. Voeikov, el gobernador de palacio, han sobrevivido en el archivo de la Comisión Extraordinaria: «Querido Vl[adimir] Nik[oláievich] ... El anciano llegó a las 2.00 de la tarde y Sus Majestades quieren verle hoy. Creen que sería más conveniente en mi casa».

Del diario del zar de 1908:

> 6 de noviembre ... Nos pasamos por casa de Anya ... y vimos a Grigori y hablamos con él durante mucho rato.
>
> 27 de diciembre ... Fuimos a casa de Anya, donde nos encontramos con Grigori. Los tres juntos consagramos su árbol de Navidad, que era muy bonito.

Pero a veces había que acompañar al padre Grigori a palacio para tratar al Pequeño. Y una vez más, Anya preparaba el ritual para la entrega secreta del campesino a palacio.

Nuestro Amigo acudía fingiendo visitar a María Vishnyakova, niñera de los infantes. Esto le permitía evitar que su nombre se inscribiese en el registro del vestíbulo, donde todas las visitas a los «zares» quedaban anotadas. Una vez en palacio, «se pasaría a ver a la niñera María Vishnyakova, una persona sumamente nerviosa y en aquellos días ardiente admiradora de Rasputín», como enigmáticamente aseguró Anya en su declaración, y de allí sería conducido a los apartamentos reales.

La forma en que todo esto se llevaba a cabo aparece en el Expediente relatado por la dama de honor Sofía Tyutcheva, nieta del gran poeta ruso e institutriz de los infantes:

> Una vez, en el invierno de 1908, la gran duquesa Tatiana se puso enferma. Mientras sus aposentos se estaban ventilando, ella descansaba en la habitación de Vishnyakova, y yo y la otra gran duquesa estábamos en el aula

de clase ... Al volverme hacia el oscuro pasillo, vi la figura de un campesino embutida en un ajustado abrigo. Enseguida me di cuenta de que se trataba de Rasputín. Le pregunté qué estaba haciendo allí. Me respondió que necesitaba ver a María Ivanovna Vishnyakova. Le indiqué que estaba ocupada y que él no debía estar allí. Se marchó sin decir nada ... Fui a buscar a Vishnyakova, que en aquel momento estaba acostando al heredero ... y le dije que Rasputín la había estado buscando ... «¡Oh, Anna Alexándrovna [Vyrubova] me dará una buena regañina!» dijo Vishnyakova ... Cuando al día siguiente volvimos a vernos, Vishnyakova me dijo: «Efectivamente, recibí una buena regañina de Anna Alexándrovna por tu culpa». Y me contó que Vyrubova le había pedido que nunca hablase conmigo de Rasputín, puesto que yo no creía en su santidad. Al día siguiente, mientras Vyrubova estaba cenando conmigo, presa de un sentimiento de amistad le dije lo que sentía acerca de Rasputín. Ante mi más absoluto asombro, Vyrubova preguntó de repente: «Pero ¿quién es este Rasputín?».

Tyutcheva se quedó atónita porque conocía la ingenuidad e inocencia de Anya. Todavía no se había percatado de la capacidad de disimulo de la inocente Anya. Ni sabía lo que se ocultaba en lo más hondo de aquel «alma simple».

EL ÚNICO

Rasputín comprendió que las «mujeres negras» le odiaban y que intentarían utilizar su última y formidable arma contra él: el padre Juan de Kronstadt. Se preparó y esperó. «Rasputín insinuó sus reservas con una insólita habilidad ... Rasputín ... dijo del padre Juan de Kronstadt ... que era un santo pero que, al igual que un niño, carecía de experiencia y de juicio ... Como resultado de ello la influencia del padre Juan en la Corte empezó a desvanecerse», declaró Feofán en el Expediente.

El padre Juan, la última persona que podría haber evitado la influencia de Rasputín, murió en 1909. Ahora el campesino estaba solo, era el único.

De acuerdo con el testimonio de Vyrubova en el Expediente:

Y el antiguo zar y la zarina ... sentían un gran respeto por el sacerdote Juan de Kronstadt. A su muerte, Rasputín ocupó su lugar. En todas las adversidades de la vida, durante las frecuentes enfermedades del heredero al trono, cuando el empeoramiento de la dolencia cardíaca de la zarina, acudieron a Rasputín en busca de apoyo, y tanto el zar como la zarina le pedían oraciones.

Y entonces, abandonando toda precaución, los zares empezaron a recibirlo en palacio.

En el diario de Nicolás leemos:

> 4 de febrero de 1909... A las 6 el archimandrita Feofán y Grigori vinieron a vernos. También visitaron a los niños.
> 29 de febrero ... a las 2.30 Grigori vino a vernos y lo recibimos con todos los niños. Fue tan agradable escucharlo con toda la familia.
> 29 de marzo (día de la gozosa resurrección de Cristo). Después de cenar me fui a dar un paseo con Dimitri. Había una gran helada y mucha nieve.

Tras este paseo con su joven primo y protegido, uno de los futuros asesinos de Grigori, el zar se enteró de que Grigori acababa de llegar a palacio. «Después de tomar el té arriba en el cuarto de los niños, me senté un rato con Grigori, que se había presentado inesperadamente.»

Nadie podía ir a ver a los «zares» inesperadamente. Incluso los grandes duques Romanov tenían que pedir audiencia. Pero el padre Grigori no.

«26 de abril ... De 6.00 a 7.30 vimos a ... Grigori ... También esta noche me senté un rato con Grigori en el cuarto de los niños.»

«15 de agosto. Hablé con Grigori largo rato esta noche.»

Los rumores acerca del campesino, aquel extraño heredero de Philippe, preocupaban a la familia Romanov. El 1 de enero de 1910, Xenia escribió en su diario: «Es tan triste, siento pena por Nicky, y no tiene ningún sentido». Lo que no tenía ningún sentido para ella era lo que la brillante y culta Alix podía hablar durante largas horas con aquel semianalfabeto campesino.

Nicky y Alix no podían ya prescindir de aquellas reuniones. Y no sólo porque el chico mejorase al instante en presencia de Rasputín. El campesino era tan diferente del ambiente en el que vivían de intrigas y terribles murmuraciones, típico de todas las Cortes. Él nunca tenía nada malo que decir de los demás, ni siquiera de sus enemigos. Y a ellos les gustaban las historias de sus andanzas, donde aparecían personas que no tenían que cargar con el acostumbrado yugo del rango o del dinero; siempre estaba Dios y la naturaleza: el sol en un prado, una noche durmiendo al raso en el suelo, es decir, todo aquello que el zar, tan entusiata de la vida sencilla, sólo podía soñar.

El editor Filipov testificó en el Expediente:

> En aquella época de su vida, Rasputín ... iba escaso de dinero y tuve que prestarle pequeñas sumas, de veinte a cien rublos, que me devolvería cuando pudiese. Una vez le pregunté: «¿Estás realmente tan pelado a pesar de tu intimidad con la zarina?». Y respondió: «Es tan tacaña ... te da cien rublos, y cuando a la semana siguiente le vuelves a pedir dinero, te recuerda, "Pero si hace poco te di cien"».

La frugalidad de la zarina o, mejor dicho, su tacañería, se había hecho proverbial en la Corte. «Alix no le daba dinero a Rasputín. Le daba camisas de seda, fajas, y la cruz de oro que llevaba colgada», recuerda la gran duquesa Olga, hermana de Nicky.

Los «zares» se vestían con los atuendos de los tiempos de los primeros Romanov, y Alix quería ver también a Rasputín con un costoso «traje del pueblo». Ahora, cuando llegaba a Pokróvskoie se pavoneaba orgulloso ante sus convecinos luciendo aquellas galas: camisas de seda, botas de charol y pretinas de color carmesí. En respuesta a sus preguntas acerca de dónde procedía toda aquella magnificencia, él les hablaba de los «zares», que lo amaban y apreciaban. Así no olvidarían quién era aquel Grishka al que ellos habían denunciado a los investigadores de la Iglesia.

Iliodor recordaba:

> Señalando su camisa de satén Grigori me dijo: «Esta camisa la ha cosido la propia emperatriz para mí. Y también tengo otras bordadas por ella». Le pedí que me las enseñase. La esposa de Grigori sacó varias camisas. Empecé a observarlas con detenimiento. «¿Quieres algunas como recuerdo?», me preguntó Grigori con una sonrisa.
> «¿Podría quedarme con una o dos?»
> «¡Coge tres!»
> Y entonces eligió tres camisas para mí, una roja, una blanca de tusor y otra también blanca de un lino caro con bordados en el cuello y en las mangas.

La Revolución de 1905 se estaba convirtiendo en poco más que un horrible recuerdo. Y para Alix, que tanto anhelaba creer en los milagros de Nuestro Amigo, Rusia había sido pacificada no por el cruel primer ministro Stolypin, con su horca y sus tribunales militares, sino por el maravilloso anciano con sus plegarias.

La esperada paz había llegado. Pero si por aquel entonces Nicolás se había sosegado, ella continuaba sufriendo ataques de neurastenia y un terror que parecía no tener causa alguna.

«La cabeza y los ojos me duelen y mi corazón se siente débil»; «Mi corazón sangra de miedo y de terror»; «Cuando la cabeza me duele menos, escribo las palabras y pensamientos de Nuestro Amigo, y el tiempo pasa más rápido»; «Estoy enferma debido a los tristes pensamientos.» Estas citas son de sus últimas cartas. Pero en los años anteriores también se sentía atormentada. Era una mujer desdichada; consciente de que su emponzoñada herencia había destruido a su querido hijo, y vivía en un estado de angustia constante debido a sus terribles premoniciones; solamente Nuestro Amigo era capaz de aliviar su ansiedad nerviosa: con sus tranquilizadoras palabras de perdón y amor y de la futura recompensa divina por todos sus sufrimientos. Sus extraordinarias manos disipaban las constantes migrañas que la volvían loca de dolor. La atormentada Alix lo necesitaba tanto como su sentenciado hijo.

Le escribió una carta a Rasputín. Intentaba redactar de manera simple para que le resultase comprensible a él; trataba de hacerlo en su propio lenguaje.

«Estoy tranquila y en paz con mi alma y puedo descansar sólo cuando tú, maestro, estás sentado a mi lado y beso tus manos y apoyo mi cabeza en tus benditos hombros. Oh, qué fácil me resulta todo entonces.»

Para sentirse segura, necesitaba la constante confirmación de su poder especial. Y por esta razón, la zarina y su amiga Vyrubova intentarían encontrar cada día algún milagro, aunque fuera pequeño: Rasputín había pronosticado el tiempo, el día que el zar regresaría a casa, y así detalle tras detalle. Todo esto ha sobrevivido en la correspondencia entre el zar y la zarina. Fue entonces cuando Rasputín pronunció aquella sorprendente afirmación de «mientras yo viva, la dinastía vivirá». La confirmación de estas palabras la encontramos en las memorias de su hija: «Padre solía decir en Tsarskoe Selo que cuando él ya no estuviese también la Corte desaparecería».

En muchas de las declaraciones leemos esta misma afirmación. El instructor Rudnév escribió, «se ha comprobado que le dijo al soberano: "mi muerte será también tu muerte"».

El campesino lo sabía: y a ella no le asustaban estas palabras, al contrario, la tranquilizaban. Pues Rasputín *estaba* vivo, aquel robusto campesino amado por todos. Y le había prometido que viviría muchos años todavía. Después de todo, ¿por qué iba el Señor, que lo había enviado, a quitárnoslo?

Y entonces en 1910, en la cima del éxito, cuando se había convertido en el único, algo misterioso empezó a suceder.

LAS «FUERZAS OSCURAS»

El adormecido nuevo año 1910 estuvo marcado por muy pocos acontecimientos dignos de la atención de los periódicos y de los habitantes de Rusia. Sin embargo, nos sirve para presentar algunos de los personajes clave de nuestra historia.

Se convocó en Petersburgo el Primer Congreso Ruso para la Lucha contra la Embriaguez, una «enfermedad verdaderamente rusa». Se recordaron divertidos incidentes que formaban parte de la historia antigua, como el de una batalla en la que los guerreros borrachos perdieron los pantalones. El Gobierno fue acusado de enriquecerse con aquella permanente calamidad rusa. Ante tales injurias, los representantes del Ministerio de Economía abandonaron el Congreso. Los sacerdotes fueron también acusados de fomentar una «excesiva admiración» por las famosas palabras atribuidas a san Vladimir, el príncipe de Kiev del siglo X que convirtió Rus al cristianismo, de que «beber es la alegría de los rusos». Y ante tales acusaciones, también la delegación teológica abandonó el congreso.

La Duma Estatal se encontraba inmersa en el último escándalo. El célebre monárquico Nikolai Markov, conocido como Markov II, había exigido la aprobación de nuevos decretos en contra de los judíos. «El pueblo ruso», anunció Markov, «no desea convertirse en esclavo de la parásita tribu judaica.» El príncipe Volkonsky, que presidía la Duma, intentó suprimir aquellas palabras. Se votó y Markov II fue expulsado de la Duma durante las siguientes quince sesiones. En otra sesión, el famoso monárquico, Purishkiévich, informó que el movimiento izquierdista en los círculos estudiantiles estaba formado por «judíos, y por encima de ellos, por profesores, entre los que había numerosos judíos, y que por aquella razón la anarquía gobernaba en las universidades».

Este anuncio produjo estupor y alboroto, con gritos y expresiones abusivas desde todos los escaños. El presidente de la Duma «perdió el control y puso de manifiesto su terrible impotencia». A consecuencia de ello, fue depuesto y se eligió a un nuevo presidente, Alexander Ivánovich Guchkov, uno de los personajes más brillantes e innovadores de la Duma. Los periódicos disfrutaron publicando su biografía. No había habido ni un solo desastre de principios de siglo en el que aquel hijo de un adinerado comerciante de Moscú no hubiera participado. Había acudido en defensa de los armenios durante la matanza a manos de los turcos; había tomado parte en la guerra de los bóers en África, naturalmente al lado de los bóers, y durante la guerra ruso-japonesa había sido incluso capturado por los japoneses. Era bien conocido en la Duma por sus peleas a puñetazo limpio durante las sesiones y por increpar a Pavel Miliukov, jefe del Partido Constitucional-Demócrata, mayoritario en la Duma.

Al ocupar el puesto de presidente, pronunció un discurso en el que por primera vez se habló de ciertas «fuerzas oscuras» misteriosas que se habían dado a conocer en las más altas esferas de la sociedad.

En el campo Jodynka de Moscú, tristemente famoso por la masacre ocurrida durante la coronación, los aviadores realizaban pruebas de vuelo. El célebre Serguei Utochkin, conocido en Rusia como el «héroe de la expansión aérea», realizó varias vueltas en un biplano. Sentado con cierta dificultad en el asiento del pasajero en forma de sillín de bicicleta estaba Vladimir Dzhunkovsky, vicegobernador de Moscú (otro de nuestros futuros personajes). Una mujer aviadora tomó parte en aquellos vuelos: la belleza morena, princesa Shajovskaya, que pronto se convertiría en una fanática devota de Rasputín.

El 7 de noviembre tuvo lugar el que quizá fue el único acontecimiento histórico del año. Aquel día todo el país se hallaba sumido en el luto y el dolor. Lev Tolstói había muerto en la estación de Astapov mientras huía de su casa. Nicolás escribió en un comunicado sobre la muerte de Tolstói: «Lamento sinceramente el fallecimiento del gran escritor ... Que el Señor sea misericordioso con él».

Del campesino propiamente se habló poco y de forma vaga. En realidad, nadie sabía nada al respecto y por este motivo atraía la atención de todo el mundo.

LOS SALVADORES JLIST

La gente estaba asombrada por el misterio de su biografía: por la transformación de un hombre caído en desgracia, por los rumores acerca de su don para realizar curas milagrosas, profecías; y por el cerrado mundo de la familia real, donde él se sentía como en casa. Tanto para las derechas como para las izquierdas, era la feliz confirmación de una idea largamente acariciada: el «valioso talento del ruso sencillo».

Pero esto no era todo. Otra razón de su popularidad era el rumor de sus lazos con los jlisti.

En mi juventud, hablé en una ocasión con un amigo de la familia, el poeta acmeísta Sergei Mitrofanovich Gorodetsky, que entonces era ya un hombre de avanzada edad. En tiempos de Rasputín, Gorodetsky era uno de los poetas más populares de la época, autor de un famoso libro de poemas llamado *Trigo de primavera*. Sonriendo burlonamente bajo su bigote gris, Gorodetsky dijo algo que siempre he recordado por lo paradójico: «Rasputín resultaba atractivo y estaba de moda porque era jlist».

No comprendí el significado de esta frase hasta hace muy poco, cuando estaba inmerso en la exploración del extraordinario período de la literatura rusa tan acertadamente denominado Edad de Plata.

Es asombroso, pero todos los escritores famosos de la época de un modo u otro se habían interesado en la entonces misteriosa secta jlist. El célebre escritor y filósofo Vasily Rozanov se fue a vivir a una comunidad jlist y escribió sobre los jlisti en su obra *La secta apocalíptica*. Dos mentes influyentes de la época, el matrimonio formado por el novelista Dmitry Merezhkovsky y la poeta Zinaída Gippius, vivieron en una comunidad jlist y en 1902, escribieron a Alexander Blok en estos términos: «Todo lo que vimos allí era ... inefablemente hermoso». Blok, el poeta ruso más destacado, y el famoso escritor Alexei Remizov (tal como informa la mujer de Blok en una carta dirigida a su madre) «asistieron juntos a una reunión jlist». Y también otro conocido escritor, Mijaíl

Prishvin, escribió en su diario en 1908: «9 de noviembre ... Junto con Blok, Remizov y Sologub [¡otro personaje influyente!] visité una comunidad jlist». Los renombrados poetas Konstantin Balmont y Andrei Bely escribieron también acerca de los jlist. Y el conocido poeta campesino de principios de siglo XX, Nikolai Klyuev, mientras elabora una popular biografía, nos narra sus andanzas con los jlisti. «Muchos se empecinaban en buscar una forma de acercarse a los jlisti», escribió Prishvin.

Lo que les impelía a ello era un sentido compartido de apocalipsis inminente; el mismo que hacía que los líderes de la intelectualidad intentasen encontrar un lenguaje común con la Iglesia oficial en los coloquios filosófico-religiosos de 1903. Lo abordaron sin éxito. Mas ahora de lo que se trataba era de actuar a través de las sectas. Los intelectuales creían que aquellos que expresaban las verdaderas aspiraciones religiosas del pueblo se aunaban en las sectas, y sobre todo en la más poderosa de todas, los jlisti. Prishvin escribió que los jlisti «eran un río subterráneo ... Un inmenso reino de jlisti, escurridizo y no identificable, ha emergido ... en el seno de la propia Iglesia ortodoxa». Los intelectuales estaban convencidos de que una alianza entre su propio sector espiritual y el del pueblo llano —las sectas— podría resistir la tormenta que se avecinaba. Las sectas como puente hacia el pueblo. Merezhkovsky escribió:

> Necesitamos «llegar al pueblo» a nuestra nueva manera ... No hay duda de que algo está sucediendo y empezando a madurar en todas partes y en cada uno de nosotros, y saldremos a su encuentro. Y ... el trayecto que hay que atravesar para alcanzar el pueblo será más fácil y más natural a través de los sectarios.

Más tarde los intelectuales se burlarían de la pareja real por su fe en un obtuso campesino. Sin embargo, al mismo tiempo y paradójicamente, soñaban con lo mismo. Pero todo esto era aplicable sólo a los líderes de la intelectualidad. Para los filisteos corrientes, los jlisti seguían siendo criminales religiosos, la encarnación de la depravación secreta.

Mientras el padre Grigori estuvo viviendo en casa de los Lojtin, la esposa del general se convirtió prácticamente en su secretaria. Allí en su salón ganaba Rasputín cada vez más devotas. A través de los Lojtin conoció a Gueorgy Sazonov, editor de revistas progresistas de economía.

En 1917, Sazonov, junto con otros seguidores de Rasputín, fue convocado ante la Comisión Extraordinaria: encontré su declaración en el Expediente.

Gueorgy Petrovich Sazonov, de sesenta años, testificó que en su familia:

eran viejos amigos de la familia de los Lojtin, del ingeniero Vladimir Mijáilovich Lojtin, de su esposa Olga Vladimirovna, y de su hija Lyudmila ... Olga Vladimirovna telefoneó con la información de que Grigori Yefimovich Rasputín había pedido permiso para visitarnos.

Así comenzó su amistad. Y Sazonov describe a Rasputín tal como era en aquellos días: «Me impresionó al ver lo nervioso que era ... No podía estar sentado tranquilamente en su sitio, sino que estaba inquieto y movía las manos ... Hablaba a trompicones y de forma incoherente». Pero cuando esta persona agitada miraba a sus interlocutores, «un poder especial brillaba en sus ojos que producían un gran efecto en las personas que eran ... especialmente susceptibles a las influencias externas».

Por aquel entonces se había constituido un círculo de fanáticas admiradoras en torno a Rasputín. «Las mujeres que le rodeaban lo trataban con una devoción mística, le llamaban "padre" y le besaban la mano.» Pero lo que más sedujo al profundamente religioso Sazonov, al igual que había ocurrido con su amigo Lojtin, fue la «sincera religiosidad» de Rasputín, algo muy infrecuente en aquellos años.

Aquella religiosidad no era fingida, ni tampoco lo era su actitud. Nuestra doncella nos aseguró que cada vez que [él] pasaba la noche en nuestra casa, rezaba en vez de dormir ... Cuando estábamos en nuestra dacha los niños lo vieron en el bosque entregado a la oración ... Nuestra vecina, la mujer de un general que no podía oír su nombre sin sentir repulsión, hizo el esfuerzo de seguir a los niños al bosque y, a pesar de que ya había transcurrido una hora, lo vieron sumido en la oración.

En aquella época (antes de 1913), Rasputín, tal como Sazonov lo describe, no consumía bebidas alcohólicas ni comía carne, y observaba toda clase de ayunos. «Aquel período de la vida de Rasputín», afirma Sazonov, en el Expediente, «fue, a mi modo de ver, la época en que alcanzó una cierta elevación espiritual, de la que después descendió.»

Sazonov, encantado, invitaría más tarde a Rasputín a instalarse en su enorme apartamento de clase alta. Según consta en el informe de la vigilancia secreta a Rasputín en aquellos días, «a su llegada en 1912, permaneció ... en el apartamento del editor de la revista *El Economista Ruso*, Georgy Petrovich Sazonov, y su esposa ... Rasputín está obviamente involucrado en una aventura amorosa con esta última».

Pero conociendo la sincera religiosidad de Rasputín, Sazonov nunca hubiera prestado oídos a semejante afirmación. Lo mismo que el marido de Lojtina, no se lo podía creer, entre otras cosas porque ni Sazonov ni Lojtin acababan de comprender a aquel hombre misterioso.

Rasputín seguía manteniendo sus relaciones con el zar envueltas en un enigma. Era cauteloso. Incluso su amigo Sazonov lo ignoraba todo, excepto que Rasputín llamaba al emperador y a la emperatriz «Papá» y «Mamá», puesto que en realidad eran «el padre y la madre que el Señor había dispuesto aquí para que cuidasen y velasen por la tierra rusa». En aquella época Rasputín todavía no había empezado a beber. En el Expediente, Sazonov recuerda una historia «sensacional»:

> La zarina, evidentemente, sentía adoración por él ... Me contó el siguiente suceso: él estaba paseando por un parque de Petersburgo y se encontró con la zarina cuyo carruaje iba en dirección opuesta ... Al verle, la emperatriz ordenó que detuvieran los caballos, se abalanzó sobre él y besó su mano delante de todos los presentes en el parque.

La historia circuló por todos los salones de la ciudad. Y el hecho de que los «zares» besasen la mano de Rasputín ocupó un lugar preponderante en los interrogatorios de la Comisión Extraordinaria. Sin embargo, en el Expediente dos de los personajes más cercanos a Rasputín y a la familia real, Vyrubova y otra de las amigas de la zarina, Yulia Dehn, lo negarían acaloradamente. Con toda probabilidad mentían porque no podían explicar a los no iniciados que el humilde orgullo que predicaba el campesino había hecho mella en los corazones de Nicky y de Alix. Cristo lavando los pies a sus discípulos y los «zares» besando la mano de un campesino —la mano, en palabras de Rasputín, que «os alimenta a todos»— era algo que la devota familia real podía comprender fácilmente.

El anciano de moda

Sin embargo, en 1910 aparecieron devotos todavía más importantes. Un tal Vladimir Bonch-Bruévich se convirtió en un incondicional seguidor de Rasputín. «Bonch», como solían llamarle los amigos, era un experto en sectarismo ruso. Había escrito numerosas obras sobre los Viejos Creyentes y otras herejías. Pero fue esta faceta la que lo hizo famoso en la historia de Rusia. Este modesto investigador de herejías era miembro del partido clandestino de los bolcheviques y uno de los personajes más próximos a Lenin (más tarde se convertiría en un líder de la Rusia Soviética, en el encargado de los asuntos del Consejo de los Comisarios del Pueblo y fundador de la Checa, la policía secreta bolchevique). Los motivos del interés y de la enorme curiosidad de Bonch-Bruévich respecto a Rasputín son claros. El discurso de Lenin sobre las sectas en el Segundo Congreso del Partido Obrero Socialdemócrata de Rusia fue redactado por Bonch-Bruévich y contenía un completo panegírico acerca de la secta jlist:

> Desde un punto de vista político, los jlisti merecen toda nuestra atención en tanto que detestan todo aquello que proviene de las «autoridades», es decir, del gobierno ... Estoy convencido de que a través de un acercamiento táctico entre los revolucionarios y los jlisti, podremos reclutar numerosos partidarios.

Por consiguiente, cuando Rasputín empezó a ser perseguido por sus simpatías hacia los jlisti, Bonch-Bruevich escribiría inmediatamente con la autoridad de un experto: «¡Rasputín no pertenece a la secta jlist!». Estaba obligado a defender a sus potenciales aliados.

Una familia cercana al trono

En 1910, en el punto más álgido del entusiasmo por Rasputín, entre sus fanáticos más devotos surgió una familia entera.

María Golóvina lo conoció en 1910. Era la nieta del chambelán, y una «jovencita pura», como la definía el príncipe Félix Yusúpov, acérrimo enemigo de Rasputín. Se convirtió inmediatamente en la abnegada esclava del campesino. La escritora Zhukovskaya describió a «Munya», como la llamaban en el círculo de Rasputín, en estos términos:

> Una muchacha de aspecto joven ... me miró con ojos ... tímidos de un azul pálido ... Con su vestido gris claro y sombrero blanco con violetas parecía muy pequeña y conmovedora. Su ilimitada abnegación y disposición a someterse por completo se ponían de manifiesto en su mirada y en cada una de sus palabras.

Olga, la tía de Munya, había sido la protagonista del mayor escándalo de la familia Romanov. Olga Valerianovna rebasaba la treintena, era la esposa del general de división Erik Pistolkors, y madre de dos hijos mayores, cuando inició su loca aventura amorosa con el tío del zar, el gran duque Pablo Alejandrovich. El asunto terminó con la boda del gran duque y Olga, por lo que el zar lo exoneró de sus deberes y lo desterró al extranjero. Su hijo, nacido de su primer matrimonio, el joven Dimitri, permaneció en Rusia viviendo al principio con la familia de Ella y el gran duque Sergio Alexandrovich. Luego, tras el asesinato de Sergio, fue alojado en palacio y educado por la familia real. Pablo recibió el perdón del zar en 1905 y regresó a Rusia con su esposa.

Así pues, Munya y su madre eran parientes del gran duque; pronto emparentarían también con Vyrubova. La hermana de Vyrubova, Alexandra (o «Sana», como la llamaban en la familia), contrajo matrimonio con el hijo del primer marido de Olga, Alexander Pistolkors. «Sana ... era una mujer muy hermosa con una cara de porcelana, y daba la encantadora impresión de una niña mimada y egocéntrica», recordaba la cantante Alexandra Belling.

Aunque, más adelante, Rasputín dividiría literalmente en dos a aquella familia.

No obstante, en 1910 cuando Munya Golóvina lo vio por primera vez, Rasputín se hizo absolutamente indispensable para ella. Munya estaba por aquel entonces al borde de la locura.

En 1917 Munya Golóvina fue convocada ante la Comisión Extraordinaria para ser interrogada. Encontré su testimonio en el Expediente.

La Comisión había estado esperando con impaciencia su declaración. Munya era una de las personas más cercanas a Rasputín. Además, habían corrido varios rumores acerca de su fatídico y no correspondido amor por el asesino de Rasputín, el príncipe Félix Yusúpov, que utilizó a la desdichada Munya para planear la muerte del campesino, una historia que ocuparía un destacado lugar en los libros sobre el campesino.

En efecto, Munya tenía un amor verdaderamente fatídico, pero no era por Félix Yusúpov por quien suspiraba. De todas formas, dejemos que María hable por sí misma: «En 1910 perdí a alguien a quien me sentía muy unida, lo cual provocó un efecto nefasto en mi sistema nervioso».

Aquel «alguien» era el tierno amigo que unió a María con la familia más rica de Rusia, la familia Yusúpov.

La familia más rica de Rusia

El palacio Yusúpov se yergue hoy en día como antaño en el canal del Moïka en Petersburgo. En su interior se conservan los mismos muebles, pinturas y espejos que en otra época reflejaron a la familia hoy desaparecida en su sepultura. Los Yusúpov descendían de un sobrino del profeta Mahoma. Sus antepasados habían gobernado en Egipto, Damasco y Antioquía. Entre sus parientes se cuentan caudillos al servicio de Tamerlán y tártaros conquistadores de la antigua Rus; más tarde encabezaron facciones disidentes de la gran horda tártara y gobernaron los territorios de Crimea, Kazán y Nogay. El jefe de los nogay, Jan Yusuf dio su nombre a la estirpe. El destino de su hija, la hermosa Sumbeki, es digno de mención. Los janes nogay, maridos de Sumbeki, murieron uno tras otro, cada uno a manos de su sucesor. Pero ella siguió siendo reina, casándose cada vez con el asesino de su anterior marido. Entonces fue cuando el Jan Yusuf, temiendo por sus hijos, los mandó a Rusia. El zar ruso, Iván el Terrible, los recibió de buen grado y les cedió inmensas extensiones de tierra. Sus hijos, convertidos al cristianismo en el siglo XVII, recibieron el título de príncipe y el nombre Yusúpov. A partir de ese momento ocuparon los puestos más importantes bajo el mandato de los soberanos rusos, y a veces incluso muy cerca de ellos. En el palacio del bisabuelo de Félix, Nikolai Yusúpov, en la galería de retratos con los cuadros de sus trescientas amantes, cuelga un retrato doble. En él vemos a Catalina la Grande y al propio Yusúpov posando completamente desnudos como Venus y Apolo.

En el transcurso de aquellos trescientos años los Yusúpov se convirtieron en la familia más rica de Rusia y la familia real visitaba a menudo sus propiedades en Crimea, que lindaban con las del zar.

La madre de Félix, Zinaída, era una de las mujeres más bellas de su época. Tras rechazar numerosas proposiciones de matrimonio, se casó con un ayudante del gran duque Sergio Alexandrovich, el comandante de la Guardia Montada, conde Félix Sumarokov-Elston. Los Elston eran descendientes de un hijo ilegítimo del famoso rey de Prusia, Federico el Grande. Tras su matrimonio con la última de la estirpe Yusúpov, el conde Sumarokov-Elston obtuvo el derecho de adjudicarse el rígido título de príncipe Yusúpov y conde Sumarokov-Elston.

Zinaída y Félix tuvieron dos hijos: Nicolai, el mayor, y Félix, que desempeñaría un papel decisivo en el destino del campesino ruso Rasputín.

UNA HISTORIA DE AMOR Y MUERTE

Después de la Revolución y exiliado en París, Félix relató su vida. Emprendió su seductor viaje rumbo al vicio siendo un niño. Todo empezó con una historia parecida a un pecaminoso sueño de juventud. Cierta pareja joven invitó al chico, que parecía una ninfa, a participar en sus juegos sexuales. Más tarde, Nicolai, un Don Juan de Petersburgo, el ídolo de su familia, a quien Félix adoraba y envidiaba, continuó aquellos juegos peligrosos con el chico y se le ocurrió la idea de vestirlo de mujer. Comenzó a «sacarla» de noche para que participase en la vida nocturna de Petersburgo, una vida que parecía más bien un festejo celebrado durante la plaga de la peste, donde todos se esforzaban por alcanzar las más profundas simas del vicio, experimentando todas las formas de diversión y depravación. La perversión continuaba hasta acompañar a los coros de cíngaros a las habitaciones privadas de famosos restaurantes. Entonces era cuando el joven Félix experimentaba las delicias de llevar ropas de mujer y disfrutaba con las miradas lascivas de los hombres que enloquecían por aquella joven «belleza».

Ya de mayor recordaría sus propios éxitos vestido de encantadora ninfa. Entre ellos, lo sucedido durante un baile de disfraces en el que el rey Eduardo VII de Inglaterra «la» miró insistentemente a través de sus impertinentes. Y con qué satisfacción y terror huía de sus admiradores en un salón privado de un restaurante de Petersburgo, escapando a la helada intemperie en un trineo descubierto sin su abrigo de pieles y llevando tan sólo un vestido tachonado de diamantes.

De este modo Félix descubrió su propia naturaleza. «Siempre me ha exasperado la intolerancia de la gente respecto a aquellos que mantienen aventuras amorosas de otra índole», escribió. «Uno puede censurar estas relaciones, pero no a las criaturas para quienes las relaciones normales van en contra de su naturaleza y les son imposibles.»

Más tarde, su amoroso hermano Nicolai consiguió seducir a otra belleza de Petersburgo, la condesa Heiden. Pero esta vez, aunque se supone que un Don Juan no debe hacerlo, se enamoró de ella. Antes de este episodio, Nicolai había estado buscando nuevas sensaciones en París en un asqueroso fumadero chino de opio, donde Félix, bajo su experta dirección, conseguía experimentar nuevos modos de descender a lo más innoble. Pero ahora un amor apasionado había transformado a Nicolai.

La condesa Marina Heiden era en aquella época la esposa del conde A. Manteifel de la Guardia Montada. Una vez en París, la desdichada mujer se olvidó de su marido y de su honor y pasó todas sus noches en el hotel donde Nicolás y Félix se hospedaban. Al principio, el conde Manteifel quería el divorcio, pero sus camaradas de regimiento consideraban que el honor del regimiento más prestigioso de Petersburgo había sido mancillado. El conde se vio obligado a convocar a Nicolai.

En el Museo de Historia encontré las cartas de los héroes de esta historia y el desenlace de su tragedia.

«Te imploro», escribía Marina a Félix, «que no permitas que Nicolai regrese ahora a Petersburgo ... El regimiento les instigará a que se batan en duelo y terminará mal ... Por el amor de Dios, arregla las cosas para que tu hermano no venga a Petersburgo ... Las habladurías acabarán cesando, y en otoño ya todo habrá terminado ...» Pero de todas formas Nicolai regresó a Petersburgo. Todo lo que Félix tenía que hacer era decírselo a su poderosa madre y el duelo nunca se hubiera llevado a cabo. Pero, extrañamente, Félix no hizo nada. Es posible que la idea del honor desempeñase un papel dominante en esta historia. ¿O no?

Hay un fragmento en las memorias de Félix: «Yo ... me imaginaba como uno de mis antepasados, un gran mecenas en el reino de Catalina ... Reclinado sobre cojines bordados en oro ... Yo gobernaba entre esclavos ... La idea de convertirme en una de las familias más ricas de Rusia me intoxicaba». Pero mientras su hermano viviera, él no podría convertirse en un «gran mecenas», puesto que su hermano mayor era el heredero. ¿Es posible que inconscientemente estuviese siguiendo el ejemplo de sus antepasados nogay, que habían matado a sus hermanos y a sus padres en su lucha por el poder? ¿Y que por esta razón no dijera nada a su madre acerca del duelo? Pero esto no son más que simples y espantosas conjeturas.

Las últimas cartas de los amantes han sobrevivido y se encuentran en el archivo. Nicolai escribió la suya la noche anterior al duelo: «Mi último pensamiento fue para ti ... Para nuestra desgracia, tú y yo nos conocimos y nos destruimos mutuamente ... Dentro de dos horas llegarán mis padrinos ... Adiós para siempre. Te quiero».

El duelo se celebró el 22 de junio de 1908. Primero dispararon a treinta pasos. Nicolai disparó al aire, y su adversario falló. Manteifel pidió que se redujese la distancia a quince pasos. Nicolai disparó de nuevo al aire, y entonces el conde apuntó y lo mató.

La última carta de Nicolai está todavía en el archivo Yusúpov; nunca llegó a manos de Marina. También se conserva allí la súplica de Marina a Félix. Una súplica vana. «Félix, tengo que postrarme ante su tumba ... Tengo que ver su tumba y rezar sobre ella. Tienes que comprenderlo, Félix, ayúdame. ¡Arréglalo de alguna manera, por la noche, cuando todos los de tu familia estén durmiendo! Ayúdame a entrar a escondidas en la iglesia, haz esto por mí, hazlo por tu hermano.» Pero no lo hizo.

En aquella época, su madre Zinaída Yusúpova estaba confinada en cama con fiebre y sufriría episodios de depresión durante el resto de su vida. Poco después, Félix hizo un recorrido por sus futuras propiedades. «Me imaginé de verdad que era un joven noble viajando por todo el país», recordaba.

LA NO AMADA

Sin embargo, resultó que había otra víctima en aquel duelo: una mujer que había amado pero que no había sido correspondida; que se aferró para siempre a su amor por aquel que había sucumbido. Era una pasión no sólo no correspondida, sino ni siquiera sospechada. Era el amor de Munya, que la acompañó durante el resto de su vida. Félix guardó en su archivo una carta suya. Ella también quería postrarse ante la tumba de aquel al que habían matado: «Me gustaría rezar una vez más junto a él. Hace dos semanas de la terrible desgracia, pero mi dolor sigue creciendo, no disminuye, y cada día que pasa se hace más difícil de soportar». El malogrado Nicolás la había unido a Félix para siempre. «Aprecio tanto mi relación espiritual con el pasado que no puedo considerarle un extraño ... Ni nunca he sido tan consciente como ahora de que la alegría de vivir ha abandonado mi vida para siempre, de que nada podrá devolvérmela.»

Decidió retirarse a un convento. Su madre estaba horrorizada, pero una persona allegada suya con la «cara de porcelana», Alexandra («Sana») Pistolkors, la salvó.

En el Expediente consta la declaración de María Golóvina:

La esposa de mi primo Alexander Pistolkors conocía al anciano Grigori Yefimovich Rasputín, que en aquel entonces era considerado un hombre santo que podía consolar a los que sufrían ... La primera vez que vi al padre Grigori fue sólo durante unos minutos, y me causó una magnífica impresión. Hablamos de mi deseo de retirarme del mundo e ingresar en un convento ... Rasputín me respondió que uno puede servir a Dios en cualquier parte y que nadie debería cambiar tan drásticamente de vida.

Y ella le creyó al instante y abandonó la idea de ingresar en un convento.

Desde el día de aquel fatídico duelo, estudiaba espiritismo en un intento de comunicarse con aquel a quien habían matado.

Todo aquel tiempo ... estuve haciendo experimentos para convocar a los espíritus ... me quedé muy sorprendida cuando ... el padre Grigori me preguntó: «¿Por qué haces eso? Ya sabes», dijo, «cómo se preparan los anacoretas para las visitas del espíritu. Sin embargo, tú quieres comunicarte con un espíritu en plena vida social» ... Me aconsejó que dejara aquellas ocupaciones, advirtiéndome que podía perder la razón. También a mi madre le gustaba Rasputín ... Le estaba agradecida por haberme hecho desistir de la idea de retirarme a un convento ... Le vi varias veces en casa de los Pistolkors en el período de unos diez o catorce días ... En aquella época Rasputín no bebía vino en absoluto ... Predicaba una vida sencilla, rechazaba las formalidades e intentaba persuadir a las personas de que no se juzgasen las unas a las otras ... Rasputín nunca abrigaba malos sentimientos contra la gente que le había injuriado de alguna manera u otra.

Y decidió presentar aquel hombre santo a la persona más querida para ella después de su madre: a Félix. «La joven era demasiado pura para comprender la bajeza de aquel "hombre santo"» escribiría Félix.
Y el encuentro se produjo. Era la primera vez que se veían.
«La casa de los Golovin», rememoraba Félix, «estaba situada en el canal de Invierno. Cuando entré en el salón, madre e hija estaban sentadas con la expresión solemne de las personas que esperan la llegada de un icono milagroso ... Rasputín entró y trató de abrazarme». (Aunque Félix consiguió zafarse.) A continuación,

> dirigiéndose hacia Mlle G[olóvina] y su madre, las abrazó sin ceremonia alguna y las estrechó contra su pecho ... Era de mediana estatura, casi delgado, y sus brazos eran desproporcionadamente largos ... Aparentaba unos cuarenta años. Vestía un abrigo ceñido y grandes botas, tenía el aspecto de un sencillo campesino. Su rostro, enmarcado por una enmarañada barba, era tosco: rasgos muy pronunciados, nariz larga y ojos pequeños de un gris claro con mirada penetrante bajo unas pobladas cejas.

Félix empezó a odiarle al instante. Los rumores y murmuraciones acerca de la depravación de Rasputín circulaban ya por todos los rincones.

El líder antisemita que no lo era

Y entonces, Rasputín cometió su primer grave error.
Hacia 1910 se había formado ya en torno a Rasputín un círculo de admiradores bastante definido.
Una breve explicación. En un Estado en el que la autocracia había existido desde sus orígenes, operaba también una alianza tácita y encubierta entre la extrema derecha y los servicios especiales de policía. En Rusia la extrema derecha consistía en un grupo de aristócratas de alta cuna, aunque degenerados. Odiaban el emergente capitalismo, el dominio del dinero que empezaba a adueñarse de su propio poder, el señorío de la cuna; detestaban asimismo a los judíos, entre los cuales, a pesar de su total carencia de derechos, ya destacaban muchas personas adineradas.

No obstante, aún había más judíos entre los fanáticos entusiastas de la revolución. La falta de derechos, la pobreza y la humillación habían convertido a los temerosos jóvenes en terroristas y arrojados lanzadores de bombas. Con la intención de debilitar el movimiento radical, la derecha trató de dirigir la rabia de las turbas hambrientas contra los judíos. Y con la bendición del Departamento de Policía, una guerra de pogroms contra judíos avanzaba de un extremo a otro del país: un nefasto período de camas de plumas reventadas, de viejos asesinados, de mujeres y muchachas violadas. Pero el conde Witte, después de ser nombrado primer ministro, en 1905, con la aprobación del zar, ordenó al Departamento de Policía que controlase a los responsables de los pogroms y la policía así lo hizo. Podemos imaginarnos la sorpresa de Witte cuando descubrió que el propio Departamento de Policía, que se suponía debía luchar contra los pogroms, estaba repartiendo clandestinamente octavillas e incitándoles.

Los panfletos fueron impresos por un tal Mijaíl Komissarov, un coronel de treinta y cinco años, alto y corpulento, que cinco años más tarde se convertiría en uno de los protagonistas más importantes de la historia de Rasputín. Komissarov no era antisemita. Era simplemente un oficial encargado de cumplir la voluntad secreta de otro. El escritor religioso Serguei Nilus se había tropezado con algo llamado *Los protocolos de los sabios de Sión* relativo a un siniestro complot de los judíos y los masones. Según los *Protocolos*, «la judería ha sido desde tiempos inmemoriales un instrumento de la teocracia y del diablo. La judería internacional y los masones que la secundan deben derrocar a los monarcas cristianos y fundar su propio reino de judeomasones gobernado por un rey-anticristo». El asombrado Nilus publicó los *Protocolos*, inmediatamente. A instancias del zar, Stolypin, que sucedió a Witte en el cargo de primer ministro en 1906, dirigió una investigación. Naturalmente se descubrió que los *Protocolos* no eran más que una falsificación. Habían sido escritos por la misma policía secreta rusa, que utilizaba como modelo otra imitación realizada en Occidente, el *Testamento de Pedro el Grande*, un plan secreto para la ocupación rusa de Europa.

La ola de antisemitismo no disminuyó tras el aplastamiento de la Revolución de 1905. Las organizaciones antisemitas como la Unión del Pueblo Ruso y la Unión del Arcángel Miguel, que promovían los pogroms, ganaban adeptos. En la Duma, los monárquicos Purishkiévich y Markov II hacían constantes discursos incitando a los pogroms. El inminente tercer centenario de la dinastía caldeaba el ambiente. Y Rasputín, aquel sencillo campesino tan estimado por el zar, parecía haber sido creado para encabezar la cruzada derechista contra los judíos y la intelectualidad.

EL INSTRUCTOR DE STALIN

En aquel momento el obispo Hermógenes, amigo de Feofán, apareció en el círculo de Rasputín.

Si Feofán era un místico, asceta y anacoreta, su amigo Hermógenes, obispo de Saratov, estaba inmerso en política eclesiástica.

Durante la Revolución de 1905 surgió la cuestión de restaurar el patriarcado, de convocar una asamblea de la Iglesia para la elección de un patriarca. El zar sometió la cuestión al Santo Sínodo. Y el procurador jefe del Sínodo, Pobedonostsev, lo rechazó inmediatamente, asustando al zar con la idea de que una iglesia encabezada por un patriarca no aceptaría de ningún modo la sumisión al autócrata. Pero Hermógenes estaba convencido de que la Revolución de 1905 había demostrado la debilidad de la autoridad secular. Hacía falta un segundo centro en el seno del propio Estado, un centro independiente del poder secular y que pudiera, en caso de nuevos desórdenes, evitar la destrucción del Estado. Era preciso reestablecer el patriarcado en Rus. Y Hermógenes ya se veía al frente del mismo. Llevaba el nombre del gran patriarca Hermógenes, que había salvado a Rus y al Estado durante el terrible Período de las Revueltas, y creía que su destino era rescatar al país de la inminente y sangrienta discordia que, a pesar de haberse contenido el avance de la Revolución, los ancianos de los monasterios seguían pronosticando.

Del testimonio del herbolario Piotr Badmaev ante la Comisión Extraordinaria: «En una de mis visitas a Hermógenes, vi a Mitya [el precursor de Rasputín, el «gangoso» Mitya Kozelsky] haciendo unos movimientos extraños con las manos. Hermógenes sonreía. Pregunté qué significaba aquello. Uno de los presentes dijo, "ve la mitra patriarcal sobre la cabeza de Hermógenes".»

Hermógenes era un fanático, adversario de los librepensadores que, según él, estaban destruyendo la Santa Rus. Luchaba por lograr la interferencia de la Iglesia en la vida ideológica del país.

En su lucha contra los librepensadores hubo un episodio harto significativo al que Hermógenes no prestó demasiada importancia. Siendo rector del Seminario de Teología de Tiflis, castigó duramente a los seminaristas por ejercer la libertad de pensamiento; en 1899 expulsó a uno de ellos, un tal Yosif Dzhugashvili, que ocuparía su lugar en la historia con el nombre de «Stalin» y que restauraría el patriarcado tan anhelado por Hermógenes. A la historia le encantan estos guiños.

Posteriormente Hermógenes declaró: «Fui presentado a Rasputín por el padre Feofán», que «se deshacía en elogios hacia él y lo consideraba un extraordinario devoto». En aquella época Hermógenes y Rasputín congeniaban y se agradaban mutuamente. El desdén de Rasputín hacia los engreídos jerarcas de la Iglesia conmovía enormemente a Hermógenes. Pero lo más importante era que éste soñaba con la ayuda de Rasputín para convencer al zar de que restaurase el patriarcado.

Sin embargo, se suponía que Rasputín había de tomar parte en la encarnizada lucha que Hermógenes sostenía contra los librepensadores. Por lo tanto, este último le presentó a otro desenmascarador del mal, un monje joven cuyos feroces discursos y denuncias le habían hecho famoso como «el Savonarola ruso». Su nombre era Iliodor.

EL SAVONAROLA RUSO

A los veintidós años Serguei Trufanov, hijo de un sacristán, se consagró a la vida monástica y recibió el nombre de Iliodor. En 1905, en plena Revolución, se graduó en el Seminario de Teología de Petersburgo y vio a Rasputín, que acababa de llegar a Petersburgo, por primera vez en los pasillos del Seminario, donde todavía era seminarista. En febrero de 1908, el monje Iliodor, de veintisiete años, fue destinado a Tsaritsyn en calidad de misionero predicador. En Tsaritsyn construyó una enorme iglesia con una sala para reuniones políticas. Allí comenzó sus furibundos sermones ante multitud de admiradores. Corpulento, de cara grande y carnosa, pómulos salientes y ojos diminutos, Iliodor tenía el aspecto de un bandolero del Volga más que de un monje piadoso. Pero a Hermógenes le gustaba aquella apariencia de monje guerrero. Así pues, Iliodor continuaba su incesante guerra en su recién construida iglesia. Tronaba contra los «judíos e intelectuales» y «los ricos y burócratas que ocultan al zar las necesidades del pueblo». Despedazaba el odiado capitalismo ruso. Vilipendiaba a Tatischev, el gobernador, y lo echó de su puesto. Sus partidarios pegaban folletos en los edificios con las palabras: «¡Hermanos! ¡No abandonéis Rusia a manos del cruel enemigo!» y «¡Gritad con todas vuestras fuerzas: Abajo el reino de los judíos! ¡Abajo las banderas rojas! ¡Abajo la libertad de los judíos rojos! ¡Abajo la igualdad y fraternidad de los judíos rojos! ¡Larga vida al padre de Rusia, a nuestro zar ortodoxo! ¡Nuestro autócrata y cristiano zar!».

Cuando Iliodor y Rasputín se conocieron, Rasputín estaba viviendo en el apartamento de Olga Lojtina; el nuevo amigo del anciano fue a visitarle allí, y dejó a la demente esposa del general extasiada.

En adelante, se entregaría y serviría a ambos, a Rasputín y a Iliodor.

En el Expediente, la propia Lojtina relata el encuentro de los dos pastores.

> Conocí al monje ordenado Iliodor en el año 1908 o 1909. Después de su llegada a Petrogrado, se instaló con Feofán en el Seminario de Teología. A petición de Rasputín, fui a ver a Feofán e invité a Iliodor a visitar a Rasputín, que se alojaba en mi casa ... Me gustó mucho la prontitud con que obedeció Iliodor. El padre Grigori le ordenó que predicara un sermón sobre cualquier tema y él lo hizo sin rechistar.

Iliodor le abrió nuevos horizontes a Rasputín, quien, acostumbrado a unos cuantos admiradores, ahora contemplaba multitud de fanáticos y disfrutaba con el salvaje deleite de las masas. Como el propio Rasputín recordó más tarde, «se reunía conmigo y una enorme cantidad de gente y predicaba sobre mí y sobre mi vida. Yo vivía en armonía con él y compartía mis impresiones». O deberíamos decir sus impresiones más valiosas. En 1909 y 1910 Iliodor le visitó en Pokróvskoie; Rasputín le mostró las camisas que la zarina le había regalado. Le enseñó también lo que no le habían revelado a nadie, ni siquiera a Sazonov ni a Filipov, que eran sus íntimos amigos. Mostró al monje sus cartas de la zarina y de sus hijas, las grandes duquesas. Y lo hizo porque por alguna razón confiaba en Iliodor.

De Pokróvskoie, regresó Rasputín a Tsaritsyn con Iliodor; allí encontraron multitudes de partidarios, que proferían gritos enloquecidos y manifestaban el entusiasmo arrobador de las masas.

En su libro Iliodor cuenta cómo en la noche del 30 de diciembre de 1910, dos mil personas fueron a despedir a Rasputín que marchaba a Petersburgo.

Informé a la gente de que Grigori Yefimovich quería construir un convento en el que él sería el anciano, y les pedí que le visitaran. La muchedumbre gritaba: «¡Dios nos salve! ¡Iremos, iremos con el padre! ¡Iremos con toda seguridad!». En la estación cantamos himnos y alabamos a Cristo. Grigori empezó a pronunciar un discurso sobre su elevada posición desde la plataforma del vagón del tren, pero sus palabras fueron tan confusas que ni siquiera yo pude entender nada.

Grigori había hablado siempre a trompicones y de manera confusa, pero hasta entonces Iliodor le había entendido siempre. Sin embargo, ahora no. Porque en 1910, mientras estaba con él en Pokróvskoie, Iliodor tomó una decisión crítica acerca de Rasputín. En consecuencia, antes de su regreso a Tsaritsyn, Iliodor robó a su amigo las cartas de la zarina y de las grandes duquesas que Rasputín tan confiadamente le había mostrado. Más tarde, en 1914, Rasputín declararía: «Iliodor me visitó en Pokróvskoie hace cuatro años y me robó una carta muy importante».

La «carta importante» era una de la zarina que nadie más que él debía ver.

Pero en aquella época Rasputín todavía no sabía nada de esto. Ni siquiera comprendía que al aparecer junto a Iliodor se había convertido en miembro del violento grupo antisemita Centurias Negras y que estaba emergiendo una nueva imagen suya: un campesino y hechicero de las Centurias Negras controlando a la familia real, una imagen que ayudaría sobremanera a la oposición liberal en su lucha contra el régimen. Sin embargo, en aquel entonces sólo estaba intentando ayudar a su amigo Iliodor, que había agotado la paciencia de las autoridades. Los que ostentaban el poder comprendieron perfectamente que las actividades de Iliodor acabarían en una lucha entre pogroms y judíos y con una salvaje respuesta por parte de los revolucionarios. El aire aún hedía a bombas y al espectro de la fallida Revolución de 1905. Stolypin tomó medidas. En enero de 1911, por decisión del Sínodo, Iliodor recibió la orden de traslado a un miserable monasterio en el eparquía de Tula.

Pero Iliodor se negó a obedecer. Se encerró en su iglesia en Tsaritsyn con varios miles de personas y se declaró en huelga de hambre. Hermógenes le apoyó, pero esto no ayudó a Iliodor. El zar ordenó que lo sacasen de Tsaritsyn inmediatamente. Pero Iliodor tenía a su amigo Rasputín. Así pues, a pesar de las objeciones del zar, acabó volviendo a Tsaritsyn.

Tal como el propio Iliodor lo describe cuando en una ocasión cierta condesa I. insinuó algo desagradable acerca de Iliodor,

> Rasputín interrumpió la conversación. Se puso a tiritar como si tuviera fiebre, y sus dedos y labios temblaron ... Acercó su cara a la de la condesa y, agitando el dedo ante ella, dijo a trompicones y presa de una gran agitación: «¡Yo, Grigori, te digo que él volverá a Tsaritsyn! ¿Entendido? ¡No creas que sabes tanto, después de todo no eres más que una mujer! ¡Una mujer!».

La zarina aceptó ayudar a Iliodor, porque le gustaba que aquel joven sacerdote sintiera tanto respeto por el padre Grigori. Por consiguiente, se cursó la orden de que el monje Iliodor regresase a Tsaritsyn, y a pesar del primer ministro y del Sínodo, regresó. «Iliodor permaneció en Tsaritsyn gracias a las súplicas personales de Rasputín», confirmó Vyrubova en su testimonio.

Evidentemente, había algo muy importante que unía a Rasputín y a Iliodor. Y este «algo» fue lo que a pesar de la diferencia de edad inspiró en Rasputín una gran confianza y amistad por Iliodor. Una amistad mucho más íntima que la de Feofán, que en aquella época idolatraba a Rasputín, o que la de Hermógenes, que también sentía gran aprecio por él. Tiempo después Hermógenes comentaría: «Rasputín ... me trataba con una especial cortesía. Pero ... prefería estar con Iliodor en Tsaritsyn». Obviamente era debido a aquel «algo» por lo que Rasputín, que rechazaba cualquier expresión de odio, toleraba los discursos de Iliodor que enardecían a los pogroms y clamaban rencor. Olga Lojtina, que entonces estaba ya iniciada en los secretos de las enseñanzas de Rasputín, en reconocimiento a la relación especial que había entre Rasputín e Iliodor, se inclinaba ante ellos y llamaba a Rasputín «Señor de los Anfitriones» y a Iliodor «Cristo».

MISTERIOSOS RUMORES EN EL CENIT DE SU FAMA

Entretanto, el nuevo amigo del campesino, Sazonov, estuvo deleitando a sus amigos con historias de Rasputín. El periodista M. Menshikov recordaba que:

> en 1910 en el cenit de su fama Sazonov lo trajo a visitarme ... [Tenía] el aspecto juvenil de unos cuarenta años y casi analfabeto ... Algunas de las cosas que dijo eran asombrosas en cuanto a su originalidad, como un oráculo délfico en místico delirio. En aquellas enigmáticas palabras había algo que sonaba a profético ... Algunas de sus opiniones acerca de los jerarcas y altos dignatarios me parecían perspicaces y exactas ... Pero entonces empezaron a propagarse por todas partes rumores ... de que llevaba a damas de la alta sociedad y a mujeres jóvenes por mal camino.

Sí, en 1910 fue cuando se empezó a oír hablar de él, «en todas partes», misteriosamente «en todas partes».

Las habladurías habían comenzado a extenderse seis meses antes. Y el primero en preocuparse fue el abnegado Feofán.

En febrero de 1909 Feofán había sido ascendido al rango de obispo. Tiempo después se ofendería con quien se atreviese a afirmar que había sido Rasputín el que había hecho posible el nombramiento.

> Mi candidatura al obispado fue presentada por los jerarcas de la Iglesia presididos por Hermógenes. Nunca me hubiera permitido aprovecharme de la influencia de Rasputín ... La familia real me conocía personalmente y había escuchado confesión de la emperatriz unas cuatro veces o más, y una vez del soberano ... y ya era rector del Seminario de Teología de Petersburgo.

Todo esto es cierto: Feofán merecía ser obispo desde todos los puntos de vista. Pero el hecho de ser amigo de Nuestro Amigo ayudaba, sin lugar a dudas. Los «zares» apreciaban al amigo de Rasputín.

Por este motivo la zarina se sorprendió cuando Feofán, el devoto admirador de Rasputín, empezó de repente, poco después de convertirse en obispo, a dudar de la santidad del hombre con el que hasta hacía poco se había sentido tan encantado.

En el Expediente encontramos el testimonio de Feofán:

> Nos llegaron a la abadía rumores de que Rasputín no sabía refrenarse en su forma de tratar al sexo femenino, de que acariciaba a las mujeres con su mano mientras conversaba. Todo esto conducía a la tentación de pecar, y todavía más cuando en sus conversaciones Rasputín decía conocerme y, por así decirlo, se escondía detrás de mi nombre.

Y Feofán, a quien algún desconocido había informado de los rumores, discutió la cuestión con los monjes de la abadía.

> Tras debatir el tema, decidimos que nosotros éramos monjes, mientras que él era un hombre casado, y por esta razón su conducta se manifestaba carente de moderación y nos parecía peculiar ... Sin embargo, ... los rumores sobre Rasputín comenzaron a ir en aumento, incluso se decía que iba a los baños con mujeres ... Es muy descorazonador ... sospechar algo malo.

En las casas de baños de Petersburgo había los llamados «salones familiares» en los que se bañaban familias enteras. Y, obviamente, aquellos «salones» no eran únicamente utilizados por parejas casadas.

Fue muy difícil para el asceta Feofán abordar la cuestión de la casa de baños con Rasputín, a quien consideraba un hombre de vida santa. Pero Rasputín, evidentemente, se había enterado de los rumores que circulaban por la abadía y decidió sacar el tema a colación.

De las declaraciones de Feofán:

> Se propició la ocasión ... el propio Rasputín mencionó que había acudido a la casa de baños con mujeres. Al instante le advertimos de que desde el punto de vista de los padres santos aquella conducta era inaceptable, y nos prometió que evitaría volver a hacerlo. Decidimos no acusarlo de depravación ya que no era más que un simple campesino, y además habíamos leído que en las provincias de Olónets y Nóvgorod los hombres se bañaban con las mujeres en las casas de baños, lo cual demostraba no su inmoralidad sino su forma de vida patriarcal ... y su especial pureza, pues ... nada inmoral ocurría. Además, en las Vidas de los antiguos santos de Bizancio san Simeón y san Juan se menciona que ambos habían ido a las casas de baños con mujeres, y se les había injuriado e insultado por ello, aun a sabiendas de que eran grandes santos.

Con toda probabilidad, Rasputín había citado las visitas de los santos Simeón y Juan a las casas de baños con mujeres, puesto que más tarde las utilizaría como ejemplo; al aludir a los grandes santos que se habían puesto a prueba contemplando cuerpos de mujeres, «Rasputín, como justificación, anunció que también él había querido ponerse a prueba para ver si se había extinguido en él la pasión», testificó Feofán en el Expediente.

No obstante, Feofán le avisó del peligro que aquello suponía, «pues sólo los grandes santos pueden hacer estas cosas, y él, al actuar de este modo, caía en el autoengaño y se adentraba en un camino peligroso». Pero los rumores de las sospechosas visitas del campesino a las casas de baños familiares con damas de la alta sociedad persistían. Y no tardaron en circular «por todas partes».

Una de las personas más próximas a la familia real, el capitán Sablin, también oyó las habladurías. Su testimonio aparece en el Expediente.

Me llegaron rumores de que trataba cínicamente a las damas y de que las llevaba a las casas de baños públicos ... Al principio, no creí ninguno de estos rumores. Parecía imposible que ninguna mujer de la alta sociedad, a menos que fuera una psicópata, pudiera entregarse a aquel desaliñado campesino.

Pero Sablin decidió no comentarle nada a la emperatriz.

La menor desconfianza, o aún peor, la más mínima burla hacia Rasputín, tenía un efecto morboso en ella ... puedo explicarme su fe ciega y la del soberano por su infinito amor al heredero ... Se aferraban a la creencia de que si el heredero estaba vivo era gracias a las oraciones de Rasputín ... En mis informes al soberano insinuaba si, para no provocar a la sociedad, «no sería mejor enviar al campesino de vuelta a Tobolsk». Pero el zar, debido a su carácter débil, respondía con evasivas o, admitiéndolo, decía: «Habla de esto con la emperatriz».

Sablin ignoraba que por aquel entonces el zar tenía ya una justificación especial para Rasputín, y por lo tanto no concedía demasiada importancia a los rumores.

Entretanto, las habladurías habían llegado a oídos del editor Sazonov. Del testimonio de Sazonov en el Expediente:

Después de que me llegaran rumores sobre las visitas de Rasputín a las casas de baños con ciertas damas, le pregunté directamente a él ... Respondió afirmativamente, añadiendo que «el soberano sabe ... que no voy con una sola persona sino ... en compañía», y explicó que consideraba la arrogancia como el peor de los pecados. Las señoritas de la alta sociedad estaban henchidas de orgullo, y para desinflarlas era necesario humillarlas forzándolas a bañarse con un sucio campesino ... Para mí, que conocía profundamente el alma nacional, todo esto tenía sentido ... aunque ... le pedí a Rasputín que no volviera a hacerlo. Me dio su palabra.

Dos años después, la policía registraría una visita de Rasputín y la esposa de Sazonov a una casa de baños familiar; iban solos, sin compañía alguna.

A los rumores sobre los baños vinieron a añadirse otros sobre la investigación que se llevaba a cabo en Tobolsk sobre la creación de una secta jlist en Siberia por parte de Rasputín. Se hablaba de que también allí había llevado a sus devotas a unos conocidos baños.

Al parecer, esto provocó que Nicolás, ante el disgusto de Alix, decidiera no recibir a Rasputín en palacio durante un tiempo. La zarina pidió al campesino que no se enfadara y que rezara por ellos. Y él rezó, pero se enojó. En el Expediente Sablin cuenta que estaba en casa de Vyrubova cuando Rasputín la telefoneó en un vano intento de conseguir la entrada a palacio. «Y dijo desde el fondo de su corazón: "Me piden que rece, pero tienen miedo de recibirme".»

Y entonces Alix maquinó un brillante movimiento.

EL VIAJE DE LOS MONJES

En 1917, los investigadores de la Comisión Extraordinaria visitaron un pequeño y apartado refugio no muy lejos del monasterio de Verjoturie, donde vivía un anacoreta llamado padre Makary. Makary, un anciano famoso por la vida santa que llevaba, había sido desde su infancia el porquero del monasterio. No comía nada durante meses, cuidaba de los cerdos y oraba durante horas en pleno bosque. Conocía a Cristo sólo a través de los servicios de la iglesia y las oraciones, que memorizaba de oído, pues era analfabeto. No obstante, Makary era considerado el padre espiritual de Grigori Rasputín. Por esta razón el monje fue interrogado en su celda medio derruida. El interrogatorio no resultó tarea fácil ya que el monje hablaba de manera confusa.

Su declaración está recogida en el Expediente. El sexagenario monje Makary testificó que: «Conocí al anciano G. Y. Rasputín hace doce años cuando todavía era el porquero del monasterio. En aquel entonces Rasputín había acudido a nuestro monasterio para rezar y para conocerme ... Le conté las penas e infortunios de mi vida, y él me dijo que rezase a Dios». Después de esto, Makary tomó los votos monásticos e inició su vida de anacoreta.

> Al parecer, Rasputín le habló de mí al zar, y éste envió dinero al monasterio para construir celdas para mí ... Además, también recibí dinero para viajar a Petersburgo ... y luego me dirigí a Tsarskoe Selo, donde conversé con el zar y su familia sobre nuestro monasterio y mi vida en él. No observé ninguna mala acción por parte de Rasputín ni de aquellos que nos visitaron con él.

Esto fue todo lo que consiguieron sacarle acerca de Rasputín.

En efecto, el monje había sido llamado a Tsarskoe Selo el verano de 1909, pero no precisamente para contarle a los zares su vida en el monasterio.

«23 de junio. Después del té, Feofán, Grigori y Makary vinieron a vernos», escribió Nicolás en su diario.

Alix aprovechó aquella ocasión para contarles a los tres su idea. Conociendo las dudas de Feofán respecto a Rasputín, había concebido el plan de unir a Feofán con Makary, que tanto respetaba a Grigori. De este modo podrían regresar con Rasputín a casa de Nuestro Amigo. Estaba convencida de que el viaje renovaría la amistad de Feofán con el padre Grigori y sus dudas se disiparían. Feofán utilizaría su autoridad para poner fin a los crecientes rumores, que ya empezaban a asustarla.

En aquella época, Feofán no se sentía demasiado bien. Pero las peticiones de la zarina eran órdenes. «Me impuse coraje y en la segunda mitad de junio de 1909 partí con Rasputín y Makary, el monje del monasterio de Verjoturie, a quien Rasputín llamaba y reconocía como su "anciano"», declaró Feofán en el Expediente.

A continuación describió su viaje de cabo a rabo. En primer lugar, se dirigieron al monasterio de Verjoturie, el favorito de Rasputín; incluso, antes de llegar allí, Rasputín dejó estupefacto a Feofán. «Grigori empezó a comportarse con desmesura. Consideraba que había empezado a llevar camisas caras porque estaba en la Corte. Pero observé que vestía la misma clase de camisas en el tren, manchándose de comida y poniéndose después otra igual de cara.» Obviamente, Rasputín decidió mostrar a Feofán los muchos favores que la zarina le había otorgado. Pero Feofán, por su parte, estaba dispuesto a observarlo todo con sospecha; y cuanto más se alejaban, más dudas le asediaban. El asceta Feofán se quedó muy sorprendido cuando «al acercarnos al monasterio de Verjoturie y, como es costumbre en los peregrinos, observar ayuno para poder postrarnos ante las reliquias, Rasputín pidió que le sirvieran comida y se puso a roer nueces». Ahora, Rasputín, consciente de su poder, no tenía ya necesidad de fingir ni de disimular. Su Dios era un Dios festivo. Y él se permitía prescindir de las trabas impuestas por las reglas eclesiásticas.

Feofán se sentía ofendido por todo lo que veía: «Rasputín nos aseguró que veneraba a Simeón de Verjoturie. Sin embargo, cuando el servicio en el monasterio dio comienzo, él se fue a la ciudad». También la casa de dos plantas de Rasputín le puso a Feofán los pelos de punta. Qué distinta era de su propia vivienda, que él mismo había convertido en una celda monástica, y qué diferente de su idea sobre lo que debía ser la casa de la persona que hasta hacía muy poco había tenido en tan alta estima.

Podemos imaginar la distribución de la casa de Rasputín con exactitud a partir del inventario que se hizo de su propiedad después de su muerte. La planta baja, donde vivía con su familia, estaba dispuesta al estilo habitual de una vivienda de campesinos. Pero, para compensar, el antiguo indigente había intentado arreglar la parte superior de la casa a la moda de la ciudad, haciéndola más cómoda y adecuada para sus «damitas» y otros invitados de Petersburgo. Allí alojó también a Feofán. El monje, indignado, tomó buena nota del piano y el gramófono a cuyo ritmo Rasputín gustaba bailar; de los lujosos sillones color burdeos, del sofá y del escritorio. Del techo colgaba una araña, y en torno a la sala había varias sillas «vienesas» de madera labrada, muy de moda entonces. Para completar el conjunto, había también dos amplias camas con suaves y mullidos colchones y un diván. Dos relojes de péndulo en armazones de ébano daban majestuosamente las horas, junto con un reloj de pared y otro de sobremesa. La «inmensa y suave alfombra que cubría por entero el suelo» ofendió especialmente al monje.

Una de las primeras fotografías de Rasputín, probablemente en su casa de Pokróvskoie. Aunque la fotografía está movida, se le reconoce inmediatamente. El rostro alargado con una «nariz grande e irregular, labios gruesos y sensuales, y una larga barba»; el pelo, como escribió su hija, «partido en el centro y peinado cubriendo la frente para ocultar un pequeño y extraño bulto que recordaba un cuerno en ciernes».

Una página del «Dario» de Rasputín:
ésta era su forma analfabeta de escribir
«Diario». «Nuestro héroe, que como
a todos los campesinos semianalfabetos
le encantaba escribir», aunque
a duras penas sabía sostener la pluma,
«consiguió sólo garabatear unas pocas
reflexiones. Evidentemente utilizó
el término "diario" porque sonaba
importante, ya que sabía que tanto
el zar como la zarina llevaban también
sus diarios.»

La casa de Rasputín en Pokróvskoie. La planta baja, donde vivía con su familia, «estaba dispuesta al estilo habitual de una vivienda de campesinos». Pero, para compensar, el antiguo indigente había intentado arreglar la parte superior de la casa «a la moda de la ciudad». Había un piano del que durante su visita el indignado monje Feofán «tomó buena nota» y también del gramófono «a cuyo ritmo Rasputín gustaba de bailar»; y de los lujosos sillones color burdeos, del sofá y del escritorio. Del techo colgaba una araña, y en torno a la sala había varias sillas «vienesas» de madera labrada, muy de moda en aquella época. Para completar había también dos amplias camas con suaves y mullidos colchones y un diván. Dos relojes de péndulo en armazones de ébano daban majestuosamente las horas, junto con un reloj de pared y otro de sobremesa. La «inmensa y suave alfombra que cubría por entero el suelo» ofendió especialmente al monje.

Una de las pocas fotografías de Rasputín con Alix, sus hijas, el heredero Alejo y su niñera, María Vishnyakova. En 1908, cuando Alejo contaba escasamente cuatro años, las visitas de Rasputín solían ser secretas, entrando en Tsarskoe Selo como si fuera a visitar a María Vishnyakova.

Esto le permitía evitar que su nombre se inscribiese en el registro del vestíbulo, donde todas las visitas a los zares quedaban anotadas. Una vez en palacio, «pasaría a ver a la niñera María Vishnyakova, una persona sumamente nerviosa y en aquellos días ardiente admiradora de Rasputín. Y de allí sería conducido a los apartamentos reales».

En San Petersburgo en 1906, el zar y la zarina, acompañados unos pasos más atrás por los grandes duques, se dirigen a una sesión de la Duma.

En un acontecimiento de Estado, también en San Petersburgo, el soberano, montando un caballo engalanado, es escoltado por los grandes duques, también a caballo, y por la zarina en una calesa junto con la emperatriz viuda.

Serguei Witte, quizá el político más influyente del reinado de Nicolás, aunque sólo fue intermitentemente ministro y primer ministro (1905-1906). La zarina le odiaba porque había sido el creador de la Constitución que en 1905 limitó los poderes del zar y los futuros poderes de su hijo. Había «despojado al Pequeño» de su legado. Y por muy útil que el brillante primer ministro pudiera haber sido, ella nunca pudo, ni quiso, vencer sus resentimientos.

El monárquico Purishkiévich, cuya calva y bigote puntiagudo eran tan famosos en toda Rusia, tanto por las fotografías publicadas en los periódicos como por sus opiniones de derechas. Fue un enemigo implacable de Rasputín, y en noviembre de 1916, «respirando afanosamente, con voz atronadora», denunció públicamente «que los ministros del zar se habían convertido en marionetas, cuyos hilos movían con firmeza Rasputín y la emperatriz Alejandra».

Alexander Guchkov, hijo de un acaudalado comerciante de Moscú y uno de los más brillantes y aventureros personajes de la Duma, había acudido en defensa de los armenios durante la matanza a manos de los turcos; había tomado parte en la guerra de los bóers en África y durante la guerra ruso-japonesa había sido incluso capturado por los japoneses. Era muy conocido en la Duma por sus peleas a puñetazo limpio durante las sesiones. Al ocupar el cargo de presidente, pronunció un discurso en el que por primera vez se habló de ciertas «fuerzas oscuras» misteriosas que se habían dado a conocer en las más altas esferas de la sociedad. Siete años más tarde redifundió una carta privada de la zarina dirigida a Rasputín, que en opinión de muchos era la prueba de que el campesino se acostaba con la zarina.

P. S. Stolypin, primer ministro en 1909, era «detestado por la izquierda, porque más de una vez había acallado despiadadamente su oposición en la Duma, en cierta ocasión pronunciando las inmortales palabras: «Ustedes, caballeros, necesitan grandes disturbios, mientras que yo necesito una gran Rusia». Se había opuesto categóricamente a la participación de Rusia en el conflicto de los Balcanes. Era detestado por la derecha ya que sus reformas prometían la victoria del capitalismo ruso: Moscú, la antigua «Tsarsgrad», estaba destinada a convertirse en un Manchester. Pero Stolypin jugó mal sus cartas.
Un paso que, al principio, podía parecer propicio e incluso proporcionarle nueva popularidad: habló abiertamente en contra de Rasputín. Fue asesinado en 1911 en Kiev.

Cuatro fotografías de Rasputín hechas entre 1900 y 1916. Sus ojos ejercen una especial atracción, incluso en las fotos, como declaran quienes le conocieron: «La mirada al instante resplandeciente y magnética de sus ojos claros en los que no sólo observa la pupila sino todo el ojo», «un poder hipnótico brilla en sus extraordinarios ojos», «ojos profundos de mirada insostenible». El número de dedos que utilizaba para santiguarse era un detalle importante: Los «creyentes» usaban tres dedos en vez de dos.

Rasputín le presentó a Feofán a sus seguidores —Arsyonov, Raspopov, y otro Rasputín—, «mis hermanos en la vida espiritual». Pero, como observó el monje: «a pesar de que cantaban armoniosamente ... ofrecían una impresión harto desagradable, en términos generales». Feofán, un místico de vasta educación y muy familiarizado con las herejías, captó algo peligroso en aquel cantar.

Al parecer, intentó hablar de ello con Makary.

«El monje Makary ... es para mí un misterio. Gran parte de lo que dice me resulta incomprensible, pero de vez en cuando dice cosas que iluminan la vida.»

No obstante, aunque capaz de «iluminar la vida», aquella vez Makary respondió «algo incomprensible».

Tras meditar detenidamente sobre todo lo que había visto, Feofán llegó a la conclusión de que Rasputín no «ocupaba aquel alto nivel de vida espiritual». Y en su viaje de regreso a Petersburgo, Feofán «se detuvo en el monasterio de Sarov y pidió ayuda a Dios para poder responder correctamente a la pregunta de quién y qué era Rasputín. Volví a Petersburgo convencido de que Rasputín ... recorría el camino de la falsedad».

A su regreso conversó con su amigo el archimandrita Benjamín acerca de lo que había visto en aquel viaje. Acto seguido convocaron a Rasputín a la abadía. «Cuando Rasputín vino a vernos y, ante su sorpresa, le censuramos por su orgullo arrogante, por considerarse a sí mismo por encima de lo que era decoroso, y encontrarse en estado de tentación espiritual.»

El peligroso estado de «tentación espiritual»

Fue una acusación terrible.

Tuve una conversación en la abadía de la Trinidad de san Sergio con el monje padre Isaías acerca del estado de «tentación espiritual». Me explicó:

> Para la profecía y la curación se requiere una elevación espiritual especial. Cuando no existe esta última, el don se convierte en algo peligroso, y la persona se convierte en un hechicero y cae en estado de «tentación espiritual». Ahora está tentado por el diablo y realiza sus milagros a través del poder que le otorga el Anticristo.

161

«Orgullo arrogante»; «considerarse a sí mismo por encima de lo que era decoroso» y «tentación espiritual», ¡extrañamente, Feofán y Benjamín estaban repitiendo las palabras que en su día pronunciara Militsa advirtiendo a Rasputín! La voz de las «mujeres negras» estaba presente en los reproches y argumentos de Feofán y Benjamín. «Le advertimos que era la última vez que le pedíamos que cambiase sus costumbres; de lo contrario tendríamos que cortar toda relación con él, hacer una declaración pública de sus actos, e informar al zar.»

Evidentemente, Rasputín no esperaba oír semejantes palabras de boca de Feofán. «Se quedó totalmente desconcertado y empezó a llorar, y en lugar de intentar justificarse admitió haber cometido errores. Aceptó nuestra exigencia de retirarse del mundo y someterse a nuestra guía.»

Era una promesa bastante razonable. El campesino sabía que la zarina nunca le permitiría cumplirla. Porque no sólo el niño, sino también ella se marchitaría sin él. Feofán vivía en un mundo totalmente distinto. Simplemente le había pedido a Rasputín una cosa y éste había prometido «no hablar a nadie de nuestra reunión con él». «Contentos de nuestro éxito celebramos un servicio de plegarias ... En cambio, como supimos después, se dirigió de inmediato a Tsarskoe Selo y contó todo lo acontecido bajo una luz harto favorable para él, aunque no para nosotros», recordó Feofán en el Expediente.

UNA DISPUTA CON LA ZARINA

Pero había «alguien» que consideraba que lo sucedido no era suficiente; esperaba mucho más de Feofán y, evidentemente le había estado informando de los nuevos rumores.

Según la declaración de Feofán en el Expediente:

Al cabo de un cierto tiempo, me llegaron rumores de que Rasputín había reanudado sus antiguas costumbres y de que estaba tramando algo contra nosotros ... Decidí recurrir a una última medida: denunciarle abiertamente e informar de todo al emperador. Sin embargo, no fue el emperador quien me recibió, sino su esposa, en presencia de su dama de honor Vyrubova.

La presencia de Vyrubova en la sala con la zarina le abrió los ojos y lo vio todo claro. El ingenuo Feofán había sido objeto de «una astuta maniobra: Rasputín había dado cartas a Vyrubova en aquel asunto ... y Vyrubova en agradecimiento tendría que apoyar a Rasputín».

Por consiguiente, antes de empezar su monólogo, el obispo supo que estaba condenado. Pero el deber ante todo. Igual que antaño cuando los pastores sufrían por la verdad ante los zares, Feofán estaba dispuesto a sufrir.

> Hablé durante una hora aproximadamente y demostré que Rasputín estaba en estado de «tentación espiritual» ... La emperatriz estaba nerviosa y puso objeciones, citando obras teológicas ... Destruí todos sus argumentos, pero ella ... volvía a repetirlos: «Es todo una falsedad y una calumnia» ... Terminé la conversación diciendo que no quería tener nada que ver con Rasputín en adelante ... Creo que Rasputín, taimado como era, explicó a la familia real que mi amonestación era debida a mi envidia por su proximidad con la Familia ... que quería apartarlo de mi camino.

El pobre Feofán no comprendió que no había sido Rasputín, sino la propia Alix quien había llegado a esa conclusión.

Feofán testificó: «Tras mi conversación con la emperatriz, Rasputín vino a verme como si nada hubiese sucedido, pensando que el descontento de la zarina me habría intimidado ... Sin embargo, le dije con toda claridad: "Vete, eres un farsante"».

El obispo tampoco supo comprender al campesino. Grigori no quería conflictos. Estaba dispuesto a humillarse para reconciliarse con el amable e ingenuo Feofán: «Rasputín se puso de rodillas ante mí y me pidió perdón ... Pero yo le repetí: "Márchate, has roto una promesa hecha ante Dios". Rasputín se fue y no volví a verle más».

UNA REPRESALIA

Feofán continuó actuando. En aquellos días recibió una «confesión» de una devota arrepentida de Rasputín. O, más probablemente, aquel «alguien» se la hizo llegar. Después de leerla, el honesto Feofán comprendió horrorizado que Rasputín era un «lobo disfrazado de oveja», que era, tal como asegura en el Expediente, un «sectario semejante a los jlist» que

163

«enseñaba a sus seguidores a no revelar sus secretos ni siquiera a sus confesores. Pues si se presume que no hay pecado en lo que hacen los sectarios, entonces sus confesores no tienen necesidad de saberlo».

Feofán decidió mostrar aquella confesión a los «zares».

> Valiéndome de aquella confesión escrita, redacté una segunda carta al emperador ... en la que declaraba que Rasputín no sólo se encontraba en estado de tentación espiritual, sino que era también un delincuente en el sentido moral y religioso ... En sentido moral porque, como se desprendía de la confesión, el padre Grigori había seducido a sus víctimas.

A la petición de audiencia de Feofán no le siguió respuesta alguna.

Del testimonio de Feofán: «Me di cuenta de que no querían escucharme ni comprender ... Todo este asunto me deprimió mucho y enfermé, me vi aquejado de una parálisis en el nervio facial».

Ahora Rasputín podía estar contento: Mamá podía estar segura de que el rostro del anciano Feofán, que había actuado contra él, había sido castigado por el cielo con el sello de la parálisis; el desdichado obispo partió hacia Crimea para recuperarse, todavía sin haber recibido respuesta. Sin embargo, ésta llegó en noviembre de 1910: fue trasladado fuera de Petersburgo al lugar donde solía acudir para recibir tratamiento, a Crimea, donde fue nombrado obispo de Táuride.

No obstante, el pobre Feofán era un indomable pastor ruso. Y no iba a rendirse. No hacía otra cosa que inundar de cartas a su amigo el obispo Hermógenes. Había decidido alistar en la batalla al más vociferante e influyente miembro del Santo Sínodo.

Hermógenes lo comprendió enseguida: una ruptura con Rasputín significaría el fin de su sueño de un patriarcado.

En el Expediente leemos el testimonio de Feofán:

> Cuando las malas acciones de Rasputín empezaron a salir a la luz, Hermógenes vaciló durante mucho tiempo, no sabiendo qué actitud adoptar. Pero yo ... le escribí una carta indicándole que debería dejar clara su relación con Rasputín. Pues si yo tenía que hablar en contra de Rasputín, entonces también tendría que hacerlo contra él.

La declaración de Hermógenes reza:

164

A principios de 1910 recibí una carta del obispo Feofán ... En ella exponía una serie de hechos que desacreditaban a Rasputín y ponían de manifiesto su vida disoluta. La carta, junto con mis observaciones personales, sirvió de detonante para un cambio abrupto en mis relaciones con Rasputín.

Aquellas «observaciones personales» probablemente adoptaron su forma final en Petersburgo, adonde Hermógenes había acudido con motivo de una reunión del Santo Sínodo. Es muy posible que «alguien» mantuviese una charla con Hermógenes y le explicase que mientras Rasputín permaneciese en la Corte, la tan anhelada asamblea para la restauración del patriarcado no tendría lugar. Rasputín era contrario a la misma.

Esto figura también en el libro del favorito de Hermógenes, Iliodor: «El "anciano" ... dijo: "Es mejor sin una Asamblea; ya tenemos al soberano designado por Dios, y eso ya es suficiente; Dios gobierna su corazón, ¿qué necesidad tenemos de una Asamblea?"».

Fue entonces cuando Iliodor se dispuso a revelar sus evidencias junto con Hermógenes.

Al parecer, en 1910 Iliodor ya tenía pruebas de lo poderosos que eran los enemigos de Rasputín. Así pues, no sólo decidió traicionar a su amigo Grigori, sino que se unió a las filas enemigas con un gran trofeo. Por esta razón había robado en Pokróvskoie las cartas de las jóvenes grandes duquesas y, especialmente, la de la propia zarina. Estaba convencido de que con aquella carta podría demostrar que la zarina estaba en pecado. Esto significaría un escándalo y el divorcio. ¡Así, ellos, que habían actuado contra Rasputín, estarían en la cima del poder eclesiástico!

Mientras tanto, Iliodor se aprovechó de la confianza y la amistad de Rasputín tanto como pudo. Utilizando el dinero recolectado por Rasputín, equipó un barco para trasladar peregrinos por el Volga, cubriéndolo con sus lemas favoritos contra los judíos y revolucionarios. Y esperó. Cuando Hermógenes habló contra el «anciano», Iliodor supo que había llegado la hora.

Durante un sermón en su iglesia, Iliodor explicó a su rebaño que se había equivocado respecto a Rasputín, que no era más que un «lobo disfrazado de oveja».

Se había declarado la guerra.

¿UNA NIÑERA VIOLADA?

Entretanto Rasputín recibió en Tsarskoe Selo un nuevo y duro golpe. Del mismo palacio surgieron rumores de que el jlist, como todo el mundo le llamaba ahora en Petersburgo, había estado visitando el cuarto de los niños y que había violado a Vishnyakova, la niñera del heredero. El 3 de junio de 1910, la esposa del general Bogdánovich registró en su diario que la zarina

> está furiosa contra los que van diciendo que [Rasputín] es un sinvergüenza y cosas por el estilo. Por ello, Tyutcheva y la niñera Vishnyakova han sido apartadas de sus funciones durante dos meses.

Si la dama de honor Sofía Tyutcheva era harto conocida en la Corte como acérrima adversaria del anciano, la información sobre la niñera real Mary (así llamaban en la Corte a María Vishnyakova) fue una absoluta sorpresa. Después de todo, al principio Rasputín conseguía el acceso a palacio a través de las visitas a Mary, a quien por alguna razón le asignaron este papel. Era considerada una de las más devotas admiradoras de Rasputín.

En los archivos se conserva una carta de Rasputín a Mary acerca de la educación del heredero.

«12 de noviembre de 1907. Muéstrale pequeños ejemplos de enseñanza Divina, [y] trata de que todos sus juguetes sean educativos.» Después siguen palabras que demuestran sus más que amistosas relaciones: «No he encontrado orgullo en ti, pero sí he hallado en tu alma un profundo respeto hacia mí. Tú me viste y comprendiste desde el primer momento. Me gustaría que pudiéramos volver a vernos».

De las declaraciones de Vyrubova: «Al principio, la niñera del zarevich ... admiraba profundamente a Rasputín y le visitaba en Pokróvskoie».

Pero ahora empezaban a extenderse «algunas murmuraciones» en la Corte.

De acuerdo con el testimonio del coronel Loman en el Expediente: «Se insinuó a través de vagos rumores que Rasputín había violado el honor de Vishnyakova, pero nunca se hicieron acusaciones formales al respecto».

Según las murmuraciones, aquel mismo año de 1910 Mary, en sus tres semanas de vacaciones, viajó a Pokróvskoie con Rasputín y sus devotas. Por la noche, él se coló en su habitación y la violó.

Aprovechando estos rumores, Sophia Tyutcheva se atrevió a hablar contra Rasputín. Declaró que eran inaceptables las visitas de Rasputín al cuarto de los niños en palacio. Sus palabras fueron acompañadas de terribles rumores que aseguraban que el campesino desnudaba a las grandes duquesas por la noche.

Del testimonio de Vyrubova:

> Es posible que pasara por delante de las habitaciones de los niños, pero no había un ápice de verdad en los rumores que circulaban respecto a que desnudaba a las grandes duquesas. Todas aquellas habladurías eran obra de la dama de honor Sophia Tyutcheva.

Tyutcheva, de cuarenta y siete años, fue llamada a declarar ante la Comisión Extraordinaria en 1917. Y yo encontré su testimonio en el Expediente.

Naturalmente, no dijo nada de que Rasputín desnudase a las grandes duquesas. Los rumores no los había esparcido ella. Las personas que estaban detrás de todo aquello eran más poderosas.

Lo que sí es cierto es que Rasputín había ido a visitar a los infantes y había conversado con ellos, e incluso en una ocasión los había tocado. Cuando los curaba. Y eso es todo. No obstante, Tyutcheva se quejaba de las visitas del campesino a la zona de los niños, puesto que «lo consideraba una persona peligrosa con claras y evidentes simpatías por la secta jlist».

Habló también de Mary Vishnyakova, la niñera de los infantes.

LA CÓLERA DE FEOFÁN

Tyutcheva testificó en el Expediente:

> Una vez, al entrar en el recinto de los niños, fui testigo de una gran conmoción. Vishnyakova me dijo con lágrimas en los ojos que ella ... y las otras devotas habían participado en ritos de «regocijo». Que lo que había

aceptado como una orden del Espíritu Santo había acabado siendo puro libertinaje ... De su relato comprendí que Feofán, que era su confesor ... las había mandado con toda su humildad a Rasputín, a quien consideraba uno de los ancianos de Dios. Rasputín las obligaba a hacer todo lo que le apetecía fingiendo que obraba en nombre del Espíritu Santo ... Pero al mismo tiempo, les advertía de que no dijesen nada a Feofán, escudándose en un sofisma: Feofán era un simple y no entendería estos secretos y los condenaría, juzgando con ello al Espíritu Santo y cometiendo un pecado mortal.

También esto se lo comunicó «alguien» inmediatamente a Feofán. La afrenta provocó en él un nuevo brote de indignada cólera. Se dio cuenta de que él mismo había enviado a Vishnyakova y a las demás a Rasputín, corrompiendo así sus almas, por lo que pidió a Hermógenes que condenase sin demora a su antiguo amigo el padre Grigori, a quien ahora llamaba Rasputín a secas. Redactó una nueva epístola dirigida al zar e imploró a Tyutcheva «que entregase la carta al soberano». «Respondí que no creía posible llevar a cabo este recado, ya que mi repugnancia por Rasputín era de sobra conocida en la Corte», testificó Tyutcheva en el Expediente.

Tras su negativa, Feofán concibió un desesperado plan: esperar a que la familia real llegase a Crimea y entonces en un sermón desenmascarar ante todos a aquel «lobo disfrazado de oveja».

Entretanto, tal como Tyutcheva declaró: «Vishnyakova acudió a la zarina. Pero la zarina dijo que no creía en aquellos rumores y ... le prohibió hablar de ello».

Aquel mismo día un lacayo con sombrero de plumas (este puesto medieval se mantenía en la Corte) fue a su encuentro y le «transmitió la orden del soberano de que se presentase en su despacho a las 6.30 p.m.».

Tyutcheva nos cuenta en el Expediente la conversación que mantuvo aquella tarde con el emperador: «"Supongo que ya sabes por qué te he mandado llamar. ¿Qué está sucediendo en el recinto de los niños?" Se lo conté. "¿Así, pues, tú tampoco crees en la santidad de Rasputín?" Le contesté que no».

Y aquel hombre reticente ya no pudo contenerse más. Le dijo lo que no le había dicho a nadie. Normalmente, cuando quería acabar con los ataques a Rasputín, manifestaba con acritud que sus relaciones personales con él eran asunto suyo, que pertenecían a su vida personal. Pero ahora, por primera vez, le espetó: «¿Qué dirías si te contase que he vivido todos estos años gracias a sus oraciones?» Y

empezó a decir que no creía ninguna de aquellas historias, que lo malo siempre se pega a lo bueno, y que no comprendía lo que le había ocurrrido a Feofán, que tanto había apreciado a Rasputín. Durante la arenga señalaba todo el rato una carta de Feofán que había sobre su escritorio.

Después de todo, le había llegado.

«Vuestra Majestad es tan pura de corazón que no ve la suciedad que os rodea.» Le dije que me llenaba de temor que semejante persona pudiera acercarse a las grandes duquesas.

«¿Soy entonces el enemigo de mis propios hijos?» inquirió el soberano.

Me pidió que nunca pronunciase el nombre de Rasputín en ninguna conversación. Para poder cumplir su petición, rogué al soberano que arreglase las cosas de manera que Rasputín nunca apareciese por el ala de los niños. Antes de aquello, la zarina me había dicho que a partir de las seis quedaba libre, como si no quisiera que yo visitase a los niños después de aquella hora. Tras la conversación con el soberano, se me permitió acudir al cuarto de los niños a la hora que quisiese. No obstante, la distancia entre la familia real y yo fue creciendo cada vez más.

El enigma de Mary

Lo más sorprendente del testimonio de Tyutcheva es que no se atreviera a contar al zar la historia de Vishnyakova. ¿No osó insultarle con aquella suciedad? ¿O quizá no había en realidad ninguna historia que contar, sólo «vagas murmuraciones»? Sin embargo, se encuentran relatos sobre la violación de Vishnyakova en numerosas memorias. ¿Pero cuántas otras leyendas sobre Rasputín han sobrevivido?

Por este motivo, los actuales creadores de leyendas sobre «el sagrado Grigori» han llegado a la sospechosa conclusión de que la historia de la violación no fue más que una invención.

¡Pero también la declaración de Vishnyakova aparece en el Expediente! Por lo tanto, la niñera Mary nos contará ella misma su historia.

Convocada ante la Comisión Extraordinaria en 1917, Mary testificó: «Yo, María Ivanovna Vishnyakova, fiel al credo ortodoxo ruso, resido en el palacio de Invierno, en la Entrada del Gobernador». A continuación procede a relatar su biografía. Una biografía intrigante a mi modo de ver, la típica historia de la hija ilegítima de un padre distinguido. De niña fue entregada a una familia de campesinos para que la criasen y luego, a expensas de alguien desconocido, asistió a clases para prepararse y poder trabajar como niñera. Cuando terminó el curso, la desconocida estudiante de familia campesina entró inmediatamente a trabajar en casa del duque de Leichtenberg. Poco después, justo antes del nacimiento de la gran duquesa Tatiana Nikoláievna, le ofrecieron el puesto de niñera en la familia real. En aquella época tenía sólo veinticuatro años. Una tras otra las infantas fueron naciendo y creciendo, hasta que finalmente se convirtió en la niñera del heredero. Así pues, toda su vida transcurrió en palacio. E incluso después del escándalo con Rasputín, a pesar de que Alix la despidiera y dejara de ser la niñera de los infantes, por alguna razón no se atrevieron a echarla de palacio.

Cuando estos acontecimientos tuvieron lugar, ella contaba treinta y seis años. Y, como suele suceder en el caso de las niñeras reales, aquella rubia, acicalada y hermosa mujer no tenía vida personal propia. Se convirtió en una vieja doncella.

En su interrogatorio, Mary permaneció fiel a sus antiguos señores y testificó que

el anterior soberano y la emperatriz eran esposos ejemplares en su cariño mutuo y en el de sus hijos ... [La zarina] pasaba el día entero rodeada de sus hijos y no permitía que se les diera la comida o que se bañasen sin estar ella presente. Hasta los tres o cuatro meses de nacido, ella misma les daba el pecho, aunque junto con una nodriza, puesto que la zarina no tenía suficiente leche ... La propia emperatriz enseñaba inglés y ruso a sus hijos, y también sus oraciones, con la ayuda de las niñeras y la princesa Orbeliani.

Y finalmente Mary centró la atención en su propia historia.

Una vez, en la primavera de 1910, la emperatriz me sugirió que visitase el monasterio de Verjoturie en la provincia de Tobolsk durante tres semanas, con la idea de regresar en mayo para acompañar a la familia real en un viaje a las islas de los arrecifes. Acepté de buen grado, ya que me encantan los monasterios. Zinaída Manshtedt, a quien había conocido en Tsarskoe Selo en casa de unos amigos míos y que era muy de mi agrado, también tomaría parte en aquel viaje ... y, según la emperatriz, Rasputín y Lojtina también irían ... Me encontré con todos los que iban a acompañarme cuando llegué a la estación Nikoláiev.

Nos detuvimos dos o tres días en el monasterio de Verjoturie, y a continuación partimos a visitar a Rasputín a su casa del pueblo de Pokróvskoie. Rasputín tenía una enorme vivienda de dos plantas, muy bien amueblada, como la de un oficial de rango medio. Su esposa vivía en la planta baja con los suyos, y a nosotras nos alojaron en el piso de arriba en diferentes habitaciones. Rasputín se comportó decentemente conmigo durante varios días, pero de repente una noche se presentó en mi habitación, empezó a besarme y, tras provocarme un ataque de histeria, me robó la virginidad. En el camino de vuelta, Rasputín me dejó en paz. Pero un día al despertarme sin querer a media noche, me di cuenta de que él y Zina Manshtedt yacían en la misma litera. A nuestro regreso a Petrogrado, informé de todo a la emperatriz, y también al obispo Feofán en una entrevista privada. La emperatriz no dio el menor crédito a mis palabras y dijo que todo lo que Rasputín hacía era sagrado. A partir de aquel momento no volví a ver a Rasputín, y en 1913 fui destituida de mis funciones como niñera. Recibí también una reprimenda por frecuentar al bondadoso reverendo Feofán.

Las últimas palabras, o más exactamente, el verdadero sollozo, con el que termina su testimonio estalla de la fría transcripción del interrogatorio: «¡No puedo seguir testificando. Os imploro que terminéis con este interrogatorio, pues no me quedan fuerzas para seguir hablando de mi desdicha ... y considero que estoy en mi derecho de no entrar en detalles!».

La hermana del zar, la gran duquesa Olga, recuerda, «cuando le llegaron a Nicky los rumores de que [Rasputín] había violado a la niñera, inmediatamente ordenó una investigación. Sorprendieron a la joven en la cama con un cosaco de la Guardia Imperial». Evidentemente, ésta fue la información que le dieron a la hermana del zar. Así defendió Alix al campesino.

Sin embargo, la gran duquesa Olga pronto tendría la oportunidad de conocer aquella faceta de Rasputín, y esta vez por propia experiencia.

LA CARICIA DEL CAMPESINO

Sucedió en casa de Vyrubova. Rasputín se sentía en Tsarskoe Selo como en casa. Conocía todos los secretos de la gran familia Romanov. Sabía que el marido de Olga, el duque de Oldenburg, era homosexual. El campesino sacó sus propias y únicas conclusiones.

La noche en cuestión, Alix y Nicky habían acudido a casa de Anya para encontrarse con el padre Grigori. Olga también había sido invitada. «Al parecer ... Rasputín estuvo muy contento de volver a verme», recordaba la gran duquesa,

> y cuando nuestra anfitriona, junto con Alix y Nicky se ausentaron unos instantes del salón, Rasputín se acercó a mí y, tras rodearme los hombros con su brazo, empezó a acariciarme la mano. Me aparté de él inmediatamente sin mediar palabra.

Su marido, a quien ella contó lo sucedido «dijo con cara sombría que debería evitar a Rasputín en adelante. Por primera y única vez supe que mi marido tenía razón».

LA TRANSFORMACIÓN DE LA ESPOSA DEL GENERAL

En 1910, el marido de Lojtina «recuperó la vista» repentinamente y planteó a su esposa el ultimátum de que ya no toleraba la presencia de Rasputín en su casa. La respuesta fue: «Él es sagrado. Estás expulsando a la gracia divina». El marido dejó de darle dinero. Pero la magnífica derrochadora de antes ahora no necesitaba más que un vestido negro y un pañuelo blanco de campesina para la cabeza.

Entonces Rasputín contó a los «zares» lo sucedido con aquella antigua dama de sociedad que había cambiado la vanidad de vanidades por una nueva vida. Como era de esperar, la zarina se interesó por ella, dando lugar así a una inmensa paradoja. El anterior estatus social de Lojtina era el de esposa de un concejal y ¿había forma alguna que aquella posición le abriera las puertas del más inaccesible palacio de Europa? Sin embargo, su rango de fiel seguidora de un campesino semianalfabeto obró el milagro.

Encontraremos alusiones a esto en la declaración de su segundo ídolo, el monje Iliodor: «Ella ... abandonó la vida social y se dedicó exclusivamente a visitar a la emperatriz a palacio ... y a interpretar para los
zares los "sabios apotegmas" y profecías del "padre" Grigori».
No sólo las interpretaba. A esta mujer, que combinaba, como suele suceder en Rusia, una mente astuta con la locura más absoluta, se le
ocurrió la idea de transcribir los pensamientos de Rasputín y publi-
carlos.
Como ella misma testificó en el Expediente:

> El padre Grigori escribía sus pensamientos espirituales en una libre-
> tita ... Yo transcribía lo que él había anotado ... y al final se publicó un
> breviario [sus *Meditaciones piadosas*, 1911]. Yo no corregía ni la sustan-
> cia de sus anotaciones ni los pensamientos expuestos. Mi trabajo consis-
> tía en revisar su gramática; nunca modifiqué los pensamientos del padre
> Grigori.

Sin embargo, a veces garabateaba las cosas de forma monstruosa, el
semianalfabeto Rasputín no podía escribir demasiado rato. Por consiguiente, su principal labor era, evidentemente, la de transcribir sus homilías habladas. No resultaba fácil, pues su discurso, según se dice, era
incoherente y su mayor influencia residía en sus ojos y en sus manos.
En el efecto hipnótico de sus ojos y de su mirada acariciadora. Pero ella
comprendía lo que él no conseguía expresar en palabras.
Al parecer, la zarina aprendió con ella el difícil arte de escribir las palabras del anciano.
A mediados de 1910, cuando el marido de Lojtina finalmente le
planteó la disyuntiva de «O esto ... o lo otro ...», ella hizo su elección.
«A partir de 1910 me apartaron por completo de mi familia, que me exigía que abandonase al padre Grigori y no quería que continuase viviendo con ellos.» En resumen, fue expulsada de su hogar y le arrebataron
la parte de la propiedad familiar que le pertenecía. Así, esta anfitriona de
un salón de Petersburgo abandonó a su querida hija y se marchó de casa
con una mochila a la espalda. Partió hacia Tsaritsyn para visitar a Iliodor (o «Cristo» como ella le llamaba), el principal amigo de Rasputín
(o el «Señor de los anfitriones» como ella le llamaba). En el camino, la
esposa del general pedía limosna.

Qué interesante resultó ser el año 1910. Cuando el campesino estaba en el cenit de la fama, un duro ataque contra él fue tomando cuerpo gradualmente y ganó fuerza. Procedía de un amplio frente: Hermógenes, Feofán, la expulsión de Lojtina de su hogar, y las historias de Tyutcheva y Vishnyakova.

Fue precisamente en 1910 cuando se desató la campaña en la prensa. Rasputín se convirtió en el personaje principal de los artículos periodísticos. Los diarios de mayor tirada disfrutaban publicando artículos sobre el «semianalfabeto y depravado campesino jlist» que gozaba de enorme popularidad en «ciertos círculos de la Corte». Los artículos sobre él siempre causaban sensación y los lectores se lanzaban en su busca. El periódico democrático constitucional y antigubernamental *Discurso* publicó una serie completa de ellos.

Por último, también en 1910, se disparó desde Moscú una poderosa salva periodística procedente de la gran duquesa Isabel Fiódorovna. Un miembro del círculo de la gran duquesa, Mijáil Novosyolov, profesor ayudante en el Seminario de Teología de Moscú y editor de *La biblioteca religioso-filosófica*, publicó una serie completa de artículos sensacionalistas: «El pasado de Grigori Rasputín», «Grigori Rasputín, el artista espiritual itinerante», y «Otra cosa sobre Grigori Rasputín». Junto con dichos artículos aparecía publicada la confesión de una cierta doncella a la que Rasputín había seducido; asimismo se hacía referencia a las investigaciones del Consistorio de Tobolsk, relativas a la acusación de su pertenencia a la secta jlist.

Aquel mismo año, el nombre de Rasputín comenzó a adquirir un significado malévolo. Se estaba convirtiendo en sinónimo de «libertino».

El campesino y Europa

La coincidencia de todos estos sucesos no fue una casualidad. Y el motivo era el propio campesino. O, más exactamente, su nuevo papel. Durante el período que va de 1909 a 1910, personas sumamente poderosas e influyentes empezaron a hablar de algo impensable: el padre Grigori no sólo estaba tratando al heredero y rezaba por los «zares», sino que había comenzado a interferir en asuntos de alta política. El semianalfabeto campesino se había atrevido a decidir los destinos de Europa.

En octubre de 1908, el telégrafo llevó a Rusia la noticia de que Austria-Hungría se había anexionado bruscamente el protectorado balcánico de Bosnia-Herzegovina, donde vivía un gran número de serbios ortodoxos. Un poderoso movimiento, en defensa de sus «compañeros eslavos», surgió en Rusia, que se consideraba líder del mundo ortodoxo.

A principios de 1909 hubo una avalancha de artículos en los periódicos y ruidosas manifestaciones. La sociedad exigía la guerra para defender a los «compañeros eslavos», y los miembros de la Duma pronunciaban encendidos discursos acerca de la obligación histórica de Rusia de velar por sus hermanos balcánicos, que «están unidos a Rusia por una misma fe y una misma sangre». Se convocó en Praga un abarrotado congreso paneslavo, al que asistieron miembros de la Duma.

Los Balcanes ortodoxos también estaban preocupados, pues temían que Bosnia-Herzegovina fuera el primer paso de una expansión alemana, de una marcha germánica hacia el este. Serbia y Montenegro protestaron. El monarca de Montenegro, el padre de las princesas montenegrinas, se unió a las voces que clamaban por la guerra y reclamaba una decisiva intervención de Rusia. Estaba apoyado por su poderoso yerno, el gran duque Nicolai Nikoláievich, el «jefe militar» de la familia Romanov. Los generales rusos estaban ansiosos por resarcirse de la humillación sufrida por Rusia en el conflicto bélico contra Japón; querían guerra, al igual que la joven burguesía rusa, que perseguía el espejismo de hacerse con nuevos ámbitos de influencia y soñaba con apoderarse de los estrechos. El grupo de partidarios de la guerra era variopinto.

Sin embargo, no iba a ser una guerra local con Austria-Hungría. Alemania no tenía intención alguna de mantenerse al margen. Así, el 8 (21 en el calendario juliano) de marzo de 1909, Alemania presentó un ultimátum a Rusia: reconocer la anexión de Bosnia-Herzegovina o aceptar la invasión de Serbia por parte del ejército austríaco bajo protección alemana. El estallido de una guerra mundial se perfilaba como una posibilidad. Pero las personas con más años y experiencia comprendieron la debilidad y la poca dotación del ejército ruso y temían el conflicto.

Como escribió en su diario la esposa del general Bogdánovich el 13 de marzo: «Dios nos libre de ir a la guerra ... Si lo hacemos, habrá otra revolución». También Stolypin comprendió los peligros de una guerra. Tras la costosa pacificación del país, no estaba dispuesto a arriesgarse. Soñaba con «veinte años de paz para Rusia» tras la conmoción de la Revolución de 1905 y la guerra con Japón.

De igual modo Alix estaba mortalmente asustada por esta situación. No había logrado olvidar la reciente revolución posterior al enfrentamiento con Japón. Y además, sabía que en el caso de una contienda contra Alemania, su hermano y su pequeño ducado de Darmstadt se convertirían en sus enemigos.

Pero el zar vacilaba, y escuchaba con deleite los belicosos discursos del «tío terror». El motivo no era, como aseguró Vyrubova, simplemente que «el soberano quisiese con pasión hasta el final a Nicolai Nikoláievich». Se trataba, sin más, de que Nicky era un verdadero Romanov y adoraba todo lo militar. Al igual que sus antepasados, había recibido una educación militar y había sido instruido en el famoso regimiento Preobrazhensky. Hasta su muerte conservó el hábito militar de dar vueltas por la habitación «con el hombro derecho hacia adelante». Como el conde Nikolai Panin dijo en el siglo XVIII: «Hasta que no nazca un zar lisiado, esperaremos en vano un cambio de miras». Nicolás quería estar en armonía con la sociedad, su idolatrada sociedad. En lo más hondo de su corazón el zar deseaba la guerra.

En aquel momento llegó el turno del padre Grigori. Sabía cómo leer los secretos deseos de Alix. Conocía bien su papel, y lo representaba. Rasputín habló abierta y decididamente en contra de la guerra. Como era de esperar en un hombre de Dios, predijo, y efectivamente previno, derrotas y revolución. La zarina, recordando más tarde aquellas predicciones, escribiría al zar el 1 de noviembre de 1915: «Nuestro Amigo estuvo siempre en contra de la guerra, diciendo que no valía la pena que el mundo pelease por los Balcanes».

Estaba agradecida a Rasputín, y contenta, porque sus propios deseos coincidían sustancialmente con los mandatos del padre Grigori y del cielo.

Así pues, Stolypin, la zarina e incluso el cielo (el padre Grigori) estaban en contra de la guerra. Y el zar titubeó. Poco después, el Consejo de Ministros aceptó la anexión de Bosnia-Herzegovina. Tanto el pueblo como la prensa dieron rienda suelta a su rabia y saña. Se recordó Tsushima Strait, la mayor derrota de la reciente contienda contra Japón. La expresión «Tsushima diplomática» se convirtió en el término periodístico más corriente para calificar aquella decisión.

Los más perspicaces pensaron entonces que la negativa del zar a entrar en guerra estuvo dictada por los deseos de Rasputín.

En el Expediente, el editor de Rasputín, Filipov, cita una famosa entrevista con el conde Witte, uno de los políticos más inteligentes del reinado de Nicolás: «El conde Witte ... reconoció que "no hay duda de que hemos de agradecer a la influencia de Rasputín que la guerra no estallase en los Balcanes"».

Por lo tanto, las princesas montenegrinas y el gran duque Nicolai Nikoláievich tenían derecho a estar indignados. No había sido suficiente que Rasputín les hubiera echado del palacio real, ahora el campesino semianalfabeto tenía la audacia de interferir en asuntos de alta política. No había prestado ayuda a los ortodoxos de los Balcanes ni había acudido en auxilio de su Montenegro natal.

El poderoso ministro Stolypin también estaba indignado con Rasputín. Los artículos periodísticos contra el campesino de palacio habían socavado el prestigio de la familia real y daban pie a peligrosos rumores. Y ahora incluso el propio primer ministro se veía constantemente expuesto a humillaciones.

Del diario de A. Bogdánovich: «Hace unas tres semanas Stolypin se presentó con su informe y tuvo que esperar una media hora porque el zar se encontraba en los aposentos de su esposa, en cuya habitación estaba sentado el "Bendito"». No fue con Stolypin con el que decidieron el destino de la guerra de los Balcanes, sino con Rasputín. Por otro lado, Stolypin se enteró de otra noticia que probablemente no dejó de inquietarle. Descubrió que su rival político, el anterior primer ministro conde Witte había establecido contacto con Rasputín. De hecho, ya se había producido el primer encuentro: el padre Grigori había visitado al conde Witte.

«Entonces le dije: "escucha, ¿por qué has venido a verme personalmente? Si lo descubren, dirán que tienes tratos con un hombre peligroso". Rasputín me expuso algunas opiniones originales y bastante interesantes durante la conversación», recordaba Witte tiempo después. Aquel encuentro del campesino con el liberal Witte, que en 1905 obligó al zar a reconocer la Constitución, produjo pánico entre los monárquicos.

En el diario de Bogdánovich leemos: «El hecho de que el Bendito haya estado cantando al unísono con Witte constituye un gravísimo peligro ... Witte quiere volver al poder».

Stolypin supo que el campesino semianalfabeto no sólo había estado viendo a Witte, sino que se había implicado en la preparación de los más altos nombramientos y se las había arreglado para inspeccionar al candidato para el puesto de procurador general del Santo Sínodo.

En realidad, así era. Alix quería reforzar su posición en el Sínodo. Tenía miedo de que sus enemigos utilizasen el Sínodo para acusar de jlist a Nuestro Amigo. Por consiguiente, decidió situar al frente del Sínodo a alguien que fuera fiel al anciano. La primera candidatura propuesta para el puesto de procurador general fue la del alemán rusificado Vladimir Sabler. Entonces Alix sugirió un nuevo y extraordinario método para el nombramiento de un cargo: el hombre de Dios tendría que examinar al candidato. Teniendo en cuenta las relaciones especiales de Nuestro Amigo con el cielo, era lógico que conociese al futuro mandatario de la Iglesia. Se preparó una reunión y Rasputín se convenció de la subordinación de Sabler a Papá y Mamá. En consecuencia, Sabler, un hombre cuyo apellido no era ruso, fue puesto, para asombro de todos, al frente del Santo Sínodo.

EL PRIMER MINISTRO CONTRA EL CAMPESINO

A Stolypin no le debió pasar por alto el significado de su espera en la sala de recepción del zar. No se trataba únicamente de una humillación, era una señal: una especie de primer ministro secreto estaba atendiendo al zar.

Por aquel entonces, el gran primer ministro reformista había perdido influencia. Éste suele ser el destino de los reformistas en Rusia. Tiempo después, cuando le preguntaron a uno de los dirigentes monárquicos, el muy inteligente Vasily Shulgin, a quién había estorbado Stolypin, respondió lacónicamente: «A todos».

«A todos.» Era detestado por la izquierda, porque más de una vez había acallado despiadadamente su oposición en la Duma; en una ocasión pronunció las inmortales palabras: «Ustedes, caballeros, nece-sitan grandes disturbios, mientras que yo necesito una gran Rusia». Era abominado por la derecha, porque sus reformas prometían la victoria del capitalismo ruso: Moscú, la antigua «Tsargrad», estaba destinada a convertirse en un Manchester. Su desprecio hacia los antisemitas de la Unión del Pueblo Ruso le granjeó el odio de los pastores «derechis-tas» como Iliodor y Hermógenes. Y aún había otro poderoso perso-naje que albergaba antipatía hacia él: el gran duque Nicolai Nikoláiev, porque Stolypin se había opuesto categóricamente a la participación de Rusia en el conflicto de los Balcanes. Sin embargo, Stolypin conta-ba con el apoyo del zar, porque lo amenazaba con una catástrofe so-cial y hambruna si no se llevaban a cabo sus reformas. Además, su considerable estatura y atronadora voz le recordaban a Nicky a su gi-gantesco padre, lo cual le tranquilizaba y a la vez le inspiraba con-fianza.

Pero Stolypin movió mal su ficha. Un movimiento que, al principio, podía parecer propicio e incluso proporcionarle de nuevo popularidad: opinó abiertamente en contra de Rasputín. El primer ministro empezó a hablar acerca de la situación en el entorno social en que actuaba el «anciano».

Nicolás desvió la conversación y pidió al primer ministro que se reu-niese con Rasputín. El zar recordó la impresión que Rasputín causó en Stolypin unos pocos años antes.

Más tarde, Stolypin describió aquel segundo encuentro al futuro presidente de la Duma, Mijail Rodzyanko. Desde el primer momen-to el gigantesco primer ministro había percibido «el gran poder hip-nótico que poseía aquella persona y que producía una fuerte impre-sión que, aunque repelente, seguía siendo moral». Pero el impacto moral era tan sumamente fuerte que el primer ministro, después de «superarla» empezó a gritar a Rasputín tachándole de jlist y de sec-tario, y amenazándolo con el exilio basándose en «la legislación res-pecto a los sectarios».

Aquello fue un error grave. Y como el futuro demostraría, un de-sacierto fatal para el primer ministro. Rasputín se sintió insultado con razón. Permaneció sereno. Sabía que el Consistorio Teológico de Tobolsk no había conseguido ninguna prueba fehaciente de sus rela-ciones con los jlisti. Y el zar también lo conocía porque durante aquel año de persecución general a Nuestro Amigo se había puesto al corriente del caso.

¿Quién estaba detrás?

Hacia 1910 todo el mundo se había ido enfrentando gradualmente a Rasputín: la izquierda, para quienes recientemente había empezado a personificar la alianza de Iliodor y los antisemitas; la derecha y los monárquicos, a quienes amenazaba con el regreso de Witte; Nicolai Nikoláievich y el partido de la guerra; la Corte, que odiaba al campesino favorito; los eclesiásticos, que estaban convencidos de que era jlist; el primer ministro Stolypin; la hermana de la zarina, Ella; todos estaban hartos de él.

Obviamente, la primera en entrar en acción fue la más ofendida y vehemente de todos, la «princesa negra». Feofán era amigo íntimo de Militsa. Por supuesto, ella era aquel misterioso «alguien» que le había abierto los ojos al obispo y le informaba de la investigación de Tobolsk y las confesiones de las damas a las que Rasputín había «violado».

La hermana de Alix, Ella, también tomó cartas en el asunto. La abadesa del convento de Marta y María se había dado cuenta de que el segundo Nuestro Amigo era mucho más peligroso que el primero. El hecho de que Sofía Tyutcheva se hubiese decidido a hablar no fue una casualidad, puesto que, además de sus sólidas relaciones en Moscú (la famosa propiedad Tyutchev fuera de la ciudad y una casa en el centro), tenía una gran amistad con Ella; también, la familia más rica de Rusia, los Yusúpov. De este modo, en Moscú se levantó un frente hostil a Rasputín, que Alix llamaría la «camarilla de Moscú». Ella fue quien procuró a Feofán el nombramiento en Crimea cuando fue exiliado de la capital. Sabía que el indómito Feofán continuaría con sus denuncias durante los viajes de la familia real a su palacio de Livadia en Crimea.

Por su parte, el primer ministro Stloypin continuó su ofensiva contra el campesino. Le fue encargado el caso al Departamento de Policía. En otoño de 1910 el primer ministro dio la orden de vigilancia externa de los movimientos de Rasputín. Su idea era poner sobre la mesa del zar los informes de los agentes secretos, y convencerle finalmente del libertinaje de aquel «sagrado campesino».

Según consta en los papeles del Departamento de Policía, «la vigilancia del conocido anciano G. Y. Rasputín fue encomendada por el presidente del Consejo de Ministros Stolypin en octubre de 1910». Alix reaccionó inmediatamente. Como se establece en los mismos documentos del Departamento de Policía, Rasputín «fue investigado solamente unos días. Después el acecho cesó». El zar canceló la orden. No podía explicarle a su primer ministro que los hechos que aquél pretendía mostrarle no significaban nada para él. Y que no estaba al alcance de Stolypin ni de sus agentes el comprender la conducta del padre Grigori. O, más excatamente, el misterio de aquella conducta. Un misterio que los «zares» sí habían llegado a comprender.

El regalo del campesino a la zarina

Llegó 1911. Para acallar la creciente ola de críticas, la familia real se vio obligada a dejar de llamar al campesino a palacio y empezó a reunirse con él en secreto en casa de Anya.

El 12 de febrero en el diario de Nicolás: «Fuimos a casa de Anya, donde mantuvimos una larga charla con Grigori».

Pero en la Corte se sabía. Escribió Bogdánovich en su diario:

> Este campesino Rasputín ... no acude a palacio, pero visita a Vyrubova en Tsarskoe [Selo], y la zarina se deja caer por su casa. Todo el mundo censura a Vyrubova a sus espaldas mientras que delante tratan de ganar su favor ... Todos estos caballeros temen tan sólo una cosa, perder sus acogedores y mezquinos puestos, pero poco les importa Rusia.

Por aquellas fechas, en febrero de 1911, Alix empezó a atesorar una libreta especial.

Tras la ejecución de la familia real, Yurovsky, su asesino, se llevó algunos documentos reales de la Casa Ipatiev. Entre ellos había una libreta que la zarina llevaba consigo a su último hogar. Aquella libreta azul oscuro se ha conservado hasta la actualidad en un archivo de Moscú. En ésta, junto a la inscripción caligráfica de la zarina figura un ridículo garabato de Rasputín: «Un regalo para mi afectuosa Mamá. G. Rasputín. 3 de febrero de 1911».

El presente eran los proverbios y pensamientos, que él dictaba durante sus encuentros en casa de Anya, y que luego la zarina copiaba diligentemente en la libreta con su elegante caligrafía. Lojtina le había enseñado mucho, y ahora la zarina sabía cómo traducir al lenguaje normal aquellos fragmentados conjuros délficos.

La mayor parte de las enseñanzas anotadas por la zarina hacían referencia a la injusta persecución de los virtuosos. Y al valor que aquel hostigamiento tenía para el alma. «¡Señor, cómo se han multiplicado mis enemigos! ¡Muchos son los que se alzan contra mí!». «En la persecución está Tu camino. Tú nos has revelado la cruz del gozo.» Años después ella repetiría aquellas mismas palabras en la Casa Ipatiev: «En la persecución está Tu camino» y «Concédenos paciencia y silencia las bocas de nuestros enemigos». Y luego, como si de un conjuro se tratara, «Alma mía, busca el gozo en la persecución ... el cielo aguarda a aquellos que son desterrados por la verdad».

Y le parecía estar presenciando escenas de los Evangelios con sus propios ojos, creía ser testigo de la difamación de un profeta. ¡Ella le salvaría! ¡Ella se enfrentaría a sus enemigos! ¡Ella sabía cómo luchar!

CAMINO A JERUSALÉN

María Vishnyakova y la dama de honor Sofía Tyutcheva, a pesar de las buenas intenciones de Nicky, fueron destituidas de sus puestos. El cuarto de los niños se convirtió de nuevo en el feudo de Alix. De manera que otra vez pudo llevar allí a Nuestro Amigo por las noches para que pudiera curar a su pobre hijo y ayudar a sus hijas sin interferencias, cada vez que estuvieran enfermos.

Por aquel entonces, Rasputín comprendió la asombrosa ley de que cuanto más ferozmente le atacasen sus perseguidores, tanto más cruel sería la respuesta de la zarina; más rápidamente desaparecerían de palacio; y más fuerte sería su posición.

Pero veía que Nicky estaba nervioso, porque durante todo aquel tiempo su madre y toda la familia Romanov al completo había estado preocupada. Tal como Constantino Constantínovich escribió en su diario, la emperatriz viuda «está desesperada porque continúan recibiendo al chiflado santurrón Grisha».

182

Nuestro Amigo tenía que ausentarse de Petersburgo durante algún tiempo. Aunque mandarlo a Pokróvskoie ahora equivaldría a rendirse, a ceder ante los enemigos y Alix era incapaz de hacerlo. Se decidió que Rasputín, como correspondía a un hombre de Dios, emprendiera un peregrinaje para visitar los lugares más santos de toda la cristiandad, en recompensa a todo lo que había hecho por la familia real. Por todas las persecuciones sufridas, Rasputín partió hacia Jerusalén con un grupo de peregrinos rusos.

6

EL ÁLTER EGO DE LA EMPERATRIZ

EL MISTERIOSO COAUTOR

E N EL DIARIO DE NICOLÁS del 4 de junio de 1911 leemos: «Después de cenar tuvimos el placer de ver a Grigori después ... a su regreso de Jerusalén».

Es fácil imaginar la historia que les contó a los «zares» sobre su peregrinación.

Las impresiones de su viaje a Jerusalén fueron publicadas aquel mismo año bajo el título, *Mis pensamientos y reflexiones*. Tal como testificó el editor Filipov en el Expediente: «Yo publiqué el breviario ... no corregí ni pulí los aforismos de Rasputín; al contrario, los plasmé literalmente».

Sin embargo, ello no significa que el propio Rasputín los escribiera. Él no pudo haber redactado todo aquel texto. Veremos más adelante sus monstruosos garabatos en los famosos memorandos que les dirigía a los ministros, aquellas pocas palabras que con gran esfuerzo lograba componer. Por consiguiente, lo que Filipov publicó, «literalmente», era un texto con las palabras de Rasputín, transcrito por otra persona. Pero antes de desvelar quién era aquella persona, escuchemos la arrebatada voz del campesino.

El mar reconforta sin esfuerzo alguno. Al levantarse por la mañana, las olas hablan, lamen y le alegran a uno el corazón. El sol brilla sobre el mar, alzándose silencioso, y entonces el alma de una persona se olvida de todo ... y observa el resplandor del sol. El mar te despierta de tu inquieto sueño, y el pensamiento fluye por sí solo. Oh Dios, concédenos la paz espiritual. En el mar, la enfermedad es temporal, pero en tierra es para siempre, al igual que una ola. En el mar, todo el mundo ve la enfermedad, pero en tierra es desconocida por todos, un demonio confunde el alma. La conciencia es una ola, pero todas las olas del mar se desvanecerán, mientras que la conciencia sólo encontrará el reposo a través de una buena causa.

Y el sueño imposible del campesino se hizo realidad: vio Su ciudad y Su tumba.

Qué puedo decir del momento en que me aproximé a la tumba de Cristo ... En mi interior crecía un sentimiento que me predisponía a tratar con afecto a todo el mundo, sentía tanto amor por las personas que todos me parecían santos, porque el Amor no ve defectos en las personas. Allí, junto a la tumba, se contempla a la gente con el corazón espiritual.

Pero él sabe que el resto es silencio, el resto es misterio, y las bocas deben callar para preservar el gran momento del encuentro con la Tumba del Señor.

«¡Oh Dios, qué puedo decir de la Tumba! Sólo puedo decir lo que anidaba en mi corazón: "Señor, resucitadme de las profundidades del pecado".» Deberíamos imaginarnos los ojos magnéticos de aquella persona inquieta llenándose de lágrimas mientras relataba aquella experiencia a los «zares», porque, como un verdadero actor, *veía* lo que estaba diciendo.

¡Oh, qué impresión produce el Gólgota! Desde aquel mismo lugar la Madre de Dios contempló las cimas del Gólgota y lloró mientras crucificaban al Señor. Al mirar hacia el lugar donde estuvo la Madre de Dios, se le saltan a uno las lágrimas, tanto si quiere como si no, y contempla ante sí la escena tal como sucedió. ¡Oh Dios, qué hazaña se llevó a cabo! Y descendieron el cuerpo y lo colocaron abajo. ¡Qué tristeza hay aquí, y qué llanto en el lugar donde depositaron el cuerpo! ¡Oh Dios, oh Dios! ¿Qué razón había para todo aquello? Oh Dios, no volveremos a pecar: sálvanos con Tu sufrimiento.

Y ellos, que nunca habían visitado Tierra Santa, la vieron a través de sus ojos. Unos años después, cuando se preparaban para su propio Gólgota, recordarían aquellas historias de Rasputín.

Por lo tanto, el semianalfabeto Rasputín no pudo haber escrito tanto. Y Lojtina no menciona que hubiese trabajado en el libro. De todos modos, los textos didácticos que ella transcribía son muy distintos de esta prosa tan inspirada. Y cuánto se parece este texto a la extraordinaria *Vida de un vagabundo experimentado*. Parece que Rasputín tuvo el mismo coautor en ambos textos. Alguien capaz de plasmar sobre el papel la fuerza hipnótica de sus palabras. Filipov nos da una pista de la identidad del coautor. En el Expediente declaró: «las pruebas fueron corregidas por la emperatriz».

¡Por supuesto! Las pruebas fueron corregidas por la misma persona que había escrito el texto. Sólo la zarina con sus brillantes dotes literarias (¡leed sus cartas!) pudo transmitir de aquel modo lo que Rasputín les relató. Aunque no creo que trabajase sola, sino con su inseparable Amiga, a quien también le encantaba redactar. Para la zarina, esa labor suponía el contacto con lo místico, con lo oculto. Para la Amiga, era algo que la unía aún con más fuerza a Alix.

LA CAÍDA DEL GRAN MINISTRO

Sin embargo, tampoco a su regreso pudo Nuestro Amigo vivir en paz.

La prensa continuaban publicando artículos sobre él. Podemos imaginar qué sentía aquel campesino semianalfabeto al verse envilecido en los *periódicos*. De nuevo comenzó a dictar para la libreta de Mamá sus enseñanzas acerca de aquellos que habían sufrido por la verdad.

Alix estaba furiosa. A finales de 1910 el zar escribió a Stolypin una escueta nota exigiéndole que pusiese fin a la campaña periodística contra Rasputín. Pero Stolypin ignoró aquella nota y el envilecimiento de Rasputín en la prensa continuó. De hecho, el primer ministro estaba preparando su propio y definitivo ataque. A pesar de que su intento de organizar una investigación oficial sobre Rasputín se vio frenado, sus agentes seguían con sus pesquisas.

A principios de otoño de 1911 el primer ministro acudió al zar con su informe.

En el Expediente figuran las importantes declaraciones de Sazonov sobre aquel suceso:

> Su lucha con Stolypin fue muy interesante, por lo que el propio Rasputín me contó. Stolypin exigió al zar que se deshiciese de Rasputín. Trajo consigo el expediente de Rasputín del Departamento de Policía y le comunicó todo lo que sabía y que resultaba harto comprometedor ... incluyendo la asidua asistencia de Rasputín a las casas de baños con mujeres, cosa que constituía una gran provocación para la alta sociedad. Ante esto, el zar respondió: «ya lo sé, y predica allí las Sagradas Escrituras» ... Después de escuchar el informe, ordenó a Stolypin que se marchase y arrojó la carpeta del expediente a la chimenea ... Por esto, un mes antes del asesinato de Stolypin supe ... que su destino estaba sentenciado. Tengamos en cuenta pequeños detalles como el hecho de que no le asignaran a Stolypin aposentos más o menos decentes y cómodos en las festividades de Kiev, que no le ofrecieran ningún automóvil, etcétera.

Stolypin no fue destituido por la Duma, ni por las derechas, ni por las izquierdas. El primer ministro más poderoso fue derribado por su ataque contra el campesino.

Y Stolypin empezó a «morir una muerte política». Ahora Alix dirigía una furibunda campaña contra el enemigo de Nuestro Amigo. Y poco después Rasputín habló o, mejor dicho, puso voz a los pensamientos de la zarina. «Rasputín dijo que Stolypin ... tenía demasiado poder», testificó Vyrubova.

El campesino lo sabía: el débil zar no perdonaba las acusaciones de fragilidad. El terrible primer ministro estaba desempeñando sus obligaciones cuando empezó a circular el rumor de que iba a ser destinado al Cáucaso como gobernador general, tal y como su eterno rival, el conde Witte, señaló gustoso en sus memorias.

En ese momento fue cuando Rasputín mantuvo con su amigo Sazonov una conversación que asombró al periodista y editor. Poco después, una singular expedición —el campesino y su amigo Sazonov— partió hacia Nizhni Nóvgorod.

DIEZ DÍAS ANTES DEL ASESINATO

El puesto de ministro del Interior era un cargo clave en el gobierno, que normalmente el primer ministro intentaba reservarse para sí. Tal como lo expresaría más tarde uno de los ministros zaristas, «un primer ministro sin aquel cargo es como un gato sin pelotas». Por esta razón, Stolypin desempeñaba ambos cargos.

¡Cuál no debió ser la sorpresa del amigo de Rasputín, Sazonov, cuando el campesino le comunicó que había recibido un nuevo encargo de los «zares»: encontrar un ministro del Interior para sustituir a Stolypin! Rasputín sugirió al azorado Sazonov, que pensase quién podía ser la persona más idónea para el puesto. Este, venciendo sus temores y su asombro, reflexionó sobre el asunto. La candidatura que poco después se discutió en Tsarskoe Selo fue la del gobernador de Nizhni Nóvgorod, Alexei Jvostóv, cuyo padre era íntimo amigo de Sazonov. De ahí la expedición a ese lugar.

En el Expediente se conservan pruebas de ello.

Según el testimonio de Sazonov: «Rasputín, llevando a cabo el encargo del soberano, viajó a Nizhni, donde Jvostóv desempeñaba entonces el cargo de gobernador. A petición de Rasputín, le acompañé en calidad de viejo amigo del padre de Jvostóv».

Alexei Nikoláievich Jvostóv era muy alto, robusto (Rasputín le pondría más adelante el apodo de «Barrigón») y joven, pues contaba sólo treinta y nueve años. Era sobrino del ministro zarista de Justicia, Nikolai Jvostóv, procedía de una familia de adinerados terratenientes y era conocido por sus opiniones de extrema derecha.

Jvostóv recibió a sus visitantes de forma inesperada.

En las declaraciones de Sazonov leemos: «Me saludó con cortesía, como a un viejo amigo de la familia, pero recibió a Rasputín fríamente, mostrándose sorprendido por nuestra visita. Ni siquiera nos invitó ... a quedarnos a cenar. Le vimos entre un tren y el siguiente.»

Jvostóv describe el suceso de forma más ilustrativa en el Expediente:

Diez días antes del asesinato de Stolypin, Gueorgy Petrovich Sazonov, un viejo amigo de mi padre, vino a visitarme acompañado de Grigori Rasputín, a quien no había visto antes, a Nizhni Nóvgorod, donde yo era gobernador ... Sazonov, con el evidente propósito de no interferir en nuestra conversación, permaneció en el salón. Rasputín estaba conmigo en mi despacho. Habló de su intimidad con el zar ... y de que había sido enviado por el soberano para «mirar en el fondo de mi alma», y terminó ofreciéndome el puesto de ministro del Interior.

Evidentemente, Jvostóv, le respondió: «el puesto ya está ocupado». Prosigue Jvostóv:

> Sin embargo, Rasputín respondió que de todas formas Stolypin iba a dejarlo ... Me pareció todo tan extraño y peculiar que no di importancia alguna a la conversación mantenida con Rasputín y le hablé en un tono medio frívolo y jocoso. Se fue enfadado. No le invité a cenar y me negué a presentarle a mi familia, a pesar de que me lo pidiera.

Sería asombroso que a Jvostóv no le hubiera parecido extraño. El primer ministro y el ministro del Interior era el poderoso Stolypin. De repente, aparece aquella extraña pareja: Sazonov, un conocido de su padre y un editor más entre los muchos editores, y un desmañado, semianalfabeto campesino sobre el que circulaban los más increíbles rumores. ¡Y empiezan a hablarle con la mayor seriedad de la supresión del propio Stolypin! Jvostóv, al igual que muchas otras «personas serias», desconocía en aquella época la verdadera posición del campesino en la Corte. No podía creer que el zar confiase el destino de aquel todopoderoso cargo a aquella pareja. Le parecía todo absolutamente fantástico. Y empezando a sospechar que pudiese tratarse de algún juego cortesano, prefirió mostrar educadamente la puerta a aquellos extraños emisarios... aunque pidió a unos agentes de policía que los siguiesen. Después de este episodio, Jvostóv «recibió de la oficina local una copia de un telegrama que Rasputín había enviado a Vyrubova y que decía aproximadamente: "Aunque Dios está con él, esto no es suficiente"». Y decidiendo que se trataba, en efecto, de una intriga cortesana del Amigo de la zarina, Jvostóv no prosiguió sus indagaciones. Pero cuál no debió ser su asombro, si no su espanto, cuando diez días después Stolypin fue asesinado. Qué siniestras debieron de parecerle entonces las palabras de Rasputín de que «Stolypin, de todas formas, va a dejarlo».

LA MISTERIOSA MUERTE DEL PRIMER MINISTRO

En el diario de KR leemos: «3 de septiembre ... Nos quedamos horrorizados al enterarnos de que anteayer en Kiev ... Stolypin resultó herido de gravedad tras recibir varios disparos de revólver».

Stolypin fue asesinado gracias a los muchos y muy extraños errores y meteduras de pata de la policía secreta.

Con ocasión del cincuenta aniversario de la abolición de la servidumbre, se iba a descubrir en Kiev un monumento al abuelo de Nicolás, el zar Alejandro II, emancipador de los siervos. El zar asistió a los festejos junto con los grandes duques y el primer ministro Stolypin. La víspera de las festividades, un tal Dimitri Bogrov se presentó en las oficinas locales de la sección de Seguridad. Era un terrorista revolucionario reclutado por el servicio de seguridad real pero que durante años no había tenido contacto alguno con el mismo. Y ahora, de repente, aparecía con la información de que se estaba urdiendo un atentado contra la vida de Stolypin. Evidentemente, éste tendría lugar en el Teatro de la Opera de Kiev en la representación de gala. Y Kurlov, jefe del Cuerpo de Gendarmes (policía política), Spiridovich, jefe de la Seguridad de palacio, y Kulyabko, jefe del Departamento de Seguridad de Kiev, de repente se volvieron extrañamente confiados. Ni siquiera se molestaron en poner vigilancia a Bogrov. ¡Y no sólo le permitieron entrar en el teatro, sino que lo hiciera con un revólver!

El zar abandonó su palco durante el segundo intermedio. Stolypin estaba de pie junto a la pared de espaldas a la orquesta charlando con el ministro de la Corte Fredericks. Un joven cuyos faldones destacaban entre los interminables uniformes militares y burocráticos se le acercó. Era Bogrov. Sacó tranquilamente su revólver y disparó dos veces. Stolypin consiguió volverse hacia el palco real vacío y lo bendijo con la señal de la cruz.

Lo sacaron al vestíbulo. Dos días después moría.

Con su experiencia previa de asesinatos con los que la derecha y la policía secreta se habían deshecho, a manos de agentes provocadores, de los funcionarios zaristas no deseados, la Duma empezó a hablar inmediatamente de provocación. El monárquico Shulgin pronunció un discurso acusando directamente a la policía secreta:

Recientemente hemos sufrido una serie de asesinatos análogos de dignatarios rusos con la connivencia de funcionarios de la policía política ... Stolypin, quien, según el príncipe Meschersky, había dicho que «un agente de la policía secreta me matará» ... sucumbió a manos de un agente de policía con la colaboración de los más altos cargos de la Seguridad.

Una investigación del Senado relativa a las actuaciones de Kurlov y Spiridovich estuvo a punto de realizarse. Pero al parecer alguien se puso nervioso. El zar se vio presionado y por orden suya el caso se cerró.

RASPUTÍN Y EL ASESINATO

Rasputín estaba en Kiev el día del asesinato. Más tarde escribió una verdadera oda a los festejos de Kiev; pero su estridente elogio pasó casi desapercibido. Entonces, las noticias de su encuentro con Jvostóv, poco antes del crimen, y su predicción sobre la próxima partida del primer ministro empezaron a difundirse. Incluso se propagó el rumor de que Rasputín había vaticinado la inminente muerte de Stolypin. En su libro, Iliodor cita las supuestas palabras de Rasputín: «¿Ves? Predije la muerte de Stolypin siete días antes de que se produjese».

En los salones de Petersburgo no se hablaba de otra cosa. De este modo, el nombre de Rasputín quedó al instante ligado al del asesinato de Stolypin. Al parecer, aquellos rumores afectaron sobremanera a Sazonov pues temía que Rasputín, y por consiguiente él mismo, se vieran involucrados en un peligroso juego. La muerte de Stolypin ilustraba claramente cómo terminaban aquellos juegos. «Empecé a distanciarme de él cuando vi que ejercía influencia en elevadas cuestiones de gobierno», testificó Sazonov en el Expediente.

La Comisión Extraordinaria mostró un vivo interés en los rumores que de alguna manera vinculaban a Rasputín con la muerte de Stolypin. En relación con ello interrogaron al que sería el futuro jefe del guardaespaldas de Rasputín, el coronel Komissarov. Pero no hallaron prueba alguna.

¿Realmente Rasputín había vaticinado no sólo la partida de Stolypin (vaticinio sencillo puesto que conocía las intenciones de Tsarskoe Selo) sino también su muerte? Si verdaderamente predijo su muerte, no le hacía falta ser un profeta. Se le podía relacionar con la aparición de una de las más misteriosas personalidades de la época, Piotr Badmaev, el doctor en medicina tibetana.

UN «CHINO MUY ASTUTO»

Badmaev, de sesenta años, ostentaba los títulos de consejero de Estado y doctor en Medicina. Era un buriato de una distinguida familia, de ascendencia asiática que se crió en la estepa siberiana, por donde erraba con los enormes rebaños de la familia. En aquella época su hermano tenía una floreciente farmacia tibetana en Petersburgo y practicaba la medicina de esa región asiática. Así pues, Badmaev partió también hacia Petersburgo. Allí se convirtió al credo ortodoxo y tuvo un importante padrino: fue bautizado por el zar Alejandro III.

Badmaev testificó ante la Comisión Extraordinaria:

> Terminé los estudios en la Academia Militar de Medicina... pero por propia voluntad no me licencié, para así poder practicar de acuerdo con los principios de la medicina tibetana. A continuación empecé a ejercer en los más altos círculos sociales.

Trataba todo tipo de dolencias —neurastenia, afecciones pulmonares, enfermedades venéreas— con hierbas tibetanas, aunque su principal reclamo era el restablecer la potencia masculina.

Con posterioridad, el monárquico Purishkiévich citó unas palabras sobre Badmaev que supuestamente provenían de Rasputín: «Tiene dos infusiones: te tomas un vasito de una, y tu polla se pone dura; pero todavía queda la otra: te tomas una pequeñísima cantidad, y te hace bonachón y un poco tonto, y ya nada te importa». Y en Petersburgo lo creían.

Poco después, empezó a circular el rumor de que Rasputín había drogado al zar con aquellas hierbas de Badmaev para hacerlo «bonachón y un poco tonto».

En cualquier caso, Badmaev trataba a la alta sociedad: al anterior primer ministro Witte; a los metropolitanos de Kiev y Moscú; a Alexander Protopópov, vicepresidente de la Duma Estatal; y a otras altas personalidades. Rasputín le llamaría el «chino astuto», porque además de la medicina, Badmaev tenía otra ocupación que le apasionaba: era un empresario, un hombre de negocios.

Soñaba con la conquista rusa de Mongolia y el Tibet. Inundaba la cancillería real con interminables proyectos. Fundó una compañía comercial, Badmaev y Ko (su socio comercial), arrendó tierras a los tártaros y mongoles, estableció una inmensa granja de cría ganadera y compró gran cantidad de camellos. Soñaba con que la granja serviría de puente para penetrar primero en Mongolia y después en el Tibet. Pidió al zar subvenciones para respaldar sus ambiciosos planes, pero fue en vano. Al final se arruinó y tuvo que liquidar la granja. No obstante tenía información, que había ido pasando de generación en generación en su familia buriata, acerca del oro transbaikal. En 1909 fundó la Primera Asociación Minera e Industrial de Transbaikalia para la explotación de los depósitos de oro. Pero Stolypin, para descontento de Badmaev, permaneció indiferente ante estos manejos. No obstante, Badmaev consiguió involucrar en sus negocios a uno de sus pacientes secretos, el gran duque Boris Vladimirovich. Pero tras el episodio del matrimonio de Cirilo, los hijos de Vladimiro no eran bien vistos por la familia real. De nuevo se cortaron las subvenciones estatales. Badmaev necesitaba mucho dinero e intentó enderezar por su cuenta sus relaciones con Tsarskoe Selo. Y, como declara en el Expediente, envió «hierbas medicinales» para el tratamiento del heredero. Pero los polvos le «fueron devueltos con cortesía». Le habían mostrado la puerta.

Tan sólo quedaba una persona que pudiera ayudarle: Rasputín. Y Badmaev dio los primeros pasos hacia una mayor intimidad con Grigori.

Uno de los pacientes de Badmaev en aquella época era el teniente coronel Kurlov, jefe del Cuerpo de Gendarmes y la persona más sospechosa de haber maquinado el asesinato de Stolypin: si realmente el crimen fue planeado, entonces el «chino astuto» podría haber recibido de su agradecido paciente un indicio de la inminente desaparición de Stolypin, que tanto disgustaba a Badmaev. Así, entablando amistad con Rasputín, aquel maestro de la intriga, como muestra de su poder, pudo haber transmitido aquella información a Rasputín: la insinuación del próximo final de Stolypin, quien, como todo el mundo sabía, era el enemigo mortal del padre Grigori.

Rasputín pudo haber vaticinado a la zarina, en su constante afición por las predicciones, que el desagradable primer ministro pronto fallecería. Como justo castigo divino.

LA PARADOJA DEL HOMBRE MUERTO

La muerte de Stolypin fue un momento clave en la biografía de Rasputín.

Antes, Rasputín era un secreto, el objeto de oscuros rumores y vagos artículos periodísticos. Y las «personas serias» simplemente desechaban como cuentos chinos las historias sobre la enorme influencia que ejercía cierto campesino en la Corte. Una de ellas era el gobernador de Moscú, Vladimir Dzhunkovsky. Su hermana Evdokia era dama de honor y amiga de Tyutcheva, y odiaba a Rasputín. Obviamente, le contó a su hermano la situación en la Corte, pero él no la creyó. Especialmente desde que, con el rango de ayuda de campo, visitaba la capital por sus responsabilidades en la Corte, le invitaban a tomar el té con el soberano y conocía a los cortesanos. Tal como plasmó en sus memorias: «Consideraba que todos aquellos rumores no eran más que un invento de los periódicos y no les di mayor importancia ... Me sentía indignado cada vez que su nombre se relacionaba con el del emperador y la emperatriz».

Pero con el asesinato de Stolypin, Dzhunkovsky empezó a interesarse por las actividades de Rasputín. El asesinato de Stolypin, de la persona que había sido derrotada por el oscuro campesino, obligó a las «personas serias» a considerar a aquel individuo con mayor detenimiento.

El senador Vladimir Nikoláievich Kokovstev, miembro de una rancia familia burguesa, fue nombrado primer ministro. No era un hombre brillante, pero sí muy trabajador y honesto. «Y eso es todo», escribió Dzhunkovsky de él.

«Stolypin murió para cederle su puesto a usted», le dijo Alix, queriendo decir: «a usted, que es una persona presuntamente capaz de escuchar la voz del hombre de Dios y de no perseguirlo».

Parecía que la mayor amenaza para Grigori se había desvanecido con la muerte de Stolypin. Pero Alix pronto comprendería la paradoja. La muerte del poderoso primer ministro no resultó ser ninguna liberación, sino exactamente lo contrario. Con su muerte sucedió algo irreparable: el miedo desapareció del sistema aristocrático. Y sin temor no podía funcionar. No, el moribundo Stolypin no hizo la señal de la cruz al palco real sin motivo. El débil Nicolás y los lamentables ministros quedaban ahora solos contra la Duma. Y el campesino, a quien se había puesto de moda odiar, estaba indefenso en ausencia del miedo. El asesinado primer ministro se había vengado desde su tumba.

Los primeros en envalentonarse ante la ausencia de Stolypin fueron los jerarcas.

LA REYERTA DEL PROFETA

Feofán estaba apartado del mundo y solamente era capaz de escribir vanas súplicas al zar o de pedir a sus amigos que desenmascararan a Rasputín, pero Hermógenes sabía cómo actuar. A su llegada a Petersburgo, con motivo de una reunión del Sínodo, comprendió que había llegado la hora de terminar con Rasputín. El patético Kokovstev no le asustaba en absoluto. Y Sabler, el procurador general del Sínodo, sospechoso según rumores de estar vinculado con Rasputín, tampoco le causaba el más mínimo temor.

Plenamente consciente de quién mandaba en la familia real, Hermógenes sabía que no servía de nada acudir al zar. Por consiguiente, decidió destruir a Rasputín él mismo: denunciarle y forzarle a abandonar la Corte voluntariamente. Y si Grigori no se avenía, entonces Iliodor tenía preparada una sátira llamada *Grishka*. En ella se citaban las cartas que Iliodor había robado a Rasputín, incluyendo la de la zarina, un arma secreta que permitía que tanto Iliodor como Hermógenes confiasen en el fin definitivo del amigo de ayer.

Y llegó el 16 de diciembre, el día de la denuncia.

Los participantes se habían reunido a eso de las once, antes de la llegada de Rasputín. Mitya Kozelsky, en quien tanto había confiado la zarina antes de conocer a Rasputín, había acudido a las dependencias de Hermógenes en el monasterio de Yaroslav. Mitya era alto y escuálido con un brazo atrofiado y vestía ropas de campesino andrajosas pero limpias. También se encontraba allí Iván Rodyonov, un publicista muy vinculado a la Unión de Pueblo Ruso y admirador de Iliodor, que le había ayudado a escribir la sátira «Grishka». El propio Iliodor, a quien Rasputín seguía considerando amigo suyo, se encargó de llevar allí a Grigori a las once.

Iliodor había ido a buscar al anciano: «Rasputín me saludó muy afectuosamente. Le invité a que me acompañase a ver a Hermógenes ... "Te está esperando." Y me dijo: "Bueno, pues llévame ... tan pronto como te sea posible, yo también quiero verle"». Subieron a un taxi y se fueron. Resulta asombroso, pero aquella persona tan intuitiva no presintió nada. Al igual que tampoco auguró nada cuando lo cogieron para matarlo. Es evidente que tenía una fe ciega en Iliodor; fe que adormeció sus instintos de bestia salvaje. Sus terminaciones nerviosas estaban aletargadas y se había convertido en un vulgar campesino bonachón. Durante el camino Grigori hablaba con ingenuo asombro de la opulencia del nuevo palacio del zar en Livadia. De cómo «Papá me enseñó él mismo el palacio ... y después salimos a un porche y contemplamos el cielo durante largo rato». Finalmente llegaron. Los actores de la obra estaban ansiosos por empezar. Mientras Rasputín e Iliodor se quitaban los abrigos en el vestíbulo, este último le dijo sarcásticamente a Rodyonov: «¡Echa un vistazo a los harapos del anciano, Iván Alexandrovich!».

Rodyonov exclamó: «¡Ajá! El sombrero vale por lo menos trescientos rublos y el abrigo de pieles costaría alrededor de los dos mil. ¡Un atuendo verdaderamente ascético!». Sólo entonces se percató Rasputín de que algo pasaba. Pero, era demasiado tarde.

Iliodor escribió:

> El histórico momento había llegado. Hermógenes, todos los testigos y yo nos habíamos reunido en la sala principal. El «anciano» se sentó en el espacioso sofá. Mitya, cojeando y agitando su brazo atrofiado, caminaba de un lado a otro cerca de Grigori ... Todos guardaban silencio ... Entonces ... se produjo algo increíble, ridículo, pero al mismo tiempo aterrador. Mitya se puso a vociferar como un salvaje: «¡Ajajá, eres un pecador, has hecho daño a muchas mamás! ¡Has ofendido a muchas niñeras! ¡Te acuestas con la zarina! ¡Eres un sinvergüenza!». Y agarró al «anciano». Rasputín retrocedió hacia la puerta. Pero Mitya, hurgándole el pecho con el dedo, empezó a gritar todavía más fuerte e insistentemente: «¡Te acuestas con la zarina! ¡Eres un Anticristo!». Y entonces Hermógenes, que vestía las ropas de obispo, cogió su cruz con la mano y ordenó: «¡Grigori, acércate!». Rasputín, temblando de arriba abajo, se aproximó a la mesa, pálido, encorvado, atemorizado.

Y llegó la escena final, tal como la describe Iliodor.

Hermógenes sujetó la cabeza del «anciano» con la mano izquierda, mientras con la derecha le golpeaba en la cabeza con la cruz gritando con voz aterradora: «¡Diablo! En el nombre de Dios te prohibo que toques al sexo femenino. ¡Bellaco! ¡Te prohibo que entres en la casa real y que tengas que ver con la zarina! Al igual que una madre da a luz al niño en la cuna, también la Santa Iglesia a través de sus plegarias, bendiciones y heroicas proezas ha cuidado lo más grande y sagrado del pueblo, la regla autocrática de los zares. Y ahora, tú, escoria, la estás destruyendo, estás aplastando nuestras sagradas venas, portadoras del poder autocrático ... ¡Teme a Dios, teme a Su cruz que da la vida!».

Y entonces Rodyonov, desenvainando el sable que llevaba consigo, condujo al totalmente desconcertado Rasputín hacia la cruz. Le exigieron que jurara abandonar el palacio. Y Rasputín juró. La planeada función había sido todo un éxito.

Rasputín salió o, más exactamente, huyó de los aposentos del obispo, como aquel patético e insignificante campesino que había sido un vez en Pokróvskoie. Se alegró de haber conseguido huir de una pieza e ileso, puesto que estaba convencido de que el noble Rodyonov era muy capaz de atravesarlo con su sable. Un temor constante entre los campesinos.

Su juramento sobre la cruz no significó nada, por supuesto. Él tenía sus propias relaciones con Dios, que aquellos bien alimentados príncipes de la Iglesia no podían comprender. Su Dios podía perdonar un juramento sobre la cruz que le había sido arrancado en un momento de terror ante la amenaza de muerte. Sin embargo, él no podía perdonar la deslealtad de su amigo, porque después de todo, sabía que Iliodor no le había traicionado solamente a él, sino también a Hermógenes. Pues, había un secreto que Iliodor ocultaba a Hermógenes y a Feofán. Algo que le unía fuertemente a Rasputín. La apostasía de Iliodor y la violencia del obispo impulsaron al encolerizado Rasputín a enviar de inmediato un telegrama a Mamá.

«Al salir del monasterio de Yaroslav ... Rasputín se dirigió sin demora a una oficina de telégrafos y mandó un telegrama a los zares ...», escribió Iliodor, «repleto de ignominiosas calumnias ... Escribió que Hermógenes y yo habíamos intentado quitarle la vida, estrangulándolo, en las dependencias de Hermógenes.» En realidad, no era una mentira: le habían amenazado con un sable y golpeado en la cabeza con una cruz de bronce.

Así concluyó el 16 de diciembre, un día muy especial en la vida de aquel místico personaje.

En esa misma fecha cinco años después sería asesinado.

Podemos imaginar el estupor y la cólera de Alix al recibir el telegrama, enterarse de los detalles por su amiga y saber que sus amigos de ayer habían atentado contra la vida de Rasputín e intentado privarla a ella y al heredero del auxilio del hombre de Dios.

Entretanto, Hermógenes continuó presionando. Pronunció un atronador discurso contra los jlisti en una reunión del Sínodo. En primer lugar, atacó a la literatura rusa, todas las obras de los autores de moda que describían las prácticas jlist. El tema de los jlisti había invadido también la literatura vulgar, en la que los escritores Artsybashev y Kamensky describían escenas del «regocijo» jlist y del «pecar colectivo». Hermógenes denunció también la tentación que aquellos textos suponían. Y, por último, se centró en el tema principal de su diatriba, la denuncia de Grigori Rasputín, «acusándolo de simpatizar con las tendencias jlist». El Sínodo lo escuchó atemorizado. Los jerarcas podían adivinar la ira de la zarina; por lo tanto, sólo una minoría se atrevió a secundarlo. No obstante, la mayoría concedió su apoyo al procurador general expresando su repulsa por la interferencia del pastor en «asuntos que no eran de su incumbencia».

Pero Hermógenes no se detuvo. Es más, se atrevió incluso a afirmar en conversaciones privadas que Grigori había cometido adulterio con la zarina.

Ella se enteró de todo por Vyrubova. Ahora, para ella, tanto Hermógenes como Iliodor eran simples embusteros que por interés personal se habían fingido amigos y admiradores del padre Grigori. Se habían atrevido a acusarle a él, a un amigo de la familia real, a Nuestro Amigo. ¡Pero lo más monstruoso de todo era que habían osado, conociéndola, acusarla también a ella! Podemos sospechar lo que le dijo a Nicky. ¡Y también imaginar su rabia, la rabia del zar!

Otra predicción de la muerte de los zares

Y la tormenta estalló.

En el Expediente consta el testimonio de Víctor Yatskevich, director de la Cancillería del procurador general del Santo Sínodo:

> Durante la reunión de Navidad [un acontecimiento sin precedentes en la vida del Sínodo], Hermógenes recibió la orden de regresar a su eparquía. No obedeció y, por lo que oí, pidió audiencia al zar por telegrama, señalando que tenía un importante asunto que tratar, pero su requerimiento fue rechazado.

Del mismo modo lo describe Iliodor. Acudió a Petersburgo para apoyar a Hermógenes. El monje escribió el telegrama al zar dictado por Hermógenes en sus aposentos del monasterio de Yaroslav.

> Hermógenes estaba sentado a mi lado sollozando amargamente, y yo escribí con gran esmero: «¡Padre zar! He dedicado toda mi vida al servicio de la Iglesia y del Trono. He servido con entusiasmo sin escatimar esfuerzos. El sol de mi vida hace tiempo que cruzó el meridiano y mi pelo se ha vuelto blanco. Y ahora, en mis últimos años, me veo expulsado de la ciudad como un delincuente, desacreditado por vos, el soberano. Estoy dispuesto a ir donde os plazca, pero antes concededme audiencia y os revelaré un secreto».

Nicolás dio pronta respuesta al telegrama a través del Sínodo: el zar no tenía deseo alguno de conocer ningún secreto. «Al leer la respuesta, Hermógenes rompió a llorar. Y de repente dijo: "Matarán al zar, matarán al zar, seguro que lo matarán"».

A diferencia de la mayoría de predicciones, estas palabras de Hermógenes fueron publicadas antes de la Revolución de 1917, antes de la eliminación de la familia real.

Sabler intentó moderar la cólera del zar, esperando con ello evitar un escándalo. Pero, como tristemente informó al primer ministro Kokovstev, las simpatías de Tsarskoe Selo estaban del lado de Rasputín, sobre el que, en palabras del propio zar, «se habían lanzado como bandidos en un bosque tras hacer caer a su víctima en una trampa».

Se produjo el desenlace. El Sínodo retiró oficialmente a *Hermógenes in absentia* a la residencia del monasterio de Zhirovets. El monje Iliodor fue condenado al exilio en Florischev Pustin, cerca de la ciudad de Gorbatov y se le prohibió aparecer por Tsaritsyn y Petersburgo.

En ese momento se produjo un hecho sin precedentes. Hermógenes e Iliodor se negaron a moverse de Petersburgo, en manifiesto desafío al zar. Además, se atrevieron a hablar públicamente. Los pastores amotinados concertaron entrevistas con los periódicos, a través de los cuales vilipendiaron a Rasputín, al Sínodo y al procurador general Sabler.

Entonces Iliodor sacó a la luz su arma secreta.

EL ARMA SECRETA

Poco después Vyrubova recibía del antiguo amigo de Grigori una advertencia sobre el posible comienzo de una guerra: «¡Hermana en Cristo! ¿Cuánto tiempo te mantendrás al lado de Grigori? ... Si no le abandonas, un terrible escándalo estallará en toda Rusia. Entonces, ¡qué calamidad! Hazme caso. Teme a Dios. Arrepiéntete. Iliodor».

Vyrubova sabía perfectamente a qué escándalo se refería la epístola del monje. Había oído hablar de ello: Iliodor había prometido publicar una sátira contra el padre Grigori que incluía cartas de la zarina y de las grandes duquesas a Rasputín.

Vyrubova invitó a Iliodor a visitarla.

Iliodor llegó a casa de Anya en Tsarskoe Selo. Allí le esperaba el pequeño círculo de admiradores del anciano al completo: la propia Vyrubova, su hermana Sana, y el marido de su hermana Alexander Pistolkors. El monje describe en su libro el temor que sintió. En el salón estaba sentado «Pistolkors ... valiente y cruel ... [que], según sus palabras, durante la Revolución [de 1905] había colgado con sus propias manos a ochenta y cinco latvios en la región báltica». También es verdad que el monje no se describe a sí mismo, un individuo enorme con puños del tamaño de grandes pedruscos. Pistolkors inició la conversación. «¡Padre Iliodor! ¿Qué escándalo es ése con el que amenazáis a Anyushka en vuestra carta? ¿Y quién es el que trata de airear el escándalo? ¿No sois vos mismo? Puede hacerse, después de todo, la Revolución francesa estalló cuando la reina fue falsamente acusada del robo de unos diamantes.»

Pistolkors hacía referencia a 1785 y al famoso asunto del «collar de la reina». Un episodio en el que intervinieron unas cartas de una reina, cartas falsificadas de María Antonieta. Pistolkors insinuaba que las cartas que Iliodor amenazaba con publicar eran falsas; le recordaba al monje qué fin había tenido en Francia semejante falsificación: había destruido la reputación de María Antonieta y provocado la revolución, y con ella la muerte de la reina, así como la de quienes habían conspirado en el asunto. Pero esta vez las cartas de la reina eran auténticas.

La conversación no surtió el efecto buscado. Al parecer, Iliodor había ido con la esperanza de que Vyrubova le pidiera las cartas y de este modo poder negociar su entrega a cambio de la permanencia de Hermógenes y la suya en sus antiguos puestos. Vyrubova no podía proponer semejante solución, aunque lo hubiese querido, puesto que la zarina no le hubiera permitido sucumbir al chantaje. Después de escuchar al monje, Vyrubova permaneció en silencio: silencio elocuentemente amenazador. Iliodor lo entendió a la perfección: no habría trato. Pero no estaba asustado porque estaba respaldado por personas poderosas.

Entretanto, las cartas de la zarina y las grandes duquesas a Rasputín circularon por todo Petersburgo.

Gracias al Expediente se ha podido saber a quién debía la zarina su difusión.

OTRA VEZ EL MÉDICO TIBETANO

De acuerdo con el testimonio de Badmaev en el Expediente: «Traté al chalado santurrón de Mitya Kozelsky de un catarro pulmonar durante unos dos años ... Mitya me impresionó, pues era un campesino religioso e inteligente».

Cuando estalló el escándalo, Badmaev, aquel hombre peligroso, se dio cuenta al instante de lo mucho que podría obtener de dicha situación. En pleno escándalo, trabó amistad con Iliodor y Hermógenes a través de Mitya.

Por aquel tiempo, ni Hermógenes ni Iliodor se habían movido de la ciudad. Alix estaba furiosa. El ministro del Interior recibió la orden de trasladar a los licenciosos pastores a sus respectivos lugares de exilio con una escolta de la policía política. Pero el ministro, A. I. Makarov, comprendió que no debía intentar semejante acción. El arresto de los religiosos les convertiría al instante en héroes a ojos de la sociedad. La próxima sesión de la Duma ya prometía un inmenso escándalo. Pero Alix no quería saber nada de la sociedad. Quería justicia. Al igual que antaño la quiso María Antonieta.

Badmaev comprendió que había llegado la hora de rescatar al desventurado ministro Makarov. Y de ahorrar a Grigori futuros males. Todo el mundo le estaría agradecido.

Iliodor desapareció de repente para alegría y alivio del ministro del Interior. Ahora podía buscar al monje y enviar informes sobre la investigación a la zarina.

Lo que en realidad sucedió fue que Badmaev sugirió a Iliodor que se escondiese en su dacha. Y como el mismo Badmaev testificó en el Expediente: «Iliodor vino a verme por la noche». Al mismo tiempo Badmaev «proporcionó a Hermógenes un documento médico que certificaba que padecía un catarro intestinal y que por ello debía permanecer inevitablemente en Petersburgo durante un tiempo». Los dos pastores rebeldes tenían fe ciega en Badmaev. Así consiguió leer aquello sobre lo que todo Petersburgo murmuraba.

Del testimonio de Badmaev en el Expediente: «Hermógenes me leyó un manuscrito de Iliodor llamado *Grishka*». Y añadió lo siguiente: «Basándose en unas cartas de la zarina personalmente entregadas por Rasputín a Iliodor, llegaron a la convicción de que aquél se acostaba con la zarina.»

Y Badmaev entró en acción.

El «chino astuto» expuso toda la intriga en el Expediente. En primer lugar, se acercó al gobierno y se ofreció para salvar la situación. Prometió convencer a Iliodor y a Hermógenes «para que partieran a sus respectivos lugares de exilio sin más demora». Al mismo tiempo obtuvo la promesa del ministro del Interior, Makarov, «de que la partida de Hermógenes al exilio se llevaría a cabo con dignidad, sin guardias, en un coche especial». Makarov, encantado, aceptó enseguida. «Y acompañé a Hermógenes a la estación en mi propio vehículo», declaró Badmaev en el Expediente. Después de esto, el agradecido Hermógenes escribía una carta a Iliodor: «ve a Florischev Pustin y presta atención a lo que te diga Piotr Alexeevich; no hará nada que pueda perjudicarte». Por su parte, Iliodor, a quien Badmaev había reservado un compartimento aislado, aceptó también su exilio en silencio para deleite de Makarov. El gobierno estaba ahora en deuda con Badmaev.

Pero también quería que la zarina estuviese en deuda con él: antes de la partida de Iliodor, Badmaev le pidió los originales de las cartas de las grandes duquesas y de la zarina. Tal como le explicó a Iliodor, «tengo la intención de solicitar tu regreso del exilio, por esta razón te pido que me entregues las cartas originales ... para que pueda convencerme de la verdad de tus palabras». (Es decir, de las relaciones de la zarina con Rasputín.) «Iliodor aceptó y me sugirió que enviase a alguien a Florischev a buscarlas.» Dos semanas después, llegó el mensajero de Badmaev. Pero Iliodor, que al parecer había cambiado de opinión, «las sustituyó por copias» en presencia del mensajero.

Sin embargo, aunque Badmaev no consiguiera los originales, tenía el manuscrito de Iliodor y copias de estas misivas. Ahora jugaría su baza.

En aquella época Badmaev había empezado a trabar amistad con Rasputín. Ahora tenía un pretexto: le había hecho un gran favor enviando a sus dos enemigos rebeldes al exilio. No obstante, tendría que ser muy cauteloso al encontrarse con Rasputín, ya que sus pacientes le habían comunicado algunas novedades: agentes de seguridad estaban siguiendo a Rasputín sin darle tregua.

UNA CRÓNICA DE SU VIDA

Sucedió a principios de 1912. Lo que Stolypin no consiguió llevar a cabo, lo hizo el nuevo ministro del Interior, Makarov. «Se inició una segunda investigación y vigilancia de Rasputín por orden del ministro del Interior, Makarov, el 23 de enero de 1912.»

El zar se vio forzado a dar su visto bueno. Tras la experiencia de Rasputín con Hermógenes e Iliodor, se hizo necesario protegerle. ¡Y le explicaron al campesino que sus enemigos podían estar al acecho, y tratar de golpearle, mutilarlo o incluso matarlo! Por este motivo había que vigilarle. «Apalear, mutilar y matar» eran términos que el campesino entendió perfectamente.

El nombre en código que le dieron a Rasputín en los informes de los agentes fue el de «ruso», subrayando así su imagen de simple campesino ruso, una imagen muy querida y próxima al corazón de los «zares».

De esta manera dio comienzo una singular crónica de su vida. Ahora lo sabremos todo sobre él. Literalmente, cada uno de sus pasos está reflejado en el informe de los agentes de vigilancia externa que le seguían a todas partes.

El Departamento de Policía resumía los informes diarios de sus agentes. «En esta visita a Petersburgo se aloja en la calle Kiroch en el apartamento del editor de la revista *El Economista Ruso*, Gueorgy Petrovich Sazonov, y su esposa, María Alexándrovna, con la que al parecer Rasputín mantiene relaciones amorosas.» No tenía más que salir del edificio y los agentes seguían tenazmente a aquel desaliñado tipo barbudo con abrigo de campesino. «24 de enero 1912. El ruso (que vive en el número 12 de la calle Kiroch) fue a la tienda a las 10.15», informó un agente. «Transcurridos cuatro o cinco minutos volvió a salir llevando lo que parecía una botella de vino. Luego se encaminó en dirección al muelle del Moïka ... A las 4 de la tarde la vigilancia cambió de turno.» Y el segundo turno cumplió su cometido con igual tenacidad.

«Casi cada día visita el apartamento de los Golovin, de Munya y su madre», notificó un agente. Solía llegar a casa de los Golovin entre las dos y las tres. Zinaída Manshtedt y Yulia Dehn se reunían allí a la misma hora. «Se pasaba la tarde entera en compañía de las mencionadas mujeres.»

La casa de los Golovin era típica de la vieja aristocracia empobrecida de Petersburgo.

«Me gustaba visitar aquella vieja casa misteriosa y más bien oscura. Me gustaba el frescor de sus grandes salas y sus muebles cursis y pasados de moda», recordaba Zhukovskaya. «Munya ... con su eterna chaqueta gris de punto. Sobre su prominente frente le caían rizos de color claro de su peinado un tanto descuidado. Siempre me saludaba con una sonrisa de bienvenida ... Su actitud respecto a Rasputín no era de adoración ante la santidad sino una especie de fe ciega.» Se preguntaba a sí misma:

¿Cómo podía una familia mojigata como los Golovin, educada según las estrictas normas de una anticuada y rígida moralidad, no sólo reconciliarse con la desenfrenada conducta de Rasputín sino incluso fingir no darse cuenta, o, en realidad, no darse cuenta de nada de lo que sucedía a su alrededor?

Los grandes duques se lo preguntaban a sí mismos, pensando en la familia real.

LAS DEVOTAS EN LOS INFORMES POLICIALES

La policía registraba su vida día a día y describía a todos los miembros que componían su círculo. A muchas de aquellas personas ya hemos tenido ocasión de conocerlas. Por ejemplo, Zinaída Manshtedt (o Manchtet), de treinta y nueve años, esposa de un secretario colegial. Cinco años antes, en 1907, se había alojado en casa de Rasputín, en Pokróvskoie y había sido interrogada por el Consistorio Teológico de Tobolsk. Tres años atrás, en 1910, esta rubita viajaría a Pokróvskoie con la niñera real, Vishnyakova, que la vio en el tren «acostada con el anciano en ropa interior».

Pero «Yulia Alexándrovna von Dehn, la esposa del veterano capitán Karl von Dehn», tal como la identifica la policía, acababa de conocer a Rasputín. Esta hermosa y joven mujer, pariente lejana de Vyrubova, se había convertido en la segunda mejor amiga de la zarina, que la llamaba «Lili». El marido de Lili se oponía a que conociese al anciano. Pero ser amiga íntima de la zarina y no conocer a Nuestro Amigo era totalmente imposible. Cuando su hijo cayó enfermo, Lili llamó a Rasputín.

En 1917, Lili fue llamada a declarar ante la Comisión Extraordinaria, a la que expuso su testimonio que ha sobrevivido en el Expediente:

> Llegó junto con Lojtina ... Sus ojos eran impresionantes. No sólo por su penetrante mirada sino por su insólita situación: hundidos en sus cuencas y el blanco ligeramente elevado. Lo primero que sentí cuando entró fue miedo ... Pero se desvaneció tan pronto como empezó a hablarme con gran sencillez. Lo acompañé a la habitación donde mi hijo enfermo dormía. Rasputín rezó sobre el niño dormido y luego empezó a sacudirlo intentando despertarlo. Me asusté porque ... temía que la aparición de aquel descono-

cido pudiera sobresaltarle. Pero ante mi asombro, ... se despertó diciendo «tío» y extendiendo los brazos hacia Rasputín. El anciano lo sostuvo en sus brazos bastante rato, y lo acarició repetidamente hablándole como se les suele hablar a los niños. Después lo depositó de nuevo en la cama ... Al día siguiente de su visita el niño comenzó a recuperarse. Aquello me causó una profunda impresión ... Empecé a visitarle dos o tres veces por semana, bien en su casa, en la de los Golovin o la de los Sazonov.

En los resúmenes del año 1912 de los agentes suele aparecer con frecuencia la «campesina de la provincia de Mogilyov, del distrito de Gorodets, Akilina Nikitichna Laptinskaya», uno de los personajes principales de la historia de Rasputín.

En 1907 aquella mujer fornida pero de aspecto todavía joven y de enormes pechos se había alojado en Pokróvskoie junto con otras «damas», y había sido investigada por el Consistorio Teológico de Tobolsk con Lojtina y Manshtedt. Akilina Laptinskaya declaró en aquel entonces que le habían presentado a Rasputín en casa de Olga Lojtina, en 1905. Y que como enfermera ayudó a Lojtina en aquella época de enfermedad.

No obstante, es probable que Rasputín la conociese de mucho antes. María Golóvina testifica en el Expediente que «Akilina Nikitichna Laptinskaya ... vivía en el monasterio de Verjoturie ... pero tras ciertas desavenencias abandonó el lugar para tomar parte en la guerra contra Japón como enfermera». El monasterio de Verjoturie poseía un significado especial en la vida de Rasputín; era el lugar donde comenzó su transformación. Con toda probabilidad esta mujer, en la que confiaba por completo y casi ciegamente, entró en su vida durante alguna de sus visitas al monasterio, en la época en que Rasputín estaba dominado por la embriaguez. Akilina le ayudó a apaciguar la carne: a través de las ventanas con las cortinas descorridas de la cocina, los agentes de policía tenían ocasión de observar curiosas escenas entre la corpulenta Akilina y Rasputín.

En 1912, Akilina dejó su antigua ocupación de hermana de la misericordia y entró a servir como ama de llaves en una casa particular. Tal y como consta en un relato del Departamento de Policía, sirvió «como ama de llaves en casa de Nikolai Shepovalnikov, médico y director de una escuela privada». Ya por aquel entonces se estaba convirtiendo en una de las principales figuras del círculo de Rasputín. En la jerarquía de las devotas de Rasputín, Laptinskaya ocupaba un segundo lugar después de

Vyrubova, pues Grigori había empezado ya a evitar a la chiflada y ahora envejecida Lojtina.

Akilina no tardaría en emprender una extraordinaria carrera. Según informaron los agentes. «Solía dar paseos por la ciudad en el carruaje de los Golovin o en taxis a motor o, con menor frecuencia, en coches de caballos alquilados por sus devotas. Se pasaba el día entero con alguna de las citadas mujeres (con Y. Dehn, Z. Manchtet, o A. Laptinskaya ... o con María Golóvina o Sazonova)». Pero, al final, cuando se quedaba solo ...

UNA VIDA SECRETA Y MISTERIOSA

Según figura en el testimonio de los agentes de vigilancia externa:

Raramente salía solo ... Y cuando esto sucedía, se encaminaba hacia una calle frecuentada por prostitutas, elegía una, y se iba a un hotel o a una casa de baños...

...El hecho de pasar el día con damas de alta posición no ha puesto fin a sus visitas a las prostitutas...

...Pagó a una prostituta .. en la plaza del Mercado del Heno...

Visitó el apartamento de Anojina con una mujer ... Feodosia Anojina alquila su apartamento para breves encuentros...

...Rasputín, caminando por la calle, se acercaba a las mujeres con proposiciones obscenas, a las que éstas respondían con amenazas y a veces incluso le escupían...

...Se fue al Nevski, alquiló la prostituta Petrova y se dirigió con ella a los baños...

Las casas de baños figuran a menudo en su interminable persecución del cuerpo femenino. Los baños de Pokróvskoie a los que había llevado a las «damitas», los baños de Petersburgo a los que ahora llevaba a sus «damitas» y a prostitutas.

...El ruso visitó los ... baños familiares con la esposa de Sazonov (cuarenta y tres)...

...Visitó los baños familiares en Konyushenny con una prostituta alquilada cerca del Puente Politseisky...

...Acudió con la prostituta Anna Petrova al mismo lugar...

En ocasiones Rasputín iba de putas varias veces en un mismo día. Esta infatigable costumbre era escrupulosamente subrayada por los agentes: «visitó los baños dos *veces* con una prostituta sin identificar».

«Después de estar con las prostitutas Botvinina y Kozlova ... se fue a casa de los Golovin, se marchó hacia las dos, y *otra vez* alquiló una ramera y se fue a los baños con ella.»

A todo esto hay que añadir la extraña precipitación con que visitaba a las meretrices: «Estaba en el monasterio de Ivanovsk con Zinaída Manchtet, la esposa de un secretario colegial, y de pronto se fue a Goncharnaya, buscó una furcia y se fue con ella a un hotel, donde permaneció tan sólo veinte minutos».

En otro momento, también después de ver a Zinaída Manchtet, donde estuvo una hora y media,

> ...el ruso, con una mujer desconocida, posiblemente una puta, visitó la casa [se cita una dirección], y volvió a salir veinte minutos más tarde...
> ...María Sazonova estuvo con él durante dos horas... después alquiló una prostituta y se fue con ella a su apartamento, del que no tardó en salir...

Éstos eran los rasgos de la extraña vida sexual que llevaba Rasputín tal como los agentes de vigilancia externa registraron.

Tan sólo una vez consiguieron los incansables agentes saber qué sucedía dentro, es decir, detrás de las puertas de los apartamentos de las hijas de la vida alegre. El resultado fue todavía más misterioso. Tras acercarse a una prostituta, «Rasputín le compró dos botellas de cerveza, pero él no bebió ... le pidió que se desnudase, observó su cuerpo y se fue».

Tomamos buena nota del testimonio de este agente.

Otra observación, útil para posterior reflexión: «Mientras pasea solo, el ruso habla consigo mismo, agita los brazos y se golpea el cuerpo, llamando con ello la atención de los transeúntes».

Cada vez que salía de visitar a una prostituta, hacía los mismos aspavientos y mantenía aquella extraña conversación consigo mismo.

«Una verdad más allá de nuestra comprensión»

Durante todos estos años María Golóvina mantuvo correspondencia con su «amado hermano» Félix Yusúpov. En aquella época Félix estaba viviendo en Inglaterra y asistía a la Universidad de Oxford, donde el joven anglófilo recibía su educación. Aunque como el propio Yusúpov muy bien dijo: «estudiar nunca fue mi fuerte». Se pasó la mayor parte del tiempo de su estancia en Oxford divirtiéndose. En aquellos días encontró brillante compañía entre los estudiantes que frecuentaban Oxford, como el futuro regente de Yugoslavia, el príncipe Karageorgievich, el rey Manuel de Portugal, un príncipe griego, y varios jóvenes caballeros con título nobiliario. Esta alegre comitiva leía asombrada en los periódicos ingleses las escabrosas aventuras del «anciano medieval», tan querido de la Corte rusa.

Así pues, Golóvina recibió una burlona carta de Félix en la que le recordaba su encuentro con Rasputín y se preguntaba por qué los periódicos dedicaban tanta atención a la indecente conducta del beato Grigori.

Félix conservó la enigmática y elevada respuesta de María en su archivo.

14 de febrero de 1912. En todos los siglos ha habido personas que revelan otra clase de vida, y siempre han sido perseguidos y acechados sin tregua, al igual que aquellos que han seguido los pasos de Cristo. Tú le conoces y le viste muy poco para poder comprender su personalidad y el poder que hay en él, pero yo hace dos años que le conozco y estoy segura de que soporta la Cruz del Señor y sufre por una verdad que está más allá de nuestra comprensión. Y si estás familiarizado con el ocultismo, entonces sabrás que todo lo grande está oculto bajo una especie de concha que cierra al profano el camino hacia la verdad.

De este modo trató de darle una idea sobre una verdad que sólo era comprensible para los iniciados.

Por entonces circulaban rumores acerca del pronto regreso del joven príncipe Yusúpov en relación con un inminente y extraordinario enlace matrimonial. María ya soñaba con un encuentro entre su «hermano Félix» y el padre Grigori.

La espléndida pareja

Crimea. El último y poderoso kanato tártaro había mantenido allí su dominio y luego la espléndida península fue gobernada por los antepasados de Yusúpov. Ahora, a lo largo de la línea del mar se extiende una franja de arena dorada. Y por encima del mar se erguía el palacio blanco de la familia real en Livadia, los palacios de los grandes duques y el palacio de Crimea de la familia Yusúpov.

Durante 1911 y principios de 1912 Félix recibió en Oxford cartas de su madre, que permanecía en el (para ella) terapéutico clima de Crimea. Los «vecinos» (así es como se refiere en sus cartas a la familia real) no habían olvidado a los Yusúpov.

«31 de mayo de 1911. Nuestros vecinos han regresado a Petersburgo. El día que marcharon recibí una conmovedora carta y un ramo de azucenas en señal de despedida.»

Y el día de su onomástica, la madre de Félix recibió un inesperado regalo de los «vecinos».

14 de octubre de 1911. De repente, Alexei [un sirviente] entra ceremoniosamente y anuncia: «¡El soberano emperador!». Creí que a mis invitados les iba a dar un ataque ... Estaba terriblemente emocionada por aquella atención y no esperaba semejante regalo el día de mi santo ... La emperatriz sigue encontrándose mal y no sale.

Sí, Alix no había ido a verla, pero el motivo no era su enfermedad, sino en realidad la íntima amistad que Zinaída Yusúpova mantenía con Isabel Fiódorovna y su actitud hacia Nuestro Amigo. Pero el zar, las grandes duquesas y Alejo sí fueron. Y no sólo una vez. Así pues, Zinaída escribió gozosa a Félix contándoselo. Aquellas visitas eran buena muestra de que lo que se había planeado pronto tendría lugar. Una boda que emparentaría a los Yusúpov con la familia real. Irina, la hija del gran duque Alexander Mijáilovich («Sandro»), y de la hermana del zar, Xenia, se había enamorado de Félix. Y Zinaída, en ausencia de su hijo, hizo todo lo posible para que aquel espléndido matrimonio se celebrase.

Zinaída, como Sandro escribió en sus memorias, «fue mi loca pasión de temprana juventud». No había olvidado cuánto «había sufrido su corazón», nueve años antes, en los bailes «históricos», cuando vestido con el atuendo dorado de los boyardos danzó «todos los bailes» con aquella belleza. Y Zinaída era consciente de su poder sobre Sandro.

«15 de noviembre. Voy a tomar el té en Ai-Tudor [la propiedad de Sandro]», escribió Zinaída. «Irina estaba absolutamente resplandeciente.» (Un valioso cumplido viniendo de ella.) «[Sus padres] preguntaron por ti, querían saber cuándo te licenciabas en Oxford.»

Esto era un llamamiento. Y Félix se preparó para regresar a Rusia.

LA INTRIGA DEL «CHINO ASTUTO»

Advertido, pues, por su paciente Kurlov de la vigilancia a la que estaba sometido el campesino, Badmaev procuró no «aparecer» en los informes policiales. En aquel entonces se encontraba con Rasputín en el apartamento de terceras personas. No resultaba difícil, puesto que Badmaev era el médico de todo Petersburgo.

«Me causó muy buena impresión, la de un campesino inteligente aunque simplón», declaró Badmaev en el Expediente. «Aquel campesino casi analfabeto conocía muy bien las Sagradas Escrituras.»

«Inteligente e interesante.»

«Un campesino simple, inculto, pero que comprende las cosas mejor que las personas cultas.»

Así hablaba Badmaev de Rasputín. Estaba encantado. Pero más tarde, siendo ambos íntimos amigos, Rasputín declararía con una mueca: «el chino podría engañar incluso al mismísimo diablo». En los inicios de su amistad con Rasputín, Badmaev transmitió a la Duma el panfleto *Grishka*, de Iliodor contra Rasputín.

EL MISTERIO DE LA CARTA DE LA ZARINA

Impresas en el panfleto *Grishka*, en el que más tarde se basaría Iliodor para componer su famoso libro *Un diablo sagrado*, aparecían las cartas que había robado a Rasputín: de la zarina y de las grandes duquesas. Si las cartas de estas últimas no ofrecían ningún interés especial, la de Alix era explosiva.

211

«Amado e inolvidable maestro, salvador y mentor mío», empezaba la carta.

Qué aburrido me resulta todo sin ti ... Mi alma sólo está tranquila y puedo reposar cuando tú, maestro, estás sentado junto a mí, y puedo besar tus manos y descansar la cabeza sobre tus benditos hombros. Oh, qué fácil es todo para mí entonces, tan sólo deseo una cosa: dormirme, dormirme para siempre recostada en tus hombros, abrazada a ti. Oh, qué felicidad me invade cuando siento tu presencia cerca de mí. ¿Dónde estás? ¿Dónde te has metido? Es tan duro y qué angustia siento en mi corazón ... Pero, mi querido mentor, no le cuentes a Anya mis sufrimientos por tu ausencia. Anya es amable, es buena, me quiere, pero no le reveles mis penas. ¿Volverás pronto junto a mí? Vuelve pronto. Te espero y me atormento sin ti. Suplico tu sagrada bendición y beso tus benditas manos. Aquella que te ama para siempre, M[amá].

Esta carta apenas ha sido utilizada por los historiadores; no le han dado crédito alguno. Badmaev, el hombre que entregó el *Grishka* de Iliodor a la Duma, no tenía siquiera el original. Por lo tanto, quizá después de todo no hubiera ninguna carta de la zarina.

Sin embargo, no tardó en encontrarse el original. La policía, según una investigación de la Comisión Extraordinaria, siguió la pista de una tal *madame* Karbovich, una de las seguidoras de Iliodor, a quien éste había confiado las cartas para mantenerlas a salvo. Oficiales del Departamento de Policía llevaron a cabo un registro en sus dependencias y los originales de las misivas de la zarina y de las grandes duquesas fueron confiscados.

Y tal y como Kokovstev escribe en sus memorias: «Makarov me entregó las cartas para que las leyera ... había una comparativamente larga de la emperatriz, que había sido reproducida con total exactitud en la copia que Guchkov [presidente de la Duma] había repartido».

El primer ministro Kokovstev recordó que Makarov «no sabía qué hacer con ella e insinuó su intención de entregársela al soberano ... Yo me opuse alegando que ello pondría al soberano en una situación incómoda y convertiría a la emperatriz en su implacable enemiga ... Le recomendé que entregase las cartas directamente a la zarina».

Pero, al parecer, Makarov interpretó mal el contenido de la carta. Pensó que si el zar leía semejante epístola, sería el fin de la zarina. Y, como recordó Kokovstev, Makarov entregó el sobre al soberano. Como el propio Makarov le contó a Kokovstev, el soberano «palideció, sacó la carta de la emperatriz del sobre, miró la escritura, y dijo: "sí, la letra es auténtica", y entonces abriendo un cajón de su escritorio, arrojó la carta en el interior de manera abrupta y poco habitual en él».

«Tu destitución está asegurada», le dijo Kokovstev a Makarov después de escuchar la historia.

Vyrubova confirma asimismo este episodio en su testimonio: «El ministro del Interior entregó personalmente los originales de las cartas al soberano. Yo misma vi las cartas que trajo Makarov y puedo asegurar que eran originales y no copias».

Y en el Expediente, Vyrubova añade que el ministro del Interior Makarov «provocó la ira de la zarina por no haberle entregado la carta de Rasputín a ella».

De hecho, la propia zarina certificó la autenticidad de su carta. El 17 de septiembre de 1915, escribió al zar acerca de sus enemigos que «no eran peores que Makarov, que mostró a extraños mi carta dirigida a Nuestro Amigo».

Al zar no se le escapó el objetivo que Makarov perseguía al entregarle a él las cartas de la zarina. Ésta estaba furiosa contra él. Makarov debió destruir las cartas y anunciar a todos los sinvergüenzas que se inmiscuían en la vida privada de la familia real que no existían tales cartas, que simplemente no existían. Pero Makarov no hizo nada de esto.

De todas formas, ¿cómo había llegado aquella carta a manos de Guchov? ¿Era realmente cierto, como creía Alix, que procedía de Makarov, quien se la había mostrado a «extraños»?

Por supuesto no era culpa del ministro, como demuestra el Expediente.

Una vez las cartas en poder del zar, Badmaev ya no podía contar para nada con la gratitud de Alix. Al darse cuenta de que no conseguiría nada, el «chino astuto» decidió obtener los favores de los enemigos de la emperatriz.

En las declaraciones de Badmaev en el Expediente consta: «Después de leer las copias de las cartas, me convencí de que no había prueba alguna de que la zarina se acostase con Rasputín».

Por su experiencia como médico, comprendió enseguida que se trataba simplemente de la carta de una mujer que, atormentada por la enfermedad de su hijo y por terribles presentimientos, suplicaba el alivio de sus sufrimientos. Y éstas eran sus penas. Sólo Rasputín era capaz de aliviar sus agudos ataques de neurastenia. Al mismo tiempo, había intentado escribir de manera que el anciano comprendiese, expresándose de forma elevada y amorosa.

Pero el primer ministro Kokovstev, tras leer la carta, observó con razón: «Algunos párrafos y expresiones en la carta de la zarina que eran esencialmente una manifestación de sus tendencias místicas proporcionaron un pretexto para las más perversas murmuraciones». Así pues, Badmaev comprendió perfectamente lo mucho que sus enemigos disfrutarían con aquella lectura; lo muy agradecidos que le estarían a él por ofrecerles semejante oportunidad.

Decidió prestar un inolvidable servicio a la Duma. De forma secreta puso al corriente del manuscrito de Iliodor a Protopópov, vicepresidente de la Duma Estatal.

En el Expediente figura el testimonio de Badmaev: «Protopópov me pidió permiso para informar de ello a Guchkov y a Rodzyanko. Hizo la promesa de no utilizar el manuscrito, pero no la cumplió». Como recuerda Kokovstev, «empezaron a repartir por toda la ciudad cientos de copias de cuatro o cinco cartas dirigidas a Rasputín, una de la emperatriz Alejandra Fiódorovna y las otras de las grandes duquesas».

Así fue como Guchkov sacó provecho de la carta. Podemos imaginar su sorpresa y su rabia cuando leyó el panfleto de Iliodor y la carta de la zarina. El asesinato de Stolypin, el manuscrito de Iliodor, y los artículos periodísticos sobre la influencia de aquel campesino jlist semianalfabeto encajaban en un único cuadro que representaba la destrucción del poder.

El colérico Guchkov estaba furioso. Precisamente en ese momento se enteró de que había otra evidencia en contra de Rasputín que ensombrecía todo lo sucedido anteriormente. Estaba en el último artículo de denuncia escrito por Mijaíl Novosyólov.

En él Novosyólov acusaba a Rasputín, con el estilo imprecatorio de los antiguos pastores ortodoxos. «Palabras de indignación estallan en el pecho del pueblo ruso ortodoxo en relación con ... el perverso corruptor de cuerpos y almas humanas, Grigori Rasputín.» Preguntaba al Santo Sínodo cuánto tiempo iban a tolerar a aquel «maníaco sexual ... jlist ... y charlatán ... y la comedia criminal que tantas víctimas había causado y cuyas cartas estaban en sus manos».

Como suplemento al artículo, Novosyólov mandó a Guchkov un inquietante panfleto llamado «Rasputín y la depravación mística». En él aparecían reeditados los artículos del propio Novosyólov, de 1910, contra Rasputín y un texto titulado «La confesión de N.». Todos los que conocían a Rasputín podían reconocer fácilmente en el anónimo autor de la confesión a la desdichada Berladskaya, que poco tiempo atrás había contado a los investigadores eclesiásticos, en una pesquisa llevada a cabo en Tobolsk, cómo Rasputín la había apoyado espiritualmente, cómo literalmente le había salvado la vida tras el suicidio de su marido. Ahora contaba una historia completamente distinta.

La depravación mística

La tragedia de Berladskaya comenzó, como ella mismo afirma en la «Confesión», cuando se enteró de que su marido la engañaba. Lo abandonó con los niños e «inició el proceso de divorcio». Su marido se suicidó. Ella se culpó de aquella muerte y ya no quiso seguir viviendo. «Conversando con un conocido, éste se ofreció a presentarme a un cierto "campesino que puede aliviar el alma y hablar de lo que está oculto".»

Rasputín llegó a aliviarla, la sacó de su estado de estupor y le presentó a sus discípulos, que reforzaron la «convicción de su santidad».

Intenté someterme a todo, y cuando mi corazón se revelaba con su «no» y «no quiero», o se me imponía la responsabilidad de «hacer penitencia» y mi corazón no lo aprobaba, yo luchaba contra él, insistiendo en que todo aquello iba más allá de mi comprensión, que todo era nuevo, que sus palabras constituían una ley secreta que yo no estaba en disposición de discutir.

Y entonces comenzaron sus caricias. «A veces sus caricias me oprimían; los constantes abrazos y besos y sus deseos de besarme en los labios. Yo lo consideraba como una prueba de perseverancia y me sentía aliviada cuando todo terminaba.»

Todo sucedió después de partir hacia Pokróvskoie con su hijo pequeño.

Íbamos de camino, Grigori, una niñera, mi hijo y yo. Por la noche cuando todo el mundo ya se había retirado (¡Oh, Señor lo que tienes que oír!), des-

215

cendió de su litera, se tumbó a mi lado y empezó a acariciarme con fuerza y a besarme, me habló con extrema ternura y me preguntó: «¿Te casarás conmigo?». Yo respondí: «Si es necesario». Estaba totalmente en sus manos y creía que mi alma sólo se salvaría a través de él, expresándose de algún modo. Lo consideraba todo —los besos, las palabras, las miradas apasionadas— como una prueba de la pureza de mi amor por él, y recordaba las palabras de una de sus discípulas acerca de una inquietante prueba, una muy grave. ¡Señor, ayúdame! De repente sugirió que nos dejásemos llevar por la tentación de un amor pecaminoso ... Estaba segura de que me estaba poniendo a prueba, de que él era puro. (Oh Dios mío, ayúdame a escribirlo todo.) Me obligó a que me preparase ... y empezó a llevar a cabo aquello que le está permitido a un marido ... amenazándome con violencia, acariciándome, besándome, y así hasta el final ... forzándome a permanecer quieta sin ofrecer resistencia. ¡Oh Santo Dios!

A continuación, expone las extraordinarias opiniones de Rasputín acerca del «pecado», que después trató de explicarle a ella. Omitiré por ahora dichos juicios, volviendo a ellos cuando por fin lleguemos al principal misterio, sus enseñanzas.

Tras recibir el artículo y el panfleto, Guchkov los hizo sonar como si fueran instrumentos musicales. El artículo de Novosyólov fue publicado en el periódico la *Voz de Moscú*. Y puesto que el primer ministro Kokovstev y el ministro Makarov habían tenido ya ocasión de escuchar airados discursos del zar en relación con Rasputín, el periódico y las copias del panfleto encontradas más tarde durante un registro realizado por la policía fueron confiscados al instante.

Ahora Guchkov podía actuar.

REBELIÓN EN LA DUMA

Tal y como Guchkov suponía, cuando se enteró de que las publicaciones que desenmascaraban la depravación del campesino favorito habían sido confiscadas, la Duma entera estalló. Para satisfacción de los diputados, Guchkov presentó un acuerdo de «investigación urgente al gobierno respecto a la ilegalidad de su demanda a la prensa para que no publicase artículos sobre Rasputín».

El acuerdo fue aprobado por una mayoría sin precedentes (sólo un voto en contra). Así pues, Rasputín había unido por primera vez a las derechas y a las izquierdas, siempre hostiles entre sí. ¡Además, el artículo proscrito fue citado en su totalidad en el acuerdo de la Duma! Ahora el zar no tenía más remedio que aceptar, en forma de un acuerdo de investigación por parte de la Duma, las más terribles acusaciones contra alguien muy querido por su familia.

¿Cuál debió ser la opinión de Alix sobre aquella publicación? Era el segundo relato hecho por una de las fieles seguidoras de Rasputín acerca de las pecaminosas hazañas del Hombre de Dios. Primero Vishnyakova, y ahora Berladskaya. ¿Podía seguir haciendo caso omiso como había hecho la primera vez? ¿O acaso sabía algo que le ofrecía una explicación totalmente distinta para lo sucedido?

De modo que se confiscó la recopilación de Novosyólov. Pero como a mendudo sucede en Rusia, tanto las copias holográficas del manuscrito como las impresas que quedaban se vendieron en ambas capitales; como Rodzyanko recordaría más tarde, se pagaron fabulosas sumas.

Tras la resolución de investigación de Guchkov, se produjo una auténtica oleada de publicaciones periodísticas sobre el anciano. Como forma de protesta «contra la ilegal represión de la prensa», los periódicos de toda Rusia se unieron para describir las aventuras de Nuestro Amigo, a menudo incluso inventándoselas. La censura confiscaba las publicaciones, los editores pagaban gustosos las multas, los lectores iban a la caza de los periódicos secuestrados y las tiradas aumentaban.

El nombre de Rasputín se convirtió en un nombre habitual.

En el diario de la gran duquesa Xenia, en la fecha del 25 de enero leemos: «¿Cómo terminará todo esto? ¡Es terrible!».

Del diario de la esposa del general Bogdánovich: «18 de febrero de 1912. Vivimos tiempos muy vergonzosos. Ahora Rusia ya no está gobernada por el zar sino por el sinvergüenza de Rasputín ... Rasputín se ha estado quejando de que la prensa le ataca y dice que está dispuesto a marcharse, pero que "su gente" le necesita aquí». Cuando decía «su gente» se refería a la familia real.

«22 de febrero. Todo Petersburgo está en ascuas por la manera en que este Rasputín se comporta en Tsarskoe Selo. Triste es decirlo, pero ¡¡¡¡hace lo que quiere con la zarina!!!!»

¡No se lo pongáis demasiado difícil!

Mijaíl Rodzyanko, el recién elegido presidente de la Duma Estatal, creía que el acuerdo de investigación de Guchkov no había dejado a la suprema autoridad más elección que la de resolver el asunto Rasputín: y había empezado a preparar por adelantado su informe al zar.

Pero primero tuvo que hablar con la emperatriz viuda quien estaba horrorizada por lo que había leído en los periódicos y convocó a Rodzyanko.

Fue conducido al pequeño estudio de la anciana emperatriz. Enseguida le preguntó acerca del acuerdo de Guchkov. En sus memorias describe su explicación de que el acuerdo pretendía «disipar las dudas», «puesto que las habladurías acerca de Rasputín habían ido demasiado lejos». Pero la viuda de Alejandro III había comprendido perfectamente que Rasputín era el terrible instrumento a través del cual se pretendía derrocar a la monarquía. Tal como más tarde diría Kerensky, «sin Rasputín no habría habido ningún Lenin».

Rodzyanko le contó todo lo que sabía sobre la depravación de Rasputín. Ella escuchó sin pronunciar palabra. Y después, al despedirse, dijo repentinamente: «He oído que tenéis intención de hablar de todo esto con el soberano. No lo hagáis. Es demasiado puro de corazón para creer en el mal».

Conocía el carácter de su hijo. Si se le presionaba, se obstinaría aún más. Y recordaría que él era el autócrata. Él, que ya no podía serlo. Pues Stolypin, la única persona capaz de proteger a su hijo de todos aquellos locos charlatanes, ya no estaba. Y al despedirse de Rodzyanko le suplicó a aquel hombre grueso que no comprendía a su hijo: «No se lo pongáis demasiado difícil».

El 13 de febrero, la emperatriz viuda mandó llamar al primer ministro Kokovstev.

«La conversación, que duró hora y media, versó completamente sobre Rasputín», escribió Kokovstev en sus memorias.

A continuación se fue a ver a Nicky y a Alix.

Del diario de Nicolás: «15 de febrero. Mamá vino a tomar el té. Tuvimos una conversación sobre Grigori con ella».

En el diario de Xenia del 16 de febrero leemos:

Mamá está tan satisfecha que lo contó todo ... Alix defendió a Rasputín diciendo que era un hombre extraordinario y que Mamá debería conocerlo ... Mamá simplemente les aconsejó que le dejasen marchar mientras la Duma esperaba una respuesta ... Alix dijo que rendirse era un error ... Pero que le estaban agradecidos por haber hablado con tanta franqueza. E incluso besó la mano a Mamá.

Así pues, la madre de Nicky podía repetirse a sí misma lo que dos días antes había dicho al primer ministro Kokovstev: «Mi desdichada nuera es incapaz de darse cuenta de que está precipitando su propia ruina y la de la dinastía ... Cree profundamente en la santidad de este dudoso individuo».

Pero el zar siguió el consejo de su madre. Como ya era costumbre cada vez que estallaba un escándalo en torno a Rasputín, decidió que sería conveniente que el padre Grigori regresase a Pokróvskoie durante algún tiempo.

«18 de febrero de 1912. Salió de la estación Nikolaev», informaron los agentes secretos. «La Mujer Invierno, Pollita, la Mujer Verano, Paloma, y Lechuza le acompañaron a la estación, junto con otras quince personas no identificadas de ambos sexos.»

En los informes de los agentes, todas las devotas incondicionales de Rasputín tenían sus apodos. Éstos habían sido adjudicados con un expresivo sentido policial de lo pintoresco. A Akilina Laptinskaya (de treinta y dos años) la llamaban «Lechuza» por su carácter serio y ahorrativo. A la pequeña y hermosa Zina Manshtedt, que todavía parecía una muchacha a pesar de sus treinta y siete años, la denominaban «Paloma». A la madre Golóvina (de cincuenta y dos años) la llamaban «Mujer Invierno», puesto que ya no era joven y vivía en el canal del Invierno. Su hija Munya con sus ojos claros era «Pollita», y la esposa de Sazonov, morena y de ojos oscuros, era «Cuervo». Pero Vyrubova, gracias a su intimidad con los «personajes», se ahorró el apodo.

Los agentes siguieron a Rasputín incluso en el tren e informaron que «el 22 llegó a Tiumén y fue recibido por su esposa y su hija, que se alegraron mucho de verle».

El campesino escribió a los «zares» desde Pokróvskoie acerca del acuerdo de Guchkov. La carta dirigida a Tsarskoe Selo se conserva en el diario de Lojtina.

¡Queridísimos Papá y Mamá! Ahora el infausto demonio cobra fuerza. Y la Duma le sirve; hay muchos lucionarios [revolucionarios] y judíos en su seno. ¿Qué les importa? Tan pronto como ven anunciado el final de Dios, se afanan en derribarlo. Y Guchkov, su señor ... difama y siembra la discordia con sus acuerdos. Papá, la Duma es tuya, lo que quieras hacer, hazlo. Nadie necesita estos acuerdos de investigación.

UN INFORME DEL HOMBRE MÁS GORDO DE RUSIA

El 28 de febrero, «armado con documentos», es decir, con el panfleto de Novosyólov, el «gordo Rodzyanko» (como se le conocía en Tsarskoe Selo) partió con su informe a ver al zar. El presidente de la Duma empezó hablando de la siempre mala administración del Cáucaso. Y por último, abordó el tema principal. Rodzyanko dirigió la atención del zar a la «indignación general que acompañaba al descubrimiento de que Rasputín era jlist».

«¿Qué le hace pensar que es jlist?», preguntó el zar.

Rodzyanko declaró que la policía había averiguado que iba a las casas de baños con mujeres.

«Bueno, ¿y qué? Eso es habitual entre la gente corriente.»

En aquel momento, Rodzyanko empezó a hablar del panfleto de Novosyolov; de la investigación de Tobolsk; de las cartas y confesiones de las víctimas de Rasputín; de la esposa del general L. a la que Rasputín había vuelto loca; de los «regocijos» que habían tenido lugar en el apartamento de Sazonov donde se alojaba Rasputín, y, por último, de la funesta influencia que Rasputín podía ejercer sobre el alma del heredero.

«¿Ha leído el informe de Stolypin?», inquirió el zar.

«No, he oído hablar de él, pero no lo he leído.»

«Lo rechacé», dijo el zar.

Al ingenuo de Rodzyanko le pareció que el zar lamentaba haberlo rechazado. No comprendía que el zar intentaba decirle que no le estaba contando nada nuevo, que todo aquello ya lo había oído antes. El soberano lanzó un resoplido. Sabía que no había habido «regocijo» alguno en el apartamento de Sazonov, que la mujer del general L. era Lojtina, que sólo parecía estar loca porque había abandonado el mundo de las vanidades y había elegido una nueva vida, y que no había ninguna prueba consistente en el expediente de Tobolsk que acusara a Rasputín de jlist.

El zar insinuó a Rodzyanko que pidiese al Sínodo el expediente de Tobolsk y que lo estudiase. Rodzyanko se sentía feliz: pensaba que había triunfado. A continuación le llevó a ver al heredero. Rodzyanko se presentó burlonamente a sí mismo ante el niño «como el hombre más grande y más gordo de Rusia». Y el chico, «aquel niño tan sumamente dulce», le dijo que estaba recolectando dinero para causas benéficas, que «que había estado todo el día con un cuenco y había recogido cincuenta rublos».

El hombre gordo decidió que le habían presentado al niño en señal de confianza.

Pero el zar lo había hecho para demostrar que el alma del pequeño estaba pura. Porque Nuestro Amigo le había enseñado a amar y servir a sus semejantes.

Entusiasmado, Rodzyanko inició su investigación al día siguiente. «Se me había dicho que pidiera el expediente al Santo Sínodo para examinarlo y, después, dar mi opinión acerca de Rasputín. Damansky, el viceprocurador general me facilitó el expediente.»

Damansky, un patético empleado del Sínodo e hijo de un clérigo siberiano, se había hecho amigo de Rasputín convirtiéndose en uno de sus oponentes en el Sínodo. Rasputín se había alojado en su casa, por lo tanto Sabler se vio obligado a nombrar a Damansky viceprocurador general.

Alix se enteró inmediatamente por Damansky de que se le había entregado el expediente de Tobolsk a Rodzyanko. Eso la preocupó. No había prueba directa alguna, pero comprendió que los enemigos de Rasputín podían utilizarlo de forma sesgada. Y como recordaba Rodzyanko, Damansky

me telefoneó al día siguiente y pidió que le recibiera. Tan pronto como llegó anunció: «He venido a pediros que me devolváis el expediente secreto sobre Rasputín».

«¿Es una orden imperial?»

«No, pero la petición viene de una persona muy influyente. La emperatriz.»

«Por favor, comunicad a la emperatriz que ella sirve al zar, su marido, tanto como yo.»

«Su excelencia, he venido acompañado del instructor religioso de los hijos del emperador.»

Aquel personaje resultó ser el arcipreste Vasiliev. Empezó a decirme: «No tiene usted idea de lo excelente persona que es Rasputín ...». Monté en cólera. «¡Habéis venido aquí a elogiar a un sinvergüenza depravado y jlist! ¡Fuera de mi despacho!».

Pero el acuerdo de investigación de la Duma no había sido más que el comienzo del juego de Guchkov. El 9 de marzo de 1912 tuvo lugar la incisiva y definitiva continuación. Cuando el asunto del presupuesto del Sínodo salió a la luz, Guchkov se puso en pie. Pronunció el famoso discurso contra Rasputín con el que cualquier consideración acerca de la caída de la dinastía debería comenzar.

EL RELOJ DE LA REVOLUCIÓN SE HABÍA PUESTO EN MARCHA

Habló de la tragedia que se había apoderado del país. «En su mismísimo centro se alza una figura enigmática, tragicómica, una especie de fantasma o reliquia de la ignorancia de los viejos tiempos.»

Stolypin, la roca que había sostenido la dinastía, ya no estaba; por esta razón aquel discurso tuvo una enorme resonancia, y planteó una de las cuestiones más audaces de Guchkov, que tan sólo un año antes, con Stolypin en vida, habría sido inconcebible: «¿A través de qué recovecos ha alcanzado aquel hombre su privilegiada posición? ¡Ejerciendo tal influencia que incluso los máximos representantes del poder estatal y eclesiástico se inclinan ante él! ... ¡Pensad quién gobierna despóticamente en la cúspide!».

El zar estaba furioso. Había sido denigrado frente a Alix. Como el propio Guchkov diría más adelante ante la Comisión Extraordinaria: «Uno de los ministros me comentó que el emperador había declarado: "¡Colgar a Guchkov no sería suficiente!". Yo le respondí: "Mi vida pertenece a mi soberano, pero mi conciencia no, y seguiré luchando"».

En el Expediente queda constancia de que Badmaev intentó hábilmente agradar al otro bando por si la fuente de información de Guchkov salía a relucir en Tsarskoe Selo.

Según el testimonio de Badmaev:

Mandé un telegrama a Rodzyanko: «Caballeros, ¿qué estáis haciendo en la Duma? ¿Puede uno realmente fiarse de las pruebas de un Iliodor ofendido?». Rodzyanko respondió que también él estaba preocupado, y que Guchkov había pronunciado su discurso de improviso, sin avisar a nadie.

Rodzyanko estaba intranquilo porque ahora habían herido e insultado al zar en su orgullo. En adelante sería imposible hablar con él acerca de Rasputín.

Tras el discurso de Guchkov, la madre de Félix, Zinaída Yusúpova, intentó a petición de su amiga «Ella» —la gran duquesa Isabel Fiódorovna— hablar de Rasputín con la zarina. La «vecina de su propiedad en Crimea» replicó que «Guchkov y Rodzyanko deberían ser colgados».

Para entonces Rodzyanko ya había terminado de preparar su informe para el zar sobre el expediente de Tobolsk, en el que, naturalmente, quedaba triunfalmente probada la culpabilidad de Rasputín. El zar devolvió al primer ministro Kokovstev la petición de audiencia de Rodzyanko con la siguiente inscripción: «La conducta de la Duma es absolutamente vergonzosa. No deseo recibir a Rodzyanko». De camino al sur, el zar le dijo a Kokovstev: «Me ahogo en este ambiente de cotilleo, falsedad y malicia. Intentaré posponer mi regreso de Crimea tanto como me sea posible».

En lontananza, su tren y el palacio blanco de Livadia.

Del diario de Bogdánovich el 14 de marzo: «La familia real al completo se marcha a Livadia mañana, y Rasputín se va con ellos. Es triste pensar qué clase de gusto ha de tener la zarina para tolerar a este jlist».

La emperatriz cruzó el andén sin despedirse de los que habían acudido a presenciar la partida de la familia real. El zar estaba sombrío: harto de toda aquella historia.

Efectivamente, Rasputín había sido llamado para acudir desde Pokróvskoie a Crimea. Pero no lo hizo Alix personalmente; su Amiga había enviado a Rasputín un telegrama en clave sin firma. Alix les había demostrado que la voluntad de la zarina de Rusia era más grande que las malintencionadas opiniones de la sociedad.

Una bendición a la locura

Antes de ser llamado, el campesino había estado llevando la lenta existencia del pueblo de Pokróvskoie. Pero aquella vida se vio perturbada por la llegada de la demente esposa del general. Lojtina había emprendido a pie el camino hacia Pokróvskoie descalza, sustentándose de limosnas. La antigua dama que dictaba la moda en Petersburgo apareció horriblemente vestida en un extraño e informe atuendo blanco del que colgaban cintas y pequeños iconos. Seguida de las miradas atónitas de los aldeanos, atravesó el pueblo gritando: «¡Cristo ha resucitado!». Aunque todavía faltaba bastante para que llegase la Pascua.

La historia de su «locura» ha sobrevivido en el Expediente.

Un año antes, en 1911, Lojtina, expulsada de su familia, se había marchado a Tsaritsyn.

Según las declaraciones de María Golóvina:

> Regresó de Tsaritsyn descalza, vistiendo un hábito blanco de monja. Entonces fue cuando conocí a Iliodor, que argumentó que Lojtina había alcanzado tal elevación en su vida espiritual que podía ser bendecida como una santa demente (es decir, como alguien que finge locura en nombre de Dios). Iliodor quería incluso dirigir al respecto una plegaria en nuestra casa para bendecir a Lojtina como una santa demente. Pero mi madre se opuso categóricamente. No obstante, Lojtina al oír la opinión de Iliodor, cambió radicalmente de actitud y empezó a actuar como una santa chiflada ... No sólo le impidieron entrar en su apartamento de Petersburgo sino que también le prohibieron la entrada en su propiedad de la provincia de Kazán, que ella había cedido a su hija como regalo ... Vivía exclusivamente de limosnas.

Ahora Lojtina vivía como un rey Lear ruso con faldas. Los periódicos no se cansaban de escribir acerca de la desdichada mujer del general a la que Rasputín había hecho perder la cabeza. Como más tarde testificó Golóvina: «La conducta de Lojtina hizo temer que pudiese dañar al padre Grigori». Y Rasputín le prohibió actuar como una santa demente. Lojtina le obedeció. Pero la principal batalla del padre Grigori era la de impedir sus constantes gritos de «Cristo ha resucitado». No obstante, ella seguía dando voces. Grigori se enfadaba tanto por el griterío que parecía como si temiese algo. Y le pegaba sin piedad.

A pesar de todo, la mujer del general continuaba ejerciendo un extraño poder sobre el campesino. Y no sólo sobre él, sino también sobre Vyrubova e incluso sobre los «zares», a los que de vez en cuando se atrevía a mandar duros o incluso coléricos telegramas. Por otro lado, Munya Golóvina le besaba respetuosamente la mano.

A principios de marzo de 1912 llegó Lojtina a Pokróvskoie a visitar a Rasputín. Tras encolerizar de nuevo a Rasputín con sus habituales gritos de «Cristo ha resucitado», se presentó en su casa. Pero esta vez le aguardaba allí la más cruel de las bofetadas. Se enteró de algo irreparable: la ruptura entre Iliodor y Rasputín. «Cristo» y el «Señor de los anfitriones» se habían convertido en enemigos. Su universo estaba destruido. «Lojtina, que adoraba a ambos, a Iliodor y a Rasputín, intentó reconciliarlos, pero no lo consiguió, y ello tuvo efectos nefastos en su equilibrio mental», testificó Munya en el Expediente. Durante aquella visita se convirtió en la víctima de esta ruptura.

¿LA ENOJADA ESPOSA DE RASPUTÍN?

Sucedió en pleno día. El extraño episodio se produjo ante los atónitos convecinos de Rasputín. Vieron cómo su esposa arrastraba a la «dama de Petersburgo» por el pelo y, atravesando la puerta de su casa, la arrojaba a la calle; justo allí, en medio de la calle, empezó a golpear a la antigua leona de Petersburgo. La apaleada esposa del general se alejó trabajosamente de casa de Rasputín.

De este episodio derivan las famosas leyendas acerca de la celosa mujer de Rasputín, una mujer que arrancaba a las damas de la cama de su marido y las arrastraba fuera de su casa agarrándolas por el pelo. Así es como los sencillos aldeanos, que no estaban iniciados en el mundo secreto que comenzaba tras la puerta de la casa de Rasputín, lo contaron a los periodistas. Asimismo el investigador de la Comisión Extraordinaria creyó aquella versión, tras su parcial interrogatorio a Lojtina acerca de su pelea con la esposa de Rasputín «a causa de los celos».

En el Expediente, Olga Lojtina explicó al ingenuo investigador que «por lo que respecta a los celos (si pueden llamarse celos), la esposa de Rasputín estaba muy celosa de mí, pero no por su marido sino por Ilio-

225

dor, a quien yo veneraba ... En cuanto a peleas, hubo una», reconoció Lojtina, y a continuación la relató.

Expulsada del cielo

En una ocasión, cuando Rasputín y su familia estaban de visita en casa de un convecino, me presenté en la vivienda de aquella persona, y al descubrir la gran pobreza en que vivía, empecé a suplicar al padre Grigori para que me diera una vaca. Tengo que decir que cuando se me mete una idea en la cabeza ... no me rindo hasta que consigo lo que quiero. Esto sucedió en presencia de un visitante recién llegado, y le reproché a la mujer de Rasputín su tacañería [no la de Rasputín, sino la de su esposa; él estaba por encima de la vida corriente y sólo se le podía preguntar por la vida eterna] ... Cuando se marchó el visitante, ella empezó a acusarme de ponerla en evidencia delante de un extraño, y me agarró por el pelo ... y me golpeó.

Pero el torpe investigador no estaba dispuesto a creerla. No comprendía que las especiales relaciones entre la esposa de Rasputín y sus devotas excluían los celos.

Aquellas relaciones se describen en el testimonio del funcionario del gobierno B. Alexeev, uno de los partidarios de Rasputín, ante la Comisión Extraordinaria. Durante una visita de Alexeev y su mujer a Pokróvskoie, las dos esposas caminaban por la casa cuando se tropezaron con una escena subida de tono en la que estaba implicado el padre Grigori. La esposa de Alexeev «dio un respingo y se alejó. Entonces la mujer de Rasputín le explicó: "Todos llevamos nuestra cruz, y ésta es la suya"». Por lo tanto, Lojtina decía la verdad: no había lugar para los celos allí. Sin embargo, tampoco ella fue capaz de comprender la razón de la conducta de la mujer de Rasputín. Por supuesto, una campesina rusa no podía regalar una vaca. Y una acusación de tacañería al respecto era poco menos que ridícula. Así que golpeó a Lojtina por una razón totalmente distinta. Tal como Lojtina relató posteriormente al investigador, ella había «decidido permanecer fiel a los dos, a Rasputín y a Iliodor», cosa que al parecer asustó a Rasputín. Probablemente pensó que el astuto Iliodor podía estar utilizando a la chiflada mujer del general como espía. Había que expulsarla de Pokróvskoie. Por este motivo la esposa de Rasputín tenía que encontrar un pretexto para pelear con Lojtina y echarla de casa de Rasputín. Y eso fue lo que hizo.

Tras la pelea con la mujer de Rasputín, Lojtina «se dirigió a Florischev Pustin», el monasterio en el que estaba exiliado Iliodor. «No se me permitió ver a Iliodor, y todo cuanto pude hacer fue gritar desde el vestíbulo avisando de que estaba allí ... Luego me echaron y se archivó un informe en el que se decía que yo sufría ataques de locura.»

Pero no se rindió. No la aceptaban en su casa. Le habían impedido acercarse a Rasputín y a Iliodor. Decidió entonces encontrar un lugar un poco más cercano a su anterior cielo. Resolvió vivir cerca del monje Makary, el padre espiritual del «Señor de los Anfitriones», en el monasterio favorito de Rasputín. «Me dirigí a Verjoturie a ver al padre Makary ... La celda del anciano estaba siendo reparada, y me alojaron en una pequeña habitación que servía de almacén, a través de cuya puerta el anciano colocó una tabla que se apoyaba sobre una roca. Me alimentaba una vez al día con las sobras de la comida del padre Makary».

Pero los monjes no comprendían sus impulsos y le pidieron que se marchase de su claustro masculino. Sin embargo, cuando Lojtina decidía algo era imposible hacerla cambiar de idea. Entonces

apareció la policía y presentó un mandato judicial obligándome a partir. Respondí que no lo haría voluntariamente ... Pero me veía obligada a marchar, puesto que los monjes ... atacaban [al padre Makary] y le pegaban. Mandé un telegrama al soberano contándoselo: «Os ruego que defendáis al padre Makary ... a quien no conocéis».

El soberano lo defendió. Los monjes fueron castigados, y la celda del padre espiritual de Rasputín se reparó rápidamente. Además, se construyó un anexo a la celda de Makary para que la demente esposa del general pudiera vivir junto a él.

Al parecer, el investigador no quedó satisfecho con la historia de Lojtina. Seguía sin creer en los inocentes motivos de su pelea con la mujer del campesino. Y volvía una y otra vez a las relaciones que mantenía con Rasputín. Empero ella era evasiva y confusa al respecto, tal como había que ser con las personas no iniciadas en las enseñanzas del «Señor de los Anfitriones»:

«La pasión estaba lejos de mí cuando me encontraba con el padre Grigori». Y añadía: «un árbol pobre no puede dar buenos frutos. Y si esto es así, entonces ¿cómo se explica que los devotos de Rasputín, tanto hombres como mujeres, abandonasen su vida lujosa y contraria a los Evangelios y no volviesen nunca a sus antiguas costumbres? Hablo de los verdaderos devotos que seguían sus preceptos».

Sus auténticos entusiastas eran aquellos que seguían sus preceptos, o, mejor dicho, que practicaban sus enseñanzas. Sólo ellos podían comprender el significado de lo que sucedía en su casa.

UN VERANO CON LOS ZARES

Tras recibir el telegrama de Vyrubova, llamándolo para que se dirigiese a Livadia, Nuestro Amigo partió de Pokróvskoie al instante.

Según el informe de los agentes: «10 de marzo. Rasputín subió al tren de regreso a Petersburgo». Y desde allí en pos de los «zares» hacia Crimea.

Las hermanas del zar, Olga y Xenia, habían partido hacia Crimea junto con su familia más cercana. Durante el viaje, las dos grandes duquesas empezaron a hablar de Rasputín.

10 de marzo. En el tren, Olga nos contó una conversación que había mantenido con [Alix]. Le había dicho por primera vez que el pobre pequeño tenía aquella terrible dolencia, y que ella estaba enferma porque no podía soportarlo y nunca lo superaría ... De Grigori dijo que cómo no iba a creer en él cuando veía cómo mejoraba el pequeño cuando él estaba a su lado y rezaba por él.

Escribió Xenia en su diario. Y añadió: «¡Dios mío, qué terrible es todo esto y cuánto les compadezco!».

Cuando Rasputín llegó a Crimea, Alix declaró que «ella no sabía nada al respecto». Pero como Xenia escribió en su diario, «estaba encantada y dicen que exclamó: "¡Él siempre sabe cuándo le necesito"». Y, como de costumbre, Nicky tuvo que resignarse.

Rasputín permaneció en Yalta, y desde allí lo trasladaban en coche hasta Livadia. Lo acompañaban en secreto a palacio, sin registrarlo en la entrada. Pero cada vez que el coche real atravesaba la ciudad y el campesino con su desaliñada barba miraba pomposamente por la ventanilla abierta, toda la ciudad lo sabía: se dirigía a ver a la zarina. El guardia de palacio que franqueaba el paso al coche real también veía quién entraba en palacio. Especialmente porque Nuestro Amigo asomaba orgullosamente la cabeza por la ventanilla, sin el menor deseo de ocultarse.

Durante todo aquel tiempo los periódicos continuaron ensañándose con Rasputín. Tan sólo el hundimiento del *Titanic* en abril de 1912, y la muerte de los desdichados pasajeros de aquel gran buque en las gélidas aguas bajo un cielo nítido y estrellado, consiguió arrinconar por algún tiempo las noticias del campesino en palacio. Pero en el mes de mayo de 1912 los nombres de los protagonistas de la historia de Rasputín comenzaron a aflorar de nuevo a primera plana.

En mayo de 1912 Iliodor renunció a las sagradas órdenes en señal de protesta. El 8 de mayo de 1912 presentó al Sínodo la petición (o más bien el ultimátum) de que se llevase

a juicio por motivos religiosos a Rasputín debido a los terribles crímenes cometidos, o despojadme de las sagradas órdenes. No puedo aceptar el hecho de que el Sínodo, representante de la gracia del Espíritu Santo, esté dando cobijo a un «diablo sagrado» que ha emponzoñado la Iglesia de Cristo ... ¡No aceptaré la profanación de lo que pertenece al Señor!

Una vez más, los periódicos armaron escándalo en torno a Rasputín.

Siendo así, su amigo Damansky, viceprocurador general, publicó un manuscrito que Rasputín había preparado en cierta ocasión junto con Lojtina. Una vez más Alix pudo leer en la avalancha de palabras que se ensañaban en una injusta persecución, el eterno destino de los justos. «Soporto terribles calumnias. Es terrible lo que escriben. ¡Oh Dios! ¡concédeme paciencia y sella las bocas de mis enemigos! ... ¡Consuela a los Tuyos, oh Dios! Concédeme Tu ejemplo». Repetía una y otra vez estas palabras a la zarina, y le pedía permiso para abandonar Crimea y marcharse a su casa. Pero sabía que ella no se lo permitiría. Y no se lo permitió. Podía descansar tranquilo.

A principios de mayo regresó a Petersburgo.

«Rasputín ha aparecido de nuevo en escena», registró Bogdánovich en su diario.

Aquel mismo mes Rasputín se dirigió a Moscú. En la estación Nikolaev los agentes informaron de las personas que habían ido despedirse
de él, las mismas de siempre: «Lechuza» (Laptinskaya), la «Mujer Invierno» y su hija (las Golóvin), y «Cuervo» (Sazonova).
El siguiente encuentro tuvo lugar en el tren.

«¿QUIERES SER GOBERNADOR? YO PUEDO CONSEGUIRLO»

Un par de semanas más tarde causó sensación un artículo mordaz en
defensa de Rasputín en medio de aquel mar de escritos en su contra. El
autor, Alexei Filipov, era rico, tenía su propia banca, y era el editor de
un periódico de éxito. Además, poseía una bien merecida reputación
como liberal: se había pasado un año en la fortaleza de Pedro y Pablo
por utilizar palabras ilícitas acerca de las autoridades. Haciendo así realidad las sardónicas palabras de un poeta de moda: «Esto es lo que pasa:
defiende la verdad y terminarás rindiendo cuentas por ella». Filipov era
amigo de la dama de honor Sofía Tyutcheva, que había sufrido a causa
de Rasputín, y por consiguiente lo despreciaba. Por lo menos hasta aquel
día de mayo en que se lo encontró en el tren.

En 1917 Alexei Frolovich Filipov, de cuarenta y ocho años, fue llamado a declarar ante la Comisión Extraordinaria. En el Expediente consta su testimonio:

> En 1912 me dirigía a la abadía de la Trinidad y San Sergio [un famoso
> monasterio cerca de Moscú]. Cuando ... tomaba asiento en el tren observé
> que había en el compartimento un campesino de extraordinario aspecto ves-
> tido con un abrigo ceñido, un hombre de ojos místicos hundidos en sus
> cuencas, cuyas órbitas estaban rodeadas de puntos negros. Iba acompañado
> de ... una rolliza mujer de negro (que resultó ser su secretaria Akilina Lap-
> tinskaya) ... Él examinaba con un afecto infantil e ingenuo un gran bolso
> nuevo de piel que probablemente alguien acababa de regalarle. Le pregunté:
> «¿Dónde consiguió este bolso?». Con esta pregunta comenzó mi relación
> con Rasputín ... Algo en mi interior me decía que mi nuevo conocido era un
> sectario, que pertenecía a la secta jlist. Hablaba de forma pintoresca con afo-
> rismos sobre los más variados temas ... quedé especialmente impresionado
> por su profunda fe en el pueblo ruso y por su actitud amable más que servil
> hacia el poder autocrático. Defendía la unidad del zar y el pueblo sin buro-

cracia intemediaria alguna ... Me sentí especialmente hermanado a él porque hacía poco ... había sido condenado a un año de prisión en la fortaleza por osar replicar a un representante de la autoridad suprema que no comprendía la esencia de la autocracia ... Así pues, involutariamente exclamé: «¡Ojalá alguien como usted pudiera llegar al zar! ...». A continuación salió al pasillo indicándome que lo siguiese, y dijo: «No se lo diga a nadie ... pero soy el Rasputín al que los periódicos han estado maldiciendo sin cesar».

La conversación prosiguió.

Su interés por el arte [eclesiástico] me empujó a sugerirle que fuésemos juntos a Moscú. Aceptó con una impaciencia juvenil impropia de su edad ... A Rasputín no le esperaba nadie en Moscú, y fue a alojarse con Nikolai Reshétnikov, un antiguo notario que más tarde acabaría siendo su secretario. Pero aquel mismo día se presentó a la hora en la residencia de la iglesia del Kremlin. Escuchó con insólita atención mis conferencias de una hora de duración sobre, por ejemplo, la catedral de Basilio el Bendito ... Pasamos dos días en Moscú, ocupando nuestro tiempo en visitar iglesias. Durante aquellos días Rasputín y yo nos hicimos amigos, y al regresar a Petersburgo donde editaba yo mi periódico *Humo de la Patria*, empecé a visitarlo ... Nos veíamos cada día entonces, y me sorprendió que Rasputín ocupara una habitacioncilla cochambrosa que no se correspondía en absoluto con la idea que tenía de él ... como poderoso favorito de la familia imperial ... Rasputín no bebía vino y desalentaba a los que lo hacían ... Encantado con mis argumentos sobre el gobierno del Estado, exclamó: «¿Quieres ser gobernador? Yo puedo conseguirlo». Vivía con sencillez e incluso humildad, hablaba con parquedad y a regañadientes de la Corte y de las relaciones que allí mantenía. En respuesta a una pregunta que le hice en una ocasión sobre si la emperatriz no le daba nada, dijo: «Es tacaña ... terriblemente tacaña». En aquella época Rasputín estaba sin blanca, como saltaba a la vista por los veinticinco cópecs que me aceptaba para el taxi, y los veinticinco rublos que una vez pidió por correo cuando no tenía suficiente para un viaje a Siberia, aunque después despilfarraría cientos y hasta miles ... cada día con cualquier conocido ocasional que se lo pidiese.

En aquel tiempo, Rasputín presentó su amigo a Vyrubova, y aunque Filipov presenciara escenas en las que Anya expresaba su acostumbrada e ingenua admiración por el campesino, parece que aquél comprendió ciertas cosas: «Vyrubova me impresionó porque mostraba una actitud de entusiasmo hacia Rasputín ... pero lo utilizaba para ejercer influencia sobre la zarina».

Para corresponder a Rasputín, Filipov le presentó a sus amigos.

Poco después, en las oficinas de la editorial de *Humo de la Patria* oí una conversación entre el editor del periódico, Alexander Lvovich Garyazin, y ... el asesor legal del Ministerio de Marina, Iván Bazhenov, que estaba repitiendo las palabras de algún cortesano acerca de los ultrajes sexuales de Rasputín con la emperatriz y decía que tendría que haber una conspiración para matar a «aquel perro». Intervine argumentando que acababa de conocerle y que me había seducido profundamente, y compartí mis impresiones con ellos ... Sugerí a Garyazin que llevase a Rasputín a dar una vuelta en su coche.

Garyazin, que tenía coche propio, cosa poco habitual en aquellos tiempos, aceptó de buen grado conocer a aquella escandalosa y enigmática celebridad. «Rasputín rechazó ... la idea de visitar un museo, porque consideraba que las pinturas no eran más que basura ... y muy inferiores a la vida ... Garyazin sugirió entonces una visita al orfanato, y, para su asombro, Rasputín aceptó.» Una vez allí Rasputín

se transformó ... Cogía en brazos a los niños, comprobaba su peso, y les preguntaba qué comían. En el coche dijo: «sería una buena idea traer aquí a muchachas del campo de toda Rusia. Aprenderían a criar niños sanos y a mantenerlos fuertes» ... Le transmitió estas impresiones a la emperatriz, que inesperadamente visitó el orfanato, hizo un rápido reconocimiento e inmediatamente se puso a organizar un instituto para la protección de la maternidad ... Me aproveché de aquella oportunidad que se me brindaba e incluí un artículo en *Humo de la Patria* defendiendo a Rasputín, un artículo que provocó enorme revuelo tanto en las derechas como en las izquierdas, y entre los que habían estado difamándolo en la prensa. [El artículo, «Infancia y pecado», apareció en *Humo de la Patria* el 16 de mayo de 1912.]

Rasputín estaba exultante porque yo había sido el único que se había atrevido a defenderlo en la prensa en el momento de mayor persecución y justo cuando Guchkov pronunciaba sus discursos contra él en la Duma ... Llevaba a cabo todas mis peticiones y deseos al instante y sin preguntar; y acudía a mí muy a menudo en busca de consejo y me informaba de los más íntimos detalles sobre lo que le acontecía ... Aunque nunca pronunció palabra acerca de relaciones íntimas de ninguna clase, no sólo con la emperatriz, a la que siempre mencionaba como la «perspicaz», sino con cualquier otra mujer.

¡Qué poco se parece esta imagen a la del horrible campesino lujurioso que en aquellos mismos días recorría las calles de Petersburgo al acecho de mujeres! ¿Quién era aquel campesino? ¿Un impostor astuto? ¿Un psicópata sexual? ¿O quizá, a pesar de haber llenado tantas páginas sobre él, sigo sin conocerlo? ¿Todavía no he comprendido su secreto?

UN DANDI CON «ERRORES GRAMATICALES»

En el verano de 1912 se difundieron por la alta sociedad excelentes noticias.

«7 de junio de 1912. Olga Nilkoláievna se prometió anoche en matrimonio a Dimitri Pávlovich», escribió la esposa del general Bogdánovich en su diario.

Dimitri era el favorito del zar. Sus misivas dirigidas a Nicolás, las cartas burlonas de un calavera, se han conservado. Duelista y bebedor empedernido, alto y bien plantado, como la mayoría de los Romanov, y favorito de la guardia. Tenía todo lo que le faltaba a Nicky. A pesar del regreso de su padre del exilio en 1905, Dimitri había continuado viviendo con la familia real. Pero a Alix no le gustaba porque el joven no ocultaba su desprecio por el campesino.

Contemplaba con temor el matrimonio de su hija con Dimitri. Justo entonces llegó a Petersburgo otro calavera procedente de Inglaterra, alguien que, afortunadamente para Alix, lo cambió todo: Félix Yusúpov.

Como el propio Félix recordaría más tarde, él y Dimitri se vieron mucho en el curso de 1912-1913. «En aquel momento él estaba viviendo con la familia real en el palacio Alexander, pero pasábamos ... juntos todo nuestro tiempo libre.» Félix, que era unos años mayor que el gallardo Dimitri, cautivó por completo al gran duque. Félix le reveló un nuevo mundo distinto de la vida recluida y monótona del palacio Alexander con sus grandes duquesas y la emperatriz eternamente agobiada por su desdichado hijo. Félix hizo por Dimitri lo que su hermano mayor había hecho por él: lo inició en la febril vida nocturna de Petersburgo. Ahora, por las noches un coche aguardaba a los dos crápulas. «Casi cada noche nos dirigíamos a Petersburgo y llevábamos una desenfrenada vida en restaurantes y cafés nocturnos, en compañía de cíngaros. Invitábamos a los artistas a cenar con nosotros en salones privados. Y a menudo nos acompañaba Pavlova.» Pero la famosa bailarina, Anna Pavlova, no era la única que les seguía. Los gustos poco convencionales de Félix, de los que él mismo habla en sus memorias, atraían a los salones privados a bailarines que compartían aquellos mismos gustos.

La familia real estaba horrorizada. «Sus Majestades, enterados de mis escandalosas aventuras, miraban con recelo nuestra amistad», recordaba Félix. O, para ser más exactos, conociendo las tendencias homosexuales de Félix, en aquel entonces castigadas por la ley imperial, los zares veían con temor el apasionado apego de Dimitri por Félix.

Al futuro marido de Olga se le prohibió seguir viendo a Félix. «La policía secreta se encargaba de ello», rememoraba Félix.

El centenario de la Batalla de Borodino, el lugar cercano a Moscú que vio el comienzo de la destrucción de la *grande armée* de Napoleón, se celebró en agosto de 1912. Desde la estación de Brest en Moscú subiendo por la calle Tver había filas de soldados de gala y detrás de ellos un gentío enorme. Las campanas de las innumerables iglesias de la ciudad doblaban sin parar. A los gritos de «hurra», el zar, Alix, el heredero y Olga ocuparon sus puestos en la primera calesa. Dimitri tomó asiento en la última. Todas las miradas buscaban al prometido de la hija mayor del zar.

Sin embargo, Félix demostró ser más fuerte que las prohibiciones reales y que la felicidad de convertirse en el marido de la hija del zar. Los encuentros continuaron. Los rumores tenían una explicación harto sencilla: Dimitri era bisexual. Dimitri, el futuro amante de la famosa Coco Chanel, estaba entonces locamente encaprichado de Félix. En la jerga de los salones de la época, a esto se le llamaba «cometer errores gramaticales». Dimitri prefirió mudarse del palacio Alexander. Ahora se alojaba en su propia casa de Petersburgo, y Félix le ayudó a amueblarla con el mismo lujo del que hacía gala su propia casa, el palacio Yusúpov del canal Moïka. Con muebles y pinturas preciosas.

Así, pues, quedaba claro que Dimitri había elegido. Ahora Alix con la conciencia tranquila podía, o mejor, estaba obligada a romper el compromiso de Olga. Dimitri se había puesto en evidencia con su escandalosa amistad. Pero también esta vez Nicolás permaneció fiel a sus afectos. Continuaba sintiendo debilidad por Dimitri, que era su punto flaco. Decidió considerar con atención todos los rumores. Y el campesino comprendió lo que se esperaba de él. No decepcionó a su benefactora. Rasputín predijo que Dimitri pronto contraería una enfermedad cutánea a causa de su vida depravada. Así, a petición suya, Alix ordenó a las chicas «que se lavaran las manos con una solución especial después de estar con el gran duque y darle la mano».

¿RECIBIÓ EL PRÍNCIPE UNA BOFETADA?

Probablemente en aquella ocasión, tuvo lugar otro encuentro entre Rasputín y Félix, aunque este último no lo menciona. El encuentro está rodeado de leyenda. La actriz Vera Leonidovna Yureneva me lo contó: Félix, enfurecido por la intromisión de Rasputín en el compromiso de Dimitri, repitió lo que infinidad de veces había hecho antes con tanto éxito. Se disfrazó de mujer y se presentó ante Rasputín. Cuando éste se le insinuó, el «chico malo» empezó a burlarse de él y a insultarle. Por esta razón recibió una bofetada.

Sin embargo, en mi opinión, hay algo en la leyenda que suena a falso. ¿Por qué Félix no le disparó en el acto? ¡Matar de un disparo al depravado campesino después de haberse atrevido a levantar la mano contra el príncipe habría sido celebrado por todo el mundo! Aunque es cierto que la situación no era precisamente la más deseable. Y quizá por esto fue mejor no hacer nada.

Los rumores del bofetón me parecían, en efecto, bastante fantásticos, hasta que encontré en el Expediente el extraordinario testimonio de la amiga de la zarina, Yulia Dehn.

> Por lo que respecta al príncipe Félix Felixovich Yusúpov ... aquel afeminado y elegante joven visitó a Rasputín antes de que yo le conociera y también durante aquel mismo año [1911-1912] ... Sé que durante una discusión entre ambos, Rasputín, a quien no le importaba la conducta del príncipe, le pegó, y por esta razón el príncipe dejó de visitarle.

Habla de este suceso como de un hecho conocido. No obstante, Yusúpov se encontraba en Petersburgo a la sazón y pudo haber desmentido fácilmente aquellas palabras si se hubiese tratado de una invención.

LA EXCULPACIÓN DE RASPUTÍN

El zar no había recibido a Rodzyanko, y las acusaciones de ser jlist contra Rasputín seguían en pie. Pero entonces, ¡qué inesperada alegría para la zarina! Dios acudió en ayuda del anciano. La verdad había triunfado: Alexei, el nuevo obispo de Tobolsk, había practicado una nueva investigación. Y el Consistorio Teológico había llegado a otra Conclusión.

> El reverendísimo Alexei, obispo de Tobolsk ... ha examinado exhaustivamente las pruebas del expediente sobre Grigori Novy. Viajando por el distrito de Tobolsk ... se detuvo en el pueblo de Pokróvskoie y allí mantuvo una larga discusión con el campesino Grigori Novy acerca del objeto de su fe y aspiraciones, y habló de él con personas que lo conocían bien ... A partir de lo arriba indicado, el reverendísimo Alexei ha llegado a la conclusión de que el caso contra el campesino Grigori Rasputín-Novy por pertenencia a la secta jlist se instruyó sin base suficiente, y por su parte considera al campesino Grigori Novy un cristiano ortodoxo y una persona de gran inteligencia y aptitudes espirituales que busca la verdad de Cristo y que puede, cuando surge la oportunidad, proporcionar buenos consejos a quien lo necesita.

Basándose en el informe del obispo Alexei «respecto a la nueva información», el Consistorio decretó en un acta fechada el 29 de noviembre de 1912: «El caso del campesino Grigori Rasputín-Novy del pueblo de Pokróvskoie queda por la presente suspendido y se considera cerrado».

Tras leer la Conclusión, el zar pidió inmediatamente que se distribuyesen copias del mismo al Sínodo, a los ministros y a la Duma. Para poder apaciguar al gordo Rodzyanko.

Los motivos de la aparición de la Conclusión, contenida en el archivo de Tobolsk, constituían un misterio para mí. Y entonces, en el Expediente hallé el testimonio del hijo del obispo Alexei de Tobolsk, un testimonio que arrojó luz sobre toda aquella historia.

Descorriendo la cortina de la exculpación

En 1917 Leonid Alexeevich Molchanov, hijo del último obispo Alexis, fue llamado a declarar ante la Comisión Extraordinaria. Había conocido a Rasputín en 1912. En aquel tiempo, él era secretario del magistrado del Juzgado del Distrito de Pskov y contaba veintitrés años. Su padre había sido trasladado aquel mismo año de Pskov a Tobolsk, y él había ido a visitarlo durante sus vacaciones: «El 7 de julio partí de Tiumén a Tobolsk en barco de vapor ... Cuando se supo que Rasputín viajaría en el mismo buque, la noticia produjo sensación entre la gente». Y aunque «después de los artículos periodísticos ... mi actitud hacia él era adversa», Molchanov quería conocerle.

Me pasé el día entero con él hasta que desembarcó en Pokróvskoie ... Rasputín dijo que se habían escrito muchas falsedades sobre él, que Hermógenes e Iliodor, en vez de llevar a cabo sus deberes pastorales, se habían metido en política, y que al soberano no le importaban aquellos «sinodianos» que, en lugar de desempeñar sus funciones pastorales, sólo se preocupaban de ir espléndidamente vestidos, con cintas y medallas, y que se presentaban en Tsarskoe Selo más como dignatarios que como pastores.

Después de oír las historias de Rasputín sobre su persecución, Molchanov respondió inmediatamente con la de la persecución de su padre por parte de los miembros del Sínodo. Resultó que su padre había sido obispo de Táuride. Y, como explicó su hijo, lo habían calumniado con el claro propósito de echarlo de Crimea, «para que el púlpito quedara vacante para Feofán, que había sido expulsado de Petrogrado». Y por ello, los «sinodianos» habían mandado a Alexei a la lejana Tobolsk en plena Siberia. «Rasputín empezó a sentir pena por mi padre ... [y] anunció tan pronto como se le presentase la oportunidad, le hablaría de ello a "Papá" y "Mamá".»

Muy probablemente la historia debió de interesar a Rasputín. Pero cuando oyó la clase de «calumnia» que habían utilizado contra el padre de Molchanov, obviamente le interesó aún más.

Víctor Yatskevich, director de la Cancillería del procurador general del Santo Sínodo, habla de ello en el Expediente. Resulta que Alexis perdió su púlpito del sur no a causa de Feofán, sino de la joven maestra Elizaveta Kosheva, con la que el jerarca había mantenido relaciones. Al principio fue trasladado a Pskov, pero en la eparquía de Pskov, según testimonio de Yatskevich, «se encontraba el monasterio Vorontsov, notoriamente herético, que se había convertido en el nido de la secta juanista». Éstos eran devotos de Juan de Kronstadt a quien adoraban como la encarnación terrenal de Cristo. Tenían asimismo su propia «Madre de Dios»: Porfiria Kiselyova. «Por lo tanto», explica Yatskevich, «eran una secta corriente tipo jlist.» Alexis no sólo no actuó contra ellos, sino que empezó a dar protección al «arca». Por esta razón fue transferido más lejos, a Tobolsk.

Sin embargo, la fría localidad de Tobolsk era muy dura para el obispo. Como su hijo relató a Rasputín, Alexis sufría de nefritis, y las regiones frías ejercían un nefasto efecto en él. Pero aquel obispo de provincia no tenía amigos en el Sínodo que pudieran ayudarle a regresar al sur. Rasputín comprendió al instante que el puesto de Tobolsk, que gobernaba sobre su pueblo natal, lo ocupaba el obispo que él necesitaba. Agraviado, sin amigos, muy necesitado de ayuda, y, sobre todo, protector de los jlisti.

Hacia el 10 de julio, el padre de Molchanov «recibió un telegrama del pueblo de Pokróvskoie en el que Rasputín le pedía su bendición y al mismo tiempo solicitaba permiso para visitarle en Tobolsk. Rasputín fue su invitado durante tres días». Poco después se produjo el primer incentivo de Alexis. El obispo de provincia fue convocado a Tsarskoe Selo a casa de Anya a la cual denominaban en la Corte el «pórtico del poder». Al igual que los mendigos pedían dinero en el pórtico de una iglesia, la gente solicitaba allí grandes favores.

En el Expediente figura el testimonio de Molchanov: «Mi padre conoció a Vyrubova y ... dirigió un servicio nocturno y una misa en la catedral de Feodor ... después desayunó en casa de Vyrubova ... En el desayuno se envió un telegrama al yate [es decir, a la familia real] ... y se recibió una graciosa respuesta».

Así pues, en otoño el obispo preparó su agradecimiento. La investigación del Consistorio Teológico de Tobolsk relativa a la afiliación de Rasputín a la secta jlist quedaba cerrada.

¡MILAGRO, MILAGRO!

En otoño de 1912 Rasputín realizó uno de sus verdaderos milagros: salvó la vida del heredero. Hasta sus enemigos se vieron obligados a reconocerlo.

La tragedia comenzó a principios de octubre en Spala, en el castillo de caza del zar, en la reserva forestal de Belovezh. Lo que estaba ocurriendo en una de las habitaciones interiores del castillo se mantenía en secreto. Incluso el tutor de Alejo, Pierre Gilliard, ignoraba dónde se encontraba su pupilo, que había desaparecido. Entonces, tuvo lugar la famosa escena relatada por Gilliard en sus memorias. Durante un baile, Gilliard salió del salón por un pasillo interior y se encontró ante una puerta a través de la cual se oían desesperados lamentos. De repente, en el otro extremo del pasillo vio a Alix corriendo hacia él con la falda recogida para no tropezar. Evidentemente, la habían llamado en pleno baile: el chico sufría un nuevo ataque de dolor insoportable. En su atolondramiento, ni siquiera vio a Gilliard.

Del diario de Nicolás, el día 5 de octubre: «Hoy celebramos un santo poco alegre. El pobre Alejo ha estado sufriendo hemorragias secundarias durante varios días».

A la hinchazón le siguió una infección sanguínea. Los doctores preparaban a Alix para el inevitable final. Había llegado la hora de hacer pública la enfermedad del heredero. En el diario de KR leemos: «9 de octubre. Ha aparecido un boletín notificando la enfermedad del zarevich. ¡Es el único hijo del zar! ¡Que Dios le guarde!».

El año anterior, los riñones de Alejo habían sufrido hemorragias. Pero, como Xenia registró en su diario: «Llamaron a Grigori. Con su llegada terminó todo».

Esta vez Rasputín estaba muy lejos. Mas Alix creía que sus plegarias eran más fuertes que la distancia.

Según la declaración de Vyrubova: «Le mandaron un telegrama a Rasputín pidiéndole que rezase, y Rasputín respondió con un telegrama tranquilizador asegurando que el heredero viviría. "Dios ha visto vuestras lágrimas y escuchado vuestras plegarias ... Vuestro hijo vivirá"».

Cuando Alix, con el rostro demacrado por las noches en vela, mostró triunfante el telegrama a los médicos, éstos asintieron lastimeramente con la cabeza. Pero con asombro se percataron de que, aunque el chico estaba todavía moribundo, ella se tranquilizó al instante. ¡Tal era la fe que tenía depositada en el poder de Rasputín! Los doctores debieron pensar que la Edad Media había vuelto por fin a palacio. ¡Pero el heredero se recuperó! A Alix le pareció haber visto un milagro bíblico ¡con sus propios ojos! Sólo con su plegaria, incluso sin acudir a Spala, él había salvado a su hijo.

El 21 de octubre el ministro de la Corte, Fredericks, anunció desde Spala: «El período más crítico y grave de la enfermedad de su Alteza Imperial ya ha ... pasado».

«¿No era eso suficiente para obtener el cariño de los padres?», recordaba Vyrubova. A la llegada de Rasputín a Petersburgo, los «zares» volvieron a oír algo alentador.

Según declaraciones de Vyrubova: «Los médicos dijeron que las hemorragias del zarevich eran hereditarias, y que nunca se recuperaría, dada la fragilidad de sus vasos sanguíneos. Rasputín los tranquilizó asegurando que llegaría a superar la enfermedad».

¡Cómo no deificarlo después de esto! Ésta es la palabra exacta: ella lo había convertido en un Dios. Como veremos más adelante, un dios muy práctico para ella.

Los rumores de que el heredero podía morir obligaron al hermano de Nicky, Miguel, a actuar. En caso de que Alejo muriera, él se convertiría en el heredero. Sabía que, llegada la hora, la familia nunca le permitiría casarse con la anterior esposa del capitán de caballería, Natalia Wulfert. Pero la cabellera rubia ceniza y los aterciopelados ojos de la mujer más elegante de Petersburgo lo habían conquistado, así que Misha no perdió el tiempo.

El 31 de octubre la emperatriz viuda recibió una carta desde Cannes. «Mi querida Mamá ... Qué difícil y penoso me resulta causarte aflicción ... pero hace dos semanas me casé con Natalia Sergeevna ... Quizá nunca habría tomado esta decisión de no ser por la enfermedad del pequeño Alejo».

Para la familia de Alejandro III, el futuro del trono dependía sólo del chico enfermo.

Y aquel porvenir estaba ahora en manos de un extraño milagrero.

LA VIDA ALEGRE DE RASPUTÍN

Entretanto la extraña deidad continuaba llevando una vida sorprendente. Los agentes seguían entregando sus informes al Departamento de Policía:

«3 de diciembre de 1912. Visitó las oficinas de la editorial de los periódicos religiosos *La Campana* y *La Voz de la Verdad* con Lyubov y María Golóvina ... A continuación alquiló una prostituta en Nevski y se fue con ella a un hotel.

«9 de enero de 1913. Quería visitar los baños familiares con Sazonova, pero estaban cerrados. Se despidió de ella y se fue con una prostituta.»

«10 de enero... Se acercó a una ramera.»

«12 de enero. Después de visitar a los Golovin, se marchó en busca de una prostituta.»

El mismo patrón de alternancia: de la remilgada casa de los Golovin a una prostituta; luego, un encuentro con Vyrubova y una visita a los baños con una de sus iniciadas devotas; después, durante una pausa, una prostituta; ¡y por las noches, a veces incluso un coche camino de Tsarskoe Selo! Esta persecución del cuerpo de Policía se había hecho habitual en él. Ahora, por alguna razón, ya no temía los informes que les pudieran llegar a los «zares». «Si en sus primeras visitas mostraba una cierta cautela a la hora de contactar con prostitutas, volviéndose a mirar hacia atrás y pasando por callejuelas traseras, ahora en sus más recientes visitas esos encuentros se producían abiertamente», rezaba el informe de la vigilancia externa.

Por lo tanto, aquel individuo de barba enmarañada enfundado en un abrigo ceñido de campesino que tenía la costumbre de caminar velozmente por calles dudosas y «entrar precipitadamente» en los apartamentos de prostitutas, desde el punto de vista de la sociedad, osó *de nuevo* inmiscuirse en asuntos internacionales.

A comienzos de aquel invierno Rasputín dio un paso más hacia su muerte.

¿QUIÉN FUE EL PACIFICADOR?

Tras el asesinato de Stolypin, un inflexible oponente a la participación rusa en la guerra, el padre de las montenegrinas, el rey Nicolás de Montenegro, se sintió más seguro. Y entró en acción. Los Estados ortodoxos de Serbia, Montenegro, Grecia y Bulgaria cerraron una alianza secreta contra Turquía. El momento elegido era el más oportuno: pues la vida política turca era un caos.

La noche del 26 de septiembre de 1912 (9 de octubre según el calendario gregoriano) el palacio de Invierno recibió la sensacional noticia de que las tropas montenegrinas habían ocupado la fortaleza turca de Scutari en Albania. El zar comprendió que esta descarada alteración del status quo en los Balcanes provocaría una explosión de indignación entre los grandes poderes. El ministro de Asuntos Exteriores recibió instrucciones de convencer a Montenegro para que desistiese de su ocupación de la fortaleza. Pero el padre de las montenegrinas conocía el carácter belicoso de Petersburgo y confiaba en el apoyo del gran duque Nicolás, el «tío terror», y continuó obstinadamente el asedio a Scutari.

Y más noticias amenazadoras procedentes de los peligrosos Balcanes. El 5 (18 del calendario gregoriano) de octubre Serbia y Bulgaria entraron en guerra contra Turquía, seguidas al día siguiente de Grecia. El ejército turco soportó derrota tras derrota. Las noticias del éxito de la alianza de los Balcanes —de sus hermanos de fe— contra los turcos musulmanes dio origen a una efusión de alegre nacionalismo en Rusia. En Petersburgo se convocaron continuas manifestaciones con el lema «Una cruz para Santa Sofía», en clara referencia a la gran catedral bizantina convertida en mezquita en Estambul. La vieja idea de un paneslavismo resurgía, la idea de una gran federación de Estados eslavos ortodoxos con Rusia a la cabeza, y otra vez participaban todos del antiguo sueño de los zares rusos: reconquistar Constantinopla por la fuerza; Constantinopla, la antigua capital de Bizancio, de la que Rus adoptó la fe cristiana.

La respuesta no se hizo esperar. Los austríacos y los alemanes amenazaron con la guerra.

De nuevo el caldero balcánico estuvo a punto de hacer estallar al mundo entero.

El 10 y el 29 de noviembre y el 5 de diciembre de 1912, el Consejo de Ministros se reunió en Petersburgo: se repitió la misma situación de unos años atrás. La sociedad rusa quería la guerra: las demandas de ayuda militar a sus «hermanos balcánicos» eran unánimes, y empezó el alistamiento de voluntarios. Incluso el amigo de Rasputín, Filipov, estaba a favor del conflicto armado en aquellos momentos. No había ningún Stolypin lo suficientemente poderoso como para vencer a la opinión pública (o, mejor dicho, a la demencia pública). La guerra estaba otra vez a las puertas: sería una guerra mundial. La flota austríaca y los barcos de las grandes potencias bloqueaban ya la costa montenegrina. Se preveía una movilización general en Rusia. El presidente de la Duma Estatal, Rodzyanko, aconsejó la guerra al zar.

De repente, el zar dio muestras de carácter: se opuso firmemente a la opinión pública. Exigió que el ministro de Auntos Exteriores presionase a Montenegro. El 21 de abril de 1913 el rey montenegrino, tras largas horas de persuasión, consintió en abandonar Scutari a cambio de una indemnización monetaria. El ministro ruso de Asuntos Exteriores, Sergei Sazonov, anunció aliviado: «el rey Nicolás iba a prender fuego al mundo entero para cocinar su pequeña tortilla». Ésta era su respuesta a los constantes reproches de que Rusia había vuelto a traicionar a sus hermanos de los Balcanes.

En aquel momento un nuevo rumor recorrió Petersburgo de un extremo al otro. ¡Tras la firmeza del zar se ocultaba el deseo de Rasputín! Había sido él una vez más quien había impedido que los «zares» acudiesen en defensa de sus hermanos eslavos.

Y era verdad.

Del testimonio de Filipov en el Expediente:

> En 1912-1913, en plena resolución de la cuestión de los Balcanes cuando estábamos al borde de una guerra contra Austria, Rasputín, en respuesta a mi urgente demanda de que Rusia entrase en conflicto contra Alemania en defensa de los eslavos, comentó que los alemanes eran una potencia, mientras que los pobres hermanos no eran más que canallas que no valían la pérdida de un sólo ruso... Rasputín consideraba que no estaríamos preparados para luchar contra los alemanes... hasta haber recuperado las fuerzas tras la conmoción de la guerra con Japón.

En las declaraciones de Vyrubova leemos: «Rasputín se oponía rotundamente a cualquier guerra. Estaba en contra de la intervención rusa en la guerra de los Balcanes».

Del testimonio de Badmaev en el Expediente: Rasputín «me dijo que le había pedido al zar que no luchase en la guerra de los Balcanes en un momento en que la prensa clamaba por la intervención rusa, y logró convencer al zar de que no tomase parte en la contienda».

Así pues, había sucedido lo más increíble: ¡un campesino semianalfabeto había derrotado a todos los partidos y obligado al zar a actuar dando la espalda a la opinión pública! ¡Y lo hizo solo!

Éstos eran los comentarios de la Corte y de todo Petersburgo. Desde el principio, Rasputín tuvo una idea muy clara de su función primordial en la Corte: captar lo que la «perspicaz», aquella mujer con voluntad de hierro, quería en lo más profundo de su alma y darle expresión en forma de predicción, a partir del conocimiento de Dios. Él sabía el horror que le inspiraba el mero pensamiento de una guerra contra Alemania. Una vez más, consiguió hacerse eco de sus deseos más secretos. De nuevo asustó al zar con predicciones apocalípticas de lo que sucedería en caso de guerra. Ella aceptó tales vaticinios con alivio como mandatos de Dios pronunciados a través del hombre de Dios. Se puso de su parte. Y el zar se vio obligado a ceder.

Ésta no es una simple suposición mía. Gilliard, el tutor de los infantes, que llevaba muchos años viviendo con la familia real y que comprendía muy bien a Alejandra Fiódorovna, escribió acerca de Rasputín en sus memorias:

> Sus palabras proféticas la mayoría de las veces no hacían más que confirmar los deseos ocultos de la emperatriz. Ella no sospechaba que ella misma era la inductora, que «inspiraba» las predicciones. Su deseos personales, después de haber pasado por Rasputín, adquirían a sus ojos la fuerza y la autoridad de una revelación.

Pero en la alta sociedad esto no se entendía; se creía que de nuevo aquel semianalfabeto y depravado campesino había evitado una guerra justa. Y Nicolai Nikoláievich, que por segunda vez había encajado una derrota en la cuestión balcánica, nunca se lo perdonaría. El inflexible «tío terror» también creía que el campesino era el culpable de la humillación rusa.

En el Expediente, Konstantin Chijachev, vicepresidente de la Cámara Judicial, explica al investigador las palabras que oyó al propio Rasputín: «[Nicolai Nikoláievich] solía ser muy amigo mío ... justo hasta la guerra de los Balcanes. Quería que los rusos entrasen en el conflicto. Sin embargo, yo no quería y expresé mi opinión en contra. Desde entonces está enfadado conmigo».

De este modo la carnicería paneuropea quedó aplazada. El gran duque y los demás halcones creían a pies juntillas que mientras el campesino estuviese en palacio, no habría conflicto bélico. Sabían que permanecería allí durante largo tiempo, que no cedería su puesto.

Por lo tanto, sólo quedaba una solución: echarlo para siempre.

EL PELIGROSO DZHUNKOVSKY

Por fin había llegado 1913, el año festivo del tricentenario de la dinastía.

A finales de 1912, el ministro del Interior Makarov cayó, tal como el primer ministro Kokovstev le había pronosticado. A principios de 1913, en víspera de las celebraciones del jubileo, fue retirado. El nuevo ministro de Interior, Vasily Maklakov, fue elegido entre los gobernadores provinciales. Era un pariente lejano del conde Lev Tolstói y familiar de un conocido liberal y constitucional demócrata. Pero a diferencia de sus parientes, era monárquico, y durante su mandato como gobernador se había hecho famoso por la expulsión de judíos de su provincia. Acababa de cumplir los cuarenta. Teniendo en cuenta su juventud, Vladimir Dzhunkovsky, gobernador de Moscú y antiguo asociado del marido de Ella, el asesinado gran duque Sergio, lo nombró vicegobernador.

Todas las fuerzas de la policía secreta estaban concentradas en manos de Dzhunkovsky: se convirtió en el jefe del Cuerpo de Gendarmes, y el Departamento de Policía también dependía de él. En su persona recaía la completa responsabilidad de organizar la seguridad de la familia real durante las celebraciones del jubileo.

En 1917, durante el interrogatorio que llevó a cabo la Comisión Extraordinaria, Dzhunkovsky testificó que hacía mucho tiempo que conocía al zar: «Desde que era un joven oficial, puesto que servía en el primer batallón del regimiento Preobrazhensky». En el mismo cargo en que Nicolás, entonces heredero, había recibido su instrucción militar. Para Nicolás, tan aficionado a lo castrense, aquello significaba mucho. El zar había conocido a Dzhunkovsky durante una misión asignada a este último en el palacio de Invierno, donde tuvo ocasión de advertir sus opiniones monárquicas. El zar estaba encantado con los magníficos modales del oficial de la vieja guardia. El aspecto externo del nuevo jefe de los gendarmes era realmente temible. El poeta Alexander Blok describió a Dzhunkovsky en los siguientes términos: «De rostro imponente, bigote afilado, y cejas de escarabajo». Además, el formidable Dzhunkovsky era un hombre de mundo y sabía cómo ser entretenido. Cuando le invitaban a desayunar, divertía a los infantes con sus imitaciones del canto de los pájaros.

En aquellos días, Dzhunkovsky preparó la capital para las celebraciones. Más tarde, tras la muerte del zar y el fin de la monarquía, lo describiría todo en sus memorias.

GRANDES CELEBRACIONES CON EL CAMPESINO

Llegó el día señalado. Trescientos años antes, la Asamblea moscovita de la nación había elegido como zar al boyardo Miguel Romanov. La mañana del 21 de febrero, las campanas doblaron en toda Rusia y se hicieron procesiones con la cruz y cirios encendidos en todas las iglesias.

A las 8.00 de la mañana Petersburgo despertó con un cañonazo de la fortaleza de Pedro y Pablo. Dzhunkovsky, dio una vuelta en coche por la ciudad. Las calles ya estaban llenas de gente. Una gran muchedumbre se había reunido junto a la catedral de Kazán, donde la familia real había de aparecer. A mediodía se oyó un «hurra» ensordecedor de las tropas que formaban en una larga cadena desde el palacio de Invierno hasta la catedral. Una escolta militar poderosa, como un escuadrón, enfundada en casacas circasianas granates hizo su aparición; tras ellos, el zar y el heredero en una calesa descapotada, a continuación un carruaje llevando a las dos emperatrices con cosacos gigantescos en los estribos; y por último otro carruaje con las grandes duquesas.

En la catedral de Kazán dio comienzo un servicio festivo de plegarias. Los invitados, las altas personalidades del imperio, vieron al detestado campesino en el interior de la catedral. Habría sido imposible no reparar en él: estaba entre los invitados más distinguidos.

De acuerdo con el testimonio de Yatskevich, director de la Cancillería del procurador general del Sínodo, que consta en el Expediente:

«Durante el servicio... vi a un campesino junto a los senadores. Me dijeron que era Rasputín».

El campesino llamaba la atención por la magnificencia de su «traje nacional». «Iba lujosamente vestido con una camisa campesina de seda de color frambuesa oscuro, botas altas de charol, anchos pantalones negros, y un abrigo negro de campesino», recordaba Rodzyanko, que se había quedado estupefacto al ver a Rasputín de pie delante de los miembros de la Duma Estatal. El presidente de la Duma estaba furioso. El enorme y corpulento Rodzyanko avanzó a grandes pasos hacia Rasputín y le ordenó abandonar la catedral de inmediato. «Si no sales, llamaré a los guardias para que te echen», recordaba haber dicho; como el campesino temía los escándalos, se dirigió hacia la puerta de salida exclamando: «¡Oh, Señor! Perdónale su pecado». Rodzyanko lo acompañó triunfalmente hasta la puerta de la catedral, donde un cosaco le entregó su abrigo de pieles y lo metió en un coche. No es difícil imaginar qué sintió Alix cuando se enteró de que Rasputín había sido expulsado de la catedral, lugar al que había sido convocado por la Casa de los Romanov.

En mayo, el centro de las celebraciones cambió de sede y se trasladó a Kostromá, donde trescientos años antes el joven boyardo Miguel Romanov había vivido en el monasterio de Ipatiev desde donde fue llamado para ocupar su puesto como zar. La familia real se desplazó al monasterio de Ipatiev (donde comenzó la dinastía), sólo cuatro años antes de su llegada a la Casa Ipatiev en Ekaterinburg (donde la dinastía terminó). El día antes, un ayudante le comunicó a Dzhunkovsky, que se había desplazado allí con antelación, que Rasputín estaba en la ciudad y que había estado pidiendo una entrada para las ceremonias de Kostromá. Dzhunkovsky ordenó despreocupadamente al ayudante que se lo sacase de encima.

El 19 de mayo multitud de personas se alineaban a orillas del Volga y al atronador saludo de un cañón, al sonido de las campanas de las iglesias y a los cantos de «Dios salve al zar», la flotilla real atracó en un embarcadero real especial cerca del monasterio de Ipatiev. De allí la familia real prosiguió hasta la antigua catedral de la Asunción. Dzhunkovsky entró en la catedral detrás de familia. Cuál no sería su sorpresa cuando junto al altar vio... a Rasputín, quien, al parecer, «había sido escoltado hasta allí... por orden de la emperatriz».

Pero al día siguiente, Dzhunkovsky tuvo ocasión de asombrarse de nuevo cuando en Kostromá se cavaron los fundamentos para la colocación de un monumento a la dinastía Romanov.

El llamativo brocado rosa y oro de los miembros del coro, las antiguas vestimentas del clero, las guerreras militares, los abrigos de cola de frac, el soberano en el uniforme de su regimiento de Eriván, fundado por el primer Romanov, las guerreras de los grandes duques; todos ellos junto al mismísimo Rasputín, vestido con una camisa campesina de seda y anchos pantalones. Antes de colocar el monumento, se celebró un servicio religioso en la catedral. ¡Y también allí estuvo presente el campesino!

Yatskevich estaba indignado. «Durante las ceremonias de Kostromá, el día de la colocación del monumento, Rasputín siguió muy de cerca a la familia real cuando ésta salía de la catedral; me sentí sorprendido y a la vez indignado de que se le hubiera permitido la entrada, ¡donde los únicos presentes eran la familia real y el procurador general Sabler!».

Unos días más tarde, las celebraciones se trasladaron a Moscú, la antigua capital. De nuevo alineaciones de tropas, avalanchas de gente y doblar de campanas. El soberano a caballo engalanado con un manto dorado escoltado por los grandes duques también a caballo, la emperatriz y el heredero en carroza; las grandes duquesas en berlinas; y Ella y las hijas del zar en otra berlina.

El 24 de mayo de 1913 Xenia escribe en su diario: «Gracias a Dios todo salió espléndidamente. En la Puerta Spassky [la puerta principal del Kremlin] desmontaron todos y siguieron la cruz en procesión hasta el interior de la catedral del Arcángel». Nicky encendió la lámpara de un icono sobre la tumba de Miguel Fiódorovich, y aquella lámpara, construida en oro y moldeada en forma del sombrero del príncipe de Kiev, Vladimiro Monómaco, del siglo XII, antigua corona de los zares moscovitas, ardió sobre la tumba del primer Romanov. «Rasputín permaneció de pie junto a la entrada, todo el mundo le vio menos yo... Hubo mucho descontento y numerosas protestas entre los eclesiásticos», escribió Xenia en su diario.

«Todo esto hizo mella en mí», recordaba Dzhunkovsky. No se dio cuenta de que había cometido un grave error. Alix ya no confiaba en Dzhunkovsky y tenía miedo de sus agentes. El 12 de junio de 1913, Maklakov, el nuevo ministro de Interior, dio la orden de «suspender la vigilancia de Rasputín y de retirar a los agentes que ahora se encontraban en la provincia de Tobolsk». Se prohibió que la policía lo siguiese.

Durante un corto período el campesino dejó de tener a sus habituales cronistas siguiéndole los pasos.

La «CAMARILLA DE MOSCÚ»

Isabel Fiódorovna no se dejó engañar por la alegría popular de aquellos días de celebración. Sabía que la dinastía había recibido un duro golpe con la desgraciada guerra ruso-japonesa y la Revolución de 1905-1907. Era consciente del peligro que suponía la presencia del desconocido campesino, cuya depravación todos los periódicos declaraban a los cuatro vientos.

Del testimonio de la gran duquesa Isabel Fiódorovna ante la Comisión Extraordinaria:

> Cuando empezaron a llegarme rumores de que Rasputín se comportaba de forma muy diferente en su vida privada de como lo hacía en el palacio imperial, advertí de ello a mi hermana. Pero ella no creía en aquellos rumores, que consideraba calumnias, como las que persiguen siempre a las personas que llevan una vida santa.

El círculo de los enemigos de Rasputín que se había aglutinado en torno a Ella —la «camarilla de Moscú», como Alix les llamaba— era cada vez más activo. Zinaída Yusúpova, ahora uno de los miembros más intransigentes del círculo, empezó a visitar sus palacios de Moscú con mayor asiduidad. Ella era una invitada habitual en Arjangelskoe, la conocida propiedad Yusúpov cerca de Moscú, que nada tenía que envidiar en cuanto a lujo a los palacios de los Romanov. «Verlas a las dos juntas es de por sí una satisfacción. Son las dos tan sumamente elegantes», rememoraba el periodista D. Reginin.

«La gran duquesa [Isabel Fiódorovna] se quedará con nosotros en Arjangelskoe», escribió Zinaída más de una vez a su hijo Félix durante el verano de 1912.

La alianza con Ella le convenía a Zinaída, especialmente en el período inmediatamente después de las celebraciones del jubileo. Porque, justo cuando las largas negociaciones prematrimoniales con los padres de Irina —Sandro y Xenia, la hermana del zar— tocaban a su fin, el gran duque Dimitri se entrometió.

LA BATALLA DE LOS PRÍNCIPES

Dimitri, al enterarse de los preparativos de boda, ¡se enamoró repentinamente de Irina! ¡De la futura esposa de Félix, su más íntimo amigo, a quien idolatraba! Y por quien había arruinado su propia boda con la hija del zar. No sólo se había enamorado de Irina. Quería casarse con ella.

A Petersburgo le resultaba difícil creer aquella historia. Según la actriz Vera Leonidovna Yureneva, las cosas parecían mucho más complicadas.

> Era, para ser francos, la venganza de Dimitri Pávlovich. El gran duque se había enterado de que Félix, por quien él había sacrificado su propia boda con la hija del monarca, ahora planeaba tranquilamente casarse con la sobrina del zar. Y éste fue el final de su relación. Dimitri estaba furioso. Empezó a cortejar a Irina. Simplemente, había decidido estropear el compromiso.

No obstante, hay otra posibilidad completamente distinta de índole más corriente. En aquella época, a Dimitri le gustaban tanto los caballeros como las damas. Es posible que el joven se enamorase de aquella frágil belleza. De un modo u otro, pidió la mano de Irina.

La familia Romanov quedó dividida en sus simpatías. Zinaída describió la situación en una carta a Félix.

> 28 de mayo de 1913. Querido hijo. Los padres [de Irina] han manifestado su postura... Su madre no niega que la abuela [la emperatriz viuda María Fiódorovna] está a favor de Dimitri. Pero por su parte asegura que no le importaría si Irina se empeñase en elegirte. Nos despedimos muy emocionadas... Lo que me da miedo es lo que pueda ocurrir con tu relación con Dimitri, pues estoy segura de su doble juego. Hace todo lo posible para lograr el interés de Irina y está siempre a su lado... Me asusta él y la fatídica guerrera militar. Es espantoso.

Su hijo mayor había sido abatido por un asunto amoroso por un oficial que vestía guerrera militar.

Pero Félix no estaba preocupado. Conocía su propia fuerza. «Era la gran duquesa Irina la que debía escoger entre nosotros. Hicimos un pacto tácito, no hacer ni decir nada que pudiera influir en su decisión», recordaba Félix. «Ella respondió que había decidido casarse conmigo, y que nadie la haría cambiar de idea. Dimitri aceptó su elección. Pero esto afectó a nuestras relaciones. La sombra que aquel matrimonio arrojó sobre nuestra amistad nunca se desvaneció.»

Sin embargo, Dimitri no sólo se conformó sino que incluso ayudó a Félix. Los padres de Irina obtuvieron cierta información acerca de su futuro yerno que les asustó profundamente. Alejandro Mijáilovich lo averiguó en París y escribió a su esposa, Xenia: «9 de noviembre de 1913. Me siento totalmente desalentado por los rumores acerca de la reputación de Félix... No te precipites en anunciar la boda ... Si volvemos a oír estas cosas, tendremos que cancelar el compromiso».

Pero Félix corrió al palacio de Xenia. ¡Y venció! Dimitri ayudó a corroborar la versión de Félix. Dimitri salió noblemente en defensa de su amigo.

«12 de noviembre... Sabía que se trataba de viejas historias», escribió Zinaída a Félix desde Moscú.

La conducta de Dimitri Pávlovich es loable. Nunca hubiera esperado apoyo alguno por su parte... Pero considero su interferencia de modo distinto al tuyo. No creo que sea tan irreprochable, pues actuando con camaradería no hacía más que protegerse a sí mismo.

Cierto, y allí quedaba la cuestión de quién se había tomado la molestia de proporcionar aquella información a la familia de Irina. ¿Había sido la propia zarina quien había hecho todo aquel esfuerzo para que la hermana de su marido estuviera enterada de todo lo relativo a la persona que estaba admitiendo en la gran familia Romanov? Indudablemente era capaz de odiar con todo su corazón cuando se trataba de los enemigos del hombre de Dios. Así pues, Dimitri, en calidad de espectador, se vio obligado a inventar una explicación diferente para los «errores gramaticales» de Félix. Al hacerlo, como Zinaída Yusúpova había observado correctamente, se protegía a sí mismo.

Pero el episodio zanjó las desavenencias entre los asesinos de Rasputín y volvió a unirlos.

En aquellos momentos difíciles la amiga de Zinaída, la gran duquesa Isabel Fiódorovna, estaba de la parte de Félix: mientras se preparaba para su boda y decidía cambiar de vida, el «chico malo» se lo confesaba todo a Ella. «Cuando le revelé aquello... que ella no sabía sobre mi vida privada, me escuchó y dijo: "Sé más de ti de lo que tú supones... Aquel que es capaz de mal puede hacer mucho bien una vez ha elegido el camino correcto".» Ella, que había sido la esposa del homosexual gran duque Sergio, podía comprender y amar a su «pequeño Félix».

«Permitidme que me deshaga de Rasputín»

En otoño de 1913 Rasputín estaba viviendo de nuevo en Yalta desde donde, como en el año anterior, era conducido a Livadia y al palacio real.

En aquellos días un tal R. G. Mollow era el magistrado de la Cámara Judicial de Odessa. Con ese cargo vivió durante un largo período en Yalta y su testimonio ha quedado recogido en el Expediente. En aquella época de 1913 el alcalde de la ciudad, el general Dumbadze, presentó sus quejas al magistrado.

Dumbadze dijo que un automóvil de la Corte iba con frecuencia a recoger a Rasputín para llevarlo a Livadia. Dumbadze había informado al emperador que la población de Yalta estaba revuelta contra Rasputín. El emperador respondió que tenía derecho a vivir como quisiera y a recibir a quien le apeteciera, y pidió que nadie interfiriese en sus asuntos familiares.

Entonces Dumbadze decidió restablecer el prestigio de la familia por su cuenta. Mandó un telegrama a Petersburgo al jefe del Departamento de Policía, Stepan Beletsky, ofreciéndole «matar a Rasputín en uno de sus viajes en barco hacia Yalta». El simple de Dumbadze no pensó en cuántos ojos leerían el telegrama antes de que aterrizase en el escritorio de Beletsky. Por lo tanto, Beletsky tuvo que apresurarse. Como él mismo declaró: «envié un telegrama con el sello de "personal" a Maklakov», ministro de Interior. El resultado fue que el siguiente viaje en barco de Rasputín «se realizó sin más complicaciones».

«Los nuestros» conquistan Georgia

Esta vez Rasputín había llegado a Crimea con obligaciones que cumplir. El exarca de Georgia había muerto en agosto de 1913. Ahora, Rasputín por fin podía mantener su promesa de gratitud hacia el obispo Alexei de Tobolsk.

En el Expediente consta el testimonio de Molchanov:

> En otoño de 1913 Rasputín ... iba y venía de Livadia, y prometió hacer lo que estuviera en sus manos para conseguir el traslado de mi padre al sur. Los deseos de mi padre no ambicionaban ninguna ciudad concreta en el sur, pero entonces el exarca de Georgia murió repentinamente ... Me fui a ver a Rasputín ... y le pedí que nombrase a mi padre exarca de Georgia.

Y Rasputín «prometió firmemente solicitarlo a los zares».

¡Por supuesto que sí! Tener a su propio exarca de Georgia en el Sínodo. Era el cuarto púlpito más importante de Rusia. Y el campesino se arriesgó. Era complicado. ¡Un obispo comprometido! Pero ella confiaba en Nuestro Amigo. Confiaba en él como hombre de Dios, y como máxima autoridad en asuntos de la Iglesia, para horror de Sabler, procurador general del Santo Sínodo.

Tal como Sabler testificó, cuando acudió a Livadia para presentar su informe al zar,

> Nicolás dijo: «Todos tus candidatos han sido rechazados y la elección ha recaído en el obispo Alexei de Tobolsk» ... Me permití discrepar con firmeza, declarando que aquél no poseía las cualidades morales necesarias, que estaba viviendo con la maestra Elizaveta Kosheva, que le acompañaba a todas partes y que le seguiría a Tiflis y le comprometería ... Pero el nombramiento prosperó.

El obispo caído en desgracia y enviado al quinto pino fue nombrado exarca de Georgia con un ascenso al rango de arzobispo. Uno de «los nuestros», como la zarina llamaba a los amigos de Nuestro Amigo, estaba a la cabeza de la Iglesia de Georgia.

LA PROFECÍA DE FEOFÁN

Aquel verano Feofán ya no estaba en Crimea. Tras haber obtenido el púlpito de Crimea gracias a Ella, el verano anterior fue exiliado a Astracán, destino que estaba destrozando su salud. Para indignación de Ella, se le prohibió incluso acudir a Crimea a fin de recibir tratamiento médico cuando la familia real se encontraba allí.

A su partida de Crimea, el indómito pero ingenuo Feofán contó cuanto sabía de Rasputín al amigo de este último, Damansky, viceprocurador general.

Como Feofán declaró en el Expediente, concluyó la conversación con una predicción: «Rasputín es la encarnación del diablo, y llegará el día en que Dios le castigue a él y a aquellos que le protegen». Dicho esto, se santiguó y se fue.

En aquel entonces Damansky debió de sonreír. Pero un año después, cuando supo que tenía cáncer, recordó la predicción de Feofán.

En Astracán, Feofán contrajo la malaria y una enfermedad pulmonar. Ella aún podía ayudarle hasta cierto punto consiguiendo que fuese trasladado a Ucrania para acabar sus días como obispo de Poltava. Continuó incordiando a su hermana y aduciendo que era inhumano prohibir a Feofán que acudiera a Crimea en busca de tratamiento, que Feofán era su confesor y que no le hacía ningún daño, que si querer a Rasputín era asunto privado de Alix, también lo era de Feofán el no quererlo. Pero Alix temía el carácter de Feofán, miedo a que consiguiese llegar al soberano.

Y Rasputín la ayudó, buscó un delito que excluyese para siempre a Feofán de Crimea.

UNA DAMA VELADA EN LA NOCHE DE CRIMEA

Esta sorprendente historia se ha conservado en el Expediente.

En 1917 un investigador de la Comisión Extraordinaria viajó a Yalta, donde la viuda de un sacerdote local, Olga Apollonovna Popova, de sesenta años, yacía completamente paralizada desde hacía varios años. Este es su testimonio.

Conozco al obispo Feofán desde hace seis años. Solía venir a verme unas dos veces al año, ya que estoy inválida ... Nunca dijo nada ni de Grigori Rasputín ni de su vida en Petersburgo ... A Grigori Rasputín no lo conocía en absoluto. La primera vez que vino a verme fue el 13 de octubre de 1913, alrededor del mediodía. Rasputín empezó a hablar acerca de mi vida, de mi enfermedad y pobreza ... A continuación dijo sin rodeos: «Si quieres, mañana mismo puedes tener mil rublos, dejar este apartamento, y ver felices a tus hijos. No hablaremos más de esto», dijo Rasputín, «pero ¿sabes que Feofán ha estado diciendo que tuvo relaciones sexuales con la emperatriz?». Lo expresó utilizando un lenguaje vulgar. «Si lo sabes, no lo ocultes, no lo ocultes, y los mil rublos son tuyos.»

Señalé que no tenía conocimiento de aquello ni lo tendría. Rasputín se enfadó mucho... y empezó a dar vueltas por la habitación retorciéndose las manos. Trató otra vez de convencerme para que calumniase al obispo. Me sentí tan ofendida que le escupí a la cara. Rasputín se fue hacia la puerta y dijo: «¡Tú y tus hijos os acordaréis de mí!». Luego cambió de tono y repitió varias veces: «Nadie se ha atrevido nunca a hablarme de forma tan insolente... Sé que recapacitarás y tendrás que tragarte tus palabras. Te las tragarás, te las tragarás, te las tragarás», repetía mirándome fijamente... Al parecer, mi negativa empezaba a hacerle efecto. Acercó su silla junto a mí y dijo: «Bueno, volveré con ella hoy, si me lo permites». Comprendí que se refería a la emperatriz. «Cuando esté aquí le dirás la verdad, cambiarás de idea... Piénsalo, tus hijos serán felices, y la vida de tu hijo será más fácil...» Evidentemente, Rasputín se dio cuenta de que había estado presionando a una anciana enferma. Se me ocurrió contárselo todo a la emperatriz... Rasputín dijo que volverían hacia medianoche.

Un automóvil se acercó a nuestro apartamento pasadas las doce. Cuando mi hijo abrió la puerta, Rasputín entró acompañado de una mujer alta vestida de negro con un espeso velo que le cubría el rostro. Se sentó a mi lado, me preguntó sobre mi enfermedad, comprobó mi pulso y examinó las úlceras que tenía en la espalda a causa de mi prolongada postración.

Entonces Rasputín se aproximó a la cama, tocó el hombro de la emperatriz, y dijo: «Bueno, ¿le contarás a ella la verdad?». Respondí que yo decía siempre la verdad a todo el mundo, y más cuando no me quedaba ya mucha vida.

Después de que Rasputín se apartase a un lado, la emperatriz inquirió: «¿Dime, te contó [Feofán] que había mantenido relaciones con aquella persona?».

«¡Es una absoluta mentira, una asquerosa mentira! Él nunca dijo nada parecido, ni lo hubiera dicho. Estoy convencida de que el Señor castigará a quien haya arrojado semejantes calumnias sobre él.»

Entonces Rasputín dijo algo a la emperatriz, pero no pude oír sus palabras. Empezó a dar vueltas por la habitación diciendo: «¡Está asustada! ¡Está asustada!».

Yo contesté: «¡No estoy asustada! ¡No aceptaré tus mil rublos ni venderé al obispo!».

Rasputín intentó convencerme de nuevo para que dijera la verdad, añadiendo: «Tus hijos no van a tener nada». Cuando estaba a punto de marcharse, la emperatriz se inclinó sobre mí y me dijo: «Así, ¿estás diciendo que no sucedió?».

«Ni sucedió ni podría haber sucedido. Él me ofreció mil rublos si aceptaba calumniar al obispo.»

Y la emperatriz preguntó otra vez: «Entonces ¿ésta es tu última palabra?».

Y de nuevo respondí: «¡Nadie me dijo nada ni pudo haberlo dicho!».

La emperatriz se sentó nerviosa y empezó a ponerse y a quitarse el guante, mientras Rasputín repetía: «¡Está asustada! ¡Está asustada!». A continuación la cogió del brazo y, tras lanzarme una mirada llena de rencor, salió de la habitación.

¿Qué significa esta escena? ¿Estaba tan seguro de la magnitud de su influencia que se permitía mentir vergonzosamente en su presencia? ¿O acaso se dio cuenta de que el sueño de la emperatriz era echar a Feofán de Crimea para siempre? Y sabía que ella necesitaba un pretexto. No había hecho más que leer su voluntad y llevar a cabo su deseo secreto.

Posteriormente, la zarina escribió una carta a Olga Popova.

Del testimonio de Popova en el Expediente: «Poco después recibí una carta escrita con una elegante caligrafía de mujer, sin firma ... En ella se me sugería que recapacitase y contase la verdad».

El penúltimo encuentro de la familia real con su querida Livadia tocaba ya a su fin. Y la noche Ipatiev se acercaba.

UN RETRATO DE LA «SAGRADA FAMILIA» EN 1913

En aquel invierno de Petersburgo, Rasputín se instaló finalmente, por primera vez, en su propio apartamento. Antes de esto había vivido de caridad con los Lojtin y los Sazonov. Luego alquiló sus pequeños y cochambrosos refugios. Las diferentes direcciones del «ruso» han sobrevivido en los expedientes del Departamento de Policía: avenida Liteiny 37 y calle Nikolaev 70.

«En la calle Nikolaev ocupaba Rasputín una habitación en un apartamento. En la habitación había una sencilla cama y una mesa de madera pintada», explica Molchanov en el Expediente.

Pero esta vez sus hijas vinieron desde Pokróvskoie. El campesino decidió darles una educación en Petersburgo. Convertirlas en «damitas». Además, estaba cansado de no tener hogar propio, de rondar casas de baños y miserables apartamentos de prostitutas. Akilina Laptinskaya se ocupó del asunto.

En octubre de 1913, a su regreso a Petersburgo procedente de Yalta, Rasputín se mudó a su primer apartamento individual: en la avenida Inglesa 3, en un edificio perteneciente a Alexei Porfirievich Veretennikov. Éste le cedió el apartamento por una suma muy modesta en un fallido intento de aprovecharse de su influencia. Veretennikov era un general de división que se había visto obligado a retirarse y que soñaba con volver al servicio activo.

Las dos hijas de Rasputín, a las que había matriculado en una escuela privada de educación primaria, vivían ahora en el apartamento. En 1990, después de publicar *El último zar*, mi libro sobre la familia real, una mujer de noventa años llamada Anna Popova me llamó. Hablamos por teléfono con la ayuda de su nieta. Dijo que había asistido a la escuela privada Steblin-Kamensky con Matryona, la hija de Rasputín.

Me contó que había ido con Matryona a la avenida Inglesa a pedir a Rasputín una contribución benéfica. Con qué atroz temor había «mirado al hechicero». Cómo aquél había sacado su cartera y tras hurgar en ella largo rato les dio un billete. «Nos dio muy poco», recordaba Popova. En aquella época no tenía dinero.

El apartamento de cuatro o cinco habitaciones estaba mal amueblado y resultaba incómodo. En una habitación vivía Laptinskaya, quien a falta de una doncella sacaba el samovar y cocinaba sopa de pescado, mientras que sus hijas compartían otra habitación cuando venían a casa, de la pensión Steblin-Kamensky.

Así describía Molchanov el apartamento en el Expediente. Pero, a pesar de todo, era su primera vivienda y podía invitar a todas sus devotas.

Laptinskaya pudo finalmente dejar su trabajo de ama de llaves y mudarse a vivir con él. Ahora, ella misma se adjudicaba el título de «secretaria». La secretaria de un campesino analfabeto. Y para ayudarla, Katya Pechyorkina vino desde Pokróvskoie a trabajar de cocinera y doncella.

De aquella época se han conservado descripciones de Rasputín y de sus hijas.

«Una extraordinaria fuerza siberiana emanaba de sus anchos y pálidos rostros con sus grandes labios encarnados... Y sus fornidos cuerpos que olían a sudor parecían a punto de estallar dentro de sus modestos vestidos de niña confeccionados con fino cachemir.» Varvara tenía trece años y Matryona había cumplido ya los dieciséis. Matryona tenía, recordaba Zhukovskaya:

> una ancha cara blanca con una barbilla contundente ... y una frente escasa suspendida sobre unos huraños ojos grises ... Solía sacudir la cabeza con impaciencia para sacarse el flequillo demasiado largo de los ojos ... Se pasaba la punta de la lengua por los rojos y carnosos labios en una especie de movimiento de animal depredador.

En el Expediente, Molchanov describió a Rasputín en 1913: «Hablaba de forma fragmentada y no del todo coherente. Mantenía su mirada en la persona con la que estaba hablando, y había una especie de fuerza en sus ojos ... Sus movimientos eran típicos de un neurasténico: caminaba dando brincos nerviosos y sus manos siempre estaban tocando algo».

Continuaba sorprendiendo a sus admiradores con su conocimiento de las personas o, mejor dicho, de sus pensamientos ocultos. «En aquella época Rasputín, además de su nerviosismo, mostraba una especial perspicacia», testificó Filipov en el Expediente.

> En presencia de mi esposa y de mi cuñada ... se percató a través de algún tipo de señales inaprensibles, de que mi cuñada y yo nos sentíamos atraídos el uno por el otro. Llevándola aparte, le explicó que mis sentimientos hacia ella me llevarían a divorciarme de mi esposa, que es lo que de hecho sucedió.

La primera vez que vio al famoso profesor de Jurisprudencia, Ozerov, un conocido de Filipov, Rasputín captó «en él una ausencia de tranquilidad espiritual por el hecho de que sólo le importaba el dinero».

Cuando Filipov informó a Rasputín de que Ozerov era un respetable miembro del Consejo de Estado, el campesino dijo: «No es más que un "don nadie" estatal». «Fue una brillante descripción de Ozerov», añadió Filipov.

En aquel entonces Rasputín conoció a la anciana Guschina. Su marido acababa de morir y la vida se había convertido en una carga para ella. Su testimonio se conserva en el Expediente.

Gúschina, Alexandra Georgievna, de setenta y tres años, viuda de un médico:

En la iglesia siempre me tropezaba con un hombre, vestido con un abrigo de campesino, que rezaba fervientemente. Su forma de rezar era extraña: se arrodillaba y se apoyaba en los dedos de manera harto peculiar ... Muchas personas se acercaban a él, lo saludaban y le pedían que rogase por ellos. Le dijeron que aquel hombre se llamaba Rasputín.

«Una vez se acercó a mí después de la misa y me preguntó: "¿Por qué estás tan abatida?" Le conté mis infortunios, y respondió: "Es un pecado estar abatida. Deberías rezar a Dios"».

Y la invitó a visitarle. La anciana fue a la avenida Inglesa. Allí quedó plasmada en una de las fotografías más famosas del círculo de Rasputín, un retrato que ha ilustrado interminables libros sobre el campesino. Pero esto viene más adelante.

Un grito de dolor

El acoso de los periódicos continuó a lo largo de todo 1913. Rasputín se acostumbró a leer entrevistas concedidas a la prensa que después le ridiculizaban.

Su amigo Filipov intentó defenderlo nuevamente en el periódico *Humo de la Patria*:

Ha surgido toda una literatura en torno al anciano... un montón de artículos relativos a su extraordinaria e inexplicable influencia en las más altas esferas... Rasputín es un campesino ruso corriente de inspirada inteligencia... que no ha roto sus vínculos con el pueblo común y que por consiguiente, obtiene su fuerza de él.

Filipov se burlaba de los periodistas que «publicaban rumores acerca de que Rasputín había desbancado a pilares como Hermógenes y Feofán». Así pues, ni siquiera su íntimo amigo Filipov sabía hasta qué punto influía el campesino en Tsarskoe Selo.

Pero a veces Nuestro Amigo se rendía a los periodistas y concedía entrevistas, ante la consternación de Alix, pues a menudo solían ser más peligrosas que las que los periodistas se inventaban.

Influido por Filipov, se le ocurrió a Rasputín publicar su propio periódico.

«He pensado en sacar el periódico más veraz y justo del pueblo. El dinero me lo dará la gente que se ha encontrado a sí misma, uniré a las buenas personas, me santiguaré y diré: "Bendecidnos, oh Señor", y haré sonar la campana», anunció en una entrevista en el *Correo de Petersburgo*.

Pero, evidentemente, Alix le disuadió. Sabía que se ahogaría en el proyecto. Que el negocio lo absorbería. Ella lo necesitaba para el chico, para sí misma y para sus conversaciones sobre el alma.

Al mismo tiempo, los periodistas trataban de discernir el papel desempeñado por Rasputín en la decisión de que Rusia no participara en la guerra de los Balcanes. Y él respondía:

En general no tiene ningún sentido luchar: quitarse la vida los unos a los otros, violar el testamento de Cristo y matar prematuramente el alma. Dejemos que los alemanes y los turcos se maten entre sí, es su suerte y su ceguera, pero nosotros, mirando por nosotros mismos en silencio y con amor, seremos superiores al resto.

De nuevo fue vilipendiado por traicionar a los hermanos eslavos. Una vez más, Alix dio instrucciones a Vyrubova para que convenciese al anciano de que tenía que evitar a los periodistas.

Pero seguían llamándole. Y él gritaba por el auricular:

¿Qué quieren de mí? ¿No quieren comprender que soy insignificante y que no necesito nada de nadie? ¿No tienen nada de qué escribir aparte de mí? Yo no molesto a nadie, ni podría molestar a nadie, puesto que no tengo poder alguno. Sacan punta a todo, lo lían todo. Dejadme en paz. Dejadme vivir.

Este monólogo enseguida salió en los periódicos junto con comentarios jocosos.

Llamaron otra vez. De nuevo gritó por el auricular, y colgó.

Os lo aseguro, soy insignificante y no vale la pena que os molestéis por mí. Hay cosas más importantes de las que hablar, pero para vosotros es siempre lo mismo: Rasputín, Rasputín. Callad. Basta de tanto escribir. ¡Responderéis de ello ante Dios! Él lo ve todo. Lo comprende todo. Y juzga. Escribid si es lo que tenéis que hacer. Yo no diré nada más. Ya estoy harto. Estoy agotado, ya no me importa. Escribid lo que queráis. Armad alboroto. Este parece ser mi sino. Lo he soportado todo. No tengo miedo de nada. Adelante, escribid. ¿Cuánta inquina saldrá de vuestras bocas? Os lo digo, no me importa. Adiós.

Y también publicaron este monólogo. ¿Qué se le podía hacer? Era el héroe del momento.

La ambigüedad de su situación en relación a los «zares» se había hecho patente en la historia del primer ministro Kokovstev y del anterior primer ministro, el conde Witte.

¿HUNDIÓ EL CAMPESINO TAMBIÉN A UN SEGUNDO PRIMER MINISTRO?

Tras el nombramiento de Kokovstev como primer ministro en 1911, Alix soltó un «globo sonda». Envió a Rasputín para que «examinase su alma».

Como el propio Kokovstev recordaba después, «me sorprendió recibir una carta de Rasputín que decía literalmente: "Estoy planeando marcharme para siempre, y me gustaría tener una reunión conjunta para intercambiar ideas ... dígame cuándo"». Kokovstev aceptó y le recibió. Se produjo una escena casi cómica. Rasputín entró y se sentó sin decir palabra. Su silencio se prolongó. Contemplaba fijamente al primer ministro. «Sus ojos, hundidos en las cuencas, muy juntos, pequeños, y de color gris acero, estaban clavados en mí, y Rasputín los mantuvo así durante un buen rato, como si estuviera pensando en ejercer algún tipo de influencia hipnótica sobre mí o sencillamente me estaba estudiando.» De repente, murmuró: «¿Debería marcharme entonces, o no? ¡Ya no tengo existencia, y están urdiendo toda clase de historias sobre mí!».

Aquí, según los planes de Alix, se suponía que el primer ministro debía decir que él defendería a Rasputín. Pero Kokovstev respondió: «Sí, por supuesto, haría bien en marcharse ... Debe comprender que éste no es su sitio, que está perjudicando al soberano al acudir a palacio ... y esto proporciona argumentos a todo el mundo para tramar las más insólitas invenciones y sacar toda clase de conclusiones».

En respuesta, Kokovstev oyó: «Está bien, soy malo, me marcharé. Que se las arreglen sin mí». Guardó silencio largo rato, y luego se levantó y dijo: «Bueno, pues ya nos hemos conocido. Adiós».

Cuando Rasputín dijo que Kokovstev le había sugerido que se «marchase», Alix sintió aversión por el primer ministro. Lo cierto es que el encuentro con Rasputín no había sido sólo un encuentro con el hombre de Dios; había sido sobre todo una prueba para sondear la disposición de Kokovstev a someterse a las opiniones de Alix, unirse al bando de sus amigos y convertirse en uno de los «nuestros».

La zarina se quejó a Nicky. El soberano pidió al primer ministro que le informase de su reunión con el campesino.

Cuando hube terminado mi relato, el soberano me preguntó: «¿No le dijiste que lo mandaríamos lejos si no se marchaba por propia voluntad?». Tras recibir mi respuesta de que ... yo no tenía motivo alguno para amenazar a Rasputín con el exilio, puesto que acababa de decirme que hacía tiempo que deseaba irse, el soberano manifestó que estaba contento de oír aquello. Y que «le apenaría mucho que alguien se sintiese inquieto por nuestra causa». A continuación inquirió: «¿Qué impresión te produjo el campesino?». Respondí que me causaba una impresión muy desagradable, que me parecía ... estar delante del típico vagabundo siberiano.

Más tarde, Kokovstev se expresó con mayor franqueza ante la Comisión Extraordinaria:

Serví durante once años en la Administración de la Prisión Central ... y vi a los reclusos de todas las prisiones, y ... entre los vagabundos siberianos de ascendencia desconocida, había tantos «rasputines» como uno pueda imaginar. Hombres que, mientras se santiguan con una mano, con la otra podrían agarrarte por el cuello y estrangularte con la sonrisa en los labios.

Rasputín se percató de la situación: llegaba la hora de actuar contra Kokovstev. Mamá ya no quería aquel primer ministro. Según declaraciones de Filipov en el Expediente:

La verdadera destitución de Kokovstev se produjo bajo presión, una presión hábil y persistente llevada a cabo por Rasputín, que tenía el peculiar don de calificar a una persona odiada con una sola frase o epíteto que hiciese mella en plena discusión de temas totalmente ajenos a ella, un poder que ejercía un efecto casi mágico en naturalezas débiles y altaneras como la del soberano.

Aunque Kokovstev organizaba las finanzas del Gobierno y favorecía el comienzo de un período de genuina estabilidad, fue retirado como miembro del Consejo de Estado en enero de 1914 y, al igual que Witte, fue recompensado con el título de conde.

Parecía que la caída de Kokovstev iba a facilitar el regreso a la escena política del inteligente conde Witte, que tan favorable era a Rasputín y que «iban al unísono», como dijo Bogdánovich.

El nombramiento de Witte, favorito de los partidos progresistas y del capital industrial, aparentemente solucionaría todos los problemas. Por una parte, resultaba atractivo a la sociedad, y por la otra, poseía la suficiente inteligencia y autoridad como para tapar la boca a los enemigos del anciano. Witte sabía que el astuto Rasputín había calculado todo aquello y que le apoyaría. Pero, al igual que mucha gente, Witte no comprendía la verdadera situación: Rasputín sólo podía ejercer influencia en aquellos aspectos en los que la zarina no había llegado a ninguna conclusión. En los otros ámbitos, se veía obligado a seguirle el juego: a expresar las opiniones de Alix a través de sus propias premoniciones, predicciones y deseos.

Respecto a Witte, la opinión de Alix era firme. Le odiaba porque había sido el creador de la Constitución que, en 1905, había limitado los poderes del zar y los futuros poderes de su hijo. Había «despojado al Pequeño» de su legado. Y por muy útil que el brillante primer ministro pudiera resultar, ella nunca había podido, ni querido, vencer sus resentimientos. Al igual que María Antonieta, no había sido capaz de superar su aversión por Lafayette y Mirabeau, por más útiles que demostrasen ser y por más que hubieran intentado salvarla. Rasputín comprendía estas circunstancias y no trató siquiera de insinuar su inclinación por Witte.

Pero allí donde Alix no tenía opinión propia, comenzaba el reino de Rasputín. Entonces resurgió una práctica dieciochesca casi olvidada: la de actuar a través del favorito de los «zares». Si Rasputín no podía lograr el nombramiento de Witte, sí podía influir en la elección del nuevo ministro de Economía, cargo que dejaba totalmente indiferente a Alejandra Fiódorovna.

En aquel momento fue cuando los banqueros empezaron a agolparse en torno a Rasputín. Y le presentaron a Piotr Bark. Bark era hijo del joven capitalismo ruso. Había dejado el ministerio de Economía siendo un funcionario veterano, de cuarenta y tres años, para convertirse en el director gerente del Banco Volga-Kama, donde hizo buen uso de sus antiguas relaciones con el Gobierno. Luego, dejó el banco y volvió al servicio activo en el Gobierno, llegando a ser viceministro de Comercio e Industria bajo el mandato de Kokovstev. Consciente de la situación en que se encontraba el primer ministro, Bark y, fundamentalmente, los banqueros que le apoyaban, lanzaron una campaña para hacerse con el control del Ministerio de Economía. Tal como Filipov testificó en el Expediente: «La caída de Kokovstev, un político extremadamente cauto en asuntos financieros que había mostrado una excepcional firmeza e independencia respecto a la banca, resultaba ventajosa para los banqueros».

En enero de 1914 Iván Goremykin, un hombre de setenta y cinco años a quien Rasputín se dirigía tratándole de «Anciano», usando el vocativo arcaico, se convirtió en primer ministro. Con Goremykin dio comienzo la clásica política rusa de contrarreformas; en este caso, un rechazo a los cambios impuestos por Stolypin. Se discutieron los candidatos a ministro de Economía. De repente, Rasputín empezó a comentar las bondades y capacidades de Bark. Cuando la emperatriz le comunicó las opiniones del padre Grigori acerca de Bark, el zar no pudo más que maravillarse de la importunidad de Rasputín respecto a un tema que conocía tan poco. La única explicación era la inspiración de las alturas. Bark fue nombrado ministro de Economía. Era la primera vez que se llevaba a cabo a instancias de Rasputín un nombramiento estatal, y no eclesiástico. Obviamente, lo que había tenido lugar no era simplemente el nombramiento de un primer ministro de Economía sino una revolución, una que Rasputín no comprendía. Lo único que él sabía era que el dinero estaba ahora administrado por uno de los «nuestros». En efecto, éste era el fin de la política llevada a cabo por Stolypin y continuada por Kokovstev. Se había nombrado un ministro de Economía que era el protegido de los bancos más poderosos. Ahora estos bancos, a través de su ministro, empezarían a llevar las finanzas de un Estado casi feudal. Filipov, que era banquero y conocía las maquinaciones de la banca desde el interior, proporcionó una explicación en el Expediente.

> Bark ... emitió pagarés a los bancos ... [que] iniciaron la generalizada subvención de la banca privada con fondos estatales, supuestamente en apoyo a las empresas industriales ... Entonces los presidentes de la banca utilizaron los fondos para comprar títulos de acciones y especular con su caída, cosa que resultaría extremadamente peligrosa en el período inicial de la guerra.

Pero Goremykin no tenía ni la fuerza ni la capacidad para devolver a Rusia la apacible tranquilidad de los tiempos de Alejandro III. No obstante, gozaba de las más obedientes y sumisas relaciones con Alix, recibía al hombre de Dios y leía atentamente los interminables memorandos que el padre Grigori le enviaba junto con sus solicitantes. «Querido Anciano de Dios, escúchales, ayúdales si puedes, mis disculpas, Grigori.»

Filipov, el amigo de Rasputín, declara en el Expediente cómo el borracho Rasputín llamó una vez al apartamento del anciano Goremykin para comunicarle una nueva petición.

Goremykin se disculpó por no poder recibir a Rasputín, ya que su mujer estaba gravemente enferma, y Rasputín, mascullando sus palabras, le aseguró que «la anciana se recuperará pronto». Y así fue.

LA SOMBRA DE MARÍA ANTONIETA

El último año de paz del imperio llegó a su fin con un compromiso matrimonial en la gran familia Romanov.

Las relaciones de Zinaída con la familia real se habían hecho más tensas. Rasputín se interponía. En noviembre de 1913, Zinaída escribió a su hijo contándole una cena en el palacio de Livadia.

Estaba sentada en la mesa real, y durante el baile me llamaron para que me sentase junto a la anfitriona, que me felicitó y habló largo rato de vosotros dos. A pesar de su manifiesta cortesía, la conversación fue seca y quedó claro lo alejada que me encontraba de sus favores. [El zar] se deshizo en sonrisas y apretones de mano, pero no pronunció palabra. La gorda [Vyrubova] actúa como si gozase de todos los derechos de una quinta hija ... Las hermanas negras [las princesas montenegrinas] deambulan como si tuvieran la peste. Ningún cortesano se atreve a acercarse a ellas, en vista de que los anfitriones las ignoran por completo.

Le llegó el turno a Félix Yusúpov, tenía que visitar a sus futuros parientes. Al zar le gustaba jugar al tenis. Hay incluso una cinta filmada, como un mensaje de la desaparecida Atlántida: Nicolás en la pista de tenis. El 11 de noviembre, Nicolás escribió en su diario, acerca del partido de tenis con el futuro marido de su sobrina. Añadió la siguiente frase: «es el mejor jugador de toda Rusia, con él siempre se aprende algo». (¡Algo bueno había de tener aquel Adonis no militar!).

El 22 de diciembre de 1913, Xenia registró en su diario el compromiso de su hija: «Dios les dé amor y felicidad. ¡No puedo creer que Irina se case!».

Puesto que las relaciones de Zinaída con la zarina eran tensas, la boda se celebró en lo que para Alix era «territorio enemigo»: el palacio Anichkov de la emperatriz viuda. La pareja se casó en la iglesia del palacio. El 9 de febrero de 1914, Nicky escribió en su diario: «Alix, los niños y yo fuimos a la ciudad al palacio Anichkov para la boda de Irina con Félix Yusúpov. Todo salió muy bien. Había mucha gente».

Una escolta real y dos automóviles trajeron de Tsarskoe Selo a los nuevos parientes de Félix: Nicky, Alix y las niñas.

Irina llegó a palacio antes que el novio. La hermosa joven llevaba un traje de satén blanco bordado en plata con una larga cola. Una tiara de cristal de roca con diamantes sostenía un velo de encaje. Un detalle alarmante: la tiara había pertenecido antaño a María Antonieta.

El novio, resplandeciente con su levita negra de cuello y solapas cosidas en oro, estaba atrapado en el ascensor de palacio. Era un ascensor viejo que funcionaba intermitentemente. Así pues, se pudo ver a toda la familia imperial, incluido el emperador, intentando desesperadamente liberar al novio de su prisión accidental. Mientras el bueno de Nicky y las chicas intentaban ayudar, Alix contemplaba la escena silenciosamente.

Quedaban pocos meses para el inicio de la guerra mundial. Y exactamente tres años para la caída del imperio en febrero de 1917.

¡EL LUGAR DE LA TRAGEDIA ESTÁ LISTO!

Los padres de Félix le cedieron la parte izquierda de la planta baja de su palacio del canal del Moïka. Como él mismo ha descrito en sus memorias:

> Hice abrir una entrada aparte y llevé a cabo las modificaciones necesarias. A la derecha estaban las habitaciones principales, incluyendo la sala de baile con sus columnas de mármol amarillo, las galerías de la parte trasera que daban al jardín de invierno, y el salón de estar con su papel decorado color zafiro y las pinturas y tapicerías gobelinas ... Todo al estilo Luis XVI.

Todo al estilo del rey al que la Revolución cortó la cabeza.

> A la derecha del vestíbulo mandé construir unas dependencias provisionales para cuando me desplazase solo a Petersburgo. Una de las puertas daba a una escalera secreta que conducía al sótano ... En aquel extremo del sótano quería construir un salón de estilo renacentista. Las obras apenas habían terminado cuando estalló la Revolución, y nunca pudimos utilizar aquel espacio al que tantos esfuerzos habíamos dedicado.

Una astuta descripción. Félix sí usó aquel espacio. Consiguió construir el salón de estilo renacentista en el que asesinaría a Rasputín.

Zinaída y la zarina no se dirigieron la palabra durante la boda.

Alix había inventado el término «nuestros» para aquéllos a quienes les gustaba el anciano, y «no nuestros» para los que no les gustaba. Entre estos últimos se encontraba el círculo completo de Isabel Fiódorovna, la aristocracia de Moscú, la gran familia Romanov, la alta sociedad de Petersburgo, la Duma, el gran duque Nicolai Nikoláievich, la aristocracia militar que rodeaba al belicoso gran duque, y los antiguos aliados del campesino, la derecha monárquica. «No nuestros» incluía a casi todo el mundo: alineados contra todos ellos estaba Alix, su Amiga y Nicky. Tres valientes mosqueteros.

7

TÉ CON RASPUTÍN: EL SALÓN DEL CAMPESINO

LA «SATANISTA» CURIOSA

A PRINCIPIOS DE 1914 uno de los salones más influyentes de Petersburgo se gestó en el apartamento del campesino de Pokróvskoie. Las distintas descripciones de aquel salón se parecen a *Rashômon*, del guionista Akutagawa. Son detalles absolutamente contradictorios acerca de lo que allí acaecía. Pues era preciso estar entre los iniciados para ver las cosas bajo su luz verdadera. El salón, como todos los aspectos de la vida de Rasputín, mantenía su misterio.

El 5 de agosto de 1917, el célebre especialista en sectarismo, Alexander Stepanovich Prugavin, fue interrogado por la Comisión Extraordinaria. El erudito de sesenta y seis años, testificó, «después de estudiar los movimientos religiosos del pueblo ruso, especialmente los místicos, durante toda mi vida, evidentemente ... estaba interesado también en la personalidad de Rasputín».

En el invierno de 1914 una mujer joven y hermosa fue a ver a Prugavin. Se presentó como una escritora novel cuya obra se había publicado bajo el seudónimo de Zhukovskaya, dijo llamarse Vera, y estaba «interesada en los movimientos religiosos y místicos» y quería entrar en el círculo íntimo de Rasputín. Vera Zhukovskaya relata en sus memorias cómo Prugavin «me miró angustiado ... y me pidió que desistiera de la idea de conocer a Rasputín, ya que las consecuencias de semejante compañía serían perniciosas para mí ... Le repetí que mi decisión era firme y le pedí incluso que me consiguiera su dirección y número de teléfono».

Vera Zhukovskaya era hija de un tiempo «al borde del apocalipsis». Al igual que el príncipe Yusúpov y otros muchos jóvenes de la época, estaba completamente inmersa en la búsqueda de sensaciones desconocidas. Había experimentado ya mucho, incluida la cocaína. Y «en París su búsqueda de la revelación religiosa», según declaraciones de Prugavin, «había llegado incluso hasta el satanismo y la participación en misas negras». Como ella misma escribió, había «asistido a reuniones secretas de los jlisti».

La fama más bien espeluznante de Rasputín no la dejaba descansar. «He hecho lo posible para advertirte, ahora me lavo las manos», le dijo Prugavin. Al día siguiente le dio la dirección y número de teléfono de Rasputín.

Como el propio Prugavin declaró en el Expediente, Zhukovskaya no sólo visitó a Rasputín sino que en una ocasión él mismo la acompañó. De manera que, todo lo que a continuación se expondrá es el testimonio de un testigo que conocía bien al «anciano».

Recordaba Zhukovskaya:

> Rasputín vivía en la avenida Inglesa 3. Su teléfono era el 64646. No perdí el tiempo y le llamé inmediatamente ... Coincidió que hice la llamada en uno de los pocos momentos en que la línea telefónica de Rasputín estaba libre. Oí que una voz áspera decía: «Bien, ¿quién es? Estoy escuchando». Con voz ligeramente temblorosa respondí, «¿Padre Grigori? Le habla una dama. He oído hablar mucho de usted. No soy de aquí y me gustaría mucho conocerle». En menos de una hora cruzaba el umbral de su puerta en un enorme edificio ... En el vestíbulo había un lobo y un oso disecados ... contrastando al trasluz de una ventana de estilo decadente en cuyo alféizar un arbusto de brezo rosado había empezado a marchitarse ... El ascensor se detuvo en el último piso ... Cuando llamé, una mujer rechoncha y de escasa estatura con un pañuelo blanco en la cabeza abrió la puerta [era Akilina Laptinskaya]. Sus ojos grises y separados me contemplaron sin cordialidad: «¿Tiene usted cita? Pase ...». Al otro lado del recibidor se abrió una puerta y apareció Rasputín; se movía como si caminase de lado y arrastraba los pies. Fornido y de hombros insólitamente anchos, vestía una camisa de seda lila con cinturón carmesí, pantalones a rayas estilo inglés, y botines de dos tonos ... piel oscura y arrugada ... El pelo, descuidado con la raya en medio y bastante largo ... y su barba eran casi uniformemente de un castaño rojizo oscuro. Avanzando hacia mí, cogió mi mano y se inclinó. Vi una nariz an-

cha y picada ... y entonces me miró con sus diminutos ojos claros hundidos en sus arrugas. En el de la derecha tenía una pequeña excrecencia amarilla ... De ellos emanaba una especie de poder salvaje y desagradable. Escudriñaban con atención sin apenas parpadear, y aquella mirada inmóvil y magnética era desconcertante. «Llévala a mi habitación», dijo Rasputín en voz baja, refiriéndose a mí.

La condujeron a una habitación angosta, con una sola ventana, «a través del recibidor pasando por delante de una puerta cerrada tras la cual se oían voces contenidas». Allí, en la habitación más grande del apartamento, se reunía su «salón» de admiradores, y lo que oyó eran sus voces.

Una sola vez, miré a mi alrededor. Junto a la pared, al lado de la puerta había una cama cubierta con un edredón de seda de retazos multicolores sobre mullidas almohadas, y junto a la cama había un lavamanos ... Cerca del lavamanos al lado de la ventana estaba el escritorio, en cuyo centro observé un gran reloj de oro de bolsillo con el escudo de armas estatal en la tapa ... En el rincón no había icono alguno, pero en el alféizar tenía una enorme fotografía del altar de la catedral de San Isaac, de la cual pendía un puñado de cintas de diferentes colores. Por analogía recordé una pequeña cabaña de campesino que pertenecía al «pueblo de Dios» [los jlisti] en las afueras de Kiev. Allí tampoco había ningún icono en el rincón, pero en el alféizar había una imagen del Salvador con cintas colgando de ella ... Acercando una silla se sentó frente a mí, colocando mis piernas entre sus rodillas.

Su seducción (como contarán muchos testigos) comenzaba con las piernas de la mujer presionadas entre sus rodillas. O, más exactamente, con un monólogo sobre la base religiosa del pecado.

«No creas en los sacerdotes. Son unos insensatos. Desconocen el misterio. El pecado existe para que podamos arrepentirnos, y el arrepentimiento llena de gozo el alma y da fuerza al cuerpo, ¿comprendes? Oh, eres mi cielo, mi dulzura ... Hay que entender el pecado ... Sin pecado no hay vida, porque no hay arrepentimiento, y si no hay arrepentimiento, no hay alegría ... ¿Quieres que te enseñe lo que es el pecado? Espera hasta la próxima semana, luego ven a verme después de comulgar, cuando tu alma esté en gloria. Entonces te mostraré lo que es el pecado ...» Alguien aterrador y cruel me escudriñaba desde las profundidades de aquellas pupilas casi ocultas. Y de repente sus ojos se abrieron desorbitadamente, las arrugas se suavizaron, y tras mirarme tiernamente, preguntó con voz queda: «¿Por qué me miras así, abejita mía?». E inclinándose me besó con fría exultación monástica.

Y luego se marchó. Evidentemente, un poco decepcionada por sus afectuosas aunque indiferentes palabras de despedida: «Procura volver pronto».

EL SALÓN SE REÚNE

Entonces ... Creeremos en su palabra de que «no sucedió nada» a continuación. Rasputín simplemente la presentó a su «salón». Ella lo escribió todo detalladamente.

Había unas diez damas en total. En el extremo de la mesa había un joven vestido de chaqué, con el ceño fruncido y, al parecer, molesto por algo. A su lado, apoyada en el respaldo de la silla, estaba sentada una dama joven embarazada que llevaba una blusa holgada. Sus grandes ojos azules contemplaban con ternura a Rasputín. Eran los Pistolkors, marido y mujer, con los que más tarde tuve ocasión de hablar. Pero en los años posteriores, nunca volví a verle a él en casa de Rasputín, sólo a Sana. Junto a ella estaba sentada Lyubov Vasilievna Golóvina, cuyo rostro pálido y sereno me conmovió. Actuaba como si fuera la anfitriona, sirviendo a todo el mundo y manteniendo la conversación general.

Vio también a Vyrubova.

La miré con curiosidad: una rubia alta y robusta vestida con demasiada sencillez y en cierto modo incluso mal gusto. Su rostro era feo con una sensual boca color carmín y unos enormes ojos azules que brillaban de forma poco natural. Su cara cambiaba constantemente. Tenía un aire evasivo, engañoso, de duplicidad, y una misteriosa voluptuosidad; una especie de insaciable ansiedad alternaban con una severidad casi ascética. Nunca había visto una cara parecida en mi vida, y tengo que decir que produjo en mí una indeleble impresión.

271

A su lado estaba sentada Munya Golóvina ... que me observaba tímidamente parpadeando con sus pálidos ojos azules ... El resto de las damas allí presentes no eran importantes y todas tenían, por así decirlo, la misma cara.

LA PEQUEÑA DELICIA

Hay otra dama que ha descrito a los devotos de Rasputín. Al igual que Zhukovskaya y otras muchas había sido objeto del rito de seducción. Había escuchado y transcrito el mismo susurro hipnótico de: «no hay pecado en ello. Es algo que la gente se ha inventado. Mira los animales salvajes. ¿Acaso conocen el pecado? En la simplicidad reside la sabiduría. No dejes que tu corazón se marchite».

Ella había oído asimismo extrañas promesas de las devotas incondicionales del padre Grigori. La inocente Munya le contó algo verdaderamente misterioso: «Él hace que todo sea sagrado». Y en nombre de todas ellas, Munya le pidió que no lo atormentara ... y que se rindiese a él, «pues para él el pecado no existe».

Rasputín la llamaba elocuentemente «Pequeña Delicia». Vera Dzhanúmova era el verdadero nombre de la joven, y se la menciona más de una vez en los informes de los agentes de policía. «Rasputín envió un telegrama a Dzhanumova: "Mimado tesoro mío, estoy contigo en espíritu. Besos".» O: «Llevó a Dzhanúmova ... al Donon».

Vera Dzhanumova, esposa de un acaudalado comerciante de Moscú, tras emigrar de Rusia publicaría sus memorias, en las que también describiría el salón de Rasputín.

Estaba sentado en la mesa rodeado de sus admiradoras. Allí todo se mezclaba: chinchilla, seda, y oscuros tejidos hechos en casa, diamantes de primerísima calidad y finas plumas de garceta para el pelo, los pañuelos blancos de las hermanas de la misericordia y las bufandas de las ancianas. Todo ello lo describió la estupefacta «Pequeña Delicia». «Cuando sonaba el timbre de la puerta podía aparecer un cesto repleto de rosas y una docena de camisas de seda bordadas de diferentes tonos, [o] un grueso abrigo de campesino con forro de brocado de exquisito trabajo.» La hacendosa Akilina Laptinskaya lo recogía todo y lo llevaba a las otras habitaciones. Empezaba el té. La mesa estaba dispuesta para el té con pastas para los invitados. Rasputín no comía dulces, como han declarado todos los testigos. «Él nunca comía dulces», recuerda su secretario Simánovich. Y su hija Matryona hace la misma observación en sus memorias. Recordémoslo, y hagámoslo bien: no comía dulces.

Antes de 1913 no bebía vino y condenaba a quienes lo hacían.

Del testimonio de Lojtina: «El padre Grigori no bebía en absoluto». También Sazonov declara: «en aquella época ... no bebía nada». Y si había vino en su mesa, sólo había un poco y era dulce. Se había acostumbrado al vino dulce en los monasterios durante sus andanzas.

Las damas seguían llegando. Cada vez que sonaba el timbre, Munya corría al recibidor para abrir la puerta, y la hija de la dama de honor de dos emperatrices y pariente de un gran duque ayudaba a los recién llegados a sacarse los chanclos. Porque él les había enseñado humildad.

La princesa Shajovskaya hizo su entrada. «La princesa, que había abandonado a su marido e hijos para seguir constantemente a Rasputín durante cuatro años, era una mujer de asombrosa belleza y ojos oscuros», recuerda Dzhanumova. Aquella hermosura fue una de las primeras aviadoras rusas e incluso salió ilesa de un accidente.

Todos los que iban llegando empezaban el ritual de besarle la mano.

Según el testimonio de Alexandra Golóvina en el Expediente: «Me pasaba por allí a visitarle sólo por las tardes ... Vi a muchas damas, [que] lo trataban con extrema deferencia y le besaban la mano».

En ese momento, todos los que estaban en el salón se sentaba a tomar el té. Zhukovskaya recuerda:

En un rincón de la mesa hervía un enorme y lustroso samovar ... [pero] lo que se había puesto sobre la mesa era de lo más curioso: sobre el mantel al lado de suntuosas tartas y magníficos cuencos de cristal con frutas había pequeños montones de galletas de jengibre de menta y de panecillos grandes. La mermelada se servía en tarros sucios, y junto a un lujoso plato de esturión en gelatina había grandes rebanadas de pan negro... En un cuenco hondo frente a Rasputín había unos veinte huevos pasados por agua y una botella de Cahors. Todos extendían la mano hacia él con los ojos brillantes: «¡Padre, un huevo!». Rasputín cogía un puñado de huevos y empezaba a ofrecerlos a las damas, depositando un huevo en la palma de cada mano extendida ... Vyrubova se levantó, se acercó a Rasputín y le dio dos pepinillos encurtidos sobre un pedazo de pan. Rasputín se santiguó y empezó a comer, mordiendo alternativamente primero el pan y luego los encurtidos. Siempre comía con las manos, incluso el pescado, y tras limpiarse un poco los dedos grasientos, entre mordiscos, acariciaba a las mujeres que tenía a su lado al tiempo que impartía sus «enseñanzas» ... Y entonces ... entró una muchacha alta vestida con el uniforme de la escuela. Todos extendieron las manos hacia ella a guisa de saludo: «¡Mara, Marochka!» Resultaba harto curioso ver aquellas princesas y condesas besando a la hija de Rasputín, y una incluso ... le besó la mano.

Rostros rescatados del olvido

Sin embargo, lo más sorprendente es que ahora el Expediente nos brindará la oportunidad de ver con nuestros propios ojos a muchos de los que se sentaban en torno a la mesa de Rasputín.

Aproximadamente en la misma época se hicieron dos fotografías del «salón». Ambas han sobrevivido a la guerra y a la Revolución. La primera y la más conocida figura probablemente en todos los libros sobre Rasputín. Se hizo en la misma habitación principal, descrita por Zhukovskaya, donde solía reunirse el salón de Rasputín en torno a la mesa para tomar el té. Al fondo se distingue el pasillo que conduce al recibidor y a la habitación contigua, la «habitación especial».

Rasputín está sentado en una silla en el centro. Viste una blusa clara de campesino ceñida a la cintura con un cordón, se aprecia el brillo de una bota pulida, la barba y el pelo están bien peinados, puesto que acaba de llegar de misa, y su mano izquierda está apretada contra su pecho. Pero sólo nos percatamos de esto después, porque su deslumbrante mirada nos atrae de tal manera que todo lo demás queda relegado a un segundo plano y él se convierte en el centro de la foto. A su lado está la mesa, ya saqueada después de tomar el té, con un plato y un montón de panecillos y buñuelos que han sobrado. Alrededor de Rasputín, a su lado, detrás de él, junto a la pared y delante de la puerta que conduce a la otra habitación se aglomeran las mismas diez mujeres más o menos y unos pocos hombres. Observándonos desde su situación junto al umbral de la puerta está el teléfono por el que solían llamarle desde Tsarskoe Selo para hablarle del chico enfermo.

La segunda fotografía también es muy conocida, pero en ella hay menos gente que en la primera. Rasputín está sentado a la misma mesa preparada para el té. Va vestido de negro. De nuevo, sus ojos brillan del mismo modo. Esta vez está rodeado de once damas y una chica, con una blusa marinera, entonces muy de moda, sentadas decorosamente a la mesa con las caras vueltas hacia el fotógrafo. Algunas de ellas estaban también en la fotografía anterior. El único hombre del retrato está de pie junto a la vidriera cerrada. Este hombre de aspecto agradable con bigote aparecía también en la primera foto.

Ambas fotografías suelen ir acompañadas de la muda inscripción «Rasputín rodeado de sus admiradores», aunque a veces hay una alusión al hecho de que «Vyrubova aparece en la segunda fila». El resto de personas que componen la foto han permanecido anónimas, sus nombres han caído en el olvido.

¡Sin embargo, en el Expediente encontré sus nombres! Resulta que los investigadores de la Comisisón Extraordinaria los habían identificado.

Del testimonio de Vyrubova sobre los dos retratos en el Expediente: «Tanto un grupo como el otro fueron fotografiados por casualidad, no recuerdo de quién fue la iniciativa, en una de aquellas tardes de domingo en las que a Rasputín le gustaba reunir a sus amigos íntimos en torno a su mesa para tomar el té después de misa.»

Ella identificó a aquellos «amigos íntimos», «los visitantes de la primera etapa»: «Golóvina, Dehn, mi hermana Pistolkors, y los muy dudosos judíos bautizados, los Volynsky». Y también Molchanov.

Sí, el agradable joven que aparece en las dos fotografías es Leonid Alexeevich Molchanov, cuyo testimonio ya he citado repetidas veces, el hijo del obispo Alexei que acabó siendo nombrado exarca de Georgia gracias a Rasputín.

Convocado por los instructores, Leonid Molchanov reconoció con todo lujo de detalle a todas y cada una de las personas de la primera fotografía. La memoria de aquel joven educado retenía no sólo los apellidos sino también sus nombres de pila y patronímicos. Obviamente, aquella gente constituía el círculo permanente de Rasputín.

Así pues, aquel retrato hecho en vísperas de una terrible guerra cobró vida. Resultó que incluía no sólo a muchas personas conocidas, que ya han aparecido más de una vez en estas páginas, sino también a las que pertenecen al futuro de Rasputín.

Del testimonio de Molchanov en el Expediente: «Se hicieron dos fotografías de grupo en el apartamento de Rasputín en la avenida Inglesa y luego fueron ampliamente difundidas». Y a continuación se concentró en el primer retrato: «En la última fila, de izquierda a derecha, están Alexandra Pistolkors y su marido».

Están de pie contra la pared: un joven caballero alto, fornido y acicalado, y junto a él, su esposa Sana con su carita de porcelana de rasgos aniñados y su enorme barriga (estaba embarazada, como Zhukovskaya mencionó). Recordemos una vez más que Alexandra Pistolkors, de soltera Taneeva, era la hermana menor de Vyrubova, y que su marido, Alexander Erikovich Pistolkors, era el hijo de la tía de Munya Golóvina, Olga, que se unió en matrimonio al gran duque Pablo de forma escandalosa. Alexander Erikovich, antiguo oficial del regimiento de caballería y famoso por su crueldad en la represión de la Revolución de 1905, estaba ahora retirado y ocupaba un modesto cargo en la Cancillería estatal.

Junto a los Pistolkors, un joven con bigote se esfuerza por sacar la cabeza por encima de los otros. Se trata del propio Molchanov.

Del testimonio de Molchanov: «Después de los Pistolkors estoy yo, y el príncipe Zhevajov, a quien había traído su colega Pistolkors».

El príncipe, con bigote y de baja estatura, está de pie junto al umbral de la puerta, aunque apenas se ve detrás de las cabezas y sombreros de las mujeres. No obstante, el príncipe Nikolai Zhevajov, un místico que había viajado varias veces a los monasterios y que recopilaba visiones apocalípticas informando a la zarina de ellas, se convirtió en un verdadero devoto del «anciano». Rasputín lo tendría muy en cuenta más adelante. En septiembre de 1916 este joven que con anterioridad ocupaba un puesto carente de relevancia, con la ayuda de Rasputín sería nombrado viceprocurador general del Santo Sínodo.

Junto al príncipe, Molchanov identificó a dos personajes rasos, Ervin Khristoforovich Gill, marido de una hermosa devota de Rasputín, y Nina Dimitrievna Yajimovich, una dama alta y ancha de hombros, una de sus más sumisas devotas. A continuación Molchanov nombró a dos figuras de particular interés: Olga Vasilievna Loman y su hija Nadezhda. Era la familia de Dimitri Loman, que como ya hemos mencionado fue el constructor y coadjutor de la catedral Feodorov, la favorita de los «zares» en Tsarskoe Selo. Loman, un antiguo y fiel devoto de Rasputín, había empezado en 1913 a hacer propuestas a su enemiga la gran duquesa Isabel Fiódorovna, tras lo cual «Vyrubova anunció a los "nuestros"» que «deberíamos guardarnos» de él.

De acuerdo con las declaraciones de Loman: «A partir de aquella época, empecé a notar una cierta frialdad hacia mí ... y tenía miedo de que me mandasen lejos de palacio para siempre ... y esto me hacía sentir muy mal».

Por consiguiente, el ingenioso coronel intentó restablecer las relaciones con Rasputín. Su esposa, una mujer fea de mediana edad con cara de tacaña, y su hija frecuentaban ahora el salón de Rasputín.

La mujer de rasgos duros y rostro frío que está a la derecha de Olga Loman y su hija es otra importante figura de la vida futura de Rasputín. Se trata de Anna Ivanovna Reshétnikova, la hija de la esposa del acaudalado y anciano comerciante de Moscú, Anisia Reshétnikova, en cuya casa se alojaba Rasputín cuando viajaba a Moscú. El hermano de Anna se convertiría en uno de los personajes más fieles del entorno de Rasputín. Su pasado no era de los más recomendables.

Según el testimonio de Filipov: «Al antiguo notario Reshetnikov, que había sido condenado por falsificación y malversación de fondos, le fue concedido el perdón gracias a Rasputín».

Reshétnikov pronto empezaría a recolectar dinero de las visitas de Rasputín, y su hermana Anna desempeñaría un papel relevante en un escándalo en el que estuvo implicado Rasputín en el Yar, un restaurante de Moscú. (Véase capítulo 10.)

«En la segunda fila está Sofía Volynskaya.» Otra persona perteneciente al futuro de Rasputín, a la segunda etapa de su vida, que daría comienzo aquel mismo año 1914.

De acuerdo con las declaraciones de Filipov en el Expediente:

> Volynskaya, una hermosa y no muy joven judía ... esposa del agrónomo Volynsky ... fue una persona fatídica para Rasputín en el sentido de que su ayuda propició el paso de la caridad a la cruel explotación de sus clientes. Su marido [que también fue juzgado] ... fue perdonado, y por afán de gratitud se convirtió en una especie de asesor financiero e instigador de varias empresas comerciales harto lucrativas para Rasputín.

Así pues, había conseguido liberar del castigo a Reshétnikov y a Volynsky, dos de sus futuros «secretarios». Esto también formaba parte de sus enseñanzas. La zarina no escribió en su diario estas palabras por casualidad: «no hay que temer la liberación de los presos, devolver a los pecadores a una vida honrada ... Los presos ... a través de sus sufrimientos se hacen más nobles que nosotros a los ojos de Dios».

Es cierto, se rumoreaba que la hermosa judía Volynskaya había visitado la «habitación especial», donde había pagado con su carne los esfuerzos de Rasputín en relación con su marido. Pero era un simple rumor.

Siguiendo con el testimonio de Molchanov: «A continuación viene Vyrubova». (Vyrubova, con su enorme cara rolliza en forma de luna, se había visto obligada a posar al lado de la odiada judía.)

A su lado hay dos conocidas nuestras cuyo testimonio en el Expediente ya hemos mencionado. La anciana de luto es Alexandra Guschina, la viuda inconsolable que Rasputín conoció durante una plegaria. La bella mujer que está a su lado y que lleva un sombrero a la moda con una pluma es Yulia Dehn, después de Vyrubova la amiga más íntima de la zarina.

Por último, tenemos a otro personaje digno de mención en esta fila: el campesino tosco y de escasa estatura con el pelo y la barba enmarañados, una especie de dios pagano, un Pan ruso. Molchanov también lo identifica. Es el «padre de Rasputín».

«En primera fila están Zina Timofeeva, María Golóvina, María Gill, Rasputín, y la señora Kleist, de quien me dijeron que era una actriz y bailarina aficionada», afirma Molchanov en su detallado reconocimiento.

Aquellas jóvenes devotas —Zina Timofeeva, Olga Kleist y María Gill— habían pasado por la «habitación especial» siendo así recompensadas con asientos en primera fila junto a Rasputín. Pero pronto compartirían el destino de aquellas «que pasaron como un rayo y desaparecieron». La única que permanecería por algún tiempo sería María Gill; «la esposa de veintiséis años de un capitán» se encuentra entre las visitas posteriores a 1914, citadas por los agentes que vigilaban a Rasputín.

Entre estas efímeras devotas está sentada también María Golóvina, la famosa «Munya», como la llamaba Rasputín. Con una faz tranquila y poco atractiva, envejeciendo, «una joven de lo más puro», como Félix Yusúpov la describió. Permanece imperturbable en medio de toda esta locura que rodea al anciano, porque ella ha sido iniciada y conoce todos los secretos de las enseñanzas del anciano.

Y finalmente el último personaje del retrato. Está sentada en el suelo, una mujer robusta de cara ancha y obstinada con aspecto de campesina, cuyas gruesas piernas y trasero de aldeana se ocultan a nuestra vista. Del testimonio de Molchanov: «A los pies de Rasputín está Akilina Laptinskaya». También ella era una de las depositarias de los secretos de Rasputín.

EL HOMBRE CELOSO Y LA SECRETARIA OBESA

Akilina, la «secretaria» de Rasputín, ya había inaugurado el segundo período de la vida del anciano. A principios de 1914 empezó a aceptar dinero de sus suplicantes. Testificó Filipov:

> Siendo Laptinskaya una persona de excepcional inteligencia y perseverancia, se movía exclusivamente por consideraciones mercenarias: varias personas le regalaban sumas de dinero con ocasión de la llegada de Rasputín o para Rasputín. Y él la despidió un par de veces por aceptar sobornos y por sospechar que robaba ingentes cantidades de dinero, a miles.

A principios de 1914, Rasputín no sólo se había acostumbrado a su avaricia y rendido a ella, sino que llegó a apreciar lo útil que resultaba aquella práctica. Ahora ya no tenía que pedir dinero prestado ni que esperar las dádivas de la tacaña zarina. Laptinskaya le entregaba dinero, y él a su vez podía ser generoso, hacer buenas obras y dárselo a los hombres y mujeres que se lo pidieran. Por supuesto, la gorda Akilina nunca se atemorizó ante sus arranques de cólera. Ella no era únicamente su «secretaria». Al igual que la gente simple y vulgar, a Rasputín le gustaba la abundancia de carnes.

¡Y estaba celoso de ella!

En el Expediente, Filipov recuerda un episodio de 1915 cuando la antigua enfermera Akilina empezó a trabajar en el tren hospital organizado por la emperatriz.

> Me tropecé con Akilina Laptinskaya antes de su marcha al frente. Me detuve para visitarla en su coche y le di una caja de caramelos. Rasputín se enteró ... y empezó a regañarme encolerizado y durante largo rato por «llevar por mal camino a su querida a quien él había guardado para sí como la niña de sus ojos». Tardé tiempo en comprender de qué estaba hablando. Resultó que la «querida» era Laptinskaya, una mujer ... de desmesurada

corpulencia ... La «querida», que a menudo me había visitado, no volvió a hacerlo, pues le fue prohibido.

Filipov se quedó asombrado ante los celos patológicos que mostraba Rasputín, el perseguidor de mujeres. Así, por ejemplo, una de sus más sinceras adoradoras, una tal Elena Patushínskaya, esposa de un modesto notario de Yaluturovsk, fue a visitarlo en marzo de 1914. Localizada y mencionada varias veces en Pokróskoie por los agentes de vigilancia externa, se había perdido de vista en Petersburgo. Esto es lo que Filipov dijo sobre ella en sus declaraciones:

> Recuerdo a Patushínskaya, esposa de un notario de Siberia y una mujer hermosa, que vivió con Rasputín durante varios meses en dos distintas ocasiones, aunque nunca se mostraba en público, puesto que Rasputín no sólo estaba celoso físicamente, sino también platónicamente. Por ejemplo, no le gustaba cuando la gente decía: «¡Oh, qué mujer tan hermosa!» refiriéndose a «sus mujeres».

De manera que la hermosa Patushínskaya, escondida en las profundidades del apartamento, no salió en la fotografía.

Del testimonio de Molchanov: «Aquel grupo fue retratado por el fotógrafo Kristinin totalmente por casualidad, a petición de uno de los presentes».

Respecto a la otra fotografía, afirmó:

> Poco antes de ésta o poco tiempo después retrató también otro grupo similar al primero ... Por lo que yo recuerdo, además de Rasputín aquel grupo incluía: la señora Golóvina, la señora Gill, Dehn, una mujer que había venido de Siberia con alguna petición para Rasputín, una anciana de la isla Vasiliev, y la hija mayor de Rasputín, Matryona.

Las dos fotografías, hechas antes del terrible mes de julio de 1914 y del comienzo de la guerra mundial, resumen en cierto modo el primer período de la vida de Rasputín.

El testimonio de Molchanov queda confirmado en el Expediente por las declaraciones de otra figura que aparece en las dos fotografías, Munya Golóvina.

La pequeña fotografía en cartulina que me enseñaron, y en la que salgo yo en primera fila, la segunda persona empezando por la izquierda, también muestra a aquellos que se habían reunido en el apartamento del padre Grigori en la avenida Inglesa. Además del anciano y de mí, están Zina Timofeeva, María Sergeevna Gill... Olga Kleist, [y], a los pies de Rasputín, Akilina Laptinskaya ... En la segunda fila encontramos a Alexandra Alexandrovna y a Alexander Erikovich Pistolkors, Sofia Leontievna Volynskaya, Anya Vyrubova, Alexandra Georgievna Gúschina, la viuda de un doctor, y el padre de Rasputín, ahora ya fallecido.

Munya cita concienzudamente la misma lista de nombres.

Las damas fuera del cuadro: la sacerdotisa misteriosa

Pero la que probablemente fue la visitante más misteriosa e importante del salón quedó fuera del cuadro. Estaba ausente cuando se hicieron las fotografías. Olga Lojtina estaba viviendo en aquella época en el monasterio del padre Makary. Y sólo en contadas ocasiones volvía a la capital, a casa del «Señor de los Anfitriones». Sus apariciones en ella han sido descritas por los testigos oculares de forma más o menos similar. En las memorias de Zhukovskaya leemos:

> Se oyó un fuerte ruido en el vestíbulo. Me volví hacia la puerta medio abierta, donde algo increíblemente radiante, amplio y en movimiento ... revoloteaba en el umbral ... En voz alta y sonora cantaba histéricamente, «¡¡¡Cri-i-i-sto ha re-su-u-ci-tado!!!». A continuación aquella cosa pasó frente a mí como una exhalación ... y se dejó caer entre la silla de Rasputín y la mía ... Tras esta entrada impetuosa, Lojtina abrazó su cabeza por detrás y empezó a besarle como una loca, gritando con voz rota y atragantándose por la emoción: «Mi pequeño, bendita encarnación, mi pequeño barbudo ...». Intentando desesperadamente deshacerse de ella, Rasputín gritaba, medio asfixiado: «¡Suéltame, Satán!». Cuando por fin pudo liberarse de su fuerte abrazo, la lanzó a un rincón con toda su fuerza ... Jadeante, Lojtina se abrió paso hacia el sofá ... [y] gritó a pleno pulmón: «¡Pero todavía eres mí-í-o! ¡Y sé-é que me-e qui-e-res!».
>
> «¡Te detesto, escoria!» replicó rápida y perentoriamente Rasputín. «Pero te besaré de nuevo.»

281

Inmediatamente se arrojó sobre él y lo agarró por la cabeza ... Rasputín la golpeó con tanta fuerza que salió disparada contra la pared, pero ... otra vez empezó a vociferar en estado de éxtasis: «¡Vamos, pégame, pégame, pégame!». E inclinando la cabeza trataba de besar el lugar en su pecho donde Rasputín la había golpeado ... Parecía una especie de extraña sacerdotisa, inagotable en su furia y adoración.

Filipov describe similares escenas violentas.

Tras la reyerta, Zhukovskaya presenció un rito totalmente misterioso. De repente, Vyrubova se acercó a Lojtina, se arrodilló frente a ella, le besó la mano, y regresó a su sitio. «¡Por fin habéis comprendido!», dijo Lojtina muy tranquila. Y añadió: «¿hay alguna razón por la que no pueda ver a mi novicia? ¡Rápido, ahora! De rodillas, y mi mano, mi mano!». Munya, arrodillándose frente a Lojtina, le besó la mano.

No se trata de ninguna invención, pues Munya Golóvina tuvo ocasión de relatar su extraña reverencia por Lojtina a un investigador en el Expediente.

Según el testimonio de la propia Golóvina:

En 1913, como forma de protesta contra los ataques hacia Lojtina, empecé yo misma a llamarme su novicia y la servía cada vez que venía a Petersburgo ... Con ello pretendía ocupar el lugar de su amada hija, y le sugerí a Lojtina que para ella sería más fácil si transfería su amor, aunque fuera a un extraño.

Esto fue todo cuanto pudo explicar al investigador.

Pero la pregunta sigue en pie: ¿por qué Vyrubova, una persona más bien fría y calculadora, se inclinó también ante Lojtina? ¿Por qué en el Expediente hablan los testigos de los insolentes telegramas que enviaba la esposa del general a Tsarskoe Selo y que, sin embargo, eran tolerados por la propia zarina? ¿Por qué las hijas del zar matenían correspondencia con ella?

«Dejó cartas y papeles en el apartamento de Napoikins [donde vivía] ... Hice copias de las misivas que las grandes duquesas Olga, Tatyana y María le habían enviado», testificó Prugavin en el Expediente.

Rasputín tampoco le pegaba siempre, por supuesto. A veces incluso conversaba con ella durante largo rato. Lojtina se comportaba con seriedad ante sus devotas, como alguien de mayor edad. De hecho, así es como otro testigo, la cantante Belling, ha descrito a la misteriosa esposa del general:

> Entró una mujer ... vestida con un atuendo blanco tejido en casa, de Corte anticuado con tocado blanco de monja ortodoxa en su cabeza ... Del cuello pendían numerosos librillos con cruces, doce copias de los Evangelios ... Susurró algo al oído de Rasputín, y cuando alguien hablaba en voz alta, dirigía su mirada furiosa en dirección a esa persona; sin poder contenerse decía: «Aquí, en casa del padre, como en el templo, deberíais comportaros con grandeza».
>
> «Déjalas en paz, deja que disfruten», decía Rasputín. «Uno debería llevar el gozo en el corazón, pero la humildad en el exterior», le reprochaba con severidad.

Probablemente, Prugavin, especialista en sectas, tenía toda la razón cuando en el Expediente apartó sigilosamente la cortina que ocultaba a la singular esposa del general:

> No me atrevería a decir que estaba mentalmente enferma porque sostenía que Grigori era el «Señor de los Anfitriones» e Iliodor, «Cristo», puesto que en este caso tendría que reconocer la enfermedad mental de todos los jlisti, en cuyo misticismo se encuentra la afirmación de tales encarnaciones respecto a un maestro u otro.

Por lo tanto, la cuestión permanece: ¿quién era la singular esposa del general?

OTRA DAMA MISTERIOSA

Otra de las admiradoras de Rasputín no sale en la foto, aunque su nombre figura a menudo en los informes de los agentes de Seguridad: «El 27 de agosto, a las 10.55, Vera Illarionovna, la baronesa Kúsova, vino a verle ... La baronesa pasó la noche en su casa».

«La baronesa Kúsova salió de casa de Rasputín a las 7.30 del 28 de agosto.»

«La despampanante morena baronesa K.», como la describe Dzhanumova.

«Kusova frecuentaba el salón de Rasputín con regularidad. Tenía allí varios asuntos, diferentes negocios», declaró un testigo ante la Comisión Extraordinaria. ¿Significa esto que era una de las damas prácticas con ideas mercantiles que comerciaba con su «cuerpo»?

En todo caso, la propia Vera Kúsova afirma algo parecido.

Del testimonio de la baronesa Vera Illarionovna Kúsova, de veintisiete años, en el Expediente:

> Conocí a Grigori Rasputín en 1913 ... Mi marido servía en el regimiento de Crimea, cuya protectora era la emperatriz ... La familia real estaba viviendo en aquel tiempo en Crimea. Yo quería mejores condiciones para mi marido. Con este propósito, pero también por curiosidad, me acerqué un día a Rasputín, junto al mar ... Después de presentarme, formulé mi petición. Prometió ayudarme. En el mes de julio fui a Petersburgo por un par de semanas y visité a Rasputín con objeto de pedirle un puesto para alguien muy cercano a mí; asimismo, en busca de apoyo espiritual por una desgracia que me había ocurrido ... No obstante, no fue capaz de proporcionarme ninguna clase de alivio espiritual, puesto que no hacía más que recurrir a tópicos y frases corrientes que ofrecía a los que acudían buscando consejo. A pesar de ello, continué visitando a Rasputín porque allí podía conocer a otras personas interesantes o útiles para mí ... Nunca consideré a Rasputín como una persona santa.

En ese momento, el investigador mostró a Kúsova cierto telegrama para que aclarase su contenido.

> Eran tantas las cosas que le habían sido reveladas, dijo repentinamente: «Por esto escribí a Laptinskaya en 1916, "ojalá el padre Grigori, que de algún modo nos ayudaba desde allí [es decir, desde la tumba], pudiese ofrecerme sus enseñanzas"».

Por lo tanto, después de muerto Rasputín, al no poder ya reunirse en su casa con personas «necesarias» para ella, no sólo siguió comunicándose con Akilina sino que incluso solicitaba la ayuda de Rasputín desde el más allá. Porque resultaba que «tantas cosas eran las que le habían sido reveladas», a pesar de que acababa de declarar que «no fue capaz de proporcionar ningún alivio espiritual».

Quizá, al igual que Vyrubova, no le estaba contando toda la verdad a la Comisión.

Sobre todo cuando, a partir del testimonio de Lojtina en el Expediente, nos enteramos de algo totalmente distinto sobre Kúsova: «En nuestro primer encuentro ... nos contó ... que su vida no era buena ... Más tarde me enteré de que su marido bebía demasiado, y esto la hacía sufrir. Nos dijo que una vez, estando borracho, irrumpió en su dormitorio montado a caballo». Sí, la baronesa era, sobre todo, una mujer infeliz en busca de consuelo. Y hay más: el mismo testimonio que nos ofrece Lojtina contiene un hecho harto interesante. Resulta que la baronesa, al igual que Lojtina, saludaba a los que tenía a su alrededor con un «Cristo ha resucitado», aunque no fuera Pascua.

UN SERMÓN Y UN BAILE

Durante el té Rasputín hablaba sin parar. Mientras lo hacía, de vez en cuando, despedazaba nerviosamente un trocito de pan y lo tiraba sobre el mantel, o desmigajaba los panecillos con sus achaparrados dedos. Pero nadie se daba cuenta. Escuchaban absortos su sermón.

Según las declaraciones de Guschina: «Rasputín me impresionó, era un hombre santo. Hablaba de Dios y del alma».

El príncipe Zhevajov (el mismo que aparece en la fotografía) recuerda la primera vez que oyó predicar a Rasputín. Su colega Pistolkors, lleno de curiosidad, le había llevado a un apartamento de Petersburgo en la isla Vasiliev. Nunca olvidaría el inspirado discurso de Rasputín.

«¿Cómo puede el hombre embrutecido con sus salvajes costumbres iniciar una vida que plazca a Dios?», dijo Rasputín. «¿Cómo puede remontar las profundas simas del pecado? ¿Cómo podrá hallar el camino que conduce de nuestro tenebroso pozo al aire puro y a la luz de Dios? Este camino existe. Y yo os lo mostraré. La salvación está en Dios ... Y veréis a Dios única y exclusivamente cuando no veáis nada más a vuestro alrededor. Porque todo lo que os rodea, todo lo que hacéis e incluso la habitación donde estáis, oculta a Dios de vuestra vista. ¿Qué tenéis que hacer, pues, para ver a Dios?», inquirió con una cierta intensidad nerviosa en el absoluto silencio que se había producido. «Después de un servicio en la iglesia en el que hayáis pasado un rato orando, salid de la ciudad en un domingo o un día festivo e id al campo. Y caminad, caminad, hasta que a vuestras espaldas no se vea ya la nube de humo negro de las chimeneas de las fábricas que se cierne sobre Petersburgo sino el azul del horizonte. Entonces, deteneos y pensad en vosotros mismos. Qué insignificantes y pequeños os veréis entonces, y la capital entera os parecerá un hormiguero en vuestra mirada mental ... Entonces, ¿dónde estará vuestro orgullo, vuestro amor propio, vuestra conciencia de poder? levantaréis los ojos al cielo ... y sentiréis con todo vuestro corazón, con toda vuestra alma, que sois uno con el Señor, nuestro Padre, y que Él es el único que necesita vuestra alma. Que sólo Él os defenderá ... y os ayudará. Y sentirá tanta compasión por vosotros ... Éste será el primer paso en el camino que conduce a Dios. Esta vez puede que no vayáis más lejos por este camino. Regresad al mundo, reanudad vuestras anteriores actividades, pero conservad lo que habéis traído con vosotros como si fuera la niña de vuestros ojos. Porque es a Dios a quien habéis traído con vosotros. Y conservadlo y dejad que todo lo que hagáis en el mundo pase a través de Él ... Sólo entonces los asuntos mundanos se transformarán en obras de Dios. Porque como dijo el Salvador: "El Reino de Dios está dentro de nosotros". Encontrad a Dios, y vivid en Él y con Él.»

«¡Qué silencio reverencial había en la sala!», recuerda Zhevakhov. Aunque Rasputín no hubiera dicho nada nuevo, una especie de poder nervioso que emanaba de él había hipnotizado a los oyentes. Uno puede imaginarse fácilmente la reverencia que provocaba cada vez que hablaba en la mesa a sus devotos. A menudo interrumpía repentinamente lo que estaba diciendo y la voz cavernosa que Dzhanumova encontraba tan sorprendente ordenaba: «¡Escribe!».

Se había acostumbrado a ello. Le daba un lápiz a alguien y esta persona transcribía sus palabras. Rasputín repetía a menudo sus enseñanzas. Sabía lo importante que era reiterar las cosas a sus «tontos», (así calificó a sus devotos en uno de sus telegramas: «tontos», porque siendo cultos y educados no comprendían las cosas más simples). Dictaba la manera de conservar Amor en el alma a través de las calamidades e injurias. Sobre todo, hablaba del Amor por el Creador a las mujeres infelices, las viudas y divorciadas o rechazadas por sus maridos, las que ya no gozaban del amor. Las abandonadas y ofendidas eran mayoría absoluta en su salón.

«¡Creador! Enséñame a amar. Entonces todas mis heridas recibidas por amor no serán nada y mis sufrimientos me serán gratos.» Y las palabras sonaban como el *Cantar de los Cantares*: «¡Dios, yo soy Tuyo, y

Tú eres mío. No me prives de Tu amor!». Esta transcripción la hizo la zarina.

Cuando todos estaban embelesados por sus enseñanzas, cuando los rostros de sus «tontos» refulgían, les enseñaba a cantar himnos. Y juntas, las damas de Petersburgo cantaban los viejos himnos junto con el campesino.

Gúschina, Vyrubova, y Golóvina hablan de aquellos himnos. Rememoraba Dzhanúmova:

> Akilina con su hermosa voz de soprano empezaba a cantar y las demás la seguían ... La voz profunda y agradable de Rasputín resonaba como un acompañamiento, sobresaliendo y animando a las mujeres. Nunca había oído semejantes cantos espirituales. Era hermoso y triste. A continuación, empezaron a cantar salmos.

Del mismo modo impartía sus enseñanzas a la familia real. Como muchos testigos declararían, a menudo cantaban himnos juntos en su arresto domiciliario después de la Revolución. En el momento de mayor entusiasmo, de exaltación casi general, Rasputín se ponía en pie de repente y pedía música.

Entonces su famoso y en cierto modo desesperado baile daba comienzo. Filipov recordaba:

> En su baile había algo que recordaba a las danzas jlist ... bailaba con frecuencia y durante largo rato, con movimientos nerviosos y frenéticos, saltando y de vez en cuando gritando: «¡Oh!», como lo haría alguien a quien estuviesen sumergiendo en agua helada ... Bailaba de quince minutos a una hora sin parar ... inspirado por una especie de éxtasis o frenesí ... Decía que todas las personas religiosas tenían que ser buenas bailarinas, y mencionaba al respecto al rey David, que había bailado durante todo el camino hasta el templo.

Pero, a veces, en pleno apogeo de la celebración sonaba el teléfono, sumiendo a todo el salón en un silencio reverente. La solemne voz de Akilina informaba a Rasputín que había una llamada «¡de Tsarskoe Selo!».

Los invitados empezaban a marcharse; despedirse de Rasputín era también todo un ritual.

«Empezaban a dispersarse», nos cuenta Dzhanúmova,

besaban la mano del padre, y él las abrazaba una tras otra y las besaba en los labios ... «Unas galletas, padre», imploraban las damas. Él les entregaba galletas quemadas a todas, que ellas envolvían en sus pañuelos perfumados ... y guardaban en sus bolsos ... y luego susurraban a la doncella pidiéndole la ropa sucia del padre ... Con su sudor, a ser posible.

Bajo la severa mirada de la inteligente Akilina, las damas recogían la ropa sucia del campesino; Munya ayudaba a ponerse las botas a los que se marchaban.

Del testimonio de Molchanov:

Intentaban despedirse de él en privado, por lo que se dirigían hacia la entrada. Mencionaré un extraño comportamiento por parte de Vyrubova: una vez, después de despedirse de Rasputín en el recibidor, volvió a la habitación por algún motivo, pero al hacerlo se negó a darme la mano aduciendo que ya se había despedido del padre y que ya no se iba a despedir de nadie más.

Era muy agradable marcharse llevando consigo el calor de la mano del santo que proporcionaba felicidad.

FIN DEL PRIMER PERÍODO: EL MISTERIO CONTINÚA

Siguiendo cuidadosamente la pista de la biografía de Rasputín hemos llegado hasta 1914.

He intentado relatarlo todo detalladamente y he citado con minuciosidad los testimonios ofrecidos tanto por sus amigos como por sus enemigos. Pero las dos preguntas que nos planteábamos al principio siguen sin respuesta. ¿Quién era Rasputín en realidad? Y ¿qué significaba para la familia real?

Sin embargo, una cosa sí queda clara: Rasputín no era un Tartufo calculador que embaucaba a la gente con sus piadosos sermones. La personalidad de Tartufo era europea. La de Rasputín era misteriosamente asiática y bastante más complicada, y su secreto mucho más extraño.

También he descrito en profundidad los pensamientos de Rasputín. ¿Eran búsquedas, llamamientos a Dios, momentos de lucidez, percepciones? Ahora puedo responder que era todo eso a la vez.

Pero ¿y las prostitutas, las interminables «damitas», las devotas «tontas», que visitaban la «habitación especial» y, volviéndose medio locas, mezclaban la religión con la lujuria? Sí, puedo responder que también ellas existían.

No obstante, Sazonov, Molchanov y Filipov en el Expediente califican todos este período de la vida de Rasputín como una etapa «espiritual»: «Un período en la vida de Rasputín en el que alcanzó una elevación espiritual de la que después descendería» (Sazonov). «En aquel período Rasputín bebía poco, y aquella etapa de su vida llevaría el sello de la modestia» (Molchanov). «En el primer período de 1911-1913 era poéticamente soñador» (Filipov).

¿Conocían su vida secreta? Filipov sabía bastante. Entonces, ¿por qué hablaban de espiritualidad? Y, finalmente, la familia real: sí, Rasputín predicaba amor, era desinteresado, hablaba a los «zares» de cosas que ellos desconocían —del trabajo y la vida cotidiana de la gente corriente, de las alegrías del vagabundo en comunión con la naturaleza y con Dios— y aliviaba los ataques de nervios de la zarina, e inspiraba confianza al zar. Además, salvó a su hijo.

Pero ¿y los interminables artículos de los periódicos, los informes policiales de su persecución de prostitutas, las investigaciones de la Duma con citas de las pruebas de sus víctimas, la historia de la niñera de los infantes? Todo llegó a oídos del zar y de la zarina. Por parte de todos. De los dos primeros ministros, Stolypin y Kokovstev; de las damas de honor de la Corte, de la querida hermana de la zarina, Ella; de los demás miembros de la familia Romanov hasta el gran duque Nicolai Nikoláievich (en quien el zar seguía confiando hasta el punto de nombrarlo comandante en jefe durante la guerra), y del confesor de la zarina, Feofán: todas estas personas les informaron de la depravación de Rasputín. ¡Pero ellos no lo creyeron! ¿No lo creían? ¿O acaso sabían algo que explicase su conducta? ¿Algo que escapaba a la comprensión de aquellos acusadores superficiales?

8

JUEGOS DE LA CARNE

EL MISTERIO DE SUS ENSEÑANZAS

INTENTARÉ EXPLICAR LAS ENSEÑANZAS DE RASPUTÍN, para aventurarme a dar respuesta a todas estas preguntas.

Zhukovskaya habla de Rasputín:

> Oí hablar de él por primera vez en Kiev. En aquella época acababa de graduarme de la escuela primaria y, gracias a un conocido casual, asistía a las reuniones del pueblo de Dios, como ellos mismos se autodenominaban (más tarde supe que son también los llamados jlisti). Allí, en las afueras de la ciudad durante el acostumbrado té nocturno con uvas, la bebida favorita del «pueblo de Dios», Kuzma Ivanych, éste era el nombre de nuestro anfitrión, empezó de repente a hablar del anciano Grigori Rasputín ... Entornando sus brillantes ojos (todos los jlisti tienen unos ojos especiales: arden con una especie de luz líquida e iridiscente, y a veces el fulgor se hace totalmente insoportable) ... dijo reacio: «Era uno de nuestros hermanos, pero hemos renegado de él: pues ha enterrado el espíritu en la carne».

Ninguno de los más prominentes expertos en sectarismo ruso dudaba de que Rasputín fuera jlist. Alexander Prugavin, que dedicó toda su vida al estudio de las sectas, y que como revolucionario socialista sentía un gran respeto por los jlisti y veía en ellos una «ortodoxia del campesinado», recopiló las historias de las personas que habían visitado a Rasputín, demostrando con ello que Rasputín era un jlist que, con sus actos, había distorsionado y comprometido la idea de aquella secta. El teólogo Novosyólov, el capellán general del ejército y la armada, Georgy Shavelsky, el famoso filósofo Serguei Bulgakov, el arzobispo Antony Volynsky, y los obispos Hermógenes y Feofán —todos ellos a izquierda y derecha— sostenían que Rasputín era jlist. Y, por último, su amigo Filipov testifica en el Expediente: «Algo me decía que [él] era jlist ... que pertenecía a la secta jlist».

Recordaremos sólo a uno de los investigadores de sectas, el gran Bonch-Bruievich. En su artículo del *Sovremiennire* escribió: «Decididamente Rasputín no tenía nada que ver con el sectarismo». Sin embargo, más tarde, en una carta a la redacción, rectificó su postura y habló de la «intriga política en torno a la rehabilitación de Rasputín», diciendo: «Rasputín, que antes estaba con la derecha, se ha pasado a la izquierda (así interpretaba el escándalo de Guermoguenom e Iliadorom E. R.); y la derecha, al ver que Rasputín salía de la esfera de su nefasta influencia, se ha esforzado por hacerlo caer». Pero la voz melancólica de Bonch, como de la mayoría de miembros de su partido, se apartó de la «intriga política» para integrar el coro de los célebres. La opinión del misterioso bolchevique afectó incluso a Vyrubova y la zarina. Vyrubova pidió a Bonch que le mandara su informe, y ella y la zarina conservaron conmovidas el informe del bolchevique militante. El documento fue hallado durante el arresto de la Amiga, tal como resulta en el archivo de la Comisión Extraordinaria.

Como escribió un ardiente investigador del padre Grigori, el historiador Falieieb, los jlisti; leyeron a Rasputín a partir de entonces, pues era un ejemplo vivo de la doctrina de la izquierda: «todo hombre puede convertirse en Cristo, toda mujer en la Madre de Dios». Y de ahí descifraba Falieieb su segundo apellido: Rasputín-Nuevo; Nuevo «Cristo».

Evidentemente, Rasputín empezó siendo un jlist normal y corriente. No es ninguna casualidad que desde el inicio (en sus investigaciones de 1903 y 1907) el Consistorio Teológico de Tobolsk se ocupase dos veces de su afiliación jlist. Y si la segunda investigación puede atribuirse al hostigamiento de las princesas montenegrinas y del gran duque Nicolás Nikoláievich, entonces ¿a quién hemos de adjudicar la apertura de la primera investigación? Aunque la segunda fuera concebida en toda su amplitud, la falta de preparación de los investigadores de Tobolsk en lo que respecta a cuestiones de sectarismo la estropeó (como el propio inspector Beryozkin admitió en el archivo). En el interrogatorio de los adeptos a Rasputín, los investigadores fueron superados por la fe fanática de aquéllos en su santidad. Sin embargo, uno de los adeptos, Jionia Berladskaya, escribió posteriormente una «Confesión», como ya hemos visto, dando pruebas de la lujuria en la que ella y el padre Grigori estaban inmersos entonces. El propio Rasputín, que negó categóricamente las acusaciones de haber frecuentado las casas de baños con mujeres, afirmaría lo contrario poco después en Petersburgo. Por consiguiente, mintió durante la investigación, al igual que hicieron sus seguidores, puesto que no querían o no eran capaces de explicar al clero de la Iglesia oficial los secretos místicos que su extraordinario maestro les había revelado.

EL SECRETO DE SU AMISTAD CON ILIODOR

No obstante, las pruebas de la pertenencia de Rasputín a los jlisti no hay que buscarlas sólo en las pesquisas llevadas a cabo en Tobolsk, puesto que su enemigo declarado, el monje Iliodor, nos porporciona unas cuantas. No en sus escritos, sino por su conducta después de colgar los hábitos. En el archivo de Tobolsk se conserva el testimonio de los partidarios de Iliodor que le siguieron a la granja donde el monje residió después de apartarse del sacerdocio. Iliodor había construido en aquel lugar una casa nueva a la que llamó, sintomáticamente, Nueva Galilea (Nueva Israel era una comunidad jlist fuera de Petersburgo). Y empezó a predicar su propia y extraordinaria doctrina.

Aquella doctrina ha sido expuesta por su adepto Sinistyn: «Cristo fue crucificado, afirma Iliodor, pero no fue él quien resucitó sino la verdad eterna que él predicó y que ahora predica Iliodor». E Iliodor «creará una nueva religión y, gracias a ella, la vida entera de las personas cambiará». Para que quedase claro que él era el fundador de una nueva religión y por lo tanto un nuevo Cristo, Iliodor empezó a vestir una túnica blanca como la que llevó Jesús. «Bendecía a aquellos que acudían a verle tal como lo hacía Jesucristo, apoyando su mano sobre la cabeza de la persona en cuestión ... Y se llamaba a sí mismo ostentosamente "rey de Galilea".» De este modo, en «Nueva Galilea» con su nuevo «rey de Galilea» quedó constituida otra «arca» jlist. Iliodor ya no disimulaba. Demostró ser pura y simplemente jlist. Esta afiliación secreta a los jlisti (que resultó una desagradable sorpresa para Hermógenes y Feofán) al parecer explica porqué Rasputín trabó tan íntima amistad con él y confió tan ciegamente en aquel funesto monje.

UN ENCUENTRO JLIST EN TSARSKOE SELO

Mucho más interesante resulta el testimonio del famoso poeta y sectario Nikolai Klyuev.

«Me llamaban Rasputín», escribió Klyuev en un poema de 1918. Su destino empezó, como él mismo manifestó, cuando «un anciano procedente de Afon» (una secta jlist había sido destruida en el monasterio de Afon) dijo que «yo ... debería ser un Cristo». El anciano presentó a Klyuev a los «hermanos». Y comenzaron sus andanzas. «Los hermanos-Paloma [como llamaban a los *skoptsi*] ... me llevaron prácticamente hasta los confines de Rusia, a la provincia de Samara. Viví allí durante dos años en calidad de rey David en una gran Arca Dorada de blancas palomas-Cristo, y después con varias personas de identidad secreta erré por toda Rusia.» En Petersburgo se prendaron de tal manera del poeta jlist Klyuev que fue requerido a Tsarskoe Selo. Lo condujeron ante la zarina en el palacio Alexander, donde, como recordaba, «en un escenario de madera cubierto de brocado de terciopelo en una gélida sala del palacio de Tsarskoe Selo, me encontraba de pie frente a una hilera de sillas doradas vestido con unas toscas botas de aldeano, un alumno del granero y emisario del oso.»[1] En aquel momento mantuvo una conversación con Rasputín.

> No nos habíamos vuelto a ver desde hacía diecisiete años, y ahora Dios nos había reunido para sellar nuestros labios ... Nos besamos ... como si nos hubiésemos separado el día anterior ... y conversamos durante un rato ... Intenté hablar a Rasputín en el lenguaje secreto del alma acerca del nacimiento de Cristo en el hombre ... Respondió con indiferencia admitiendo, finalmente, que se había convertido en un estricto partidario de la ortodoxia ... Al marcharme, no volví a besar a Rasputín sino que me incliné ante él como hacen en los monasterios.

1. Sobrenombre dado a Rusia. (*N. de la t.*)

Con toda probabilidad, Rasputín, el amigo de los zares, no quería ni podía reconocer aquella antigua amistad. Especialmente cuando sus propias enseñanzas, aunque «basadas en la doctrina ortodoxa jlist», se habían apartado mucho de ella, como acertadamente observó Prugavin. Rasputín había creado sus propias enseñanzas personales.

Un halo imperceptible

«Una ortodoxia del pueblo», así me ha descrito un sacerdote actual las enseñanzas de Rasputín. Una ingenua ortodoxia del pueblo que empezó con gran santidad y terminó siendo un gran pecado.

Empero, primero unas palabras sobre la resurrección jlist de Cristo en el hombre. Para que dicha resurrección se produzca, es preciso suprimir la carne y el pecado. Es decir, para alcanzar una transformación del alma, primero tiene uno que mortificar al Adán del Antiguo Testamento que lleva dentro, al hombre pecador. Y para realizar esto, es necesario rechazar todo lo mundano: el honor y la gloria, el amor a uno mismo, e incluso la vergüenza. Preocuparse de una sola cosa: de la voluntad de Dios. Y sólo en ese momento desaparecerá todo lo mundano que hay en uno y se oirá la voz de Dios. Ésta es, en efecto, la mística resurrección jlist, cuando en tu interior ya no hay nada «tuyo», sino sólo la mente y el pensamiento de Dios. Entonces el Espíritu Santo vendrá a habitar en ti, y tendrá lugar tu misteriosa transformación en un nuevo Cristo. Pero el camino hacia «Dios en uno mismo» es largo y penoso.

En las memorias de Zhukovskaya leemos: «Munya nos explicó perfectamente cómo Grigori Yefimovich mortificaba su carne ... cómo en las horas de más calor permanecía de pie durante horas en una ciénaga, a merced de los mosquitos. Ahora puede permitirse cualquier cosa: ¡aquel que ha sometido a su propia carne no debe temer a la tentación!».

Después de su época errante, cuando sintió en su interior la capacidad de sanar e incluso de profetizar, creyó que Dios moraba en su interior.

En el Expediente encontramos una alusión a ello en la declaración de Filipov relativa a la dieta de Rasputín. Resulta que no era simplemente un régimen sino el camino hacia la «divinidad en uno mismo».

Rasputín no sólo evitaba comer carne ... Comía pescado, igual que habían hecho Cristo y los apóstoles. Y, de acuerdo con la regla apostólica, comía con las manos ... partiendo el pan, nunca cortándolo ... Adémas, descubrió que la carne ennegrece al hombre, mientras que el pescado lo hace
más claro. Por esta razón emanan siempre rayos de luz a guisa de halo,
aunque apenas perceptible, de los apóstoles y de aquellas personas que comen pescado.

Estaba convencido de que tenía este «imperceptible halo», y también
lo creían sus devotos.

Su misión

Aunque al mismo tiempo, parece que Rasputín sufría amargamente,
pues su feroz temperamento no le permitía vencer por completo a la lujuria, olvidar la carne de las mujeres. En aquella ocasión empezó a reflexionar: si, a pesar de todas sus proezas espirituales, el anhelo de la
carne todavía persistía, entonces debía de ser por alguna razón, y algún
propósito se ocultaba en ello. Por supuesto, no experimentaba el tormento de la carne sin pensar. Hubo una especie de señal. Paulatinamente se dio cuenta de cuál era su misión. Él, que había alcanzado una
gran perfección, estaba obligado a curar también a los demás de los tormentos de la carne, del Adán del Antiguo Testamento que llevamos dentro. Y sobre todo a curarlas a ellas, a las mujeres, esas débiles criaturas
divinas; encarnaciones del pecado en cuya naturaleza se ocultaba la sed
de lascivia tan grata al diablo. Es obvio que, como veremos, podía curar
también a los hombres. No obstante, para emprender su misión, debía
continuar con su disciplina y llegar a ser imperturbable; tanto como los
santos. Así fue cómo empezó a crear su doctrina.

El Rasputín desnudo

En efecto, en su relación con las mujeres se ocultaba el ingenuo y
más bien aterrador misticismo de la doctrina descubierta por el campesino ignorante. Como se pone de manifiesto en el Expediente, esas rela-

ciones preocupaban sobremanera a su amigo y editor Filipov. Por esta razón Filipov trató de hablar de ello a Rasputín. Pero Rasputín respondía con evasivas, puesto que Filipov, un hombre corriente que vivía en el mundo exterior, no podía comprenderle. «Intentaba ... cambiar de tema rápidamente y bromeaba cada vez que alguien iniciaba una conversación más o menos irreverente.» No obstante, en una ocasión Filipov recibió un buen susto de su supuestamente modesto amigo.

Una vez, cuando Rasputín se alojaba en mi casa, sin yo saberlo, entró en la cocina donde mi doncella, una hermosísima ucraniana, estaba trabajando. Al salir, dijo: «¡Menudo bicho tienes ahí!».
«¿Cómo es eso?», pregunté.
«¡Me ha escupido en la cara!».
Resultó que Rasputín la había llevado a rastras a una habitación y había intentado acariciarla; y ella lo abofeteó.

Sin embargo, al mismo tiempo Filipov era testigo de la adoración que las bellezas aristocráticas dispensaban a aquel campesino que había sido rechazado por una sirvienta. Veía cómo Lojtina, que había destrozado su vida por él, buscaba sus caricias. De nuevo intentó encontrar una explicación que justificase todo aquello. Una vez más Rasputín evitó toda explicación.

Al parecer, Filipov se embarcó por su cuenta en una investigación. Acudía a menudo con Rasputín a los baños y allí examinaba concienzudamente el cuerpo desnudo de Rasputín. «Tuve la oportunidad de observar las peculiaridades físicas de su cuerpo, puesto que nos bañábamos juntos en la casa de baños de la calle Cossack. En su aspecto externo Rasputín era excepcionalmente limpio: se cambiaba de ropa muy a menudo, acudía a los baños, y nunca olía mal.» Pero incluso en las casas de baños de los ricos que ellos frecuentaban, Rasputín seguía siendo un campesino que no se fiaba de nadie. «Cuando se bañaba no consignaba la cruz que llevaba colgada del cuello y que le había regalado la emperatriz, sino que la embutía en el fondo de una de sus botas con un calcetín.»

Obviamente, lo que más le interesaba a Filipov era el cuerpo desnudo de Rasputín. Buscaba en él la razón de su éxito, el secreto de la leyenda sexual de la que hablaba todo Petersburgo. Mas no halló nada sobrenatural.

«Su cuerpo no era flácido sino excepcionalmente firme, rubicundo y bien proporcionado, sin la panza y flojedad muscular característica de su edad ... tampoco se observaba en él el oscurecimiento de la pigmentación de los órganos sexuales, que a cierta edad adquieren un tono oscuro o marrón.» Éstas son las únicas «peculiaridades físicas» que pudo destacar. Nada de extraordinario, nada del enorme miembro viril que la leyenda no tardaría en crear. Un campesino pulcro y limpio con un cuerpo de apariencia juvenil, eso es todo.

Filipov, decepcionado, recurrió a las damas y empezó a interrogar a todas aquellas que pudiesen ayudar en su indagación acerca de su amigo. Informó al investigador de la Comisión Extraordinaria, que evidentemente estaba muy interesado en todo aquello, de los sorprendentes resultados obtenidos tras las pesquisas con las mujeres de Rasputín. «De acuerdo con los comentarios de Ptashinskaya, que le habló de ello a Annenkova (*Anchits*), y también de las otras mujeres que me proporcionaron información personal, Rasputín no parecía interesado en las relaciones físicas.»

Por consiguiente, las damas no experimentaban ningún éxtasis amoroso sobrenatural. Pero todavía quedaba un aspecto de la vida de Rasputín en aquella «etapa santa» que al parecer tanto Sazonov como Filipov desconocían. A Filipov le hubiera sorprendido sobremanera enterarse de que su extraño y humilde amigo estaba, en aquella época, enfrascado en una loca persecución de prostitutas: interminables encuentros con furcias, incursiones en sus apartamentos y visitas a los baños. Todo ello minuciosamente registrado por los asombrados agentes de policía. Cierto, aquellos informes invitaban a la cautela. No había testimonios de las damas de la calle a las que Rasputín había visitado. Por este motivo parece que la Comisión Extraordinaria decidió seguir las huellas de las prostitutas de Rasputín. En el Expediente se conservan los nombres de aquéllas a quienes la Comisión trató de interrogar. Fue en vano. Habían desaparecido en el caos que se formó. No obstante, la pregunta sigue en pie: ¿no intentaron los agentes interrogar a las furcias de Rasputín antes de la Revolución? ¿O su testimonio se perdió con la destrucción de los documentos acerca de Rasputín sobre los que ya he escrito y todavía escribiré? Con toda probabilidad, fueron hecho trizas. Aunque pocas veces se rompe todo. ¡Una declaración se ha conservado! Una muy valiosa.

Uno de los agentes había escrito: «Cómo después de aproximarse a la primera prostituta, Rasputín le compró dos botellas de cerveza, aunque él no bebió ... le pidió que se desnudase, miró su cuerpo, y se marchó». Esta declaración me sorprendió porque muchos años antes había oído algo parecido, pero no lo había entendido.

La prostituta «bombón»

A principios de la década de los setenta viajaba a menudo a los estudios Lenfilm de Leningrado. Estaban haciendo la película *Un día de sol y lluvia*, con un guión escrito por mí. En aquellos días se filmaba una escena en la que no había diálogo, en la cual salía una «anciana de Petersburgo»; así denominaban al personaje, una reliquia del imperio zarista. Habían traído a varias mujeres ancianas de Leningrado para unas pruebas cinematográficas. Una de ellas era sumamente fea, la encarnación de la bruja Baba Yaga. En respuesta a un desagradable comentario del director al respecto, el ayudante que había reclutado a la mujer dijo con dignidad: «¿No te gusta? Pues a Grishka Rasputín le gustaba mucho en su tiempo». Aun así, no consiguió el papel. Pero yo, como cualquier otro joven escritor, ardía en deseos de hablar con ella. Recuerdo que la seguí hasta el vestuario de los estudios y la invité al restaurante; comió el menú entero en silencio. Y sólo cuando terminó empezó a hablar. «Si se trata de Grishka, estoy harta de hablar de ello ... No hubo nada entre nosotros. Después de todo, Grishka era impotente.» ¡Rememoro mi satisfacción!

Así empezó nuestra conversación, de la que queda constancia en mi diario.

Comentó que todo sucedió en 1914, antes de la guerra. La habían expulsado de su casa, y relató tediosamente su historia, similar a la de Katyusha Maslova en *Resurrección* de Tolstói. Me contó cómo había entrado a servir de doncella en una casa de la avenida Ligovsky, cómo el hijo del dueño la había seducido y cómo terminó en las calles de Petersburgo. Tenía diecisiete años en aquella época. Una vez, un campesino con un abrigo ajustado se le acercó. Le prometió tanto dinero que ella empezó a preguntarse de dónde podía sacar un campesino semejante suma, quizá había matado a alguien. Pero como si le hubiera leído el pensamiento, él le dijo: «¡Pequeña necia! ¿No sabes quién soy? Soy Grigori Yefimovich Rasputín». La condujo al mismo hotel barato donde todos la llevaban y le ordenó que se desnudase. Se sentó frente a ella. Permaneció sentado mirando en silencio. De repente, su cara palideció de tal manera que parecía que no tuviera sangre. Ella se asustó. A continuación se levantó, le dio el dinero y se marchó. Al salir le dijo: «Tus riñones están mal». En otra ocasión volvió a llevarla al mismo hotel. Esta vez se tumbó en la cama con ella pero no la tocó. Y ella era un «verdadero bombón». Es lo que todo el mundo le decía. Volvió a verle, pero él escogía a otras, cosa que la tranquilizó porque le tenía miedo; era como si estuviera loco, tenía miedo a que acabase apuñalándola. Estas cosas sucedían. La primera vez le había dicho algo más, pero ella no le prestó atención, porque «hacía frío en la habitación, era invierno, y yo estaba sentada desnuda y encorvada». En 1940 tuvieron que sacarle un riñón.

¿UNA SOLUCIÓN AL ENIGMA DE RASPUTÍN?

Filipov recuerda, en el Expediente, una charla harto significativa que tuvo con Rasputín.

> Oí la explicación de Rasputín acerca de su actitud respecto a las mujeres: encontraba poca espiritualidad y «brillo» en ellas ... Al mismo tiempo, uno debe «ser cada vez más refinado», e incluso en sus relaciones con las mujeres no las utilizaba físicamente sino que experimentaba sentimientos refinados al estar cerca de ellas, y esto, añadía Rasputín, «es algo que el género femenino no comprende ... Los santos desvestían a las putas, las contemplaban, y sus sentimientos delicados, pero no permitían contacto íntimo alguno ...». Y el propio Rasputín estaba convencido de que afectando sus impulsos y experimentando los más elevados estados platónicos, uno podía hacer flotar el cuerpo en el aire a pesar del propio peso ... Y explicaba la ascensión de Cristo y su caminar sobre las aguas como ejemplos de esta habilidad del alma, y dijo que Cristo no había evitado a Marta ni a María, sino que era su más anhelado huésped.

Ésta es una repetición casi literal de lo que escribió el agente de policía, que Rasputín le «pidió que se desnudase, contempló su cuerpo, y se marchó». Asimismo de lo que la vieja prostituta «Bombón» me contó. Así pues, refinar los propios impulsos era dominar la propia carne, y deleitarse en su dominio, del Adán del Antiguo Testamento. Y de este placer surgió la capacidad de caminar sobre las aguas y de elevarse en el aire. La capacidad de «ser Cristo».

Sin embargo, ¿qué hay de aquéllas con las que se acostó? ¿Las interminables «damitas»?

Su enemigo, el monje Iliodor, basándose en las propias palabras de Rasputín, habla también de «refinamiento», aunque de manera diametralmente opuesta.

> Una fuerte voluntad hacía posible que abandonase abruptamente la vida del calavera y pasase a las proezas del ayuno y la oración. Primero mediante aquellas proezas, y luego a través de una depravación sexual extrema, refinaba su carne y elevaba sus impulsos al más alto grado de oscilación ... En general, esto se puede alcanzar a través de hazañas, depravación sexual o, por último, como consecuencia de una enfermedad que produce debilidad, de la tuberculosis por ejemplo. En todos estos casos, las personas se sienten muy nerviosas, impresionables, tienen sentimientos profundos, y pueden penetrar en el alma de los otros, leer los pensamientos de los extraños, e incluso predecir el futuro.

Hay una diferencia en esta explicación, aunque también una similitud. En ambos testimonios Rasputín es una extraña especie de vampiro. En la primera, bebía la misteriosa energía de la victoria sobre el pecado, oculta en el cuerpo femenino. Y en ésta, la energía se crea aceptando el pecado del cuerpo femenino. No se trata de dos estadios diferentes, como creía Iliodor. Son los dos caminos que descubrió Rasputín. Y él andaba por ambos simultáneamente.

LA LUCHA CON EL DIABLO

Al principio, Rasputín alcanzó su propósito y llegó a ser impasible; cuando le contó a Iliodor que había pasado una noche sin pasión con dos mujeres jóvenes, estaba diciendo la verdad. Era un ejercicio. Para templarse, Rasputín recorría las calles de Petersburgo imponiéndose ejercicios de impasibilidad como hacían los santos antiguos: prostitutas y contemplaba sus cuerpos desnudos. Pero, al parecer, a menudo sentía algo distinto en su interior, aquel «santo» infeliz. Y así, como escribió el agente, al dejar las prostitutas, «mientras pasea solo, el ruso habla consigo mismo, agita los brazos y se golpea el cuerpo, llamando con ello la atención de los transeúntes».

No olvidemos que para Rasputín el diablo era real. Si el diablo se le aparecía a un personaje de Dostoievski en estado de delirio, entonces para Rasputín el diablo caminaba con él zancada a zancada. Lo que el agente observaba tras sus visitas a las prostitutas era su pelea con el diablo.

EL «SANTO» ATRAE SOBRE SÍ MISMO AL ESPÍRITU DE LA OSCURIDAD

Sin embargo, junto a los ejercicios de Rasputín con las putas estaban las «damitas» auténticas, sus «tontas»: Lojtina, Berladskaya, Manshtedt, la baronesa Kúsova, etc. Se suponía que debían acudir en su ayuda cada vez que el perverso diablo se negaba a obedecer, y en lugar de impasibilidad, sentía una lujuria que le mermaba su fuerza y no le permitía tener pensamientos puros.

En estas ocasiones se le ocurrió a Rasputín perfeccionar cierta experiencia de los nobles ancianos de la que había oído hablar en los monasterios. Un experto en vida monástica, el místico Serguei Nilus, ha escrito sobre el «diablo visible», que se aparecía en los sueños de los ancianos abad Manuil y abad Feodosio. Ni Manuil ni Feodosio pensaron en deshacerse del maligno. Al contrario, encontraron un lugar para el diablo dentro de sus «egos», de manera que en su interior se produjo un enfrentamiento entre el demonismo y el espíritu de Cristo que moraba en sus almas, y una victoria sobre el demonio.

El campesino decidió obrar del mismo modo. Resolvió aceptar al diablo de la lujuria femenina que tanto lo tentaba. Y asestarle el golpe de gracia en su propio cuerpo. Ahora, el diablo que residía en las «damitas» le pertenecería a él. Convocaba a sus devotas para que acudiesen a él, como si de un médico se tratase, para liberarse de la lascivia que moraba en su interior. Como demuestran las pruebas halladas en el archivo de Tobolsk, en 1913 un sacerdote llamado Yurievsky, intentando reabrir la investigación del Consistorio Teológico relativa al asunto de la pertenencia de Rasputín a los jlisti, describió con las palabras de los testigos:

> Los ritos mágicos que el padre Grigori ejecutaba en la casa de baños con sus seguidoras ... Primero rezaba, después repetía tres veces las palabras «demonio de la lascivia, márchate de aquí». A continuación, Rasputín realizaba el acto sexual con la mujer. El poder de la copulación era tal que la mujer ya no sentía la acostumbrada sensación de lujuria; como si toda lascivia la hubiese abandonado.

No, en este caso no se trataba del poder de la copulación, era el poder de la terrible fe de sus devotas de que aquel sectario hipnotizador semianalfabeto, que creía ciegamente en su destino y que les había imbuído aquella creencia, era un santo. El origen de su felicidad no corpórea residía en el éxtasis de la unión con un «santo». Al igual que en las «arcas» jlist (que Rasputín había experimentado con anterioridad) donde se creía que a través del «pecar colectivo» se podía uno desembarazar del demonio de la lujuria. (Yurievsky presentó los resultados de su investigación al obispo Alexei de Tobolsk, padre de Molchanov, y el obispo, naturalmente, la arrojó al fuego y ordenó al sacerdote que desistiese de su empeño.) Beletsky, el jefe del Departamento de Policía, testificó ante la Comisión Extraordinaria que Rasputín «explicaba a sus neófitos en mi presencia que absorbiendo en su propia membrana los pecados contra los que estaba luchando ... absorbiendo la porquería y el vicio hacia su interior, la persona alcanzaba la transformación de su alma lavada y purificada por sus pecados». O, mejor dicho, purificada no por sus pecados sino por el constante arrepentimiento del pecado. Pues el arrepentimiento implicaba un gran tormento y sufrimiento y también plegarias. Estaba convencido de que a través de sus propias oraciones él había alcanzado el perdón, y que su alma volvía a ser pura. Tales eran las profundidades en las que había decidido sumergirse el infeliz místico semianalfabeto. Y a ellas se refería su esposa cuando, tras pillarlo con una «damita» en sus acostumbrados «exorcismos del demonio», dijo: «Todos llevamos nuestra cruz, y ésta es la suya». Por esta razón Rasputín le comentó a Zhukovskaya: «Sin pecado no hay vida, porque no hay arrepentimiento, y si no hay arrepentimiento, no hay alegría».

Aquel «erotismo sagrado» fue desarrollando gradualmente su sensualidad hasta el límite. Ahora podía captar el pecado en una mujer al instante. En tal caso no le daba respiro, la perseguía sin cuartel. Como había hecho con la hermosa doncella de Filipov con Zhukovskaya: cuanto más pecaminosos fueran los pensamientos de la mujer, tanto más estimulado se sentía él por «absorber el pecado en su interior, por desembarazarse del demonio». Su deseo era la medida de la impureza de la mujer. De esto estuvo hablando con Berladskaya después de acostarse con ella. En el acto de entregarse a él, Berladskaya, como luego escribió, creía «que él era un santo, y que ahora se afanaba en aquella odiosa tarea sólo por mi bien y por mi purificación, y entonces yo me sentía muy apenada por él, y afloraban en mí sentimientos de gratitud». Él también se lo creía.

A esto se refería Lojtina cuando confirmó en el Expediente algunas de sus palabras publicadas por Iliodor: «Para un santo, todo es sagrado. ¿Acaso el padre Grigori era igual que todo el mundo? La gente lo convierte en pecado, pero él a través de aquel mismo pecado sólo te santificaba y hacía que la gracia de Dios descendiera sobre ti».

«PARA UN SANTO, TODO ES SAGRADO»

Sin embargo, en esta primera «etapa santa» Rasputín sufría. Sentía que la lujuria no había sido vencida, sino que ésta le había derrotado a él. Así surgió la enfermedad de Rasputín que nos recuerda a Dostoievski: continuos sufrimientos debidos a la conciencia de la propia pecaminosidad; incesantes llamamientos a Dios mediante oraciones y arrepentimiento.

De este modo se puso de manifiesto el temible talento ruso de Rasputín para mostrar honradez interior mientras se encerraba en una membrana de continuo pecado.

El sufrimiento a causa del arrepentimiento transforma el pecado en Amor.

El Amor era lo más importante para él. El Amor desbordaba por todas partes. El Amor pagano por la naturaleza, los árboles, la hierba, y los ríos. El Amor cristiano de la familia. Sólo el Amor era sagrado. Por consiguiente, si una mujer casada amaba a su marido, para Rasputín era intocable. No obstante, todo lo que no fuera amor era mentira. Como Lili Dehn testifica en el Expediente: «él... exigía pureza en las relaciones familiares». Una vez se encontró con ella y con su padre por la calle y, pensando que se trataba de su amante, le «hizo una terrible escena, prometiendo decirle a mi marido que me había visto paseando con un hombre». Por este motivo, el gran amor de la zarina por el zar era sagrado para Rasputín.

Mas si una mujer no amaba a su marido y permanecía dentro del matrimonio, vivía en pecado. Rasputín estaba en contra del amor subordinado a las leyes del matrimonio. Para él esto era una terrible imposición de la iglesia oficial. Todo lo que no fuera amor verdadero era para él delictivo y susceptible de ser modificado: el hecho de que la gran duquesa Isabel Fiódorovna permaneciese fiel a su marido homosexual resultaba repugnante. Y al igual que todos los jlisti, consideraba un deber reemplazar la falta de amor en un matrimonio por una nueva unión espiritual y física, «como una paloma por otra». Por esto, al enterarse de que Olga, la hermana del zar, estaba viviendo un matrimonio «sin amor» con un homosexual, intentó abrazarla, inspirarle amor. Creía que las mujeres a las que recompensaba con Amor o que liberaba de la lujuria estaban unidas a él para siempre a través de lazos invisibles.

«¿Sabes?», le explicó a Zhukovskaya, «hay un camino que lleva de la tierra al cielo. Si amo verdaderamente a alguien, mantengo este camino en mi mente y a través de él sé si esta persona se ha descarriado ... Porque la he limpiado de todos sus pecados y ahora está purificada, pero si se ha descarriado, entonces el pecado es mío, no suyo.» Y Filipov, al describir los ridículos celos de Rasputín por Laptinskaya y las otras, muestra su falta de comprensión al respecto. Rasputín no estaba celoso. Se había hecho responsable de ellas y tenía miedo de que alguien pudiera corromperlas, puesto que creía sinceramente que al acostarse con ellas las liberaba del pecado: sin él, volverían a pecar. Por eso, como testificó Lili Dehn, exigía que sus admiradoras «lo visitasen casi a diario».

UNA SEGUNDA TRANSFORMACIÓN

Empero, ¿era la experiencia de los santos fanáticos que se habían consumido con el ascetismo y el ayuno, adecuada para el antiguo pecador? Después de todo, era esa escasa virtud a la que había trepado con tanta dificultad en su juventud. Por lo tanto, el diablo, una vez en su alma, permanecía allí. La terrible experiencia de exorcizar la lujuria se convertía en pura lascivia. En un incesante erotismo que ejercía de narcótico. Por consiguiente, dio por terminados sus experimentos. Esta transformación del alma recibía el nombre de «estado de tentación espiritual». Como veremos más adelante, pasado cierto punto acabaría por esta misma razón odiándolas, odiando a las «damitas» que se habían entregado a él, y con ello permitían que el diablo se instalase en su alma. Porque ahora ya no obtenía su misteriosa fuerza oscura de la simple satisfacción de la lujuria, sino del «refinamiento de sus implusos».

Además, su salón se iba convirtiendo paulatinamente en una secta vulgar y corriente, cuyo dirigente era él. Y a su lado la consagrada Lojtina, que no tenía miedo de «difundir la palabra» al mundo entero, llamando «Cristo» a Iliodor y «Señor de los Anfitriones» a Rasputín. Pero para no perjudicarlos, se hacía pasar por una santa demente. Con esta clase de locos todo era palabrería.

Yurodstvo (la demencia santa) era el segundo secreto de Rasputín. En el concepto de *yurodstvo* había también para Alix una explicación de los peculiares actos de Nuestro Amigo. El conocimiento y familiaridad de los zares respecto a este concepto les permitía desechar las acusaciones de depravación.

LOS ZARES Y LOS LOCOS

En el diario de KR leemos: «Continúan recibiendo al santo demente de Grisha». En el Expediente consta el testimonio de Andrei Zeyer, «que era el responsable de asignar los carruajes de la familia real»: «Rasputín visitaba el palacio con frecuencia, me parece ... La primera vez que le vi fue en la iglesia ... el coronel Loman le besó. Cuando le pregunté quién era, Loman respondió con evasivas que era un santo demente».

Alix, por supuesto, le llamaba «anciano» por convencionalismo, haciendo con ello hincapié en que Nuestro Amigo había sido elegido por la divinidad. Los ancianos eran personas, normalmente monjes en monasterios, que vivían en lugares aislados y practicaban el ayuno y la oración. Como experta y versada en literatura mística, la zarina sabía perfectamente que además de los ancianos, había en Rusia otras personas extraordinarias y verdaderamente «divinas». Aquellos que se habían entregado a las proezas de la *yurodstvo*, la demencia santa.

Los santos dementes constituyen un fenómeno en Rusia. En la raíz de la proeza de la *yurodstvo* se encuentran las palabras de la Primera Epístola del apóstol Pablo a los Corintios: «Hemos venido a ser necios por amor de Cristo». (4:10), «porque la sabiduría de este mundo es necedad ante Dios» (3:19), y del evangelista san Marcos «el que quiera venir en pos de mí, niéguese a sí mismo, tome su cruz y sígame». (8:34.) Los santos dementes rechazaron la vida de la gente corriente en nombre de Cristo y aceptaron simular locura para poder soportar voluntariamente, como Él había hecho, el sufrimiento y las vejaciones. Y de esta forma compartir Su sufrimiento, Su persecución. «Los pecadores les azotaban, pero los sabios escuchaban sus palabras»; eso es lo que se decía de los santos dementes en los tiempos del reino de Moscovia.

En contraste con los pecadores que están ansiosos por llamarse santos, los santos dementes eran hombres santos que se llamaban a sí mismos pecadores para poder soportar los constantes improperios del mundo. El inglés Giles Fletcher, que visitó Moscovia a finales del siglo XVI, describió a aquellas extrañas criaturas. «Suelen ir totalmente desnudos, a excepción de un taparrabos en torno a la cintura, con el pelo largo colgando enmarañado hasta los hombros, y muchos de ellos llevan un collar de hierro, o una cadena en el cuello, o en la cintura, incluso en las inclemencias del invierno.» A pesar de ello, en Moscovia la voz del santo demente se tomaba por la voz de Dios. Cuando querían comer, podían entrar en cualquier establecimiento y coger lo que quisiesen, y el dueño se sentía satisfecho. La catedral más hermosa de Moscú se erigió junto al Kremlin y fue dedicada al santo demente Basilio el Bienaventurado.

Los crueles zares moscovitas sentían un temor reverencial por los santos dementes, a quienes llamaban «bienaventurados». Iván el Terrible, uno de los zares rusos más sangrientos, acusó de traición a las ciudades de Nóvgorod y Pskov. La primera fue rodeada por las tropas del zar, sus habitantes quemados en la hoguera, los niños atados a sus madres y arrojados con ellas al río Vóljov, mientras los soldados del zar desde barcazas con sus picas terminaban con aquellos que lograban nadar hacia la superficie. A continuación, el zar partió hacia Pskov para destruir a sus habitantes. Doblaron las campanas en Pskov y las mujeres se despidieron de sus maridos. Pero cuando el omnipotente zar entró en la ciudad, lo primero que hizo fue inclinarse ante el santo demente Nicolás. Era cuaresma. El santo demente que vagaba cubierto con cadenas sobre su cuerpo desnudo, ofreció al zar en silencio un trozo de carne cruda en respuesta a su saludo. «Soy cristiano y no como carne durante la cuaresma», respondió el zar: «Hacéis algo peor, devoráis carne humana, olvidando el ayuno y a Dios», contestó el santo. Y el omnipotente zar se retiró dócilmente de Pskov con sus tropas sin infligir daño alguno. Tal era el poder de los santos dementes. Su fingida locura se ocultaba tras una máscara de demencia santa y a la vez sabia. Su conducta era una burla ante las convenciones sociales y los vicios del mundo, ante todo lo que el mundo ocultaba a la vista. La misma desnudez de los santos era la de un universo que pensaba sólo en adornar el cuerpo pero que no tenía en cuenta la mente. Violando el decoro social, los santos dementes rasgan el velo que cubre los vicios secretos del hombre.

La lujuria era un pecado cardinal. Y los santos dementes acosaban a las mujeres poniendo de manifiesto lo que la gente prefería esconder y hacer en secreto. Por esta razón, la conducta de aquellos santos mostraba a menudo la depravación sexual que la sociedad ocultaba con tanto esmero. Así podían copular en medio de la calle. Como G. Shavelsky, capellán general del ejército y la armada imperial, escribió: «En el escritorio de la zarina estaba el libro los *Santos dementes de la Iglesia rusa*, con sus notas al margen junto a los pasajes en los que se hablaba del libertinaje sexual de los santos». De tal forma había comprendido el secreto de Rasputín, o por lo menos eso creía.

El santo renunciaba a cualquier clase de beneficio, no sólo terrenal sino también a los del espíritu: honores, gloria, incluso al respeto y al afecto de los vecinos. Es más, desafiaba a las prebendas y seducciones actuando no de forma humana sino de forma distorsionada (*urodskii*). (De ahí proviene la etimología del «santo demente»: *yurodivyi* o *urodivyi*).

Probablemente Alix comprendió los secretos de la conducta de los santos dementes a partir del ejemplo del antiguo santo bizantino Simeón, que llevaba el mismo nombre que el santo de Verjoturie. Igualmente Feo-

fán al principio buscó en la vida de Simeón una explicación a los actos
de Rasputín.

San Simeón «iba intencionadamente a las casas de baños con mujeres, por lo que fue insultado y vejado».

Fue precisamente en la «Vida del santo demente Simeón», publicada
en *Lecturas Mensuales*, donde la zarina encontró lo que para ella debió
ser la solución al enigma de los soprendentes e incluso horribles actos
de Rasputín.

«La gente no podía reconocer su santidad, puesto que él la ocultaba», reza en la vida de Simeón.» «La *yurodstvo* es la hazaña por la que
una persona que posee la verdadera sabiduría cristiana se revela a través
de su profunda humildad, a través de sus locas acciones externas.» No
obstante, Simeón solía revelarse como un maníaco sexual. Por ejemplo

cuando la mujer de un posadero estaba durmiendo sola en su habitación y
su marido estaba ocupado vendiendo vino, Simeón entraba en su habitación y empezaba a desnudarla, fingiendo querer yacer con ella. La mujer
gritaba y cuando el posadero aparecía corriendo, su esposa le decía: «Quiere violarme». Sin mediar palabra, el marido apaleaba salvajemente al anciano. Pero Simeón hallaba la felicidad soportando los abusos e improperios.

Y en otro pasaje:

Había dos casas de baños en la ciudad, una para hombres y la otra para
mujeres. Simeón se dirigió a los baños de las mujeres». Una vez allí le gritaron: «Alto, santurrón, no puedes entrar aquí!, son los baños de las mujeres». Pero Simeón dijo: «Allí hay agua caliente y agua fría, y aquí hay agua
caliente y agua fría; no hay nada especial, ni aquí ni allí». Con estas palabras entró en la casa de baños desnudo y se sentó entre las mujeres. Al instante se abalanzaron sobre él, le pegaron y lo echaron. Tras este incidente el
diácono preguntó al santo: «Padre, ¿cómo se sintió vuestra carne cuando
entrasteis, desnudo, entre las mujeres también en cueros?». El anciano replicó: «Es siempre lo mismo, estaba entre ellas como un árbol entre árboles, no sentía que tuviera un cuerpo... sino que todos mis pensamientos estaban dirigidos a la obra de Dios». Impasible, entró en los baños de las
mujeres, y al igual que en la antigüedad el arbusto del Sinaí quedó intacto
sin ser consumido por el fuego, lo mismo le sucedió a él al ser tocado por
las mujeres... Y aquellos que difundieron mentiras contra él cayeron enfermos de forma fulminante: sólo él podía curarlos con un beso.

Alix vio que el obsipo Feofán, que había osado levantarse contra Rasputín y no había comprendido su santidad, también había caído enfermo. Al leer la historia de san Simeón, debió de parecerle a la zarina que estaba leyendo la historia de Nuestro Amigo. Por esta razón, los zares seguramente recordaban a los santos dementes y a san Simeón cuando les relataban los horrores acerca de Rasputín, de las casas de baños y de las prostitutas; lo sabrían hasta el día de su muerte: habían conocido a un auténtico santo demente, alguien resucitado de los tiempos del reino de Moscovia de los primeros Romanov, que había atraído sobre su persona, como correspondía a un santo por su mansedumbre, las injurias y la persecución de los que no podían ver. Ésta es la explicación de la frase con la que el zar replicó a las acusaciones de Stolypin de que Rasputín acudía a las casas de baños con mujeres: «Ya lo sé, y allí predica las Sagradas Escrituras».

LA SECTA

¿Sabía Vyrubova que Rasputín era miembro de la secta jlist? Probablemente no, a diferencia de Lojtina. Vyrubova, al igual que la zarina, creía que era un santo. O, más exactamente, intentaba creerlo, porque siempre tuvo sus sospechas. Por esta razón mostraba un constante interés por las enseñanzas de los jlist. Al parecer, buscaba algo que desmintiese lo que decían los periódicos, algo que complaciese a la zarina. De hecho, fue para Vyrubova que el futuro líder bolchevique Bonch-Bruévich elaboró su defensa de Rasputín.

Otro extraño texto fue hallado en el registro efectuado en casa de Vyrubova, uno titulado «Secretos de los jlisti».

Vyrubova declara en el Expediente que

Cuando aparecieron en los periódicos insinuaciones de que Rasputín era jlist, acudí a un conocido mío, Gofshtetter, que escribía para el *Nuevos Tiempos*, pidiéndole que me explicase qué significaba aquello. Entonces Gofshtetter me dio la hoja que me presentaron durante el interrogatorio de la Comisión Extraordinaria, y que contenía una explicación de la esencia de los puntos de vista religiosos de los jlisti.

Gofshtetter le había enviado un texto harto explícito y es muy improbable que se lo enseñase a la zarina.

El beso adulador en la mano del padre espiritual, la sensación de gracia celestial transmitida a través de su tacto y, por parte del padre espiritual, la constante muestra de sus cualidades sobrehumanas y, mediante este alarde y la hipnosis, la supresión de la voluntad personal y la libertad de pensamiento de sus adeptos y su constante éxtasis casi histérico; son todos rasgos característicos de la secta.

¿Qué pensaría aquella mujer inteligente y enigmática, que casi cada día había observado lo que acontecía en el salón de Rasputín, mientras leía aquella hoja que lo describía todo de forma tan exacta?

LOS TELEGRAMAS SENSACIONALES

Así pues, sin ellas saberlo, las devotas de Rasputín se convirtieron en una secta con su ley de deificación del maestro y sus secretos. Al parecer, sólo las devotas «iniciadas», Lojtina, Laptinskaya, Kusova, y Munya Golóvina, conocían el gran secreto del «Cristo» Grigori. Las demás sólo sabían que le había sido dado el don de la profecía y que podía liberarlas, a ellas, mujeres pecadoras, del demonio de la lascivia, y dejarlas «tan inmaculadas como un pedazo de cristal». Todas guardaban los secretos que les habían sido confiados. En efecto, Feofán, que habló con las víctimas de Rasputín —Vishnyakova y Berladskaya— testifica en el Expediente que «Rasputín era capaz de infundir en sus seguidoras la idea de que no debían confesar el pecado de adulterio, puesto que ello confundiría a sus confesores, que no lo entenderían». Durante todo aquel tiempo sólo unas pocas rompieron el pacto, ya que experimentaban constantemente un sentimiento especial en su presencia, sin el cual no podía haber secta alguna. Lili Dehn habla de este sentimiento en el Expediente. Una sensación de temor: miedo al poder del que las había convencido tantas veces. Sin él, sin su poder, sin sus milagros, no podían vivir. Sin él eran como ciegas avanzando sin un guía. A los pocos días de haberse marchado a Pokróvskoie le llovían telegramas de «sus tontas». Docenas de aquellos telegramas se han conservado en el archivo de la Comisión Extraordinaria (expediente núm. 7094-710).

«24 de julio de 1913. Estoy enferma. Imploro tu ayuda. Sana.»

«13 de abril de 1916. Regresé terriblemente angustiada. Te ruego que me ayudes. Sana.»

«En nuestro círculo a Alexandra Pistolkors la llamábamos Sana», declara Golóvina. La de la cara de porcelana, la hermana pequeña de Vyrubova.

También ella, la hermana mayor, enviaba telegramas. Los de Vyrubova con peticiones de ayuda tienen un puesto de honor.

«26 de noviembre de 1914. Dicen que papá está débil, reza. Vendría hoy con un informe en caso de que tuviéramos que preocuparnos ... Anya.»

Asimismo están los telegramas que Vyrubova envió desde el yate real *Standard*.

«Vivimos tranquilos y un poco tristes. Recuerdo a menudo. Anya.»

Con frecuencia escribe a petición de «Mamá», la zarina. Pues, como declaró Vyrubova en los interrogatorios, tras el episodio del robo de las cartas de Alix por parte de Iliodor, la zarina «no escribía ya cartas a Rasputín».

Estaba a punto de dejar de leer todos aquellos telegramas idénticamente enfermizos, cuando cuatro de ellos, uno tras otro, hicieron que me incorporase. ¡Eran sensacionales!

«AMOR Y BESOS - CARIÑO»

Pegados a las páginas 253-255 y a la página 258 (cito los números de las páginas a propósito) del archivo había cuatro telegramas, todos ellos con la misma firma: «Amor y besos - Cariño». Los cito aquí enteros.

25 de octubre de 1914. De Petrogrado para Novy. He vuelto para tres días. Estoy cansada pero contenta de haber podido detenerme. Tengo fe en que mi fuerza [aumentará] con tus plegarias. Amor y besos - Cariño.

7 de diciembre de 1914. De Petrogrado para Novy. Regresaré dentro de ocho días. Sacrifico a mi marido y mi corazón por ti. Reza y bendíceme. Amor y besos - Cariño.

9 de abril de 1916. Pokróvskoie de Tsarskoe Selo para Novy. Estoy contigo con todo mi corazón, con todos mis pensamientos. Reza por mí y por Nicolás en el radiante día. Amor y besos - Cariño.

2 de diciembre de 1916. Pokróvskoie de Tsarskoe Selo para Novy. No has escrito nada. Te echo mucho de menos. Vuelve pronto. Reza por Nicolás. Besos - Cariño.

¿QUIÉN ERA ELLA?

El autor de los dos últimos telegramas de Tsarskoe Selo no ofrece dudas. Oculta bajo la firma «Cariño» está la emperatriz. Así pues, resulta que toda la declaración de Vyrubova es falsa. ¡Alix continuó escribiendo al campesino igual que hacía antes! A pesar de su promesa al zar. Sólo que ahora, en vez de «Mamá» firmaba «Cariño». La autoría de la zarina es evidente tanto por la dirección del remitente (Tsarskoe Selo) como por el contenido. El telegrama enviado el 9 de abril de 1916 («Reza por mí y por Nicolás en el radiante día») se refiere al 8 de abril, día en que Nicky y Alix se prometieron en el castillo de Coburgo. El otro telegrama mandado desde Tsarskoe Selo en el que «Cariño» le pide a Rasputín que rece por Nicolás pertenece también a Alix. Pero ¡hasta qué punto debió de sentirse unida a él! «Estoy contigo con todo mi corazón, con todos mis pensamientos», «te echo mucho de menos.» Ésta era la zarina de Todas las Rusias hablando con un campesino.

Aunque están también los otros dos telegramas con la misma firma: «Amor y besos - Cariño». A pesar de que el primero no menciona para nada a Nicolás, contiene la frase: «¡Sacrifico a mi marido y mi corazón por ti!».

Combinado con los otros telegramas y la carta publicada por Iliodor, suena terrible. Casi apabullante.

Sólo después me di cuenta de que era improbable que la infeliz zarina tuviera nada que ver con este «terrible telegrama». En primer lugar, procedía de Petrogrado, no de Tsarskoe Selo. Por lo que se refiere a la palabra «Cariño», era el término favorito de Rasputín. Él llamaba tanto a Zhukovskaya como a la cantante Belling «Cariño». Para él, todas sus devotas eran «Cariños», y la zarina no sabía que también ella era «Cariño», pues todas eran iguales a ojos del democrático campesino.

Por consiguiente, los dos telegramas enviados desde Petrogrado pertenecían con toda probabilidad a una de las numerosas «Cariños» con las que Rasputín estaba implicado en el «exorcismo de la lujuria».

Sin embargo, en la época de la investigación de la Comisión Extra-ordinaria alguien había grapado los cuatro telegramas juntos, presumi-blemente preparados para su publicación. Y seguramente, a propósito. La combinación «Estoy contigo con todo mi corazón y con todos mis pensamientos —Te echo mucho de menos— Sacrifico a mi marido y mi corazón por ti», prometía un escándalo. Pero, por alguna razón, nunca llegaron a publicarse.

9

PRIMERA SANGRE

«ESTABA EXHAUSTO»

A FINALES DE 1913 y comienzos de 1914 Rasputín empezó a experimentar una crisis física y espiritual. El monótono revolotear de «tontas devotas», el desfilar de sus cuerpos desnudos, se había convertido en algo habitual. Ya no enaltecía sus impulsos; la constante presencia del demonio lo había agotado por completo. «Estaba exhausto desde el punto de vista interno, de ... un sosegado equilibrio espiritual entró en un período de duda y de penosa desilusión en todos los ámbitos, especialmente en cuanto al significado de la vida», testificó Filipov en el Expediente.

En ese momento, empezó a temer que pudiera perder su poder. Como declaró Stepan Beletsky, jefe del Departamento de Policía: «A finales de 1913 el Departamento de Policía interceptó la carta de un hipnotista del que Rasputín recibía lecciones».

No era ningún mito. Un agente de vigilancia externa informó escrupulosamente:

> 1 de febrero de 1914. Según la información que obra en nuestro poder, Grigori Rasputín, residente en la avenida Inglesa 3, ha estado tomando clases de hipnotismo de un tal Gerasim Papandato (apodado el «Músico»), de unos veinticinco años aproximadamente, de rostro moreno, con bigote, y con chaqueta de uniforme cruzada.

Ahora Rasputín se negaba cada vez con más frecuencia a acudir cuando lo llamaban para curar a niños enfermos, diciendo: «es posible que Dios se lo lleve ahora para salvarlo de futuros pecados». Necesitaba estimulantes. Estando sobrio sentía horror. Algo se avecinaba. Era inevitable. Ya estaba de camino. Y entonces empezó a beber.

AIRES DE GUERRA

Desde comienzos de 1914, la gente predecía que habría guerra. Pegadas en el diario del zar de 1913 hay algunas fotografías poco corrientes: la zarina, el heredero, y una gran duquesa vestidos todos con los uniformes de los regimientos que mandaban. Un espíritu marcial se había apoderado de Europa. Hacía mucho tiempo que no tomaban parte en una guerra sangrienta. Un siglo entero había transcurrido desde que las guerras napoleónicas mantuvieran en sus garras a todo el continente. Desde entonces las únicas guerras habían sido regionales. La humanidad había olvidado la sangre y el hedor de miles de cuerpos corrompiéndose. Y el zar, que acababa de regresar de Alemania, presentía que su emperador, el militar «Tío Willy», ya no se oponía a entrar en combate. Por su parte, Francia, ansiosa por vengar la humillación de su aplastante derrota en el reciente conflicto con Prusia, deseaba exactamente lo mismo. Además, el propio Nicolás recuperaba su antiguo sueño de reconquistar Constantinopla, la capital del antiguo Bizancio, de los turcos y levantar allí la cruz ortodoxa. Hacerse con el control del estrecho convirtiendo así el mar Negro en un mar interior ruso. Un excelente regalo para el recién estrenado cuarto siglo de su dinastía: ¡una Rusia que reunificaba el mundo ortodoxo sobre las ruinas de un Imperio otomano derrotado!

De nuevo escuchó con aprobación los sueños guerreros del gran duque Nicolai Nikoláievich. Sintió con alegría la popularidad de su disposición. La joven burguesía rusa quería la guerra, al igual que la vieja aristocracia.

El único problema era Alix. Nicky sabía el pánico que le inspiraba la guerra. Conocía sus premoniciones. Y aunque en su diario el zar había escrito: «31 de diciembre. Bendecid a Rusia y a todos nosotros, oh Señor, con paz y tranquilidad», ella sabía que lo había hecho por su bien. Lo que en realidad quería él era la guerra. Ella era alemana y no se atrevería a oponerse a un conflicto con los alemanes. Una vez más, Nuestro Amigo era la única persona que podía salvarles de la guerra, como ya hiciera en otras ocasiones. Nicky se rendiría en cuanto el padre Grigori comenzase a profetizar. Por consiguiente, era preciso que Nuestro Amigo se apresurase a regresar a Petersburgo (de su última visita a casa).

Una calamidad

Y Rasputín partió de Pokróvskoie. En Moscú se alojó, como de costumbre, con Anisia Reshétnikova. Rasputín y la hija de ésta fueron inseparables durante toda la visita. Ella lo acompañaba a restaurantes y pagaba la cuenta. Estaba previsto que desde Moscú, Rasputín se dirigiera a Crimea para pasar la cálida primavera y esperar la llegada de la familia real. Pero ésta decidió permanecer en Petersburgo durante algún tiempo. Fue convocado a la capital y su padre, Efim Rasputín, y Anna Reshétnikova lo acompañaron.

De aquella ocasión data la fotografía en la que aparece su padre y Anna Reshétnikova junto con el círculo de hombres y mujeres seguidores de Rasputín.

Una vez en Petersburgo, Rasputín no decepcionó a Alix. En una visita a Tsarskoe Selo, reanudó sus razonamientos con el zar, amenazándolo con futuros cataclismos y otros males. Sin embargo, con eso no hizo más que provocar una reacción inesperada. El zar no sólo no quiso escucharle, sino que insinuó al campesino que en aras del mantenimiento de la calma social no sería mala idea que regresase a Pokróvskoie por una temporada.

Según las declaraciones de Molchanov en el Expediente:

> En marzo de 1914 fui a ver a Rasputín y lo encontré sumido en una profunda aflicción. «Bueno, es una calamidad, amigo mío», me dijo. «De repente, tengo que marcharme a mi pueblo, a Pokróvskoie, para siempre». Puesto que Vyrubova y Pistolkors parecían preocupados por algo en aquella misma época, pensé que por alguna razón estaban descontentos con Rasputín en Tsarskoe Selo.

Rasputín seguía siendo una celebridad. Los periódicos ilustraban cada uno de sus movimientos. El 22 de marzo, «Rasputín salió en dirección a Tiumén con su padre», publicaba el *Nuevos Tiempos*. Su padre siguió hacia Pokróvskoie, mientras él se quedó en Tiumém. El 28 de marzo un corresponsal de prensa le vio «en casa de un tal señor Stryapchikh» (un amigo suyo de Tiumén con el que solía hospedarse y a cuya atención enviaban a menudo sus devotas los telegramas). «Bebía té sentado en el sofá en compañía de dos jóvenes damas, una morena despampanante y la otra más mayor, aunque todavía conservaba rasgos de su antigua belleza.» Y al día siguiente, «con sus propios caballos, partío en el frescor de la mañana hacia Pokróvskoie, donde pensaba pasar la Semana Santa». Por la misma carretera por la que él y su padre habían transportado pasajeros y mercancías en su carro por medio cópec, ahora conducía Rasputín sus caballos ataviado con un magnífico abrigo de pieles y un caro sombrero de castor. La carretera todavía no se había convertido en fango debido a que aún se prolongaba la estación siberiana de las escarchas matutinas. Espacio, libertad, un lugar en el que se podía respirar a pleno pulmón.

En vísperas de la catástrofe

En aquellos momentos la situación del país era altamente propicia. Las celebraciones del tercer centenario habían reforzado el prestigio de la dinastía, la economía era floreciente, y la autocracia parecía inquebrantable. Aunque es cierto que aquel extraño genio, el joven poeta de los poetas, Velimir Jlebnikov, en una miscelánea del grupo literario modernista Unión de Jóvenes, había hecho una lista con las fechas del fin de los grandes imperios. Concluía la relación con su profecía respecto a Rusia, la fecha de la caída del imperio Romanov: 1917. Aunque, con toda probabilidad, casi nadie, a excepción de los autores de la oscura publicación, debió leerla en aquel entonces.

Los antiguos sentimientos de apocalipsis ahora parecían ajenos. Los revolucionarios habían sido desterrados o llevaban una penosa existencia en el extranjero. Lenin anunció con tristeza a su cohorte que su generación no vería la revolución. La victoriosa guerra que se avecinaba con su promesa de nuevos mercados reconciliaba a la joven burguesía con la autocracia. Probablemente lo único que preocupaba a la gran familia Romanov y a las personas que estaban en el poder era el campesino, que era «el último revolucionario de Rusia», la última bandera de la oposición. Creían seriamente que constituía el principal escollo para el inicio de la futura guerra victoriosa. El gran duque Nicolai Nikoláievich continuó atacando al anciano en sus conversaciones con el zar. Alix comprendió la situación: era preciso conseguir que Nicky se trasladase a Livadia sin demora.

La última primavera en la hermosa Livadia

La familia real partió hacia Crimea a finales de abril. Como siempre, Nicky se había resistido durante algún tiempo, pero al final Alix venció. Rasputín no permaneció en Pokróvskoie «para siempre». Los periódicos anunciaban ya que había salido en dirección a Yalta, a Crimea.

El palacio de Livadia estaba desierto. El gran duque Dimitri, antiguo favorito del zar, ya no era bien recibido. El hermano del zar, Mijaíl, estaba exiliado en el extranjero y la abnegada hermana de la zarina y acérrima enemiga de Rasputín, la gran duquesa Isabel Fiódorovna, tampoco visitaba ya el palacio. Sólo los «nuestros» estaban allí: Vyrubova, Lili Dehn y Rasputín. Como de costumbre, Grigori era conducido en secreto desde su hotel en Yalta al palacio de Livadia.

Igualmente como de costumbre, Yalta bullía de habladurías acerca de sus visitas secretas. La última primavera en el palacio de Livadia tocaba a su fin. Ni la familia real ni Rasputín volverían a verlo jamás.

«Rasputín se propone regresar a Petersburgo en mayo», escribió el periódico Palabra Rusa. Efectivamente fue a Petersburgo pero, como de costumbre, hizo un alto en el camino en Moscú. «Grigori Rasputín llegó a Moscú el 13 de mayo de 1914, y, como siempre, se hospedó en casa de Anisia Ivanovna Reshétnikova. Desmintió los rumores de que pretende retirarse a un monasterio y de que haya tenido un enfrentamiento con Dzhunkovsky», escribió el periódico.

Tras el fracaso de Dzhunkovsky al intentar establecer vigilancia oficial sobre Rasputín, el jefe de los gendarmes se mantenía al margen, y no habían ocurrido más enfrentamientos. No obstante, Rasputín sabía que todavía lo seguían clandestinamente. Sin embargo, ahora no servía de nada lamentarse: el zar ya no estaba con él. El zar tenía intención de ir a la guerra.

Rasputín se sentía fuera de lugar en Petersburgo. Quería marcharse. Como si presintiese algo, deseaba alejarse de aquella peligrosa ciudad. Pero con la guerra en perspectiva, Alix temía dejar que se alejarse demasiado tiempo. Él era su última esperanza; los que anhelaban la guerra lo sabían. El campesino semianalfabeto estaba una vez más en el centro de los acontecimientos mundiales.

Pero llegó el verano, unas vacaciones políticas ilusorias. Alix puso sus esperanzas en la tregua estival y dejó que Rasputín regresase a Pokróvskoie para pasar la temporada. Como informaron los periódicos, «Rasputín se marcha a Pokróvskoie, donde permanecerá hasta agosto, fecha en que tiene previsto regresar de nuevo a Petersburgo». Entretanto, la prensa se apresuraba a realizar entrevistas a aquel fenómeno humano.

A la luz de los amenazadores sucesos, un periodista del *Nuevos Tiempos* le preguntó a Rasputín: «¿Sabe lo que el conde Witte ha estado diciendo sobre sus esfuerzos por entrometerse contra aquellos que están a favor de la guerra?».

«Siempre he dicho que hay que salvaguardar la dignidad nacional, pero el alarde militar no es beneficioso», respondió el campesino. El periódico lo publicó inmediatamente con una clara insinuación a los lectores: durante los sucesos de los Balcanes, las cuestiones de guerra o de paz fueron delegadas a la autoridad del campesino semianalfabeto. Y aquello terminó con la humillación de Rusia y la traición a los pueblos eslavos. ¿Permitiremos que esto vuelva a suceder?

¡Cuántas veces le había prohibido Alix hablar con los periodistas! El 30 de mayo, el *Correo de San Petersburgo* informaba de que Rasputín había «solicitado a la policía que protegiese su apartamento contra las visitas de los reporteros de la prensa, que lo molestaban, y al mismo tiempo cambió su número de teléfono». Finalmente, se marchó de la capital. Abandonó la ciudad y huyó a Pokróvskoie, donde todo volvió a empezar.

Extraña coincidencia de dos sucesos sangrientos

Rasputín abandonó Petersburgo junto con sus fieles admiradoras Golóvina y Vyrubova. Llegaron a Tiumén el 8 de junio, y continuaron su camino siguiendo su ruta favorita desde Tiumén al monasterio de Verjoturie con sus reliquias de san Simeón. Luego, tras despedirse de Vyrubova y Golóvina (sus discípulas regresaban a Petersburgo), Rasputín condujo sus caballos hacia Pokróvskoie. Con los periodistas pisándole los talones en vez de los agentes de policía. Aunque es posible que alguno de ellos desempeñase también el papel de agente.

No consiguió vivir tranquilo por mucho tiempo en Pokróvskoie.

A finales de junio se produjeron dos acontecimientos. Aunque aparentemente sin relación alguna, ambos ejercieron gran influencia en el destino de pueblos enteros, en las muertes futuras de millones de personas y en el mapa del planeta. Uno de ellos es harto conocido: el 28 de junio de 1914 (del calendario gregoriano), en Sarajevo, el estudiante nacionalista serbio, Gavrilo Princip, asesinó al archiduque Francisco Fernando, heredero del trono de Austria-Hungría. El hecho supuso la inevitable explosión del «caldero balcánico». Los partidarios de la guerra en Rusia, Alemania y Austria-Hungría estaban exultantes. «¡Bueno, ahora ajustaremos cuentas con Serbia!», afirmó el conde Berchtold, ministro de Exteriores austrohúngaro. Pero era evidente que Rusia no iba a dejar que Serbia fuese aniquilada. El 22 de julio el emisario del zar, el conde I. L. Tatischev, informó que el káiser Guillermo había decidido apoyar a los austrohúngaros. La guerra mundial se perfilaba como una realidad.

Alix resolvió llamar al campesino a la capital, aunque sabía que Nicky se obstinaría. Mientras intentaba convencerlo, el telégrafo transmitió a Petersburgo noticias que pondrían fin a sus esfuerzos: en la lejana Pokróvskoie una mujer desconocida se había acercado a Rasputín y le había clavado un cuchillo en el estómago. La única persona que aparentemente podía haber evitado la intervención rusa, y por consiguiente la guerra mundial, cayó víctima de un cuchillo.

¿De verdad pudo Rasputín haber evitado la guerra? Mucho se hablaría después al respecto. Su futura conocida, la cantante Belling, contó en sus memorias cómo en cierta ocasión, durante una cena, Rasputín dijo: «De no ser por aquella maldita mujer que me cortó los intestintos, ahora no habría guerra... ¡Mientras mis intestinos se curaban, los alemanes iniciaban la contienda!».

Tal como testifica Sazonov en el Expediente: «El propio Rasputín me confirmó: "si hubiera estado en Petersburgo, no habría habido guerra"». El campesino estaba en lo cierto al decir eso, puesto que sabía que

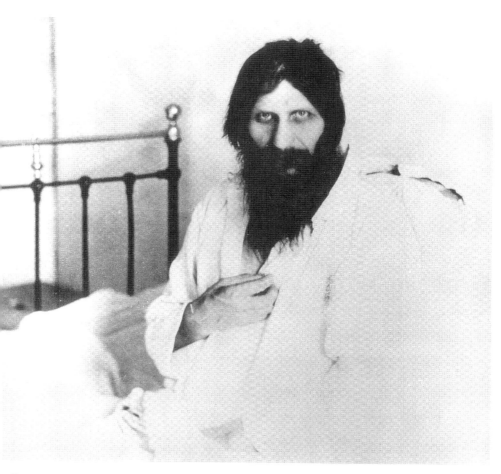

Rasputín, en camisón de hospital, recuperándose de un atentado contra su vida. La asaltante, Jionia Guseva testificó más tarde: «Tenía un puñal en una funda debajo de la falda ... lo saqué a través de una abertura de la blusa. Se lo clavé una sola vez en el estómago. Entonces Rasputín escapó corriendo mientras yo le perseguía para asestarle el golpe de gracia». Pasaron a toda prisa por delante de las casas y de la gente que contemplaba la escena petrificada. Una mujer menuda blandiendo una daga, y Rasputín presionando su camisa contra la herida. Pero no consiguió apuñalarlo por segunda vez. «Él cogió un palo del suelo y me golpeó en la cabeza, derribándome al instante ... Era por la tarde y la gente acudía de todas partes diciendo: "matémosla", y asieron el palo. Me levanté inmediatamente y dirigiéndome a aquel gentío les dije: "Entregadme a la policía. No me matéis". Me ataron las manos y me llevaron a la comisaría regional, y por el camino ... me dieron alguna patada, pero no me pegaron.»

Explicó que su acto había sido fruto de su propia decisión tras leer sobre Rasputín en los periódicos: «Considero que Grigori Yefimovich Rasputín es un falso profeta e incluso un Anticristo ... Decidí matar a Rasputín emulando al santo profeta que apuñaló a cuatrocientos falsos profetas con un cuchillo».

Rasputín se debatió entre la vida y la muerte durante varios días. Todos sus admiradores y la Familia Real enviaron telegramas deseándole una pronta recuperación.

Anna Vyrubova, que se
convirtió en la compañera
íntima de la zarina, era «astuta,
reservada, taimada y lista. Una
mujer peligrosa». Serguei Witte,
siendo primer ministro,
escribió: «Todos los cortesanos
próximos a la familia real
ofrecen sus servicios a Anna
Vyrubova. ... Anna les hace
algunos favores e influye en el
soberano para decantarlo hacia
un determinado grupo político
u otro».

Anna Vyrubova era como una segunda madre para las grandes duquesas: Olga, Tatiana, María y Anastasía.

Nicolás y Anna Vyrubova en la playa de Livadia en Crimea. «El último y poderoso kanato tártaro había mantenido allí su dominio, y luego la espléndida península fue gobernada por los antepasados de Yusúpov. Ahora a lo largo de la línea del mar se extendía una franja de arena dorada. Y por encima del mar se erguía el palacio blanco de la familia real en Livadia, los palacios de los grandes duques y el palacio de Crimea de la familia Yusúpov.»

Anna Vyrubova con la zarina. «Todo el mundo censura a Vyrubova a sus espaldas mientras que por delante tratan de ganar su favor ... Todos estos caballeros temen tan sólo una cosa, perder sus acogedores y mezquinos puestos, pero poco les importa Rusia», escribió una cortesana en su diario.

Dos fotografías de grupo hechas en marzo de 1914 en el apartamento de Rasputín en San Petersburgo y después ampliamente difundidas. Por primera vez ha sido posible identificar a la mayoría de los que en ellas aparecen.

Arriba: Alexandra («Sana») Pistolkors y su marido Alexander están de pie contra la pared: un joven caballero alto, bien fornido y acicalado, y junto a él, su esposa con su carita de porcelana de rasgos aniñados y su enorme barriga (estaba embarazada). A su lado, el joven con bigote que se esfuerza por sacar la cabeza por encima de los demás es Leonid Molchanov, el que identificó a los personajes de la fotografía para la Comisión Extraordinaria, en 1917. Siguiendo todavía en la última fila, y apenas visible, aparece el príncipe Zhevajov, que había acudido allí acompañando a su colega Pistolkors, y que gracias a su devoción por Rasputín sería recompensado en septiembre de 1916 con el nombramiento de viceprocurador general del Santo Sínodo.

A continuación dos personajes rasos, Ervin Jristoforovich Gill, marido de una hermosa devota de Rasputín, y Nina Dimitrievna Yajimovich, una dama alta y ancha de hombros, una de sus más sumisas devotas. Después Molchanov nombró a dos figuras de particular interés: Olga Vasilievna Loman y su hija Nadezhda. Era la familia de Dimitri Loman, que como ya hemos mencionado fue el constructor y coadjutor de la Catedral Feodor, la favorita de los zares en Tsarskoe Selo. La mujer de rasgos duros y rostro frío a la derecha de Olga Loman y su hija es otro importante personaje de la vida futura de Rasputín. Se trata de Anna Ivanovna.

Reshétnikova, la hija de la esposa del acaudalado y anciano comerciante de Moscú, Anisia Reshétnikova, en cuya casa se alojaba Rasputín cuando viajaba a Moscú.

En la segunda fila está Sofía Volynskaya, una hermosa y no muy joven judía ... esposa del agrónomo Volynsky ... A continuación viene Anna Vyrubova con su enorme cara rolliza en forma de luna, y a su lado la anciana de luto es Alexandra Gusehina, la inconsolable viuda que Rasputín conoció durante una plegaria. La bella mujer que está a su lado y que lleva un sombrero a la moda con una pluma es Yulia («Lili») Dehn, después de Vyrubova la amiga más íntima de la zarina.

Y, por último, el campesino tosco y de escasa estatura con el pelo y la barba enmarañados, una especie de dios pagano, un Pan ruso, no es otro que el padre de Rasputín.

En la primera fila tenemos a las devotas Zina Timofeeva, María Golóvina, María Gill a la derecha de Rasputín, con Olga Kleist, y sentada en el suelo una mujer robusta de rostro ancho y obstinado con aspecto de campesina, Akilina Laptinskaya. También ella era una de las depositarias de los secretos de Rasputín.

En la otra fotografía Molchanov aparece de pie de espaldas a la puerta. Aseguró a la Comisión Extraordinaria que además de Rasputín el grupo incluía a «la señora Golóvina, la señora Gill, Dehn, una mujer que había venido de Siberia con cierta petición para Rasputín, una anciana de la isla de Vasiliev, y la hija de Rasputín, Matryona».

Mijail Rodzyanko, presidente
de la Duma, que se presentó
a sí mismo ante el zarevich
de ocho años como «el hombre
más grande y más gordo
de Rusia».

Maurice Paléologue, el influyente embajador
francés en San Petersburgo, cuyos diarios
constituyen una importante fuente de información
acerca de las murmuraciones que circulaban en
la Corte y la sociedad sobre Rasputín, inmediatamente
antes y durante la primera guerra mundial.

No es posible disponer de la lista completa de esta reunión de la policía de San Petersburgo,
pero el número 3 es Stephan Beletsky, jefe del Departamento de Policía, y a su lado (el tercero
empezando por la derecha) está Vladimir Dzhunkovsky, jefe de los gendarmes, que controlaba
la policía política. «Sabía divertir a los infantes con sus imitaciones del canto de los pájaros.»

Estas caricaturas haciendo mofa de la posición de Rasputín fueron ampliamente difundidas.
Además del zar y la zarina, Anna Vyrubova (a la izquierda) le mira con devoción.

Nicolás con el káiser alemán Guillermo, primo carnal de la zarina. «Desde comienzos de 1914, todos empezaron a predecir simultáneamente que habría guerra. Y el zar, que acababa de regresar de Alemania, presentía que su emperador, el militar "Tío Willy", ya no se oponía a entrar en el conflicto.»

el principal actor en aquel asunto no era él, sino ella. Lo único que él podía hacer era representar su papel: ir a Petersburgo y profetizar contra la guerra para que la zarina, basándose en sus palabras, pudiera torcer la voluntad del zar.

Pero la Corte y la sociedad estaban convencidos de que el actor era él. Tal como declaró Guchkov: «La actitud de Rasputín en relación con la guerra era negativa. Un corresponsal italiano le preguntó antes de que comenzase si habría guerra o no. Él respondió: "Sí, está a punto de empezar una. Pero Dios mediante, no habrá guerra, yo me ocuparé de que así sea".»

El relato de la asesina

Todo sucedió cuando Rasputín salía de la iglesia. Casi había llegado a su casa. Alguien le estaba esperando junto a la verja. Era una mujer joven. Pedía limosna, y mientras Rasputín le daba dinero, ella sacó un cuchillo y lo apuñaló. La mujer, una tal Jionia Guseva de Tsaritsyn, fue capturada. Todos los periódicos rusos cubrieron el suceso en portada.

En el archivo de Tambov se conservan los tres volúmenes de la investigación sobre «el atentado contra la vida del campesino ... Grigori Yefimovich Rasputín». La propia Jionia Guseva declaró:

El 29 de junio (del calendario gregoriano) después de la comida del mediodía vi... que Grigori Rasputín se acercaba... tenía un puñal en una funda debajo de la falda... lo saqué a través de una abertura de la blusa. Se lo clavé una sola vez en el estómago. Entonces Rasputín escapó corriendo mientras yo le perseguía para asestarle el golpe de gracia.

Pasaron por delante de las casas y de la gente que contemplaba petrificada la escena. Una mujer menuda blandiendo una daga y Rasputín presionando su camisa contra la herida. Sin embargo, no consiguió apuñalarlo por segunda vez.

Él cogió una vara del suelo y me golpeó en la cabeza, derribándome al instante... Era por la tarde y la gente acudía de todas partes diciendo: «Matémosla» y asieron la vara. Me levanté inmediatamente y dirigiéndome a aquel gentío les dije: «Entregadme a la policía. No me matéis». Me ataron las manos y me llevaron a la comisaría regional, y por el camino... me iban dando patadas, pero no me pegaron.

Aquella joven mujer tenía una cara espeluznante con una nariz desfigurada como si tuviera sífilis. No obstante, Jionia explicó: «Sólo soy una niña y nunca tuve hijos ni padecí la sífilis... Las medicinas me estropearon y me desfiguraron la nariz cuando tenía trece años».

Cuando se enteró de que Jionia era de Tsaritsyn, Rasputín recobró el conocimiento y declaró que el ataque había sido un saludo fatal del monje de Tsaritsyn, Iliodor. Pero Guseva negó que Iliodor tuviera nada que ver en todo aquello. Aclaró que su acto había sido fruto de su propia decisión tras leer sobre Rasputín en los periódicos: «Considero que Grigori Yefimovich Rasputín es un falso profeta e incluso un Anticristo... Decidí matar a Rasputín emulando al santo profeta que apuñaló a cuatrocientos falsos profetas con un cuchillo».

Rasputín se debatió entre la vida y la muerte durante varios días. Todos sus admiradores y la familia real enviaron telegramas deseándole una pronta recuperación. El interrogatorio de Guseva estaba ya en marcha. «Durante el interrogatorio», publicaba el *Nuevos Tiempos*, «Guseva expresó su pesar por no haber conseguido matar al anciano. Jionia Guseva es de profesión sombrerera... conoció a Rasputín en 1910 cuando visitaba el albergue del monasterio de Balashev en Tsaritsyn, donde vivía una amiga suya, la monja Xenia.» Los periódicos quedaron fascinados por las posibilidades románticas. Una versión aseguraba que Rasputín había seducido a Guseva cuando era joven y hermosa. Otra especulaba que Rasputín había corrompido a la bella Xenia siendo ésta menor durante un rito de «regocijo» y que ahora Guseva se vengaba en su nombre. Y aunque enseguida quedó claro que la mencionada Xenia sólo vio a Rasputín de lejos y siendo ya mayor, nadie se molestó en desmentir nada. Los lectores querían la «historia de Rasputín».

ENVIADA A UN MANICOMIO

Tan pronto como se recuperó, los corresponsales irrumpieron en la sala del hospital de Tiumén. Su desgracia lo reconcilió temporalmente al menos con parte de la prensa. Y en consecuencia, durante cierto tiem-

322

po el tono de algunos periódicos llegó a ser casi amable. El *Noticias de la Bolsa* escribió: «Estaba sentado y parecía agotado por la mala salud, llevaba un camisón de hospital y relataba sus experiencias... El gran público desconoce sus pensamientos, que él anota casi a diario en una libreta». El corresponsal ofrecía una cita: «Es algo muy grande estar presente en la hora final del enfermo. Pues uno recibe dos recompensas: está visitando a una persona enferma y, al mismo tiempo, todo lo terrenal parece tan sólo una ilusión y una trampa del demonio».

Guseva fue enviada a un manicomio de Tomsk. Era la única manera de evitar un juicio escandaloso que no habría hecho más que provocar nuevas oleadas de odio hacia Rasputín.

N. Veryovkin, viceministro de Justicia en aquellos momentos, durante su interrogatorio ante la Comisión Extraordinaria testificó: «Declararon que Guseva sufría demencia... pero la mujer gritaba: "Estoy en mi sano juicio y lo recuerdo con claridad: quería apuñalarlo con un cuchillo"». La mandaron a un hospital psiquiátrico. Más tarde, sus familiares solicitaron su puesta en libertad alegando que ya se había recuperado. Pero el ministro de Justicia dio instrucciones para que su «liberación no se produzca antes de haber eliminado por completo cualquier riesgo que la paciente pueda representar para aquellos que la rodean». Por consiguiente, Guseva estaba condenada a pudrirse en el hospital hasta que fue liberada por la Revolución.

El atentado contra la vida de Rasputín causó una tremenda conmoción en la infeliz esposa del general. En aquel entonces estaba visitando a Iliodor en su granja. El *Correo de San Petersburgo* informó que «Lojtina, al enterarse del intento de asesinato de Rasputín, corrió a casa de Iliodor y gritó: "¡Ha llegado el día del Juicio Final. Arrepentíos antes de que sea demasiado tarde!"». Se pasó medio día aporreando la puerta y chillando hasta que los adeptos a Iliodor finalmente le transmitieron «el mandato de Cristo» de que se marchase. Tenía miedo de ir a Pokróvskoie porque también para los admiradores de Rasputín era una paria. «El año en que Guseva atentó contra la vida de Rasputín, todos sus partidarios se apartaron de Lojtina por su amistad con Iliodor... Lojtina siguió creyendo que Iliodor no había tenido nada que ver. Sin embargo, Rasputín no tenía dudas al respecto», testificó María Golóvina.

LA EXPLICACIÓN DEL ATENTADO

Rasputín no paraba de hablar de su enemigo de Tsaritsyn. El corresponsal del periódico *Discurso del Kama-Volga* le hizo una entrevista: «La mujer de Tsaritsyn... admiraba a Iliodor. La pobre mujer haría cualquier cosa mientras fuera idea de él. Iliodor la incitó, ella no actuaba por su cuenta. Era tan sólo el martillo que golpeaba, pero el yunque pertenecía a otro».

En su libro *Un diablo sagrado*, Iliodor confirma que en efecto conocía a Guseva.

> Conozco bien a Jionia Guseva. Es mi hija espiritual... Hasta los dieciocho años tuvo un rostro hermoso, pero después se deformó: la nariz se le desfiguró. Su única explicación es que ella le rogó a Dios que se llevase su belleza. Y así fue. Lo que ocurrió fue sencillamente que durante un peregrinaje a los lugares santos; dormía en pensiones de mala muerte en grandes ciudades y contrajo la terrible enfermedad de la sífilis convirtiéndose en un monstruoso fenómeno.

Pero Iliodor negó categóricamente cualquier participación en el intento de asesinato: «He sido injustamente acusado por Rasputín de haberle enviado a una asesina».

No obstante, Rasputín entregó a la investigación judicial una carta que le habían enviado a Pokróvskoie tres días después del ataque con la daga: «¡Yo, y no tú, Grigori, ha salido victorioso de esta batalla! Tu hipnosis se ha desvanecido como el humo al sol. ¡Afirmo que a pesar de todo morirás! ¡Yo soy tu respuesta! La prisionera».

«Creo que la carta fue escrita por el propio Iliodor», testificó Rasputín. Los investigadores adjuntaron la carta al Expediente. Pero a diferencia de los investigadores de 1914, nosotros no tenemos que hurgar entre los retazos de pruebas ni basarnos en conjeturas.

En la Biblioteca Pública de Nueva York leí un libro rarísimo cedido a ésta por la hija del general ruso Denikin (que estuvo al mando del ejército blanco durante la guerra civil). El libro se titulaba *Marta de Stalingrado*, y su autor era Iliodor. Lo escribió tras emigrar a América y lo publicó en ruso. En este libro Iliodor dice que fue él quien decidió quitarle la vida a Rasputín. En su Nueva Galilea, él cuidaba de su rebaño junto a las márgenes del río. Unas cuatrocientas personas se reunieron allí. «La congregación eligió a las tres mujeres más hermosas... Se suponía que aquellas tres bellezas», escribe Iliodor, «tenían que atraer a Rasputín y matarlo.» Pero Jionia Guseva, que estaba allí, dijo: «¿Por qué arruinar a mujeres hermosas que tienen una vida por delante? Yo soy una mujer desdichada y a la que nadie necesita... Yo sola llevaré a cabo su ejecución. Padre, dame tu bendición para apuñalarle igual que el antiguo profeta apuñaló a los falsos profetas».

Iliodor le dio su bendición para el crimen.

Así pues, Iliodor estaba detrás de la daga de Guseva. ¿Pero estaba solo?

¿QUIÉN ESTABA IMPLICADO EN EL ATENTADO?

No es una pregunta muy difícil de responder. El 2 de julio Iliodor ya estaba camino del exilio. Como él mismo escribió: «Abandoné mi patria y, vestido de mujer, huí por la frontera. El 19 de julio de 1914 crucé el río cerca de la ciudad de Tornio, cuatro kilómetros más arriba de la aduana y el puesto de guardia». Pero Iliodor no mencionó lo más importante. Según las declaraciones de otros testigos, «Iliodor huyó de su casa en automóvil».

¿Pero de dónde pudo haber sacado un automóvil aquel pobre sacerdote? ¿Por qué camino lo condujeron a Tornio? ¿Quién alquiló y pagó al guía que sabía dónde estaba el puesto de guardia fronterizo y que consiguió llevar a Iliodor al otro lado de la frontera con Finlandia? En su testimonio, Beletsky relataría cómo tiempo después intentó ganarse la confianza de Rasputín informándole de algo que desconocía: ¡que a la esposa de Iliodor se le había permitido llevarse consigo fuera del país el peligroso archivo del monje!

Se le permitió salir

a pesar de los despachos y los numerosos telegramas al Departamento de Policía en nombre de Dzhunkovsky, por parte del jefe de la Dirección de la Gendarmería de Saratov, y del gobernador del distrito de Saratov indicando la hora de salida de la esposa de Iliodor e instando a su busca y detención, le fue concedido el permiso [por Dzhunkovsk] después de haber abandonado el país cruzando con éxito la frontera.

El mismo Dzhunkovsky que era el jefe de los gendarmes y de la policía secreta. Un amigo íntimo de Ella y del gran duque Nicolás Nikoláievich. Así pues, nada fue casual.

El 1 de julio, inmediatamente después del atentado, se puso bajo vigilancia policial a Rasputín para protegerlo.

Se conservan declaraciones sumamente interesantes por parte de Dzunkovsky ante la Comisión Extraordinaria. «Mandé someter a Rasputín a una doble vigilancia. Recibía informes diarios sobre sus andanzas, sabía cuánto tiempo pasaba en cada lugar, y con quién ... La vigilancia comenzó ... justo antes del atentado contra su vida.»

Pero la vigilancia oficial se estableció después del atentado contra Rasputín. Por tanto, la vigilancia no oficial estaba en funcionamiento antes del atentado.

GRIGORI NOVY

Rasputín estaba atrapado en una red de intrigas. «La idea de matarme fue de Iliodor.» ¿Durante cuánto tiempo pudo creer eso? ¿Pudo el inteligente campesino haber pasado por alto la historia de Beletsky sobre cómo «gente importante» había ayudado a Iliodor? ¡Por supuesto que no! De modo que no tardaría en comprender lo inevitable de su propia caída. Y de la de la ingenua e infeliz pareja rodeada de una familia a quienes no gustaban, una Corte hostil, y una sociedad enloquecida que clamaba por la guerra.

Ahora, cada vez con más frecuencia ahogaba sus premoniciones y su terror en el vino. Llegaba el momento decisivo final de su vida. Durante muchos años se había resistido al vino. Porque se conocía. Él mismo le dice a un investigador en el expediente de Tobolsk: «dejé de beber vino hace diez años, tengo un carácter terrible cuando estoy borracho». Aquel «carácter terrible» era la bestia despierta, la locura y el límite de la depravación. Hay un viento que se desencadena más allá de los Urales y atraviesa arrasando la interminable llanura rusa. Del mismo modo, en el alma rusa bulle y brama una fuerza peligrosa y sin límites. Y cuidado si se liberaba: ahora bebería en serio, muy en serio. En este momento necesitaba dinero, un montón de dinero, por ello tendría que pasar por alto las extorsiones de su secretaria Laptinskaya a los que acudían a él con peticiones. Sí, sería una especie de pago por sus servicios; después de todo, él había sido arrancado de su trabajo de campesino por complacer a los «zares». Los «zares» no le pagaban. Que fueran por lo menos sus súbditos quienes le dieran dinero para que el campesino pudiera correrse sus juergas a gusto. ¡Por fin podría ir de farra! ¡Para que todos aquellos caballeros tuvieran algo por lo que recordarle! ¡Que recordasen al campesino Grishka! El nombre que el zar le había dado resultó profético: tras el ataque con el puñal se convirtió a la vez en Rasputín y en Novy (Nuevo).

LA GUERRA

Alix comtemplaba con horror los alegres preparativos para la guerra. Mientras tanto, en el otro extremo del mundo, en Siberia, su medio muerto alter ego yacía atado a su cama.

El texto del ultimátum a Serbia fue aprobado por Austria-Hungría el 6 de julio. Pero su presentación en Belgrado se pospuso hasta el 10 de julio para que coincidiera con la partida de Petersburgo del presidente, de Francia, Poincaré, que a la sazón estaba visitando Rusia. Así, el presidente y el zar no pudieron alcanzar ningún acuerdo inmediato de acción conjunta. Poincaré llegó a Rusia el 7 de julio en visita oficial de tres días. La firma de un *accord intime* secreto reconocía formalmente las obligaciones militares impuestas a ambas partes por la alianza franco-rusa.

En una cena en honor al presidente francés, Stana, la «mujer negra», manifestó alegremente: «Antes de final de mes estaremos en guerra ... [y] nuestros ejércitos se reunirán en Berlín». Poco antes, el zar y el presidente habían estado contemplando con deleite, en unas maniobras bajo un cielo resplandeciente, el poderoso ejército ruso. En el transcurso de aquellas maniobras, Alix casi se había desvanecido. En la cena, rindiendo honores al presidente francés, Paléologue, el sorprendido embajador de ese país, recordaría: «Se mordía constantemente los labios, y su respiración febril hacía que la malla de diamantes encastados que cubría su pecho lanzase destellos ... era evidente que la pobre mujer estaba al borde de un ataque de histeria».

Una hora después de que Poincaré abandonase Petersburgo, el enviado austrohúngaro en Belgrado entregó al gobierno serbio el ultimátum. Serbia apeló inmediatamente a la protección rusa. El 12 de julio, el Consejo de Ministros bajo la presidencia del zar promulgó una «Resolución relativa al período de preparación para la guerra». Esa noche los miembros del Comité del Estado Mayor fueron informados de la decisión del zar «de apoyar a Serbia, aunque para ello fuera necesario anunciar una movilización y emprender acciones militares, si bien no antes de que las tropas austríacas hubieran cruzado la frontera serbia».

Francia se preparó para la guerra junto con Rusia. Alemania y Austria-Hungría hacía ya dos semanas que habían iniciado los preparativos. Simultáneamente, Inglaterra situó a su armada en estado de alerta para el combate. Las febriles conversaciones diplomáticas eran incesantes, pero ya nada podía cambiarse. La perturbada Europa estaba dispuesta a luchar.

Entretanto, los desesperados telegramas de Alix no dejaron de volar, primero a Tiumén y luego a Pokróvskoie, donde habían trasladado al convaleciente Rasputín. «12 de julio de 1914. Urgente a Tiumén. Para Novy de Petersburgo. Momentos delicados. Amenazan con la guerra.» «16 de julio de 1914. Malas noticias. Tiempos terribles. Reza por él. Ya no me quedan fuerzas para luchar contra los demás.»

No cesaba de clamar auxilio. Una vez más, el campesino no la defraudó. Aunque medio muerto, cogió otra vez su torpe pluma. El 16 de julio se firmó un «Ucase relativo a una declaración de movilización general». Nicolai Nikoláievich estaba exultante. La belicosa familia Romanov entera se alegró. Justo entonces, recibió el zar el telegrama de Pokróvskoie que Alix había estado esperando tan ansiosamente.

UNA PROFECÍA

Probablemente Rasputín había enviado varios telegramas parecidos. Pero éste, con su terrible predicción, era el más aterrador.

Según el testimonio de Badmaev: «En aquellos tiempos de guerra, él ... mandó un telegrama sobre lo mismo de siempre [no luchar], pero no le escucharon».

De las declaraciones de Vyrubova en el Expediente: «Entonces, después de haber dado la orden de movilización antes del inicio de la guerra, envió al soberano un telegrama desde el pueblo de Pokróvskoie con la petición de que se llegase a algún acuerdo para evitar la guerra».

Como se desprende de los registros de la vigilancia externa de Rasputín después del comienzo de la guerra, «el 20 de julio de 1915, durante su estancia en el pueblo de Pokróvskoie, Rasputín le comunicó al agente Terejov: "El año pasado, cuando estaba en el hospital, le pedí al zar que no fuese a la guerra, y con este motivo le envié unos veinte telegramas, incluyendo uno muy serio"».

En 1968, se publicó en París, en *La révolution russe*, una fotocopia de aquel telegrama tan «serio» que Rasputín envió al zar.

Una nube amenazadora se cierne sobre Rusia: desgracia, mucha aflicción, ni un atisbo de esperanza, un mar inconmensurable de lágrimas, ¿y de sangre? ¿Qué puedo decir? No hay palabras: un horror indescriptible. Sé que todos os exigen guerra, y los que os son leales [la desean] sin darse cuenta de que es en aras de la destrucción. El castigo de Dios es doloroso cuando uno se aparta del camino. Sois el zar, el padre de la nación. No permitáis que los locos triunfen y se destruyan a sí mismos y a la nación. Todo se ahoga en un inmenso baño de sangre. Grigori.

Es curioso, pero había otra persona perspicaz que también lo vio de este modo: Vladimir Ilich Lenin. Creía que «la guerra entre Austria y Rusia podía resultar muy útil para la Revolución» por toda la Europa oriental.

Y lo increíble sucedió. Tras el telegrama de Rasputín, el telegrama del zar ordenando la movilización que esperaban los aliados y el mundo entero fue cancelado. Por la noche, cuando en la Oficina de Telégrafos todo estaba dispuesto para el envío de los telegramas que contenían el ucase para la movilización general, se recibió una llamada telefónica del zar rescindiendo la orden. Los ministros y el Estado Mayor fueron presa del pánico. Decidieron declarar la rescisión del ucase «un malentendido, un error, que pronto sería subsanado». Serguei Sazonov, ministro de Asuntos Exteriores, y Yanushkevich, jefe militar del Estado Mayor, se reunieron para decidir a quién enviarían para convencer al zar de que rectificase su «error». Pero Nicolás no recibió a nadie.

Sólo el gran duque Nicolai Nikoláievich consiguió audiencia. El «tío terror» logró convencer al zar de lo que el zar quería ser convencido. A las tres de la tarde, Nicolás recibió al ministro de Asuntos Exteriores Sazonov y en presencia de su representante personal en la Corte del káiser Guillermo, el conde I. L. Tatischev, dio su consentimiento para una movilización general. Sazonov telefoneó inmediatamente al jefe del Estado Mayor, Yanushkevich, informándole de la decisión, y terminó con esta frase: «Ahora ya puedes romper tu teléfono». Temía tanto al zar como a Rasputín.

A las 5.30 de la tarde del 17 de julio (el 30 según el calendario gregoriano), se enviaron los telegramas ordenando la movilización general del ejército y la armada.

Alemania ordenó al gobierno ruso a las 12.00 del mediodía del 19 de julio (1 de agosto en el calendario gregoriano) suspender «todas las operaciones que amenazasen a Austria y Alemania», es decir, detener la movilización. Alemania declaró la guerra a Rusia la noche del día en que expiraba el ultimátum.

Escribió en sus memorias Vasiliev, el último director del Departamento de Policía:

> El 2 de agosto [del calendario gregoriano] el embajador alemán, el conde Friedrich Pourtalès, entregó la declaración de guerra a Sazonov con lágrimas en los ojos. A las 2.00 de la tarde se celebró una misa solemne en el palacio de Invierno. Y también allí se hizo una pública declaración de guerra. Vio sólo satisfacción en los ojos de la gente. El zar y la zarina salieron a saludar a las miles de personas que llenaban la plaza, y la multitud se arrodilló. No obstante, ella parecía tan agitada que se cubrió el rostro con las manos, y por el movimiento convulsivo de sus hombros, uno podía imaginar que estaba llorando.

«20 de julio [2 de agosto en el calendario gregoriano]. Alemania nos ha declarado la guerra, reza, están desesperados», escribía Alix en un telegrama enviado a Pokróvskoie.

En aquellos momentos el país entero estaba leyendo este anuncio del zar:

> Declaramos a nuestros leales súbditos que Rusia, en cumplimiento de sus obligaciones históricas, y siendo de una misma fe y sangre con los pueblos eslavos, nunca ha mirado con indiferencia sus destinos. Los sentimientos fraternos del pueblo ruso por los eslavos han brotado con especial fuerza y total unanimidad en estos últimos días, en que Austria-Hungría, tratando con desprecio la aquiescente y pacificadora respuesta del gobierno Serbio, y rechazando la bienintencionada mediación de Rusia, ha presenta-

do a Serbia exigencias claramente inaceptables para un Estado soberano. Austria-Hungría ha recurrido con presteza al ataque armado, bombardeando la indefensa Belgrado ... En esta terrible hora de sufrimiento, olvidemos nuestras luchas internas y hagamos que el vínculo de unidad entre el zar y el pueblo sea cada vez más fuerte.

Esto escribió el zar en su proclamación, «hecha pública el día 20 de julio en el vigésimo primer año de nuestro reinado», respecto a la entrada de Rusia en el conflicto bélico.

Nicolás nombró al «tío terror» comandante en jefe; el favorito de la armada, el gran duque Nicolai Nikoláievich de casi dos metros de estatura, el principal enemigo de Rasputín.

No se podía hacer otra cosa más que rendirse. El alegre fervor por el próximo derramamiento de sangre era universal.

También Alix tuvo que resignarse a ello; lo expresa en un nuevo telegrama. «21 de julio. Nicolás te pide que bendigas a su primo, pues va a la guerra. Aquí el ambiente es alegre.»

Entretanto, el «tío terror», convertido en comandante en jefe, se apresuró a ocuparse del campesino. Dzhunkovsky había enviado al comandante en jefe despachos acerca del «telegrama serio» de Rasputín. El gran duque decidió tener una charla muy mesurada con el zar sobre el campesino que se había atrevido a asustar al Zar de Todas las Rusias con sus palabras de derrota. De acuerdo con el testimonio del mismo agente Terekhov, «Rasputín dijo que presumiblemente querían entregarlo para ser juzgado por aquel telegrama ... pero que el soberano ... había contestado: "Éstos son asuntos de familia; y no para ser juzgados"».

Puso al gran duque en su sitio.

Tumbado en su cama, el convaleciente Rasputín sólo podía mirar cómo el mundo se esforzaba por ir a la guerra.

El 4 de agosto (del calendario gregoriano) Inglaterra declaró la guerra a Alemania. El 23 de mayo de 1915, Italia tomó partido por la Entente. El 27 de agosto de 1916, Rumanía se alineó con la Entente. El 6 de abril de 1917, Estados Unidos entró en la guerra. La primera guerra mundial había empezado.

10

EL NUEVO RASPUTÍN

EL REGRESO

EL MES DE AGOSTO DE 1914 TOCABA A SU FIN cuando se trasladó a la capital. Ahora vivía en un apartamento nuevo en la calle Gorojovaya.

Según el testimonio de Filipov en el Expediente: «Vyrubova trasladó a Rasputín a un edificio de la calle Gorojovaya mucho más adecuado para recibir a las visitas procedentes de la estación de Tsarskoe Selo».

Varios agentes merodeaban en el patio del edificio. Tras el atentado contra su vida, volvió a ser custodiado, y las crónicas policiales de su vida prosiguieron. El «Oscuro» fue el sobrenombre despectivo que le impusieron los hombres de Dzhunkovsky.

Los primeros en visitarle fueron sus antiguos conocidos: «Molchanov visitó al Oscuro el 21, 23 y 29 de agosto». (De acuerdo con las anotaciones de la vigilancia externa.)

Molchanov testificó en el Expediente:

No le vi hasta finales de agosto de 1914, cuando, después de recuperarse del atentado contra su vida, regresó a Petrogrado ... Caminaba encorvado vistiendo una bata, puesto que la herida todavía estaba vendada y no podía llevar su ropas habituales. Estaba manifiestamente deprimido. Me contó lo del atentado, cómo un «mal bicho» le había herido, cómo había huído corriendo apretando su camisa contra la herida, cómo lo habían operado en Pokróvskoie utilizando velas de estearina para iluminarse, y cómo se asombró el médico de que no hubiese muerto.

Todavía sufría un persistente terror y dolor. Le resultaba muy difícil mantenerse erguido. Aunque, tras echarle un abrigo por encima de su bata de hospital, Ania lo llevó ante la zarina. «El 25 de agosto el Oscuro fue a Tsarskoe Selo con Vyrubova». (Según las anotaciones de la vigilancia externa.)

Con qué ardor lo aguardaba Alix. La ofensiva rusa en Prusia oriental había fracasado, y el ejército del general Samsonov había perecido en los lagos de Masuria. A principios de septiembre, el ejército ruso entero había sido repelido y empujado fuera de Prusia oriental. Los horrores de la guerra. Con la esperanza de que de alguna manera fuese posible detener la matanza que ya había empezado, escribió a Nicky el 25 de septiembre:

> Cuándo terminará esta penosa guerra. Estoy segura de que hay momentos en que Guillermo [el káiser Guillermo] tiene que sentirse terriblemente desesperado al darse cuenta de que ... fue él quien comenzó esta guerra que está arrastrando a su país a la ruina ... Mi corazón se desgarra cuando pienso cómo lucharon Papá y Ernie para llevar a nuestro pequeño país al actual estado de prosperidad en todos los aspectos.

Se imaginaba ya la destrucción de su pequeño principado. «Cuándo terminará esta desgraciada guerra.»

Pero el zar no prestaba oídos a su plegaria. Pues a pesar de la derrota del ejército de Samsonov, las tropas rusas habían estado operando en el sudoeste con inusitado éxito, aplastando al ejército austrohúngaro y ocupando Galitzia y su antigua capital de Lvov. Por segunda vez, el zar estaba convencido de que la guerra podría fortalecer su régimen. La primera vez fue con ocasión de la guerra con Japón, que terminó con la Revolución de 1905.

LAS PROFECÍAS CAMBIAN

Rasputín lo comprendió al instante: en aquellos momentos no podía alzar la voz en contra de la guerra. Todos estaban eufóricos. «¡Sólo firmaremos la paz en Berlín!» Era el estribillo universal. «Han perdido todos la razón», escribió la poetisa Zinaída Gippius.

Los representantes alemanes tuvieron que huir. En las sesiones de la Duma reinaba un conmovedor ambiente de unidad entre el Gobierno y los miembros de aquélla. Alix se veía obligada a hablar constantemente de llevar la guerra a un final victorioso, aunque no se unía al estribillo universal. Nuestro Amigo le prestó su apoyo. En su momento, Vyrubova testificó que Rasputín «insistía en que era imperativo alcanzar la victoria. Nunca dijo una palabra acerca de una paz separada».

Sin embargo, aun vaticinando la victoria, no olvidaba añadir lo que ella quería oír. «Rasputín predijo que la guerra sería muy dura para Rusia y que acarrearía enormes pérdidas», declaró Vyrubova.

«Se lo llevan a Tsarskoe Selo», informaron los agentes. Era demasiado arriesgado hacerlo entrar a palacio. Por lo tanto, desapareció en la pequeña casa de Anya.

Una calesa solía salir del palacio Alexander con la zarina. A veces, los niños la acompañaban. La calesa se detenía en casa de Anya, el único lugar donde Alix podía reunirse con Nuestro Amigo. No se atrevía a llevarlo al palacio Alexander. El zar no quería molestar al «tío terror». Las visitas de Nuestro Amigo a palacio sólo tenían lugar, como último recurso, cuando el heredero estaba enfermo. Ella ordenó que éstas no figurasen en el registro de palacio, la crónica de la vida en la Corte. No obstante, gracias a la eterna negligencia rusa, encontramos algunos registros de sus visitas. El 17 de octubre de 1914: «Rasputín fue recibido por Su Majestad a las 8.30». El 23 de abril de 1916 a las 9.20 y el 5 de septiembre a las 9.45: «Rasputín fue recibido». Sólo tres veces, pero ¿cuántas más acudió en realidad a ayudar a «Rayo de Sol» (como ella llamaba a su hijo)?

UN SUCESO PECULIAR

Rasputín fue recobrando la salud gradualmente y con ella su entusiasmo por la vida. Según los agentes de vigilancia externa, tras su regreso, la hermosa morena, la baronesa Kúsova, le visitó a diario en su casa (desde el 22 al 29 de agosto). Y en Tsarskoe Selo no sólo se reunía con la zarina y con Anya. Como informaron los agentes, en el palacio del gran duque Pablo Alexandrovich residían Sana y su marido Alexander

Pistolkors. Pero Olga, madre de Alexandra y esposa del gran duque, despreciaba a Rasputín. Así pues, Sana y Erik se veían obligados a encontrarse con él en casa de Vyrubova.

A partir del 7 de octubre, la hermosa Sana con su carita de porcelana se convirtió en huésped habitual de la casa del campesino en la calle Gorojovaya. Los agentes no dejaron constancia de la presencia de su marido. El 26 de octubre, Rasputín recibió a su viejo amigo Filipov. Al parecer, la vida volvía a sus cauces. O, para decirlo más exactamente, tomaba nuevos caminos. Inmediatamente después de su regreso empezó a beber con desmesura. Estaba borracho incluso a primera hora de la tarde. «5 de octubre, 6.30 de la tarde», un agente de Seguridad anotó puntillosamente: «se subió borracho a un *droski* y dormitó en el taxi todo el camino». En la esquina, un guardia, «tomándolo por un borracho, estuvo a punto de llevarlo a comisaría», cuando un agente le aclaró que se trataba de Rasputín.

ALIX ASUME NUEVOS PAPELES

Alix empezó a recuperar la confianza el día en que Rasputín llegó a la capital.

El mensajero de Dios había vencido a la muerte, y para ella esto era una buena señal. Ahora volvía a ser fuerte. Ahora él estaba con ella. Y permanecía con ella incluso en sus cartas a Nicky, en su casi diaria conversación con el zar.

Por primera vez en sus vidas, Alix y Nicky se veían obligados a permanecer separados durante largos períodos. El zar estaba constantemente en el frente, en el cuartel general del Estado Mayor. Alix temía sobremanera la complicidad de Nicky con el «tío terror» y su círculo. Todos ellos despreciaban a Nuestro Amigo. Y muy probablemente imbuirían al crédulo zar de toda clase de embustes. Por esta misma razón, inundándolo con sus cartas, le recordaba siempre a Nuestro Amigo. El historiador Pokrovsky calcula que en 1914-15, sólo en el primer año y medio de su correspondencia, Rasputín se menciona más de ciento cincuenta veces.

De las cartas de la zarina. «19 de sept. de 1914... Ya sé que a pesar de todo lo que tienes que hacer, echarás de menos a tu pequeña familia y a tu precioso pequeño [el heredero]. Pronto se repondrá ahora que Nuestro Amigo le visita y eso será un alivio para ti.»

Tan pronto como Nicky regresó a Tsarskoe Selo, ella organizó un encuentro entre ambos.

«20 de sept. ... Nuestro Amigo... estuvo tan contento de haberte visto ayer... Gr[igori] te quiere con delirio y tiene celos del papel que desempeña N[icolai Nikoláievich].»

Ahora, cuando se reunía con Nuestro Amigo en casa de Anya, Alix mantenía la norma que había acordado con Nicky, que no hubiera testigos de aquellas reuniones. Quizá por esta razón escribió a Nicky: «23 de sept. ... Ania se ofendió de que no fuera a verla, pero tenía muchos invitados y estuvieron con Nuestro Amigo durante tres horas.»

Pero al día siguiente:

24 de sept. ... me escapé durante media hora con Olga a casa de Ania, pues Nuestro Amigo pasó la tarde con ella y quería verme. Preguntó por ti... que Dios te dé coraje, fuerza y paciencia, pues fe tienes más que nunca y eso es lo que te mantiene firme... Y Nuestro Amigo te ayuda a cargar con tu pesada cruz y tus grandes responsabilidades.

24 de oct. ... Nuestro Amigo se marcha a casa el día 5 aproximadamente y desea visitarnos esta noche.

Pero ella no quería que se fuese sin ver a Nicky, que pronto regresaría a Petrogrado. Quería que instilase en el zar nuevas y fundamentales ideas que se le habían ocurrido a ella a comienzos de aquella terrible guerra.

25 de oct. ... Nuestro Amigo estuvo con nosotros una hora por la noche; esperará a tu regreso y luego se marchará a su casa ... Parece que Lavrinovsky [el gobernador de Táuride] lo está estropeando todo al enviar a los tártaros a Turquía ... y Nuestro Amigo quiere que hable enseguida con Maklakov [el ministro de Interior], pues dice que no podemos perder el tiempo hasta tu regreso.

Ahora Nuestro Amigo estaba aconsejando hacer lo que aquella obstinada e imperiosa naturaleza había soñado durante tanto tiempo: ¡ejercer el gobierno del Estado en ausencia de Nicky!

Nicky regresó a Tsarskoe Selo a finales de octubre. El campesino le estaba esperando. Fue un regreso feliz. El ejército ruso había rechazado las fuerzas austrohúngaras y se encontraba en la frontera con Alemania.

Aunque esto significaba la apertura de un segundo frente: el 29 de octubre Turquía entró en la guerra al lado de Alemania.

En el diario de Nicolás leemos: «He estado de muy mal humor respecto a los alemanes y los turcos. Gracias... a la influencia de una tranquilizadora conversación con Grigori mi alma ha recobrado su equilibrio». Tras el horror diario de tener que tomar decisiones al instante, necesitaba imperiosamente a Nuestro Amigo con sus palabras alentadoras acerca del amor de Dios por la dinastía, y sobre una idea nueva pero fácilmente comprensible: ahora que el zar estaba en el frente, la emperatriz tendría que ser «el ojo del soberano». Tendría que tomarse más interés por los asuntos de Estado.

Después de esto, Nuestro Amigo pudo marcharse tranquilamente a Pokróvskoie. Tras él, también, el zar regresó a su ejército: primero a las tropas de retaguardia, y luego en tren al Cáucaso y al ejército en el nuevo frente turco. La tarea de Nuestro Amigo consistía, entretanto, en seguir dando aliento al zar a través de telegramas sobre la futura victoria.

Cosa que cumplió puntualmente. «Ángeles en las filas de nuestros guerreros, la salvación de nuestros impertérritos héroes con deleite y victoria», escribió de forma críptica Nuestro Amigo a Nicky en un telegrama.

Pero en aquella misma época, una nueva idea se había apoderado de Alix. Y durante algún tiempo incluso desvió su avidez por las responsabilidades estatales.

Miles de heridos y mutilados llegaban procedentes del frente; la zarina se entregó a la causa de la misericordia con todas sus fuerzas e inagotable energía. Organizó su propio tren-hospital y levantó un hospital en Tsarskoe Selo, en el gran palacio. Ella y las grandes duquesas se hicieron hermanas de la misericordia, cosa muy acorde con su religiosidad. Y Nuestro Amigo respondió inmediatamente de la misma manera.

El 21 de noviembre de 1914, Alix escribió a Nicky: «Éste es el telegrama que acabo de recibir de Nuestro Amigo: "Cuando consoláis a los heridos, Dios da a conocer Su nombre a través de vuestra ternura y glorioso esfuerzo." Es tan conmovedor que me da fuerzas para superar mi timidez».

El «anciano» se percató de que la zarina intentaba liberarse de su voluntaria reclusión en Tsarskoe Selo. Había decidido convertirse en una «hermana de la misericordia para Rusia». Era algo que necesitaba hacer para silenciar las maliciosas murmuraciones que continuaban persiguiéndola por ser «alemana». Y qué difícil era para ella, aquella tímida mujer que se sentía avergonzada incluso de su acento inglés, que por alguna razón en Rusia se consideraba «alemán». Junto con sus hijas, ahora trabajaba incansablemente en los hospitales.

> 27 de oct. ... Ahora vamos directamente a otro hospital ... Iremos en calidad de hermanas (a Nuestro Amigo le gusta que así lo hagamos) y mañana también.
> 28 de nov. ... A veces siento que ya no puedo más y me atiborro de gotas y otra vez lo mismo, además Nuestro Amigo desea que vaya, por lo tanto tengo que tragarme mi timidez.

Rodeada por una Corte hostil, estaba necesitada de amor. Y ahí lo tenía, ¡el amor de los heridos, el amor del pueblo llano! Su sueño se había hecho realidad.

Recorriendo hospitales llegó hasta Voronezh y allí se encontró con el zar. Juntos se dirigieron hasta Moscú. En la antigua capital tenían que asistir a los servicios religiosos, tal como ella había soñado y como «Grigori les había pedido».

Fueron recibidos por el alboroto de las innumerables campanas de las iglesias de Moscú, por oraciones solemnes y la alegría de la gente corriente.

Desde Moscú, Alix regresó a su querido Tsarskoe Selo, mientras Nicky volvía al Cuartel General, que ella tanto odiaba, con el «tío terror». Rasputín estaba en Pokróvskoie y ella requirió su presencia.

«14 de dic. de 1914... Nuestro Amigo llega mañana y dice que tendremos mejores noticias de la guerra.» Ahora estaba de camino, y la naturaleza misma se regocijaba por la llegada del hombre de Dios.

«15 de dic. ... Radiante día de sol, debe de haber llegado, A[nya] ha ido a recogerlo.»

Apenas tuvo tiempo de llegar, cuando el teléfono sonó: era Mamá.

«16 de dic. ... Hablé un segundo por teléfono con Gr[igori], te envía "fortaleza de espíritu, pronto vendrá a ti, discutiremos sobre todos los temas".»

En el frente las cosas se estaban complicando cada vez más, pero Nuestro Amigo le dijo lo que ella quería oír. «17 de dic. ... Esta mañana Nuestro Amigo le dijo [a Anya] por teléfono que Él está un poco más tranquilo en lo que concierne a las noticias.»

Al mismo tiempo, ella no se olvidaba de proseguir con su celosa lucha contra el comandante en jefe a través de las palabras de Nuestro Amigo. «22 de ene. de 1915 ... Ania ... me ruega que te diga lo que ella olvidó darte ayer de parte de Nuestro Amigo, que no debes mencionar ni una sola vez el nombre del comandante en jefe en tu manifiesto: debe proceder únicamente de ti al pueblo.»

Como más tarde se haría evidente, el comandante en jefe conocía la existencia de aquellas cartas de la zarina.

¿OTRO ATENTADO CONTRA SU VIDA?

Justo antes de Navidad, Nuestro Amigo se vio involucrado en un extraño incidente.

«Por Navidades ... leí en *Noticias de la Bolsa* que un automóvil se había empotrado en ... su *droski*», testificó Molchanov.

En aquellos días los automóviles difícilmente colisionaban con *droskis*, por consiguiente se trataba de un hecho relevante. Al mismo tiempo la persecución periodística se había reanudado. Ahora se le recordaban todos sus esfuerzos en favor de la paz.

Grigori Rasputín es el enemigo más perverso de la Santa Iglesia de Cristo ... Durante la lucha por la liberación de los países balcánicos ... sólo un enemigo de la Iglesia ortodoxa podría haber aconsejado a la diplomacia rusa que considerase con ecuanimidad la desenfrenada brutalidad de los turcos ... Semejantes detractores de la ortodoxia, semejantes profetas desalmados no han sido enviados por el bien de Rusia.

Afirmaba la revista *Reacciones ante la vida*, en diciembre de 1914. Así pues, quedaba advertido: no te atrevas a meter las narices en asuntos políticos. Pero era imposible mantenerse al margen, pues la zarina necesitaba profecías y se las pedía a él.

En consecuencia, estaba siempre ebrio. Interminables juergas, borracheras y alocadas fiestas, aunque sólo fuera para ahogar el miedo. Después de emborracharse se entregaba a una especie de danza salvaje que recordaba la «cerveza espiritual» jlist. Había recobrado la salud y con ella una amedrantadora fuerza animal y gran resistencia.

En ese momento era una presencia habitual y salvaje en los salones privados de los restaurantes.

Encontramos en la declaración de Filipov en el Expediente una detallada descripción de la ebriedad de Rasputín. El propio Filipov no desconocía esta «enfermedad de Rasputín». Al describir sus tremendas borracheras en aquella época, aquel observador y participante no podía ocultar su admiración por las «orgías estéticas».

> En 1914, después de caer en un período de desenfreno y orgías, Rasputín estuvo una vez en mi casa desde las 12.00 del mediodía hasta las 12.00 de la noche, tiempo en el que estuvo bebiendo abundantemente, cantó, bailó, y habló a la audiencia que estaba allí reunida. A continuación, después de conducir a algunas personas a la calle Gorojovaya, continuó bebiendo vino dulce en su compañía hasta las 4.00 de la madrugada. Cuando las campanas de la iglesia empezaron a repicar (poco antes de cuaresma), expresó el deseo de asistir a prima, y ... se dirigió a la iglesia permaneciendo allí durante todo el servicio hasta las 8.00, y luego al regresar a casa, recibió a unas ochenta personas como si nada hubiese sucedido. Por otra parte, bebía de una forma extraordinaria, sin el típico embrutecimiento del campesino ruso borracho ... A menudo yo me preguntaba cómo podía mantener la cabeza limpia, ya que se ponía siempre una especie de aceite, y cómo era posible que después de una borrachera o de cualquier otro exceso no sudase ... A propósito, nunca sufría los vómitos que suelen seguir a la embriaguez. Ni recuerdo ninguna indecencia externa en su atuendo, como por ejemplo pantalones desabrochados, y eso que en 1915 me visitaba a diario, a veces incluso dos veces en un día, y sus juergas alcanzaban ... tales límites que mi apartamento quedaba convertido en un verdadero salón de bar.

¿AL RESCATE DE LA BORRACHERA?

Sin embargo, las cosas tomaron otro cariz y se pusieron más serias. En una de sus terribles borracheras le pegaron. En otra ocasión, durante otra juerga, se jactó y habló de sus reuniones con los «zares». A su amigo Filipov le daba la impresión de que Rasputín estaba sucumbiendo ante sus propios ojos. Estaba especialmente asustado por las conversaciones de Rasputín acerca de la familia real cuando estaba ebrio. Y Filipov decidió hablar de ello con Vyrubova.

A finales de 1914 y a principios de 1915, Rasputín ... bebía con desmesura y estaba constantemente envuelto en farras y reyertas en el *Oso* y en otros restaurantes, donde se atrevía a hacer alarde de su influencia sobre personajes de alto rango. Escribí una carta a Vyrubova en la que hacía una detallada descripción de los desenfrenos de Rasputín en el *Oso*, y que habían terminado en paliza, e insistía en que había que adoptar medidas respecto a Rasputín e influir en su conducta.

Pero, como el mismo Filipov declaró, en vez de tomar medidas, Vyrubova le habló a Rasputín sobre las peligrosas quejas de su amigo. Después de esto, se presentó Rasputín y «se me encaró con tumultuosas protestas», y dijo: que «ninguna Vyrubova, y de hecho nadie en absoluto, podía influir en su conducta, y que si él se sacaba una bota y obligaba a Vyrubova a besarle el pie, ella lo haría». Filipov, enojado, se fue a ver a Vyrubova en busca de una explicación, y ella respondió con un suspiro: «Te refieres a que le mostré el contenido de tu carta que hablaba de él, pero ésta ha sido la única vez y él la única persona; ante él estoy indefensa».

La inteligente Vyrubova no se molestó en explicarle una paradoja que Filipov no habría entendido. Los enemigos del padre Grigori lo comprenderían más adelante, cuando ya fuera demasiado tarde. El príncipe Yusúpov lo formularía de este modo: cada escándalo en torno a Rasputín no hacía más que reforzar su posición.

Era la trampa en la que estaba atrapada la zarina. Cada vez con mayor frecuencia la informaban acerca de las borracheras del padre Grigori. Pero cada informe que relataba sus escándalos provocaba en la zarina una ira espantosa contra quienes lo elaboraban. No podía explicar a aquellas personas normales que vivían en un mundo corriente lo que ella sabía: el secreto místico de su locura, de su *yurodstvo*. ¿Podía la gente ociosa comprender las acciones de aquellos desaparecidos santos de la antigua Rus? ¿Que los humildes tienen necesidad de soportar malos tratos e insultos? Y ahora ella agradecía su cruz: defenderlo de aquellas personas. Proteger al hombre de Dios y mantenerlo junto al trono. Cada episodio de alocadas borracheras acompañado de su correspondiente coro de denuncias la obligaba a atacar a sus enemigos. Los despachaba cruelmente y sin miramientos. Y para evitar tener que dar explicaciones a aquellas personas que no comprendían nada, se ingenió su propia versión de lo que le contaban. Ahora, cada vez que le enseñaban los informes de los agentes acerca de las parrandas y borracheras de Rasputín, se mostraba indignada y ordenaba a la policía que siguiese la pista de aquella despreciable persona que había osado suplantar al padre Grigori. El campesino agradeció las ventajas de la situación. Cada escándalo le ayudaba a desenmascarar a sus enemigos y a aniquilarlos. Así podía empinar el codo a gusto sin tener que preocuparse.

No obstante, de vez en cuando, en plena ebriedad, lo llamaban de Tsarskoe Selo avisándole de que Alejo estaba mal. Entonces recobraba misteriosamente la sobriedad, de tal manera que incluso el olor del alcohol en su cuerpo se disipaba, y partía en el coche que le habían enviado para salvar al chico. En palacio era el mismo de siempre: limpio, afectuoso pero no servil, independiente y a veces incluso amenazador, como correspondía a un profeta.

El lazo se tensa

Tras un prolongado intervalo de tiempo, apareció Zhukovskaya en su nuevo apartamento de la calle Gorojovaya. Como ella misma relató en sus memorias:

> Después de atravesar un oscuro pasaje abovedado que conducía a un patio cubierto de asfalto, me acerqué a un edificio marrón rojizo de tres pisos cuyo portal se abrió hacia mí por sí solo. Un amable conserje me explicó, anticipándose a mi pregunta, que Rasputín vivía en el segundo piso, y que la puerta de su apartamento estaba tapizada de tela color carmesí. Mientras el conserje me sacaba las botas, observé con cautela a cierto personaje ... sentado en el rincón junto a una pequeña estufa de hierro: miraba con excesiva atención a todos los que entraban y luego adoptaba una expresión de profunda indiferencia. Personajes de aquella misma calaña estaban también apostados en los pisos que conducían a su apartamento, así como junto al edificio.

En su residencia de la calle Gorojovaya, Rasputín estaba bajo constante vigilancia —o más bien guardia— por su propia protección, naturalmente. Para que la zarina no desistiese en el empeño de espiarle, le mostraban de vez en cuando «cartas interceptadas con amenazas de muerte a Rasputín».

Se conserva un resumen elaborado por el Departamento de Policía:

Se estableció la vigilancia externa del Oscuro, residente en la calle Gorojovaya 64. Al principio no se obtuvieron resultados, puesto que era demasiado cauto y, además, rodeado de sus devotas quién se atrevería a raptarlo. Esta situación se prolongó hasta que se recibió una carta (anónima) con la amenaza de matar a Rasputín. En respuesta a ello, la sección de seguridad se ofreció a asignar dos agentes, Terejov y Svistunov, para proteger a Rasputín. Él aceptó el ofrecimiento. Pero los agentes que le protegían llevaban a cabo también otra labor requerida por el Departamento de Policía, la de indentificar a las personas que lo visitaban. Confiando plenamente en los agentes, Rasputín a menudo los llevaba con él, cosa que facilitaba infinitamente su trabajo. En sus viajes a Pokróvskoie o a Moscú, iba siempre acompañado por los mismos agentes que informaban al Departamento de Policía ... dos veces por semana y por correo.

¿UN GOLPE DE ESTADO EN PALACIO?

Desde los festejos del jubileo, Rasputín sabía lo que Dzhunkovsky pensaba de él. Asimismo conocía desde los tiempos de Stolypin que los agentes más que protegerle le espiaban. Pero ahora no podía rechazar la guardia. Si se la quitaban, no habría impedimento alguno para que le disparasen por la calle como a un perro. Estaban en guerra y Petrogrado estaba repleto de gente armada. Por lo tanto, cualquiera podía urdir un intento de asesinato. Y el último acontecimiento, la colisión de aquel automóvil, había demostrado que sus enemigos estaban activos. No obstante, había comenzado a comprender que no viviría demasiado estando bajo la vigilancia de sus enemigos. Esperando que su propia guardia acabase con su vida. ¡Aunque había un modo de salvarse! ¡Deshacerse de sus enemigos! Echarlos, atacar por la espalda. ¡A Dzhunkovsky, a todos ellos! Un golpe de Estado en palacio y el acceso de los «nuestros» al poder. Sabía que esto sucedería, que acabaría ocurriendo. Porque lo había comprendido: esto era exactamente lo que Mamá soñaba. Así pues, basta de ahogar sus temores en la bebida. Había llegado la hora de actuar. Sobre todo porque desde finales de 1914 y principios de 1915 un equipo de personas arrojadas y peligrosas se había concentrado a su alrededor.

343

EL EQUIPO DE GRANUJAS

Eran los que Filipov calificaría de «granujas y especuladores», pero a los que Rasputín llamaba sus «secretarios». Su aparición en escena no fue ninguna casualidad. El dinero los había reunido. Ingentes cantidades de dinero se arremolinaban ahora en torno al modesto apartamento de la calle Gorojovaya.

En aquel tiempo un arma poderosa había caído en manos de Rasputín: las peticiones de los ciudadanos. Empresarios, oficiales del ejército, funcionarios civiles, gente pobre del pueblo ruso, y judíos acaudalados que aunque se habían enriquecido todavía carecían de derechos: todos ellos soñaban con burlar la monstruosa maquinaria de la burocracia rusa. Y Nuestro Amigo estaba en condiciones de proporcionarles los medios. Esquivando los interminables obstáculos burocráticos, sus peticiones pasaban directamente de las manos del campesino a las altas cimas del poder, a los ministros, e incluso a los «zares». Entregaba a los peticionarios sus torpes notas de recomendación para los ministros, notas que él denominaba «petracinio» («patrocinio»). ¡Y a espaldas los unos de los otros los ministros se esforzaban por llevar a cabo las peticiones del favorito! Ahora, su antesala estaba abarrotada de peticionarios.

Zhukovskaya lo describe del siguiente modo: «La "sala de espera", una habitación vacía con un par de sillas», estaba «atestada de los más dispares visitantes, empezando por un general con todas sus condecoraciones y terminando por personas poco atractivas vestidas con el clásico abrigo azul marino hasta la rodilla que recordaban a los posaderos de las aldeas».

Según el testimonio de Molchanov que consta en el Expediente: «Muchos de los peticionarios se presentaban en casa de Rasputín ... Rasputín corría a la habitación contigua, cogía un montón de papeles, y a continuación garabateaba una nota para el ministro o para cualquier otra persona con poder ... sus peticiones llegaban a los zares a través de Vyrubova».

«Vyrubova y yo solíamos visitar a Rasputín en Petrogrado. La velada siempre terminaba con la entrega a Vyrubova de un montón de peticiones diversas que ésta recogía y que luego hacía llegar a palacio», declaró la doncella de Vyrubova, Feodosia Voino, en el Expediente. Incluso el propio Rasputín llegó a entregar peticiones a la zarina en casa de Anya.

«En los últimos años Rasputín ... llevaba los bolsillo repletos de peticiones. Al zar no le gustaba nada ... Advertí a Rasputín acerca de esta actitud respecto a sus peticiones, pero no hizo el menor caso», testificó Vyrubova. El zar se veía obligado a tolerarlo porque Alix valoraba aquellas peticiones. Estaban en consonancia con la imagen de Rasputín que ella había creado, la del campesino desinteresado. Unos pocos años antes esto había sido verdad.

Ahora todo era distinto. Su nueva vida de juergas, borracheras y farras con gitanos suponía enormes gastos. Y él no sólo derrochaba el dinero sino que lo daba con generosidad.

En estos momentos, él mismo aceptaba el dinero, pero muy a menudo sus «secretarios» le encontraban ricos peticionarios. Su comitiva de «secretarios» constituía una forma peculiar de recolectar el tributo de sus peticionarios. Las ingentes sumas de dinero que el campesino dilapidaba dejaban anonadada la imaginación de su amigo Molchanov. No obstante, «nunca pregunté de dónde sacaba Rasputín todo aquel dinero, pues pensaba que se lo daban en Tsarskoe Selo», declaró Molchanov en el Expediente.

LOS «SECRETARIOS»

A aquel campesino semianalfabeto, que ahora tenía secretarios como los funcionarios importantes, le encantaba su situación.

La astuta Akilina Laptinskaya, que le fue fiel hasta la tumba (literalmente, como tendremos ocasión de comprobar), siguió siendo su principal ayudante y secretaria. No perdía de vista a los otros secretarios para que no tuviesen las manos demasiado largas. Pero los perspicaces secretarios no conseguían tributo de todos los peticionarios. Los pobres, como antes, obtenían los favores de Rasputín a cambio de nada, simplemente acercándose a él por la calle y pidiéndole visita. Eran «asuntos de Dios». La zarina estaba conmovida por las historias que Anya le relataba sobre las ayudas que brindaba a los pobres. Igualmente para las jóvenes atractivas resultaba fácil llegar a Rasputín, pues todo lo que tenían que hacer era averiguar su número de teléfono y utilizarlo como lo hiciera Zhukovskaya. Una adecuada respuesta a su pregunta, «¿qué edad tiene y es usted hermosa?», les abría las puertas de su casa de la calle Gorojovaya.

Pero los hombres de recursos, sin mencionar a los ricos, accedían a Rasputín a través de sus secretarios.

Según testimonio de Filipov: «Sus secretarios y secretarias pedían y obtenían enormes sumas, de las que sólo una tercera parte llegaba a manos de Rasputín. Las otras decenas de miles iban a parar a manos de Simánovich, Volynsky, Dobrovolsky y, en los últimos tiempos, de Reshétnikov».

Los «secretarios» de la primera etapa eran dos sinvergüenzas, Volynsky y Dobrovolsky, que él había rescatado de la cárcel.

Pero poco después apareció un tercer secretario, el judío Simánovich. Vyrubova declaró:

> En casa de Rasputín me encontré con el desagradable judío Simánovich y con Dobrovolsky, un tipo también harto molesto y despreciable. Para mí era evidente que aquellos caballeros hacían de intermediarios entre Rasputín y sus peticionarios y que llevaban algún tipo de negocio entre manos. La esposa de Dobrovolsky, un personaje robusto y de dudosa ralea, se llevaba bastante bien con las hijas de Rasputín.

Posteriormente el «secretario» Simánovich afirmó que «Rasputín había acumulado una enorme capital» extorsionando a sus peticionarios. Pero eso era mentira. No acumuló nada y tras su muerte no dejó nada. Por así decirlo, el dinero le quemaba en las manos: o bien lo derrochaba o bien lo daba; sólo enviaba una pequeña parte, para lo esencial, a su pobre hogar en Pokróvskoie. Tampoco necesitaba ya dinero para sus gastos diarios en Petrogrado. Aquellos que le rodeaban se hacían cargo de todo. Su apartamento se pagaba con los recursos de los «zares», y sus enormes facturas de restaurantes y las interminables juergas y borracheras en su apartamento se sufragaban con el dinero de sus devotos y peticionarios. A pesar de todo, cuando se enteró de que sus secretarios le habían estado estafando, montó en cólera. «La pareja Dubrovolsky gozaba de gran influencia, pues él había ejercido como inspector de escuelas públicas en el distrito de Tsarskoe Selo. Pero cuando se demostró que, tras tumultuosas explicaciones, no le habían entregado todo el dinero a Rasputín, perdieron toda influencia», testificó posteriormente Beletsky, jefe del Departamento de Policía. Las intrigas de los Dobrovolsky fueron descubiertas por su tercer secretario, Simánovich.

En aquella época Rasputín, el antiguo amigo del radical antisemita Iliodor y de los miembros de la antisemita Unión del Pueblo Ruso, estaba convirtiendo al judío Simánovich en su principal hombre de confianza. Simánovich acabaría siendo miembro del peculiar Grupo de Expertos que se estaba formando en la calle Gorojovaya.

«AL MEJOR DE LOS JUDÍOS»

Esto es lo que escribió Rasputín en la fotografía suya que le dio a Simánovich. Un agente de seguridad nos porporciona una descripción:

> Aron Simánovich, comerciante del primer gremio, de cuarenta y un años (nacido en 1873), cuatro hijos ... Es «comerciante» sólo de nombre, no tiene negocios de ninguna clase, pero apuesta en diversos clubes. Va a casa de Rasputín casi cada día... Una persona sumamente perniciosa e intrigante, capaz de cualquier chanchullo o especulación. Hay constancia de que lleva a casa de Rasputín personas del sexo femenino de escasa virtud por su aspecto, y de que le proporciona vino.

(Tras la instauración de la ley seca en 1914, el vino se tenía que «proporcionar».) Rasputín y Simánovich se habían conocido varios años antes en Kiev, donde este último tenía una joyería en propiedad. Por aquel entonces ya tenía un buen historial en la división de investigación criminal como jugador y prestamista usurero. Después de su traslado a Petersburgo y de la caída de Dobrovolsky, Simánovich se convirtió en el principal asesor financiero del campesino y proveedor de los más suculentos peticionarios.

Al principio, Simánovich liberaba del servicio militar a judíos a través de Rasputín. A cambio de una gratificación, naturalmente. Pero, en 1915, el negocio revistió una mayor seriedad. Cuando las derrotas de la guerra comenzaron a ser preocupantes, la explicación rusa favorita para todos los fracasos surgió al instante. Los culpables no eran los generales de tercera ni los especuladores que defraudaban millones en el suministro de armas y uniformes, sino los espías: «alemanes inflitrados» que al no distinguirse por su aspecto externo no podían ser derrotados. Así pues, en consonancia con el tradicional antisemitismo, los judíos fueron declarados espías desde el principio. Por orden del comandante en jefe, numerosos judíos fueron colgados en Dvinsk acusados de espionaje. (Más tarde saldría a la luz que fueron ahorcados hombres inocentes.) La cruel expulsión de los judíos que conservaban su fe, incluyendo a los ricos empresarios, había empezado en Petrogrado. Simánovich los escondía en aquella ciudad a través de Rasputín.

A Rasputín le gustaba Simánovich. Le encantaba su dignidad en presencia de la poderosa Anya. Le gustaba que amase sinceramente a su pueblo privado de voto y que obstinadamente intentase por medio de Rasputín cambiar la actitud de la familia real respecto de los judíos. Además, le gustaba aquel granuja que, aun obteniendo enormes sumas de dinero de los judíos ricos, ayudaba desinteresadamente a los miembros más pobres de su tribu. Disfrutaba con el deleite de Simánovich ante la magnitud de sus juergas y con la admiración casi reverencial por su misterioso poder. Porque Simánovich, que amaba a sus hijos, nunca olvidaba el milagro que según él había obrado Rasputín con su hijo, que sufría de la entonces incurable enfermedad del baile de san Vito.

UN MILAGRO DE DIEZ MINUTOS

«Llevé a mi hijo enfermo, lo senté en una silla del dormitorio, y abandoné el apartamento. Mi hijo regresó a casa una hora después. Estaba curado y contento, y la enfermedad no volvió a reproducirse.» Esta es una de las pocas historias sobre Rasputín de las memorias de Simánovich que no es fruto de su exuberante imaginación.

En 1917 la Comisión Extraordinaria decidió verificar el asunto del milagro. El hijo de Simánovich fue convocado ante la Comisión, y en el Expediente figura el sorprendente testimonio de Ioann Simánovich, un estudiante de veinte años, de fe judía.

Entre 1909 y 1910 empezaron a manifestarse en mí los síntomas de la enfermedad nerviosa llamada baile de san Vito. Desde la aparición de la enfermedad había acudido a numerosos médicos, sobre todo en una ocasión en que me vi forzado a permanecer tumbado en la cama porque toda la parte izquierda de mi cuerpo estaba paralizada ... Entre los doctores que me trataron puedo nombrar al profesor Rosenbach y al doctor Rubinko, que vivían en Petrogrado ... En 1915 Rasputín se enteró de mi enfermedad por mi padre y le sugirió que me llevase a su apartamento. Después de quedarse a solas conmigo en la habitación, Rasputín me sentó en una silla y, tomando asiento frente a mí, clavó su intensa mirada en mis ojos y empezó a acariciarme la cabeza con la mano. Entonces experimenté algo especial. La sesión duró diez minutos, creo. Luego, al despedirnos, me dijo: «¡Todo está bien, se te pasará!». Y, verdaderamente, ahora puedo asegurar que después de aquel encuentro con Rasputín los ataques no volvieron a repetirse. Aunque han transcurrido más de dos años desde aquella sesión ... atribuyo la curación exclusivamente a Rasputín, puesto que los remedios medicinales únicamente aliviaban la forma de los ataques, pero no eliminaban su manifestación. Sin embargo, después de la visita a Rasputín los ataques cesaron.

¿Qué debieron sentir la zarina y sus devotas al enterarse de que Nuestro Amigo, al igual que Cristo, había exorcizado al demonio expulsándolo simplemente con el tacto? Por lo tanto, Simánovich, en la medida de sus capacidades, sentía devoción por él. Beletsky dio testimonio más tarde de cómo Simánovich había «apartado a Rasputín de ciertas amistades sospechosas», y con ayuda del dinero, había «restringido sus peligrosas juergas a habitaciones privadas».

EL GRUPO DE EXPERTOS

Lo esencial era que Simánovich relacionaba a Rasputín con los banqueros judíos. Y le presentó al más rico de todos: el famoso «Mitya», Dimitri Lvovich Rubinstein. Este judío y hombre de negocios, en un país oficialmente antisemita y de capitalismo mestizo, había alcanzado un éxito asombroso. Un comerciante del primer gremio que se había convertido en banquero y presidente del consejo del Banco Franco-Ruso. Doctorado en Derecho, sabía cómo explotar los numerosos vacíos del código legal semifeudal. Era consciente de la importancia de la prensa, y cuando el respetable periódico progubernamental *Nuevos Tiempos* pasó a sociedad anónima, intentó adquirir la mayoría de acciones para hacerse con el control, cosa que sus competidores calificaron de «intento de toma de posesión de la prensa rusa por parte de la judería internacional». El hijo del fallecido propietario del periódico, el famoso Alexei Suvorin, organizó una sonada protesta. Para llamar la atención del Gobierno, disparó varias veces desde una ventana durante una reunión de accionistas. A Mitya no se le permitió comprar el *Nuevos Tiempos*. Rubinstein comprendió perfectamente la precariedad de su situación en aquellos años de fervor patriótico. Entonces fue cuando se le ocurrió la idea de alcanzar lo imposible: recibir a través de Rasputín el cargo civil de diputado provincial del Estado (correspondiente al rango militar de general) y al mismo tiempo seguir siendo un judío ortodoxo. Para ello, el campesino citó a Loman, el constructor de la catedral de Feodorov, al apartamento de la calle Gorojovaya.

«Rubinstein estaba dispuesto a hacer una donación para la construcción de viviendas junto a la catedral de Feodor a cambio del cargo de diputado provincial del Estado. Pero yo decliné la oferta porque, siendo judío, no podía ostentar semejante cargo», testificó Loman en el Expediente. Sin embargo, Rubinstein continuó suplicando a Rasputín. Necesitaba enseñar a todo el mundo que gozaba de los favores más especiales de la familia real para demostrar la solidez de su imperio financiero. Presionó al campesino, convencido de su omnipotencia ante la zarina. Rubinstein, como todos los demás, no se daba cuenta de que Rasputín sólo podía hacer lo que la zarina quería. No obstante, el campesino lo intentó. «Rasputín me dijo que Rubinstein le había pedido que le consiguiese el cargo de diputado provincial del Estado, y creo que se lo solicitó al soberano y a la emperatriz, aunque ... sé que le fue denegado», testificó Vyrubova. No obstante, Rasputín fue de gran utilidad en otros muchos asuntos difíciles a los que el banquero judío se enfrentaba a diario. «Vi a aquel pequeño y gordo judío un par de veces en fiestas en casa de Rasputín ... No bebía ni se divertía, sino que continuamente llevaba a Rasputín al estudio y hablaba con él. Al salir del estudio, solía decir: "No olvides decírselo a Anushka", y Rasputín respondía: "De acuerdo, lo haré".» (Del testimonio de la cantante Varvarova en el Expediente.)

Al banquero le parecía que la sólida posición de Rasputín garantizaba la estabilidad de su propia situación. Así pues, el banquero Rubinstein, que tenía una excelente capacidad para los asuntos políticos, se convirtió en unos de los fieles consejeros de Nuestro Amigo, en miembro del «Grupo de Expertos de la calle Gorojovaya».

Sin embargo, tras la aparición de judíos en su círculo, Rasputín tuvo que justificarse ante Lojtina y sus otros viejos admiradores que le habían seguido desde los tiempos del Iliodor de las Centurias Negras, y ante sus amigos de la Unión del Pueblo Ruso.

En el Expediente se conserva el testimonio de Lojtina: «En lo que concierne a la actitud de Rasputín respecto a los judíos ... Sólo puedo repetir las palabras del padre Grigori: "Los distraigo para que no causen problemas a Rusia".»

Otro abnegado cliente de Rasputín y miembro del Grupo de Expertos era el competidor de Rubinstein en sus negocios, Ignaty Porfirievich Manus, banquero y corredor de Bolsa, y presidente del consejo de una compañía de seguros y transportes. Era ortodoxo y Rasputín, a cambio naturalmente de una enorme suma de dinero, le consiguió el cargo de diputado provincial del Estado. Al mismo tiempo, el campesino se divertía azuzando a los dos banqueros, que eran competidores y se detestaban mutuamente, en una carrera por ofrecerle sus servicios. La ley seca que estuvo en vigor durante la guerra obligó a Rubinstein a gastar exorbitantes sumas de dinero para conseguir el vino que Rasputín y sus invitados consumían en ingentes cantidades. Los banqueros se vieron obligados, además, a rivalizar respecto a las cantidades de dinero que le pasaban al campesino. Éste, como una sanguijuela, chupaba inmensas sumas sin dejar rastro, a veces sin llevar ninguna contabilidad, repartiendo enseguida el dinero entre sus amistades y sus compañeros de jarana.

Según declararaciones de Varvarova en el Expediente: «Rasputín me decía: "Rubinstein me ha dado hoy 10.000, así que montaremos una buena juerga"».

1914 TOCABA A SU FIN

En las catedrales de Moscú se celebraban los servicios navideños. En el diario del famoso escritor Iván Bunin se conserva una descripción de un servicio realizado en el Convento de Marta y María de la calle Ordynka, cuya abadesa era la gran duquesa Isabel Fiódorovna.

A Bunin no se le permitió entrar en la iglesia y la misteriosa explicación que le dieron fue que la gran duquesa estaba con el gran duque Dimitri Pávlovich. El escritor, desde fuera, escuchó, a través de las puertas abiertas del templo, los cantos lúgubres y cargados de emoción del coro virginal. Después, fuera de la iglesia flotaron iconos y banderas transportados por manos virginales precedidas de la esbelta gran duquesa de rostro afinado, vestida de blanco con una cruz de oro cosida en el borde de su tocado y con un cirio en la mano. Detrás seguía un hilera de hermanas cantando con velas encendidas junto a sus rostros.

En aquel entonces, el círculo de quienes odiaban al anciano se iba cerrando cada vez más en torno a Isabel Fiódorovna. Su protegido, el gran duque Dimitri Pávlovich, que también detestaba a Rasputín, era un asiduo invitado en Moscú, junto con los Yusúpov y el comandante en jefe. La santidad, el poder político y el dinero se habían reunido.

VIGILANCIA TOTAL

La ofensiva contra el campesino proseguía. Dzhunkovsky dio un paso más y volvió a asustar a la zarina. Como consta en el sumario policial:

> Hemos recibido nueva información acerca del intento de asesinato, y se nos ordena tomar medidas más rigurosas. Para ello le hemos asignado una guardia de cinco a seis personas y un automóvil con conductor. Han estado trabajando en dos turnos: once personas en total. Los puestos de vigilancia: uno en el apartamento o junto a la puerta que conduce a las escaleras, uno en el portal vestido con el uniforme de conserje, uno para la comunicación entre la vigilancia interna y externa y un conductor junto a la verja en el auto. En caso de marcharse de viaje, uno de los agentes irá con él.

Los que estaban detrás de Dzhunkovsky querían conocer todos los movimientos de Nuestro Amigo. Ahora, a cualquier hora del día o de la noche, un agente lo seguiría, un ojo perpetuo que en sus informes reseñaría una crónica ininterrumpida de veinticuatro horas, de la actividad diaria de Rasputín: de su vida de borracho.

Por consiguiente, tanto el campesino como la gente que le rodeaba tenían que darse prisa. Los «nuestros» tenían que acceder al poder.

UN PRÍNCIPE MUY PELIGROSO

Otra figura muy popular en aquellos días, una personalidad conocida por «todo Petrogrado», el príncipe Mijaíl Andronikov, empezó a frecuentar asiduamente el apartamento de Rasputín. Tras establecer relaciones con éste, pronto apareció en los informes policiales. Se conserva en ellos una descripción de su persona:

> Andronikov, Mijaíl Mijáilovich, de treinta y nueve años, asistió al Corps des Pages. Procedente de una familia de la vieja aristocracia georgiana y antiguo funcionario del Departamento de Interior, fue relevado del servicio por no asistir al mismo. Nombrado en 1914 funcionario de Servicios Especiales dependiente del procurador general del Santo Sínodo.

El príncipe era una figura típica de Rusia y a la vez de aquellos insensatos tiempos. Aunque no ocupaba ninguna oficina en particular, era un personaje muy importante. Había abandonado el tedioso trabajo del Ministerio de Interior pero, como aseguraban las malas lenguas, seguía manteniendo íntimos contactos con la estructura más importante del ministerio, la Oficina de Servicios Especiales. Era amigo personal de Stepan Beletsky, antiguo jefe del Departamento de Policía. En la época que nos ocupa, constaba que el príncipe estaba trabajando para el Sínodo, aunque raramente se le veía por allí. Sin embargo, aquel modesto funcionario del Sínodo era recibido por todos los ministros; si bien lo miraban con desprecio, como también sucedía en los mejores salones de Petersburgo. Todos temían su afilada lengua. Pues aquella laboriosa pero peligrosa abeja trabajaba incansablemente el día entero extendiendo rumores y cotilleos por los salones y puestos de trabajo de Petersburgo.

El ya mencionado miembro del Consejo de Estado, Polovstev, recordaba:

> Conozco al príncipe desde hace mucho tiempo ... Se pasaba el día visitando a ministros y personajes influyentes ... Averiguaba cosas de ellos y esparcía rumores y sucesos de la Corte y de los círculos administrativos ... La gente le recibía para estar al corriente de las intrigas burocráticas y de la Corte y también para lanzar a través de él los oportunos rumores ... Aunque, por otro lado, le tenían miedo porque sabían que era bien acogido en todas partes y con su afilada lengua podía perjudicar a quienquiera que le resultase desagradable ... Sería ridículo calificarlo de conservador o de liberal. Sus opiniones sobre las personas que ostentaban poder dependían de sus relaciones con ellas: si le aceptaban, las alababa; si le evitaban, las menospreciaba y odiaba.

Se pasaba el día entero intrigando. Engañaba y manipulaba. Polovstev escribió:

El propio Andronikov me dijo alegremente: «Cada vez que nombran a
un fulano director de determinado departamento, le envío la siguiente carta: "Por fin el sol de la verdad brilla en Rusia. El inepto Gobierno, que hasta ahora nos ha estado llevando a la ruina, se ha dado cuenta finalmente de
que hay que poner en manos capaces y nobles los destinos de los departamentos. Que Dios nos proteja en nuestro difícil camino." Y entonces este
tal fulano, que nunca ha oído hablar de mí, empieza a llamarme y está dispuesto a recibirme con cualquier pretexto». Los papeles secretos se transmitían mediante correos. Él sobornaba al portador para que le mostrase los
sobres que llevaba. Sin siquiera abrirlos, tenía una excelente intuición de su
contenido. Por ejemplo, las condecoraciones solían distibuirse el 1 de enero. Así que se apresuraba a felicitar a quienes las recibían antes de que llega-
sen las cartas con la comunicación; los personajes de buena posición que recibían las condecoraciones pensaban admirados: «¡Qué influencias debe de
tener este príncipe en las más altas esferas!».

A pesar de todas estas habilidades, había una circunstancia que obs-
taculizaba la carrera del príncipe: sus tendencias homosexuales y los siniestros rumores sobre su apartamento.

Según los informes policiales, el príncipe tenía alquilado «un gran
apartamento amueblado de siete habitaciones». La pieza central del mismo era su legendario dormitorio. «Detrás de un biombo especial situado
en aquella habitación», escribió V. Rudnev, el investigador de la Comisión Extraordinaria que le interrogó, «había una especie de capilla con
un enorme crucifijo, un facistol, una corona de espinos, una hilera de iconos y un traje completo de sacerdote.»

«Aunque nunca le vi rezar allí», su criado, Piotr Kilter, declaró:

entre los iconos y la corona de espinos el príncipe recibía invitados extremadamente jóvenes ... Un montón de gente le visitaba, la mayoría cadetes,
colegiales, jóvenes oficiales, todos ellos muy apuestos ... Entraban como si
estuvieran en su casa, bebían, comían, pasaban la noche, y dos por cama,
además. Andronikov se comportaba de forma sospechosa, desapareciendo
en el cuarto de baño con uno de aquellos jóvenes.

LAS HABLADURÍAS

«El príncipe detestaba a las mujeres», testificó su amigo Beletsky, «y tan sólo una le visitaba, la madura Natalia Chervinskaya». La razón de tan íntima amistad entre ambos era simple. Les unía su odio al ministro de la Guerra, Vladimir Sujomlinov. Chervinskaya repudiaba al ministro, de sesenta y dos años, por haber abandonado a su hermana y haberse casado con una mujer más joven. En aquella época, Andronikov se relacionaba con Sujomlinov. Pero con la esperanza de acercarse todavía más al poderoso ministro, Andronikov informó a Sujomlinov de algunas de las infidelidades de su joven y nueva esposa. Por supuesto, esta información se la proporcionó Chervinskaya. Tras el incidente, Sujomlinov despachó al príncipe sin miramientos. Así, el principe acabó detestándole. El odio del príncipe era harto peligroso, rencoroso y vengativo: eso lo unió a Chervinskaya.

También el gran duque Nicolai Nikoláievich detestaba a Sujomlinov, porque éste se había mostrado partidario de limitar la influencia del gran duque en el ejército. No obstante, la hostilidad de Nicolai Nikoláievich aseguraba la posición del viejo ministro, puesto que todo aquel que fuese objeto del desagrado del gran duque, automáticamente complacía a la zarina. Sin embargo, en 1915, los fracasos militares empezaron a acumularse y, obviamente, aumentaron las críticas hacia el ministro de la Guerra, sobre el que todos arrojaban sus pecados. Para Andronikov estaba claro que había llegado el momento propicio de atacar a Sujomlinov. Además, Chervinskaya, el «rumor ambulante», como la llamaban en los salones, había informado a Andronikov de una nueva circunstancia fundamental: resultó que Sujomlinov había conseguido ofender también a Rasputín. Como testificó Andronikov: «Rasputín tenía la costumbre de abrumar a los ministros con sus recados y sus notas ... Sujomlinov no quiso recibirle y, en general, no le caía nada bien». Por lo tanto, el plan urdido por el príncipe era simple: Rasputín tenía que conseguir que la zarina retirase su apoyo al ministro de la Guerra. Y Andronikov decidió hacerse amigo de Rasputín.

LA ALIANZA DEL PRÍNCIPE Y EL CAMPESINO

Por esta razón, inmediatamente después del regreso de Rasputín a Petersburgo tras el ataque perpetrado por Guseva, los agentes constataron que cierta mujer de mediana edad empezaba a frecuentar el apartamento de Rasputín. La identificaron al instante.

Según los informes policiales, cada día a finales de agosto de 1914: «Chervinskaya, Natalia Illarionovna, de cuarenta y ocho años, se presentaba en casa de Rasputín. La amiga íntima de Andronikov estaba allanando el camino para la llegada del príncipe; poco después, el amigo apareció en el apartamento de la calle Gorojovaya». Como más tarde el propio príncipe declararía en su testimonio: «Fui a verle cuando todavía estaba convaleciente de su herida y acababa de regresar a Petrogrado».

Sin embargo, el príncipe no ocultó a los investigadores el motivo por el cual se hizo amigo de Rasputín: «Sabía que tendría que utilizar a Rasputín para atraer la atención de Tsarskoe Selo sobre ciertas acciones de Sujomlinov».

Sin embargo, al acercarse a Rasputín, Andronikov sin duda vio las cosas de otro modo. Se percató de sus furtivos viajes a Tsarskoe Selo con los bolsillos llenos de peticiones. Vio la «sala de espera» atestada de acaudalados peticionarios. Por consiguiente debió de considerar que el asunto de Sujomlinov era una penosa bagatela en comparación con las posibilidades que se le ofrecían en el edificio de la calle Gorojovaya. El príncipe estaba siempre necesitado de dinero. Tenía una posición muy modesta como oficial del Sínodo, y sin embargo, mantenía un apartamento enorme y a numerosos jóvenes y frecuentaba los restaurantes más caros para conservar su posición en sociedad. Se propuso meter mano en el negocio de reclutar peticionarios.

En aquellos momentos, el campesino y su Grupo de Expertos necesitaban al príncipe para un propósito totalmente distinto. Andronikov conocía a las personas más influyentes, y a través de él se podría «echar un vistazo» a «nuestros» candidatos para los puestos más importantes del Gobierno. Cuando el príncipe comprendió qué pretendía Rasputín de él, debió de sentirse encantado. Su sueño se había hecho realidad. ¡Ahora aquel patético intrigante y diligente propagador de rumores se encontraba en el mismo centro de la gran política! Nombraría y destituiría ministros, porque gobernaría por medio de aquel campesino. Sí, el campesino era astuto, pero, después de todo, no era más que un campesino semianalfabeto.

Como es evidente, Andronikov sugirió a Rasputín que empezaran por lo más importante, encontrar al próximo jefe del Departamento de Policía. Con esta finalidad tuvo lugar, a principios de 1915, un encuentro extraordinario: la visita de Rasputín al apartamento de uno de los más íntimos amigos de Andronikov, Stepan Beletsky.

EL REGRESO DE UN MAESTRO DE LA PROVOCACIÓN

Después de la Revolución de febrero, Stepan Petrovich Beletsky prestó declaración ante la Comisión Extraordinaria, y el poeta Alexander Blok, cuya labor consistía en transcribir y editar los interrogatorios, lo describe en sus anotaciones: «De voz suave, pelo gris, y nariz chata ... y ojos llorosos constantemente brillantes».

En la época de la visita de Andronikov, Beletsky apenas pasaba de los cuarenta, más o menos la misma edad que Andronikov, aunque, a diferencia de él, se encontraba ya en lo alto del escalafón burocrático. Desde 1912 había desempeñado los siniestros deberes de director del Departamento de Policía; años marcados por la provocación por parte de la policía secreta. Bajo Beletsky, hubo una masiva infiltración del movimiento revolucionario a través de agentes provocadores; se produjo el misterioso asesinato de Stolypin y se organizó el caso antisemita contra el oscuro judío Mendel Beilis, que en 1913 fue falsamente acusado del «asesinato ritual» de un joven ucraniano. Por lo tanto, Stepan Petrovich se había convertido en un adepto de las más exquisitas intrigas de su departamento. Sin embargo, hacía ya un año que lo habían destituido de su poderoso puesto y retirado en calidad de senador. No obstante, el muy inteligente Petrovich, todavía en posesión de sus facultades, estaba ansioso por reanudar su carrera. Frecuentaba influyentes salones conservadores, donde conoció a Andronikov y se hicieron amigos. Como registró Blok en sus anotaciones, Beletsky explicó que «le habían advertido que no pasara mucho tiempo en casa de Andronikov». Pero él lo visitaba a menudo y participó de buen grado en la nueva intriga.

Según los datos de los agentes de vigilancia externa, Rasputín «visitó al antiguo jefe del Departamento de Policía, Beletsky, el 30 de enero de 1915».

Presumiblemente le prometieron a Beletsky su antiguo puesto. Aunque ahora tenían que encontrar a «nuestro» ministro de Interior. El propio Beletsky sabía que él no sería adecuado para el cargo de ministro. Como más tarde testificó: «El zar me trataba con hostilidad». En consecuencia, la cuestión principal de encontrar a «nuestro» ministro seguía sin estar resuelta.

LA DAMA AL MANDO

Andronikov creía en la omnipotencia de Rasputín. Como todo el mundo, no comprendía la verdadera situación. El golpe de Estado de palacio que preparaba el campesino tendría que producirse porque era lo que la zarina quería. Tan pronto como estalló la guerra y Nicky fue absorbido por la contienda en el Cuartel General, ella tomó la decisión de ayudarle y tomar parte en el Gobierno del país. Es más, cómo no iba a hacerlo si los ministros «lo estaban haciendo todo mal» y el enviado de Dios estaba constantemente a su lado transmitiéndole Sus mandatos, que coincidían felizmente con lo que ella misma deseaba.

Obviamente, Rasputín había tenido numerosas oportunidades de comprobar qué pasaba cuando no coincidían; a principios de 1915 de nuevo tuvo ocasión de constatarlo.

EL ÚLTIMO DESEO DEL GRAN PRIMER MINISTRO

En enero de 1915 Rasputín recibió la visita de una dama cubierta por un velo. A diferencia de Zhukovskaya, al parecer, ella no sabía quién era la persona que estaba sentada en la garita; el agente de la sección de Seguridad que estaba allí, aclaró quién era la misteriosa visitante y presentó su informe: «La condesa Witte visitó al Oscuro el 8 y el 25 de enero, las dos veces oculta bajo un espeso velo. El 25 de enero le pidió al conserje que la escoltase por la escalera trasera y le dio una propina de tres rublos».

Sí, se trataba de la esposa del antiguo primer ministro. Por aquel entonces Witte se estaba muriendo (moriría en febrero) y acababa de escribir una larga carta al zar. Tras enumerar en ella los grandes logros del reinado de Nicolás que se habían alcanzado con su participación (la Constitución, por ejemplo), el viejo le pedía el título de conde para su querido nieto. Así pues, queda claro el propósito de la visita de la condesa Witte a Rasputín, de quien el propio conde había hablado con tanto fervor.

Por supuesto, Rasputín cumplió con la petición y rogó a Alix que le concediese un último favor al conde. El zar debía regresar del Cuartel General y podría conceder aquella merced al moribundo Witte, a tiempo. Pero Alix, que odiaba a aquel primer ministro, hizo oídos sordos a la petición de Nuestro Amigo; el campesino no tuvo más remedio que reconocer que era inútil. Así pues, el querido nieto de Witte no recibió el título de conde. Cuando regresó el zar, Rasputín no se lo mencionó. Sabía cuál era su lugar: uno podía enfrentarse al zar, pero nunca a la zarina.

UN AMIGO FATAL

El contacto inicial con Beletsky había dado excelentes resultados. El dignatario estaba ansioso por recuperar su antiguo puesto y comprendió perfectamente las obligaciones que tendría que asumir a cambio. Habían encontrado al primero de los «nuestros». El siguiente paso de Rasputín tendría que haber sido informar a Anya, la mensajera entre Nuestro Amigo y «Mamá».

Pero no había nadie a quien notificárselo. El principal vínculo de comunicación había quedado fuera de combate. Justo al inicio del nuevo año, el destino torció cruelmente sus planes.

El 10 de enero de 1915, Rasputín celebraba su santo y su cumpleaños. Aquel día, tras una prolongada ausencia, recibió la visita de su viejo amigo, el joven Molchanov. Cuando Rasputín le reprendió por haberle «olvidado», este último no se sintió inclinado a explicar la importante razón de su desaparición. Aunque luego la explicó en el Expediente.

«A principios de 1914 recibí inquietantes noticias sobre la salud de mi padre ... y el 20 de mayo mi padre falleció.» Después de la muerte de su padre, Molchanov dejó de visitar a Rasputín:

Tras la muerte de mi padre, caí en un estado de apatía. Además, revisando el pasado de todas las personas que habían unido sus destinos a Rasputín —Iliodor, Hermógenes, [y] Damansky, que a través de él hizo una brillante carrera y luego cayó enfermo de una dolencia incurable— llegué a la quizá supersticiosa convicción de que la mano de Rasputín era una mano severa.

Podía haber incluido a su padre en la lista, pues había obtenido su cargo gracias a Rasputín; también a Anya, la principal devota de Rasputín, que, mientras él estaba celebrando alegremente y borracho su santo, yacía inconsciente. El 2 de enero de 1915 se produjo un accidente ferroviario, que retrasaría dos meses los cambios en el poder.

LA RESURRECCIÓN DE LA MUERTA

Según recordaba Vyrubova:

acababa de dejar a la emperatriz, y me dirigía a la ciudad ... en tren. Había reservado asiento en un vagón de primera clase, el primero detrás de la locomotora. El vagón iba abarrotado. Tan sólo habíamos avanzado seis verstas hacia Petrogrado cuando se oyó un terrible estruendo. Sentí como daba vueltas sobre mí misma cabeza abajo y luego golpeé contra el suelo. Cuando recobré el conocimiento todo cuanto me rodeaba era silencio y oscuridad. A continuación oí los lamentos de los heridos y moribundos que estaban aplastados debajo de los vagones destrozados. No podía moverme ni gritar: una enorme traviesa de la línea férrea había caído sobre mi cabeza.

La sacaron de debajo del vagón destrozado y la colocaron sobre la nieve. «Dos horas después aparecieron la princesa Orlova y la princesa Gedroits. Se acercaron a mí. Gedroits palpó el hueso que tenía roto debajo del ojo y le dijo a Orlova: "Se está muriendo", y se marchó.»
Las dos damas de honor debieron de sentirse satisfechas: pensaron que la Amiga había muerto.
«Sólo a las 10.00 de la noche y gracias a la insistencia del general Resin [el comandante del regimiento que hacía la guardia de palacio], que había llegado de Tsarskoe Selo, unos ordenanzas me trasladaron a una especie de refugio acogedor.» Y entonces vio a la zarina.

Recuerdo que me llevaron entre la muchedumbre a Tsarskoe [Selo], y vi a la emperatriz y a las grandes duquesas sumidas en llanto. Me condujeron a una ambulancia y la emperatriz subió conmigo, se sentó en el suelo y sostuvo mi cabeza sobre sus rodillas, y yo le susurré que me estaba muriendo ... Se acercó un sacerdote y me administró la extremaunción. Después oí que decía que se fuesen despidiendo de mí, que no llegaría viva al día siguiente ... El soberano me cogió la mano y dijo que todavía tenía fuerza en ella ... Recuerdo que Rasputín entró y dijo a los demás: «Vivirá, pero quedará lisiada». Durante seis semanas sufrí los peores tormentos día y noche.

En el diario de Nicolás el 2 de enero de 1915 leemos: «Me enteré ... de que había habido una colisión de trenes ... La pobre Anya junto con otros muchos resultó gravemente herida ... y la trajeron a la enfermería de palacio. A las 11.00 fui a verla. Sus familiares habían acudido junto a ella. Grigori llegó después».

Según el testimonio de Andronikov ante la Comisión Extraordinaria: «Cuando llegó, la familia real entera estaba de pie junto a la accidentada Vyrubova. No había esperanza alguna ... Rasputín empezó a gesticular y a decir: "Anushka, escúchame". Y ella, que no había repondido a nadie, abrió los ojos de repente».

Otra vez acababa de contemplar la zarina la realización de un milagro.

¿Pero fue realmente un milagro? Ya hemos dicho que la posición de Vyrubova se había complicado repentinamente en 1913-1914. El juego de fingirse enamorada había provocado un inesperado arrebato de celos por parte de la zarina. Teniendo en cuenta la personalidad de Anya, podemos preguntarnos si aquella dama de hierro que se debatía entre la vida y la muerte no estaba actuando para que la zarina pudiera ver lo que durante tanto tiempo había esperado: ¡la Amiga salvada por el hombre de Dios! Aquella salvación sería para la zarina una señal mística, un milagro que exigía la renovación de su amistad.

«QUE ESTE ACCIDENTE RESULTE BENEFICIOSO ...»

Eso escribió Alix. Aunque lo primero que pensó fue que Nicky tendría que visitar a la Amiga en su casa: eso la irritó.

De Alix a Nicky:

26 de enero de 1915 ... está deseando volver a su casa ... pero, cariño, desde el principio tienes que decirle que entonces no podrás ir tan a menudo ... porque si ahora no te pones firme, tendremos historias, escenas de amor y peleas como en Crimea ... Desde el principio tienes que poner límites como has hecho ahora para que este accidente resulte beneficioso y nos traiga sosiego ... Tengo montones de peticiones de Nuestro Amigo para ti.

En el Expediente encontramos el testimonio de Feodosia Voino, de treinta y seis años, la ayudante del médico que se convirtió en doncella de Anya:

Empecé a trabajar para Anya después del accidente en el tren, es decir a finales de enero de 1915. Vyrubova estaba todavía en condiciones muy precarias y no hubiera podido arreglárselas sin ayuda externa ... Después de mí, cuando Vyrubova pudo moverse, empezó a trabajar un ordenanza sanitario. Durante el día yo trabajaba en el hospital cerca de Vyrubova, por la noche iba a su casa por mi cuenta, le daba masajes y desempeñaba todas las tareas sanitarias. Cuando no podía levantarse, la zarina y los niños iba a verla a menudo, pero el zar raramente acudía.

En el Expediente consta el testimonio del ordenanza sanitario, Akim Zhuk, de cuarenta y nueve años, del regimiento combinado de Tsarskoe Selo, enviado a la enfermería para desempeñar labores sanitarias: «Por orden de los médicos que trataban a Vyrubova, empecé a visitarla ... Había que incorporar y sentar a Vyrubova para cambiarle la ropa. Yo tengo una gran fuerza física y Vyrubova era una mujer muy robusta».

De Alix a Nicky:

27 de enero de 1915 ... Ania se está recuperando ... Sólo que insiste en volver a su casa. ¡Ya me imagino mi vida entonces! ... Me parece que su estómago y piernas son descomunales (y poco atractivas), su rostro tiene un color rosado, pero las mejillas han adelgazado y tiene sombras bajo los ojos. Recibe muchas visitas, pero Dios mío, cuánto se ha alejado de mí desde su horrible comportamiento, especialmente en otoño, invierno y primavera de 1914 ... no me siento tan a gusto con ella como antes.

5 de abril de 1915 ... Z[huk] ha sacado a Ania en silla de ruedas ... ¡mañana quiere venir a verme! ¡Oh Dios! estaba tan contenta de no tenerla en

la casa durante algún tiempo, soy egoísta ... te quiero para mí sola, por fin, y esto significa que se está preparando para invadirnos cuando regreses.

EL REGRESO «AL CÍRCULO DE LOS SUYOS»

El campesino no había abandonado a la Amiga lisiada. Como antes, concertaba citas para reunirse con los zares en casa de Anya. Trabajaba duro. Tenía que restablecer la antigua amistad que ambas se profesaban: sabía que lo lograría. Alix estaba demasiado sola sin Anya.

Según el testimonio de Zhuk: «Rasputín, en realidad, visitaba muy a menudo a Vyrubova ... En aquellos días la familia real entera solía visitarla: el zar, la zarina, los niños, y Rasputín».

Por supuesto, al final ganó Nuestro Amigo. Reavivó su relación. En poco tiempo los celos quedaron olvidados y la gran amistad resurgió; una vez más, Alix y la Amiga se inundaban de cartas la una a la otra, y de nuevo nunca se saciaban de su mutua compañía.

Después de la Revolución, tuvieron que quemar las cartas, llenando de cenizas las chimeneas de dos habitaciones: las cartas dejaron de ser personales. Poco después de su reconciliación, la zarina y su Amiga emprendieron el Gobierno del país. El golpe de Estado de palacio que pretendían llevar a cabo con Rasputín había empezado.

Del testimonio de Zhuk en el Expediente:

Cuando Vyrubova no podía caminar, la zarina iba a verla a menudo ... Después, la zarina continuaba yendo con mucha frecuencia y seguían escribiéndose la una a la otra. La correspondencia era tan asidua que a veces por la noche apenas tenía tiempo de acompañar a Vyrubova de los aposentos reales a sus habitaciones cuando empezaban a llegar cartas de la zarina. Y dos o tres veces ocurrió que consiguieron intercambiarse cartas mientras Vyrubova se preparaba para acostarse ... Iba a palacio cada día de 3.00 a 5.00 de la tarde, y luego por la noche desde las 9.30 hasta las 12.00 o la 1.00.

Alix se entregó a la causa con todo su entusiasmo.

No obstante, había un «tabú» que la Amiga observaba ahora escrupulosamente. «No iba a ver a la zarina por la noche ... los días en que el soberano regresaba del Cuartel General.» Sólo se le permitía verle el día antes de su partida al frente. «Normalmente, invitaban a Vyrubova a cenar a palacio cuando el zar se marchaba.»

¡QUIZÁ DESPUÉS DE TODO NO HUBO DEPRAVACIÓN!

Las juergas de la calle Gorojovaya prosiguieron como siempre durante todo el mes de febrero de 1915 y gran parte de marzo. Durante aquel período Rasputín proporcionó abundante material a los agentes de vigilancia externa.

12 de febrero. Rasputín y una mujer no identificada fueron seguidos hasta la casa del príncipe Andronikov. Él regresó a las 4.30 de la madrugada en compañía de seis borrachos con una guitarra. Cantaron y bailaron hasta las 6.00.

10 de marzo. Siete u ocho hombres y mujeres llegaron alrededor de la 1.00 de la madrugada. Cantaron canciones, saltaron y gritaron, y luego se fueron a algún sitio desconocido con Rasputín.

11 de marzo. Seguimos a Rasputín hasta la calle Pushkin número 8, a casa de la prostituta Tregúbova.

Según reza el informe de un agente:

Tregúbova, Vera Ievlevna, de veintiséis años, judía bautizada. Una mujer de virtud fácil que comercia exclusivamente presentando gente rica a Rasputín, la mayoría judíos que quieren poner en orden sus asuntos comerciales. Una vez afirmó que se sacaba unos 300 rublos al mes. Visita a Rasputín casi a diario.

En 1917 la Comisión Extraordinaria interrogó a Vera Tregúbova. Su testimonio se conserva en el Expediente y contradice por completo la caracterización que de ella hizo el agente. En su declaración, Vera Tregúbova afirmó haberse graduado en el Conservatorio. Conoció casualmente a Rasputín «en el apartamento de la anciana esposa del teniente general Dubelt, Alexandra Ivanovna. Allí vivían otras dos mujeres, una especie de casera, que aparentaba unos cincuenta y cinco años y estaba exageradamente gorda ... [y] la hermana ... de Dubelt, Lydia Ivanovna Kondyrev». En aquella ocasión alrededor de las diez de la noche vino un hombre vistiendo un abrigo ceñido de color caqui y botas. Supuse que era Rasputín, cuyo retrato había visto con anterioridad ... Llamándole por su nombre y patronímico, la anfitriona Dubelt empezó a decirle a Rasputín lo bueno que sería si me pudiese conseguir un puesto de cantante en el escenario imperial, para mí, siendo judía, resultaba generalmente muy duro alcanzar una posición. A lo que Rasputín contestó: «Conozco a muchos judíos, son buenas personas».

Según Tregúbova hacia el final de la velada, Rasputín, ya ebrio, empezó a insinuarse. «Haré lo que quieras, pero tienes que venir a mi casa. Ven esta noche a las 12.00.»

«¿Por qué habría de ir a tu casa? Yo no vendo mi cuerpo», respondió orgullosamente Tregúbova. «Entretanto, Rasputín me había cogido las manos y me estaba sobando.»

¡Tachar a una respetable cantante que veía por primera vez a Rasputín, de prostituta «que visita a Rasputín a diario»! El testimonio de Tregúbova suscita dudas acerca de los otros informes de la vigilancia externa. ¿Quizá todos aquellos informes sobre las borracheras, juergas y depravación fueron elaborados por orden de los enemigos de Rasputín? ¿Quizá nunca sucedió nada semejante?

Pero, por desgracia, para Tregúbova, Kondyreva también testificó.

Lydia Ivanovna Kondyreva, de setenta y ocho años, viuda de un diputado provincial del Estado, afirmó que todo había sido «completamente al revés»:

Estaba viviendo en casa de mi hermana, A. I. Dubelt, cuando una noche a finales de 1914 apareció una hermosa mujer, obviamente alguna conocida suya, que trajo consigo a Rasputín, al que mi hermana no había visto nunca. La joven presentó a Rasputín anunciando que él «quería visitarte esta noche». En el apartamento estaba también Sofía Dmitrievna Oznobishina, de Kazán, una mujer bella y bien conservada de cincuenta y cinco años y viuda de mi primo, que había ostentado el rango de chambelán. Le ofrecieron té a Rasputín. La joven dama que lo trajo gozaba, en mi opinión, de relaciones cordiales con él, llamándole primero Grigori Yefimovich, y después «padre», dirigiéndose a él de forma familiar. Rasputín permaneció en silencio la mayor parte del tiempo, y luego aprovechando unos momentos a solas con Oznobishina, empezó a acariciarle la mano y a darle golpecitos en la mejilla, atrayéndola hacia él. ... Se marchó con la citada dama ... le pregunté a mi hermana Dubelt quién era aquella hermosa mujer que había traído a Rasputín. Me dijo que al parecer Vera Tregúbova no tenía ninguna ocupación concreta y que se pasaba el día con Rasputín. Durante algún tiempo había vivido en casa de Albertini, una mujer que alquilaba habitaciones amuebladas y a través de la cual había conseguido la confianza de mi hermana.

Así pues, los agentes llevaban a cabo su labor con minuciosidad y debemos confiar en ellos. Sobre todo porque Tregúbova continuará siendo un personaje extremadamente activo en los informes de la vigilancia externa. Por ejemplo: «26 de mayo. Rasputín regresó a casa borracho en el coche de Manus besando apasionadamente a Tregúbova».

Durante todo aquel tiempo, Dzhunkovsky había estado enviando los informes de los agentes al Cuartel General, donde Nicolai Nikoláievich los mostraba al zar. A su regreso a Tsarskoe Selo, el zar habló de ello con la zarina provocando su ira. «Mi enemigo», llamaba ella a Dzhunkovsky.

Hasta ahora se trataba solamente de juergas y borracheras, noticias similares a los que los zares habían oído infinidad de veces. Hacía falta algo que llamase la atención.

«25 de marzo. Rasputín se ha marchado a Moscú», informaron los agentes.

Fue precisamente en este viaje a Moscú cuando el entusiasmado Dzhunkovsky, que no tenía la menor idea de adónde le estaba conduciendo el campesino, encontró lo que estaba buscando. En el *Yar*, un restaurante cíngaro de Moscú, tuvo lugar un incidente que desencadenó una serie de acontecimientos que de alguna manera afectarían a la historia de Rusia.

EL MOSCÚ DE LOS GITANOS

Al llegar a Moscú, Rasputín siguió con sus parrandas. El lugar elegido para aquellas escandalosas juergas fue el característico y ahora casi desaparecido Moscú de los gitanos.

El parque Petrovsky todavía existe en Moscú, pero en aquella época alrededor del parque vivían los grandes artistas gitanos que bailaban y cantaban en los famosos restaurantes de Moscú, el *Yar* y el *Strelna*. Éstos eran los favoritos de Rasputín. El jardín de invierno se extendía bajo una cúpula, con sus palmeras, cactus y grutas artificiales. Y los solícitos camareros se desplazaban de una mesa a otra por unos senderos que salían de las grutas.

La atracción estrella del programa del restaurante era el conjunto cíngaro, los Lebedevs, quienes actuaban tres veces cada noche para todos los clientes. Después, el conjunto recibía invitaciones a los comedores privados. En cada salón había una mesa grande frente a la que se acomodaba el grupo. Los convidados hacían peticiones y pagaban generosamente por cada número. A los solistas se les invitaba a sentarse a la mesa. Pero los cíngaros no bebían mientras trabajaban, y los clientes lo comprendían. Si llamaban a una cíngara a una habitación privada, su madre o su hermana solían acompañarla. No podía ir sola. Es verdad que había incidentes que acababan en derramamiento de sangre. En una ocasión, cuando el conjunto se marchaba, un oficial borracho trató de retener en su cuarto a una hermosa bailarina. Pero el padre ordenó a la muchacha que saliese, y el oficial ebrio lo mató de un disparo.

No obstante, las grandes juergas continuaban hasta altas horas. No era extraño ver cómo, después de la 1.00 de la madrugada cuando el restaurante había cerrado, los clientes asiduos seguían a los Lebedevs a su casa en el «campamento gitano».

Iván Ivánovich Rom-Lebedev era uno de los últimos del famoso clan que había sido el orgullo de Moscú en tiempos de Rasputín. Conocí a aquel anciano alto y apuesto. A sus ochenta años era dramaturgo y fundador del Teatro Gitano de Moscú. Esto es lo que me contó de sus recuerdos de aquellas juergas nocturnas en su «campamento».

Después de entrar en casa, los invitados se sentaban en torno a una mesa y los camareros les llenaban las copas. Entonces el conjunto empezaba con la tradicional canción:

> Por una conversación amistosa,
> en torno a la mesa del banquete,
> siguiendo la costumbre de nuestros padres,
> te cantamos esta canción.

En aquellas noches, recordaba Rom-Lebedev: «Aunque era un niño, no dormía. Escuchaba atentamente lo que sucedía en el salón de invitados. Solían venir los hijos de Lev Tolstói ... el gran duque Dimitri Pávlovich vino más de una vez». Pero Rom-Lebedev recordaría lo sucedido en marzo de 1915 durante el resto de su vida.

Unos ruidos lo despertaron y comprendió que habían llegado invitados. Salió al pasillo. Normalmente los camareros le daban caramelos al pasar por delante suyo. Pero en aquella ocasión pasaron a toda prisa, serios y concentrados. Había guardias apostados en el pasillo junto a la puerta que daba al salón de invitados. Había llegado alguien muy importante. Del salón irrumpió la canción:

¡Grigori Yefimovich es un muchacho excelente!
¡Por fin se ha dignado a favorecer a los gitanos!

El chico tenía la costumbre de escudriñar por el ojo de la cerradura. Vio a todo el conjunto en la puerta de la terraza. Su padre estaba de pie delante de todos; su madre, sentada a un lado. En el centro de la mesa había un campesino que llevaba una camisa de campesino ruso bordada. Alguien le entregó una copa champaña, y el conjunto empezó a cantar: «Arriba las copas, arriba las copas», tras lo cual dio comienzo un baile gitano. La abuela del chico se acercó al campesino y, haciendo una reverencia, lo invitó a bailar. Él empezó a bailar, agachándose ligeramente delante de la abuela y golpeando con las manos la caña de sus botas. Todo eran palmas, gritos de «¡oh!» y saltos. Las juergas terminaban justo antes del amanecer.

Durante este viaje a Moscú en el mes de marzo, Rasputín se vio implicado en el escándalo que estalló en uno de los salones privados del famoso restaurante Yar durante la actuación de un conjunto cíngaro. En 1917 los investigadores de la Comisión Extraordinaria interrogaron a aquellos que podían arrojar algo de luz sobre las complicadas circunstancias de la historia.

UNA ORGÍA EN EL *YAR*

Según el testimonio de Dzhunkovsky que figura en el Expediente:

En marzo de 1915 el alcalde de Moscú, Adrianov, me informó de que un tal Grigori Rasputín se había comportado de forma intolerable en el restaurante Yar, de Moscú: se había bajado los pantalones y exhibido su órgano reproductor, presumiendo al mismo tiempo de que la camisa que llevaba la había cosido la emperatriz. Di orden de que se procediese en este caso de acuerdo con lo establecido por la ley.

Dzhunkovsky instruyó también al jefe de la Sección de Seguridad de Moscú, Martynov, para que llevase a cabo una investigación y le informase de los resultados.

En el Expediente consta la declaración de A. P. Martynov:

> Llamé inmediatamente al teniente coronel Semyonov, en aquellos tiempos superintendente ... del distrito en el que estaba ubicado el restaurante Yar. Semyonov me informó de que él mismo estuvo presente en el restaurante Yar la noche en que Rasputín montó su juerga. Éste acudió al restaurante con un pequeño grupo ... reservó un salón privado, invitó a los cantantes, y organizó una farra. No recuerdo los detalles, puesto que ocurrió hace más de dos años, pero entonces elaboré un informe completo y detallado para el Departamento de Policía basándome en el relato de Semyonov.

Según el testimonio de Dzhunkovsky ante la Comisión Extraordinaria:

> Martynov informó que el 26 de marzo alrededor de las 11.00 de la noche G. Rasputín ... llegó al restaurante con Anisia Ivanovna Reshétnikova, viuda de un ciudadano respetable, con Nikolai Nikitich Soedov, un colaborador de la prensa de Moscú y Petrogrado, y con una mujer joven no identificada. El grupo iba ya achispado. Tras instalarse en el salón, los recién llegados llamaron por teléfono al editor del periódico de Moscú, *Noticias de la Temporada*, el ciudadano de nombre Semyon Kugulsky ... Evidentemente, el grupo también bebió vino allí porque un Rasputín todavía más borracho estaba bailando el baile «ruso» y empezó a hablar con desfachatez a las cantantes: «Esta capa me la dio la "vieja", la cosió ella misma».
>
> Después del baile «ruso» [Rasputín dijo]: «Oh, ¿qué diría "ella" si me viera ahora?». A continuación la conducta de Rasputín adoptó el vergonzoso carácter de una especie de psicopatología sexual. Exhibió abiertamente su órgano sexual y en aquella postura continuó su conversación con las muchachas cantantes, mostrándoles unas notas escritas a mano de la clase de «Amor desinteresado» ... En respuesta al comentario del líder del conjunto sobre la indecencia de aquella conducta en presencia de mujeres,

Rasputín replicó que él siempre se comportaba de aquel modo con las mujeres, y permaneció sentado sin cambiar de actitud. Rasputín dio de diez a quince rublos a algunas de las cantantes, cogiendo el dinero de su joven acompañante, que después pagó todos los gastos ocasionados en el *Yar*. Se marcharon de allí alrededor de las 2.00 de la madrugada.

Exultante, Dzhunkovsky se puso a preparar un informe para el zar y pidió a Martynov que averiguase qué podía haber reunido a aquel grupo tan dispar. Al parecer, estaba asombrado por la inmediata inclusión en la juerga de dos periodistas, pues sabía que Rasputín los evitaba. Entonces Martynov le proporcionó una nueva referencia con «información complementaria obtenida de forma secreta»:

El noble Nikolai Soedov, que se dedica a trabajos semiliterarios, se introdujo hace tiempo en el círculo moscovita de hombres de negocios de nivel medio que no hacen ascos a ocasionales tratos de dudosa honestidad. Su labor literaria se limita a colaboraciones con la prensa vulgar ... Cuando estaba en Petrogrado, apareció un día en casa de Rasputín en calidad de representante de la prensa. Durante el viaje de Rasputín a Moscú, se presentó ante él y comenzó a poner en práctica un plan que había elaborado para suministrar ropa interior militar de tallas grandes. Al parecer en Petrogrado logró interesar a Rasputín en el negocio tras prometerle una suculenta comisión. Aquélla era una de las típicas juergas que se hacían en los círculos comerciales de Moscú para «mojar» un trato ... Puesto que Soedov le había ofrecido antes ... una participación en el acuerdo a Kugulsky, propietario del periódico, éste a la espera de futuros beneficios proporcionó el dinero para la jarana ... Las noticias de la llegada de Rasputín y su escandalosa conducta atrajeron la atención hacia el restaurante, y el propietario, Sudakov, para evitar problemas, aseguró a todo el mundo que no se trataba de Rasputín sino de otra persona. Cuando Rasputín se enteró, quiso demostrar que era realmente él, y lo hizo del modo más cínico, dando muestras de su íntima relación con las más altas personalidades ... En lo que respecta al suministro de ropa interior, el negocio no prosperó.

La descripción de la «psicopatología sexual» de Rasputín es muy sospechosa. Recordemos el testimonio de Filipov, que asistía a las farras de Rasputín, y que mencionó su extraordinaria pulcritud durante las borracheras: «Ni recuerdo ninguna indecencia externa en su atuendo, como por ejemplo pantalones desabrochados, y eso que en 1915 me visitaba a diario». Y, de hecho, no hay ninguna otra mención de semejante «psicopatología» en los informes de los agentes.

La presencia de los dos periodistas sin escrúpulos y la extraña facilidad con que el negocio fracasó le pone a uno en guardia.

¿QUÉ PASÓ EN REALIDAD?

Lo que probablemente sucedió fue lo siguiente. Uno de los presentes en las borracheras de Rasputín, como ya hemos visto, era un tal Soedov, un individuo oscuro que proporcionaba información a la prensa amarilla. Y que, como Martynov, jefe de la Sección de Seguridad de Moscú, escribió, «en sus artículos ... hacía siempre referencia en los términos más laudatorios a las acciones de la administración de Moscú». En otras palabras, era con toda probabilidad un informador pagado de la Sección de Seguridad, algo harto frecuente entre los periodistas de poca monta de la época. Obviamente, había recibido el encargo de arrastrar a Rasputín a un escándalo. Soedov le había prometido un contrato beneficioso. Rasputín aceptó. A continuación, Soedov había sugerido celebrar el acuerdo a expensas del otro socio en el negocio, el editor de un periódico barato. Ahora había dos testigos escritores que podían esparcir por todo Moscú lo que les interesase. La habitual juerga de Rasputín con su danza jlist favorita, el conjunto gitano, el despilfarro de dinero obtenido de Kugulsky y Soedov, y las fanfarronadas sobre las camisas hechas por Mamá. Aunque, dicho jolgorio se convirtió, por orden del poderoso Dzhunkovsky, en la descripción de una orgía que incluía el menoscabo de la familia real y la exhibición del órgano sexual de Rasputín.

De hecho, Beletsky recordaría: «Rasputín hablaba de la ofensa que se le había infligido con la queja de Dzhunkovsky sobre su conducta en Moscú. Admitió amablemente que sí había habido pecado, pero no mencionó exactamente cuál. Creo que se refería a la embriaguez».

Todo lo relativo a la «psicopatología sexual» de Rasputín, etc., parece haber sido una invención. Poco después los rumores se extendieron por todo Moscú; aunque por alguna razón Dzhunkovsky no tenía ninguna prisa por informar al zar del escándalo. Evidentemente, estaba preocupado por la presteza con que Rasputín había aceptado la invitación de

Soedov y Kugulsky. Se estaba haciendo la misma pregunta que nos hacemos nosotros. ¿Cómo es posible que aquel campesino inteligente y astuto no se diera cuenta de lo peligrosa que podía resultar una salida con aquellos dudosos periodistas? Por este motivo Dzhunkovsky aplazaba el tema: intuía alguna clase de juego sucio. Sólo tres meses después, cuando Rasputín estuvo de nuevo en Petrogrado, se arriesgó a informar al zar del escándalo.

¿UNA SOLUCIÓN AL ROMPECABEZAS DEL YAR?

Sin embargo, Rasputín debió de reírse de lo lindo. Después de todo, vio de nuevo confirmada la regla de que todo aquel que actuaba en contra suya quedaba privado de su poder: por lo tanto, no tenía miedo de nada. ¡Y menos de los informes! La acción emprendida por el jefe de policía resultó, paradójicamente, beneficiosa para el campesino porque significó el fin de un enemigo. El rival era astuto, pero él lo era más.

Si pensamos que Rasputín comprendía esta situación, entonces el escándalo en el Yar parece una provocación deliberada por parte del propio campesino; por este motivo aceptó gustoso una parranda con los dos agentes-periodistas. Especialmente porque había preparado una gran sorpresa durante la borrachera, que haría estallar todas y cada una de las acusaciones de Dzhunkovsky. Precisamente aquí podemos encontrar una de las claves de la personalidad de Rasputín: su capacidad de combinar lo no combinable. Es sencillo, ingenuo, se alimenta de sospechas, y de golpe se vuelve cauto, astuto y precavido de una forma típicamente campesina. Y, lo más importante, es que es capaz de aprender. ¡Y qué maestros tuvo! En aquella época el equipo de Rasputín contaba ya con auténticos maestros de la intriga: primero Simánovich, y luego (unos cuantos peldaños más arriba) un intrigante de la clase pudiente de Petersburgo, el príncipe Andronikov. Poco antes del incidente del Yar, otro intrigante de talla mundial se aposentó junto a Rasputín, el gran aventurero Manásevich-Manuílov. Se le conocía como el «Rocambole ruso», en honor al protagonista espía y aventurero de la serie de novelas entonces famosas de Ponson du Terrail.

¿UN JAMES BOND RUSO?

Iván Fyodorovich Manásevich-Manuílov empezó su vida de manera notable. Hijo de un judío pobre llamado Manásevich, fue adoptado por el rico comerciante ruso Manuílov, que le dejó una herencia enorme. No obstante, sólo podría recibir el dinero en su trigésimo quinto aniversario. Pero el joven Manásevich no estaba dispuesto a esperar. Abandonó la provincia, se dirigió a Petersburgo, y tras convertirse al luteranismo, vivió alegremente en la capital, bebiendo, apostando y pidiendo dinero a prestamistas usureros a cuenta de su herencia. En aquella época, el joven judío, ante el asombro de todos, era el protegido de uno de los más influyentes ideólogos monárquicos, el príncipe Vladimir Merschersky. Teniendo en cuenta la orientación homosexual del príncipe, las murmuraciones sacaron fáciles conclusiones sobre los motivos de la peculiar atracción del antisemita Merschersky por el joven judío. La carrera de Manásevich avanzaba deprisa. Empezó a colaborar secretamente con la Sección de Seguridad, desempeñando las más diversas funciones. Por ejemplo, robó de la habitación de hotel del secretario del conde Witte documentos comprometedores para el gran primer ministro, y se los entregó al entonces ministro de Interior Vyacheslav Plehve, que detestaba a Witte. Poco después de la ayuda de Merschersky, Manásevich, judío de nacimiento y luterano de fe, fue enviado al Vaticano en calidad de defensor de los derechos de los cristianos ortodoxos.

En 1917 fue convocado para responder a las preguntas de la Comisión Extraordinaria.

—Además de sus funciones oficiales en el Vaticano, ¿qué otras desempeñaba?
—La observación de la propaganda católica.
—¿De la influencia del Papa en Rusia? ¿Cómo seguía los pasos del avance del catolicismo?
—Tenía agentes trabajando para mí.
—Es decir ¿era usted un jefe de agencia?

Durante todo aquel tiempo Manásevich estuvo empleado por la Inteligencia. En el transcurso de la guerra ruso-japonesa se las arregló para infiltrarse en la embajada japonesa de La Haya, donde obtuvo importantes códigos diplomáticos. Como declaró a la Comisión Extraordinaria: «En un tiempo récord conseguí los códigos de los siguientes Estados: América, China, Bulgaria y Rumania». Sin embargo, en 1905 sus colegas de espionaje demostraron que la información proporcionada por Manásevich era en la mayoría de los casos inventada, y que se había apropiado indebidamente en provecho propio de las sumas de dinero asignadas para sus agentes. Así pues, Manásevich se retiró y empezó a trabajar como colaborador en periódicos de gran tirada. Se mantuvo a flote. Estaba acostumbrado al doble e incluso al triple juego. Trabó acuerdos secretos con el famoso Vladimir Burtsev, revolucionario y delator de provocadores de la policía. Al mismo tiempo continuaba su trabajo con el departamento de Policía. Más tarde, obtuvo una fabulosa suma por la venta de numerosos documentos a Burtsev. Aunque la herencia de Manásevich se había evaporado hacía ya tiempo a causa de sus deudas con los usureros él seguía gastando dinero. Jugaba a las cartas y en Bolsa. En 1910 el Departamento de Policía decidió registrar su apartamento. Obviamente, no encontró nada. Entretanto, proseguía con sus enmarañadas actividades: trabajaba para los periódicos, el Departamento de Inteligencia (o, mejor dicho, los departamentos de Inteligencia de varios países a la vez), la policía secreta; y los revolucionarios. Obtenía dinero de todas partes. «Odioso, bajito, bien afeitado», lo describió Blok, que estuvo presente durante los interrogatorios.

En 1915, su suerte cambió. Hasta entonces Manásevich-Manuílov había hablado con desprecio contra Rasputín en el *Nuevos Tiempos*. Rasputín llegó incluso a quejarse de que Manásevich «lo había perseguido con una cámara». Este mismo año, al principio en secreto, Manásevich empezó a representar el papel de recién convertido y admirador de las enseñanzas del anciano. Poco después, ante el asombro de todo el mundo, se hizo íntimo amigo de Rasputín.

Aquel antiguo Saúl, convertido en el apóstol Pablo, le pareció útil a Rasputín. Sobre todo teniendo en cuenta que Rasputín, al igual que él, era un aficionado irredento a los restaurantes y las juergas. Un maestro de la intriga y la provocación se abrió camino en la calle Gorojovaya. Se unió al Grupo de Expertos de Rasputín.

LA MISTERIOSA RESHÉTNIKOVA

Mientras Dzhunkovsky ordenaba una investigación del escándalo en el Yar, un alegre y ebrio Rasputín abandonaba Moscú. Aquel viaje fue descrito con todo detalle por un testigo ocular. En la descripción se trasluce el humor y el estado de ánimo de Rasputín en aquel momento.

En el Expediente, del testimonio de Konstantin Yakovlevich Chijachev, de cuarenta y ocho años, vicepresidente de la Cámara Judicial de Saratov.

A principios de 1915, mientras desempeñaba mis funciones de fiscal adjunto en la Cámara Judicial de Saratov, me dirigía en cierta ocasión de Moscú a Petrogrado por asuntos de negocios. En la estación Nikolaev vi una multitud de gente que se agolpaba en torno a un hombre cuya fotografía había sido publicada repetidas veces en los periódicos. Rasputín tomaba el mismo tren [regresó de Moscú en marzo, por lo tanto Chijachev describe la escena final del viaje del borracho] ... Varias damas con flores y golosinas habían acudido a despedirle. Vestía un abrigo de piel de marta ... un gorro de castor, una camisa de seda, de color, bordada y ceñida por una pretina de seda con borlas, botas altas de piel de charol [su aguda mirada lo registró todo] ... Un hombre alto y enjuto de unos cuarenta años, de ojos pálidos, barba larga y pelo largo. Bromeaba con las damas, se frotaba las manos nerviosamente, se movía de un lado a otro, sacudía los hombros: iba achispado. Las personas que se encontraban en el andén le habían reconocido y contemplaban su conducta con curiosidad [el antaño miserable campesino se había convertido hacía tiempo en una estrella].

Subí al mismo coche-cama de segunda clase de la Compagnie Internationale en el que se había preparado un pequeño compartimento para Rasputín ... En el mismo vagón viajaba el matrimonio Jotimsky. Él era funcionario para asuntos especiales del Departamento de Propiedades Estatales, y ella era la sobrina de la esposa de Witte. Decidió conocer a Rasputín y se dirigió a su compartimento, se presentó, y nos presentó a nosotros también. Rasputín nos invitó a todos a reunirnos con él en su compartimento.

Entonces, de sopetón, uno de ellos «preguntó sin ceremonia alguna: "Escucha, Grigori, ¿dónde demonios te emborrachaste?".

»"En casa de Reshétnikova. La viste, era una de las que vino a despedirme. Una de mis devotas".»

Aquel mismo nombre figuraba en la lista del informe policial junto con el de otras personas que habían asistido a juergas con Rasputín. En el escándalo del Yar este nombre jugaría una mala pasada al poderoso jefe del Cuerpo de Gendarmes.

RASPUTÍN LOCUAZ

Pero volvamos ahora al tren en marcha donde tenía lugar la conversación transcrita por Chijachev. Al principio, los visitantes hablaban con Rasputín de manera jocosa, como lo haría la gente de bien con un campesino alcoholizado.

«¿A lo mejor le apetecería algo más para beber?» «Por supuesto, pero aquí no tienen vino, ¿verdad?». Resultó que los Jotimsky se habían traído de Crimea algunas botellas de vino tinto. Descorchamos una y pedimos vasos al revisor. La lengua de Rasputín se desató. Respondió gustoso a todas nuestras preguntas, y la conversación se prolongó espontáneamente, a veces incluso con entusiasmo, como si estuviera entre viejos amigos. Dio la impresión de ser una persona sincera que decía lo que pensaba. Respondió a varias cuestiones diciendo que no las entendía. No había hipocresía en él, ni fingimiento, no intentaba parecer más inteligente o mejor de lo que en realidad era ... A menudo salpicaba su discurso con expresiones como «¿entiende?» y utilizaba juramentos no groseros mientras gesticulaba, se frotaba las manos o se hurgaba la nariz.

A continuación, sus compañeros de viaje desviaron la charla a los temas que, en aquel tiempo, preocupaban más a los rusos de la calle.

Rasputín habló con desgana del zar y de la zarina, pero en varias ocasiones dijo: «Él es simple, pero Dios le recompensa por su simplicidad. Nadie ha podido tomar Constantinopla, y es posible que él lo haga». También comentó: «Todos intentan convencer al zar para que sea él el comandante en jefe. El soberano lo quería, pero le disuadí. ¿Puede el zar estar realmente al mando? Le pedirán cuentas por cada uno de los muertos. Pero el zar lo quería. Incluso palideció cuando empecé a hablarle en contra de esta posibilidad».

¡Sorprendente observación! Significaba esto que incluso a principios de 1915 el zar «¿quería ser comandante en jefe?» ¿Y que el campesino entendía que no debía serlo? Y no se trata de ninguna invención. Aquellas palabras de Rasputín son un extraordinario complemento a una entrada en el diario del gran duque Nicolai Mijáilovich a principios de la guerra:

> 29 de agosto de 1914. Sabemos que la elección de Nicolai Nikoláoevich como comandante en jefe ha sido una equivocación, pero hay que reconocer que todavía no es hora de que él tome las riendas del complicado mando del ejército. ¡Pero cuando nos venzan y nos retiremos, entonces será el momento de intentarlo! ¡Es muy improbable, estoy lejos de la realidad! Esperaremos a ver.

Palabras que resultarían proféticas, como veremos a continuación.

(Sin embargo, una cosa sí está clara: Rasputín ya sabía entonces que los días de su enemigo Nicolai Nikoláievich estaban contados. Porque el zar quería ocupar su puesto, aunque al parecer la zarina estaba en aquellos momentos en contra. Tenía miedo de que el zar se viera engullido por la guerra).

Los invitados de Rasputín continuaron preguntándole con avidez acerca de los zares. A él le

> parecía muy bien que la zarina estuviese cuidando a los heridos. «Por lo menos sabrá lo que sufre el pueblo.» En respuesta a una pregunta sobre si había sido la zarina quien le había regalado su magnífico abrigo de pieles, dijo que no, que era un regalo de su devota Reshétnikova, y que la zarina le había dado otro no tan bueno que nunca se ponía.

El nombre de Reshétnikova volvió a salir. Al parecer era muy rica: el abrigo de pieles que le obsequió a Rasputín era más costoso que el regalo de la zarina; esto impresionó incluso a aquellas personas adineradas. Después de hablar de los «zares», cambiaron a otro tema de interés.

> Rasputín no ocultó que le gustaban las mujeres. Dijo que eran buenas pero que todas engañaban. Miraba a las mujeres de la Corte y de la aristocracia con desdén. «¡Las ingenuas! Todas vienen arrastrándose hacia mí. Una acudió a pedirme un favor. Debería haberme dicho francamente lo que

necesitaba.» En respuesta a la pregunta de por qué gozaba de tanto éxito con las mujeres, de si las hipnotizaba, dijo enojado: «Yo soy un hombre simple y no trato con el hipnotismo ni sé qué significa».

Y a continuación, una tercera pregunta de interés:

Rasputín era reacio a hablar de la guerra, aludiendo al hecho de que, en general, no se debería luchar. En respuesta a la pregunta sobre cuándo terminaría la guerra, expresó el pensamiento: «Cuando tomen Constantinopla, será el final», o bien se amparaba en generalizaciones como: «La gente, en general, dejará de hacer la guerra cuando los muchachos dejen de pelearse a puñetazos».

Luego observaron atentamente el compartimento.

«En respuesta a la pregunta de quién lo pagaba, respondió que probablemente había sido su devota Reshétnikova. Allí había cajas de golosinas, que él partía con los demás pero que no tocaba, diciendo con vulgaridad que ¡él no comía aquella "mierda"!»

Durante todo aquel tiempo Rasputín no estuvo solo. «Ellos» estaban cerca y controlaban todos los movimientos del campesino. El avezado Chijachev «los» descubrió enseguida. «El compartimento contiguo al de Rasputín estaba ocupado por cierto caballero ... que tenía la puerta entornada para poder escuchar lo que decían. Evidentemente, era un policía.» Al despedirse de Rasputín, Jotimskaya dijo que estaba

sumamente encantada de haber conocido a una persona tan famosa, y que tan pronto como llegase a casa llamaría inmediatamente por teléfono a sus amigos. Pero Rasputín cortó en seco esta medio burla con la triste observación de que «Esto no la beneficiará en nada. La maldecirán desde el primer momento».

A través del relato de Chijachev se trasluce la acostumbrada historia de Rasputín: el campesino ligeramente borracho que al principio se muestra humilde pero que gradualmente cautiva a todos los que están con él en el compartimento. Al poco rato todos están pendientes de sus palabras, las palabras de alguien procedente del para ellos inaccesible mundo de los «zares».

Y Rasputín se dio cuenta de que los había cautivado; dio comienzo a su acostumbrado ritual de seducción y reclutamiento de un nuevo corazón femenino.

Rasputín empezó a cortejar a Jotimskaya. Se sentó a su lado y alabó su voz cuando comenzó a cantarle baladas y melodías de revista. No le sacaba los ojos de encima, se frotaba las manos con fruición y expresaba su deleite con inusitada efusión ... Según Jotimskaya, cuando se quedaron solos, él le sugirió que fuera a su compartimento durante la noche.

Chijachev estaba convencido de que decía la verdad.

En efecto, después de separarnos, paseaba yo por el pasillo del vagón cuando sin querer toqué el pomo del compartimento de Rasputín en vez del mío, entonces, esperando al parecer a Jotimskaya, dio un salto, abrió inmediatamente la puerta del compartimento exclamando alegremente: «¡Entra, entra!».

VELADAS CON RASPUTÍN

El 30 de marzo, según los agentes, «Rasputín regresó de Moscú.» De las anotaciones de la vigilancia externa:

30 de marzo de 1915. A su regreso de Moscú envió telegramas a Moscú.
A la princesa Tenisheva. Me alegro del descubrimiento, me aflige la espera, beso a mi adorada.
Calle Kozitsky para Dzhanúmova. Mi precioso tesoro, estoy contigo en espíritu. Besos.

Esto era en recuerdo de su «refinamiento de impulsos» que continuó en Petrogrado.

De las notas de la vigilancia externa: «3 de abril. Trajo a su apartamento a una mujer que pasó la noche con él».

En Petrogrado mantuvo su espiral de diversión. Aceptaba de buen grado toda clase de invitaciones. Los agentes en sus taxis lo pasaban mal para seguir su ritmo. «Lo seguimos hasta el apartamento de alguien», escribieron los agentes de vigilancia. Continuó la relación con los conocidos del tren. En el testimonio de Chijachev se menciona una visita de Rasputín al apartamento de Jotimskaya.

Estaba de moda, era misterioso y daba miedo. Jotimskaya planeó ir «a una fiesta en la que Rasputín estuviera presente». La compañía era rebuscada: el conocido escritor Breshko-Breshkovsky; Lazhin, un profesor del Conservatorio, y su esposa, una famosa cantante, y Chijachev.

«Rasputín llegó a la hora de la cena luciendo una nueva camisa de seda; al principio se comportaba con timidez, pero poco a poco se fue volviendo más locuaz, especialmente después de sentarse a la mesa y tomar un vaso de vino tinto.»

Y, por supuesto, «a petición de los allí presentes» contó la historia que recientemente había tenido en vilo a toda Rusia, la del atentado de Guseva contra su vida.

> Se me acercó, me pidió un billete de tres rublos, saqué mi cartera y empecé a hurgar en ella. Mientras buscaba, me clavó un enorme cuchillo en el estómago. Empecé a correr, pero aquella estúpida mujer me perseguía blandiendo el cuchillo. Grité: «¡Suéltalo, bruja!». Pero ella no lo soltaba. Entonces cogí una vara, y pensé: «¿Qué consigo partiéndole la cabeza?». Sentí lástima por ella y la golpeé sin fuerza en el hombro. Cayó al suelo, y la gente la agarró por los brazos, querían descuartizarla. Salí en su defensa, pero las fuerzas me abandonaron y caí aplomado.

Terminó la historia con una mofa que con toda probabilidad debió de ofender a aquellas mujeres de buena cuna: «¡Ojalá me hubiera apuñalado una mujer hermosa, aquella era un mal bicho sin nariz!».

Era capaz de abordar cualquier tema con facilidad y soltura.

> ¿Por qué se peleó con Hermógenes e Iliodor?
> Yo fui su amigo, mientras consentí en sus deseos ... Me pedían que les defendiera, les defendía; me pedían dinero, lo conseguía para ellos. Cuando empecé a llevarles la contraria, me convertí en una mala persona ... Hermógenes quería ser patriarca. ¡Le canté las cuarenta! Un patriarca debería ser un hombre puro y de oración, un hombre único, como el sol.

Cuanto más se emborrachaba, más aterradora era su naturalidad. Para decirlo con exactitud éste era su juego: ebrio podía ponerlos a todos en su patético lugar. «Cuando el anfitrión le hizo la misma pregunta varias veces ... mientras él hablaba acaloradamente con alguien de otra cosa, Rasputín le hizo señas con la mano para que se alejase, y a continuación le espetó a voz en cuello: "¿Por qué no te vas a ...?"» Y oyeron tales «juramentos imposibles de campesino grosero, que las damas allí presentes salieron corriendo de la habitación avergonzadas». Sin embargo, su naturalidad cautivaba por igual a aquellas damas y caballeros.

«Era distinto de todos por su espontaneidad, y no fingía ser mejor de lo que era ... Por su conducta se acercaba mucho al personaje del loco demente.» Así pues, Chijachev se percató del papel que el padre Grigori estaba representando. Aunque no se diera cuenta de que *era* un papel.

Poco después de su regreso a la capital, Rasputín hizo otra visita digna de mención, que quedó plasmada en las obras de varios escritores de moda de la época, porque se presentó a la velada en cuestión con Manásevich-Manuílov, el «James Bond ruso».

Según los informes de los agentes: «9 de abril. A las 9.45 llegó Rasputín ... a casa de Alexei Frolovich Filipov en la calle Sadovy 18 ... Se quedó allí hasta las 2.00 de la madrugada. Es de suponer que había alguna clase de reunión o de jarana».

«BOND» REÚNE A LAS CELEBRIDADES

El propio Filipov describe en el Expediente aquella extraordinaria velada. Es cierto que resultó ser más bien deplorable pero él, para cada cosa a su debido tiempo.

Varios días antes de la fiesta se efectuaron misteriosas llamadas telefónicas a los apartamentos de diversas personas de Petrogrado famosas en el ámbito literario. Entre ellas figuraba una tal Teffi. Este nombre era conocido por todos los lectores rusos de la época. Era el seudónimo de la célebre humorista Nadezhda Lojvitskaya. En aquel entonces pasaba ya de la cuarentena, pero la antigua mujer fatal era todavía muy hermosa. Muchos años después, tras haber emigrado, recordaría aquella llamada telefónica en su esbozo titulado «Rasputín». «Una ola cálida de deshielo en Petersburgo marcada por la neurastenia ... Rozanov llamó y hablaba de forma inconexa sobre una cierta invitación. "No puedo decirte nada por teléfono." Simplemente no se atrevió a decir nada concreto.»

El escritor Vasily Rozanov era una mente brillante e influyente de su tiempo. A diferencia de la hoy olvidada Teffi, las obras de Rozanov siguen siendo fundamentales para los intelectuales rusos. Enamorado de las obras de Dostoievski, Rozanov, que tenía entonces veinticuatro años, se casó con Apollinaria Suslova, la atormentada amante de Dostoievski y prototipo de las heroínas de sus novelas, que le doblaba la edad. Incluso el propio Rozanov, un místico que había visitado a los jlisti y estaba morbosamente interesado en los secretos del «regocijo» jlist, no era muy distinto de los personajes de Dostoievski. Así pues, su enorme interés por la invitación es comprensible, pero el enigma quedaría claro para Teffi después de recibir la visita de otro famoso escritor de aquellos días, el periodista Alexander Izmailov.

«En realidad no entendiste de quién estaba hablando, ¿verdad?», preguntó Izmailov. «¿Realmente no sabes de quién uno no puede hablar por teléfono?» ¡De Rasputín! Pues «bastaba con mencionar su nombre para que la policía se pusiese a escuchar». ¡Éste era entonces el semianalfabeto padre Grigori!

Izmailov se lo aclaró todo:

> Hay un editor en Petersburgo llamado F. a quien Rasputín visita a menudo ... Es amigo suyo ... Y M-ch, que es muy conocido en los círculos literarios, también suele frecuentarlo. Y fue el propio M[anásevich] quien sugirió a F[ilipov] que invitase a algunos escritores que pudieran estar interesados en echar un vistazo a Rasputín ... El grupo no será muy numeroso, pero la lista se ha elaborado cuidadosamente ... por lo tanto no habrá después sorpresas desagradables ... Esta mañana M[anasevich] pasó para enseñarme la lista de personas que han sido invitadas.

Aunque todos ellos temían verse involucrados en un «escándalo» (un conocido de Izmailov, una figura pública prominente, había sido fotografiado en compañía de Rasputín «quedando desacreditado para siempre»), su interés por el campesino se vio intensificado. «Todo Petersburgo» hablaba de él. Varios días antes Teffi había cenado con unos amigos. Y en el comedor, en el espejo de encima de la chimenea había una letrero, «prohibido hablar de Rasputín». Por consiguiente, se pasó la velada «hablando de Rasputín con cierta dama de honor llamada E.». Ésta le dijo que la primera vez que lo vio, él le comentó: «¡Tú vendrás a mí!». Y ella «sintió cómo le latía el corazón». Desde aquel día no había podido olvidar su tono perentorio. «Como si mi destino fuera un libro abierto para él», recordaba con angustia la dama de honor.

Así pues, Manásevich lo había preparado todo a la perfección. Alrededor de las 10.00 de la noche los famosos escritores invitados (que, dicho sea de paso, eran colaboradores de los periódicos de mayor tirada) se reunieron en el apartamento de Filipov.

En el Expediente figura el testimonio de Filipov: «Decidí ... organizar una recepción con unos diez periodistas que estuvieran interesados en Rasputín, representantes de las más diversas tendencias: Rozanov del *Nuevos Tiempos*, Teffi del *Palabra Rusa*, Izmailov del *Noticias de la Bolsa*, etcétera.»

Para Filipov la velada organizada por Manásevich tenía que ser un éxito. En más de una ocasión había observado cómo aquellos que deseaban mal a Rasputín al conocerle invariablemente acababan seducidos por el campesino. ¡Y así sucedió esta vez! «Rasputín cautivó a todos los presentes, incluso a aquéllos que estaban predispuestos contra él», testificó Filipov. A continuación, pasó a describir la acostumbrada estrategia seductora de Rasputín, que tantas veces había presenciado.

Rasputín no se unió a la conversación, de inmediato, sino que estudió cuidadosamente a todos los presentes, como era su costumbre, y sólo después empezó con algunas réplicas acertadas, la mayoría en forma de aforismos. Fueron especialmente eficaces sus respuestas al conocido misticismo religioso de Rozanov y Teffi ... A mitad de la cena, animado por la influencia del vino, Rasputín se ofreció a dar una charla improvisada sobre el amor ... Rasputín llevaba una camisa de seda blanca ceñida a la cintura ... con un cordón, se puso de pie e inició su discurso con una ligera cantinela y la mirada vuelta hacia arriba. Su expresión era tan pintoresca ... próxima al estilo del *Cantar de los Cantares* que Teffi empezó a escribir lo que decía, y conservó aquel fragmento con el autógrafo de Rasputín como recuerdo. Éste se comportó de manera informal con Teffi, como si adivinase su naturaleza madura pero todavía apasionada.

Igualmente Teffi describió la velada.

Había unas seis personas en la habitación llena de humo ... Manásevich estaba de pie junto a la puerta ... al igual que otros ... Rasputín era muy alto, enjuto, musculoso, con un rostro como si se lo hubiesen pegado a una larga y carnosa nariz, y ... ojos muy juntos y de mirada inquisitiva ... Sus ojos brillaban de tal manera que era imposible dilucidar su color.

«El anfitrión y yo lo hemos organizado», advirtió Rozanov a Teffi, «tú te sentarás a su lado ... le encantan las damas. No dejes de tocar temas eróticos, sonsácalo, verás cómo te resulta interesante.»

Teffi se sentó en la esquina a la derecha de Rasputín, con Rozanov e Izmailov a su izquierda.

Teffi describió «la informalidad de Rasputín», o mejor dicho, sus habituales insinuaciones.

Rasputín bebió mucho. «¿Por qué no bebes nada? Bebe algo, Dios te perdonará», y apremiándome, me dio un toquecito rápido en el hombro como un hipnotizador. «Tienes los ojos tristes, *él* te atormenta mucho ... Oh, pero a nosotros nos encantan las lágrimas de las mujeres. Lo sé todo sobre eso. ¿Qué es ese anillo que llevas en el dedo? Mételo disimuladamente debajo de la mesa, soplaré sobre él y lo calentaré. ¿Por qué te lo has sacado tú? Lo hubiera hecho yo.» Pero yo sabía perfectamente [qué estaba pasando] y me lo saqué yo misma. «Cuando vengas a verme, te diré muchas cosas que no sabes.» Y de nuevo volvió a tocarme rápida y furtivamente el hombro.

A continuación Rasputín recitó una poesía suya. «Resultó ser un poema en prosa al estilo del *Cantar de los Cantares* ... Recuerdo una frase: "Hermosas son sus altas cumbres. Pero mi amor es más elevado y más hermoso que ellas, porque el amor es Dios"».

Después de esto, el campesino le dió su autógrafo a la famosa escritora. «Durante largo rato lamió el lápiz. Garabateó con torpeza: "Dios es amor, si amas, Dios perdona, Grigori". En ese momento, el anfitrión se acercó angustiado a Rasputín. "¡Una llamada de Tsarskoe Selo!"» ¡Teffi se sorprendió de que en Tsarskoe Selo supieran dónde estaba! Cuando Rasputín salió de la sala, Rozanov empezó a darle instrucciones a Teffi: «Lo más importante es hacerle hablar de sus "regocijos" jlist.»

Ésta era la razón por la que habían venido. Rozanov, al igual que todos los allí presentes y el amigo de Rasputín, Filipov, sabía que el campesino pertenecía a la secta secreta. Y esperaban con ansia aquella historia, pero ... «Pero Rasputín no regresó a la mesa. El anfitrión dijo que había sido requerido urgentemente a Tsarskoe Selo.»

LA SOLUCIÓN DE LA INTRIGA

El escándalo estalló al día siguiente. Resultó que Tsarskoe Selo había dado la alarma respecto a la velada. A la mañana siguiente Filipov se quedó petrificado cuando su apartamento fue registrado. Del testimonio de Filipov en el Expediente:

> El coronel Ivanov, que desempeñaba las funciones de jefe de la Sección de Seguridad, me dijo confidencialmente, en respuesta a mi indignación, que el culpable de todo aquello era Rasputín, que había asegurado que durante su presencia los literatos habían estado copiando lo que decía ... Asimismo había llegado a oídos de sus agentes que yo tenía en mis manos documentos comprometedores para la emperatriz y que Rasputín iba a ser asesinado en mi apartamento.

Al mismo tiempo, un Izmailov asustado corría a casa de Teffi y le contaba que:

> «F[ilipov] había acudido a su casa y le había dicho que ... le habían interrogado sobre qué escritores habían cenado con él en su casa, y qué había dicho Rasputín. Le amenazaron con desterrarlo de Petrogrado. Sin embargo, lo más ofensivo y sorprendente fue que Filipov vio en el escritorio del interrogador la hoja manuscrita de Manásevich. Hemos de ser muy cautos. Aunque no nos interroguen, seguro que nos seguirán.

¡Sí, fue Manásevich! Había decidido ocupar su puesto al lado de Rasputín, y llevaría a cabo una purga del equipo que rodeaba al padre Grigori. Simánovich, que se encargaba de las finanzas, sabía cuál era su sitio. Al parecer Filipov, que desempeñaba el papel de consejero y que tenía enorme influencia sobre Rasputín, le preocupaba. Y Bond, en la más pura tradición del Departamento de Policía, había utilizado su habitual doble juego. Él mismo le había sugerido a Filipov la celebración de la velada literaria, y también había avisado a Tsarskoe Selo acerca de la cena, atribuyendo la iniciativa a Filipov; le había entregado a la Sección de Seguridad «la misma hoja»: la lista de los escritores invitados. Aquella relación aterrorizó a Alix. Toda esa gente eran «escritores de izquierdas» harto conocidos. Por esta razón se efectuó la llamada de Tsarskoe Selo interrumpiendo la reunión. Manásevich también había proporcionado la información sobre los «documentos comprometedo-res para la emperatriz» que supuestamente se hallaban en el aparta-mento de Filipov. Al mismo tiempo advirtió a Rasputín de las malvadas intenciones de los literatos, que habían estado tomando nota de la con-versación para después ridiculizarlo. A pesar de que habían acordado no «escribir nada». En este aspecto Manásevich podía estar tranquilo. No tenía duda alguna de que romperían su promesa y escribirían: uno de los asistentes a la velada, el famoso escritor Anatoly Kamensky, ter-minó una obra de teatro sobre Rasputín.

Testificó Filipov, en el Expediente:

> Un eco de aquella noche ... fue la obra de Anatoly Kamensky ... que tuvo enormes problemas con la censura en su puesta en escena en el Yavorska-ya ... Los escritores presentes en la cena me habían dado su palabra de no publicar comentario alguno acerca del encuentro, por este motivo ... Raspu-tín atacó tan ferozmente la producción de la obra de Kamensky ... En pala-bras de Rasputín, este último había «violado su juramento».

En una publicación sensacionalista, de 1915 del periódico *Candile-jas y Vida* encontré un informe sobre la obra de teatro y un suceso que causó un enorme alboroto en Petrogrado.

> El 8 de diciembre de 1915 estaba prevista la representación de *Quizá mañana* de A. Kamensky en el teatro Yarovskaya de Petrogrado. A las 8.00 de la noche, cuando el teatro se encontraba ya atestado de gente, la direc-ción anunció que la representación quedaba suspendida: había sido pro-hibida oficialmente.

Por supuesto, ¡la obra sólo fue admitida tras ser revisada por Ka-mensky y su héroe, el campesino ruso Rasputín, convertido en sueco!

Después de este episodio, el aterrorizado Filipov empezó a distan-ciarse de Rasputín; éste, por su parte, comenzó a desconfiar de Filipov. Ahora, Manásevich-Manuílov se convirtió en su consejero y principal miembro de su equipo. Y ya estaba preparando cambios gubernamenta-les muy prometedores.

Sin embargo, todo salió de forma muy distinta a la esperada.

11

UNA VICTORIA PÍRRICA

«CURIOSAMENTE DIJO LO MISMO QUE YO»

L A GUERRA SEGUÍA. Pero al mismo tiempo otro conflicto tenía lugar: la que Alix había declarado al comandante en jefe («Nikolasha» o «N.», como ella llamaba a Nicolai Nikoláievich en sus cartas).

4 de abril de 1915 ... Aunque Nikolasha ostente un gran poder, tú estás por encima de él. Hay algo que sorprendió a Nuestro Amigo, y a mí misma, y es que Nikolasha escribe sus telegramas, responde a los gobernadores, etc., en tu mismo estilo. Creo que el suyo debería ser sencillo y humilde.

En abril el zar y el comandante en jefe tenían que pasar revista a las tropas apostadas en las conquistadas Galitzia y Polonia. En la Corte persistía el rumor de que el gran duque Nicolai Nikoláievich había decidido nombrarse rey de Galitzia y Polonia. Alix temía que durante el viaje el «tío terror» convenciese a Nicky y éste aceptase su propuesta. Inmediatamente, Nuestro Amigo expresó la opinión de que el zar no debería hacer aquel viaje. O si lo hacía, debería ir solo.

6 de abril de 1915 ... Pero la idea de L[vov] y P[eremyshl] me pone nerviosa, ¿no es demasiado pronto?, los ánimos no están muy a favor de Rusia, en el país sí, pero me temo que no en L[ituania]. Bueno, pediré a Nuestro Amigo que rece especialmente por ti, allí. Pero perdona que te lo diga, N. no debería acompañarte, tú tienes que ser el único con autoridad, la primera vez que vas allí ... de verdad, no vayas con él, pues el odio contra él debe ser

muy fuerte. Y verte allí solo alegrará aquellos corazones que acudirán a ti con amor ... En el fondo, a Nuestro Amigo le habría parecido mejor que hubieses ido después de la guerra al país conquistado, yo sólo te lo menciono. 7 de abril de 1915 ... Qué interesante es lo que vas a hacer. Cuando A[nya] se lo contó en secreto, porque quiero que rece Sus plegarias especiales para ti, curiosamente dijo lo mismo que yo, que en términos generales [el viaje] no Le complace; «Dios ayudará ... pero mejor después de la guerra». No le gusta que N. vaya contigo, cree que es mejor que vayas solo, y en esto yo estoy totalmente de acuerdo. Bueno, ahora ya está todo arreglado, espero que sea un éxito ... Que Dios bendiga y guarde este viaje tuyo.

No obstante el zar hizo el viaje con el comandante en jefe. Nicolás no sabía entonces que los alemanes estaban preparando el contraataque decisivo, y que nunca volvería a ver aquellas ciudades.

Ahora Nuestro Amigo no sólo desempeñaba las funciones de loro sabio de la zarina. Gradualmente se había ido produciendo una metamorfosis. De ser un adivino de sus deseos; un personaje convencional en sus cartas a través del cual suplicaba a su marido, se había ido convirtiendo imperceptiblemente en un verdadero consejero. El vidente que su mente había fabricado adquiría consistencia real. El campesino empezaba a ser autónomo. Había comenzado a dictar sus propios pensamientos a la zarina. Su mente campesina tomaba decisiones que se derivaban de su concepto populista favorito: «vivir según la propia conciencia», una idea cuya simplicidad de realización era para ella una fuente de deliciosas sorpresas.

10 de abril de 1915 ... Gr[igori] está bastante molesto por el tema de la «carne», los comerciantes no quieren bajar los precios aunque el Gobierno les inste a ello, y ha habido una especie de huelga de la carne. Piensa que uno de los ministros debería convocar a los principales comerciantes y explicarles que no está bien que en una situación tan grave, durante la guerra, aumenten los pre[c]ios, debería hacerles sentir vergüenza de sí mismos.

Los comerciantes fueron convocados, debidamente amonestados y avergonzados. Pero, por alguna razón, desoyeron las llamadas a sus conciencias y los precios continuaron subiendo.

EL PRIMER HECHICERO DE LA CORTE

En aquella misma época Rasputín empezó a hacer recomendaciones graciosas a los zares. «Encuentra que deberías ordenar a las *faktorías* [fábricas] que fabricasen municiones, simplemente tú dar la orden; incluso elegir qué *faktoría*, si te muestran una lista ... Sé más autocrático Cariño mío, muestra tu voluntad.» (14 de junio de 1915.)

Es curioso, pero Rasputín sugería medidas que recuerdan al imperio bolchevique de los tiempos de Stalin, que durante la segunda guerra mundial convirtió, con mano de hierro, todas las fábricas para suplir las necesidades del frente. Rasputín propondría lo mismo: «29 de agosto de 1915 ... Pero Nuestro Amigo cree que más fábricas deberían hacer munición, además de las mercancías que producen».

¡Y el zar trataba de llevar a cabo tales sugerencias! Junto con la nacionalización y la militarización de las fábricas, se efectuó la expropiación obligatoria de los productos alimenticios de los campesinos y terratenientes. Se hacía todo lo que aconsejaba Rasputín. O, para ser más exactos, se iniciaba, puesto que serían los bolcheviques quienes completarían la labor. Algunas de las medidas que fueron instituidas durante el comunismo de guerra después de la Revolución, de hecho ya habían sido propuestas antes de Lenin por el campesino ruso Grigori Rasputín. Y llevadas a cabo por el último zar.

Poco antes de su muerte, el campesino había empezado a hablar con la zarina de un aumento de «la paga a todos los oficiales pobres del país» para reforzar la maquinaria del Estado en tiempos difíciles. Su idea de cómo obtener el dinero para ello suena divertida en boca de la zarina de Rusia: «siempre se puede obtener dinero de algunos capitales», escribiría Alix a su marido el 25 de septiembre de 1916. Es decir, simplemente apoderarse del dinero de los ricos.

Aquel antiguo sueño campesino también sería puesto en práctica por los bolcheviques. No era ninguna casualidad que Bonch-Bruévich, el futuro amigo íntimo de Lenin, camarada de armas y fundador de la sangrienta Checa, se mostrara en sus artículos encantado con el «inteligente e ingenioso campesino». Y tampoco fue casualidad que en su artículo sobre Rasputín, aquel padre fundador del Estado bolchevique describiera un sorprendente suceso. Para poner a prueba «su don de conocer a la gente», Bonch-Bruévich mostró a Rasputín un retrato de cierta persona querida. Al ver el retrato, escribió Bonch-Bruévich:

> Rasputín se puso muy nervioso. «¿Quién es? Dime, ¿quién es?» Se precipitó hacia la pared de donde colgaba el cuadro en el que estaba pintado el rostro orgulloso e inteligente de un hombre mayor.
> «¡Bueno, es alguien importante! ¡Dios mío! ¡Es un Sansón, amigo mío, un verdadero Sansón, sí señor! ¡Preséntamelo! ¡Iremos a verle ahora mismo! ¡Es alguien a quien deberían seguir regimientos enteros!» Y Rasputín se apresuró a encender una luz eléctrica que había junto al cuadro para poder observar mejor la cara de aquel hombre extraordinario. Le dije que se trataba de Carlos Marx.

«Es alguien a quien deberían seguir regimientos enteros», predijo Rasputín en el artículo publicado por el periódico *Día*, el 1 de junio de 1914, en vísperas de una guerra que destruiría el imperio de los zares y se convertiría en el pretexto para un Estado marxista.

LAS REUNIONES EN CASA DE ANYA

Alix y Anya habían recuperado definitivamente su gran amistad.

> 14 de abril de 1915 ... La pobre Ania vuelve a tener flebitis [sic] en la pierna derecha y fuertes dolores ... pobre chica, ahora se porta muy bien y se lo toma todo con paciencia ... Ayer por la mañana caminó sola por primera vez con sus muletas hasta el comedor sin que nadie la sostuviera.

A finales de abril la Amiga ya iba sola a todas partes con sus muletas. Y habría sido absurdo sentir celos de una lisiada fofa y horriblemente gorda. Después de visitar la enfermería por la mañana, Anya se pasaba el resto del día en palacio, como en los viejos tiempos.

Y Nuestro Amigo, que había salvado a Anya y su amistad con Alix, estaba presente en sus conversaciones, a veces visible pero la mayor parte de ellas invisible.

En el Expediente se conserva el testimonio de María Belyaeva, de veinte años, la doncella de Vyrubova.

«En mayo de 1915 ... Vyrubova solía levantarse entre las nueve y las diez, conducía hasta la enfermería donde se quedaba hasta la una o las dos de la tarde, luego se dirigía a palacio y permanecía con la zarina hasta las cinco ... A veces cenaba con la zarina, otras salía. Pero después de la cena siempre se reunía con la emperatriz quedándose hasta las doce».

La Amiga y la zarina eran inseparables, incluyendo las pocas noches que Anya pasaba en su casa. Porque si estaba en su casa, quería decir que Nuestro Amigo estaba allí, y entonces también estaba la zarina.

«15 de abril de 1915 ... Anoche estaba a 37.2 de temperatura, pero ... ya me siento mucho más fuerte, así que esta tarde iré a casa de Ania para reunirme allí con Nuestro Amigo, que quiere verme», escribió Alix a Nicky.

«16 de abril de 1915 ... Ayer Nuestro Amigo no se quedó mucho rato en casa de Ania, pero estuvo muy cariñoso. Preguntó mucho por ti.»

La carta secreta

En aquellos días tuvo lugar un suceso que provocó una oleada de rumores en Petrogrado y una gran preocupación entre los aliados. María Vasilchikova llegó de Alemania. Era una dama de honor de la zarina, hija del director del famoso Hermitage, y dueña de una inmensa propiedad cerca de Viena, donde había quedado atrapada por la guerra. Los alemanes le habían denegado el permiso para regresar a Rusia. Pero entonces murió su madre. Y bajo la garantía del hermano de Alix, Ernie, duque de Hesse-Darmstadt, se le permitió salir de Alemania durante tres semanas. En el caso de que no volviese, los alemanes le incautarían sus propiedades. Ernie intercedió por ella, ya que, para su desgracia, había aceptado llevar una carta suya a la emperatriz.

En aquellos días, la manía persecutoria del espionaje cobraba mucha fuerza. Y la pobre Vasilchikova estaba condenada. Vyrubova testificó ante la Comisión Extraordinaria:

La emperatriz fue informada de su arribo por Isabel Fiódorovna, que se negó a recibirla ... Tras su llegada a Petrogrado, Vasilchikova me envió una carta a Tsarskoe Selo pidiéndome que la recibiese. Pero siguiendo las órdenes de la emperatriz, respondí con una negativa. En la Corte se sospechaba que fuera una espía, así pues fue expulsada de Petrogrado y su insignia de dama de honor le fue arrebatada ... En relación con lo que ella [la zarina] pensaba sobre la posibilidad de acordar una paz unilateral con Alemania, definitivamente digo que nunca oí hablar al soberano ni a la emperatriz de esta contingencia, ni de la conveniencia de la misma. Al contrario, ambos eran partidarios de llevar la guerra hasta el final ... Durante los tres años de contienda ella no escribió ni leyó nada en alemán. Quería mucho a su hermano, el duque de Hesse, pero en esos tres años no tuvo ninguna noticia suya.

De nuevo estaba mintiendo. Sabía perfectamente que Vasilchikova había llevado a Alix una carta de su hermano.
De Alix a Nicky:

17 de abril de 1915 ... Recibí una larga y cariñosa carta de Erni [sic] ... Está ansioso por encontrar una solución a este dilema, piensa que alguien debería empezar a construir un puente para poder iniciar conversaciones. Se le ocurrió la idea de enviar, de forma privada, a un hombre de confianza a Estocolmo para reunirse allí con tu hombre ... Así pues, ha mandado a un caballero que estará allí el 28 ... Enseguida escribí la respuesta ... y la mandé con nuestro hombre ... mejor no esperar. Aunque anhelamos la paz, todavía no ha llegado la hora. Quería que todo estuviese en marcha antes de tu llegada, porque sabía que te resultaría desagradable.

Aunque la carta de Ernie era personal, Nicolás decidió ser honesto acerca de la misma y se la pasó al ministro de Asuntos Exteriores como muestra de que él no colaboraba en ninguna propuesta de paz. Craso error. Los rumores no tardaron en extenderse.

«En Rusia todo es secreto pero nada está oculto.» Y surgió el terrible y persistente rumor de que la zarina era una espía que mantenía correspondencia con los alemanes revelándoles secretos militares. Una murmuración que para el país, en general, supondría la explicación de las catástrofes sufridas en el frente.

Según las declaraciones de Vyrubova: «Ella [la zarina] oyó en más de una ocasión, en la enfermería por boca de las enfermeras y de los heridos que tanto el pueblo como el ejército sospechaban de ella. Como alemana que era, creían que era una espía».

Aunque si alguien ha de ser acusado de divulgar secretos militares, éste debería ser su hermano Ernie. Su ofrecimiento de iniciar las negociaciones de paz coincidió extrañamente con la preparación secreta de una contraofensiva alemana. Era como si estuviera avisando a Alix: ¡apresúrate! Poco después del rechazo de la oferta de Ernie, en la segunda mitad del mes de abril dio comienzo una poderosa ofensiva alemana. Y una penosa retirada rusa.

«7 de mayo de 1915 ... Estuve en casa de A[nya] hasta las cinco, vi allí a Nuestro Amigo, piensa mucho en ti, reza, charlamos juntos un buen rato, Dios nos ayudará. Es terrible no estar contigo en estos tiempos tan llenos de dolor y ansiedad.»

Por supuesto los rumores de traición alcanzaban también al odiado anciano. La gente empezaba a decir que había espías alemanes en el círculo del eternamente borracho Rasputín. Y eso también lo oyó la zarina en la enfermería.

No vivía, pensando en cómo utilizaría el comandante en jefe aquellos perversos rumores en el Cuartel General. Por esta razón en casi todas las cartas que enviaba al zar, hablaba constantemente de Nuestro Amigo. Siempre escribía su nombre en mayúscula, como si de un santo se tratase.

«14 de junio de 1915 ... Te mando un bastón (un pez que sostiene a un pájaro), que se lo enviaron a Él de Nueva Athos para dártelo a ti. Él lo usó primero y ahora te lo manda como bendición. Si tienes ocasión de usarlo sería estupendo, guárdalo en tu compatimento cerca del que tocó Ph[ilippe].» De esta manera Nuestros dos Amigos se reunieron en el compartimento de Nicky.

A pesar de las derrotas del ejército ruso, los rumores acerca de las negociaciones secretas con los alemanes alarmaron a los aliados. En la misma carta del 14 de junio Alix escribió:

> Pablo vino a tomar el té y se quedó una hora y tres cuartos, estuvo muy simpático y habló con honestidad y sencillez, con buena intención, sin pretender inmiscuirse en lo que no le concierne ... Paleolog [el embajador francés Maurice Paléologue] cenó con él hace unos días y tuvieron una larga conversación privada, por lo visto trató de sonsacarle, muy astutamente, si sabía algo acerca de tu intención de firmar una paz unilateral con Alemania, pues había oído hablar de ello por aquí e incluso en Francia se rumoreaba ... Pablo respondió que él estaba seguro de que no era verdad ... Yo le dije que tú no soñabas con la paz porque sabías que eso significaría la Revolución aquí y por eso los alemanes estaban incitando a ello.

No, Nicky no tenía ninguna intención de traicionar a sus aliados, quería proseguir la guerra hasta el final. No obstante, las inmensas pérdidas le habían obligado a considerar el reclutamiento de nuevas tropas para poder continuar luchando. Pero este llamamiento a filas supondría la incorporación al ejército del único hijo de Rasputín. «Dice que salvarás tu reinado si no llamas a filas al segundo reemplazo», escribió Alix en su carta del 14 de junio.

Obviamente, Rasputín temía por su hijo, nada más. El campesino la había alegrado con la información sobre el cambio de actitud de los aldeanos: una nueva cosecha de sangre podría desembocar en una revolución mucho más rápidamente que la firma de una paz unilateral. Por este motivo, después de escribir las obligadas palabras sobre conducir la guerra a un final victorioso, ella le pedía a Nicky que no llamase a filas a nuevos reclutas, incitándole encubiertamente a pensar en el fin de la guerra.

En aquella época, Alix era espiada de forma manifiesta. En su carta del 14 de junio escribió:

> Mary Vasiltchikov [la princesa Vasilchikova, del mismo apellido que el último infeliz correo de Ernie] y su familia viven en la casa del rincón verde y desde su ventana observa como una gata a todos aquellos que entran y salen de nuestra casa ... [Ella] le dijo a la C[ondes]a Fred[ericks] que había visto entrar a Gr[igori] - (odiosa). Por lo tanto, para castigarla, esta tarde fuimos a casa de A[nya] dando un rodeo.

La princesa Vasilchikova fue expulsada de la capital. No obstante, los rumores de que la zarina salía a hurtadillas de su propio palacio para reunirse con el campesino llegaron incluso al Cuartel General; allí se asustaron. Primero la aparición de la carta de Ernie, y ahora el campesino, que poco tiempo antes había advertido sobre la derrota y que detestaba la guerra. ¡Cuál no sería su influencia si hacía que la zarina olvidase a su majestad real y abandonase su palacio! Y, por último, corrían también rumores de que el campesino había estado envenenando a la zarina en contra del comandante en jefe.

Y el comandante en jefe decidió tomar la iniciativa.

LOS ALEGRES DÍAS DE RASPUTÍN

Al parecer Dzhunkovsky había recibido la orden de tramitar con urgencia su informe y hacérselo llegar al zar. Los agentes añadían constantemente nueva información al jefe del Cuerpo de Gendarmes.

26 de abril. Alrededor de las 10.00 de la noche unos hombres y mujeres desconocidos se fueron reuniendo junto con el banquero Rubinstein en casa de Rasputín. A las 11.00 se oyó tocar la guitarra. La juerga duró hasta las 2.00 de la madrugada.

27 de abril. Rasputín fue convocado a Tsarskoe Selo, pero como no había dormido mucho, Volynsky y la baronesa Kúsova le aconsejaron que no fuera con aquel aspecto. Ambas eran de la opinión de que «nuestro anciano se estaba echando a perder». Le sugirieron que volviera a la cama durante otro par de horas.

30 de abril. Se trajo una prostituta a su casa.

2 de junio. Llegó a casa completamente borracho a las 10.00 de la noche. En vez de subir a su apartamento, envió a la portera en busca de la masajista Utkina, que vivía en el mismo edificio. Pero resultó que no estaba en casa. Entonces se dirigió al apartamento 31 del mismo edificio, a casa de la modista Katya. Por lo que parece, ésta no le dejó entrar, puesto que poco después volvió a salir a la escalera y empezó a insinuarse a la portera, pidiéndole un beso. Zafándose como pudo, llamó a su apartamento y la doncella se hizo cargo de él.

Pero el golpe más importante de Dzhunkovsky iba a ser su informe sobre el escándalo del Yar.

SE ABRE LA LISTA DE LOS SACRIFICADOS

Entretanto las terribles derrotas no cesaban. En los meses de mayo y junio el ejército ruso abandonó Galitzia, Polonia y parte de los territorios bálticos. En junio Lvov, la antigua capital de Galitzia se rendía. Los alemanes ocupaban el palacio de los Habsburgo austríacos.

«12 de junio de 1915 ... Guillermo dormirá ahora en la vieja cama de Fr[ancisco] J[osé] que tú ocupaste una noche, no me gusta, es humillante, pero se puede soportar ... Espero poder ver a Nuestro Amigo un momento esta mañana en casa de Ania ... eso me hará bien.»

Los reveses en el frente forzaron al comandante en jefe a proseguir de forma más activa con una de las prácticas favoritas de los gobernantes rusos: encontrar a los culpables del fracaso. El mejor candidato para el castigo era el ministro de la Guerra, Sujomlinov. Éste no sólo desagradaba al gran duque, también la Duma le odiaba por su devoción a los «zares». El viejo ministro no fue simplemente considerado responsable de la escasez de cañones, proyectiles, balas y uniformes, sino que fue blanco de la campaña popular de caza de espías.

Primero, Serguei Myasoedov, jefe del contraespionaje y hombre muy próximo a Sujomlinov, fue acusado de espionaje y ejecutado, sobre la base de una denuncia harto sospechosa. Después de esto, el recelo cayó sobre el ministro.

El príncipe Andronikov y Chervinskaya iban de un salón a otro. «Estaba seguro de que Sujomlinov se rodeaba de un grupo de espías», explicó más tarde Andronikov a la Comisión Extraordinaria. Algo similar repitieron la oposición de la Duma y los grandes duques. Andronikov utilizó también a Rasputín. Su voz se sumó al coro popular, y arrojó su propia piedra al ministro. Manásevich le incitó a ello: por una vez, Rasputín estaba del mismo lado de todo el mundo. El zar cedió a las demandas del comandante en jefe entregando en junio a Sujomlinov. El viejo ministro fue desalojado de su despacho, arrestado, y enviado a la fortaleza de Pedro y Pablo. El campesino no comprendía muy bien lo que estaba pasando. El inocente Sujomlinov, acusado de alta traición, fue el primer sacrificio importante del zar ante la opinión pública y el comandante en jefe. Después de esto, probablemente seguirían nuevos sacrificios. Pero si el campesino no comprendía las implicaciones, la zarina sí.

El 24 de junio escribió a Nicky: «Ahora algunos podrán pensar que basta con la opinión pública para liberarse de Nuestro Amigo».

«LOS ENEMIGOS DE NUESTRO AMIGO SON NUESTROS ENEMIGOS»

La triste situación en el frente requería nuevas decisiones que unieran a la sociedad. El comandante en jefe insistía en ello constantemente en sus conversaciones con el zar. Al final, consiguió persuadirle para que diera un paso popular: nombrar nuevos ministros que forzasen a la

Duma a apoyar al Gobierno. Le comentó: «¡Una persona de apellido alemán como Sabler no podía ser procurador general del Santo Sínodo en tiempos como aquéllos en que proliferaba el odio nacional por los alemanes! Además, la Duma le odia». Nicolás sabía que la Duma repudiaba a Sabler por su lealtad a Nuestro Amigo; sin embargo, comprendía que en todo lo demás el comandante en jefe tenía razón. Decidieron nombrar nuevo procurador general a Alexander Samarin, de una vieja familia aristocrática y representante de la nobleza en el patriarcal Moscú. El zar consintió también en cambiar al ministro de Interior. Determinaron destituir al partidario de Rasputín, Maklakov. En su lugar nombraron al liberal príncipe Scherbatov, de una distinguida familia noble, que era respetado tanto por la oposición como por la Corte. El general Alexei Polivanov, antes próximo a Guchkov y ahora muy cercano al comandante en jefe, que tendría también que ser aprobado por la Duma, fue nombrado ministro de la Guerra.

Pero aquí había una trampa. Cuando los futuros ministros fueron convocados al Cuartel General, declararon que no podrían trabajar de manera productiva mientras Rasputín permaneciera en Petrogrado.

En el Expediente se conserva el testimonio de R. G. Mollov, nombrado viceministro de Interior bajo Scherbatov:

> Cuando me ofrecieron el puesto de viceministro de Interior, le pregunté inmediatamente al príncipe Scherbatov: «¿Cuál es la situación con Rasputín?». Scherbatov me tranquilizó diciendo que cuando él aceptó el puesto de ministro de Interior, el soberano le había dado a él y al nuevo procurador general, Samarin, su palabra de que Rasputín nunca regresaría de Siberia.

Según el testimonio de Yatskevich en el Expediente: «Samarin ... puso la condición de "que se depurasen todas las influencias externas de la vida eclesiástica". El soberano le dio una respuesta cortés pero evasiva». Ésta es la verdad: el más educado de los monarcas era galante con ellos. Nada más. Y el príncipe Scherbatov le engatusó cambiando lo real por lo deseado. Los zares no hacen promesas a sus súbditos. Nicolás simplemente se estaba sirviendo de una treta puesta en práctica a menudo: enviar al campesino a su casa durante una temporada.

A principios de junio Nicolás regresó a Tsarskoe Selo. No le dijo nada a Alix acerca de los nuevos ministros. Sobre todo teniendo en cuenta que la decisión aún no estaba tomada. Sin embargo, por algo tenía Rasputín a Andronikov y a Manásevich como aliados, y ambos habían trabajado para el Sínodo. Primero Nuestro Amigo, y luego Alix y la Amiga, se enteraron de que Sabler iba a ser destituido. Decidieron pedirle a Nicky que lo mantuviera en su cargo hasta que Nuestro Amigo pudiese encontrar al candidato adecuado.

A Nicky no le pareció oportuno explicarle que ya había encontrado candidato. Cambió de tema y habló de cómo se presentaba el verano. Preguntó con qué frecuencia iba Grigori a su casa. Sugirió que para acallar los numerosos y estúpidos rumores que sobre él circulaban, no sería mala idea que regresase ahora a Pokróvskoie. Así, en otoño, cuando la situación en el frente hubiese mejorado, podría regresar. «La emperatriz me dijo que era necesario que Rasputín se marchase una temporada, y añadió que también el soberano lo deseaba», testificó Yulia Dehn en el Expediente.

Antes de regresar al Cuartel General, el zar convocó a Sabler. Aunque luego resolvió no decirle nada. En el Expediente figura la declaración de Yatskevich:

Sabler ... fue recibido por el soberano con su último informe y, como siempre, fue tratado afectuosamente ... En respuesta a su pregunta de cuándo debería entregar el próximo, el soberano respondió: «Ya le escribiré, ya le escribiré». Y entonces la conversación se interrumpió por la entrada del heredero en el despacho, como solía ocurrir cuando era preciso mostrar la puerta a alguien. Sabler regresó feliz a su dacha, y hacia las 8.00 recibió la notificación de su destitución: el soberano escribió «que las circunstancias le obligaban a ello», etcétera.

Así fue nombrado Samarin. Y el zar no había sido descortés.

EL VAGABUNDO COGE SU MOCHILA

Al instante, Petrogrado empezó a bullir con el rumor de la partida de Grishka. Manásevich y Andronikov esperaban que Rasputín corriese a ver a la zarina. Pero el campesino, ante su asombro, se preparó tranquilamente para el viaje. Es más, comentó lo feliz que se sentía de que por fin le hubiesen concedido permiso para abandonar la capital. Repitió algo que a menudo decía a sus devotos y que Zhukovskaya había anotado:

Qué grande es la libertad. Durante el día talas árboles, y qué árboles tenemos. Por aquí no se ve nada parecido. Y por la noche enciendes una hoguera en la nieve y bailas a su alrededor ... te sacas la camisa y vas desnudo en la helada, ¡pero la helada no puede contigo! ¡Aquí en vuestras ciudades no hay más que un montón de nubes de tormenta, pero no hay vida! ... La única razón por la que conservo mi fuerza es porque sé que tan pronto como se produce alguna conmoción, me echo la mochila a la espalda, cojo mi cayado y me voy.

Ni Manásevich ni Andronikov comprendieron que su marcha constituía de hecho su acción más poderosa. Ellos no podían prescindir de él: ni Alix, ni el zar, ni el chico. Acabarían llamándole. Vivirían trivialmente durante un tiempo, pero finalmente le harían regresar. Se rendirían.

Rasputín se enteró de los cambios en el Gobierno el mismo día de su partida. Resultó divertido: se había preparado una cosa, y al final resultó otra muy distinta. Llamó a Vyrubova para decírselo. Anya, aterrorizada, acudió cojeando a la zarina. Ahora el campesino podía estar tranquilo porque sabía que Mamá no dejaría en paz al zar.

Rasputín partió hacia Pokróvskoie el 15 de junio por la tarde.

EL ATAQUE DE LA ZARINA

En aquellos momentos Alix ya estaba escribiendo su primera carta. Ahora se disponía a abrumar a Nicky con sus desesperadas misivas. En ellas, Él pediría, aconsejaría y profetizaría. Nuestro Amigo no tenía la menor sospecha de que estaba haciéndolo.

15 de junio de 1915 ... La ciudad está llena de habladurías respecto al cambio de ministros ... y Nuestro Amigo, a quien A[nya] fue a despedir, estaba muy preocupado, pues se enteró de que era cierto. (Poner a Samarin en el puesto de Sabler ... sin lugar a dudas Samarin actuará contra Nuestro Amigo ... es tan terriblemente moscovita y estrecho de miras.) Bueno, A[nya] respondió que yo no sabía nada. Él le dio un mensaje para ti, que no debes prestar tanta atención a lo que la gente te diga, que no te dejes influir por los demás y que uses tu propio instinto ... Lamenta que no le hablases más de lo que piensas y de lo que pretendías hacer, de lo que conversas con tus

ministros y de los cambios que pensabas llevar a cabo. Reza mucho por ti y por Rusia, pero puede ayudarte mejor cuando le hablas con franqueza. Sufro terriblemente estando lejos de ti. Hemos compartido juntos veinte años, y ahora están sucediendo cosas muy graves, no conozco tus pensamientos ni tus decisiones, y me duele tanto.

Nicky intentó apaciguar su enojo y le escribió que todo el mundo decía que Samarin era «un hombre puro y devoto», etc. No obstante, ella era implacable.

16 de junio. Acabo de recibir tu anhelada carta ... Sí, Amor, sobre Samarin estoy mucho más que triste, sencillamente desesperada, no es bueno, es uno de la intolerante camarilla de Ella [¡hablar así de su querida hermana!] ... ahora empezará a haber historias contra Nuestro Amigo y todo saldrá mal ... esto significa que Ella tendrá influencia y eso me preocupa día y noche, y una vez se ponga en contra de Gr[igori], estará también en contra nuestra ... El corazón me pesa como el plomo.

Y le soltó al pobre Nicky un apasionado monólogo:

16 de junio ... Recuerdo siempre lo que dice Nuestro Amigo y con cuánta frecuencia no prestamos suficiente atención a Sus palabras. Estaba tan en contra de que fueses al Cuartel General, porque la gente que te rodea te obliga a hacer cosas que sería mejor no hubieras realizado. Aquí en tu casa el ambiente es más sano y verías las cosas más correctamente, ojalá pudieras volver lo más pronto posible ... ya sabes que no tengo ninguna fe en N., sé que está lejos de ser listo, y después de haber actuado contra el hombre de Dios, no se puede bendecir su trabajo, ni su consejo puede ser bueno ... Cuando Gr[igori] se enteró ayer en la ciudad antes de marcharse de que Samarin había sido nombrado ... Se sumió en una amarga desesperación ... ahora la pandilla de Moscú caerá sobre nosotros como una tela de araña, los enemigos de Nuestro Amigo son nuestros enemigos, y Schtcherbatov será uno de ellos, estoy segura. Te pido perdón por escribirte todo esto, pero desde que me enteré estoy tan hundida que no puedo recobrar la tranquilidad, ahora comprendo por qué Gr[igori] no quería que te fueras, aquí yo podría haberte ayudado. La gente teme mi influencia ... porque saben que tengo una fuerte voluntad y que enseguida veo a las personas y te ayudo a mantenerte firme. Si hubieras estado aquí, habría intentado por todos los medios disuadirte ... habrías recordado las palabras de Nuestro

Amigo. Cuando Él dice que no hay que hacer una cosa y no escuchamos, después siempre vemos nuestro error ...

Te lo ruego, la primera vez que veas a S[amarin] y hables con él, sé muy estricto ... por el bien de Rusia. Rusia no será bendecida si su Soberano permite que se persiga al hombre de Dios enviado para ayudarle, estoy segura. Dile con severidad ... que le prohibes cualquier intriga o habladuría contra Nuestro Amigo ... de lo contrario no le permitirás continuar en su puesto ...

No te rías de mí, si supieras las lágrimas que he derramado hoy ...

Nuestro Primer Amigo [Philippe] me entregó aquella Imagen con la campana para advertirme contra aquellos que no son buenos y evitar que se acerquen, la tocaré y así te guardaré de ellos. Incluso la familia lo sabe y por eso intentan acercarse a ti cuando estás solo.

A continuación expresó abiertamente su deseo de participar en el Gobierno. «No es idea mía, Dios quiere que tu pobre esposa te ayude, Gr[igori] siempre me lo dice y Ph[ilippe] también. Si supiera las cosas podría advertirte a tiempo.»

A partir de ahora redactaría lo mismo una y otra vez. La gota erosiona la piedra. Hasta que la rompe.

ABRAHAM NO QUIERE SACRIFICAR A SU HIJO

Rasputín llegó a Tiumén el 19 de junio; incluso, desde allí, los agentes continuarían enviando información sobre los movimientos de Nuestro Amigo a Dzhunkovsky. «En Tiumén el Oscuro se quedó en el monasterio con su amigo el prior Martemian.» (Un monje que gracias a los esfuerzos de Rasputín acababa de ser nombreado abad del monasterio de Tobolsk.) Después de cenar, según Martemian, el «Oscuro» «se bebió él solo dos cuartos [sic] del vino del monasterio». Rasputín llegó a Pokróvskoie el 21 de junio escoltado por los agentes Terejov y Svistunov, que le seguían a todas partes y que se alojaron casi todo el tiempo en su casa, donde le leían libros y periódicos.

En Tiumén se había enterado de que su único hijo iba a ser movilizado e incorporado a filas. Le había enviado un telegrama desesperado a Anya, en el que hablaba de Abraham, que había sido amenazado con la pérdida de su hijo Isaac. Alix escribió inmediatamente a Nicky. «20 de junio ... Amado mío ... su único hijo no debería ser llamado ... lo dirás, por favor.»

Pero Nicky no dijo nada. Y a ella le pareció que también esto era una maquinación del comandante en jefe, que se había apoderado de la voluntad de Nicky.

> 25 de junio de 1915 ... Odio que estés en el Cuartel General y a otros también les disgusta ... Ah mi querido Nicky, las cosas no son como deberían ser, por esto N. te mantiene a su lado, para influirte con sus ... malos consejos ... Recuerda que Nuestro Amigo te pidió que no te quedases mucho tiempo ... Yo aquí, incapaz de ayudarte, lo he pasado realmente mal, sintiendo y dándome cuenta de que las cosas no se hacen como deberían hacerse. Me siento impotente por no ser útil, es terriblemente duro; y Nikolasha conoce mi voluntad y teme mi influencia (guiada por Grigori) sobre ti, está todo tan claro.

El día anterior escribía:

> Mi cariño necesita siempre que le den un empujón, que le recuerden que eres el Emperador y que puede hacer lo que le plazca —tú nunca te aprovechas de esto—, debes mostrar que tienes tu manera de hacer las cosas, que tienes voluntad propia y que no te dejas llevar por N. y los suyos, que están dirigiendo tus movimientos.

Sabía lo horrible que era para él esta última frase. Y, obviamente, dio en el blanco.

EL DESASTROSO INFORME

El 5 de junio de 1915, el informe del coronel Martynov, jefe de la Sección de Seguridad de Moscú, relativo al escándalo del mes de marzo en el Yar llegó por fin al escritorio de Dzhunkovsky. Ahora, con Rasputín lejos de la capital, Dzhunkovsky y el comandante en jefe decidieron que había llegado la hora.

Las circunstancias eran propicias. Dzhunkovsky fue convocado ante el zar para informar de los desórdenes que se habían producido en Moscú. Como escribió el embajador francés Paléologue: «En la famosa Plaza Roja ... una multitud maldijo a la pareja real, exigiendo que la emperatriz fuese enviada a un convento, que el zar abdicase del trono en favor del gran duque Nicolai Nikoláievich, y que Rasputín fuese colgado».

Después de dar cuenta de los desórdenes, Dzhunkovsky planeaba desviar el tema hacia Rasputín. Y, tras explicar que «la conducta de este hombre ha propiciado sentimientos negativos en la sociedad», esperaba mostrar al zar los informes del escándalo en el Yar, así como todo el material sobre el padre Grigori reunido por los agentes de vigilancia externa a lo largo del año anterior.

Del testimonio de Dzhunkovsky: «El soberano me recibió a las 10.00 de la noche». Todo había salido como estaba previsto. Tras informar de los sucesos de Moscú, Dzhunkovsky hizo referencia a Rasputín.

El soberano ... escuchó atentamente, pero no pronunció una sola palabra durante mi exposición. Luego extendió la mano y preguntó: «¿Está todo escrito?». Saqué el memorándum de la carpeta, el soberano lo cogió, abrió su escritorio, y lo metió dentro. A continuación le dije que, en vista de la seriedad de la situación, y de que consideraba las acciones de Rasputín extremadamente peligrosas, temía que éste pudiese convertirse en el instrumento de cualquier organización que se propusiese destruir Rusia. Por consiguiente, pedía permiso para continuar mi investigación sobre las actividades de Rasputín e informarle de ellas posteriormente. [Naturalmente aquello era una insinuación de que había espías alemanes en el círculo de Rasputín, tema favorito del momento.] En respuesta el soberano dijo: «No sólo le concedo mi permiso sino que incluso le pido que lo haga. Pero, por favor, para que solamente nosotros podamos ver los informes, dejemos que queden entre nosotros». Agradecí al soberano la confianza que había depositado en mí. Me retuvo aún durante media hora o una hora más, hablando de varios asuntos, y luego me dejó marchar. Debían de ser cerca de las 12.30 de la madrugada cuando dejé al soberano ... El memorándum que había puesto en sus manos contenía una detallada descripción de lo sucedido en el Yar. Además, todo lo acontecido allí estaba redactado de la forma más ingenua: que aquélla no era la primera vez, que todo era una especie de increscendo que arrojaba una sombra amenazadora, y que por lo tanto consideraba mi deber como súbdito leal informar de ello, en la creencia de que podía suponer una amenaza para la dinastía.

Al día siguiente del informe de Dzhunkovsky, el zar recibió al comandante en jefe.

En el vagón insoportablemente sofocante del zar, el «tío terror» repetía a gritos con su atronadora voz de comandante lo que Dzhunkovsky le había relatado: las juergas y borracheras en el Yar, y el hecho de que todos los secretos militares confiados a la zarina eran conocidos por un campesino borracho y depravado en torno al cual se arracimaban sujetos sospechosos, algunos de ellos, sin duda, agentes alemanes. El gran duque sugirió que se actuase sin demora «en el seno de la Familia» trayendo al Cuartel General a Alejandra Fiódorovna, lejos de Vyrubova y del círculo de Rasputín, y mostrándole el informe de Dzhunkovsky. El soberano no puso objeción alguna: el gran duque pensó que el soberano había consentido. Grave error.

El gran duque no había hecho más que confirmar delante del zar lo que Alix había escrito de él: los súbditos no comprenden la modestia de los zares. Y el comandante en jefe, acostumbrado a la inseguridad del zar en el Cuartel General en lo relativo a cuestiones tácticas, se propasó. Éste fue su primer e irreparable gran error. Había habido otra: hablar de Rasputín. Nicolai Nikoláievich y Dzhunkovsky no le habían contado nada nuevo. Era lo mismo que la sociedad había dicho sobre la conducta de los santos dementes. Y en cuanto a los espías alemanes, el zar sabía que se acusaba a todo el mundo, incluso a la pobre Alix. En resumen, ahora sólo quería una cosa: dejar a toda aquella gente que no entendía nada y regresar a Tsarskoe Selo.

Al día siguiente de su informe al zar, Dzhunkovsky, exultante, le contó al gran duque Dimitri la graciosa recepción que le dispensó el zar, y le dio una copia del «ingenuo memorándum». Y éste fue otro gran error, y de los peores, pues el zar había solicitado que todos los informes «queden entre nosotros». Y por supuesto, tan pronto como Dimitri regresó a Petrogrado le contó a su padre y a los demás miembros de la gran familia Romanov lo que había sucedido, junto con las buenas noticias del enojo del zar y el indudable final del nefasto campesino. No obstante, su padre, Pablo, conocía demasiado bien al zar como para dudar del final de aquel «enojo». Además, en aquel entonces estaba intentando obtener el título de princesa para su esposa Olga, por lo que prefirió mantener las buenas relaciones con Alix.

Así pues, la puso al corriente sobre los rumores.

404

Y Alix escribió a Nicky:

> 22 de junio ... mi enemigo Dzhunkovsky ... ha enseñado aquel informe vil y asqueroso (contra Nuestro Amigo) a Dimitri, que se lo contó todo a Pablo y éste a Alia. Semejante atrevimiento, y a pesar de que le dijiste que ya estabas harto de aquellas sucias historias. Quiero que se le castigue severamente.
>
> Ya ves cómo tergiversan tus palabras y tus órdenes, los calumniadores deberían ser castigados y no él; y deseo que te deshagas del que está en el Cuartel General (estoy convencida de ello); ah, es todo tan rastrero ...
>
> Si dejamos que persigan a Nuestro Amigo, nosotros y nuestro país sufriremos por ello ...
>
> Oh, Amor mío, cuándo golpearás la mesa con el puño y gritarás a Dzhunkovsky y a los demás cuando actúen mal, no te temen ... han de tenerte miedo.

«Me llegaron rumores de un escándalo en Moscú con el que se relacionaba el nombre de Rasputín», testificaría más tarde Vyrubova. «No concedí la menor importancia a aquellos rumores.»

LA BOMBA EXPLOTA

Tan pronto como el soberano regresó del Cuartel General con el informe de la juerga de Rasputín en el Yar, la Amiga colaboró activamente en la puesta en evidencia de los mentirosos que estaban calumniando al anciano. Probablemente sabía que aquella sucia trampa había sido preparada para sus perseguidores o por el astuto anciano mismo o bien por el hábil provocador Manásevich.

En el informe de Dzhunkovsky y en el memorándum de Martynov se aseguraba que Rasputín había acudido al Yar «con Anisia Ivanovna Reshétnikova, viuda de un respetable ciudadano».

Al instante Vyrubova anunció triunfalmente que, en efecto, Rasputín conocía bien a la mencionada Anisia Ivanovna Reshétnikova. Sin embargo, que Anisia Ivanovna no sólo no pudo haber estado bebiendo con ellos, sino que tampoco pudo haber ido con ellos al Yar. Del testimonio de Vyrubova:

> A veces ... me pasaba a tomar el té por casa de ... Anisia Reshétnikova, una anciana mujer de noventa años que nunca salía de su casa excepto para

ir a la iglesia, era la típica esposa del comerciante moscovita que siempre tenía visitas de sacerdotes para tomar el té y picar algo en su casa. Grigori Yefimovich Rasputín se alojaba siempre en su casa.

La casa de la anciana, con su mobiliario anticuado, oscuros iconos, y sirvientas con pañoletas negras, estaba situada en el Campo Devichy. Rasputín solía detenerse allí en sus visitas a Moscú.

Del testimonio de Vyrubova: «Considero totalmente imposible que aquella mujer pudiera haber estado bebiendo con Rasputín en el Yar, puesto que no podía siquiera trasladarse de una silla a otra sin ayuda».

Vyrubova mentía con gran habilidad. Sabía perfectamente que Rasputín sí había estado bebiendo en el Yar con una Reshétnikova. La hija soltera de Anisia Reshétnikova, que tenía iguales iniciales y patronímico que su madre: Anna Ivanovna Reshétnikova. Y a quien la policía había identificado con el nombre de pila de su madre.

Era la misma Anna Ivanovna Reshétnikova que aparecía en la famosa fotografía de Rasputín «rodeado de sus devotos», la que había ido a despedir al achispado Rasputín a la estación de Moscú en el mes de marzo, y la que, en palabras de Rasputín, le había regalado un «abrigo de pieles de mil rublos». Vyrubova conocía muy bien a Anna Ivanovna y sabía que había participado en todas las fechorías del padre Grigori. Por otro lado también conocía muy bien al hermano de Reshétnikova, Nikolai Ivanovich, que anteriormente había sido uno de los «secretarios» de Rasputín, y ahora se había convertido en constructor y director de su enfermería.

Ésta era la bomba que, a ojos de los «zares», (que tanto deseaban creer que el anciano había sido calumniado) destruiría, por fin, toda la investigación del Yar.

Cuando Nicky regresó del Cuartel General, Alix estaba en un auténtico estado de delirio y ansiedad. Rogaba que no la encerrasen en un convento, que le permitiesen por lo menos ver a su marido y a su Pequeño. Podemos imaginarnos la furia del zar al verla reducida a esas condiciones. Mas, como de costumbre, ocultó sus emociones detrás de una máscara de silencio y cortesía imperturbable. Cuando se enteró de la historia de Reshétnikova, el zar, con toda seguridad, llegó a la conclusión de que Dzhunkovsky, como todos los demás, le había presentado una mentira debido al odio que sentía contra el campesino. Debió de sentirse muy decepcionado. Él había confiado en el antiguo oficial de la guardia, Preobrazhensky. Poco después, como el propio Dzhunkovsky recordaría, «noté un cambio». Ahora «me resultaba muy difícil actuar. Me sentí objeto de un invisible pero poderoso rechazo».

UN TORRENTE DE TELEGRAMAS

Mientras estallaban pasiones, Rasputín estaba en Pokróvskoie llevando su acostumbrada vida, la que los agentes de Dzhunkovsky seguirían describiendo tan concienzudamente como antes.

24 de junio. En su propia casa ... puso el gramófono, bailó, cantó, y relató cómo había liberado del castigo a trescientos bautistas. Ellos le habían prometido mil cada uno, pero sólo recibió un total de cinco mil.

26 de junio. Cierta mujer fue a ver a la vecina de Rasputín, Natalia, y le preguntó acerca de Rasputín, quien, al enterarse, mandó llamar inmediatamente a la policía para que la buscase, pero no la encontraron. Rasputín estaba muy asustado e intentaba recordar a las mujeres que había conocido en Tsaritsyn.

El 27 de junio los agentes registraron la recepción de un telegrama de Vyrubova. Después, pudieron comprobar que el «Oscuro ha estado recibiendo verdaderas avalanchas de telegramas y mandando numerosas cartas», pero «no las ha entregado para que sean echadas al correo».

Ahora estaba al corriente de todo. Pronto tendría que prepararse. No se había equivocado: aquellos patéticos lobos se habían roto los dientes con él. Excitación. Hay que refinar los impulsos.

11 de julio. Llegó la esposa del oficial, Patushinskaya. El Oscuro salió afuera ... y la agarró por la parte inferior del torso ... Estaba muy alegre porque había estado bebiendo vino.

13 de julio. Después de bañarse se fue a ver a la esposa del sacristán Ermolai. ... Va a verla casi a diario por asuntos íntimos ... Patushinskaya se marchó a Yaluturovsk, a requerimiento de su marido. Al marcharse, besó voluptuosamente al Oscuro en los labios, nariz, barba y manos.

Los agentes se lo describieron todo con precisión a Dzhunkovsky. Pero sus informes ya no eran necesarios.

LA LLEGADA DEL FELIZ AUTOR

Para entonces Alix ya había encontrado el pretexto para hacer que Nuestro Amigo regresase. En los archivos del Departamento de Policía se conserva un anuncio recortado del periódico *Diario de la Noche*, del 24 de julio de 1915: «Recién editados: "Mis pensamientos y reflexiones" de Grigori Rasputín. Copias limitadas. El editor, A. F. Filipov, conocido admirador de Rasputín, es director gerente de un banco y publica distintos periódicos económicos y bursátiles».

Tras distanciarse del peligroso anciano, Filipov había concluido algunos negocios pendientes. Según declaraciones de Filipov:

> Yo mismo publiqué el opúsculo de Rasputín «Mis pensamientos y meditaciones» y escribí la introducción. La fotografía de Rasputín se hizo en Siberia después del atentado a manos de Guseva y estaba medio olvidada. El opúsculo se publicó por insistencia de Vyrubova. Las pruebas fueron corregidas por la emperatriz.

Éste era el pretexto: el feliz autor tenía que regresar para la nueva publicación. Nuestro Amigo era necesario en aquellos días decisivos del golpe de Estado en palacio.

De los sumarios de la vigilancia: «Rasputín partió hacia Petrogrado el 28 de julio. Llegó a Petrogrado el 31 del mismo mes.» A su arribo un coche fue a buscar a Grigori para escarmentar a sus enemigos. El mismo 31 de julio y el 1 de agosto, según las anotaciones de la vigilancia externa, «el Oscuro visitó Tsarskoe Selo».

UN JUICIO EN TSARSKOE SELO

La reunión en Tsarskoe Selo sobre «lo que hay que hacer» duró dos días. El tema que se debatía era el comandante en jefe. Alix acusó al gran duque. Se citaron las aclamaciones que tuvieron lugar durante los recientes desórdenes en Moscú. Alix estaba segura de que eran fruto de los manejos del gran duque. Recordó todo lo que había escrito en sus cartas: el gran duque se estaba comportando como un autócrata. Al final le llegó el turno al profeta para dar su versión al tribunal.

Representó su papel. Rasputín confirmó lo que ella ansiaba oír. Más adelante (el 10 de septiembre de 1915) ella escribiría a Nicky: «Nuestro Amigo comprendió su juego a tiempo, y vino a salvarte rogándote que destituyeses a Nikolasha y asumieses tú el mando».

Como correspondía a un profeta, Rasputín había vaticinado y advertido de antemano. «Si el zar no hubiera ocupado el puesto de N. N., habría sido expulsado del trono», dijo Lili Dehn, más tarde, citando las palabras que presumiblemente fueron pronunciadas por la zarina. Pero aquellas palabras no procedían de ésta.

El 9 de diciembre de 1916, Alix escribiría a Nicolai: «Nuestro Amigo dice "que ... si él (tú) no hubiera ocupado el puesto, Nicolai Nikoláievich, estaría ahora expulsado de su trono"».

Sí, aquel fatídico día Rasputín había exigido que el zar destituyese al gran duque y se nombrase él mismo comandante en jefe, para evitar un golpe de Estado. Una vez más, se había hecho eco de los deseos de la zarina. ¿Creía de veras el zar que los propósitos del «tío terror» habían sido malintencionados? No lo creo. Pero le gustaba pensar que en tiempos de derrota el soberano estaba obligado a asumir las responsabilidades de la guerra. No pudo resistir por más tiempo la tentación que se había apoderado de él desde el comienzo de la contienda. Quería ser comandante en jefe.

En el Expediente consta el testimonio del príncipe Scherbatov: «Rasputín vino tres días a Petrogrado justo antes de la destitución del gran duque Nicolai Nikoláievich, le vi una vez en la estación de tren de Tsarskoe Selo».

Los «zares» no querían que Nuestro Amigo se viera involucrado en la inminente decisión que iba, sin lugar a dudas, a conmocionar al país y a soliviantar a la oposición. Por consiguiente, el campesino tenía que volver a casa. Y esperar allí mientras la decisión del zar se anunciaba en su ausencia.

Entretanto todo lo que se había decidido quedaba en el más estricto de los secretos.

El anterior comandante en jefe estaba acabado. De este modo Rasputín volvió a comprobar una vez más la infalible regla: bastaba con que alguien hablase mal de él para precipitar su caída.

EL BARCO BORRACHO

Rasputín partió otra vez hacia Pokróvskoie el 5 de agosto.

Según los agentes, Vyrubova y Pistolkors «lo acompañaron a la estación en su coche, pero no se bajaron». La princesa Shajovskaya, la baronesa Kúsova y otros admiradores se quedaron con él hasta que se marchó. Sus «tontos» sabían que no tardaría en regresar.

Él estaba tenso, pero animado. Durante el trayecto casi sedujo a una dama que viajaba en el tren, quedando todo el episodio cuidadosamente descrito por el agente de Dzhunkovsky («resulta evidente desde todos los puntos de vista que el sujeto utiliza la hipnosis», informó el agente). El campesino se lo estaba pasando bien; que escriban. Sabía que los informes ya no significaban nada para Dzhunkovsky. Y no pudo evitar fanfarronear. Los agentes escribieron:

> Rasputín entró en el coche donde estaban sentados los agentes de Seguridad Terejov y Svistunov ... y empezó a hablarles de la guerra: de que la guerra marchaba bien para nosotros, y de que pronto habría grandes cambios en Petrogrado ... En resumen, dijo que había estado dos veces con el zar y que le había ofrecido para este viaje un vagón de tren para él solo ... pero Rasputín supuestamente había rehusado.

Por supuesto que el zar se lo había ofrecido, y el campesino había repetido aquellas anheladas palabras.

Continuó su escandalosa diversión durante todo el viaje a Pokróvskoie: estaba celebrando su victoria. Los agentes informaron:

> El 9 de agosto a las 11.00 embarcó en un barco de vapor, en el que alquiló un camarote individual, y partió hacia Pokróvskoie. Una hora más tarde salió borracho de su camarote y se acercó a los soldados del destacamento local, que viajaban en el mismo barco. Les dio veinticinco rublos y les hizo cantar canciones ... Se retiró a su camarote ... Cuando regresó les entregó a los soldados cien rublos ... el tono de los cantos subió y Rasputín su unió a ellos. Aquellos cánticos continuaron hasta la 1.00, y [entonces] llevó a los soldados a segunda clase con la intención de invitarles a cenar. Pero el capitán no permitió la entrada a los rangos inferiores. Así pues, les pidió la cena, se la pagó, y cantaron de nuevo. A continuación empezó a discutir con los pasajeros, tropezó con el camarero y, llamándole ladrón, dijo

que le había robado tres mil rublos. Después de que el capitán le dijera que a su llegada rellenaría un informe policial, se retiró a su camarote. Apoyando la cabeza sobre una mesita junto a la ventana abierta, murmuró algo para sus adentros durante largo rato, mientras el público lo «admiraba». Rasputín resbaló de la mesa al suelo y quedó allí tendido durante el resto del viaje al pueblo de Pokróvskoie.

A las 8.00 de la noche los agentes y dos marineros de cubierta trasportaron a Rasputín a tierra, y lanzaron al campesino borracho como una cuba a un carro que lo llevó a casa. El capitán rellenó el informe policial ante la insistencia del público.

El 10 de agosto, los agentes escribieron:

Rasputín estaba francamente asombrado por haberse emborrachado tan deprisa, pues sólo había bebido tres botellas de vino, añadió: «¡Oh, oh, amigo mío, no resultó tan divertido!». El gobernador de Tobolsk, Stankevich, que detestaba a Rasputín, intercambió correspondencia con Petrogrado, y tras recibir el consentimiento de Dzhunkovsky, procedió con el caso. Para su total ruina.

«El caso tenía que ser visto en el juzgado del distrito y en Tsarskoe Selo se sentían muy inquietos por esto», recordó Beletsky. Aunque Rasputín no estaba preocupado. Cuando se enteró de que el gobernador pretendía retenerlo bajo vigilancia durante tres meses por embriaguez y hostigamiento a los pasajeros, Rasputín, según los informes de los agentes, «simplemente escupió y dijo: "¿Quién se cree que es este gobernador?"».

Estaba en lo cierto. El pobre gobernador no conocía la ley de Rasputín: bastaba con atacarle para... Así pues, Stankevich se había asegurado su próxima destitución. En Tsarskoe Selo, Nuestro Amigo explicaría, no sin cierta sorna que: «Yo no estaba borracho... estaba invitando a los nuevos reclutas por patriotismo».

«¿ADÓNDE NOS DIRIGIMOS, ADÓNDE NOS DIRIGIMOS?»

Durante todo el mes de agosto la agitación se había apoderado de la sociedad. A principios de mes empezaron a circular sorprendentes murmuraciones en los círculos más próximos al trono, rumores que daba mie-

411

do creer. En aquel momento Félix e Irina Yusúpov recibieron una carta en Crimea.

En 1914 la guerra había sorprendido a los Yusúpov en Alemania: milagrosamente no fueron arrestados y consiguieron coger el último tren que partía hacia Rusia. Desde entonces, un feliz acontecimiento se había producido en la vida de los jóvenes Yusúpov: la hermosa Irina había dado a luz a una niña. Tanto Irina como la niña enfermaban con frecuencia. Por esta razón, buscando refugio del terrible clima de Petrogrado, Irina y su hija vivían en Crimea, en Ai-Tudor, una propiedad del padre de Irina. En agosto de 1915, Félix se reunió con ellas desde Petrogrado, donde había estado recibiendo instrucción militar.

La madre de Félix, Zinaída Yusúpova, envió a su hijo, a través de un mensajero de confianza, una carta enigmática que resultó altamente inquietante para él.

9 de agosto ... En general todo está embrutecido, especialmente en la esfera de los Validol. El «Libro» está ejerciendo una enorme influencia, y en pocos días se pondrá de manifiesto mediante un gran cambio... Sin embargo, no me atrevo a escribir acerca de ello, pues se supone que no sé nada, pero en mi opinión todo será un desastre. Si no lo adivinas, probablemente Irina sepa de quién estoy hablando. Estoy cansada de escribir esta carta tan complicada... el Validol en lugar de Bonheur.

La carta estaba escrita en clave, y la madre, desconfiando de la ingeniosidad de su hijo, depositaba su confianza en la inteligente Irina. Creo que la descifró enseguida. También nosotros intentaremos realizar esta tarea del pasado remoto.

«Validol» deriva de la palabra valí, que es el nombre que los turcos otomanos daban a sus gobernantes: el pachá de los egipcios o el jefe supremo de los moldavos. Éste era el nombre con el que Zinaída designaba al zar y a la familia real. El «Libro» era Rasputín, que siempre citaba de la Biblia. «Bonheur» («Suerte») era Nicolai Nikoláievich, puesto que así le llamaban en la Corte durante los días afortunados de antes de la guerra.

Así pues, el 9 de agosto informó a su hijo:

En general todo está embrutecido, especialmente en la familia real. Rasputín está ejerciendo una enorme influencia, y en pocos días se pondrá de manifiesto mediante un gran cambio.

Sin embargo, no me atrevo a escribir acerca de ello, pues se supone que no sé nada, pero en mi opinión todo será un desastre... El zar en lugar de Nicolai Nikoláievich.

Y siempre lo mismo: «En Rusia todo es secreto pero nada está oculto». La Corte ya lo sabía todo.

La noticia de la destitución del gran duque, que gozaba de gran popularidad en el ejército, de su cargo de comandante en jefe, produjo una enorme conmoción. Al igual que Zinaída, todo el mundo estaba convencido de que Rasputín estaba detrás de aquello.

Del testimonio del príncipe Scherbatov:

> La decisión de nombrarse a sí mismo comandante en jefe (a pesar de haber estado afirmando durante dos semanas que aquello estaba descartado) se explicaba como el resultado de la influencia de la emperatriz y de Rasputín. Pero yo creo que él, siendo una persona débil de carácter, sentía temor hacia aquellos que ostentaban cargos demasiado importantes, como Stolypin o el mismo gran duque Nicolai Nikoláievich. No pensamos que el zar tuviera habilidades tácticas o estratégicas, ni que fuera a introducir nada útil desde el punto de vista militar. Al contrario, supusimos que introduciría en el Cuartel General todas aquellas cualidades negativas que la Corte siempre aporta al ámbito castrense. Además, su presencia en el Cuartel General hacía técnicamente imposible un correcto gobierno del país. Si los ministros tenían que ir y venir del Cuartel General, aunque sólo fuera una vez por semana, se perderían más de dos días semanales de Gobierno.

Tenía razón en eso. Tras la partida del zar al Cuartel General, el gobierno de la Nación fue recayendo gradualmente en manos de la zarina. Su sueño se hacía realidad.

Y dio comienzo. Dzhunkovsky recordaba que había comprendido cuál iba a ser su destino el 10 de agosto «a partir de lo que Rasputín le dijo a mi agente en Pokróvskoie. "Bueno, tu Dzhunkovsky", dijo, y silbó. El 16 de agosto recibí una nota del soberano diciendo que tenía que dimitir». A mediados de agosto los periódicos se hacían eco de los rumores de que se estaba llevando a cabo «una remodelación en los más altos cargos».

A finales de agosto partió Nicolás hacia el Cuartel General para notificar al «tío terror» su dimisión. ¡Qué miedo tenía Alix de que cambiara de idea y cómo rezaba para que eso no sucediera!

22 de agosto de 1915 ... Dios te ungió en tu coronación, te colocó donde estás ahora y tú has cumplido con tu deber ...

Todo es para bien, como dice Nuestro Amigo, lo peor ya ha pasado ... enviaré un telegrama a Nuestro Amigo esta misma noche y Él pensará especialmente en ti ...

La reunión con N. no será agradable; confiaste en él y ahora sabes que, como dijo hace meses Nuestro Amigo, estaba obrando mal contigo, con tu país y con tu mujer ...

Dios está a tu lado al igual que Nuestro Amigo, todo está bien: todos te agradecerán haber salvado al país... La izquierda está furiosa porque todo se les escapa de las manos y sus manejos se han puesto en evidencia, utilizaban a Nikolasha para su interés.

Justo antes de partir, Alix le entregó a Nicky un pequeño peine que había pertenecido a Grigori. «23 de agosto de 1915... Recuerda peinarte antes de cada charla y de cada decisión difícil, el peine te será de gran ayuda.»

Pero la emperatriz viuda («Tía Minnie», como la llamaba la gran familia Romanov) comprendía perfectamente la situación. No se hacía ilusiones acerca del papel del campesino.

Del diario del gran duque Andrei Vladimirovich:

24 de agosto ... Por la tarde fui a ver a Tía Minnie ... La encontré en un estado de abatimiento ... Cree que la destitución de Nicolai Nikoláievich conducirá inevitablemente a la ruina. No cesaba de preguntar: «¿Adónde nos dirigimos? ¿Adónde nos dirigimos? No es Nicky, él no ... Él es dulce, honesto y amable. Es ella. Ella sola es la responsable de todo lo que está ocurriendo ...». Añadió también que todo aquello le recordaba los tiempos del emperador Pablo, que en su último año empezó a despedir a todas aquellas personas que le habían sido fieles y el triste final de nuestro bisabuelo la persigue ante todo este horror.

En el diario de Tía Minnie leemos: «21 de agosto ... Todas mis palabras han sido inútiles ... no hay espacio en mi cerebro para todo esto».

El 25 de agosto Nicky informó a Alix desde el Cuartel General de la conversación más difícil de toda su vida.

Gracias a Dios, ya ha acabado todo. Y aquí estoy con esta nueva responsabilidad sobre mis espaldas, ¡que se haga la voluntad de Dios!... Durante toda la mañana de aquel día memorable, el 23 de agosto... Recé largo rato y leí tu primera carta una y otra vez. Cuanto más se acercaba el momento de nuestro encuentro, más reinaba la paz en mi alma. N. entró con una acogedora y alegre sonrisa y me preguntó cuándo le ordenaría que se marchase. Le respondí, en el mismo tono, que todavía podía quedarse un par de días más. A continuación hablamos de cosas relativas a las operaciones militares, acerca de algunos generales, y así; eso fue todo.

Al igual que quisieron mandar a Stolypin, el enemigo de Grigori, a ejercer como gobernador general del Cáucaso, ahora el zar pretendía enviar allí a otro de los enemigos depuestos del campesino.

Pero la zarina lucharía contra Nicolai Nikoláievich hasta el final, hasta la Revolución. Poco después (el 15 de septiembre de 1915) escribiría: «Creo que todavía tiene demasiados humos... Mucho me temo que continuará enredando».

Los «nuestros» entran en acción

Mientras tanto, Rasputín continuaba viviendo en Pokróvskoie a la espera de que se consumase el golpe de Estado palaciego. Realmente fue un golpe de Estado. El comandante en jefe había caído. Junto con él fueron también destituidos de sus puestos el importante ministro de Interior y el jefe del Departamento de Policía. Y, según los planes de Alix (aunque el zar todavía no los conocía), tenía que sucumbir también el procurador general del Santo Sínodo, Samarin.

El campesino propuso a Alix «nuestros» candidatos para ocupar los puestos de ministro de Interior y jefe del Departamento de Policía. Todo lo que había sido maquinado en la calle Gorojovaya a principios de año, ahora se estaba cumpliendo. Y los que lo hacían posible eran los nuevos gobernantes: la zarina, su Amiga y su principal ayudante ausente, Nuestro Amigo. O, más exactamente, su hombre, el príncipe Andronikov, con quien Rasputín había consultado todo durante los tres días que estuvo en la capital. Inmediatamente después de la partida de Grigori, el «dudoso príncipe» fue recibido por Vyrubova.

Según las declaraciones de Vyrubova en el Expediente: «Conocí [al príncipe] poco antes de que me trajese a Jvostóv ... Era una persona de actitud servil que usaba perfume y se teñía el pelo de la cara, llevaba consigo mil rumores, flores y caramelos.» En aquella ocasión llevó a Jvostóv, al futuro ministro de Interior para que ella le echase un vistazo.

En una carta de Alix a Nicky del 29 de agosto leemos: «Querido, A[nya] acaba de conocer a Andr[onikov] y a Jvostóv, y este último le ha causado una excelente impresión».

Después de esto, Andronikov, aquel sombrío personaje «perfumado y teñido», ¡le pasó a la zarina una lista de candidatos para ocupar los cargos de la Iglesia!

De una carta de Alix a Nicky el 7 de septiembre: «Bueno, cariño, aquí tenemos una lista de nombres, muy pocos en realidad, que podrían sustituir a Samarin. Andronikov se la facilitó a Ania».

La zarina quería personas que le fueran leales. Aunque tenía miedo de que Nicky cometiese errores. Se había equivocado tantas veces antes: Stolypin, Kokovstev, Dzhunkovsky, y tantos como ellos. Ahora había decidido ocuparse ella misma de los ministros. Mas, ¿cómo hacer para no errar? Muy sencillo. Seguir la norma repetida tantas veces en sus cartas: sólo podía ser ministro aquel que creyese en el hombre de Dios y le fuese leal. Esto significaría automáticamente devoción y fe en Mamá, ya que los deseos del «hombre de Dios» coincidían siempre con los suyos. ¡Así tenían que ser ahora los ministros! Pero como ni ella ni Anya conocían a tales personas, la nueva mujer estadista resolvió sabiamente confiar en Grigori. Y éste, aun marchándose de la capital, les había mandado al «perfumado y teñido» Andronikov para ayudarlas.

¿Pero qué clase de candidatos presentaba Andronikov en nombre de Grigori? El primero era Beletsky, a quien a principios de año habían intentado convertir en jefe del Departamento de Policía. Sin embargo, en cuanto al ministro de Interior había una cierta dificultad. Andronikov propuso al viejo conocido de Rasputín, Alexei Jvostóv, el mismo joven gobernador de Nizhni Nóvogorod que él y Sazonov habían visitado en vísperas del asesinato de Stolypin.

EL CAMINO HACIA EL PODER, AL ESTILO DE 1915

Durante los cuatro años transcurridos desde aquella visita, Jvostóv había dejado su cargo de gobernador, se había retirado del servicio y había sido elegido para la Duma. A pesar de todo, seguía siendo tan jovial, gordo y mofletudo como antes. En la Duma se había convertido en el líder de la facción derechista Unión del Pueblo Ruso, cuyos miembros lucían orgullosamente en la solapa la insignia antisemita de la organización. Sus discursos habían sido muy bien recibidos en Tsarskoe Selo. Como más tarde explicó el propio Jvostóv a los investigadores de la Comisión Extraordinaria: «Me dediqué al espionaje alemán y a la dominación alemana. Aquella cuestión me interesaba sobremanera». Difícilmente habrían podido encontrar mejor candidato: un hombre de la Duma y, sin embargo, líder de la derecha e irreconciliable enemigo del espionaje alemán que, considerando los rumores que circulaban en torno a Rasputín y a la zarina, no era ninguna nimiedad. Por último, Jvostóv era ruso, cosa harto importante dado el desafortunado predominio de apellidos alemanes en la Corte.

Andronikov conocía bien a Jvostóv, como más o menos a todas las personas importantes. Sabía que Jvostóv aceptaría cualquier condición con tal de ascender al Olimpo a semejante velocidad. Tras su conversación con Jvostóv, Andronikov estaba seguro de poder convencer de ello a Rasputín, pues éste todavía recordaba el frío recibimiento que Jvostóv le había dispensado. Pero, al parecer, Andronikov le persuadió de que aquel viejo y altanero Jvostóv ya no existía. Ahora había un nuevo Jvostóv que comprendía que para ser ministro tenía que servir a Nuestro Amigo.

La indecisión de Rasputín fue definitivamente vencida por la propuesta del príncipe de nombrar a Beletsy, a quien Rasputín ya conocía y cuya lealtad estaba asegurada bajo Jvostóv. Beletsky se haría cargo del Departamento de Policía y por consiguiente se responsabilizaría de la seguridad de Rasputín. Teniendo en cuenta estos aspectos, el candidato no podía ser mejor. Tras visitar a Vyrubova, Jvostóv se presentó ante la zarina. «La emperatriz me recibió amablemente e insinuó que, aunque no estaba del todo sin falta, en opinión de Rasputín, ella estaba segura de que había abierto los ojos... y no impediría mi nombramiento, siempre que la seguridad de Rasputín estuviese en manos de Beletsky.»

Mientras Anya y la zarina discutían con Andronikov los futuros nombramientos, tuvo lugar un peligroso acontecimiento en la Duma.

El campesino une a los que le odian

La sociedad y la Duma estaban a rebosar de las habladurías que se filtraban de palacio. La destitución del gran duque creaba una nueva realidad. Había un nuevo comandante en jefe al que consideraban incapaz de dirigir el ejército, y estaba el primer ministro Goremykin, un viejo completamente supeditado a la zarina, a quien consideraban incapaz de dirigir el Gobierno. Además corrían los rumores sobre inminentes nombramientos que, en ausencia del zar, serían prerrogativa de la zarina. Todo ello suponía una seria amenaza: la creación de un gabinete de «fuerzas oscuras». Un gabinete que, según creían, operaría asignando las responsabilidades del primer ministro al campesino semianalfabeto, que estaba a punto de regresar a la capital.

El 25 de agosto de 1915, se constituyó el Bloque Progresista en la Duma. La lucha contra las «fuerzas oscuras» había conseguido lo imposible. Unía a las personas más dispares y a veces incluso mutuamente hostiles. Estaba formado por 300 diputados de un total de 442. El Bloque tenía por objetivo expulsar del poder a las «fuerzas oscuras» (Rasputín y la zarina) sin repercusiones, y llevar al pueblo a la creación de una monarquía verdaderamente constitucional. Para ello había que asegurar la retirada de Goremykin del gobierno y crear « un gobierno de confianza», responsable ante la Duma. El lema del Bloque era: «Las masas están tranquilas, la Duma habla por ellas».

Al mismo tiempo, Guchkov estaba preparando en la Duma una resolución de investigación relativa al escándalo de Rasputín en el Yar. Fue entonces cuando Jvostóv demostró que la recomendación del enviado de Nuestro Amigo no había sido en vano. Testificó Vyrubova:

> Jvostóv dijo que ... en la Duma se estaba preparando una resolución de investigación. Le habían pedido la firma a Jvostóv, pero él se negó esgrimiendo que si se destapaba aquella cuestión, no se concedería la amnistía [se estaba estudiando una amnistía del zar para los convictos]. Recapacitaron ... y rechazaron la resolución.

El 30 de agosto de 1915, Alix escribió a Nicky: «Deberíamos deshacernos de Guchkov, la cuestión es cómo en tiempos de guerra no hay nada a lo que podamos agarrarnos para hacerle callar ... es odioso ver su juego, sus discursos y manejos solapados ... Dicen que [Rasputín] vive en T[sarskoe] S[elo], igual que antes decían que teníamos a Ernie aquí».

Los rumores más ridículos circulaban en la capital, mientras Nuestro Amigo permanecía, como antes, en Pokróvskoie aguardando los cambios prometidos. Durante todo aquel tiempo luchó para que liberasen a su hijo del reclutamiento. Era consciente de que su débil y patético hijo perecería en el frente. Así pues, mandó a su esposa Praskovia a Petrogrado con el propósito de solicitar a los zares permiso para que su hijo permaneciese en casa. Además, envió peticiones y telegramas de súplica. Y en su siguiente carta Alix volvió a pedir a Nicky; «¿No puedes averiguar cuándo llamarán a filas en su provincia y notificarlo enseguida? ¿Afecta el reclutamiento a Su hijo? Por favor, responde lo más rápido que puedas». El 30 de agosto repitió la demanda: «Te adjunto una petición de Nuestro Amigo, escribe tu decisión en ella, verdaderamente creo que deberías hacerlo».

Pero el zar de nuevo guardó silencio: ella volvió a insistir. «1 de septiembre de 1915 ... Nuestro Amigo está desesperado, su hijo tiene que ir a la guerra, su único hijo, que cuida de todos cuando él no está.»

Y Nicky seguía sin comentar nada. No conseguía decirle a ella que aunque cambiaría ministros, no lograría dejar al hijo del campesino en casa. Sería una provocación para la familia y para la sociedad. Alix, entregada en su lucha por «los nuestros», olvidaba que poco tiempo atrás el hijo del gran duque Constantino Constantínovich, Oleg, que no era más que un muchacho, moría en la guerra. Su padre no había sido capaz de soportar el dolor y el gran duque sufrió un ataque de angina de pecho. Otros jóvenes grandes duques también estaban en el frente. ¡Cómo podía entonces excusar al hijo del campesino del cumplimiento del servicio! Pero, como siempre, ella siguió insistiendo obstinadamente hasta salirse con la suya. «11 de septiembre de 1915 ... Comprendo que el muchacho tuviera que ser reclutado, pero podría ser destinado a un tren como sanitario [ordenanza sanitario] o algo así ... su único hijo ... Deseo ayudar sin perjudicar ni al Padre ni al Hijo.»

Aunque el hijo de Rasputín fue finalmente llamado a filas, la zarina consiguió asegurarle un puesto de ordenanza sanitario en su propio tren hospital.

En la Duma continuaba la discusión sobre el inminente nombramiento de ministros gratos al campesino, y sobre el ir y venir del primer ministro Goremykin con sus informes para la zarina.

419

El 6 de septiembre, Zinaída Yusúpova escribió a su hijo, a Crimea, utilizando un curioso lenguaje en clave: «El humor del general es de hastío. El "Abrigo de pieles en bolas de naftalina" [el viejo Goremykin] sigue yendo arriba y abajo visitando a la Valida [la emperatriz]. ¡Está rebosante de júbilo!».

La oposición continuó con sus ataques. Esta vez las noticias procedían de Moscú, sede de la oposición que operaba contra Rasputín. Vladimir Gurko, un hombre respetado, de convicciones derechistas que ostentaba el rango de chambelán y al mismo tiempo era miembro del consejo de Estado, subió a la tribuna pública. Y una de sus frases circuló a lo largo y ancho de toda Rusia: «Queremos autoridades vigorosas ... es decir ... autoridades con un látigo [jlist] y no bajo un látigo [jlist]».

«Un injurioso juego de palabras dirigido contra ti y contra Nuestro Amigo, que Dios los castigue por esto», escribió Alix al zar el 8 de septiembre.

«LOS MINISTROS ESTÁN CORRUPTOS»

El campesino comprendió la situación: él, que tantas veces había salvado al hijo de los zares, no había sido capaz de salvar a su propio hijo. Su hijo fue llamado a filas. Fue entonces cuando Rasputín se dio totalmente y de una vez por todas a la bebida. Y la bestia, el «Oscuro», el temible campesino despertó por completo en él.

Un agente informó:

5 de septiembre. El Oscuro visitó a su hermano. También su padre acudió allí, y de pronto empezó a maldecirle con el lenguaje más grosero. El Oscuro, iracundo, se levantó de la mesa, empujó a su padre hacia la puerta, lo golpeó tirándolo al suelo y una vez allí empezó a darle puñetazos. Su padre gritaba: «¡No me pegues, sinvergüenza!». Y tuvieron que separarlos por la fuerza. Su padre tenía un ojo tan hinchado a causa de los golpes que no podía abrirlo. Al salir, el viejo volvió a insultar al Oscuro con más vehemencia, amenazando con decirle a todo el mundo que él [Grigori] no sabía hacer otra cosa que agarrar a Dunya [la doncella Dunya Pechyorkina] por sus partes blandas. Al oír esto, tuvieron que sujetar al Oscuro para que no atacase de nuevo a su padre.

Los agentes disfrutaban leyéndole los periódicos que, como de costumbre, se interesaban por él. Parecía atormentado por visiones. Percibía que allí, en el lejano Petrogrado, lo inevitable se estaba fraguando. «6 de septiembre», anotaron los agentes, «Rasputín dijo: "Mi alma está llena de dolor. Incluso me he vuelto sordo ... Durante dos horas puedo sentirme bien con mi alma, pero a la quinta estoy mal ... mal por lo que está sucediendo en el país, y porque lo que los malditos periódicos escriben sobre mí me molesta sobremanera. Tendré que demandarles".»

Mientras Rasputín iba de juerga en Pokróvskoie, la zarina suplicaba incesantemente el nombramiento de Jvostóv como ministro. Las predicciones de Nuestro Amigo de nuevo entraron en juego.

7 de septiembre de 1915 ... necesitamos a un hombre enérgico que conozca a la gente y que tenga un nombre ruso.

9 de septiembre de 1915 ... Límpialo todo, dale a Goremykin nuevos ministros con los que trabajar y Dios te bendecirá a ti y a su labor ... La imagen de 1911 con la campana me ha ayudado a «captar» a la gente ... La campana sonaría si viniesen con malas intenciones y evitaría que se acercasen a mí ... Y tú, amor mío, intenta prestar atención a lo que te digo, no es sabiduría mía, sino una especie de instinto que Dios me ha dado para poder ayudarte.

El zar titubeaba, todavía no estaba acostumbrado a su participación directa en asuntos de Estado. Alix se sentía tensa. Toda su inagotable energía estaba concentrada en ayudar al zar. Mas le irritaba que él no lo comprendiera. «10 de septiembre de 1915 ... Por favor, habla seriamente con Goremykin acerca del nombramiento de Jvostóv como ministro de interior. Estoy segura de que es el hombre adecuado, no teme a nadie y es leal a ti.»

Pero el nombramiento de un nuevo ministro de interior tan sólo era el comienzo.

El 11 de septiembre le exigía ya la cabeza del procurador general Samarin.

Ahora ellos [la Duma] apuestan a que no eres capaz de destituir a Samarin, pero lo harás ... Y enseguida amor mío, échalo; y a Scherbatov [ministro de Interior] también ... Por favor dale su cargo a Jvostóv ... Coge un pedazo de papel y apunta lo que tienes que hablar [con el primer ministro Goremykin]. ... 1) Samarin ... Samarin es un tipo estúpido e insolente.

Escribía directa e insistentemente sobre Jvostóv. Y no pararía hasta que él se rindiese.

12 de septiembre: «Los ministros están corruptos».

14 de septiembre: «La gente está enfadada porque me inmiscuyo, pero mi deber es ayudarte. Incluso de esto me encuentran culpable, benditos ministros y sociedad ... Así es de ingrato el mundo».

A veces escribía dos cartas en un mismo día. Estaba convencida de que sus enemigos en el Cuartel General no permitirían que Nicky llevase a cabo estas sabias decisiones. Por algo estaba allí, en el Cuartel General, un enemigo del hombre de Dios, el joven primo del zar, Dimitri.

13 de septiembre: «¿Por qué no lo mandas de vuelta a su regimiento? ... No es correcto, ningún gran duque está fuera [del frente], sólo Boris de vez en cuando, el pobre chico de Constantino siempre está enfermo».

Alix sabía luchar, y era cruel en el combate. El antiguo novio de su hija, que se había educado en su propia familia, debía ser mandado al frente más cerca de la muerte por haber osado enfrentarse al anciano.

Durante todo aquel tiempo Nuestro Amigo había estado con ellos. No se había olvidado de enviar los telegramas necesarios. El 8 de septiembre Alix escribió:

«Nuestro Amigo escribe sobre las noticias de la guerra (añádelo a tu lista de telegramas) ... "No temas, no será peor de lo que fue, la fe y la bandera nos serán favorables".»

El 9 de septiembre escribió: «¿Copiaste su telegrama para ti en una hoja aparte? Si no, aquí lo tienes otra vez: "No te derrumbes cuando estés en apuros, Dios te glorificará con su aparición"».

Éstas eran las predicciones del vidente un año y medio antes de la Revolución. Rasputín había enviado también un oportuno telegrama pidiendo el nombramiento de la persona de Jvostóv, tan grata a Dios.

Estaba a punto de celebrarse en el Cuartel General una reunión del Consejo de Ministros en la que Alix esperaba que se anunciase por fin el nombramiento del Jvostóv. Le pidió a Nicky que se encomendase a la ayuda de Nuestro Amigo invisiblemente presente.

«15 de septiembre de 1915 ... Recuerda que debes conservar la imagen en la mano otra vez y peinarte varias veces con Su peine antes de la reunión de ministros. Oh, pensaré en ti y rezaré por ti más que nunca, Amado Mío.»

En Petrogrado estaban preocupados. El viceministro de Interior G. R. Mollov había recibido información fidedigna de uno de sus agentes que le aseguraba que la emperatriz había convocado a Jvostóv a Tsarskoe Selo, y le había ofrecido el nombramiento de ministro de Interior. «Informé al príncipe Scherbatov», recordaría más tarde Mollov, «de que al parecer sus días y los míos en nuestros cargos estaban contados ... Scherbatov ... no se lo creyó, y dijo que acababa de regresar del Cuartel General, donde había sido graciosamente recibido por el soberano.» Se estaba repitiendo la histora de Sabler.

El 15 de septiembre el coronel Globachyov, jefe de la Sección de Seguridad de Petrogrado, llegó presa de gran agitación al Ministerio de Interior.

> Globachyov me mostró un telegrama de uno de los agentes asignados a la vigilancia de Rasputín. En el telegrama se mencionaba que Rasputín había recibido una carta de Vyrubova con el siguiente texto aproximadamente: «Sana [un diminitivo de Alejandra, es decir, Alix] se siente triste y está ansiosa por veros en el plazo de diez días. Bendiciones». En el mismo telegrama se decía que Rasputín tenía intención de regresar pronto a Petrogrado.

Testificó Mollov en el Expediente. Uniendo ambos sucesos, Mollov comprendió con toda claridad lo que se estaba urdiendo.

Alix no cesaba de inundar al zar con sus cartas. No podía parar. Su enérgico temperamento se lo impedía. El 17 de septiembre le envió dos largas cartas.

«17 de septiembre ... Envíame un telegrama para tranquilizarme. Si todavía no ha habido cambios ministeriales, simplemente escribe: "todavía no hay cambios", y si piensas en Jvostóv di: "recuerdo la cola" [jvost, en ruso].»

Aunque Alix sabía que si todavía no se había decidido sin ella, a su regreso le convencería. Y le rogó:

> Ven y haz los cambios inmediatamente ... Jvostóv espera que en dos o tres meses podrá ponerlo todo en orden con inteligencia y decisión ... anhelo infinitamente poder ayudarte y serte de utilidad ... Algunos están asustados de que me inmiscuya en asuntos de Estado (los ministros) mientras que otros tratan de ayudarme ya que tú no estás aquí (Andronikov, Jvostóv).

Así pues, Andronikov, el «dudoso príncipe», se había convertido en un alma caritativa.

«Realmente, tesoro, creo que él es el hombre y Nuestro Amigo se lo insinuó a A[nya] en su telegrama ... Jvostóv me resulta alentador ... Deseaba finalmente ver a un "hombre" y entonces le vi y le oí a él ... No he visto a nadie más listo que él», aseguraba Alix.

Pero el zar seguía dudando. No podía habituarse al nuevo papel que desempeñaba la zarina y no anunció los nuevos nombramientos en el Consejo de Ministros celebrado en el Cuartel General.

La zarina siguió presionando. «18 de septiembre ... Te estoy abrumando con este tema, pero me gustaría convencerte ... de que este (hombre tan gordo de gran experiencia) es el que tú designarías y esta vieja mujer que te escribe así lo cree.»

Durante todo aquel tiempo la Amiga había estado sondeando incansablemente a los nuevos candidatos.

20 de septiembre de 1915 ... te mandé ... un resumen de su [de Anya] charla con Beletsky. Parece, en efecto, un hombre que podría resultar muy útil al ministro de Interior, pues lo sabe todo ... Andronikov le dio a Ania su palabra de honor de que nadie sabría que Jvostóv o Belestky iban a su casa (ella se reúne con él en su casa, no en palacio) para que tanto mi nombre como el suyo quedasen fuera de todo esto ... Vino la esposa de Nuestro Amigo, Ania la vio: es tan triste, dice que sufre terriblemente debido a las calumnias y bajezas que escriben sobre él. Ya es hora de acabar con todo esto, Jvostóv y Beletsky son los hombres idóneos para hacerlo.

Praskovia no pudo proteger a su hijo. Se marchó de la capital diciendo que tenía que regresar a Pokróvskoie, «porque la vida de Grigori estaba amenazada por un peligro». Efectivamente había recibido, como informaron los agentes, la siguiente carta mecanografiada: «¡Grigori! Nuestra patria está siendo destruida, quieren firmar una paz vergonzosa ... Nosotros, los delegados, te suplicamos que hagas algo para que los ministros respondan ante el pueblo. Y si no lo haces, te mataremos, no tendremos piedad. El destino ha recaído en nosotros diez».

La sociedad creía a pie juntillas que todo lo que sucedía en las más altas esferas del poder estaba inspirado por el semianalfabeto campesino, que se había apoderado de la voluntad de la zarina.

LOS PASTORES DISOLUTOS

A la vez que luchaba por conseguir nuevos y obedientes ministros, Alix estaba implicada con todas sus energías en su otra lucha por una Iglesia obediente.

Había una lógica en todo esto. La Iglesia era una institución estatal estrictamente controlada por los zares a través del Sínodo. Además, la idea de la Iglesia Anglicana, que dependía de la voluntad del monarca, yacía en el subconsciente de aquella princesa «inglesa»: la que luchaba por la ilimitada autocracia de los tiempos de los indómitos reyes medievales.

El 11 de septiembre de 1915 escribió a Nicolás, exigiéndole que reemplazara a Samarin, procurador general del Sínodo: «Tú eres la cabeza y el protector de la Iglesia, y él trata de socavarte a los ojos de la iglesia. Échale inmediatamente Amor mío». Quería expulsar del Sínodo a todos aquellos obispos que no se sometiesen: «Tienes que poner la escoba en movimiento y limpiar toda la suciedad que se ha ido acumulando en el Sínodo».

Sin embargo, por desgracia no tenía la más mínima idea de quién podía sustituirles. El campesino, el hombre de Dios junto al trono, tuvo que proporcionarle nuevamente los candidatos. ¿Quién, si no él, iba a dictar el nombramiento de los jerarcas de la iglesia? Naturalmente, después de discutirlo con ella. En esto Rasputín seguía siendo su álter ego.

Antes de que Alix se inmiscuyese en la dirección de la Iglesia, Rasputín tenía pocos aliados entre los «más altos cargos». Pues, para la mayoría de ellos Rasputín seguía siendo un campesino ignorante y sospechoso y un sectario encubierto. Por otra parte, para el propio Rasputín la Iglesia oficial no era más que un grupo de obispos con sus medallas, algo remoto y hostil. Sentía desprecio por ellos y al mismo tiempo les temía como todo campesino. Aunque, paulatinamente, este temor fue desapareciendo. La aceptación de su santidad por parte de su devota real le había dado confianza. A la zarina le indignaba la presuntuosa incapacidad de los miembros de la Iglesia para reconocer a alguien que para los «zares» representaba una gran autoridad. Por consiguiente, también aquí el reconocimiento de Rasputín era sinónimo de lealtad. Y a partir de 1912 aproximadamente, Alix empezó a procurar que los altos cargos se otorgasen a quienes respetaban a Nuestro Amigo. Desde entonces, apoyarle a él (es decir a ella) significó el nombramiento de simples sacerdotes a altos cargos. Y ahora, incluso en la primera capital rusa, la Madre Moscú, ostentaba el poder alguien que veneraba al padre Grigori, el octogenario Makary. También él procedía de la lejana Siberia, y se graduó en el Seminario Teológico local de Rasputín en Tobolsk.

Otro miembro influyente del Sínodo era el exarca de Georgia. Como ya hemos mencionado, el padre de Molchanov, un obispo caído en desgracia y censurado a causa de su relación con una joven maestra, fue nombrado exarca de Georgia a pesar de la oposición de Sínodo. Con aquel nombramiento dio comienzo la práctica de Rasputín de recomendar pastores culpables de algún delito para altos cargos eclesiásticos. Especialmente a los acusados de homosexualidad, un delito muy grave desde el punto de vista del código legal ruso de la época y de la Iglesia. Obviamente, esta situación hacía que dependiesen por completo de él. Por otra parte, todo esto estaba relacionado con la idea mística de la unidad de los principios masculino y femenino en la concepción jlist de Cristo. Y el Rasputín jlist, que creía que el Espíritu Santo había descendido sobre él, al parecer sentía esta unidad en sí mismo: estaba por encima del género. De ahí se desprende, no sólo su muy respetuosa actitud hacia la homosexualidad, sino incluso la posibilidad de manejar la lujuria, no simplemente con las mujeres sino también con los hombres. Quizá aquí podamos encontrar una explicación a la extremadamente íntima relación de Rasputín con Iliodor (en el pasado) y con Félix Yusúpov (en el futuro).

Pero, de una manera u otra, tras la muerte de Alexei en 1914, Pitirim, un homosexual sospechoso de estar relacionado con los jlisti y cuya candidatura había sido presentada por Rasputín, y a continuación por la zarina, fue nombrado exarca del Cáucaso.

En el Expediente se conserva el testimonio de Yatskevich:

> Pitirim es uno de los nombres más infames de la Iglesia. Mientras ejerció de obispo en la eparquía de Tula, que en realidad estaba gobernada por su hermano laico Karnitsky, con quien el obispo mantenía una relación condenada por la Iglesia y la ley, robó las riquezas de la sacristía del obispo, cosa que salió a la luz después de su traslado a la eparquía de Kursk. Su joven hermano laico dirigió también el obispado y la eparquía de Kursk. Entonces fue cuando ... empezó a proteger abiertamente ... a una sociedad de monjes del monasterio de Bogodujov que había sido declarada jlist. A consecuencia de ello, fue expulsado de Kursk y nombrado obispo de Saratov,

donde se procuró otro hermano laico, un tal Osipenko, que ocupó el lugar del anterior.

Ésta era la clase de persona que Rasputín propuso para ocupar el puesto de exarca de Georgia. Por consiguiente, el soberano (es decir la zarina) tacharía a todos los demás candidatos a exarca presentados por el Sínodo y escribiría Pitirim en la lista.

En aquellos días apareció también en torno a Rasputín otro homosexual leal a él: el padre Isidor. El sacerdote Isidor Kolokolov, como el mismo Yatskevich testificó en el Expediente:

> Había sido acusado de sodomía con un hermano laico llamado Flavion, y rebajado a simple monje en uno de los monasterios. Isidor frecuentó la casa de Rasputín y poco después se convirtió ... en prior de uno de los monasterios de Tobolsk, al que llevó a su hermano laico ... a pesar de que el Sínodo tenía pruebas documentales de su convivencia.

Isidor se convirtió en una de las personas más cercanas a Rasputín. Sería recibido por la zarina más de una vez y también mencionado en sus cartas. «Pasé una velada encantadora con nuestro Amigo e Isidor», escribiría al zar (3 de noviembre de 1916).

Y por último estaba Varnava, otro obispo promocionado por Rasputín y personaje poco usual.

Varnava, un sacerdote de la pequeña ciudad de Golutvina, carecía de formación superior en el seminario. Pero gozaba de enorme influencia entre la población local y los comerciantes de Moscú gracias a su conversación accesible y animada. Rasputín enseguida reparó en él. Personificaba, por así decirlo, lo que Nuestro Amigo había estado contando a los zares acerca de los pastores del pueblo: «Eran creyentes aunque no instruidos, a los instruidos no hay que buscarles ningún sentido, pues son todos no creyentes.» Alix comprendió enseguida que aquel doble de Nuestro Amigo estaba dispuesto a servir. Por deseo personal del soberano (es decir, una vez más, de la emperatriz), Varnava fue nombrado obispo de Kargopol, a pesar del enorme revuelo que causó en el Sínodo este nombramiento de un hombre sin formación superior en el seminario.

Después de que el padre de Molchanov, el obispo Alexis, se convirtiera en exarca de Georgia, Varnava fue nombrado obispo de Tobolsk. Rasputín debió de tomarse un gran interés en las autoridades espirituales de la eparquía de Tobolsk, teniendo en cuenta que su propio pueblo estaba bajo su jurisdicción. Ni él ni la zarina habían olvidado los quebraderos de cabeza que les proporcionó la investigación del Consistorio Teológico de Tobolsk.

Alix estaba encantada. Quería en todas partes pastores que venerasen a Nuestro Amigo. Varnava gozó inmediatamente de un trato especial. Sin pedir permiso al Sínodo, como se suponía que debía hacer, Varnava dejó su eparquía y se trasladó a Petrogrado por dispensa especial de Tsarskoe Selo. El zar le recompensó con una medalla, para mayúscula indignación del Sínodo. Mantenía correspondencia con la zarina y no olvidaba informarla de toda clase de milagros y auspicios consoladores.

Según telegrafío el obispo: «Nuestra querida emperatriz ... durante la procesión alrededor de la iglesia de Barabinskoe, apareció en el cielo una cruz que se hizo visible a todos los presentes durante unos quince minutos, y puesto que la Santa Iglesia canta "La cruz es la autoridad de los zares, la confirmación de los fieles", os alegro con esta visión».

Varnava sabía que en vista del odio que el Sínodo le profesaba, dependía por completo de Rasputín. Aunque en su alma, según el testimonio de Manásevich, que los conoció a ambos muy íntimamente: «Varnava empezó a detestar a Rasputín cuando éste se dio a la bebida ... pero por el bien de Tsarskoe Selo le perdonó muchas cosas». Rasputín se dio cuenta de ello y, cuando las visitas de Varnava a la capital empezaban a alargarse, Varnava recibía la llamada de un borracho: «¿No es suficiente? Llegaste aquí en coche; ahora, por favor, regresa a tu casa por tu propio pie. Éste no es un lugar para tomárselo con calma».

Así pues, la zarina no podía creer seriamente en Varnava, puesto que Nuestro Amigo, que asignaba motes a todo el mundo, llamaba al obispo de Tobolsk «El recadero». «A causa de una cierta duplicidad», explicaría Vyrubova. Una duplicidad, añadiré, que Nuestro Amigo percibió hacia él. Los motes de Rasputín eran inmediatamente adoptados por la zarina. Aficionada a los misterios y a los códigos desde su infancia, los utilizaba en su correspondencia y conversaciones con su marido y con Anya. Por lo tanto, Varnava, gracias a un ligero toque de Rasputín, se había convertido ahora en «El recadero».

LA ZARINA PATRIARCA

En agosto de 1915 la zarina decidió tomar el control del Sínodo. Pero para hacerlo había que destituir al procurador general Samarin, favorito de su hermana Ella, y de la camarilla de Moscú. Rasputín estaba encantado de tomar parte en todo aquello desde Pokróvskoie. Sabía perfectamente cómo había que actuar. El plan era el mismo de siempre. Implicar a Samarin en un escándalo, obligarle a atacar a Rasputín y a los «nuestros». Eso forzaría al zar a tomar una decisión.

Rasputín iba con frecuencia a Tobolsk a visitar a Varnava. Allí, en la espaciosa celda de Varnava en el monasterio de Tobolsk se elaboró un guión que con toda seguridad provocaría un escándalo en el Sínodo; y para ellos encontraron el motivo del escándalo. En el monasterio de Tobolsk estaba enterrado el anterior metropolitano de Siberia, Juan Maximovich, que había muerto hacía doscientos años. En la conmemoración de su bicentenario, el Sínodo tenía la intención de canonizarlo. Rasputín convino con Varnava que esta ceremonia no podía esperar y que éste glorificaría las reliquias de Juan antes de su canonización oficial por parte del Sínodo. Era un desafío directo al Sínodo, y no era difícil prever la cólera de Samarin. Pero antes había que atraer la atención de Nicolás e implicarlo en el asunto. Varnava envió un telegrama al zar a Petrogrado. Según declaraciones de Vyrubova: «Varnava envió un telegrama al zar solicitando permiso para cantar las alabanzas de Juan. El soberano respondió con un telegrama: "Podéis cantar sus alabanzas pero no podéis abrir sus reliquias".» Entonces dio comienzo el juego. Varnava, como si hubiera interpretado mal las palabras del zar, elogió a Juan y abrió sus reliquias. Al instante, Samarin convocó a Varnava en la capital con la intención de castigar al obstinado obispo. Al mismo tiempo, quiso saber qué papel había desempeñado Rasputín en aquel asunto. Y se inició una lucha cuyo resultado estaba previsto de antemano.

Alix escribió inmediatamente a su marido: «29 de agosto de 1915 ... Samarin intenta deshacerse de él [obispo Varnava] porque es de nuestro agrado y porque se comporta bien con Gr[igori]; hemos de echar a S[amarin]: y cuanto antes mejor, porque no parará hasta que nos meta a mí, a Nuestro Amigo y a A[nya] en un lío; es tan malvado». Y ahora escribiría constantemente a Nicky insistiendo en el mismo tema hasta conseguir la destitución del odiado Samarin.

Entretanto, Varnava había sido convocado por el Sínodo y apareció en Petrogrado. «7 de septiembre de 1915 ... Samarin quiere echar a Varnava y ponerte en contra de Grigori ... Ya ves ... al único que persigue es a Nuestro Amigo, y así va directo contra nosotros dos», escribió Alix a Nicky. Hacía tiempo ya que en la mente de Alix Rasputín se había convertido en sinónimo de ellos.

9 de septiembre de 1915 ... Cariño, hoy vi al pobre Varnava, es abominable el modo en que Samarin se comportó con él ... semejante interrogatorio resulta inaudito, y habló de Grigori con mezquindad, utilizando palabras infames contra Él ... y contra la alabanza diciendo que no tienes derecho a permitir tales actos, ante esto Varnava le respondió dignamente que tú eres el principal protector de la Iglesia, a lo que Samarin impertinentemente respondió que tú eres su servidor.

Esto era el colmo.

¡VICTORIA, VICTORIA!

El 26 de septiembre de 1915, Samarin fue relevado de sus funciones como procurador general.

El 26 de septiembre de 1915, tras presentar su informe, el soberano notificó al príncipe Scherbatov de su destitución como director del Ministerio de Interior.

El 26 de septiembre Jvostóv fue nombrado jefe del ministerio de Interior. El 28 de septiembre Beletsky accedió al cargo de jefe del Departamento de Policía y suplente de Jvostóv.

Alexander Volzhin fue nombrado procurador general en el puesto de Samarin. Un sibarita perezoso, un barón de familia noble, y, en opinión de Alix, incapaz de mantener sus propios puntos de vista. Aunque lo más importante era que se trataba de un pariente lejano de Jvostóv. Y eso para ella era prueba suficiente de su futura devoción, pues cuando creía en alguien, creía imprudentemente.

El golpe de Estado en palacio se había llevado a cabo. El importante ministerio de Interior, la policía secreta, y el liderazgo de la Iglesia habían pasado a manos de los «nuestros». Había sido una victoria. La victoria de Alix.

Faltaba menos de un año y medio para la Revolución.

Rasputín había abandonado Pokróvskoie. El 28 de septiembre los agentes informaron: «Grigori Yefimovich Rasputín llegó a Petrogrado». Llegó un hombre completamente distinto. Todos los que le vieron se percataron de ello. Como la cantante Belling relató: «Cuando Rasputín entró en el salón, retuve el aliento. Qué porte tan regio ... cuánta dignidad personal en sus reverencias y con qué delicadeza daba la mano: un hombre completamente nuevo».

Ahora el campesino hacía gala de una enorme prepotencia. El comandante en jefe había sido derrotado. Todos sus enemigos habían sido aniquilados por Mamá y habían comprobado su poder. A su hijo le habían prometido un puesto en la enfermería de la zarina para alejarlo del frente. Salía victorioso en todos los frentes.

Del testimonio de Molchanov en el Expediente: «Estaba en un estado extraordinariamente alegre a causa del cese del gran duque, de la destitución de Samarin y Scherbatov, y de que Jvostóv, de quien Rasputín dijo que era una buena persona y muy cercana a él, hubiese sido nombrado en su lugar».

EL PLAN DE LAS BUENAS PERSONAS

Lo que Rasputín no podía imaginar era que durante su viaje de vuelta desde Pokróvskoie, la «buena persona cercana a él» estaba discutiendo con otras dos «buenas personas» un plan para convertirlo en una marioneta obediente.

De acuerdo con el testimonio de Beletsky: «Inmediatamente después de que se hiciera público el ucase sobre Jvostóv y luego sobre mí, me llegó información de que Rasputín había salido de Pokróvskoie ... Entonces Andronikov, Jvostóv y yo urdimos un acuerdo respecto a nuestras relaciones con Rasputín».

Pero ninguno de los que «urdieron el acuerdo» comprendía absolutamente nada acerca de la situación del campesino. Como el propio Beletsky explicaría durante su interrogatorio en 1917, ellos no podían imaginar «las verdaderas dimensiones de aquella colosal figura». Para los dos burócratas y para el necio Andronikov, Rasputín seguía siendo un campesino semianalfabeto, un pintoresco bufón de la pareja real, que estaba unida a él por la enfermedad de su hijo. En sus deliberaciones, decidieron sencillamente explotar al oscuro campesino para su propio y suculento beneficio. El acuerdo que tramaron era muy simple: darle dinero a Rasputín para sus juergas y borracheras convirtiéndolo así en su agente a sueldo. Así, presionarían a Tsarskoe Selo a través de él en la dirección más conveniente. Al mismo tiempo, los tres habían maquinado por su cuenta planes secretos para los otros con la esperanza de llevarlos a cabo con la ayuda de Rasputín. Proyectos que los enfrentarían a los tres unos contra otros y que los destruirían: no habían comprendido que no estaban tratando con un campesino sino con el álter ego de la zarina rusa.

LOS CABALLEROS HUMILLADOS

Tan pronto como llegó Rasputín a Petrogrado, «se organizó una cena al día siguiente en el apartamento de Andronikov y nuestro encuentro tuvo lugar», recordaría Beletsky. Y al igual que la cantante Belling se quedaron absolutamente sorprendidos.

> No sólo yo, que en aquella época todavía no lo conocía lo suficiente, y Jvostóv, que no le había visto durante bastante tiempo, sino incluso Andronikov y Chervinskaya observaron con asombro un cierto cambio en su persona: mostraba más aplomo y confianza en sí mismo. Ya desde sus primeras palabras, Rasputín nos dio a entender que estaba un poco dolido por el hecho de que nuestros nombramientos se hubiesen realizado en su ausencia y se lo recalcó especialmente al príncipe, culpándole por ello.

No comprendieron sus mofas. Nosotros hemos visto las cartas de Alix. Rasputín estaba al corriente de toda la intriga para nombrar a Jvostóv y a Beletsky. Simplemente se estaba burlando de ellos, obligando a los orgullosos burócratas a humillarse y justificarse.

Andronikov, según relata Beletsky:

> respondió hábilmente al reproche ... expresando ... gratitud por haber apoyado nuestros nombramientos. Dio a entender a Rasputín que ... apreciábamos especialmente su apoyo, y ... que su consejo y su favor en palacio nos había puesto en el camino correcto evitándonos errores.

432

Después de esto, el príncipe «nos invitó a sentarnos a la mesa, y empezó a agasajarlo, mostrándole especial atención y respeto». Cómo debió de reír el astuto campesino ante aquellos dos caballeros. Nada más llegar los puso en su sitio.

Después de este incidente continuó mofándose. Durante la cena se quedaron estupefactos, como escribiría el mismo Beletsky, al enterarse de que «Rasputín había estado al corriente de los nombramientos y que no tenía nada contra nosotros.» Tan pronto como se calmaron los ánimos, y «nos hubo felicitado ... deseándonos éxito en nuestro cometido», empezó a lanzar reproches contra Jvostóv recriminándole «que cuando fue a verle a Nizhni Nóvgorod, Jvostóv ni siquiera le ofreció de comer, y eso que en aquella época él no tenía más que tres rublos en el bolsillo».

Con ello propició la ocasión para que también Jvostóv se humillase. Y así lo hizo. «Jvostóv respondió que él no lo sabía ... y que Rasputín tenía que haberle comentado al instante sus circunstancias económicas, y que, por supuesto, esto ahora no sucedería ... E insistió en que ahora podía estar tranquilo en lo relativo a su seguridad.» Manásevich-Manuílov, que estaba allí presente, añadió por su parte un detalle conmovedor: cuando estuvo servida la sopa de pescado, Jvostóv le dijo a Rasputín: «que él no comería hasta que Rasputín hubiera dado su bendición, y después de haberlo hecho, Jvostóv le besó la mano».

A continuación le llegó a Beletsky el turno de humillarse. «Rasputín me reprochó el haberle espiado con anterioridad y me dijo que el zar le había informado de ello.» El nuevo jefe del Departamento de Policía se justificó y recordó tímidamente a Rasputín: «sin embargo, no hubo atentados contra su vida bajo mi mandato, puesto que también vigilaba a Iliodor, que había urdido el atentado contra su vida durante el mandato de Dzhunkovsky». Beletsky estaba convencido de que había «desviado hábilmente la atención de Rasputín hacia Dzhunkovsky evitando que hablase de mí».

En absoluto. Sacándolos del fuego y echándolos sobre las brasas, el campesino los había abrumado y se dio cuenta de que estaban a punto de caramelo. De repente, cambió de actitud y mostró buena disposición hacia ellos. A continuación fue a por Dzhunkovsky. «Recordando el insulto que le había infligido con la queja sobre su conducta en Moscú, terminó colérico con estas palabras: "Esto no se lo perdonaré".» Asustando

433

a los dos burócratas con su furia, «recriminó a Samarin» y les obligó a traicionar a la «persona más respetable» de su círculo.

«Ninguno de nosotros defendió a Samarin, al contrario», recordó taciturno Beletsky. Finalmente, hicieron su magnífico gesto. Andronikov «llamó a Rasputín a su despacho» y le entregó mil quinientos rublos.

¡Qué ingenuos, intentar comprar con mil quinientos miserables rublos a alguien por cuyas manos pasaban cientos de miles! Y de nuevo se burló de ellos: «Mostró su gran satisfacción». También recibió tributo de parte de Jvostóv y Beletsky. «Habíamos decidido hacerlo en secreto y a espaldas del príncipe ... y cuando estuvimos a solas con él le entregamos personalmente tres mil rublos en un sobre para ganarnos sus favores. Estrujó el sobre, se lo metió en el bolsillo y se marchó dándonos un beso a cada uno de nosotros.» Arrugó negligentemente tres mil rublos mostrando que para él no era más que calderilla. En 1917, cuando finalmente lo había comprendido todo, Beletsky escribiría con tristeza en su declaración: «Sin comprender las peculiaridades de su naturaleza, intentamos comprar su confianza con migajas». No obstante, en aquellos momentos llegaron a la feliz conclusión de que habían comprado al campesino.

Sin embargo, el campesino continuó demostrándoles de lo que era capaz. Sabía que Jvostóv y Beletsky no sólo habían ocultado a la Duma que le conocían sino que también se lo había escondido a sus amigos e incluso a sus esposas. Un torrente de llamadas telefónicas inundó sus apartamentos. Rasputín les informó de las peticiones de personas a las que estaba protegiendo y les pidió ayuda. Pero cuando, intentando escabullirse, dejaron de ponerse al teléfono, ante su espanto, les habló de las peticiones a sus esposas. Y no sólo eso. Beletsky recordaba cómo Rasputín mandó a su mujer una «dama con la petición de empleo para ella, y luego, dos días después, cuatro hermanas de la misericordia con peticiones desde las provincias». Poco después, la esposa de Beletsky «pidió que se la dispensase de recibir a las damas peticionarias con cartas de Rasputín y de sus conversaciones telefónicas». Jvostóv y Beletsky suplicaron humildemente a Andronikov que se ocupase de todos aquellos asuntos con el abrumador campesino. Y «en defensa de la vida familiar y de nuestra posición», Andronikov aceptó.

Ahora el trabajo del príncipe consistía en «comunicar ... las peticiones de Rasputín y en recibir a los peticionarios que él enviaba». Además, «propusimos establecer a una persona de las nuestras en el apartamento de Rasputín para conocer los detalles de su vida interior e ir extrayendo gradualmente los elementos indeseables». Noble propósito: separar al anciano de aquellos elementos. O no tan noble: tener su propia persona pegada al anciano.

Al inicio, su «propia persona», es decir, el informador de Jvostóv y Beletsky, era la amiga de Andronikov, Chervinskaya. «Tras informar a la señora Chervinskaya de nuestro plan y obtener su consentimiento, Jvostóv y yo nos convencimos ... de que Rasputín se sinceraba con ella [y] valoraba sus consejos y escuchaba sus opiniones ... teniendo en cuenta la buena disposición que Vyrubova mostraba hacia ella.»

No comprendían a Vyrubova mejor de lo que a Rasputín. Aquella mujer sumamente inteligente (a la que consideraban obtusa) se percató al instante de la situación.

Del testimonio de Vyrubova: «Chervinskaya vino a verme sólo una vez. Me causó una extraña y desagradable impresión, como si lo hubiera hecho para arrancarme algún secreto». Después de esto, dejó de recibirla.

Jvostóv y Beletsky explicaron a Rasputín que «sus esposas estaban indispuestas», por lo que «no podían recibirle en casa ni a él ni a sus peticionarios. Pero, podía enviarlos a todos al príncipe Andronikov y considerar su casa como si fuera la de ellos. A partir de entonces, invitaban a Rasputín a cenas en casa del príncipe, «para poder tener la oportunidad de influir en él sin recato».

Aquellos dirigentes del ministerio más importante del país y de la policía secreta, que se suponía debían estar enterados de todo, todavía ignoraban lo fundamental. ¡La persona a la que tan patéticamente intentaban comprar y a la que tan peligrosamente habían humillado era miembro del gabinete secreto que, a todos los efectos, estaba entonces gobernando el país y a ellos mismos!

EL GABINETE DE MINISTROS DE LAS DAMAS

Del testimonio de Mollov, viceministro de Interior, en el Expediente: «Unos dos días después de la destitución de Scherbatov y del nombramiento de Jvostóv, Rasputín llegó a Petrogrado y, tal como me informó el coronel Globachyov, empezó a desplazarse, cada día a Tsarskoe Selo, en automóvil».

Durante todo aquel tiempo, el campesino había estado visitando regularmente a la zarina y a su Amiga. En Tsarskoe Selo, Rasputín reanudó, por así decirlo, sus antiguas actividades. Como antes, ejercía de médico jefe. Por ejemplo, el 9 de octubre de 1915, Alix escribió a su marido: «Nuestro Amigo está con ella [Anya], y probablemente iremos allí por la noche, la saca de quicio diciéndole que probablemente no volverá a caminar». Y el 2 de noviembre de 1915, escribió: «Me preocupa realmente el brazo del Nene, así que le pedí a Nuestro Amigo que pensase en ello».

Sin embargo, ahora ésta no era su principal preocupación. Ni tampoco éste era el asunto de sus deliberaciones cotidianas. Tras la caída de los anteriores ministros, un nuevo «gabinete de tres» trabajaba afanosamente en Tsarskoe Selo: el campesino y Anya, con la zarina, como primer ministro, a la cabeza.

Todo aquel año anterior a la Revolución Alix ardió con una energía increíble. En vísperas de la revolución que derrocó la monarquía francesa, María Antonieta también se convirtió en una dinamo de energía similar y gobernó a los ministros. En aquella época estaban en guerra con Austria, y a María Antonieta, hija de una emperatriz austríaca, la llamaban «austríaca» y «espía». Ahora el conflicto era contra Alemania, y a Alix, hija de un duque alemán, la llamaban espía y «alemana».

Por este motivo estaba tan satisfecha de que Jvostóv, aquel irredento perseguidor de espías, trabajase a su lado. Asimismo soñaba con acudir al Cuartel General con sus hijas para visitar a su marido y al Nene. Quería mostrarse a las tropas y disipar los infames rumores. Nuestro Amigo se puso manos a la obra: pedir lo que ella deseaba.

El 9 de octubre de 1915, Alix escribió al zar: «Nuestro Amigo siempre quiso que también yo viera las tropas, viene hablando de ello desde el año pasado, dice que eso les daría suerte ... Llegamos el 15 por la mañana a las 9.00 ... ¡Qué alegría tan grande volver a veros, os echo tanto de menos a los dos!».

Se mostró ante las tropas, y luego, rebosante de recuerdos del amor del pueblo, regresó a Tsarskoe Selo para gobernar. Procuró con minuciosa atención que tan sólo «nuestros» ministros formasen parte del recién renovado Gobierno. Y cuando Nicky nombró a Alexander Fiódorovich Trepov, a quien ella no quería, ministro de Transporte, Nuestro Amigo, que ni siquiera le conocía, se sintió «afligido». «No conoce a Trepov», escribió Alix al zar el 1 de noviembre:

> Muchos [se refería a sí misma y, por consiguiente, a Anya] están en contra suya porque es un hombre débil y carente de energía. Nuestro Amigo está muy dolido por su nombramiento ... y lamenta que no le pidieras consejo. También yo lamento el nombramiento ... no es un hombre simpático, le conozco bastante bien.

Incluso ahora, después de la destitución del «tío terror», seguía temiendo las largas ausencias del zar, su vida en el Cuartel General, lejos de ella. Desde que empezó a llevarse al Heredero al Cuartel General, la soledad y la nostalgia ya no le atormentaban tanto. De repente, la zarina empezó a preocuparse de que los viajes pudiesen interrumpir los estudios del heredero. Enseguida se puso de manifiesto que Nuestro Amigo tampoco estaba de acuerdo con esos viajes. Así pues, tenía toda la razón cuando le escribió a Nicky el 4 de septiembre de 1916: «Creo plenamente en la sabiduría de Nuestro Amigo ... Ve más allá y por esto podemos confiar en su criterio».

EL GOBERNANTE DE LAS NIEBLAS

Sin embargo, Nuestro Amigo no sólo era imprescindible para curar y para pronosticar futuros ministros. Ahora era constantemente requerido para predecir y advertir a la zarina de sus ataques de nervios. Y para salvaguardar la alianza entre ella y su Amiga.

Cuando Alix y las chicas se fueron al Cuartel General, Anya naturalmente quiso ir con ellas. Alix, por su parte, no quería separarse de su Amiga, pero tenía los nervios de punta. El 6 de octubre escribiría al zar con su antigua irritación: «Te mando una carta muy gruesa de la Vaca, la criatura enferma de amor no podía esperar más, tiene que derramar su amor, de lo contrario revienta». Y el padre Grigori, cuyo conocimiento de la zarina era infalible, no quería complicaciones en el gabinete.

Así pues, su consejo inmediato fue que Anya permaneciese en casa. «10 de octubre de 1915 ... A[nya] está muy irritada porque Él no la deja ir a ninguna parte ... Considera necesario que se quede aquí para vigilar el curso de las cosas.»

Pero la «irritación» de Anya no era más que parte del juego. Había conseguido su princial objetivo. Su sueño se había hecho realidad: era miembro de pleno derecho del gabinete de la oposición que gobernaba Rusia. Estaba tan metida en su papel que Alix, que tanto amaba el poder, más de una vez tuvo que ponerla en su sitio. «3 de noviembre de 1915 ... La cola [Jvostóv] y Beletsky comen en casa de Ania; una lástima, a mi modo de ver, porque ella quería desempeñar un papel político. Oh, es tan orgullosa y está tan segura de sí misma, no es lo bastante prudente ... Nuestro Amigo siempre le desea que viva sólo para nosotros, y cosas por el estilo», escribió Alix al zar.

De nuevo nuestro sutil Amigo había querido perspicazmente lo mismo que la zarina.

En su *Reinado del emperador Nicolás II*, el historiador S. Oldenburg lleva minuciosamente la cuenta de las veces que el zar actuó en contra de los consejos de Rasputín. En 1915 no tomó en consideración el consejo de Grigori cuando visitó Galitzia y convocó a la Duma en abril. Y también cuando no convocó a la Duma en noviembre de 1915, no puso fin a la ofensiva de Kovel en 1916, ni siguió las indicaciones de Rasputín de nombrar a Tatischev, ministro de Economía, a Valuev ministro de Transporte, y al general Ivanov ministro de la Guerra. En cuanto a todas las otras decisiones, ya se han mencionado en este libro y el lector tendrá ocasión de volver a ellas repetidamente. En su interrogatorio a Olga Lojtina, el instructor le pidió que respondiese a la misma pregunta: que tratase de recordar las veces que en Tsarskoe Selo no se hizo caso al padre Grigori. En el Expediente tenemos el testimonio de Lojtina: «La última vez no pude recordar en qué ocasión no se siguió el consejo del padre Grigori en Tsarskoe Selo ... pero ahora sí lo recuerdo. No escucharon al padre Grigori cuando cesaron al conde Ignatiev [ministro de Educación] en contra de sus instrucciones». Ésa era, no obstante, la única ocasión que podía recordar.

Por consiguiente, el zar actuó infinidad de veces siguiendo las predicciones o «instrucciones» de Rasputín, como la zarina las denominaba. Aunque difícilmente puede decirse que fueran de Rasputín. En la mayoría de casos se trataba de las «instrucciones» de la zarina. Y el zar lo sabía perfectamente.

Esto no significa que ella se ocultase. No, ella creía a pie juntillas que Nuestro Amigo tenía vínculos con el cielo. Y por esta razón, repitámoslo una vez más, se sentía satisfecha cada vez que sus intenciones coincidían con las instrucciones de Rasputín. Aunque a veces cruzaba la línea y por el bien de la causa informaba al zar de sus propios deseos como si de los de Nuestro Amigo se tratase.

No obstante, por otro lado, en aquellos ámbitos en los que la zarina comprendía poco, el campesino era completamente independiente. Entonces, ella esperaba de él decisiones inspiradas por Dios. Especialmente en lo relativo a la guerra. En este campo su ayuda lo abarcaba todo.

> 22 de diciembre de 1915 ... Nuestro Amigo está siempre rezando y pensando en la guerra. Dice que le tenemos que informar enseguida de cualquier detalle, por lo tanto ella [Anya] le contó lo de la niebla, y él nos riñó por no habérselo dicho al instante, dice que ya no habrá más nieblas que molesten.

Pero el gobernante de las nieblas no sólo tenía que rezar constantemente sino también proponer ideas estratégicas.

¿UN «ESPÍA INCONSCIENTE»?

En aquellos días el ejército estaba cada vez más impaciente.

No cabe duda de que los agentes alemanes habían estado esparciendo rumores acerca del campesino borracho al que la depravada zarina alemana contaba secretos militares; que él y los granujas que le rodeaban vendían a la Inteligencia alemana. Tal murmuración había desmoralizado a un ejército ya abatido por la derrota.

La cuestión de si la zarina había estado contando secretos militares al campesino atormentaba y al mismo tiempo fascinaba a la oposición. Alix no sólo era manifiestamente espiada en la Corte (como había hecho la princesa Vasilchikova), sino que sus cartas comenzaron a desaparecer, probablemente con la ayuda de los cortesanos. El 20 de septiembre de 1915, informó al zar: «[Beletsky] está seguro de que mi carta ... a Ania ... perdida hace tiempo ... está en poder de Orlov».

El príncipe Vladimir Orlov («el gordo Orlov»), era un teniente general al mando de la cancillería real de campaña. No ha sido posible esclarecer el asunto de la carta, pero poco después del nombramiento de Nicolai Nikoláievich como gobernador general del Cáucaso, el obeso y gigantesco Orlov, que se parecía al Porthos de la novela de Dumas, recibió la petición de trasladarse allí para unirse al «tío terror».

Incluso los que no formaban parte de la oposición consideraban a Rasputín un «espía inconsciente», que podía divulgar secretos militares a los sinvergüenzas que le rodeaban. Y ahora tendremos que encontrar respuesta a la pregunta más importante: ¿conocía Rasputín las operaciones militares que se planeaban?

«No», responde tajantemente Vyrubova. «En el despacho del soberano había un mapa secreto, [pero] aquel lugar estaba siempre cerrado con llave: ni siquera los niños tenían permiso para entrar allí. El soberano nunca hablaba de cuestiones militares con su familia.»

Sin embargo, Vyrubova sabía perfectamente que Nuestro Amigo conocía todos los secretos incluso sin el mapa, y también sabía quién le había contado los planes más confidenciales.

De las cartas de Alix:

> 3 de noviembre de 1915 ... [Jvostóv] me trajo vuestra ruta secreta ... no diré nada a nadie excepto a Nuestro Amigo para que te guarde en todo momento.

> 8 de noviembre de 1915 ... Ángel mío, anhelo preguntarte montones de cosas acerca de tus planes relativos a Rumanía, Nuestro Amigo está ansioso por saber.

> 8 de noviembre de 1915 ... No para quieto y se pregunta qué habéis acordado en el Cuartel General, cree que necesitas más tropas allí para que no os bloqueen por la retaguardia.

¿Qué se podía hacer? Alix entendía muy poco de asuntos militares, y por esta razón depositaba su confianza en el cielo y en el hombre de Dios. Así pues, el campesino conocía los planes. Y es perfectamente posible que se convirtiese en un «espía inconsciente», porque Manásevich, a quien tanto gustaba el doble juego, y el banquero Rubinstein, que sería acusado de espionaje, constituían un peligroso círculo para alguien en posesión de semejantes secretos.

Aquellos secretos, que alarmaban a tantos, lo acercaron más a la muerte.

UNA VISIÓN

Verdaderamente Nuestro Amigo había cambiado mucho a su regreso. De sus relaciones con el entonces primer ministro Goremykin, con el ministro Jvostóv, y con los demás «poderosos de este mundo», el sensato campesino sólo había aprendido desprecio. Sabía que él podía hacerlo mejor. Y ahora que la zarina había emprendido el gobierno del país, lo comprendió: sus decisiones serían más racionales. Por lo tanto, cada vez con mayor frecuencia comenzó a expresar sus propias opiniones.

«4 de octubre de 1915 ... Ayer vi a Grigori en casa de Ania ... Me rogó que te dijera que no está en absoluto claro lo del [papel] moneda impreso, la gente sencilla no lo puede entender.»

Fue entonces cuando el campesino le comentó seriamente a Filipov, «que si le ofreciesen ser ministro de Agricultura, Rusia tendría "enormes montones de mijo y de trigo"».

De repente, una misteriosa y peligrosa fuerza visionaria revivió en él. Sus ojos en blanco, su respiración entrecortada y la blanca palidez mortal de su rostro, durante aquellas visiones en ocasiones sorprendentes, han sido descritas por numerosos testigos.

El 10 de octubre de 1915, Alix escribió a Nicky:

> Hay otro tema que le preocupa sobremanera porque apenas habló de otra cosa en dos horas. Y es que tienes que dar una orden para que salgan vagones repletos de harina, mantequilla y azúcar. Lo vio todo por la noche como una visión, todas las ciudades, líneas férreas, etc. Es difícil resumir sus palabras, pero dice que es muy grave ... Desea que hable contigo de todo esto muy seriamente, incluso severamente ... Él propondría que durante tres días tan sólo circulasen trenes cargados de harina, mantequilla y azúcar, en estos momentos es más necesario incluso que la carne o las municiones ... sólo permitiría unos pocos trenes de pasajeros, y en vez de las cuatro clases estos días engancharía vagones con harina o mantequilla desde Siberia ... el descontento será considerable si las cosas no cambian. La gente gritará y dirá que es imposible ... pero es necesario y ... esencial.

Por supuesto, el inteligente campesino pudo haber comprendido incluso sin visiones que tanto Galitzia como Polonia estaban sembradas de cadáveres rusos. ¡Y si se añadía una hambruna al constante derramamiento de sangre! La capital no estaba acostumbrada a la escasez de comida. Un estómago vacío podía suponer la perdición.

De un modo u otro, todo sucedería como él dijo. De hecho, fue la escasez de comida en la capital lo que hizo que el imperio comenzase a desmoronarse en febrero de 1917.

A pesar de las presiones de Alix, el zar no pudo seguir el consejo del campesino porque no había nadie capaz de organizarlo. El nuevo ministro de Interior, Jvostóv, a quien le fue encomendada la tarea, tenía en aquel entonces otros asuntos que atender.

El campesino rompe sus grilletes

La siguiente sesión de la Duma Estatal estaba próxima. «Con peligrosos discursos», escribió Beletsky, «en los que se mencionaría el vasto alcance de la influencia de Rasputín». Y éste se enteró de que para evitar peleas con la Duma acerca de él, Beletsky y Jvostóv maquinaron una «idea saludable». Los dos funcionarios, que habían sido nombrados gracias a sus esfuerzos, habían decidido sacárselo de encima y mandarlo fuera de Petrogrado. A él, que había dirigido las decisiones de los zares. Como Beletsky testificó, se les ocurrió la idea de organizar «para Rasputín un largo viaje a los monasterios, de manera que cuando la Duma se abriese, él estuviera lejos de la capital».

Y Beletsky añadió una frase significativa: «Yo sabía por experiencias anteriores que denunciar a Rasputín en la Duma no hacía más que incrementar su influencia, dada la peculiar personalidad de las más augustas personas». Así que finalmente también él comprendió.

Por consiguiente, temiendo que los discursos contra él reforzasen al campesino, decidieron «convencer a las más altas personalidades de que este viaje a los lugares santos resultaría útil no sólo para apaciguar a la Duma, sino también para disipar todas las injustas habladurías sobre la vida de Rasputín, poniendo de manifiesto los impulsos religiosos de su naturaleza en tiempos de guerra».

Sus amigos el obispo Varnava, Martemian, ahora abad del monasterio de Tobolsk, y el archimandrita Agustín fueron llamados para que acompañasen a Rasputín en su viaje a los monasterios. Relató Vyrubova:

Recuerdo la llegada de Varnava a Petrogrado acompañado del archimandrita Agustín y del abad Martemian, dos monjes horribles ... Agustín llevaba una sotana de seda e iba perfumado y embadurnado de pomadas (Varnava lo llamaba «polluelo mío»), mientras que Martemian era el doble de gordo que el gordo Jvostóv. Los dos monjes ... producían una impresión de absoluta mediocridad.

Para predisponer a los monjes, a su llegada se les hizo entrega de mil quinientos rublos a cada uno procedentes de un fondo secreto, como una especie de reembolso por sus gastos, mientras que el abad Martemian recibió además dos mil rublos extras. «Decidimos no escatimar dinero para el viaje», declaró Beletsky. Los monjes estaban siendo sobornados para seguir el rastro a Rasputín.

Los funcionarios no comprendieron que la buena voluntad de Rasputín era mucho más importante para los monjes que el dinero. Y, obviamente, los monjes se lo contaron todo a Nuestro Amigo. Rasputín debió de reírse de buena gana mientras les recomendaba que cogiesen el dinero de la policía.

Por su parte, el campesino decidió sopesar las ventajas que aquella situación podría proporcionarle. Fingió que estaba de acuerdo en marcharse, pero a cambio le pidió a Jvostóv que se apresurase en la destitución de su enemigo, el gobernador de Tobolsk, Stankevich.

Del testimonio de Jvostóv:

Asentí y recibí el consentimiento del soberano. Al mismo tiempo, el soberano añadió: «Ya tengo el candidato para Tobolsk, un buen amigo mío». Y levantando el secante, sacó una nota en la que estaba escrito el nombre de Orlovsky-Taneevsky en letra de la emperatriz. Más tarde me enteré de que se trataba del candidato de Rasputín.

Claro que lo era: «Orlovsky es el nombre al que Nuestro Amigo desearía ver como gobernador, es el presidente del departamento de Hacienda de Perm», escribió Alix a Nicky, en fecha de 25 de agosto.

Así que, incluso en esto, Jvostóv, sin darse cuenta, había estado llevando a cabo las órdenes de Rasputín.

Entonces, antes de la marcha prevista de Rasputín se celebró una cena festiva. Durante la misma, Rasputín siguió haciéndose el loco: compartió con ellos algunos sinceros recuerdos. «Rasputín les contó cómo, siendo todavía un desconocido, erraba por los monasterios ... que había estado en Jerusalén ... y que, sobornando al custodio, había asistido al servicio de Pascua», testificó Beletsky.

Después de la cena Martemian pidió más reserva de Madeira, porque «Rasputín era un bebedor desmesurado». Le «suministraron el Madeira de los almacenes del Departamento de Policía». A continuación Rasputín no volvió a mencionar el viaje. Podemos imaginar con qué alegría Rasputín y sus amigos monjes bebieron el vino de la policía. Fue en ese momento cuando Beletsky se percató de que Rasputín se había estado burlando de ellos.

¡Por supuesto! ¿Por qué querría un miembro del gabinete de la zarina marcharse de la ciudad? Pero Rasputín no les perdonaría su doble juego. Mientras continuaba mofándose de la «Cola» o «Barrigón» (como ahora llamaba al ministro en Tsarskoe Selo), Rasputín olvidó repentinamente la demanda que le habían hecho de pasar las peticiones a través de Andronikov. Y de nuevo empezó a inundar a Jvostóv con sus demandas. Le enviaba a su casa y al ministerio docenas de personas. Esta vez la esposa de Jvostóv se rebeló. Simultáneamente, Beletsky, horrorizado, estaba también sufriendo una avalancha de peticiones. Era como si el campesino hubiese roto sus grilletes. Había que hacer algo inmediatamente. Ambos funcionarios estaban también recelosos con el príncipe Andronikov. Y no sólo porque no había logrado convencer a Rasputín. El insolente Andronikov se aprovechaba de la situación, acudiendo a ellos con peticiones en nombre de sus propios clientes. Además, había estado comprometiendo a Jvostóv y a Beletsky en dudosas intrigas. Por ejemplo, los involucró en una pelea por su apartamento, lugar donde solían encontrarse con Rasputín. En aquel entonces Petrogrado estaba lleno de refugiados de los territorios perdidos en la guerra. Muchas de aquellas personas querían alquilar apartamentos. La condesa Tolstaya, que era la propietaria del edificio en el que vivía Andronikov, le pidió al príncipe que desalojase su apartamento: no le importaban en absoluto las visitas de Rasputín. Andronikov pidió ayuda. E hicieron algo increíble. Para proteger el apartamento como lugar de reunión con Rasputín, Jvostóv hizo aprobar un nuevo proyecto de ley para amparar a los inquilinos durante el período de guerra. Ahora el príncipe podía permanecer en su apartamento. Pero Tolstaya lo arrastró a los tribunales y finalmente ganó el caso. El odio de los tribunales hacia Rasputín venció incluso a la ley y falló en favor de la condesa.

EL FIN DEL TRIUNVIRATO

Jvostóv y Beletsky decidieron deshacerse del molesto príncipe. Beletsky, que era un experto en provocaciones, tomó hábilmente el asunto en sus manos. Sabían que Andronikov, que tenía siempre necesidades pecuniarias, se estaba apropiando de ingentes cantidades de dinero de los peticionarios para conseguirles la protección de Rasputín. Asimismo conocían que el príncipe se había embolsado cantidades que iban destinadas al campesino. Y Beletsky se lo contó todo a Rasputín.

Después de esto tuvo lugar otra «cena de sopa de pescado» en el apartamento de Andronikov: ante el deleite de los dos funcionarios, un ceñudo Rasputín entró en el despacho del príncipe y empezó a gritarle «sin escatimar apelativos».

Al mismo tiempo, Beletsky y Jvostóv advirtieron a Vyrubova que tuviese en cuenta «ciertas peculiaridades» del príncipe y que le viese con menos frecuencia. Ésta así lo hizo. El príncipe, inquieto, le llevaba caramelos de las mejores confiterías; frutas y flores, tan pronto como aparecían en Petrogrado. Pero «ella le rogó que en adelante no le llevase nada, pues le resultaba desagradable».

Por último, maquinaron el golpe de gracia. Beletsky se había enterado por sus agentes del Departamento de Policía de que Andronikov, que estaba acostumbrado a trabajar para dos bandos, había enviado a la emperatriz viuda una copia de la fotografía de «Rasputín rodeado de sus admiradores», hecha en 1914 por el fotógrafo Kristinin. Como recordaremos el retrato incluía a Vyrubova. Beletsky la puso al corriente enseguida. La Amiga montó en cólera y «exigió explicaciones al príncipe». Éste, asustado, dijo que «había mandado la fotografía con la mejor de las intenciones respecto a Rasputín, porque quería que María Fiódorovna [la emperatriz viuda] viera las personas respetables que rodeaban al anciano».

Andronikov fue expulsado de casa de Anya. Y Rasputín sugirió «celebrar las reuniones en otro sitio que no fuera la casa del príncipe».

Así fue como Jvostóv y Beletsky obligaron a Andronikov a abandonar el juego. Ahora sólo quedaban ellos dos.

EL CORONEL CABALLERO

Sustituyeron a Andronikov por alguien más fiable, que de acuerdo con sus planes, se encargase de todo el trabajo sucio. Éste no sólo había de liberarlos de las peticiones de Rasputín sino, lo más importante, obtener la información necesaria del campesino.

El coronel Mijaíl Komissarov, de treinta y seis años, ya había trabajado en los Servicios Especiales durante doce años. Como hemos podido comprobar, estuvo implicado en el escándalo de la impresión clandestina por parte del Departamento de Policía de panfletos incitando a los pogroms contra los judíos. A pesar de la ira del entonces primer ministro Witte, alguien apreció el celo de Komissarov. Primero encabezó el departamento secreto para la vigilancia de embajadas extranjeras y agentes militares. A continuación ostentó el cargo de jefe de la Gendarmería de Varsovia. Cuando Varsovia se rindió a los alemanes, el coronel, a falta de ocupación, regresó a Petrogrado. Y Beletsky le propuso a Jvostóv que fuese Komissarov quien se encargase de la seguridad de Rasputín. Jvostóv aceptó. No sabía que el coronel Komissarov estaba relacionado con Beletsky no sólo por su anterior puesto sino también por una íntima amistad. Jvostóv no se dio cuenta de que Beletsky había colocado a su propio hombre junto a Rasputín.

En esos momentos, Beletsky tenía planes propios. El astuto Beletsky, a diferencia del fanfarrón de Jvostóv, había hecho una valoración de Rasputín. Se daba cuenta de que cualquier oposición a su figura significaría el fin de una carrera, por lo que llevó a cabo una acción verdaderamente digna del jefe de la policía secreta. Decidió provocar a Jvostóv para que pelease con Rasputín y de este modo se rompiera la crisma. Así quedaría vacante el codiciado cargo de ministro.

12

La batalla de los intrigantes

Agentes, agentes, agentes

A NTE LA COMISIÓN EXTRAORDINARIA EN 1917, Mijaíl Komissarov narró el desarrollo de la intriga. El coronel fue asignado a Rasputín, en parte como sirviente guardián e informador. No necesitaba llevar uniforme ni quería mancharlo. Vestía de paisano, lo cual suavizaba su orgullo. Por otro lado, Jvostóv no escatimó en dinero, poniendo a su disposición un automóvil, un chófer y cinco agentes experimentados. Así dio comienzo el acecho clandestino de Rasputín por parte de Komissarov.

No obstante, proseguía la vigilancia oficial de Rasputín por los agentes de la Sección de Seguridad del general Globachyov en Petrogrado. Como antes, un agente de seguridad se apostaba en las escaleras junto a la puerta del apartamento de Rasputín, otros dos montaban guardia, abajo, en la entrada, y otros fuera, junto a un automóvil. Rasputín no les permitía la entrada en su apartamento, y, como en otros tiempos, se divertía evitándolos, tanto en automóvil como en carruaje. La actitud del campesino hacia Komissarov y sus agentes era completamente distinta. El intuitivo Rasputín sabía que Beletsky estaba a su lado, dispuesto a servirle. Por otro lado, Rasputín y Komissarov ya se conocían. Tal como testificó Komissarov en el Expediente: «Conocí a Rasputín en el apartamento de Badmaev», a quien el valiente coronel «visitaba en calidad de paciente». Éste enseguida se hizo amigo de las hijas del campesino y de Laptinskaya. Se sintieron halagadas por el imponente caballero de alto rango que servía a Grigori Yefimovich. «Nuestro coronel», como solían llamarle, fue aceptado como un miembro más de la familia. Beletsky tenía toda la razón cuando les aseguraba a Vyrubova y a la zarina que Komissarov garantizaría por completo la seguridad de Rasputín.

Komissarov montó un sistema de seguridad para Rasputín sólo comparable quizá al de la familia real. Sustituyó a todos los guardas y porteros del edificio de la calle Gorojovaya por agentes. Y además del auto especial y el conductor, apostó agentes disfrazados de cocheros de carruajes que iban y venían pasando por delante del edificio. Todo aquel que se acercaba a Rasputín era identificado y se recopilaba información sobre su persona. Al mismo tiempo, todo el «correo entrante de Rasputín estaba sujeto a un ritual de comprobación».

La difícil misión del coronel

«Los detectives bajo mi mando informaban cada noche sobre Rasputín. Y yo le pasaba por escrito a Jvostóv lo más «interesante» y a Beletsky se lo decía oralmente ... A éste último lo veía en la oficina o en su casa, a la que acudía a menudo como amigo», testificó Komissarov.

Así pues, Jvostóv recibía del coronel sólo la información que Beletsky quería que recibiese. Poco después, los agentes de la Sección de Seguridad fueron supeditados al mando de Komissarov. Su jefe, el general Globachyov, tuvo que acatar la orden de no obstruir el trabajo de Komissarov, de recoger información para él y de ayudarle en todo lo posible. Y lo más importante: no hacer constar nunca en los resúmenes de los agentes de la sección las visitas de Komissarov y sus agentes al apartamento de Rasputín. Éste le daba dinero en metálico a Rasputín, y siempre con el mismo noble propósito, para que dejase de exigir dinero a los peticionarios y de comprometer a los «altos círculos». «Cinco o seis veces, en el período de cinco meses, le di por orden de Jvostóv y Beletsky mil o mil quinientos rublos», testificó Komissarov. Para alguien con los apetitos de Rasputín, aquellas enormes sumas no eran más que una gota en un vaso de agua. A pesar de ello, Rasputín cogía el dinero. No rechazaba a nadie.

Durante las vacaciones, el solícito Komissarov le hacía donaciones en nombre de Beletsky y Jvostóv. «Una vez compré ... un estuche con una tetera de plata, un reloj de oro con cadena, y dos pulseras.» Pero Rasputín, para asombro del coronel, «recogió negligentemente todos aquellos objetos caros ... sin siquiera prestar atención a lo que le habían enviado». Aunque a veces correspondía mandando regalos suyos a Jvostóv (a la «Cola» o a «Barrigón», como ahora le llamaba, provocando en el ministro una impotente rabia). En cierta ocasión, de acuerdo con las declaraciones de Komissarov, le envió al ministro «una caja de madera con la inscripción, "para la Cola", que Jvostóv arrojó al suelo en un acceso de cólera». Rasputín también «le enviaba cartas a través mío ... No sé lo que escribía, pero al leerlas Jvostóv casi siempre maldecía desesperado y las tiraba». Así pues, el campesino se burlaba de él cada vez que tenía ocasión. Sin embargo, aun aceptando dinero de Beletsky y Jvostóv, el padre Grigori seguía recolectando fondos de los peticionarios. «Los agentes me informaron», atestiguó Komissarov, «de que ... incluso en las escaleras la gente le preguntaba abiertamente cuánto le cobraría».

Las tareas asignadas al caballero coronel por sus dos jefes empezaron a diverger cada vez más. Rasputín seguía bebiendo en abundancia. El trabajo que Beletsky había ordenado a Komissarov consistía en procurar que el campesino no fuese borracho a Tsarskoe Selo. Pero su otro trabajo, el asignado por Jvostóv, radicaba precisamente en que Rasputín se presentase allí borracho. Y se mostrase en Tsarskoe Selo tal como era. Sin embargo, Komissarov pronto se sorprendió al darse cuenta de que el estado de Rasputín no dependía más que de él mismo.

No importaba lo borracho que pudiese estar, porque tan pronto como recibía una llamada informando que Vyrubova estaría allí en veinte minutos, al instante recuperaba la sobriedad. Si se tomaba algo o si simplemente se controlaba, no puedo asegurarlo ... Cada vez que llevábamos a Rasputín borracho a Tsarskoe Selo en tren, al llegar estaba completamente sobrio ... Sabía cómo despejarse.

No obstante, la tarea más importante de Komissarov era averiguar noticias de Tsarskoe Selo a través de Rasputín. «Todas las conversaciones con Vyrubova se producían normalmente a las 10.00 de la mañana. De manera que Rasputín, dondequiera que estuviese, regresaba a tiempo para atender la llamada de Tsarskoe Selo a las 10.00», declaró Komissarov. Y «nuestro coronel» llegaba también a aquella misma hora para recoger información de Tsarskoe Selo. Especialmente porque el campesino estaba todavía sobrio por la mañana. Rasputín le daba noticias de palacio o, mejor dicho, le decía lo que quería que supiese. La información más importante era transmitida directamente al ministro y al jefe de Departamento de Policía en el apartamento especial que Komissarov había alquilado para sus reuniones clandestinas con Rasputín.

LAS CENAS SECRETAS EN LA CALLE ITALIANA

El edificio todavía sigue en pie en Petersburgo. «Alquilé un apartamento en la calle Italiana. En un edificio de la esquina cogí un apartamento en el primer piso», declaró Komissarov. El piso estaba amueblado y un agente se mudó allí con su familia. El día antes a la llegada de Rasputín, el agente encargaba una lujosa cena para varias personas a un restaurante, y luego él y su familia desalojaban el apartamento secreto.

Naturalmente, la cena era a base de pescado, pero «se servía vino y champaña en grandes cantidades». Todo para soltar de la lengua al campesino ebrio. «Una o dos veces», invitaron también al coronel. En el Expediente declaró que «durante la cena mencionaba lo que se comentaba en Tsarskoe Selo, especialmente lo que decían Vyrubova y la emperatriz».

Al principio, Rasputín se dirigía a los funcionarios con formalidad. Testificó Beletsky:

> Intentaba llevar la conversación en el mismo tono que sus *Meditaciones* y bebía con moderación. Pero Komissarov ... le servía vino y decía: "Grigori, déjate de divinidades. Bebe y habla con más sencillez". A partir de aquel momento abandonaba la timidez y se dirigía a nosotros con familliaridad ... incluso nos invitaba a ir donde los gitanos.

Así, Rasputín seguía burlándose de los agentes. A Komissarov le gustaba relatar escenas divertidas a sus anfitriones, como la de Grigori y él «decidiendo asuntos de Estado y los cambios necesarios en el consejo». Con la ayuda de Jvostóv, aquellas historias de Komissarov se extendieron por Petersburgo. Pero Beletsky no tuvo nada que ver. Al parecer, no podía dejar de pensar que el astuto campesino se había estado divirtiendo a costa de Komissarov, de él y de Jvostóv. Y el hecho de que Rasputín no permitiese a Komissarov acercarse, a pesar de sus esfuerzos, a sus asuntos financieros que tanto interesaban a Beletsky y a Jvostóv, empeoraba aún más las cosas.

El enigma del dinero de Rasputín

Esta cuestión interesaba enormemente a la Comisión Extraordinaria. Lo único que Komissarov pudo relatar fue: «Rasputín no permitía que nadie interviniese en sus asuntos financieros. Él mismo controlaba y salvaguardaba sus intereses y nunca perdonaba a quienes intentaban estafarle dinero. Los denunciaba en "términos especiales" [es decir, los maldecía categóricamente]». Beletsky y Jvostóv no sólo sentían curiosidad acerca del dinero de Rasputín. Ambos funcionarios estaban convencidos, al igual que la Comisión Extraordinaria tiempo después, de que aquellas ingentes cantidades de dinero procedentes de los ricos peticionarios y banqueros no podían haberse evaporado en sus juergas y borracheras, sobre todo porque, como veremos, ahora montaba sus farras a expensas de los peticionarios. Los funcionarios eran presa de una profunda sospecha respecto al extraordinario y absolutamente sorprendente destino del dinero del campesino.

«Pero en tiempos de guerra todo es diferente»

Vyrubova explicaría más tarde a los investigadores que nunca recibió un solo cópec de la familia real. Al mismo tiempo, apenas repuesta de su accidente, la Amiga montó su propia enfermería (siguiendo el ejemplo de la zarina, que tenía su propio tren hospital). Se las arregló para mantenerla abierta a pesar de la inflación de precios debida a la guerra.

Sin embargo, como testificaría en el Expediente:

> Recibía tan sólo cuatrocientos rublos al mes de mis padres. Tenía que vivir y vestirme con ese dinero ... Es difícil imaginar cómo me las apañaba (la dacha de Tsarskoe Selo me costaba 2.250 rublos anuales) antes de recibir ... los 100.000 rublos de la compañía del ferrocarril por el accidente. De aquel

dinero gasté 20.000 rublos en la enfermería. Y aquélla era toda mi fortuna. En los periódicos dijeron que tenía casi tres millones de rublos. Por supuesto que le pasaba a la emperatriz las peticiones que Rasputín me entregaba, pero no hace falta que diga que nunca recibí un solo cópec por hacerlo.

Pero la prensa continuó obstinadamente hablando de sus millones, porque sabían que una enfermería no podía mantenerse con tan sólo 20.000 rublos de los tiempos de la guerra. También Vyrubova lo sabía. Por lo que se vio obligada a revelar durante su interrogatorio sus otras fuentes de ingresos.

Las personas que querían congraciarse conmigo y hacer algo bueno conmigo solían contribuir con donaciones a la enfermería ... El día que la inauguré, Jvostóv y Beletsky me enviaron, mediante un correo, un paquete sellado. En cada uno de ellos había mil rublos ... Aquel dinero fue oportunamente ingresado por el director gerente de la enfermería, Nikolai Ivanovich Reshétnikov.

Del testimonio de Filipov en el Expediente:

Reshétnikov era el punto de contacto para toda clase de peticiones y súplicas especiales, para cuya concesión los peticionarios le daban un dinero que iba destinado a cubrir las necesidades de las instituciones de la emperatriz, aunque una parte importante del mismo se quedaba en manos de Reshétnikov y Vyrubova ... Y otra parte ... aunque no muy grande, iba a parar a Rasputín.

Así, el ingenioso Reshétnikov, había inventado una especie de impuesto para los peticionarios de Rasputín que redundaba en beneficio de la enfermería. De esta manera, un río de dinero fluía desde el apartamento de la calle Gorojovaya hasta la casa de Anya.

Pero el dinero de los clientes de Rasputín no sólo iba dirigido a Anya. Y aquí aparece algo increíble.

Del testimonio de Filipov en el Expediente:

Lo más odioso de los últimos tiempos era que todos los intermediarios [los «secretarios»] que se ofrecían para suplicar determinados favores a través de Rasputín, mantenían que una parte de los fondos asignados iban a parar a Vyrubova y, a veces, directamente a la zarina para causas filantrópicas.

La idea misma parece extravagante. En lo que a Vyrubova se refiere tiene perfecto sentido. ¿Pero la Emperatriz de Todas las Rusias aceptando dinero del campesino? ¿Dinero que él obtenía por conseguir el nombramiento de altos cargos o por concertar audiencias con los ministros? ¡Qué disparate! ¡Qué absurdo!

Sin embargo, dejaremos que Alix hable por sí misma:

> 3 de noviembre de 1915 ... Una cosa que dijo Nuestro Amigo es que si la gente ofrece enormes sumas (para conseguir una *condecoración*) uno debe aceptarlas, porque se necesita dinero y se les ayuda a hacer el bien cediendo a sus debilidades y obteniendo 1.000 de beneficio. Es verdad, aunque contra toda moral. Pero en tiempos de guerra todo es diferente.

La guerra había devorado tanto la asignación anual de fondos del Tesoro para el mantenimiento de la familia real como los recursos privados de ésta. ¡Así pues, en nombre de la ayuda a los heridos, se había aceptado en secreto dinero de Nuestro Amigo! «En tiempos de guerra todo es diferente.» Esto significa que el campesino no sólo no recibía dinero de la zarina, sino que él mismo, en cierta medida, se había convertido en el proveedor de la zarina y de su Amiga. Alix tenía que cerrar los ojos a las constantes peticiones que el campesino generosamente llevaba a palacio.

En aquella misma época Jvostóv y Beletsky fueron sometidos a prueba por primera vez. La zarina exigió que la Duma se apaciguase para evitar posibles acuerdos de investigación sobre Nuestro Amigo, y que para ella equivalían a ataques personales en su contra. Ninguno de los funcionarios sabía qué hacer; Rasputín demostró ser un socio valioso. Sugirió que mandasen al zar a la Duma. Tal como testificó Jvostóv, Rasputín «dijo que ya había hablado varias veces con el zar acerca de la necesidad de hacer las paces con la Duma, de que debía ir y decir: "Yo soy vuestro y vosotros míos. ¿Hay algo por lo que debamos pelear?"».

Mientras el zar deliberaba sobre la sugerencia del campesino, Jvostóv y Beletsky iniciaron los preparativos para el encuentro del zar con la Duma. Ambos llegaron a la conclusión de que lo primero que había que hacer era adular al presidente de la Duma, Rodzyanko. Pero ¿cómo iban a hacerlo teniendo en cuenta el odio que la zarina sentía hacia él? Beletsky, que a estas alturas ya comprendía muchas cosas acerca del campesino, decidió consultarle. Apenas empezó a insinuar la necesidad de que Rodzyanko viese alguna señal del favor real, Rasputín reaccionó y «dijo que haría todo lo posible por conseguirle una condecoración».

Poco después Alix escribió a Nicky:

> 3 de noviembre ... Jvostóv cree que [Rodzyanko] debería recibir una condecoración ahora, que eso le halagaría y al mismo tiempo le hundiría a ojos de las izquierdas por haber aceptado una recompensa de tus manos. Nuestro Amigo dice también que sería bueno hacerlo. Evidentemente, es muy antipático, pero, ay, en estos tiempos que corren uno se ve obligado a hacer cosas que de otro modo no haría.

El 6 de diciembre, al destestado Rodzyanko le fue otorgada una condecoración.

LOS SUEÑOS DE BARRIGÓN

Entretanto, Jvostóv se había puesto a trabajar para llevar a cabo sus planes. «En aquellos días Jvostóv había sembrado las primeras semillas de la duda en Tsarskoe Selo acerca de la justicia de la política de la Duma de Goremykin», testificó Beletsky. Desde el principio «Barrigón» tenía un objetivo claro: apoderarse del puesto de primer ministro del viejo Goremykin.

Simultáneamente seguían engatusando a Rasputín con repetidas cenas en el apartamento secreto. Lo hacían cándida y abiertamente. «Durante ... las cenas Jvostóv ... intentaba convencer a Rasputín de que él, Jvostóv, sería el mejor presidente del consejo de ministros», testificó Komissarov. Pero Jvostóv no buscaba simplemente el poder. Quería poder ilimitado, el mismo que en su día gozó el gran Stolypin. «Jvostóv trataba de convencer a Rasputín de que el puesto de primer ministro debería ir emparejado a la cartera de ministro de Interior ... pues sin aquella cartera el primer ministro no era nada, un gato sin pelotas. Como era habitual en él, Rasputín evitaba dar respuestas concretas ... astuto como era, se limitaba a contestar con monosílabos.»

El campesino se dio cuenta de que el «viejo» Goremykin estaba acabado. Y se lo pronosticó a Mamá.

«6 de noviembre de 1915 ... Bueno, cariño, Él piensa que es mejor que reciba al viejo caballero y se lo diga amablemente, como si la Duma le abuchease, qué se le puede hacer ... mejor que se vaya por expreso Deseo tuyo que forzado por el escándalo.»

Pero, ¿a quién nombrar? No tenía la más mínima idea. Una vez más le tocó actuar a Nuestro Amigo. No, no tenía ninguna intención de nombrar a Jvostóv. Era demasiado ladino y estúpido. Hacía falta una persona completamente nueva. Alguien que resultase aceptable para la Duma, pero que a la vez consintiese en ser «nuestro». La ausencia del príncipe Andronikov, que conocía a todo el mundo y lo sabía todo, se notaba. Rasputín se vio obligado a comentar las candidaturas a primer ministro con su Grupo de Expertos: Simánovich, Rubinstein y Manásevich-Manuílov.

Mientras, la nueva sesión de la Duma era inminente; hasta que no se encontrase un nuevo primer ministro, era preciso rescatar al viejo. Aunque para ello, el zar tenía que dar el primer paso hacia la reconciliación con la Duma. El campesino propuso llevar a cabo su sugerencia: que el zar se presentase ante la Duma. Esta estrategia agradaba a Nicolás, aunque la orgullosa zarina la veía con frialdad. Pero, ella había aprendido a transigir. El 13 de noviembre sorprendió a Nicky, escribiéndole: «Obviamente, si pudieras aparecer inesperadamente en la Duma y pronunciar unas pocas palabras (tal como habías pensado) las cosas podrían cambiar y sería una espléndida hazaña y después sería más fácil para el viejo».

Pero Rasputín comprendía que las cosas no podían continuar así por mucho tiempo. Era preciso encontrar un nuevo primer ministro. Él y su Grupo de Expertos tenían que seguir pensando.

El salón y sus últimos días

Mientras estaba en marcha la búsqueda de un nuevo primer ministro, Alix se vio obligada, otra vez, a enfrentarse con la Iglesia. El sustituto de Samarin, el corpulento y flemático barón Volzhin, la había decepcionado. Actuaba con independencia. Había intentado llevar a cabo lo que en su día provocó la destitución del anterior procurador general: el retiro de Varnava, un hombre odiado por el Sínodo que también era tema de discusión en la Duma. Pero ella no iba a entregar a uno de los «nuestros»: «10 de noviembre ... Volzhin necesita un buen «rapapolvo» de tu parte, es débil y está asustado ... así que cuando le veas, hazle entender que ante todo te sirve a ti y a la Iglesia, y que esto nada tiene que ver con la sociedad ni con la Duma».

Mientras, a los miembros del «gabinete de Tsarskoe Selo» se les ocurrió la idea de nombrar metropolitano de Petrogrado al famoso Pitirim. Alix se lanzó a ejercer su acostumbrada presión sobre Nicky.

> 12 de noviembre ... Cariño, olvidé hablarte de Pitirim, el metropolitano de Georgia ... es un hombre muy valioso, y un gran *Devoto*, como dice Nuestro Amigo. Prevé el sobresalto de Volzhin ... pero te pide que seas firme, pues éste es el único hombre apropiado ... sería bueno que actuases a tu llegada, para evitar los rumores y las súplicas de Ella, etcétera.

Había otra idea que completaba el ramillete de propuestas estatales de Nuestro Amigo. «También te ruega que nombres directamente a Zh[e]vakhov como ayudante de Volzhin ... la edad no significa nada y conoce los asuntos de la Iglesia a la perfección: es tu voluntad y tú eres quien manda.»

El príncipe Zhevajov era el joven de pelo oscuro que está de pie, en el fondo de la fotografía de los devotos de Rasputín. Para él todo era muy difícil. Había sido un modesto representante del Consejo de Estado. Pero Rasputín enseguida se fijó en él. Se rumoreaba que también Zhevajov era una persona de tendencias sexuales fuera de lo convencional, que podían arruinar una carrera eclesiástica. A pesar de todo, Rasputín empezó a promocionarlo y lo llevó a palacio. Al poco tiempo, el modesto funcionario se trasladó a Belgorod a petición de la emperatriz para disponer un sepulcro para las reliquias del prelado Iosaf.

Volzhin se negó a aceptarlo como viceprocurador. Entonces se creó el puesto de viceprocurador general segundo para Zhevajov. Acto seguido, el primer viceprocurador fue expulsado y quedó Zhevajov solo.

A finales de 1915 Pitirim fue nombrado metropolitano de Petrogrado y Ladoga, convirtiéndose con ello en uno de los principales miembros de la jerarquía eclesiástica y «preeminente del Sínodo». Tomó residencia en los aposentos metropolitanos de la famosa abadía de Alejandro Nevski, el principal monasterio de la capital.

El obstinado Volzhin fue destituido a principios de 1916. Su puesto de procurador general del Sínodo fue ocupado por el silencioso y sumiso Nikolai Raev, el humilde director de los cursos de educación superior para mujeres.

El golpe de Estado había finalizado. Ahora Alix tenía un Sínodo obediente. Más tarde escribiría al zar:

> 21 de septiembre de 1916 ... Imagínate, el Sínodo quiere obsequiarme con un *Homenaje* y una Imagen (por mi trabajo con los heridos, según creo), ya ves, pobre de mí, recibiéndolos a todos. Desde Catalina ninguna emperatriz los ha recibido sola, Gregori está encantado (yo no tanto); pero es extraño, ¿no?, a mí, a quien temían y a quien siempre miraron con desaprobación.

Tenía derecho al galardón. Ella y el campesino Grigori Rasputín habían creado un nuevo Sínodo con jerarcas obedientes.

«¿Un gran duque? ¡Más!»

El año 1915 tocaba a su fin. En aquel momento los rumores del poder de Rasputín sobre los «zares» habían adquirido la categoría de mito. Hacía tiempo que se había convertido en una figura de culto a los ojos de los habitantes de la capital. Y entonces la vehemente y adinerada Lydia Bazilevskaya apareció junto a él. Esta mujer morena alta, divorciada, de veintiocho años e hija de un teniente general, se hizo inmediatamente un lugar en los informes de los agentes: «Volvió a casa borracho a la una de la madrugada ... [con] un oficial desconocido y un muchacho ... Y luego llegó Bazilevskaya ... Se quedaron hasta las 4.00».

Más tarde la cantante Belling recordaría:

> Sucedió en noviembre de 1915 a las seis de la tarde. Una conocida mía, L. P. B-aya [Lydia Platonovna Bazilevskaya] ... de la que sólo sabía que hacía «labores caritativas», aunque la mayor parte en aras del espectáculo ... me llamó por teléfono: «¡Cariño, ven enseguida!».

«¿Por qué, qué pasa?», le pregunté, harto sorpendida por aquel ruego. «Tengo aquí a una persona muy importante que se ha prendado de tu retrato y exige que vengas enseguida.» La voz de L. P. B-aya sonaba urgente y nerviosa.

«¿Exige?», repetí. «¿De quién se trata entonces? ¿De un ministro?» «¡Más!», me respondió.

«¿Acaso de un gran duque?»

«¡Más!», la oí quejarse, obviamente exasperada por mi lentitud.

Se apoderó de mí una curiosidad indescriptible. ¿Qué clase de persona sería? «Exigía», y era más que cualquier «alta personalidad» de las que entonces podía imaginar nuestro entendimiento ... Fui y, debo admitirlo, atosigué al conductor por la impaciencia que sentía. Cuando entré en el vestíbulo, L. P. B-aya agitada y sonrojada, se me acercó y me ayudó rápidamente a quitarme el abrigo de piel y mis chanclos.

«No olvides besarle la mano. Le gusta», me informó L. P. B-aya en un susurro.

«¡Qué sucio truco!», pensé, cariacontecida. «¡Un sacerdote!», L. P. B-aya me empujó hacia la otra habitación, que resultó ser un elegante e iluminado dormitorio con espejos rojos, sillas pequeñas y almohadas de encaje. Había varias damas sentadas junto a dos o tres hombres. Me sentí incómoda bajo la inquisitiva mirada de un par de ojos grises, hundidos, pequeños y feos ... Desaliñado, vestía una preciosa camisa lila de seda, botas altas, y lucía una enmarañada barba, me resultaba familiar, e inconscientemente me di cuenta de que era Rasputín.

De este modo conoció Alexandra Belling a Rasputín. Y se convirtió en un miembro de su salón.

El salón en vísperas del fin

Mientras se producían aquellos pleitos políticos, las «rasputinadas» proseguían, aunque por aquel entonces rayando la locura. Zhukovskaya describió el salón del campesino con sus habituales miembros, a finales de 1915:

Sentada a la mesa junto a un samovar hirviendo que nunca parecía consumirse estaba la ahora gordinflona Akilina con su atuendo gris de hermana de la misericordia: trabajaba en el hospital real. Refugiándose a su vera estaba Munya, que contemplaba con mansa adoración a Rasputín, el cual me había acorralado en un rincón del sofá. Sonó el timbre de la puerta. Munya fue a abrir ... La princesa acababa de llegar. Shajovskaya, una morena alta y rolliza de movimientos lentos y perezosos. También ella vestía la indumentaria de las hermanas de la misericordia y trabajaba en el hospital de Tsarskoe Selo. «Estoy tan cansada que sólo puedo pensar en dormir, pero, como ves, he venido a verte.»

«Bueno, deja que te eche un vistazo», dijo Rasputín. «Eres tan dulce. Oh, y estás tan buena», dijo acariciándole los pechos e introduciendo los dedos por el escote ... Y estrujándole la rodilla añadió mirando de soslayo: «¿sabes ... dónde está el espíritu? Crees que está aquí», y se señaló el corazón, «pero está aquí», y Rasputín rápida e imperceptiblemente levantó el bajo de su falda ... «¡Oh, contigo es complicado! Mírame, hipócrita», la amenazó, «de lo contrario te estrangulo. Aquí tienes la cruz.»

«Me voy a casa», dijo Shajovskaya, apoyando la cabeza en su hombro y acurrucándose junto a él. «Tomaré un baño y me acostaré ... padre, no te enfades ahora», suplicó dulcemente Shajovskaya, ofreciéndole la cara para que la besase. «¡Después de todo, ya lo sabes, padre!»

«Ven, ven, bomboncito mío», respondió bonachonamente Rasputín, estrujándole el pecho. «Es lo que ella quería.»

Esto es lo que siempre me ha maravillado de los extraños modales de Rasputín. ¿Cómo es posible que todo sea lícito y nada sea vergonzoso? ¿O es que todo es distinto de lo que parece? Obviamente en ninguna otra parte podremos ver lo que ocurría en aquel comedor vacío, donde consentidas damas aristocráticas aguardaban las caricias de un sucio campesino de mediana edad, donde esperaban sumisas su turno sin enfadarse ni sentirse celosas.

El testimonio de aquellas que visitaron el sofá

Durante todo aquel tiempo la policía describió su incesante búsqueda de *nuevas* mujeres.

3 de noviembre de 1915. Una desconocida llegó con una petición para su esposo alférez ... Al salir, empezó a decirle al conserje: «Rasputín apenas atendió mi petición, me cogió la cara entre sus manos, luego me tocó los

pechos diciendo: "Bésame ... me he enamorado de ti." A continuación anotó alguna cosa y de nuevo empezó a insinuarse. No me dio la nota, pero dijo: "Vuelve mañana". Y la mujer añadió: "Eso significa que hay que pagar por adelantado con lo que él desea, y yo no puedo hacer eso."»

Ahora que el «período de santidad» había terminado, ¿qué representaba para él aquella interminable colección de mujeres tan escrupulosamente registada por los agentes de policía?

Las que lo rechazaban constan en el registro de los agentes. Pero las infelices peticionarias que consentían en «hacer el pago por adelantado», por desgracia, no figuran. Normalmente están identificadas sólo con sus iniciales, Señora K., o bien se alude a ellas como «cierta dama». «Cierta dama», testificó Beletsky, «para conseguir el regreso de su marido del exilio, primero le dio a Rasputín todo su dinero, pero él exigía más ... Ella le suplicó que no la tocase.» Pero, Rasputín «le dio un ultimátum: o hacía lo que él le pedía e intercedería por su marido ante el soberano, o no permitiría que apareciese por allí nunca más». Y «aprovechándose de su estado de nervios», la poseyó. Después de esto fue a verla varias veces a su hotel. A continuación «rompió toda relación con ella y dio orden de que no se la admitiera más».

Zhukovskaya cuenta historias similares sobre las oscuras mujeres a las que Rasputín extorsionaba «con sus pagos». Todas las historias terminan igual: se acostaba con ellas y luego las tiraba asqueado. Pero aquellas infelices mujeres fueron todas tan fugaces y estaban tan poco dispuestas a hablar de sus desgracias, que la Comisión Extraordinaria no pudo, a excepción de Vishnyakova, llamar a ninguna de ellas.

En nuestro empeño por entender a nuestro héroe, hemos de recordar el odio meticuloso que sentía por las mujeres desconocidas que se acostaban con él, y también las palabras que ellas pronunciaron: «Se aprovechó de mi estado de nervios», como le dijo a Beletsky «cierta dama»; y «tras provocarme un ataque de histeria, me robó la virginidad», fueron las palabras de la niñera Vishnyakova.

Sin embargo, las peticionarias desconocidas que habían caído en sus garras formaban parte de una danza en corro que habría sorprendido al propio Casanova. Todos aquellos fugaces cuerpos de mujer pasaban por la cama de Rasputín, o más bien por el desvencijado sofá de su estrecho estudio, sólo para desvanecerse al instante de su vida.

Alexandra Belling, que visitó el apartamento, describió la diminuta habitación y el deteriorado sofá. Pero Zhukovskaya lo hace con mayor detalle:

La piel del sofá estaba completamente desgastada y el respaldo estaba roto y se apoyaba contra el mismo sofá. «Bueno, siéntate, siéntate.» Rodeándome con el brazo y empujándome con el codo por detrás, Rasputín se apoyó en el respaldo del sofá, que se desmontó y cayó. Después de liberarme, dije contemplando el sofá roto: «Ya no sirve, por lo menos deberías llamar a un carpintero». Se quedó aturdido. «Sí, se rompió de ahí él solo», murmuró, levantando el pesado respaldo con una mano y regresando a su sitio. «Es por la hermana de Simbirsk. En cuanto pasa la noche aquí, se desmonta seguro. Es cosa de duendes.»

La enorme corpulencia de la campesina que a veces mantenía ocupado a Rasputín por la noche, en combinación con las numerosas pruebas que día y noche había soportado el pobre sofá, habían acabado con él.

Pero ¿quiénes eran aquellas mujeres que pasaban por el sufrido diván?

Partiendo de las palabras de sus propios agentes y de sus conversaciones con Rasputín, Beletsky infirió que además de las atormentadas peticionarias que tenían que «hacer pagos por adelantado», las principales clientas del sofá de Rasputín eran solicitantes «de principios morales harto ligeros, [y] muchas de ellas, incluso, se sentían orgullosas de las atenciones que Rasputín les dispensaba, sinceras en su intimidad con él, por más efímera que fuesen».

Una vez más, ignoramos sus nombres, pues indefectiblemente desaparecían con extraña rapidez del apartamento de la calle Gorojovaya tras haber visitado el sofá. Sólo unas pocas permanecían, en cuyo caso los agentes de vigilancia externa establecían sus nombres.

«¡FUERA DE AQUÍ!»

En 1917 la Comisión Extraordinaria exigió que las damas que «habían permanecido» respondiesen a ciertas preguntas desagradables. Su testimonio se ha conservado en el Expediente.

«Sheila Gershovna Lunts, de veinticinco años, esposa de un abogado, de fe judía, sin antecedentes penales.» Esta hermosa mujer había conocido a Rasputín en una fiesta organizada por el profesor I. Kh. Ozerov, amigo del editor de Rasputín, Filipov, a quien en cierta ocasión Rasputín describió como «un don nadie estatal» ante Filipov. Sheila testificó:

> Había oído muchas cosas desagradables de Rasputín, especialmente de su actitud respecto a las mujeres, por esto cuando entré, y aquel campesino con botas altas y abrigo ruso me miró, tuve una sensación de disgusto ... Rasputín ... hacía chistes, reía, leía la fortuna en la palma de la mano de los allí presentes, y sus predicciones adoptaban la forma de apotegmas apenas comprensibles. A mí, por ejemplo, me dijo: «¡Eres una sufridora, pero Jesús Nuestro Señor te ayudará y tu verdad saldrá victoriosa!». Bromeaba con las damas e intentaba abrazar primero a unas y luego a otras, pero ellas no lo permitían. Bebía vino, aunque no demasiado.

Naturalmente, Rasputín se encaprichó de Sheila y de su pelo rizado. Comenzó la acostumbrada persecución.

«Una vez me llamó por la noche desde casa de un tal Knirsha, al que yo no conocía. Me dijo por teléfono: "¡Ven, acércate. Aquí nos lo estamos pasando en grande!".»

El apartamento de Knirsha desde finales de 1915 hasta enero de 1916, su último año era uno de los lugares que más frecuentaba Rasputín para divertirse. Aparece constantemente en los informes de los agentes de seguridad.

«21 de enero. Rasputín ... fue a casa de Knirsha.»

«30 de enero. Rasputín fue a casa de Knirsha ... Regresó a su apartamento completamente ebrio a las 4.30 de la madrugada.»

Andrei Knirsha era empleado de una compañía de seguros, «un mantenido de las mujeres», como lo calificó uno de los agentes de Seguridad. A pesar de que los amigos de Sheila la advirtieron de que Knirsha «estaba envuelto en negocios turbios», como ella misma dijo, consintió en acudir al sospechoso apartamento. La culpa fue de la restricción de la residencia judía: «Yo deseaba fervientemente que mis padres, que no tenían derecho de residencia en la capital, pudiesen trasladarse a Petrogrado», declararía. Mas, conociendo «la descarada actitud de Rasputín respecto a las mujeres», no debería haber dudado del propósito de aquella llamada.

«Llegué al apartamento», informó Lunts, «con su mobiliario elegante, aunque era el lujo de un advenedizo, y encontré allí al propio Knirsha, joven pero robusto y de anchos pómulos. Su amante era la esposa de un viejo general.» Se sorprendió de dar también allí con él

conocido miembro de la Duma, Protopópov, que en aquella época sólo era vicepresidente de la Duma Estatal, y al que ya conocía por haberme topado con él en casa del profesor Ozerov ... Encontrarlo en compañía de Rasputín me produjo un terrible sobresalto, y más tarde conversando con él le comenté: «Estar en este lugar no le beneficia en absoluto», a lo que Protopópov replicó: «¡Sí, estoy de acuerdo!», y elogió mi franqueza.

No se dio cuenta de que estaba asistiendo a un encuentro histórico. Protopópov, uno de los líderes de la oposición, estaba en aquella guarida para establecer buenas relaciones con Rasputín y los «zares».
Aleteando alrededor del campesino.

Durante la velada había varias damas, y Rasputín estaba provocando los celos de una mujer alta y rubia cuyo nombre era, creo, Yasinskaya, y con la que al parecer mantenía relaciones íntimas. No fui del agrado de aquella dama, quizá porque Rasputín le había dicho a todo el mundo que yo le gustaba mucho, que mis ojos le dejaban sin sentido. Sirvieron la cena con gran cantidad de vino. Rasputín bebió su acostumbrado Madeira y luego llamó a un grupo de cíngaros ... bailó ... la fiesta empezó a parecerse a una orgía ... y me marché.

Al parecer nunca comprendió por qué la había llamado. Pero tanto si fue para ayudar a sus padres o por algún otro tipo de interés, que probablemente tenía aquella sensual mujer, futura amante de Protopópov, ella misma «llamó a Rasputín y le dijo que tenía un asunto que discutir con él».

Y así Sheila Lunts se encontró en la habitación del sofá.

«Oí voces que venían del comedor, pero no tenía la menor idea de quiénes eran. Le hice mi petición y le dije que cada vez que mi hermana me visitaba y se quedaba conmigo sin permiso oficial, yo me sentía terriblemente angustiada, y le pedí que me ayudase.»

Pero había demasiada gente en el comedor y se vio obligada a marcharse.

Y de nuevo llamó a Rasputín y le dijo:

«¿Recuerdas el asunto del que te hablé?» Pero resultó que lo había olvidado por completo, y respondió: «¡No recuerdo nada, acércate por aquí!». Me pasé por su casa. Quiso abrazarme y besarme, pero le rechacé. Cuando le repetí mi petición, replicó: «¡Bueno, iré a verte, conoceré a tu hermana y me encargaré de todo!».

Le llamé, y vino a verme cuando no había nadie en casa excepto la doncella y yo. En el estudio empezó a apretar su cuerpo contra el mío con fuerza; yo le espeté: «No, deja eso, seamos sólo amigos, nunca he engañado a mi marido».

Y me preguntó: «¿Es verdad que nunca le has engañado?».

«Palabra de honor», respondí.

«¡Bueno, entonces te creo!», dijo Rasputín. «¡Pero si algún día decides engañarle, déjame ser el primero!» Entonces, me preguntó si tenía vino. Le respondí que no, pero que tenía un licor de 82 grados. Bebió un vasito y cogió un trozo de manzana. A continuación, señalando la silla que había junto al escritorio, dijo: «¡Siéntate!». Me senté. Y Rasputín ... empezó a dictarme disparates en lengua litúrgica. Me hizo llenar una página entera ...

Después se marchó, se suponía que yo tenía que volver a su casa para reiterar mi petición: era un tedioso e interminable fastidio ... Dejé de ir a verle.

Así pues, según el testimonio de Sheila no hubo nada entre ella y Rasputín. Lo más fácil habría sido pensar que estaba mintiendo. Pero si recordamos las peculiares visitas de Rasputín a las prostitutas, creo que hasta cierto punto estaba diciendo la verdad. Por esta razón uno percibe un cierto malestar oculto en su testimonio: él se le insinuó, y no recibiendo más que el obligatorio desaire, la dejó marchar, en cierto modo, aliviada. Y ella siguió visitándole. Aunque para Rasputín debió de quedar claro que ella iba para «hacer el pago por adelantado», sin embargo, no lo conseguía y continuaba con sus inocuas persecuciones, su «fastidio». De repente, como ella misma asegura, suspendió aquellas visitas que para ella constituían una preocupación. ¿Por qué?

Igualmente repentina fue la interrupción de los encuentros de Rasputín con otra dama frívola, María Gayer. Su testimonio no figura en el Expediente. Pero su cochero, Yakov Kondratenko, nos ofrece un perfil suyo.

Ella ... no tenía ocupación alguna. Llevaba una vida inmoral. Era lo que podríamos llamar «una mujer de la calle». Tan pronto como le guiñaba el ojo a un desconocido, al momento había que llevarlos a un hotel ... Sé que iba a menudo a ver a Rasputín, y que él también la visitaba y bebía hasta que acababa ebrio.

Los agentes registraron numerosos encuentros entre Rasputín y María Gayer los días 15, 17, 19, 23, 24, 25 y 28. De pronto, se terminaron y ella despareció de su vida.

También hubo otra dama extremadamente complaciente, la prostituta Tregúbova, que desapareció no menos repentinamente de casa de Rasputín, y a la que los agentes habían descrito anteriormente, mientras «intercambiaba apasionados besos con Rasputín». En el Expediente relata una historia muy parecida a la de Lunts. Tregúbova solía visitar a Rasputín con frecuencia, y durante sus visitas él la atosigaba como de costumbre. Pero tras resistirse, un poco, Rasputín se rindió y cesó su acoso.

«Fui a ver a Rasputín unas diez veces, pues había prometido que me conseguiría un puesto en el escenario imperial, aunque con la condición de mantener relaciones íntimas con él. Cosa que no consentí.» No tiene ningún sentido la castidad de que alardeaba aquella mujer a la que los otros testigos del Expediente y la policía coincidían unánimemente en llamar «prostituta». ¿Y por qué, dada su castidad, fue a ver a Rasputín «diez veces» a pesar de su «acoso»?

Según Tregúbova, su relación terminó con una patética escena. Seguidamente de una de sus habituales insinuaciones, «me escupió en la cara y dijo: "Al diablo contigo, judía". Y se marchó.» Después de esto, el vengativo Rasputín decidió echarla de Petrogrado por judía. El 17 de enero de 1916 recibió una orden procedente de Beletsky «de abandonar Petrogrado ... antes de las 10.00 de la noche». Entonces acudió apresuradamente a Rasputín, «suplicando que se le permitiese permanecer en Petrogrado». Al parecer, esta vez su visita satisfizo al campesino, puesto que éste le entregó una carta para Beletsky: «Déjala, no la toques, deja que se quede». Pero como no tardaría en comprobar, Rasputín llamó enseguida a Beletsky y le dijo: «No dejes que se quede, mándala lejos». Según consta en los registros de la Oficina del Censo de Petrogrado, «la arriba mencionada Tregúbova partió de Petrogrado para establecer residencia en Tiflis».

¡QUÉ HISTORIA TAN EXTRAÑA!

Había otra mujer: Vera Varvarova. Tenía veintiocho años en aquel entonces. En el Expediente testificó: «Soy una artista, canto canciones cíngaras ... canté en presencia del zar».

En una gira por Kiev insultó a un oficial y fue amenazada con pasar una temporada en la cárcel. Acudió a Rasputín. Poco después, «recibió un documento del Senado cancelando la pena». A continuación, Rasputín

me llamó y dijo: "Ven a cantar para mí como invitada." Fui con el capitán del Estado Mayor, Ezersky, con el que entonces estaba viviendo. Había muchos invitados en casa de Rasputín, muchas damas, y yo canté y toqué la guitarra; los invitados me acompañaron y Rasputín bailó ... A partir de aquella noche fui a verle a menudo en veladas parecidas ... Conmigo fue siempre correcto, sobre todo porque iba siempre acompañada de Ezersky.

Explicó Varvarova, insistiendo en que nunca había estado en «la habitación del sofá». Y describió lo que vio con sus propios ojos que les sucedía a las damas que iban al sofá con Rasputín.

«Con algunas de las damas era afectuoso ... las llevaba a la otra habitación y luego las echaba: "¡Fuera de aquí!".»

Aunque Varvarova no tenía la menor idea de por qué ocurría esto, es posible que el repentino final de su relación fuera consecuencia de ello.

«Estaba cansada de aquella situación, y el último año antes de la muerte de Rasputín no fui a verle ni siquiera una sola vez», dijo, concluyendo su testimonio.

La última mención que de ella hacen los agentes se remonta efectivamente a finales de 1915. Pero la referencia es harto elocuente: «Rasputín regresó a las 9.15 de la mañana junto con Varvarova ... Probablemente había pasado la noche en casa de Varvarova». Después de esto, la cantante ocupó su puesto entre la multitud de peticionarias desaparecidas, dejando tras de sí la misma pregunta sin respuesta, una pregunta muy importante para comprender a nuestro héore: ¿se marchó por voluntad propia? O quizá Rasputín tras pasar la noche juntos le ordenó: «¡Fuera de aquí!».

Aún había otra categoría entre las visitantes del sofá. Beletsky las definió de este modo: «Materialmente bien provistas y sin peticiones que hacer. Pero, especialmente interesadas en su personalidad, buscaban la manera de conocerle, sabiendo dónde se metían». Y entre ellas, como observó Beletsky, «había una princesa de Moscú».

Stefania Dolgorukaya, esposa de un caballero ayuda de cámara de la Corte, era realmente una princesa. Aquella dama de treinta y ocho años, con las abundantes curvas que estaban de moda a principios de siglo, solía alojarse en el Astoria, el hotel más caro de la capital.

«1 de diciembre. Rasputín y la princesa Dolgorukaya llegaron al Hotel Astoria en coche a las 3.30 de la madrugada, y estuvieron juntos hasta la mañana», informaron los agentes de vigilancia externa. Mas, no era sólo pasión lo que había unido a Rasputín y a la princesa de Moscú. La princesa quería que trasladasen a su marido a Petrogrado, y el campesino le concertaba citas con las personas adecuadas para ayudarla.

«17 de diciembre. La princesa Dolgorukaya envió un coche a buscar a Rasputín y lo llevó al Hotel Astoria ... El anterior alcalde de Petrogrado, el general Kleigels, acudió y se quedó con ellos hasta las 2.00», informaron los agentes. Igualmente hubo otras dos damas amigas que nos resultan familiares, y aunque no pertenecían a la más alta aristocracia, estaban «económicamente bien provistas». El 8 de diciembre Rasputín «llevó a Dzhanúmova y a Filipova al Donon. Después de cenar, fue al Hotel Rusia con ellas», informaron los agentes.

Sin embargo, tanto Dolgorukaya como Dzhanumova negarían haber mantenido relaciones íntimas con Rasputín. Lo mismo diría Zhukovskaya. Aunque su negativa no es en absoluto plausible. El célebre historiador Serguei Melgunov, a quien ella habló de sus relaciones con Rasputín, transcribió la historia en su diario, aunque no sin escepticismo:

> Al anciano le gustaba mucho Zhukovskaya ... Le suplicaba que pasase la noche con él. Lo hacía manifiestamente delante de Munya Golóvina ... El anciano asía las piernas de Zhukovskaya, le besaba las piernas, le acariciaba el cuello y los pechos ... Sin embargo, Zhukovskaya proclamó con orgullo que el anciano nunca había logrado besarle los labios.

Prugavin, el hombre que envió por primera vez a Zhukovskaya a Rasputín, explicó con franqueza al investigador en el Expediente: «Ella era una persona con los nervios crispados y muy probablemente con una tendencia al erotismo, y debemos suponer que con su ansia de nuevas experiencias, no debió de encontrar tan repugnante la propia búsqueda de Rasputín». Y así era. El erotismo se trasluce en sus recuerdos, y la atormentaba profundamente.

Aquella mujer atrevida y desvergonzada: en su vida y en sus escritos, al describir aquel microcosmos de carnalidad insistiría, tanto en su libro como en las conversaciones con sus amigos, que a pesar de todas aquellas arremetidas del anciano, que ella describía una y otra vez, nunca se rindió a él.

Qué interesantes eran aquellas acometidas. Primero venía un interminable sermón.

«No importa si fornicas un poco. Mira, así es como debería ser: yo he pecado y lo he olvidado. Pero si, digamos, pecase contigo y después no pudiese pensar en otra cosa más que en ti ... entonces el pecado no tendría arrepentimiento. Los pensamientos han de ser santos. Luego iremos a la iglesia y rezaremos el uno junto al otro, olvidarás tu pecado y conocerás la felicidad.»

«Pero si a pesar de todo consideras *eso* un pecado, entonces ¿por qué hacerlo?», le pregunté.

Me miró de reojo: «Bueno, después de todo no puede haber arrepentimiento ni oración sin pecado» ... Inclinándose cada vez más, apoyó su pecho contra el mío, y dejando caer el peso de su cuerpo y retorciendo los brazos, alcanzó el delirio. Siempre me parecía que en semejantes momentos no podía sentir más que aquel salvaje anhelo. Podrías apuñalarle o acuchillarle y ni siquiera se daría cuenta. Una vez le clavé una gruesa aguja en la palma de la mano ... y ni lo notó ... Su rostro brutal, desencajado, se aproximó con el pelo húmedo y enmarañado como hebras de lana alrededor de sus minúsculos y brillantes ojos que a través de su pelo parecían de cristal. Apartándolo silenciosamente y liberándome de él ... retrocedí hacia la pared, convencida de que volvería a acurrucarse contra mi pecho. Pero lentamente avanzó hacia mí tambaleándose y dijo en un susurro ronco: «¡Recemos!». Me cogió por el hombro y me llevó hacia la ventana donde había un icono de san Simeón de Verjoturye. Metiéndome un rosario lila aterciopelado en la manos, me hincó de rodillas, mientras él se desplomaba detrás de mí y se golpeaba la cabeza contra el suelo, primero en silencio, pero luego entonando: «¡Venerable Simeón de Verjoturye, ten piedad de mí, pecador!» ... Al cabo de unos minutos, preguntó sin entusiasmo: «¿Cómo te llamas?» [lo había olvidado porque para él todas eran «Cariño»], después de contestarle empezó de nuevo a golpearse la cabeza contra el suelo, mencionando su nombre y el mío alternativamente. Tras repetir este ritual ... unas diez veces, se levantó y se volvió hacia mí. Estaba pálido y el sudor le bajaba a chorros por la cara, pero su respiración era tranquila, y sus ojos miraban en silencio y con afecto, eran los ojos de un vagabundo siberiano de pelo entrecano. A continuación me besó con frío júbilo monástico.

En todas sus descripciones se percibe la frenética curiosidad y el deseo que arrastraban a Zhukovskaya al apartamento de Rasputín. La satanista necesitaba ser forzada. Pero eso no ocurría. Su fuerte resistencia o rechazo, que al parecer Rasputín había estado esperando, era suficiente como para que todo terminase en júbilo y plegaria. Más Zhukovskaya seguía visitándole y la escena volvía a repetirse. Alexandra Belling describió sus encuentros con Rasputín del mismo modo. Sólo que a diferencia de Zhukovskaya, que quería a Rasputín, Belling sólo quería explotarle y le resultaba repelente. Por esta razón no había plegaria después del acoso porque para él no había nada por lo que rezar. Ella no era pecadora. También por esto resultaba fácil escurrirse de sus abrazos.

Todo esto crea la extraña sensación de que era como si reclamase aquel rechazo en sus arremetidas, para luego soltarse. Como si todo su exorcismo estuviera contenido en aquel constante ataque y rechazo. En el rechazo obligatorio.

OTRA VEZ SOBRE SUS SECRETOS ERÓTICOS

«De camino a casa», escribió Zhukovskaya,

me preguntaba si habría actuado del mismo modo con Lojtina, si después de llevarla al éxtasis la obligaba a rezar. ¿Y quizá también a la zarina? Recuerdo la ávida e insaciable pasión que rebosaba a través de las frenéticas caricias de Lojtina, una pasión constantemente alimentada y sin embargo nunca satisfecha. pero eso es algo que uno nunca podrá averiguar ... Quizá sólo después, cuando ya ninguno de ellos esté vivo.

Es posible que todo fuera una extensión de aquella misma experiencia religiosa secreta suya. La constante búsqueda de la lujuria y su consiguiente eliminación hasta llegar a la indiferencia, un proceso que servía para «refinar sus impulsos» y que le proporcionaba percepción interna y poder hipnótico. Por este motivo, sus «romances» con las damas que le rechazaban, como: Zhukovskaya, Dzhanumova y Belling duraban tanto. Mientras que todas aquellas damas que se rendían a él, que satisfacían sus deseos, desaparecían inmediatamente.

La prostituta Tregúbova, que le proporcionaba acaudalados peticionarios judíos, le visitó hasta que se rindió a él. Por esto decidió deshacerse de ella. Para él era un fracaso. El pecado había triunfado. Como él mismo le había explicado a Zhukovskaya, «había empezado a pensar en Tregúbova». Y el campo de su fuerza diabólica se había debilitado. Por esto empezó a odiarla. Ésta podría ser presumiblemente la verdadera explicación de por qué trató de echar a Tregúbova de la capital y mandarla lejos. Cuando la obtusa Tregúbova acudió a él y, al parecer, se le entregó de nuevo, ordenó que fuera expulsada de la ciudad sin dilación. Evidentemente, Lunts, Varvarova, Bazilevskaya, Gayer y las innumerables víctimas del «pago por adelantado» cometieron el mismo error. Al instante desaparecieron de su apartamento. Tan pronto como la pobre Jionia Berladskaya se le entregó, él empezó a detestarla. Y para evitarla, sus recomendaciones terminaron. El caso de la niñera real Vishnyakova es exactamente el mismo. Cedió a su fiero deseo y se rindió presa de la locura. Inmediatamente se distanció de ella. Entonces la ultrajada niñera declaró que había sido violada.

Las únicas que se le rindieron y que permanecían con él eran las que habían sido iniciadas en su experiencia, los verdaderos miembros de su secta, que estaban dispuestas a tolerar su repugnancia y continuaban venerándole. Como la infeliz Lojtina o la leal Zinaída Manshtedt o la silenciosa baronesa Kusova. Y, por último, la taimada Laptinskaya y la obediente Patushinskaya, que a la orden de su líder representaban el papel de «esposas celestiales», para desaparecer mansamente de su cama a petición de Rasputín. O las otras que continuaban atormentándole con un deseo insatisfecho e inofensivos «alborotos», como la princesa Shajovskaya y Sana Pistolkors. También aquellas damas se vieron acosadas incesantemente en aquel interminable juego sexual que concluía con un elevado arrepentimiento, júbilo y oración. Por esta misma razón ninguna de ellas sentía celos. Cuando trataban de convencer a «las nuevas» Dzhanúmova o Zhukovskaya para que se entregasen, sabían que aquello sería su fin. Que aquellas «extrañas» recién llegadas se unirían al ejército femenino que había pasado por el sofá y se había desvanecido. Allí recibió Vyrubova su entrenamiento, y descubrió el atractivo del juego del deseo no correspondido. El juego erótico en el que había implicado al zar y a la zarina.

EL CAMPESINO BUSCA UN PRIMER MINISTRO

Entre sus juergas y borracheras y el «refinamiento de impulsos» el campesino había estado ocupado intentando encontrar un futuro jefe de gabinete. No fue una casualidad que Sheila Lunts se tropezase con Protopópov, vicepresidente de la Duma, en el apartamento de Knirsha. Nuestro Amigo estaba eligiendo a los participantes de sus futuros juegos políticos. Allí tenía lugar una especie de audiciones políticas; por esto, había llevado con él a un tal Osipenko, secretario (y más) del metropolitano Pitirim. «20 de diciembre. Rasputín fue a ver al ciudadano de la nobleza hereditaria, Knirsh[a] (de veintiocho años, soltero), con el secretario de Pitirim, Iván Osipenko. En aquel mismo lugar se hizo entrega de dos cestos llenos de vino del restaurante Villa Rhode ... e invitaron a un grupo de gitanos», informaron los agentes de vigilancia externa.

El Grupo de Expertos del campesino se había ampliado considerablemente. Además de los judíos, ahora había jerarcas de la abadía de Alejandro Nevski. Rasputín era asiduo invitado a los aposentos de su nombrado metropolitano Pitirim. Doce años antes, Rasputín había llegado a la abadía como un lamentable suplicante: ahora, allí tenía influencia. Pitirim organizaba banquetes y almuerzos en su honor. La lista de invitados era siempre la misma: el obispo Varnava, el secretario de Pitirim, Iván Osipenko, el secretario general del Sínodo, Piotr Mudrolyubov, y su tesorero, Nikolai Solovyov. La política a seguir por el Sínodo se decidía en aquellos banquetes.

Sin embargo, ahora, a finales de 1915, discutían enardecidos sobre los candidatos a ocupar el cargo de futuro primer ministro. Así pues, no es de extrañar que también Vyrubova, miembro del Consejo de Ministros de la oposición, estuviese presente.

«16 de diciembre ... Ania estuvo ayer en la residencia del metropolitano, y Nuestro Amigo también; hablaron un rato y luego aquél les ofreció un almuerzo», escribió Alix a Nicky, «y durante todo el tiempo estuvo sumamente respetuoso con Grigori y se mostró profundamente impresionado por todo lo que decía».

«SOY UN DIABLO, SOY UN DEMONIO»

El último año de Rasputín había llegado. Aquel buscador de primeros ministros en quien confiaban los zares se pasó todo el mes de enero de 1916 borracho como una cuba. Las palabras favoritas de los agentes de seguridad eran: «Hubo invitados hasta la mañana siguiente. Cantaron canciones».

El 10 de enero celebró su cumpleaños. Cumplía cuarenta y siete. No vería los cuarenta y ocho. Los festejos tuvieron lugar bajo la infatigable vigilancia de los agentes. La mañana del 10 de enero, los hombres de Komissarov se presentaron en el apartamento del campesino portando regalos. Al llevar los presentes, se ofrecieron para ayudar con los abrigos a los invitados de Rasputín. Después de explicarle que así era «como se comportaban los caballeros en las casas buenas», y considerando que resultaba halagador ver a tantos sirvientes, el campesino aceptó. ¡Era astuto, pero simple! Más tarde los agentes describieron los regalos que recibió Rasputín: «una enorme cantidad de objetos valiosos de plata y oro, alfombras, juegos de muebles, pinturas, y dinero».

También recibió un telegrama de felicitación de las más altas instancias, que se leyó en voz alta tras la llegada de Vyrubova y otros invitados. El propio oficial del Sínodo Mudrolyubov pronunció un discurso en el que se hacía hincapié en la «importancia de Rasputín para el Estado como hombre simple que había trasladado las aspiraciones del pueblo a los pies del trono». Después de que Vyrubova y Mudrolyubov se hubiesen marchado, la verdadera juerga dio comienzo. El campesino bebió con desmesura, leyó telegramas de todos los rincones de Rusia, y por la tarde cayó borracho como una cuba. Lo acostaron. Tras una breve cabezada, volvió a estar sobrio. Llegó la noche. Para entonces el círculo más íntimo ya se había reunido, damas en su mayoría. Y empezó a beber, exigiendo que las señoras hicieran lo mismo. No dejó de ofrecerles bebida durante toda la velada. Quiso que llamasen a los gitanos. Éstos acudieron a felicitarle. A esas alturas estaban todos completamente ebrios a excepción del grupo de gitanos. Las damas más sensatas se apresuraron a marcharse. El campesino se estaba convirtiendo en una bestia. De tanto baile y alcohol, alcanzó una especie de locura. También los invitados estaban en el mismo estado. Todos cantaban, bailaban y gritaban. Como informaron los agentes:

Los que se habían quedado armaron tal alboroto que el grupo de cíngaros se apresuró a marcharse. A eso de las 2.00 tan sólo permanecían en el apartamento los que habían decidido pasar allí la noche. Por la mañana se inició una ruidosa pelea: los maridos de dos de las damas que habían dormido en casa de Rasputín irrumpieron en el apartamento con armas de fuego. Los agentes consiguieron escoltar a las damas hasta la salida trasera.

Poco después saldría también Rasputín por aquella misma puerta trasera hacia su propia muerte.

Acompañaron a los maridos por todo el apartamento para que pudieran convencerse de que sus esposas no habían pasado allí la noche. A continuación los agentes les siguieron para poder identificarlos, de manera que también ellos figuran en los informes policiales. No obstante, las damas, al igual que sus frívolas predecesoras, no volvieron a aparecer por el apartamento. El propio campesino, asustado por los maridos, «se apaciguó durante varios días y tenía miedo de salir del apartamento». Mas no tardó mucho en volver a las andadas.

14 de enero. Regresó a casa a las 7.00 de la mañana completamente borracho en compañía de Osipenko y de otro desconocido ... Rompió la gran cristalera de la puerta de entrada de su edificio, y tenía una enorme hinchazón en la nariz, al parecer se había caído en alguna parte.

17 de enero. Una dama desconocida fue a ver a Rasputín pasadas las 11.00 y se quedó hasta las 3.00 de la madrugada.

La mujer no volvió a ser vista y los agentes de vigilancia externa no pudieron averiguar su nombre.

Las tres de la madrugada era su hora habitual. La noche todavía era joven. Con el grito: «¡Vamos a ver a los gitanos!», despertaba a su compañía ebria. Los juerguistas medio dormidos tomaban un carruaje y se iban a toda prisa al restaurante. Allí los ya terriblemente cansados cíngaros entretenían a sus infatigables huéspedes hasta el amanecer.

Parecía como si presintiese que estaba viviendo su último invierno y se entregaba al placer con una salvaje lascivia. En realidad, las juergas de los ricos comerciantes rusos de la época poco se diferenciaban del frenesí del campesino. El inminente apocalipsis estaba volviendo loca a la gente.

En el Expediente se conserva el testimonio de Isaac Bykhovsky, de cuarenta años, un industrial del carbón de fe judía como Jarkóv. Vino a

Petrogrado «a cerrar un pequeño negocio harto beneficioso». Sus socios de Petrogrado lo llevaron a ver a Rasputín en agradecimiento por haberle dado a uno de ellos «una tarjeta de visita dirigida a Shakovskoy, ministro de Comercio e Industria. En la tarjeta había escrito: "Recíbele". En efecto, Shakhovskoy le recibió sin tener que esperar, aunque la reunión no produjo resultado alguno». Los industriales del carbón no le dieron dinero a Rasputín y se limitaron sólo a un banquete. Rasputín apareció en plena cena y al instante hundió la cabeza en su cuenco, comió solamente sopa y pescado y bebió Madeira ... a continuación hizo una llamada telefónica y apareció un joven de Georgia, que se sentó junto a Rasputín, y empezó a llamarle «padre» intentando congraciarse con él.

(El georgiano era el oficial Panjadze, que, como la mayoría de la nobleza de Georgia se llamaba a sí mismo «príncipe» y estaba en aquel entonces prometido con Matryona, hija de Rasputín. Gracias a Rasputín había podido evitar el frente cumpliendo su servicio militar en los batallones de reserva guarnecidos en Petrogrado. Vyrubova lo describió de esta manera en el Expediente: «Panjadze, un prófugo que no quería entrar en el ejército».)

Durante la cena

el georgiano no paró de insistir en que fuésemos a ver a un grupo gitano en Pueblo Nuevo, donde, según él, estaban esperando a Rasputín. Fuimos todos juntos a ver al grupo, porque al salir había ya un automóvil esperando. Un nutrido grupo estaba aguardándole allí. Rasputín se soltó y bailó todo el rato y bebió Madeira. Yo estaba impresionado por su forma de bailar. A veces daba vueltas sobre sí mismo durante media hora, y me asombraba que no se mareara. Uno de mis colegas no se encontró bien, y alrededor de las 2.00 me marché [por lo que él y su colega se esfumaron sin pagar]. El resto del grupo se quedó hasta las 7.00 de la mañana y siguió pidiendo vino ... para Brusilovsky [su otro colega] que acabó pagándolo todo.

Y de nuevo lo trajeron borracho a casa antes del amanecer; una vez más intentó entrar en el apartamento de una tal Katya en el mismo edificio: y fue rechazado, ebrio, trató de besar a la somnolienta portera, pero ella lo apartó perezosamente. Su apartamento de la calle Gorojovaya hacía tiempo que se había convertido en una guarida. Como el investigador Simpson escribió en su concisa «Resolución»:

Allí vivía, un mes tras otro, en los intervalos entre los viajes de su tren hospital, la hermana de la misericordia Laptinskaya, cuyos ejercicios eróticos con Rasputín podían observarse desde la calle por falta de persianas ... [Otros] huéspedes eran la hermosa siberiana Elena Patushinskaya, cuyo esposo notario había sido trasladado gracias a los esfuerzos de Rasputín a Odessa, donde se mató de un disparo ... la bella judía bautizada Volynskaya, que había pagado con su cuerpo y con dinero los esfuerzos de Rasputín por conseguir el perdón de su marido; la baronesa Kúsova que quería obtener una mejor posición para su marido, oficial agregado a un regimiento en Crimea ... la cantante cíngara Varvarova, que le costó demasiado dinero y que le entretenía de mil maneras ... la lasciva ... esposa del abogado Sheila Lunts ... el propietario del restaurante de Villa Rhode, que ponía vino y mujeres a disposición de Rasputín; la erotomaníaca ... Zhukovskaya ... el príncipe Andronikov; el doctor Badmaev; el agente de numerosos servicios de inteligencia, Manásevich-Manuílov; el inspector de escuelas públicas Dobrovolsky y su joven esposa; Molchanov, hijo del exarca de Georgia ... que procuraba por sus asuntos y los de su padre; la judía Tregúbova ... el tratante de diamantes y empresario de una casa de juego Simánovich; y la hermosa princesa Shajovskaya.

Y en el centro él, eternamente borracho, un campesino envuelto en sus juegos religiosos que se estaban convirtiendo, cada vez más, en una morbosa lujuria, en una especie de droga.

En el Expediente su antiguo amigo íntimo Sazonov relató al investigador una escena extraordinaria:

> Rasputín era consciente de su ocaso, y aquella conciencia le hacía sufrir ... Recuerdo que seis meses antes de su muerte vino a verme borracho y, llorando amargamente, me dijo que se había pasado toda la noche de juerga con los gitanos y que había despilfarrado dos mil rublos, y que tenía que estar con la zarina a las 6.00. Lo llevé a la habitación de mi hija, donde entre sollozos dijo: «Soy un diablo. Soy un demonio. Soy un pecador, mientras que antes era santo. No merezco estar en esta habitación tan pura». Vi que su pena era auténtica.

«Bond» conquista la casa de la calle Gorojovaya

A finales de 1915 el coronel Komissarov informó a sus jefes de que Manásevich había adquirido repentinamente una enorme influencia en el apartamento de la calle Gorojovaya. Y, como los agentes registraron, acompañaba cada vez con mayor frecuencia al campesino en el coche oficial a Tsarskoe Selo. Komissarov hablaba con gran asombro de todas las innovaciones que se habían producido en casa de Rasputín. Manásevich se había traído una máquina de escribir y una mecanógrafa. Con la ayuda de esta avanzada tecnología, los pensamientos de Nuestro Amigo se transmitían ahora a Tsarskoe Selo por escrito y sin demora. En la parte inferior de la hoja, Rasputín ponía una cruz y firmaba su nombre con un pomposo garabato.

Sus negocios con Tsarskoe Selo continuaban de forma ininterrumpida.

Al principio Beletsky y Jvostóv llegaron a la conclusión de que el astuto aventurero había decidido simplemente utilizar al padre Grigori para poder conocer a la poderosa Amiga. Sólo después se darían cuenta los dos jefes de la policía secreta de que se habían equivocado por completo: porque Manásevich había encontrado al futuro primer ministro del país. Y los nuevos íntimos amigos iban a discutir esta sorprendente candidatura a Tsarskoe Selo con la Amiga.

El amante ingrato

Lo único que Jvostóv pudo averiguar a través de sus agentes fue que, en realidad, se había tomado la decisión de destituir al primer ministro Goremykin. ¡Y el insensato de Jvostóv pensó que había llegado su hora! Simplemente no comprendía la actitud que Rasputín tenía hacia él. Como bien dijo el coronel Komissarov: «Rasputín sentía constantemente su antipatía y no podía, a pesar de los servicios de Jvostóv, vencer la suya». Jvostóv derrochaba una frenética actividad. Se enfrascó en la confección de una lista de los nuevos favoritos de Rasputín entre sus partidarios tratando de convencerle a través de Manásevich.

Esto parecía fácil porque el propio Manásevich había acudido a Jvostóv para un asunto un tanto picante. Manásevich estaba enamo-

rado de la actriz Lerma-Orlova. Aquella hermosa mujer medio francesa y de mundo como Sheila Lunts, había trastornado al amoroso y extraordinariamente feo, Manásevich. Mas, por desgracia, el malhadado
«Bond» se había enterado de que mientras su amante aceptaba dinero de
él, le había estado regalando sus encantos sin cargo alguno a un joven
sueco, el maestro de equitación Petz, que en aquel entonces le daba clases. La actriz estaba tan absorta en sus estudios de equitación que Manásevich no había podido visitar su anhelada cama. Jvostóv aceptó, encantado de ayudar al infeliz Manásevich. Como consecuencia, el pobre
Petz fue acusado de vender caballos al ejército alemán a través de Suecia. Primero fue enviado a prisión y después deportado. Así, Manásevich pudo reanudar sus relaciones con la atemorizada actriz.

Jvostóv pensaba que ahora podría esperar un esfuerzo recíproco por
parte del agradecido amante. Pero el ingenuo «Barrigón» pasó por alto
el hecho de que esa clase de personas nunca agradecen nada.

En aquel entonces, «Bond» estaba enfrascado en el gran juego de
concertar reuniones clandestinas entre Rasputín y el candidato que él,
Manásevich, había encontrado.

EL «VIEJO AMIGO» ES NECESARIO

Beletsky se enteró de aquellas reuniones por sus agentes en 1916, a
principios de año. Tanto la identidad del candidato como el siniestro lugar en el que tenían lugar las reuniones le sorprendieron. Resultó que
Rasputín iba por la noche a la fortaleza de Pedro y Pablo, la Bastilla rusa.
Y allí, en los aposentos del comandante, esperaba el nuevo candidato, a
quien Rasputín había ya apodado «Viejo Amigo». Se trataba de Boris
Stürmer, de sesenta y siete años, y miembro del Consejo de Estado.

Acompañaba a Stürmer una mujer más bien joven, una tal Nikitina,
hija del comandante de la fortaleza. Según las declaraciones de Vyrubova, aquella dama de honor de la emperatriz «era considerada una persona frívola, y no se escatimaron esfuerzos para mantenerla alejada de
palacio». Ni siquiera la edad de Stürmer «podía impedir que circulasen
rumores sobre ellos».

La propia Nikitina había organizado las reuniones secretas entre
Rasputín y Stürmer en la oficina de su padre en la fortaleza.

477

En 1917, en la misma fortaleza de Pedro y Pablo donde él y Rasputín se había reunido en secreto, Stürmer, ahora preso en aquel lugar, respondería a las preguntas de los investigadores.

Al enterarse de lo de Stürmer a través de sus agentes, Beletsky al principio se sorprendió. Pero reflexionando con calma, reconoció que la elección no era del todo mala. Cierto que Stürmer tenía un incómodo nombre alemán. Sin embargo, había muchos nombres alemanes en la Corte. Por otro lado, Stürmer «era un hombre de probada lealtad al trono, y contaba con una extensa lista de conocidos en los círculos de la Corte». En 1914 en casa de Stürmer se reunía un famoso salón político. Contrariamente a las habituales y desenfrenadas críticas a Rasputín, allí dominaba la crítica constructiva, es decir, cómo salvar al Gobierno que se estaba hundiendo sin tocar a Rasputín. Beletsky había asistido con frecuencia a aquel salón.

«El círculo de Stürmer», testificó Beletsky, «incluía la flor y nata de la aristocracia rusa y de la burocracia más influyente: miembros del Consejo de Estado, senadores, vástagos de las familias rusas más antiguas ... gobernadores, jerarcas de la Iglesia.»

Y Alejandra Fiódorovna lo sabía: el círculo de Stürmer no había exigido la cabeza del favorito. A pesar de ello, todos los intentos del anciano estadista por volver a la vida política activa habían sido infructuosos: su nombre alemán se había interpuesto. Sin embargo, ahora había llegado su hora.

A Beletsky no le costó mucho descubrir de quién había salido la idea de nombrar a Stürmer. En tiempos del poderoso ministro de Interior, Plehve, Stürmer ejerció como jefe del Departamento de Policía, donde Manásevich había trabajado como agente de servicios especiales. Al comprender la situación, Beletsky llamó a Manásevich a su despacho. «Le pregunté: "¿por qué traicionaste a Jvostóv?". Se disculpó y observó displicentemente: "Te irá mejor con Stürmer".» Entonces Beletsky, con la esperanza de mantener buenas relaciones con el futuro primer ministro, decidió ocultar a Jvostóv aquella reunión secreta. «A través de Manásevich le aseguré a Stürmer mi apoyo y mi disposición a proporcionarle cualquier información que estuviese en mis manos.»

Acto seguido, el incansable Manásevich fijó un encuentro entre Stürmer y el metropolitano Pitirim. Más tarde Manásevich testificaría que el clérigo le había preguntado: «¿No suscitará polémica la sustitución de

Goremykin por alguien con nombre extranjero?», Manásevich replicó: «Lo importante es el hombre no el nombre». Y añadió: «Stürmer es una persona nueva en lo que a la Duma se refiere, y por esta razón los miembros de la Duma se sentirán incómodos votando por él enseguida». Así, el cauto Pitirim, respaldado por la zarina y Rasputín, elaboró para el zar una nota favorable acerca de las actividades pasadas de Stürmer.

Manásevich, que había sido expulsado de los Servicios Especiales y que se había manchado las manos con numerosos asuntos turbios, recibió la promesa de acceder al rango de oficial al mando de Servicios Especiales agregado al futuro primer ministro. Para Rasputín y el gabinete ministerial de las damas se estaba convirtiendo en un agente en el despacho del primer ministro. Todos los sueños se estaban realizando: Stürmer había sido nombrado primer ministro, Manásevich se había unido al gobierno, y la zarina y Rasputín habían encontrado a un primer ministro que obedecería.

Había llegado la hora de informar a Jvostóv. Temiendo la ira y la venganza del insensato «Barrigón», Manásevich, a quien le gustaba operar en varios frentes a la vez, decidió adelantar los acontecimientos e ir a ver a Jvostóv por su cuenta. Le habló del futuro nombramiento de Stürmer como primer ministro y le explicó que todo había sido obra de Rasputín y de Pitirim. Jvostóv montó en cólera. Y dio rienda suelta a su sed de venganza.

Entretanto, los acontecimientos seguían su curso.

Stürmer fue convocado por el zar el 20 de enero de 1916 a las 3.00 de la tarde y salió del despacho siendo primer ministro. El primer ministro Goremykin, que llegó a las 5.00 con su acostumbrado informe, salió, ante su perplejidad, con la destitución.

Poco después, Manásevich recibió el cargo de oficial de Servicios Especiales agregado al despacho del primer ministro.

En los días posteriores al nombramiento de Stürmer se produjo una reunión sumamente importante. A pesar de toda la confianza que le había asegurado Manásevich y de las conversaciones con el Viejo Amigo, Rasputín con su intuición de animal captó una adusta hostilidad por parte de Stürmer.

Y decidió exigir las garantías necesarias.

De los informes de la vigilancia externa: «21 de enero. Rasputín fue con Gayer a casa de Knirsha, y de allí se fue solo a casa de Orlova, donde

Manuilov y B. V. Stürmer le esperaban». Tras la alegre juerga en casa de Knirsha, el campesino acudió a una reunión con el nuevo primer ministro.

Esta vez se había elegido un lugar más romántico que siniestro para la reunión. Un nido de amor: el apartamento de la infeliz Lerma-Orlova, amante de Manásevich.

Del interrogatorio de Manásevich por parte de la Comisión Extraordinaria:

«¿Estuvo presente en la reunión?»

«No, yo estaba en otra habitación.»

«¿Y la persona a la que pertenecía el apartamento?»

«No, ella no estaba allí ... Al despedirse [Rasputín y Stürmer] intercambiaron besos. Yo estaba en el comedor.»

Aquellos besos parecían confirmar los resultados de la conversación. Y Manásevich, representando su doble papel favorito, se acercó a Jvostóv para contarle los detalles de la reunión secreta. Le encantaba enfrentar a la gente.

Del testimonio de Jvostóv:

Manásevich llegó ... y me contó que la reunión había llegado a buen término, y que Rasputín estaba dispuesto a prestarle todo su apoyo junto con los zares ... Stürmer, por su parte, prometió consultar con Rasputín los asuntos de Estado más importantes para el trono y le pidió que le considerase un amigo. Tras esto, intercambiaron besos.

Por consiguiente, el campesino zar podía decir: «Tengo a Rusia en la palma de mi mano».

Una comedia en la abadía

El ministro Jvostóv urdió su venganza. Infligió su primer golpe a Pitirim. Decidió hacer público lo que el metropolitano había ocultado con tantos esfuerzos: su amistad con Rasputín. Para ello Jvostóv maquinó la representación de toda una escena teatral. Llamó a Komissarov y le dijo que vistiera ropas civiles y llevara a Rasputín a ver a Pitirim. El coronel partió a cumplir con su encargo.

«Y de nuevo escuchó [Nicolás] con aprobación los sueños guerreros del gran duque Nicolai Nikoláievich. Sintió con alegría la popularidad de su disposición. La joven burguesía rusa quería la guerra, al igual que la vieja aristocracia. ... el favorito del ejército, el gran duque Nicolai Nikoláievich de casi dos metros de estatura.»

El Consejo de Ministros ruso en junio de 1915 en el Cuartel General del zar en la estación Baranovich. En la primera fila empezando por la derecha: el interventor del Estado P. A. Jaritonov, el gran duque Nicolai Nikoláievich, Nicolás II, el presidente del Consejo de Ministros L. I. Goremykin, el ministro de la Corte imperial, general responsable del aparato administrativo V. B. Fredericks; en la segunda fila empezando por la derecha: el ministro de Interior, Príncipe N. B. Shcherbatov, el ministro de Información S. V. Rujlov, el ministro de Asuntos Exteriores S. D. Sazonov, el ministro de Agricultura A. V. Krivoshein y el ministro de Economía P. L. Bark; el jefe del Estado Mayor, comandante en jefe de Infantería A. A. Polivanov; el ministro de Comercio e Industria, príncipe V. N. Shajovskoy, sin identificar.

El zar, tras asumir el puesto de comandante en jefe, en el frente con Alejo, en 1916.
«Desde que [Nicolás] empezó a llevarse al Heredero al Cuartel General, la soledad
y la nostalgia ya no le atormentaban tanto. Y de repente, [la zarina] empezó a preocuparse
de que los viajes pudiesen interrumpir los estudios del heredero. Enseguida se puso
de manifiesto que Nuestro Amigo tampoco estaba de acuerdo con aquellos viajes.»

Nicolás con su hermano menor Mijaíl (en el centro) y su primo Dimitri. Mijaíl conmocionó a su
familia al casarse con una divorciada y marcharse a vivir al extranjero, pero al estallar la guerra
regresó a Rusia para ocupar el cargo de comandante militar. Tras la abdicación de Nicolás en
1917, Mijaíl le sucedió durante un breve período. «Dimitri era el favorito de Nicolás. Sus cartas
dirigidas al zar se han conservado, son las cartas burlonas de un libertino. Duelista y gran
bebedor, alto y bien plantado como casi todos los Romanov, favorito de la guardia, aunque no
de Alix. El joven no ocultaba su desprecio por el campesino.»

Otoño de 1914, Rusia está en guerra. Alix y sus hijas Olga y Tatiana se graduaron en un curso de enfermería y recibieron el Certificado Internacional de la Cruz Roja. «La zarina se entregó a la causa de la misericordia con todas sus fuerzas y su ilimitada energía. Organizó su propio tren hospital y montó un hospital en Tsarskoe Selo en el recinto del gran palacio. Ella y las grandes duquesas se hicieron hermanas de la misericordia.»

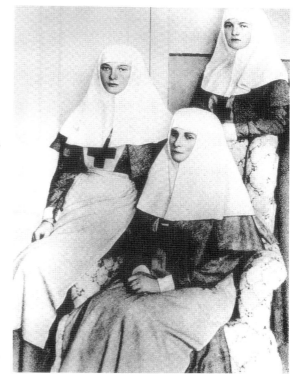

Anna Vyrubova siguió el ejemplo de la zarina y ayudaba a cuidar de los heridos. Aquí la vemos en el vagón de oficiales de un tren hospital.

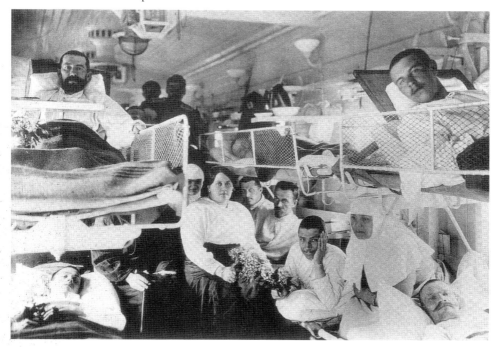

La sobrina del zar, Irina, y su marido Félix Yusúpov, un libertino bisexual. Debido a la tirantez de las relaciones entre la madre de Félix, Zinaída, y la zarina, «la boda se celebró en lo que para Alix era "territorio enemigo": el palacio Anichkov de la emperatriz viuda. La pareja se casó en la iglesia del palacio. El 9 de febrero de 1914 Nicky escribió en su diario: "Todo salió bien. Hubo mucha gente"».

La decisión de matar a Rasputín «se gestó con toda probabilidad en Dimitri». Aquí le vemos junto a uno de sus coches, por los que sentía verdadera pasión: «Aquel apuesto soldado de la guardia real, atleta y antiguo participante en los Juegos Olímpicos que, como Félix Yusúpov acertadamente observó, "detestaba al anciano".»

Félix Yusúpov. Se desconoce el lugar. Podría ser el Palacio Yusúpov, donde se llevó a cabo el asesinato de Rasputín. Habían convertido el sótano «en una acogedora salita comedor al antiguo estilo ruso». Más tarde, Yusúpov recordaría que Rasputín se sacó el abrigo y «empezó a examinar el mobiliario con interés. Los cajones con el laberinto de columnas atrajeron especialmente su atención. Los admiraba como un niño ... los abría y cerraba estudiándolos por dentro y por fuera. ... Le ofrecí té y vino ... para mi decepción declinó el ofrecimiento. "¿Habrá pasado algo?", me pregunté».

El patio del palacio Yusúpov. A la izquierda se ve claramente la puerta por la que Rasputín salió corriendo una noche de diciembre de 1916 para ponerse a salvo de sus asesinos. A la derecha, fuera de la fotografía, está el canal del Moïka.

Fotografías del cadáver de Rasputín hechas por la policía después de ser sacado de debajo del hielo, muestran su rostro mutilado y su cuerpo desnudo con los orificios de bala.
«Temprano, la mañana el 19 de diciembre encontraron un cadáver flotando en el Neva, cerca del puente del Gran Petrovsky. Había salido a flote y ofrecía un aspecto tremebundo. Las manos, que bajo el agua habían estado forcejeando para desatarse, estaban levantadas. Era evidente que aquel hombre tan imponente, que en el automóvil todavía respiraba, había fingido su muerte con la esperanza de poder liberarse de sus ataduras en el agua. Pero su fuerza sobrehumana le había fallado.»

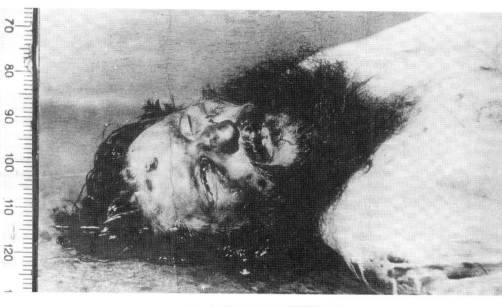

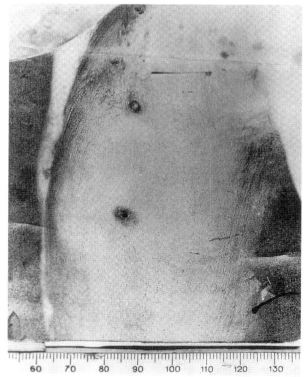

Cuando la historia del asesinato de Rasputín empezó a trascender, los caricaturistas no perdieron el tiempo.

Al llevar a cabo mis instrucciones», testificó Komissarov: «Descubrí que Rasputín no estaba en casa sino en Tsarskoe Selo. Llegó aproximadamente una hora más tarde acompañado por su familia, el secretario de Pitirim, Osipenko, y Akilina [Laptinskaya] ... Informé discretamente a Rasputín de que Pitirim y Jvostóv nos estaban esperando en la abadía. Al momento ambos nos marchamos.

Presintiendo algo extraño, «Osipenko y Akilina empezaron a protestar porque me llevaba a Rasputín de allí y ... corrieron tras el taxi durante un rato, gritándole: "¡Adónde vas, te está llevando a algún sitio!"»
Jvostóv aguardaba ya en la abadía sentado en los aposentos de Pitirim. Estaba hablando tranquilamente con el metropolitano cuando éste fue informado en privado de la llegada de Rasputín.
Según las declaraciones de Komissarov:

Pitirim, que había mantenido en secreto su íntima amistad con Rasputín, le dijo a Jvostóv que había llegado un georgiano y que necesitaba hablar con él. Salió a nuestro encuentro. Pitirim y Rasputín se besaron. A continuación Rasputín me presentó como «el general de Jvostóv». ¡Ya puede imaginarse el disgusto del jerarca! Entonces Pitirim preguntó sombríamente: «¿Por qué no va de uniforme?».

Komissarov respondió que sólo llevaba uniforme en el ministerio. «Pitirim no tuvo más remedio que invitarnos a pasar a la habitación donde estaba Jvostóv.»
Todo Petersburgo comentaba la broma. El prestigio del metropolitano quedó destruido. Vyrubova y la emperatriz estaban furiosas. Mientras que, por su parte, Rasputín estaba encantado. No le gustaba que el metropolitano se avergonzase de él, para el campesino resultaba humillante. Por otro lado, se dio cuenta de que Jvostóv, a quien no podía soportar, estaba acabado. ¡Mamá nunca se lo perdonaría!
Después de haberse vengado de Pitirim, Jvostóv decidió atacar al campesino. El ministro enloquecido planeaba expulsarlo de palacio. ¡Estaba convencido de que triunfaría donde el mismísimo Stolypin había fracasado! Ingenió otra representación teatral. «Arrastraría a Rasputín a una gigantesca pelea a puñetazo limpio y la convertiría en un mayúsculo escándalo con informes policiales y publicidad.» De modo que en Tsarskoe Selo «se vieran obligados a echarle». Y entonces Jvostóv, aun-

que le hubiesen apartado de su cargo como ministro, podría volver a la Duma triunfalmente como el hombre que había derribado a Rasputín.

El teatro del ministro: «La salvaje paliza de Rasputín»

¡Para llevar a cabo su plan, Jvostóv decidió utilizar a Manásevich! ¡Tal era su confianza en él! Manásevich recibió dinero de los fondos del Departamento de Policía «para organizar una velada de diversión en casa de su amigo, el reportero Mijaíl Snarsky». Al terminar ésta, Snarsky tenía que entretener a Rasputín. Cuando los demás invitados se hubieran dispersado, debía dejarle salir solo a la calle. A continuación, los agentes del Departamento de Policía disfrazados caerían sobre él y lo meterían en un coche. Tenían que propinarle una enorme paliza para que no olvidase cuál era su sitio. Más tarde anunciarían que lo ocurrido no había sido más que la consecuencia de una pelea de borrachos a puñetazo limpio, provocada por el mismo Rasputín. Jvostóv llegó de incógnito para presenciar la paliza. Los agentes disfrazados estaban en sus puestos esperando en un coche junto al edificio de Snarsky. Pero por alguna razón las ventanas del apartamento de Snarsky estaban sospechosamente oscuras. Mientras Jvostóv, de incógnito, caminaba con impaciencia en la helada, esperando a que apareciese el campesino, Rasputín bebía y se divertía alegremente con Manásevich y Snarsky en una sala privada del Palacio del Teatro. ¡Se estaban puliendo el dinero recibido para organizar la paliza de Rasputín! Jvostóv no podía decir nada. Había sido humillado y ridiculizado: eso no lo podía perdonar. Fue entonces cuando, según el testimonio de Komissarov, Jvostóv le dijo por primera vez: «Hay que matar a Rasputín».

El nuevo espectáculo del ministro: «El asesinato del campesino»

Una vez aceptada la idea del asesinato, Jvostóv, naturalmente, habló de ello con Beletsky. Según declaraciones de Beletsky:

Me recordó lo agobiados que estábamos los dos con las reuniones con Rasputín y el constante temor de que se descubriese nuestra relación con él a consecuencia de la falta de tacto por su parte ... Y, por último, insistió en que deshacerse de Rasputín disiparía el ambiente enrarecido en torno a los zares y apaciguaría a la sociedad y a la Duma.

Jvostóv suponía que matar a Rasputín «no sería difícil». Y justificar por qué le habían perdido la pista sería todavía más fácil «si se remitían a todas las salidas que Rasputín había hecho a escondidas de los agentes». Y Beletsky estuvo de acuerdo. Se decidió confiar el asesinato a «nuestro coronel», es decir, a Komissarov.

Obviamente, Beletsky mentía cuando aceptó. Como él mismo explicó a la Comisión Extraordinaria, no «tenía ninguna fe en el éxito del complot, pues estaba convencido de la intuición y la astucia de Rasputín y de la incompetencia de Jvostóv en cuanto a la organización de las acciones de la policía secreta». Además, «teniendo en cuenta la personalidad mística del soberano, y recordando los numerosos santos dementes ... anteriores a Rasputín», se preguntaba qué pasaría después de la desaparición de Rasputín: la respuesta era, «la aparición en palacio de otra persona extraña, al estilo de Misha Kozelsky». Por lo menos con Rasputín sabía cómo trabajar.

Lo más importante, aunque no lo mencionó en su testimonio, es que había decidido engañar a Jvostóv, dejar que organizase el asesinato y luego evitarlo, y entregar al «Barrigón» a los zares. Esperaba que así comprendiesen en Tsarskoe Selo que no podrían encontrar mejor ministro de Interior que él.

FONDOS PRIVADOS PARA UN ASESINATO

Beletsky inició a su amigo Komissarov en la intriga. Cuando Jvostóv convocó al coronel y le expuso la misión, Komissarov aceptó, aunque sólo después de mostrar ciertas dudas para parecer más creíble. Acto seguido ocurrió algo asombroso. Al ver las dudas de Komissarov, Jvostóv inmediatamente le prometió dinero. Más que eso, le enseñó el dinero: se trataba de una suma verdaderamente grande. «Me prometió 100.000 y me enseñó dos paquetes de 50.000 cada uno», recordaba Komissarov.

«A continuación aumentó la suma a 200.000 rublos.» Komissarov estaba perplejo, porque Jvostóv no podía haber cogido aquella cantidad de dinero del presupuesto del ministerio. Beletsky lo confirma y añade que Jvostóv le había dicho que «para aquel asunto tenía una importante asignación privada, así que no había necesidad de escatimar dinero». Beletsky comprendió que la propuesta de Jvostóv de matar a Rasputín estaba respaldada por fuerzas muy poderosas.

Entretanto Jvostóv había empezado a proponer planes para el crimen. De momento, la tarea de Beletsky era la de «criticar los planes, de posponer su ejecución». O simplemente destruirlos. Por último, Jvostóv sugirió enviar una caja de Madeira envenenado como si viniera del banquero Rubinstein. Inmediatamente Beletsky «mandó a Komissarov ... a conseguir veneno». Éste le trajo a Jvostóv una serie de botellitas y le explicó cómo actuaba cada una. Para saber a qué atenerse, experimentó en uno de los gatos: *Rasputín*. De hecho, las botellas eran de medicina y su contenido inocuo: Komissarov sencillamente había copiado los nombres de los distintos venenos de un libro de textos farmacológicos.

Pero Beletsky intuía que incluso el inexperto Jvostóv estaba empezando a adivinar su juego.

UNA PROVOCACIÓN

Había llegado la hora de dar al traste con los planes de Jvostóv y nadar hacia la superficie. Beletsky fraguó la escena final a la manera clásica del Departamento de Policía. Tras su huida de Rusia, el monje Iliodor se había trasladado a Noruega, desde donde amenazaba con publicar su libro *Un diablo sagrado*, que incluía facsímiles de las cartas de la zarina y sus hijas que todavía obraban en su poder. Obviamente, Jvostóv se vio obligado a negociar con el monje la compra de los documentos. Iliodor pedía una cantidad desmedida de dinero. Para persuadirle había que hacer enormes y agotadores esfuerzos. Entonces a Jvostóv se le ocurrió una nueva idea. Con el pretexto de comprar el libro que Iliodor estaba a punto de publicar sobre Rasputín, enviaría un agente a Noruega para entrevistarse con él. Dicho agente le entregaría el dinero a Iliodor y llegaría a un acuerdo con él para organizar a través de sus partidarios en

Rusia lo que Iliodor no había conseguido llevar a término en 1914: el asesinato de Rasputín.

Beletsky le recomendó inmediatamente uno de sus hombres para el trabajo, un tal Boris Rzhevsky.

La provocación dio comienzo. El ingenuo Jvostóv le dio a Rzhevsky instrucciones y los documentos. A continuación éste ejecutó su representación siguiendo el guión de Beletsky. Tras subir al tren camino de su destino, provocó una ruidosa pelea. Cuando le pidieron el pasaporte, amenazó al oficial aireando a voces su proximidad con el ministro Jvostóv. Rzhevsky fue arrestado. Y en su primer interrogatorio declaró que había sido enviado por Jvostóv para negociar con Iliodor el asesinato de Rasputín.

Al mismo tiempo, Beletsky informó a Iliodor a través de sus agentes que personas influyentes le propondrían asesinar a Rasputín, y que un agente de Jvostóv estaba de camino para entrevistarse con él. Beletsky lo había calculado todo con precisión. Iliodor, que estaba en una difícil situación en Noruega (trabajaba de obrero en una fábrica), enseguida se dio cuenta de que se le presentaba la oportunidad de reconciliarse con Rasputín y regresar a Rusia.

Acto seguido envió telegramas de advertencia a Vyrubova y a Rasputín. Del testimonio de Vyrubova en el Expediente:

> En el telegrama que recibió Rasputín de Iliodor decía que altas e influyentes personalidades estaban ultimando los detalles de un atentado contra su vida ... y en el telegrama que yo recibí, [Iliodor] me informaba de que su mujer vendría a verme y que traería consigo documentos ... que Jvostóv estaba planeando el asesinato de Rasputín ... Una mujer pobre y modestamente vestida se presentó y empezó a mostrarme ... telegramas de Jvostóv en los que ofrecía a su marido la suma de 60.000 rublos por el asesinato ... Creo que los telegramas estaban firmados. El soberano dio instrucciones a Stürmer para que investigase el asunto.

¿QUIÉN TRAICIONARÍA PRIMERO?

Todavía sin darse cuenta de quién estaba detrás de todo aquel asunto con Rzhevsky, Jvostóv acudió a toda prisa a Beletsky para discutir lo que debía hacer. Éste le sugirió llevar a cabo el paso decisivo, o, más exactamente, el suicidio político: presentarse ante el zar y mostrarle los informes de la vigilancia externa sobre Rasputín. Explicárselo todo sin ambigüedades. A Jvostóv le pareció bien. ¡Con qué impaciencia esperaba Beletsky su regreso!

Según Beletsky, a su vuelta, Jvostóv le dijo que el zar había cogido el informe y se había dirigido a los aposentos de la zarina. Jvostóv oyó la conversación en tono de nerviosismo. Entonces el zar volvió y, quedándose con el informe, le despidió con frialdad. Cuando después de contarle su historia Jvostóv salió de su despacho, Beletsky, como corresponde al jefe de la policía secreta, no tuvo escrúpulo alguno en inspeccionar el contenido de la cartera de Jvostóv. En ella encontró las dos copias del informe sobre Rasputín. Entonces comprendió lo que había estado sospechando todo el tiempo: que Jvostóv no había informado al soberano acerca de Rasputín. De hecho, Beletsky no tardó en averiguar que en vez de elaborar un informe sobre Rasputín, Jvostóv le había entregado al zar uno sobre Beletsky. Tras implicarle en la conspiración para asesinar a Rasputín, Jvostóv había propuesto mandarle a provincias como gobernador general. Así pues, se habían traicionado el uno al otro. En respuesta, Beletsky le propinó otro duro golpe. Simánovich entregó una declaración al Departamento de Policía en la que constaba que un ingeniero llamado Heine había acudido a él y le había informado de que Rzhevsky, por orden de Jvostóv, estaba organizando un atentado contra la vida de Rasputín. Finalmente Jvostóv lo comprendió todo, pero era demasiado tarde.

Del testimonio de Vyrubova:

> Jvostóv vino a verme terriblemente inquieto. Lloraba y repetía que toda aquella historia no era más que un vil chantaje organizado por Beletsky para derrocarlo de su puesto ... que nada de aquello era verdad, que era un complot judío [una referencia a la declaración de Simánovich], y me pidió que informara de ello a Sus Majestades. Llevé a cabo su petición, pero en respuesta se me dijo que aunque él no hubiera cometido ninguna falta en aquella historia, era culpable de haber tenido que ver con un tipo de la calaña de Rzhevsky.

Tales eran las circunstancias que rodearon la apertura de la sesión de la Duma a la que el zar tenía que asistir. ¡Tal como el campesino le había aconsejado que hiciera! Un investigador de la Comisión Extraordinaria le preguntaría posteriormente al primer ministro Stürmer: «¿Recuerda, no es así, que el antiguo emperador estuvo presente el 9 de febrero de 1916 en la oración con motivo de la apertura de la Duma? ¿Tiene conocimiento de que fue Rasputín quien insistió en que el zar acudiese allí, de que fue él quien le dijo al zar que visitase la Duma?». Fue una idea excelente. A pesar del escándalo de Jvostóv, la presencia del zar en aquellos momentos apaciguó a la Duma.

LA MARCHA DEL CORONEL

La Comisión de Stürmer ya había iniciado su investigación acerca de la historia de la conspiración de asesinato y del papel de Jvostóv en la misma, cuando Komissarov decidió salirse del juego. El coronel se retiró de la manera más espectacular.

Según las declaraciones de Komissarov: «Me dirigí a su apartamento [de Rasputín] y delante de Vyrubova y de un nutrido grupo de devotos regañé a Rasputín, utilizando incluso un lenguaje callejero». El coronel se plantó delante de Rasputín y le insultó por todas las humillaciones, burlas y desprecios sufridos. No podía contenerse y se desahogó. Después de esto, naturalmente «no volvió a ver a Rasputín nunca más, y a finales de febrero de 1916» abandonó Petrogrado «por propia voluntad y a instancias de Tsarskoe Selo». Cuando Beletsky llegó para disculparse por Komissarov, Rasputín, según él, «suspiró y no sin cierto disgusto dijo: "Profirió penosos insultos contra mí, terriblemente lacerantes"». El campesino respetaba la habilidad de blasfemar del verdadero caballero ruso.

UN POGROM ANTIRRASPUTÍN

Sin embargo, el trabajo de la Comisión de Stürmer provocó una reacción totalmente inesperada. Al darse cuenta de que lo habían colocado «a merced de Stürmer», Jvostóv llevó a cabo un movimiento desesperado. Hizo arrestar a Simánovich en plena noche.

Lo sacaron directamente de la cama. A continuación Jvostóv anunció que tenía fundadas sospechas de que los secretarios de Rasputín estaban implicados en una red de espionaje proalemán. Poco después se produjeron más arrestos entre los secretarios. Se efectuaron registros en los apartamentos de Dobrovolsky y Volynsky. «Conseguí registrarlos todos», testificaría más adelante Jvostóv orgullosamente. Y en todos ellos se encontraron numerosos memorandos que daban fe de «la clientela de Rasputín». «Eran todos iguales, con una cruz en la parte superior y el siguiente texto: "Mi querido y amable socio, escucha y ayuda, Grigori". El contenido y el destinatario no se mencionaban. El destinatario podía haber sido cualquiera y sobre cualquier asunto.» Jvostóv amenazó con difundir por toda Rusia el comercio de aquellos memorandos, de aquellas peculiares indulgencias. Se hicieron las primeras diligencias para desterrar a Simánovich de Petrogrado. Jvostóv hizo circular el rumor de que también el apartamento de Rasputín estaba a punto de ser registrado.

Rasputín estaba desconcertado. El eterno temor del indefenso campesino ruso apareció de nuevo. Alexandra Belling visitó en aquellos días a Rasputín. «Durante el té en su casa de la calle Gorojovaya, se cogía la cabeza y gritaba: "¡Malditos! ¿Por qué me atormentáis? ¡Basta ya! ¿No conocéis la aflicción? ¿No habéis sentido la ira de Dios?", y salía corriendo de su habitación», recordaba Belling.

Jvostóv, entretanto, volvió a difundir el rumor: en los próximos días el apartamento de Rasputín sería registrado. En Tsarskoe Selo se produjo un auténtico estado de alarma.

Del testimonio de Vyrubova: «Inmediatamente escribí una carta a Jvostóv ... para que no registrase el apartamento de Rasputín, añadiendo: "Supongamos que no es sólo chantaje". Escribí a Jvostóv desde palacio tal como se me había indicado». Es decir, indicado por Alix.

¡Aquello ya era demasiado! En marzo de 1916, Jvostóv fue destituido. El zar, furioso, ni siquiera le llamó para informarle de su retiro forzoso. El puesto de ministro de Interior estaba vacante. Mas Beletsky no pudo sacar provecho de la caída de Jvostóv.

Del testimonio de Manásevich: «Rasputín dijo: "Anushka me pidió que nombrase ministro. Yo no sé a quién. Beletsky quiere el puesto. ¡Pero si aún no me ha asesinado, seguro que lo hará! Y el Viejo Amigo es el presidente"».

Así, Stürmer recibió la tan esperada cartera de ministro de Interior.

MATERIAL COMPROMETEDOR DE TIEMPOS PASADOS

Obviamente, el primer nombramiento ministerial efectuado por recomendación de Andronikov no había funcionado. Con la caída de Jvostóv, se apresuraron a deshacerse también del sospechoso «viceministro». Beletsky sería enviado a provincias como gobernador general. Pero aquí Beletsky cometió un grave error. Decidió explicar con todo detalle el asunto Rzhevsky en las páginas de un periódico, declarando su inocencia, y poniendo de manifiesto la culpabilidad de Jvostóv. Éste no tardó en responder en las páginas de otro periódico. Y los detalles de las actividades del poderoso ministro que había urdido secreta y torpemente la muerte del campesino, los pleitos y las intrigas de la policía secreta, el poder y la invencibilidad del campesino, todo aquel material comprometedor emergió a raudales en la prensa. Tal como lo resumió Miliukov en la Duma, tras aquellas denuncias mutuas, «las actividades del ministerio han aparecido ante todo el país igual que si de una novela barata se tratase ... Después de esto, comprendemos que el Gobierno que tenemos no sólo es nefasto: ¡simplemente no existe!». Ante esta rotunda afirmación la sala respondió a gritos: «¿Y Rasputín qué?».

Aquella exhibición pública de la ropa sucia causó gran indignación en Stürmer, en el zar y en la derecha. Beletsky se vio obligado a renunciar también al puesto de gobernador general. El zar le recomendó que «abandonase Petrogrado durante algún tiempo».

13

ADIÓS A LOS ZARES

LA ÚLTIMA PRIMAVERA

ASÍ COMENZÓ LA ÚLTIMA PRIMAVERA DE RASPUTÍN. Después de todo el nerviosismo relativo a los registros, anhelaba libertad. Comenzaba el trabajo en el campo y sabía que la tierra necesitaba al campesino. Ahora su hijo trabajaba de ordenanza sanitario en la enfermería de la zarina, lejos de su tierra.

Como de costumbre, decidió detenerse en Verjoturie para presentar sus respetos a su santo favorito, para expiar sus pecados carnales mediante la oración y arrepentirse sinceramente: a través de éstos adquirir fuerza.

A principios de marzo de 1916, Rasputín salió de Petrogrado, siendo despedido como siempre por Vyrubova, Munya Golóvina, algunas otras devotas y, por supuesto, por Manásevich.

Mientras se decían adiós en el andén, las personas que se encontraban allí se horrorizaron al ver a la trastornada esposa del general, vestida con un blanco atuendo informe y cargada con un cesto lleno de pollos graznando. En el Expediente consta el testimonio de Lojtina:

> El padre Grigori ... no quería que fuera con él [a Verjoturie]. Sin decirle nada a él ni a los demás de que tenía la intención de tomar el mismo tren hacia Verjoturie, me dirigí a la estación e hice que subieran mis cosas al compartimento, incluyendo un cesto lleno de pollos que le llevaba al padre Makary ... Furioso, el padre Grigori me ordenó que partiese unos

días después ... Tuve que sacar yo misma mis cosas rápidamente, puesto que ya había sonado la segunda campana de aviso. Manásevich, que estaba de pie en el pasillo mirándome altivamente, dijo en francés: «¡También ella se marcha!». Entonces le ordené en tono imperioso que sacase el cesto de pollos que todavía quedaba en el tren, cosa que Manásevich hizo mirando nerviosamente a su alrededor.

LA CONSPIRACIÓN CONTINÚA

Pero Nuestro Amigo no tardó en regresar a Petrogrado. Alix le había llamado temiendo que permaneciese allí demasiado tiempo, parecía presentir que algo se avecinaba. Muchos se sentían así por aquel entonces.

El joven poeta Mayakovsky profetizó: «1916 se acerca portando una revolucionaria corona de espinos». Jvostóv se había marchado, pero los poderosos personajes que le habían dado aquella inmensa suma de dinero para el asesinato del campesino seguían allí. En 1917 Jvostóv los nombró detalladamente para el Expediente.

> Personas de la más alta sociedad me respaldaban en mi intención de eliminar a Rasputín. Por ejemplo, hablé de ello con la princesa Zinaída Yusúpova, que me dio a entender que podía contar con fondos ilimitados para aquel menester. La princesa Yusúpova ... como portavoz de las opiniones del entorno de los grandes duques, veía con toda claridad que Rasputín estaba conduciendo la dinastía a la destrucción.

Sí, Zinaída Yusúpova era la portavoz de las opiniones de *todo* el entorno de los grandes duques. El dinero que Jvostóv recibió para el asesinato de Rasputín no era más que una simple manifestación superficial de las actividades secretas que por aquel entonces se estaban desarrollando a gran velocidad.

EL HOMBRE DE LA MÁSCARA

En los innumerables informes de los agentes acerca de las personas que visitaron el apartamento de Rasputín en 1915-1916 aparece fugazmente el nombre de la cantante Alexandra Belling.

491

Alexandra Alexándrovna Belling, esposa de un alférez, fue vista por los agentes en el apartamento de Rasputín el 13 de febrero de 1916, el 26 de octubre y así sucesivamente. La cantante, de treinta años, a quien estaba de moda invitar para que cantase en las veladas musicales más elegantes, lo había hecho en Tsarskoe Selo ante la zarina y, como ella misma escribió: «gozando del favor general como artista "en la cumbre", cantaba donde y cuando quería».

Era hermosa y, puesto que Rasputín no era en absoluto indiferente a ella, tenía que esquivar constantemente su acoso. Una día, Alexandra Belling recibió por correo una carta extraordinaria.

Encontré un extracto manuscrito de sus recuerdos acerca de aquella misteriosa carta en el archivo del asesino de Rasputín, Félix Yusúpov. Belling recordaba:

Una mañana, mientras revisaba el correo, descubrí un sobre escrito con letra que no me era familiar. Al abrirlo, leí lo siguiente: «Crea que lo que estoy a punto de decirle ha sido fruto de profunda meditación y supone una enorme y grave responsabilidad para vuestra persona. Mañana a las 6.00 de la tarde llamaré para saber dónde y cuándo puedo reunirme con usted. Sugiero que no venga sola. Vuestro acompañante puede llevar una máscara, como yo mismo llevaré». Menuda broma, pensé.

Pero a las 6.00 sonó el teléfono. «Oí una voz grave, hermosa, más bien seca.» La voz propuso un encuentro. La cantante decidió seguir y le dijo al extraño:

«Mañana cenaré en el Donon. Y puesto que la única manera en que se presentará usted será cubierto con una máscara, cosa que me parece divertida, tendré que cenar en una sala privada. He reservado la número 6. No se equivoque, le estaré esperando allí a las 7.00 en punto.» A continuación mandé un telegrama a mi amigo K., pidiéndole que fuera mi escolta. Mi amigo se distinguía por su naturaleza abierta y mente despierta. A eso de las 7.00, K. y yo habíamos terminado ya de cenar y estábamos tomando café. No habían transcurrido ni cinco minutos cuando una figura alta y de aspecto solemne entró en la sala. Y aunque no se quitó el abrigo y su rostro estaba oculto tras una máscara, me pareció que le había visto antes.

Y el extraño empezó a hablar.

«Ruego que me escuche en silencio, sin interrumpirme. Conocemos sus opiniones sobre todo lo que está sucediendo a nuestro alrededor, y le proponemos deliberadamente que elija una manera de eliminar a Rasputín. No le diremos que podemos protegerla de una venganza desde "arriba". Incluso es posible que la destruyan. Pero sabiendo que el único objetivo de vuestra vida es vuestra hija, os garantizamos que nos ocuparemos de ella espléndidamente para el resto de su vida.» Me pidió que lo meditara bien antes de responder, que me tomase mi tiempo. Y a continuación, con una reverencia se marchó.

«¡Por el amor de Dios, no te mezcles en este asunto!», exclamó K. «¡Al diablo con sus propuestas! ¡Al diablo con ellos! Pobre amiga mía, ¿sabes lo que quiere este tipo? Evitar la Revolución y salvar a la dinastía. ¿Quién de ellos tiene agallas para matar a esta alimaña? Están preocupados por salvar su propia piel. Ten cuidado con ellos y no le toques. Espera un poco, todavía no ha llegado la hora. Pero se está acercando. Otros dos o tres toques y Rusia se salvará».

¿Por qué conservó el asesino de Rasputín este documento en su archivo?

¿Y por qué Belling mandó el fragmento a Félix en primer lugar?

Creo que fue porque Félix conocía bien al hombre de la máscara. Una figura alta, a excepción del último zar, todos los Romanov eran muy erguidos. Y la alusión de que «le había visto antes». Ella, que había asistido a reuniones de la Corte, había reconocido al hombre a pesar de la máscara. Y, por supuesto, Yusúpov había reconocido al hombre de la máscara y por ello había conservado el manuscrito. Es muy probable, que el hombre fuera el suegro de Félix, el gran duque Alejandro Mijáilovich («Sandro»), que pronto rogaría al zar que se deshiciese de Rasputín. Así pues, junto con la madre de Félix, que había contribuido materialmente al asesinato de Rasputín, los hombres de la gran familia, de los grandes duques, también habían sido activos con su dinero. Pero sus acciones eran infructuosas. De momento.

UNA PROFECÍA

Pero la soga alrededor del cuello del campesino se iba estrechando y él lo notaba. Ahora repetía cada vez con mayor frecuencia: «mientras yo viva, la dinastía vivirá».

Del testimonio de Badmaev en el Expediente:

> Al visitar a Rasputín y ver a su guardia de seguridad, le pregunté: «¿No tienes miedo?».
>
> «No», contestó, «no tengo miedo por mí, sino por el pueblo y por la familia real. Porque cuando me maten, las cosas irán muy mal para el pueblo. Y ya no habrá más zares.»

Podemos imaginar lo que sentía Alix cuando oía esto. Y qué preocupada debió de estar por la vida de Nicky. ¿De qué se trataba? ¿De la astucia de un campesino inteligente que había decidido que ésa era una forma de defenderse a sí mismo? ¿O era en efecto una de las visiones que perseguían a aquel misterioso ser?

Durante todo aquel tiempo Alix, que se sentía indefensa en aquellos asuntos, había estado intentando organizar su vigilancia. Naturalmente, la zarina había confiado la coordinación de la seguridad de Rasputín a Stürmer que, como ella sabía, había trabajado durante mucho tiempo en el Ministerio de Interior. Como el propio Stürmer testificó:

> Tras la marcha de Komissarov, Rasputín solamente estaba vigilado por el departamento de seguridad. Hacia el final, Rasputín empezó a beber desmesuradamente, y los agentes de seguridad se quejaban de que les resultaba imposible controlar sus movimientos, ya que constantemente había autos que venían a recogerle y lo llevaban quién sabe dónde.

Así pues, consciente de que no podría evitarse el asesinato, el Departamento de Seguridad se lavó las manos por adelantado. Al igual que Stürmer. La obligación de tener que vigilar a Rasputín le resultaba una tarea peligrosa y desagradable. Por consiguiente, le encontró un guardaespaldas. «Necesitábamos a alguien que de alguna manera pudiera juzgar quién podría ser peligroso o indeseable, cosa que los agentes de rango más bajo no podían hacer. En esto Manásevich-Manuílov demostró ser útil. Fue bien recibido en la familia.» Ahora la seguridad del campesino, y con ella toda responsabilidad futura, le fue confiada a Manásevich. Con el consentimiento de Alix, aunque poco entendía ella de estos asuntos.

Rasputín estaba condenado. Los agentes le seguían como siempre, pero la seguridad era poco estricta. El campesino podía notar por el olor que el lobo merodeaba a su alrededor. Y cada vez estaba más cerca. Por esta razón decidió marcharse de la capital durante el verano, abandonar a los «zares».

UNA VISTA DE RASPUTÍN A TRAVÉS DE LA VENTANA

En el archivo de la Comisión Extraordinaria se conserva un divertido diario. Contiene una descripción de la vida de Rasputín por parte de un vecino, de un funcionario del Sínodo llamado Blagoveschensky: «Su cocina daba justo en frente de la mía, por lo tanto podía verlo todo perfectamente bien». También podía oírlo todo con claridad, puesto que Rasputín vivía al otro lado de la pared.

Él miraba y escuchaba, y lo escribía todo en su diario.

15 de junio. Escribo desde el estudio de mi casa, y al otro lado de la pared parece que se está celebrando una especie de bacanal. Una juerga, evidentemente, antes del retorno a su tierra natal. Bailes y risas. A eso de las 12.00 llegaron unos músicos, una orquesta de cuerda de algún parque de atracciones. Tocaron y cantaron melodías de opereta acompañadas de un estrepitoso baile ... Un barítono [presumiblemene, el prometido de la hija de Rasputín, Panjadze] cantó una y otra vez canciones georgianas. El jolgorio continuó hasta bien entrada la mañana. Al final, se distinguían voces de personas ebrias y se oía bailar a una persona. Al parecer él mismo se había desmadrado por completo y estaba cantando y bailando un solo. Iban constantemente a la cocina a por bocados de fruta y botellas de vino. Las damas y mujeres jóvenes, muy animadas, entraban y fregaban los platos despreocupadamente.

ADIÓS A SAN SIMEÓN

Al marcharse de Petrogrado, Rasputín advirtió a sus devotos que apreciasen el tiempo pasado con él.

Del testimonio de Manásevich:

A finales de 1916 en mi presencia y en la de Vyrubova, aseguró que todavía le quedaban otros cinco años de vida [durante los cuales, según Vyrubova, había prometido que el heredero por fin «superaría su enfermedad»]. Y luego abandonaría el mundo y a todos los que le rodeaban para refugiarse en un lugar remoto conocido sólo por él, donde alcanzaría la salvación mediante una vida de completo ascetismo.

Manásevich no lo comprendió. Rasputín de nuevo les estaba recordando las palabras de Jesús: «No estaré siempre con vosotros»; estaba evocando el misterio jlist, de Aquél que se suponía vivía en él.

Pero Alix no tardó en llamarle. Una vez más, regresó a la amenazadora capital, vacía en verano y eternamente húmeda debido a los vientos. Luego, a finales del estío recobró su libertad para acudir a sus tareas de campesino, la recogida de la cosecha. Volvió a festejar su partida, para que no se olvidasen de Grisha. Venían tiempos de agitación, y quien sabe si podría volver. Y otra vez su vecino indignado lo escribió todo en su diario.

La juerga duró toda la noche. Invitaron a un grupo de gitanos de unas cuarenta personas. Cantaron y bailaron hasta las 3.00 de la madrugada. De hecho, ha estado bebiendo sin parar desde el 6 de agosto, acosando a las doncellas en el patio y escabulléndose furtivamente con ellas para besarlas. El 9 de agosto se marchó a su pueblo, dicen.

No se fue solo. Como si presintiese que aquélla era la última vez. Se llevó con él a sus más leales devotas al monasterio de Verjoturie para rendir homenaje, por última vez, a las reliquias de san Simeón. La sumisa Vyrubova, acompañada de su doncella María Belyaeva y del ordenanza sanitario Akim Zhuk, y Lili Dehn, Munya Golóvina, y las dos hijas de Rasputín se alojaron en la posada del monasterio y soportaron con resignación la suciedad y la multitud de chinches. El padre Grigori tomó alojamiento en una celda del monasterio. Desde la posada acudieron a visitar al anacoreta Makary en Verjoturie, donde también vivía la perturbada esposa del general, en una pequeña habitación construida sobre su celda. Ella trasportaba la leña, limpiaba y fregaba la celda del padre y rezaba. Del testimonio de la doncella Belyaeva en el Expediente: «Lojtina vivía en una celda especial ... vestía de blanco con pequeños iconos sobre el pecho ... Vyrubova y yo pasamos la noche con ella. También Dehn se quedó con nosotras. Al día siguiente regresamos al monasterio, donde se conservan las reliquias de san Simeón».

Después de presentar sus respetos a san Simeón, Rasputín partió con sus hijas hacia Pokróvskoie, mientras que sus devotas regresaron a la capital. No sabían que era su última despedida del monasterio.

UNA LÍNEA PARA LAS CONVERSACIONES CON BERLÍN

A finales de agosto Alix volvió a llamarle. De regreso a la capital volvió a sentirse condenado. En aquel entonces, se decía por todos los rincones y en todas las casas que Rasputín estaba pagado por agentes alemanes. Entonces, Rasputín, la zarina, que confiaba en su criterio, y Vyrubova —las «fuerzas oscuras»— decidieron sacar a Rusia de la guerra. «No se hablaba siquiera de una supuesta traición de Rasputín, se aludía a ella como algo evidente», escribió el famoso hombre de letras, Víctor Shklovsky.

Las «fuerzas oscuras», el peligro de una paz unilateral con Alemania, y deshacerse de Rasputín eran las ideas que obsesionaban a la sociedad de la época. Salpicando el diario del gran duque Andrei Vladimirovich aparecen estas líneas: «Alix es notablemente impopular»; «¡oh Dios, salva a Rusia! Cualquier cosa menos esa paz vergonzosa»; «ayer una hermana de la misericordia del palacio de Invierno informó de que tienen una línea telefónica secreta para las conversaciones con Berlín.»

Una de las principales tareas de la Comisión Extraordinaria, en 1917, era demostrar las relaciones secretas de la zarina con sus parientes alemanes y sus planes para una paz unilateral. No obstante, la Comisión Extraordinaria no pudo comprobar nada de esto. Al contrario, los hechos confirmaron la inocencia de los zares. Cuando a finales de 1916 el gobierno alemán se acercó a la Entente con una propuesta de paz, Nicolás respondió que «todavía no había llegado la hora de las negociaciones, puesto que aún no se había alcanzado el propósito de Rusia de apoderarse de Constantinopla y del estrecho, y de crear una Polonia libre a partir de los tres territorios ahora divididos. El embajador británico sir George Buchanan afirmaba lo mismo en sus memorias al citar un telegrama que había enviado al Ministerio de Asuntos Exteriores en febrero de 1918: «la única cuestión en la que podemos contar con su [del emperador] firme decisión es la guerra, sobre todo porque la voluntad de la emperatriz, que es quien gobierna en realidad, es inmutable al respecto». Y el propio Rasputín había declarado en varias ocasiones que él estaba a favor de luchar hasta la victoria.

SU SECRETO ... SU TRAGEDIA

Del testimonio de Manásevich:

> Rasputín solía decir: «Si yo hubiera estado allí al comienzo de la guerra, no habría habido guerra. Pero ya que la han empezado, tiene que seguir adelante hasta el final. Si hay una discusión, entonces discute, pero si se trata de media discusión, seguirá siendo una discusión». Sobre ella [la zarina] decía: «Ella está totalmente a favor de seguir con la guerra. Pero ha habido momentos en que ha llorado, pensando en que su hermano podría resultar herido o muerto».

El capitán del yate real *Standard*, Nikolai Sablin, muy próximo a los «zares», dijo lo mismo: «El soberano abogaba por continuar la guerra hasta la victoria ... y la emperatriz opinaba de la misma manera». No se han hallado documentos que demuestren lo contrario.

No obstante, las cenizas encontradas en la chimenea de Alix después de la Revolución de febrero indican que se quemaron allí muchos documentos. La cuestión que todavía queda sin respuesta es simplemente qué ardió. ¿Papeles íntimos? Entonces, ¿por qué han sobrevivido todas las cartas íntimas sobre los celos? ¿Y qué podía considerar tabú la zarina, que estaba totalmente dedicada a su familia? No, lo más probable es que quemase alguna otra cosa, algo peligroso para ella.

En su correspondencia con el zar hay referencias desde septiembre de 1915 a cartas de su hermano Ernie, quien tanto anhelaba la paz. ¿Fueron sus cartas las que quedaron reducidas a cenizas en la chimenea? En realidad, hay pruebas suficientes en los documentos que se han conservado: «1 de noviembre de 1915 ... Nuestro Amigo fue siempre contrario a esta guerra, diciendo que no valía la pena que el mundo luchase por los

Balcanes.» Pero Nicky guardaba silencio. Fiel a sus nefastas obligaciones con los aliados, no quiso entender su súplica. Ella no se atrevió a continuar: aquel tema le estaba prohibido a quien el pueblo llamaba la «mujer alemana».

Mas ahora, en 1916, con una premonición de peligro, pasó de alguna manera de la súplica a la acción. En el último otoño de su reinado escribió a su marido:

«18 de septiembre ... Deposito toda mi confianza en la misericordia de Dios, sólo dime cuándo empezará el ataque para que Él pueda rezar justo entonces; significa tanto y Él se da cuenta de tu sufrimiento.»

Hace alusión a la ofensiva que el general Brusilov estaba preparando en aquellos días. Luego, súbitamente, el ataque no se produjo. Nicolás lo suspendió para gran asombro del Cuartel General; resultó que Alix le había rogado que no siguiera adelante, citando como siempre las predicciones de Nuestro Amigo. Éste, como es natural recibió con júbilo la decisión de Nicky.

«23 de septiembre ... Sobre las nuevas órdenes que diste a Brusilov, etc. Nuestro Amigo dice: "Muy satisfecho con las órdenes del padre, todo saldrá bien." No se lo dirá a nadie», escribió Alix a su marido. Pero, habían olvidado el carácter del zar. Los que le rodeaban lograron convencerle para que cambiase de idea. Y el general Brusilov llevó adelante su ofensiva.

24 de septiembre ... Cariño, Nuestro Amigo está muy molesto porque Brusilov no ha escuchado tus órdenes de detener el avance —dice que el cielo te inspiró al dar aquella orden ... y que Dios la bendecía—. Ahora dice que habrá otra vez pérdidas inútiles. Espera que insistas de nuevo, porque ahora *todo no está bien*.

Y el soberano y comandante en jefe se justificó.

24 de septiembre. Acabo de recibir tu telegrama en el que me informas de que Nuestro Amigo está desconcertado. Cuando di la orden, no sabía que Gurko [que estaba al mando de un ejército] había decidido unir todas las fuerzas bajo su mando y preparar un ataque conjunto con la guardia y las fuerzas más cercanas. Esta combinación de fuerzas da esperanzas de éxito. Todos estos detalles son únicamente para ti, te lo ruego, querida. Dile tan sólo que Papá ha ordenado tomar las medidas más razonables.

Estaba preocupado. Había oído hablar de que había espías merodeando alrededor del anciano.

Sin embargo, ella suplicó de nuevo.

25 de septiembre ... Oh, repite tus órdenes a Brusilov, detén esta infructuosa masacre ... ¡Mantente firme, tú eres quien manda y todos te lo agradecerán postrándose de rodillas, y también nuestra gloriosa guardia! Aquellas ciénagas inexpugnables, espacios abiertos, imposible esconderse, escasos bosques, pronto caerán las hojas y no habrá refugio donde cobijarse ... Nuestros generales no valoran las «vidas», están endurecidos ante las pérdidas, y eso es pecado ... Dios bendice tu idea, haz que se cumpla, salva esas vidas.

Aquellas cartas eran la auténtica expresión de sus pensamientos; de los que Buchanan nada sabía: no hacía falta avances de ninguna clase, lo que había que hacer era detener la guerra. Poco antes, a consecuencia de una infructuosa ofensiva en el frente occidental, se habían perdido 80.000 hombres en nueve días. Si el nuevo ataque terminaba en fracaso, habría un elevado número de bajas, propiciando una sublevación del pueblo. Pero, si resultaba un éxito, la guerra continuaría y se produciría otra vez la inevitable sublevación, como el padre Grigori había profetizado. A su retorno del pueblo, Nuestro Amigo no cesó de decirle a Alix lo mucho que los campesinos odiaban el conflicto. Y ella se sentía feliz: el campesino le decía exactamente lo que ella quería oír: que la guerra debía terminar a toda costa.

LAS MENTES CLARAS DE LAS «FUERZAS OSCURAS»

Lo más sorprendente es que en aquella época Alix y el campesino eran los únicos que tenían razón. Ni la gran familia Romanov, ni la Corte, ni la burguesía rusa, ni el Bloque Progresista de la Duma habían comprendido que la guerra debía terminar: como finalmente demostraría no sólo el destino de la monarquía, sino también la caída del Gobierno Provisional que la sustituyó. Éste fue el motivo de la victoria de los bolcheviques, que sí comprendieron y que se entregaron en cuerpo y alma a su idea de terminar la guerra a toda costa. Lo mismo que quisieron hacer los predecesores de los bolcheviques, las «fuerzas oscuras», la zarina y Rasputín. Las «fuezas oscuras» pudieron haber salvado el imperio.

Con toda probabilidad, esto debió de quedar reflejado en la correspondencia con su hermano Ernie, y ésas fueron las cartas que ella quemó. También ésta fue la razón de un encuentro secreto que tuvo lugar en Suecia y que la Comisión Extraordinaria del Gobierno Provisional no pudo entender.

No es de extrañar que nadie pudiese predecir en el verano de 1916 que el vicepresidente de la Duma, Alexander Protopópov, aquella persona encantadora y estimada por la oposición en la Duma, aquel favorito de la fortuna, se convertiría en cuestión de meses en el hombre más detestado de la vida política rusa.

En el verano de 1916 Protopópov estaba al frente de una delegación de la Duma enviada a Suecia.

En Estocolmo conoció a un alemán llamado Warburg.

Warburg, hermano de un conocido hombre de negocios alemán, era agregado de la embajada alemana en Estocolmo. Durante su reunión con Protopópov, Warburg le informó de que el «Tío Willy» deseaba firmar una paz unilateral con su antiguo amigo Nicky y concretar las posibles condiciones para la misma. La paz que el emperador alemán estaba ofreciendo a Rusia era honorable y ventajosa. Al regreso de la delegación, Protopópov hizo un informe de aquella conversación y se lo presentó a Nicolás. Éste, manteniendo patéticamente su compromiso con los aliados, no tomó en consideración el encuentro de Protopópov y estimó prematura toda discusión para la paz. Así, el asunto quedó zanjado. Protopópov era uno de los líderes de la oposición en la Duma que había exigido que la guerra continuase hasta la victoria, y a nadie se le hubiera ocurrido sospechar que en aquel entonces pudiese estar en tratos con los alemanes.

EL FAVORITO DE LAS DAMAS Y DE LOS DIPUTADOS

No fue una casualidad que Sheila Lunts encontrase a Protopópov emborrachándose con Rasputín en el poco recomendable apartamento de Knirsha. Resultó que el favorito de la Duma había estado desde el principio en contacto secreto con Rasputín, el hombre más despreciado por la Duma.

Rasputín y Protopópov se habían conocido a través de su mutua amistad con Badmaev, doctor en medicina tibetana.

Alexander Protopópov era una figura típica de finales del imperio, el producto de una época decadente. Había recibido una brillante educación en un colegio de jesuitas de París. Era encantador en sociedad, un excelente pianista y amigo del famoso Jules Massenet. Pero todas estas dotes, en cierto modo, se habían deformado y corrompido en su interior, pues aquel hombre inteligente estaba también completamente loco. Tanto en sentido literal, como figurado. Incluso durante su servicio en el regimiento de la Guardia Montada se hizo famoso por su participación en las más vergonzosas orgías. Redujo al caos su inmensa fortuna con sus arriesgadas aventuras. A consecuencia de su descuidada enfermedad venérea, acudió en busca de tratamiento al doctor Badmaev, quien lo sometió a las más variadas curas cuando la medicina convencional ya había desistido. Protopópov sufría de un principio de parálisis progresiva y de ataques de depresión profunda. Su única esperanza residía en los misteriosos remedios tibetanos de Badmaev.

A finales de 1915, Protopópov estaba de nuevo sometido a tratamiento en la clínica de Badmaev. Fue entonces cuando éste se enteró por su amigo Rasputín de que estaban buscando nuevos ministros. Y Badmaev, que durante toda su vida había estado intentando desempeñar un papel en la alta política, no dejó escapar aquella oportunidad. Protopópov era el preferido de la Duma. Aquél era el hombre que el zar necesitaba. Su paciente reconciliaría el Parlamento con el Gobierno. Amable y bien educado, tenía que caer bien en Tsarskoe Selo. Aquella persona enfermiza y débil de voluntad serviría a la zarina con sumisión. Tampoco olvidaría a su médico. Tuvo lugar una «audición»: Protopópov fue presentado a Rasputín.

Del testimonio de Protopópov ante la Comisión Extraordinaria: «Badmaev aconsejó a Rasputín que me introdujese en el Gobierno ... Badmaev quería que yo fuese el presidente del consejo de ministros, y confiaba en la enorme influencia de Rasputín sobre el zar y la zarina. "Si él lo quiere, lo conseguirá"».

Después de esto comenzaron los encuentros clandestinos entre Protopópov y el campesino. En ese momento apareció, por primera vez, su mutua amiga, la bella Sheila Lunts, una mujer que había visitado a Rasputín con muy poco éxito, pero a la que Protopópov empezó a visitar con muy buenos resultados.

En el Expediente se conservan las siguientes declaraciones de Sheila Lunts: «Me impresionó por su amabilidad, inteligencia y don de gentes ... En aquel entonces yo suspiraba por mi marido, y Protopópov solía acercarse a casa por las noches para charlar conmigo».

A veces, también Rasputín pasaba para «charlar» con Protopópov. Del testimonio de Filipov en el Expediente:

> Protopópov iba a visitarla con mucha frecuencia para reunirse con ella personalmente, pero después la visitaba en presencia de Rasputín, a quien solían invitar ... Protopópov empezó a comportarse de forma harto misteriosa, tras obtener de Rasputín la promesa de que le ayudaría a alcanzar el puesto de ministro de Interior.

RASPUTINISMO

El camino al poder pasaba ahora por restaurantes privados y apartamentos de furcias. El zar, estando lejos, en el Cuartel General del Estado Mayor, había cedido el poder en manos de la zarina, ésta lo había confiado al hábil campesino, y éste lo había transferido a unos astutos granujas: Y los ingeniosos financieros de aquel país semifeudal compraron el poder a los granujas. Al mismo tiempo, todos los taimados personajes luchaban y conspiraban los unos contra los otros, urdiendo astutas trampas, y revolcándose en el fango. Todos ellos practicaban a la perfección el arte del exterminio mutuo, aunque sin darse cuenta de que hacían zozobrar el mismo barco: el mismo en el que ellos navegaban. Y que apenas podía mantenerse a flote. Como ocurre hoy en Rusia en el comienzo de un nuevo milenio.

Sólo que entonces terminó todo en catástrofe.

TRATADO CON AFECTO POR EL ZAR

Regresemos a junio de 1916 cuando Protopópov, tras su regreso de Suecia y de sus deliberaciones con Warburg, fue recibido por primera vez por el soberano.

A pesar del desagrado del zar por su encuentro con Warburg, Protopópov fue «tratado con afecto por el zar».

Del testimonio de Vyrubova en el Expediente: «Esto era típico del soberano, que a veces sentía una inexplicable predilección por alguien a quien acababa de conocer».

Creo que la Amiga, como de costumbre, ocultaba cosas. Nicolás estaba ya predispuesto a favor de Protopópov; ya que la reunión con Warburg había sido el primer encargo que le había hecho la zarina. Él, antes partidario de la guerra hasta alcanzar la victoria, había traído propuestas para una paz unilateral. Y no fue culpa suya que Nicolás no se atreviese a enfrentarse a la Duma o a los que le rodeaban y que permaneciese leal a sus aliados.

Mas durante su encuentro el zar comprendió que Rasputín tenía razón, aquel favorito de la Duma estaba dispuesto a llevar a cabo cualquier misión para los «zares». Por esto Nicolás fue tan indulgente con el dócil Protopópov, que era tan distinto de sus anteriores ministros bocazas. Al concluir la audiencia, le dijo algo personal, algo que sentía de verdad. Protopópov recordaba haber visto a través de una puerta a «Alejo jugando, y el soberano de repente exclamó: "No podéis imaginar lo que este niño representa para mí y lo que me cuesta dejarlo marchar"».

Así Protopópov, a quien Rasputín llamaría Kalinin o «general Kalinin», obtuvo un puesto junto al trono.

Del testimonio de Badmaev: «El apodo «Kalinin» se lo puso Rasputín».

Y cuando Badmaev, sorprendido, corrigió a Rasputín, el campesino dijo: «¡No importa! En palacio todos se ríen cuando le llamo Kalinin».

Entre los jlisti los apodos se usaban para ocultar los nombres verdaderos. La zarina, que estaba acostumbrada a ocultar ante la Corte su vida interior y a quien le encantaban los secretos, adoptó rápidamente los sobrenombres de Rasputín como parte de un código que utilizaría en sus cartas, que la Corte interceptaba ansiosamente. Al ministro del Ferrocarril lo llamaba «Acerado», a Stürmer se refería como «Viejo Amigo»; Jvostóv era la «Cola» o «Barrigón», el obispo Varnava era el «Recadero»; el zar y la zarina eran «Papá y Mamá», y así con todos.

El asunto Warburg fue el inicio del ascenso de Protopópov.

Como él mismo testificó: «Rasputín me dijo que yo no sería presidente del Consejo de Ministros enseguida, sino que obtendría primero el cargo de ministro de Interior». Estaba previsto que se convirtiese en el segundo primer ministro y el primer ministro de Interior propuesto por el campesino. La anhelada alianza con la que Nicolás había soñado al inicio de su reinado, la del campesinado y la autocracia, se había hecho realidad.

¿Por qué se había vuelto tan atrevido el Viejo Amigo?

Para entonces Rasputín ya se había dado cuenta de que Stürmer tenía sus propios planes. Y éstos, para ser más exactos, no se correspondían con los de sus predecesores Kokovstev y Jvostóv. Todos se ceñían al mismo esquema: primero utilizaban a Rasputín, cerraban un pacto con él y luego se lo sacaban de encima. El inteligente e intuitivo Rasputín presintió en seguida que el Viejo Amigo iba a la suya evitando las reuniones con él y con Mamá: al igual que con Manásevich.

Manásevich estaba acostumbrado al doble juego, es decir, enviaba puntualmente a Stürmer, en sobres en los que escribía «secreto», toda la información que obtenía de Rasputín sobre lo que sucedía en Tsarskoe Selo. Sin embargo, cuando se encontraban, el primer ministro se mostraba indiferente con él. Poco después, Stürmer lo sacó de su despacho asignándolo al Departamento de Policía. Por su parte, el metropolitano Pitirim, según Manásevich, «estaba también contrariado, se percataba de que Stürmer era cada vez más seco con él por teléfono».

Rasputín reaccionó a su manera ante la actitud del primer ministro. Como testificó Manásevich, durante sus reuniones con él el campesino solía gritar al funcionario de más alto rango del imperio: «¡No te atrevas a ir en contra de los deseos de Mamá! ¡Procura que yo no te dé la espalda! ¡Entonces estarás acabado!». Cuando Manásevich intentaba hacerle entrar en razón (provocándolo así todavía más), Rasputín explicaba con toda claridad: «El Viejo Amigo no se somete a Mamá. Ha empezado a dar saltos por su cuenta y no tardará en romperse la crisma. ¡Los deseos de Mamá, el verdadero primer ministro, son ley!».

En agosto, el campesino llegó a la conclusión de que el primer ministro se había vuelto peligroso. Aquel mismo mes Rasputín recibió un duro golpe: Manásevich fue arrestado.

Manásevich necesitaba fondos. Sus constantes partidas de cartas y sus amantes caras exigían ingentes cantidades de dinero. En agosto de 1916, el subdirector del Banco de la Unión de Moscú informó al nuevo director del Departamento de Policía, el general E. Klimovich, que Manásevich le había pedido 25.000 rublos, prometiéndole que con ayuda de Rasputín las transacciones de su banco no serían revisadas.

En vez de informar a Tsarskoe Selo, Klimovich se puso manos a la obra inmediatamente.

Por consejo de Klimovich, se tomó nota de la numeración de los billetes y Manásevich, la persona más cercana a Rasputín, fue arrestado con las manos en la masa en plena calle. El campesino comprendió que Klimovich nunca se hubiera atrevido a llevar a cabo semejante acción sin el apoyo de Stürmer. En Tsarskoe Selo se supo que, efectivamente, Stürmer, tras el arresto de Manásevich comentó: «Por fin aquel sinvergüenza y chantajista está entre rejas».

Las cuentas bancarias de Manásevich fueron bloqueadas. Se descubrió entre finales de 1915 y principios de 1916 que la inmensa suma de 260.000 rublos había aparecido en una de las cuentas de Manásevich en el Crédit Lyonnais. Rasputín acudió a toda prisa a Mamá. Pero Alix no podía decir nada. Hablar en defensa de un judío culpable por aceptar semejantes sobornos fue algo a lo que no se atrevió. Manásevich se pudría en la cárcel.

Sin embargo, ¿por qué se había vuelto Stürmer tan atrevido de repente, perdiendo incluso el miedo al peligroso campesino? ¿Quizá el viejo zorro, teniendo a su disposición toda la información recabada por la policía secreta, sabía que pronto se vería libre de Rasputín?

El padre de Rasputín había muerto hacía poco tiempo, pero Grigori no asistió al funeral. Mandó a su hijo a la misa de réquiem que se celebró cuarenta días después del entierro, «puesto que él tenía que quedarse a petición de los zares». Según los agentes, Rasputín habló de la muerte de su padre «con gran dolor», aunque también recordaron en sus informes cuán salvajemente le había golpeado. Eran gente de ciudad y no lo entendían: él, golpeó a su padre, igual que su padre hiciera antes a su abuelo.

Pero Rasputín quería a su padre, lo mismo que éste había querido antes a su abuelo.

Entretanto la ofensiva contra Rasputín siguió adelante, infligiéndole otro revés. La esposa del banquero Rubinstein fue a ver a Vyrubova a Tsarskoe Selo. Se postró de rodillas ante ella. Resultó que Rubinstein, uno de los hombres más ricos de Rusia, había sido arrestado en su casa bajo la terrible acusación de espionaje. Él había comprado todos los títulos de la Compañía de Seguros Ancla y los había vendido obteniendo pingües beneficios de una compañía de seguros sueca. Pero entre los títulos se encontraron los planos de ciertas «fábricas de azúcar ucranianas» aseguradas por Ancla. Con aquello era suficiente. Un segundo miembro del Grupo de Expertos de Rasputín estaba entre rejas. Alix y Nuestro Amigo tenían que encontrar a toda prisa un nuevo primer ministro y un nuevo ministro de Interior.

¿EL BANQUERO SECRETO DE LA ZARINA?

Ahora en sus cartas a Nicky, Alix le pedía constantemente que nombrase a Protopópov ministro de Interior. O, más exactamente, no era ella quien se lo pedía, sino Nuestro Amigo.

> 7 de septiembre de 1916. Corazón mío ... Grigori te ruega muy seriamente que nombres a Protopópov. Le conoces y ya sabes que te causó muy buena impresión. Es de la Duma ... y sabrá cómo actuar con ellos ... Yo no le conozco, pero creo en la sabiduría y guía de Nuestro Amigo ... Su amor por ti y por Rusia es tan intenso que Dios le ha mandado para que te ayude, guíe y rece mucho por ti.

Pero Nicky vacilaba. «9 de septiembre ... Tengo que pensarlo bien ... Las opiniones de Nuestro Amigo sobre la gente son a veces muy extrañas, como bien sabes. Por lo tanto, uno debe ser cauto, especialmente cuando los nombramientos apuntan a altos cargos.»

Por aquel entonces Rubinstein estaba todavía en la cárcel. Había sido interrogado por los investigadores de la Comisión Especial para Crímenes a nivel nacional. Poco después, empezaron a circular rumores de que Rubinstein era el banquero secreto de la zarina y que Rasputín se lo había presentado; y de que a través de él había enviado dinero clandestinamente a sus familiares alemanes que se habían empobrecido con la guerra.

No hay documentos que lo puedan demostrar. Pero a diferencia de lo ocurrido con el arresto de Manásevich, Alix no permaneció neutral respecto al banquero. A sus súplicas al zar para el nombramiento de un nuevo ministro se añadieron peticiones relativas al desgraciado Rubinstein. Nicolás no tardó en ceder a su presión: el 18 de septiembre, ante el extremo asombro de la Duma, Protopópov fue nombrado director del Ministerio de Interior. Y anticipándose a la reunión de Nicky con su nuevo ministro, Alix envió a su marido un boceto para la conversación. En nombre de Nuestro Amigo, claro está.

«27 de septiembre ... Conserva mi lista delante de tus ojos; Nuestro Amigo me suplicó que le hablases de todas estas cosas a Protopópov.»

El segundo punto de la lista que Alix le había enviado para discutir con el ministro trataba de Rubinstein. Decía: «sacar a Rubinstein» (es decir, asegurarse de su liberación y, lo más importante, evitar su investigación). Estaba muy preocupada por el destino del banquero.

UNA APOTEOSIS

Con razón escribió la cantante Belling acerca de la «influencia real» de Rasputín. Ningún favorito había alcanzado semejante poder desde los tiempos de las emperatrices rusas del siglo XVIII. La gran familia Romanov, la Corte y los ministros lo hacían todo a hurtadillas, confiando en la conspiración. No se atrevían a actuar abiertamente. El general Klimovich, que había arrestado imprudentemente a Manásevich, fue destituido de su puesto al instante. Stürmer, que había osado enfrentarse a Rasputín, tenía los días contados. Los «nuestros» —el gabinete ministerial de la oposición compuesto por la zarina, Anya y Rasputín, junto con el nuevo ministro de Interior y la policía secreta bajo su mando— intentaban gobernar Rusia. Como antes, el símbolo de la lealtad para la zarina era Nuestro Amigo. Toda enemistad hacia él era castigada. En su carta del 15 de septiembre, la zarina le pidió a Nicky que sustituyese al gobernador de Petrogrado, Obolensky, que junto con su hermana, una dama de honor, había cometido la temeridad de hablar contra Rasputín. Al instante fue acusado de aceptar sobornos.

El gobernador de Petrogrado, el príncipe Alexander Obolensky, vástago de una de las familias más rancias de Rusia y general de División del séquito de Su Majestad, se rebajó acto seguido de la forma más increíble: lloró ante el campesino.

28 de septiembre ... Cariño, imagínate, Obolensky pidió ver a Nuestro Amigo y envió un espléndido automóvil a recogerle. ... Al principio lo reci-

bió muy nervioso y luego acabó hablando y hablando hasta que al final empezó a llorar. Entonces Gr. se marchó, pues vio que en aquel momento su Alma estaba henchida de emoción ... siempre pedirá consejo a Nuestro Amigo para cualquier cuestión ... Luego le mostró las veinte cartas que durante todo este tiempo Nuestro Amigo le había mandado con peticiones, todas ellas bien atadas, y dijo que había tratado de concederlas siempre que había podido ... Aún no entiendo cómo aquel hombre tan orgulloso se rindió a él ... Nuestro Am. dice que es en el *sentido espiritual* que aquel hombre, un alma como [Obolensky] había acudido a él.

El príncipe lloró. De un modo u otro el asunto de los sobornos quedó olvidado, y Obolensky recibió un honroso destino en el frente como comandante de brigada. ¡Cuántos hombres orgullosos se vieron obligados a rendirse! Aunque bien podemos imaginarnos cuánto debieron odiar al poderoso campesino en su humillación.

¡MANTENTE EN EL CENTRO, MAMÁ!

Así, el nuevo ministro Protopópov accedió al cargo. Un nuevo ministro de Interior con una parálisis progresiva incipiente. Era un símbolo de autoridad.

A diferencia de sus predecesores, Protopópov estaba preparado para tratar con Rasputín. Como testificó Beletsky: «En sus relaciones con Rasputín no era ningún novato como aquellos que habían sido amables con él, pensando que era un bobalicón y luego fueron atrapados». El «gabinete ministerial» de Tsarskoe Selo podía sentirse satisfecho; habían encontrado un ministro obediente que al mismo tiempo resultaba grato a la Duma. Rasputín le dijo a Manásevich: «Cometimos un error con Barrigón porque también él era uno de aquellos imbéciles de derechas. Te aseguro que todos los de derechas son imbéciles. Esta vez hemos elegido entre la derecha y la izquierda: Protopópov». El campesino también pronunció una contundente frase sobre los miembros del Parlamento ruso: «Tanto las derechas como las izquierdas son imbéciles. Tú, Mamá, mantente en el centro».

No obstante, cuál no sería el asombro del zar cuando la Duma recibió el nombramiento de su antiguo favorito con desenfrenada violencia. Y sólo porque la zarina y Rasputín le habían apoyado. Ni siquiera el senil

509

Goremykin, ni Stürmer, ni ninguno de los anteriores primeros ministros provocaron la inquina que el antiguo colega de la Duma suscitó.

Del testimonio de Guchkov: «Si Protopópov hubiese sido un enemigo declarado, no me habría negado a tener nada que ver con él. Pero Protopópov dio un súbito cambio de postura no por convicción sino por consideraciones profesionales, apoyado además por dudosos intermediarios como Badmaev y Rasputín». El singular encuentro de Protopópov con el alemán Warburg salió inmediatamente a la luz y se relacionó con el nombramiento del ministro. Los desolados «zares» no tenían ni idea de lo que había pasado. ¡Nicolás perdió incluso los nervios por primera vez!

Del testimonio de Vyrubova:

> Cuando se levantaron voces contrarias en la prensa y en la sociedad ... el soberano se quedó atónito de ver cómo una persona elegida por la Duma para ser su vicepresidente y después su representante podía en el transcurso de un mes convertirse en un granuja ... Después de pasar su informe [al zar o a la zarina] Protopópov solía visitarme. Él ... era una persona sumamente nerviosa, y constantemente se quejaba de que todos le acosaban.

Entretanto, las rarezas del nuevo ministro se hacían cada vez más evidentes. Y sus graves ataques de neurastenia, consecuencia de su terrible enfermedad, le obligaron a buscar la ayuda del célebre psiquiatra Vladimir Bejterev.

Pero, al parecer, ocultó a los investigadores su otro médico. ¿Cómo no iba a acudir a Rasputín, a quien consideraban un gran sanador? Así pues, es muy probable Rasputín se encargara de aliviar los sufrimientos del desdichado ministro. También esto constituía una fuente de dependencia respecto a Rasputín.

LA DAMA ENTRE BASTIDORES

En aquellos días Protopópov estaba muy solo. La hermosa Sheila le había abandonado.

En el Expediente se conserva el testimonio de Sheila Lunts: «A su regreso a casa, mi marido no veía con buenos ojos mis visitas a Protopópov y», añadió ingeniosamente: «tras haber conseguido que Protopópov arreglase el permiso de residencia para mi padre y mi hermana en Petrogrado, dejé de verle».

En este punto Rasputín acudió en su ayuda. Una de las damas de su círculo rescató al ministro de su soledad. Se trataba, además, de una dama que según los informes policiales había estado muy cerca de Rasputín y que en aquellos momentos desempeñaba un papel de responsabilidad en el «gabinete ministerial de la oposición» en Tsarskoe Selo.

Según las declaraciones de Vyrubova en el Expediente: «Protopópov solía visitar, incluso con mayor frecuencia que a mí, a una enfermera de mi hospital, Voskoboiníkova, con la que a veces cenaba ... Le dije que aquella era una situación delicada, pero aseguró que para él era una fuente de sosiego».

Del testimonio de Feodosia Voino, doncella de Vyrubova, en el Expediente: «Protopópov solía visitar a Vyrubova a la enfermería donde trabajaba Voskoboiníkova ... Las personas más próximas a Vyrubova y en las que ella más confiaba eran Voskoboiníkova y Laptinskaya».

Voskoboiníkova ha permanecido entre bastidores en la historia de Rasputín, a pesar de que, al igual que Laptinskaya, desempeñó un papel esencial en la misma.

Tras la caída del régimen en 1917, la policía rastreó la pista de Voskoboiníkova y la obligó a presentar su testimonio, que se ha conservado en el Expediente.

EN EL COMEDERO

Nadezhda Ivanovna Voskoboiníkova, de treinta años, era viuda de un oficial cosaco. A la muerte de su marido en 1911, vino a Petrogrado procedente de provincias e hizo amistad con la familia del senador V. N. Mamontov, que tenía sesenta y ocho años y era profundamente religioso. Según Voskoboiníkova: «la esposa de Mamontov no comprendía aquella amistad y se divorció de él». Tampoco la policía la entendía, pues en sus informes se refería a ella como a la «amante de Mamontov». A través de éste, Voskoboiníkova hizo amistades muy útiles cuando, «con motivo de una investigación religiosa», invitó a Rasputín hasta su casa.

Así comenzó el ascenso de Voskoboiníkova hasta palacio.

«En 1915 ... mis nervios estaban destrozados.» Y a pesar de que Mamontov le advirtió de que «visitar a Rasputín sería peligroso, teniendo en cuenta los rumores que sobre él circulaban», se fue a ver al campesino. «Rasputín me animó y me dijo que Dios me ayudaría.»

Después de esto, obviamente el investigador le hizo una pregunta muy desagradable, a la que ella respondió orgullosamente: «No sólo no visitaba a Rasputín por la noche, sino que ni siquiera veía a ninguna de mis amistades en aquellos días». Pero los informes de los agentes externos contienen algo muy distinto y dicha información fue la que motivó la pregunta del investigador.

Aunque al parecer había visitado «el saloncito del sofá», al igual que sus predecesoras, no volvió a ser invitada allí. Pero declaró descaradamente: «Rasputín no se permitió libertades de ninguna clase conmigo».

A la muerte de Mamontov, que «Rasputín había vaticinado», según Voskoboiníkova, el padre Grigori no la olvidó y le encontró un puesto en la enfermería de Vyrubova.

Rasputín no se equivocó al no subestimarla: ella sabía cómo hacerse útil. Un tiempo después se convirtió en enfermera veterana y fue presentada por la Amiga a la emperatriz. La zarina, conmovida por su devoción a Nuestro Amigo y a la Amiga, sugirió que «tomase con más decisión las riendas de la enfermería». Se han conservado telegramas de los que se desprende que la zarina confiaba profundamente en Voskoboiníkova en aquellos últimos meses de poder. «Es terriblemente difícil y arduo», se lamentaba la zarina a Voskoboiníkova desde el Cuartel General el 14 de noviembre de 1916.

En el otoño de 1916 conoció a través de Rasputín al ministro, que sufría una terrible soledad. Ahora ella sería la intermediaria de las peticiones a la Amiga y lógicamente a Protopópov. Así pues, se hizo un puesto en el comedero.

Del testimonio de Voino en el Expediente:

> Vino a nosotros en la más absoluta miseria ... Pero rápidamente se convirtió en una elegante y joven dama con un montón de objetos valiosos de oro y con su propio apartamento en la avenida Nevski ... Trataba con familiaridad ... a Protopópov, al igual que él hacía con ella. Y éste no se abstenía de pasarle el brazo por la cintura en mi presencia.

En 1916 ocupaba la misma posición respecto a Vyrubova que la que Laptinskaya ocupaba respecto a Rasputín. Encontraremos los nombres de Voskoboiníkova y de Laptinskaya en el registro de entrada entre los de las pocas personas que recibía la zarina. Y en el «gabinete ministerial de la oposición», Voskoboiníkova y Laptinskaya unían a las «fuerzas oscuras» —Rasputín, Vyrubova, la zarina y Protopópov— en una única cadena. A través de ellas los miembros del gabinete se enviaban sus más secretos e importantes mensajes. Y a través de Voskoboiníkova, el campesino, la zarina y Anya controlaban al achacoso ministro.

LA DANZA DE LA MUERTE

A pesar de haber alcanzado un inmenso poder, el campesino vivía presa de un constante temor.

La amenaza de un atentado contra su vida le perseguía. Belling recuerda que cuando Opisenko quería levantar al borracho Rasputín para llevárselo, bastaba con que gritase: «¡Qué estás haciendo! ¡Están preparando un atentado contra nosotros aquí, y tú estás clavado en la silla!». Rasputín «rápidamente se ponía la chaqueta y el abrigo de piel, se encajaba el gorro en la cabeza y se precipitaba hacia la salida».

Con la marcha de Komissarov y el arresto de Manásevich, sólo estaba custodiado por un destacamento de la sección de Seguridad. Era consciente de que en cualquier momento podían entregarlo a sus adversarios.

El Expediente, del testimonio de Filipov: «Ahora, cuando venía a verme, trataba de emborracharse lo más rápidamente posible, pedía diversión y quería que acudiesen los gitanos, y si había algo que le entusiasmaba, era el baile».

En la bebida y en el baile trataba de olvidarse de todo y de recuperar un cierto sentimiento de alegría. No lo quería, pero presentía que una conspiración se cernía sobre él. Y eso le asustaba.

Alix escribía a Nicky:

21 de septiembre de 1916 ... estos bestias de Rodzianko, Guchkov ... y compañía están detrás de mucho más de lo que uno ve (lo noto) para forzar que los ministros renuncien a controlar las cosas. Pero pronto los des-

cubrirás a todos, le pediré consejo a Nuestro Am.; muy a menudo tiene ideas sensatas que a los demás se les pasan por alto, Dios le inspira.

Y el «mucho más» sucedió. El último acto había dado comienzo: la caída del imperio.

Poco después, el 1 de noviembre, todo el país se vio sacudido por un discurso que pronunció en la Duma, Pavel Miliukov, líder del partido más influyente de la oposición, el Constitucional-Demócrata:

> De un extremo a otro de las fronteras se han ido extendiendo rumores de deslealtad y traición. Las habladurías se han introducido en los círculos más altos y no perdonan a nadie. El nombre de la emperatriz se ha repetido cada vez con mayor frecuencia junto al de los aventureros que la rodean ... ¿Es estupidez o es traición?

Y la palabra «traición», que se ajustaba al talante del malherido ejército, fue inmediatamente asimilada y arraigó firmemente en el inconsciente de millones de ciudadanos.

Alix exigió a Stürmer que tomase cartas en el asunto. Estaba furiosa, y esta vez Stürmer estaba demasiado asustado como para negarse. Llamó a Rodzyanko. El Viejo Amigo se había dislocado el tobillo en aquellos días y no podía caminar. El efecto resultaba cómico. El indefenso Stürmer, tumbado en la cama con la pierna levantada, intentaba regañar al enorme y poderoso Rodzyanko, que se erguía descomunal por encima del postrado primer ministro.

De acuerdo con el testimonio de Rodzyanko:

Dijo ... me pidió una copia del discurso de Miliukov con el propósito de iniciar una acción penal contra él. Le respondí que no le enviaría ninguna copia, [y dije]: «¿Para qué le está defendiendo [a Rasputín]? ¡Es un bribón de primera categoría, ni siquiera colgándolo sería suficiente!». Y desde la cama del primer ministro se oyó su débil respuesta: «Es lo que quieren desde las más altas instancias». Así había capitulado ante la zarina. Ahora, colérico, el presidente de la Duma continuaba regañando al viejo: «¿Qué clase de monárquico es usted después de actuar así? Es más bien un celoso republicano que, disculpando a Rasputín, está minando la monarquía!»

No. Todos, con la ayuda de Rasputín, estaban minando la idea monárquica. Desde la zarina hasta el propio Rodzyanko.

Ahora, el campesino hablaba de la muerte cada vez con más frecuencia.

Del testimonio de Molchanov en el Expediente:

> En octubre de 1916 ... le visité un par de veces más o menos. Noté que estaba más bien melancólico. También observé que había vino sobre la mesa y que había bebido una buena parte, como si necesitara acallar un terrible presagio. No dejaba de repetir: «los tiempos están cambiando, todo cambiará». Al despedirme estuvo muy afectuoso y dijo que apreciaba mi estima y mi cariñosa actitud. Recordó a mi padre con una palabra amable, y dijo que quizá le matarían y que no volveríamos a vernos ... Luego, como si de repente recuperase la lucidez, dijo: «No, no, nos veremos otra vez. Vendrás a Petrogrado».

Cada día, en la calle Gorojovaya se repetía aquella danza frenética, seductora y ebria, que ahogaba el terror de Rasputín. El mentecato de su hijo, que estaba sirviendo en el tren hospital de la zarina, iba a visitarle durante varios días y se escondía de aquella locura en las habitaciones más alejadas. Si el apartamento estaba en silencio, era señal de que el campesino estaba bebiendo en un restaurante o de que un coche lo había llevado a Tsarskoe Selo para reunirse con el «gabinete ministerial de Tsarskoe Selo». El 16 de octubre Alix escribió a Nicky:

> Pasé una agradable velada ayer en casa de A. con Nuestro Amigo, su hijo y el obispo Issidor [el mismo Isidor Kolokolov que fue acusado de mantener relaciones con un hermano laico] ... Gr. cree que sería mejor llamar a filas a los hombres más jóvenes en vez de reclutar los de más de cuarenta, que son necesarios en casa para que el trabajo siga adelante y puedan cuidar de sus hogares.

Aquella sugerencia del campesino era totalmente razonable.

Entonces empezó el mes de noviembre, el penúltimo mes de su vida.

LA SEPULTURA ESTÁ LISTA

El 5 de noviembre Alix informó a Nicky: «La colocación de la primera piedra [de] la iglesia de Ania fue espléndida, Nuestro Am. estuvo allí y también el amable obispo Isidor». Pronto sería enterrado Rasputín bajo el altar de la nueva iglesia. Y el «amable obispo» oficiaría el funeral. Se celebró una pequeña fiesta en la enfermería en honor a la colocación de la primera piedra de la «iglesia de Anya», el santuario Serafimov. Esta fiesta daría origen a un monumental escándalo.

Poco después de la festividad, el implacable enemigo de Rasputín, el monárquico Purishkiévich, se hallaba rodeado de parlamentarios al finalizar la última reunión de la Duma. Estaba mostrando a quien quisiese verla una divertida fotografía. En ella Rasputín aparecía sentado en una mesa junto al «amable obispo Isidor», que vestía sotana. En la mesa había vino, y alrededor de la misma había músicos que tocaban la balalaica y hermanas de la misericordia, riendo y, obviamente, ebrios. En aquellos momentos en que Rusia derramaba su sangre en el frente y en que una terrible hambruna se cernía sobre el país, ¿cómo podían reaccionar los miembros de la Duma ante la alegría del frente nacional de aquel «espía y granuja»?

Al día siguiente una de los retratos estaba en el escritorio del ministro Protopópov.

Durante el interrogatorio por parte de la Comisión Extraordinaria, Protopópov testificó:

> Purishkiévich repartió 9.000 copias de la fotografía de Rasputín: Rasputín rodeado por varias personas ... Una mesa, vino sobre la mesa, músicos que tocaban la balalaika, un sacerdote.
> ¿Cómo sabe que repartió 9.000 copias?
> En el reverso de la fotografía que me enviaron de Tsarskoe Selo, probablemente por orden de la emperatriz a través de Vyrubova o Voskoboiníkova, estaba escrito «9.000 copias».

El último retrato de Rasputín con vida

La historia de aquella fotografía —que, por desgracia, no pude encontrar— explica mucho acerca del inminente desenlace.

Con toda probabilidad las noticias de la fotografía le llegaron a Protopópov a través de su hermosa enamorada Voskoboiníkova. No sólo porque en aquella época era su amante, sino también porque estaba directamente relacionada con el retrato. Era una de las alegres hermanas de la misericordia que aparecían en él.

En el Expediente se conserva su testimonio sobre aquel escándalo. «En la fotografía que me enseñaron —la de Rasputín con el obispo Isidor— salía yo de perfil detrás de Isidor. La idea de la fotografía fue del coronel Loman». (Constructor y coadjutor de la catedral de Feodor, favorita de la zarina.)

El momento en que se hizo la foto tuvo lugar después de que «se terminase la parte oficial» y de que Vyrubova y los otros importantes invitados se hubiesen marchado de la enfermería. Voskoboiníkova testificó:

> Después de que los invitados se hubiesen marchado, Isidor y Rasputín se quedaron un rato en la enfermería. Loman nos había invitado a tomar un café; aunque la «flor y nata» se hubiese ido, «¿por qué no podíamos quedarnos los trabajadores?» dijo. Loman nos obsequió con champaña y café e incluso con las canciones de los muchachos del coro ... que cantaron artísticamente canciones rusas ... A continuación sugirió que nos hiciésemos una foto. Así que un empleado de la catedral de Feodorov nos la hizo. Loman estaba entre los que habían de ser fotografiados, de pie detrás de Isidor. Luego le pedimos copias del retrato, pero dijo que todavía no estaban a punto ... El por qué Loman no apareció en la foto ... no lo sé. Es posible que en el último momento se sentase. Además de los muchachos del coro, en el retrato salía Molchanova, una hermana de la misericorida [la esposa de Leonid Molchanov], mi hermana Bendina, y la hermana de la misericordia Voino. Sentados aparecen la hermana Koscheeva, Rasputín, el obispo Isidor, y Maltsev [constructor del santuario de Serafimov]. En la foto la hermana Koscheeva se ríe y parece ligeramente achispada.

También Loman declaró acerca de la provocadora fotografía.
Del testimonio de Loman en el Expediente:

> En la foto se muestra una comida ... en ocasión de la colocación de la primera piedra del Santuario de Serafimov, que por orden de Vyrubova fue construido por Maltsev, no por mí. Yo no tenía ningún interés en que se me fotografiase con los demás, y no posé con ellos. Estaba en algún otro sitio ... lejos de la mesa y por esto no aparezco en el retrato.

Así pues, no fue una casualidad el que Loman no saliese en la foto. Como tampoco lo fue que la inteligente Vyrubova, como testificó Voskoboiníkova, «nos hubiera advertido de la necesidad de ser más precavidos con Loman»; ni que Rasputín, según Voskoboiníkova, hubiera dicho que «no deberíamos confiar en Loman», que era una persona «ambigua».

El «ambiguo Loman» servía a Dios y al diablo. Y el experimentado cortesano había maquinado la provocación siguiendo las órdenes de alguna otra persona. Había resuelto fotografiar a Rasputín y al escandaloso obispo Isidor con la alegre compañía de las embriagadas hermanas de la misericordia. Había decidido fotografiar una «orgía de Rasputín». «Por eso habían hecho reír a la hermana Koscheeva» en el momento de hacer la foto y Loman se había sentado instantes antes. El astuto Loman ya había intuido el futuro y trabajaba para la conspiración.

Era una señal. El desenlace se acercaba. Las ratas ya estaban abandonando el barco a la deriva. Y Loman se esforzaba por organizar aquel retrato de una «orgía», que a continuación repartiría en la Duma.

LA VÍSPERA

«Hacia finales de 1916 el ambiente del edificio de la calle Gorojovaya se hacía cada vez más tenso», recordaba Zhukovskaya.

> Por fuera era el mismo bazar ... las constantes llamadas telefónicas ... las mujeres zumbando como avispas y arremolinándose en la sala de visitas, abarrotando el comedor y el dormitorio, mujeres viejas y jóvenes por igual, pálidas y maquilladas, que iban y venían, trayendo montañas de caramelos, flores, y cajas con otras muchas cosas, que quedaban esparcidas por todas partes ... el propio Rasputín, agotado, con la mirada perdida, parecía a veces un lobo acosado, y por esto mismo, creo, uno sentía en su forma de vida una cierta prisa y falta de confianza, y todo parecía casual y precario: era la proximidad de un duro golpe, de algo que se cernía sobre aquel oscuro e inhóspito edificio.

Como muchos otros en aquella época, Zhukovskaya recordaba su voz que susurraba: « Aquéllos de allí son mis enemigos. Están todos escudriñando, preparando una trampa. Lo veo todo. ¿Crees que no sé que pronto terminará todo? Se ha perdido la fe», dijo de repente ... «el pueblo ya no tiene fe, eso es lo que pasa. ¡Bueno, adiós, abejita mía! Dame un beso de despedida». Nunca volvió a verle.

«Será una revolución de odio y venganza»

Sucedió a finales de 1916. No fueron las balas de los terroristas revolucionarios, ni los proyectiles de los alemanes en el frente, sino la existencia de una sola persona que amenazaba con destruir uno de los más grandes imperios del mundo. La oposición, la sociedad, la Corte, todos habían luchado en vano contra el campesino analfabeto que tenía un horrible nombre y que venía de un pueblo desconocido.

En los días anteriores al asesinato de Rasputín, Vasily Maklakov, miembro del partido de la oposición más poderoso de la Duma, el Constitucional-Demócrata, viajó a Moscú para hablar ante los industriales y comerciantes más influyentes. Un agente de policía allí presente escribió el discurso de Maklakov, que se ha conservado entre los papeles del Departamento de Policía. En el apartamento del millonario Konovalov, su compañero miembro del partido, Maklakov habló de la inevitable revolución que Rasputín estaba provocando.

«La dinastía está poniendo en peligro su propia existencia, y no mediante fuerzas destructivas externas, sino mediante una labor terriblemente destructora que desde el interior está acortando en un siglo su potencial existencia.» Y a continuación Maklakov pronunció unas palabras proféticas: «El horror de la revolución que se avecina ... No será una revolución política, que podría seguir un curso previsible, sino una revolución de odio y venganza de las clases bajas ignorantes, una revolución que no puede ser sino elemental, convulsa y caótica».

Y el presentimiento de un apocalipsis inevitable que aparecía de nuevo en la sociedad se hacía ahora universal. Entonces fue cuando el joven príncipe Zhevajov le contó a la zarina la visión que un tal coronel O. había tenido. El coronel se había elevado hasta la cima de una montaña desde donde podía contemplar toda Rusia, una Rusia inundada de sangre de una frontera a la otra.

Solo

Aquel otoño en los palacios de los grandes duques de Crimea todavía no sabían que su último año estaba tocando a su fin. Sin embargo, presentían que se avecinaban tiempos terribles e inevitables. Ante esa inminente catástrofe, el zar estaba solo. Como su primo historiador, el gran duque Nicolai Mijáilovich anotaría más tarde en su diario: «En torno a Alejandro III había habido un cerrado círculo que personas de confianza ... Tras el vigésimo tercer año de reinado de Nicolás, ya no le quedaba ni un solo amigo, ni entre sus familiares ni entre la alta sociedad». Mejor dicho, el solitario zar tenía solamente un amigo: ¡Nuestro Amigo, el campesino universalmente odiado que amenazaba al imperio y a la dinastía! Incluso su madre se oponía a su hijo, que estaba destruyendo el imperio.

En el Expediente encontramos este testimonio de Vyrubova: «La emperatriz viuda estaba en contra del soberano y de la emperatriz. Ellos veían a María Fiódorovna con tan poca frecuencia que en los doce años que estuve con Alejandra Fiódorovna, vi a María quizá tres veces».

El odio hacia la zarina era universal. La Corte y la nobleza de Tsarskoe Selo se unieron a los grandes duques para expresar su descontento a la manera de *La Fronda*. El príncipe Zhevajov recordaba que el director de la escuela religiosa de secundaria para señoritas de Tsarskoe Selo, no sólo no se inclinó ante la zarina en un encuentro, sino que le dio ostentosamente la espalda a la dirigente de toda Rusia. «Resulta penoso ... no sólo para mí sino para mis hijas», le dijo Alix al príncipe en aquella ocasión. Vergonzosas caricaturas representando a la zarina de Todas las Rusias en posturas indecentes con el campesino barbudo circulaban a lo largo y ancho del país. Ahora, al zar de Todas las Rusias le llamaban despectivamente «Nikolasha» en los pueblos resentidos y devastados por la guerra. El zar, que hasta hacía poco había sido para ellos el temido «padre», aparecía ahora en miles de graffitis como un patético marido engañado por su esposa y un depravado campesino.

«ESTOY TERRIBLEMENTE OCUPADO CON ... LA CONSPIRACIÓN»

Con qué precisión observó Maklakov: «En los más altos círculos de la nobleza y de la Corte se teme que la autoridad gobernante camino de su ruina les arrastre en su caída junto con sus privilegios».

El legendario Club Náutico era el centro de la oposición aristocrática de la época. Había sido fundado en 1840 durante el reinado de Nicolás I. Sólo la flor y nata y los aristócratas de alta cuna —la sangre azul de Rusia— tenían acceso al recinto.

Durante el reinado del padre de Nicolás, Alejandro III, el Club Náutico había sido una asamblea política cerrada. Desde allí la alta aristocracia dirigía su lucha contra los nihilistas y los revolucionarios. Este lugar estaba rodeado de misterio y de exclusividad.

El club estaba presidido tradicionalmente por el ministro de la Corte, en aquellos tiempos el conde Fredericks. Pero incluso en aquella ciudadela monárquica, como escribió el gran duque Nicolai Mijáilovich en su diario, «la conducta de ... la emperatriz era abiertamente criticada». Y aquél era un síntoma harto temible. Alix intentó poner fin a aquellas conversaciones a través del conde Fredericks. Con su espléndido porte de viejo soldado de la guardia real y sus modales impecables que evocaban a los desaparecidos grandes del *ancien régime*, Fredericks causaba una magnífica impresión en los bailes, pero como ministro era incapaz. La autoridad en decadencia ha estado siempre rodeada de gente patética. No sólo prosiguieron las conversaciones sobre la zarina, sino que se volvieron provocativas. El gran duque Dimitri y Félix Yusúpov eran miembros del Club Náutico en aquella época.

En Petrogrado y Moscú las conspiraciones maduraban en los cículos de la Corte, entre la aristocracia y en los espléndidos apartamentos de los ricos. Mas, fuera de Petrogrado, en Tsarskoe Selo la solitaria familia real seguía viviendo su aislada vida sin esperanza. Como siempre, Alix, presidenta del «gabinete ministerial de Tsarskoe Selo», trabajaba incansablemente, reuniendo a los obedientes, pero, por desgracia, impotentes ministros. Nicolás estaba lejos de la capital, en el Cuartel General.

Entretanto, en la gran familia Romanov se ultimaban los pasos para apelar a Alix: Zinaída Yusúpova pidió audiencia. No era ninguna coincidencia el hecho de que Jvostóv revelase en 1917 que ella estaba implicada en aquel (infructuoso) intento de asesinato, ofreciendo cuantiosas sumas para financiarlo. Aquella belleza, dotada también de muchos otros talentos (era una actriz potencialemte brillante a quien Stanislavsky rogó en su día que se uniese al teatro), era, al parecer, también una de las principales protagonistas de la conspiración de la familia Romanov. Y Zinaída Yusúpova se fue a ver a Alix.

Fue recibida «con frialdad». Tan pronto como empezó a hablar de Rasputín, «se le pidió que abandonase el palacio». No obstante, ella insistió en que antes de hacerlo tenía que cumplir con su deber ante la emperatriz y «decir lo que tenía que decir». Alix escuchó en silencio y al final del monólogo exclamó: «¡Espero no volver a verte jamás!».

Zinaída era íntima de Ella, la hermana de Alix. Así pues, no fue casualidad que Ella visitara a Alix después de que ésta echase a Zinaída de palacio. Su antaño amada hermana Ella. La emperatriz la escuchó también en silencio. Y vio cómo se marchaba, callada, en su carruaje. Tal como escribió Félix Yusúpov: «Las lágrimas inundaban los ojos de Ella. Me echó como a un perro ... Pobre Nicky, pobre Rusia». Y Félix no se lo inventó.

En los archivos encontré una carta de Ella. Se la escribió a Nicky tras la muerte de Rasputín. En ella describía su encuentro con Alix:

> Me he dirigido a los dos, a quienes quiero de verdad, para advertiros de que todas las clases sociales, desde las más deprimidas hasta las más altas han llegado al límite ... Ella me ordenó que no te dijese nada ... y me marché preguntándome si alguna vez volvería a veros ... preguntándome qué tragedias nos aguardaban y qué sufrimientos nos depararía el futuro.

Al parecer, a principios del oscuro y lluvioso otoño de Petrogrado, la conspiración de los grandes duques había tomado forma. Como recordaba Félix:

> Los grandes duques y unos cuantos aristócratas estaban involucrados en un contubernio para derrocar a la emperatriz, despojarla de su poder y encerrarla en un convento. Rasputín sería enviado al exilio en Siberia, el emperador depuesto y el zarevich coronado.

Poco antes del asesinato de Rasputín, Purishkiévich fue convocado al palacio del gran duque Cirilo Vladimirovich. El monárquico Purishkiévich, uno de los autores del crimen, escribió en su diario: «Después de nuestra conversación, me marché del palacio del gran duque con la fuerte convicción de que estaba implicado en algo ilícito respecto al soberano».

No obstante, de acuerdo con una de las tradiciones rusas favoritas, lo «ilícito» sólo se limitaba a la conversación. Ninguno de ellos se hubiera atrevido a violar su juramento ni a levantar la mano contra el zar.

Pero si los grandes duques estaban dispuesto a actuar, tenían que darse prisa. Pues otra conspiración se estaba ya fraguando en el Cuartel General: la de los generales y de la oposición de la Duma.

«Entre Konovalov [un diputado de la Duma], Krymov [un general], y Alexeev [el mayor al mando en el Cuartel General] se está urdiendo una especie de complot», escribió el general Brusilov. Y qué triste resulta leer en el cuaderno de otro de los generales del zar, el general Lemke: «Estoy terriblemente ocupado con el asunto de la creciente conspiración».

EL ÚLTIMO AVISO

Una vez más, los grandes duques trataron de resolver la situación «en el seno de la familia», como en una ocasión le sugirió el «tío terror» al zar. En aquellos últimos días de la dinastía Romanov en el poder se estaba planeando un nuevo matrimonio.

Era el último de una serie de matrimonios morganáticos. Y por consiguiente, no constituía motivo alguno de alegría para el prestigio de la dinastía. Olga, la hermana del zar, se había divorciado de Pedro de Oldenburg. El dulce y amable Pedro, vástago de la antigua familia ducal de Oldenburg, era homosexual, de modo que la decisión de Olga fue aceptada con resignación. Ahora, la hermana de Nicolás iba a contraer matrimonio con el ayudante de su ex marido, Nikolai Kulinovsky, el modesto comandante de un regimiento de coraceros. La gran familia Romanov se reunió para discutir los planes de la boda: pero, aquél no fue el único tema que trataron. Allí surgió la siguiente «embajada de la familia».

El gran duque Nicolai Mijáilovich llegó al Cuartel General el 2 de noviembre. Historiador de renombre, hermano mayor de Sandro, sobrino de Alejandro II y, por consiguiente, emparentado con el zar, tenía fama de ser un brillante conversador. Ahora, aquel maestro de la conversación tenía la misión de informar al zar de las conclusiones alcanzadas por la gran familia Romanov en sus deliberaciones. Tras una larga charla, entregó a Nicolás una carta escrita de antemano, en la que el gran duque decía: «He dudado mucho antes de revelarte toda la verdad, pero después de que tu madre y tus hermanas me convencieran, he decidido seguir adelante». Era, por así decirlo, una carta colectiva, de toda la familia.

Al día siguiente Nicky escribió a Alix: «Tesoro ... Nicolai Mij. estuvo aquí por un día y la otra noche tuvimos una larga charla de la que ya te contaré en mi próxima carta. Hoy no tengo tiempo ... un abrazo de tu viejo Nicky».

No se atrevió a contarle el contenido de aquella seria conversación y prefirió exponerle la carta de Nicolai Mijáilovich.

Alix leyó:

> Me habéis dicho más de una vez que no podéis confiar en nadie, que todos os engañan. Si eso es verdad, entonces incluye también a vuestra esposa, que os ama apasionadamente, pero que se ha dejado influir por el engaño malicioso de los que la rodean. Confiáis en Alejandra Fiódorovna ... Es comprensible. Pero lo que sale de su boca no es más que la consecuencia de hábiles malabarismos y no precisamente la verdad ... Si no está en vuestras manos apartar de ella aquellas terribles influencias, entonces por lo menos protegeos de las constantes intromisiones y murmuraciones de la esposa a quien amáis.

El gran duque continuó explicando que había optado por hablar con él «con la esperanza ... de rescataros a vos, al trono y a nuestro amado país de las más terribles e irreparables consecuencias ... Estamos en vísperas de una nueva era de malestar y disturbios, diría incluso de una era de asesinatos», y suplicó al zar que proporcionase «a la Duma ministros responsables».

Así, el zar fue advertido, por última vez, en nombre de toda la familia Romanov, de que se avecinaba una «era de asesinatos».

LA IRA

Alix estaba colérica.

> 4 de noviembre de 1916 ... leí la [carta] de Nicolás y estoy profundamente disgustada. Debías haberle hecho callar en mitad de su explicación diciéndole que si volvía a mencionar el tema o a mí una sola vez, le mandarías a Siberia, pues esto roza la alta traición. Siempre me ha odiado ... pero en plena guerra ... escudarse en Mamá y en tus hermanas y no defender con valentía ... a la Esposa de su Emperador es repugnante y es una traición ... Tú, Amor mío, eres demasiado bueno y amable y blando, este hombre debería sentir temor de ti. Él y Nikolasha son mis mayores enemigos en la

familia, sin contar las mujeres negras ... Tu esposa se mantiene leal y firme como una roca detrás de ti.

Una posdata: «Soñé que me operaban: que me cortaban el brazo y no sentía dolor alguno. Después, llegó una carta de Nicolás».

Pero su ira no le permitió terminar la carta; continuó, como siempre, confiando en la opinión de Nuestro Amigo. «Al leer la carta de Nicolás dijo: "Por ningún resquicio de la carta se trasluce la gracia Divina, en ninguna palabra, sólo hay maldad, como si fuera un hermano de Miliukov, como todos los hermanos del mal ... El Señor ha enseñado a Mamá que todo esto carece de valor, que está dormido"».

LA ÚLTIMA BODA EN LA FAMILIA DE LOS ZARES

Decidieron casarse en Kiev, donde vivía la madre de Olga, la emperatriz viuda. Y allí había decidido reunirse la familia Romanov al completo. Alix, que sabía que Nicolás asistiría a la boda de su hermana, empezó a preocuparse. Conocía qué clase de conversaciones surgirían. Así pues, no dejó de criticar la inminente celebración, por boca de Nuestro Amigo, claro está. «5 de noviembre ... Nuestro Am. está tan furioso de que se case Olga, como se comportó mal contigo, esto no puede traerle suerte.»

Llegó el día de la boda que la propia Olga describió en sus memorias. Un acto nupcial sencillo, una pequeña y oscura iglesia, la novia con el uniforme de la Cruz Roja. Cuando Olga vio a su hermano, se sorprendió: Nicky había cambiado mucho, las mejillas hundidas y bolsas en los ojos. Después de la triste ceremonia, Nicolás partió inmediatamente hacia el Cuartel General para evitar cualquier discusión sobre Rasputín.

COMIENZA LA «ERA DE LOS ASESINATOS»

El sueño de Alix no había sido vano. Porque a principios de noviembre, inmediatamente después de la infructuosa visita de Nicolai Mijáilovich, Félix Yusúpov hizo renacer su amistad con Rasputín. Durante la investigación por el asesinato de éste, Yusúpov le dijo al agente: «Tras un largo intervalo ... me encontré con Rasputín en casa de Golóvina». Esto fue confirmado por María Golóvina en su propio testimonio: «El príncipe Yusúpov se encontró con Rasputín en mi apartamento en noviembre de 1916».

Así es como lo cuenta Félix: «M. G. [María Golóvina] me llamó. "Mañana Yefim Grigorievich estará aquí, y le encantaría verte." El camino que yo había de seguir se abría ante mí por sí solo ... Cierto es que al emprender aquella ruta no me quedaba otro remedio que engañar a alguien que me apreciaba sinceramente».

Es muy probable que Félix no esté diciendo la verdad. Era, simplemente, que tras la desastrosa visita de Nicolai Mijáilovich al Cuartel General en noviembre, la caza de Rasputín había dado comienzo. Existía ya un plan en el que la infeliz Munya estaba destinada a desempeñar un funesto papel en la muerte de la persona que ella reverenciaba. Por supuesto, había sido Félix el que había llamado. «Félix se quejaba de dolores en el pecho», testificó Munya en el Expediente. Y quejándose de una enfermedad que los médicos no podían curar, consiguió con facilidad que ella le sugiriese concertar una cita con el gran sanador. Félix sabía que desde hacía mucho tiempo ella deseaba unir a las dos personas a quienes amaba con tanto desinterés. Así pues, Félix y Rasputín se encontraron en el apartamento de Munya.

«Rasputín había cambiado mucho desde la primera vez que le vi. Su cara estaba hinchada y se había vuelto fofo. Vestía un sencillo abrigo de campesino, una camisa de seda azul claro y de terciopelo, anchos pantalones de aldeano ... se comportó de manera muy campechana ... Me besó.» Esta vez, el príncipe no intentó esquivar el beso.

Al hablar con Rasputín el día anterior, Munya llamó «pequeño» a Félix (el pequeño Félix Felixovich Yusúpov en contraste con Félix Felixovich, su padre). Rasputín, a quien le encantaban los apodos, se lo apropió inmediatamente y empezó a llamar a Félix «El Pequeño».

LOS ASESINOS SE REÚNEN

Después de aquel encuentro, Félix empezó a buscar, dice, compañeros de armas para el asesinato. Más tarde, en París, recordaría:

Repasé mentalmente a los amigos a quienes podía confiar mi secreto, me detuve en dos de ellos. Se trataba del gran duque Dimitri Pávlovich y del teniente Sujotin ... estaba seguro de que el gran duque me respaldaría y de que consentiría en participar en la ejecución de mi plan ... Sabía lo mucho que odiaba al anciano y sufría por el soberano y por Rusia.

Y Félix le pidió a Dimitri una reunión. «Al encontrarlo solo en su despacho, fui directamente al grano. El gran duque accedió al instante diciendo que eliminar a Rasputín sería el último y más efectivo intento de salvar a Rusia.»

Creo, que Félix está presentándonos una leyenda: que él había concebido en solitario el asesinato de Rasputín y que el gran duque simplemente se unió a él.

Lo más probable es que fuese de otro modo. La última e infructuosa advertencia —la visita de Nicolai Mijáilovich al Cuartel General— tuvo lugar en noviembre, después de esto la «era de los asesinatos» dio comienzo. Fue entonces cuando el gran duque Dimitri y Félix, aquellos dos íntimos amigos, decidieron llevar a cabo lo que se había discutido tan ineficazmente en la familia: matar a Rasputín. Es muy posible que la decisión de asesinar a Rasputín saliese de Dimitri, aquel apuesto soldado de la guardia real, que, como Félix correctamente apuntó, «odiaba al anciano». La idea se gestó en el soldado Dimitri, no en el civil Félix, del que Ella, que le conocía bien, escribiría: «Félix, que no mataría ni a una mosca ... que no quiso hacerse militar porque no quería derramar la sangre de nadie». Sin embargo, la mano de Félix era hábil en la traición. Llevaba la sangre de los crueles y aguerridos kanes tártaros.

Al parecer Dimitri y Félix no eran los únicos de la familia Romanov que conocían aquella decisión. No fue en absoluto por casualidad que Félix escribiera acerca de una «conspiración», o que el zar comunicara después a los grandes duques: «Sé que las conciencias de muchos no están limpias, pues Dimitri Pávlovich no es el único implicado en este asunto».

En cualquier caso, hay una extraña coincidencia: diez días antes del asesinato, la gran duquesa Ella abandonó repentinamente Petrogrado: no sólo se marchó, sino que se fue a rezar a un monasterio, y no a un monasterio cualquiera, sino al monasterio de Sarov, sede de las reliquias de san Serafim, que se consideraba el santo patrón de la familia real.

Como si supiese que algo importante y aterrador para la familia estaba a punto de suceder: iba a rezar a Dios y a san Serafim. Posteriormente escribiría al zar: «Me fui a Sarov y a Diveev ... diez días a rezar por vos, por vuestro ejército, por el país, por los ministros, por los débiles de cuerpo y de espíritu, incluyendo a aquel desgraciado, que Dios le ilumine».

Oró en el monasterio para que Dios iluminase al «desgraciado» Rasputín. Para evitar lo inevitable que se estaba fraguando y de lo que ella estaba al corriente. Rezaba por aquellos que habían decidido derramar sangre, pues eran sus protegidos: Dimitri, que había vivido con su familia antes de que su marido fuera asesinado, y Félix, al que llamaba «mi Félix» y en cuya educación había tomado parte activa.

El sufrido Job

La discusión sobre la planificación del asesinato quedó suspendida durante cierto tiempo. El gran duque tuvo que regresar al Cuartel General. Pero sabían que Dimitri no se quedaría allí por mucho tiempo porque «no era grato en Tsarskoe Selo y se temía su influencia». Y resultó ser cierto tal como demuestran las cartas de Alix.

El gran duque, escribe Félix, le dijo que «había notado que algo no iba bien con el soberano. Cada día que pasaba parecía más y más indiferente a lo que sucedía a su alrededor ... en su opinión, aquello era consecuencia de una pérfida maquinación: algo le administraban al soberano que le mermaba la capacidad intelectual». En aquel entonces circulaba en el extranjero la leyenda de que Rasputín y la zarina se habían apoderado de la voluntad del zar con la ayuda de drogas tibetanas suministradas por el doctor Badmaev.

Así se incitaban el uno al otro, convenciéndose de la necesidad de llevar a cabo su misión cuanto antes.

Por cierto, había una base real para la leyenda sobre la creciente apatía del zar. En vísperas de la sesión de la Duma, la derecha había propuesto al zar su particular salida de aquella situación, que cada vez se hacía más peligrosa. El príncipe Rimsky-Korsakov, miembro del Consejo de Estado y en cuya casa solía reunirse un pequeño grupo de aristócratas de derechas, entregó a Stürmer un memorandum para el zar.

Puesto que no hay duda de que la Duma ha emprendido una vía claramente revolucionaria ... la Duma debe ser aplazada inmediatamente sin indicar cuándo volverá a ser convocada. Las fuerzas militares que se encuentran en Petrogrado están perfectamente preparadas para sofocar cualquier posible revuelta. Pero Stürmer no estaba dispuesto a arriesgarse entregándole el memorandum al Zar. Asimismo, él se había percatado de la extraña actitud de indiferencia del soberano. Por consiguiente, se limitó a informar al zar del Estado de ánimo de los defensores del trono; éste le escuchó con suma indiferencia y a continuación ordenó que comenzase la sesión de la Duma.

En efecto, la inactividad de Nicolás era cada vez más patente, pero el motivo era que había comprendido la irreversibilidad de la situación. Había leído los informes de la policía secreta y conocía perfectamente la conspiración general que se estaba fraguando. Estaba cansado de aquella interminable lucha. Había decidido cederles la autoridad. Se retiraría a la vida privada, para que dejasen en paz a su esposa, que se estaba volviendo loca por su frenética actividad y por las terribles premoniciones. Así dejarían en paz al campesino para que les ayudase a sobrevivir curándolos a los dos: a su mujer y a su hijo. Con estas convicciones, aceptó de buen grado lo inevitable, aunque en aquellos momentos intentó apaciguar sin energía alguna la efervescencia de la Duma.

Cuántas veces había remodelado inútilmente el Gobierno. El 10 de noviembre nombró primer ministro a Trepov en el puesto de Stürmer, a quien la Duma detestaba. Trepov procedía de una distinguida familia de funcionarios públicos de derechas. Su padre, Fiodor Trepov, de notoria severidad, había sido alcalde de Petersburgo. Y su hermano, Dimitri, había sido ministro de Interior. Sin embargo, el pobre Alexei tuvo que salvar grandes dificultades para poder pronunciar su discurso inicial programático en la Duma. Fue saludado con ruidosas muestras de protesta. La Duma ya no aceptaba títeres de las autoridades. Y, entonces, Nicolás decidió hacer su última concesión: entregar a Protopópov. Rodzyanko le había informado a fondo sobre aquel ministro medio perturbado.

El 10 de noviembre el zar escribió a Alix:

Te habrás enterado ... de los cambios que ahora son absolutamente necesarios. Lo siento por Prot. [opopov], un hombre bueno y honesto, pero

529

que saltaba de una idea a otra y no sabía mantener sus opiniones ... La gente decía que desde hacía algunos años no era normal debido a cierta enfermedad. ¡Resulta muy arriesgado dejar el ministerio de Int.[erior] en semejantes manos en los tiempos que corren! ... Así que, por favor, no mezcles a Nuestro Amigo en esto. Soy Yo quien asume la responsabilidad [y] quiero sentirme libre para elegir con equidad.

Así, le suplicó a Alix que no invocase las palabras del campesino; ella lo comprendió todo al instante: había decidido poner fin al «gabinete ministerial de Tsarskoe Selo» que sólo pretendía salvarles. Había resuelto una vez más ceder ante aquellas odiosas personas que soñaban con limitar el poder del zar. ¡Y volverían a engañarle! Dejarlo «libre para hacer su propia elección» era algo que ella no podía permitir: los «sabios consejos de Nuestro Amigo» volvieron a ejercer presión en el asunto.

10 de noviembre ... Una vez más, recuerda que por nuestro reinado, por el Nene y por nosotros *necesitas* la fuerza de las oraciones y del consejo de Nuestro Amigo ... Protopópov le venera y será bendecido, mientras que Stürmer se asustó y durante meses no quiso verle; hizo mal y perdió pie. Ah, Cariño, le rezo tanto a Dios para que veas claro y darte cuenta de que Él es nuestro auxilio, si no estuviera aquí, no sé qué habría pasado. Él nos salva con Sus plegarias y sabios consejos ... No hagas ningún cambio hasta que yo llegue, hazlo por mí.

Acudió al Cuartel General y Nicky permitió que Protopópov permaneciese en su cargo. Una vez más se había rendido, comprendía la irreversibilidad de la situación: estaba muy cansado.

Entretanto, el nuevo primer ministro, Trepov, empezaba exactamente igual que el recién destituido Jvostóv. Había resuelto calmar a la inquieta Duma mandando a Rasputín fuera de Petrogrado. Lo conocía por los rumores y cometió el mismo error que Jvostóv: pensó que podría comprarlo. A petición suya, un pariente de Trepov, el general Mosolov fue a ver a Rasputín. El general imaginaba que sabía cómo dirigirse a los campesinos. Así que llevó consigo un poco de vino. Cuando Rasputín se lo bebió, Mosolov le sugirió en nombre de Trepov que renunciase a entrometerse en los asuntos de Gobierno y en el nombramiento de ministros. Para ello le ofreció 30.000 rublos al año de parte del generoso primer ministro. O por lo menos eso fue lo que Beletsky contó en su testimonio sobre este episodio por boca de Rasputín. También relató el final de la historia: Rasputín rechazó la oferta e inmediatamente «informó a la emperatriz y al zar del intento de Trepov de comprar el silencio de Rasputín en todo aquello que él considerase que no incumbía a los zares».

¡Aquellos patéticos imbéciles estaban proponiendo a Rasputín que vendiese su puesto de consejero de los «zares» por una cantidad de dinero que para él era insignificante! ¡Una cantidad que él había despilfarrado y arrojado al viento! De este modo, Trepov perdió al instante la confianza de la zarina; su destino quedó sellado. Como dijo Rasputín: «Los Trepov no deberían seguir en sus cargos; su apellido [que sugiere la palabra «disparate»] es desafortunado».

Al mismo tiempo, algo increíble se había producido en la Duma. El monárquico Purishkiévich, que era bien conocido por sus opiniones de derechas, y cuya cabeza calva y bigote puntiagudo eran una imagen familiar en toda Rusia por la difusión de su retrato en los periódicos, había pronunciado un discurso que al instante se hizo famoso.

«… QUE SIGUE SIENDO UNA ALEMANA EN EL TRONO DE RUSIA»

Desde la tribuna de la Duma, Purishkiévich, enorme, respirando afanosamente, un monárquico fanático célebre por sus interminables arengas contra la oposición, el 19 de noviembre se arrojó con su atronadora voz al cuello de la emperatriz de Todas las Rusias y del campesino agazapado detrás del trono.

Al día siguiente, a las dos de la madrugada, un colérico Protopópov enviaba al Cuartel General un telegrama con los fragmentos más peligrosos del discurso. Encontré este telegrama en los archivos. Aquellos fragmentos serían arrancados de los periódicos por la censura. Pero al día siguiente todo Petrogrado repetía precisamente aquellas partes del discurso. Infinidad de copias de la alocución habían estado circulando por toda la ciudad.

El mal procede de aquellas fuerzas oscuras e influencias que ... han forzado el acceso a altos puestos, de personas incapaces de ocuparlos ... Por

531

culpa de estas influencias, encabezadas por Grishka Rasputín (clamor, voces: «¡Cierto!» «¡Una desgracia!») ... no he podido dormir durante las últimas noches, os doy mi palabra ... he permanecido tumbado con los ojos desmesuradamente abiertos imaginando las series de telegramas, notas e informes que el analfabeto campesino ha escrito primero a un ministro y luego a otro ... Ha habido ejemplos en que el no cumplimiento de sus demandas ha desembocado en la destitución de los caballeros en cuestión, por más poderosos y fuertes que fueran ... Durante los dos años y medio de guerra he dado por supuesto ... que nuestras peleas internas habían de ser olvidadas ... Ahora yo mismo violo esta prohibición para poner a los pies del trono los pensamientos de las masas rusas y el amargo sabor del resentimiento del frente ruso producido por los ministros del zar que se han convertido en marionetas, marionetas cuyos hilos están movidos por las firmes manos de Rasputín y la emperatriz Alejandra Fiódorovna: el genio perverso de Rusia y del zar ... que sigue siendo una alemana en el trono de Rusia y ajena al país y a su gente.

¡Ya no podía ir más lejos!

Podemos imaginar la expresión del zar al leer aquel discurso. Ahora lo sabía con certeza. No le dejaban otra elección: Alix o el trono; él eligió: ella y su vida privada; esperó lo inevitable.

Cuando Rasputín leyó el discurso de Purishkiévich, reaccionó tal como Alix había esperado que lo hiciera: a la manera del Evangelio, perdonó. Pero, comprendía que el ánimo de los «zares» necesitaba aliento, y envió un telegrama al Cuartel General. «19 de noviembre de 1916. Purishkiévich lanzó su maldición de forma impertinente, pero no dolorosamente. Mi calma perdura, no está destruida.» Para preservar la tranquilidad de los zares, predijo que su poder permanecería. «Dios os fortalecerá. Vuestra es la victoria y vuestro es el barco. Nadie más tiene autoridad para abordarlo.» Así pues, les prometió un futuro radiante dos meses antes de la revolución. Y, repitió lo mismo a Mamá, que en aquellos momentos estaba en su tren hospital. «22 de noviembre ... Cree y no tengas miedo, entrega intacto todo lo que es tuyo al Pequeño [al zarevich]. Tal como lo ha recibido el padre, así lo recibirá su hijo.»

En una nota insólitamente coherente a Voiekov (el gobernador de palacio), Rasputín escribió:

Si no estás acostumbrado a ella, incluso la *kasha*[1] es amarga, y no digamos Purishkiévich y su lengua viperina. Esta clase de víboras se han multiplicado por miles en estos últimos tiempos. Los que somos amigos debemos mantenernos unidos. Aunque seamos pocos, debemos mantener nuestras ideas afines. En ellos anida la maldad, en nosotros la verdad. Grigori Novy.

Pero Rasputín confirmaba con esto lo más terrible de todo lo que Purishkiévich había dicho: «Esta clase de víboras se han multiplicado por miles».

Félix Yusúpov, que estaba en la tribuna durante el discurso de Purishkiévich, lo escuchó con enorme interés.

Al día siguiente, Purishkiévich despertó siendo aún más famoso. Como él mismo describiría en su diario:

El teléfono estuvo sonando durante todo el día 20 de noviembre, felicitándome ... Entre todas las llamadas hubo una que me interesó especialmente, una persona que se identificó como príncipe Yusúpov. Me pidió si podía visitarme para aclarar unos asuntos relacionados con el papel de Rasputín, y que prefería no mencionar por teléfono. Le dije que podía pasarse a eso de las nueve de la mañana.

«TÚ TAMBIÉN DEBES TOMAR PARTE EN ELLO»

El día en que fue a ver a Purishkiévich, Félix mandó una carta a Irina que estaba en su casa de Crimea. En aquel tiempo Félix estaba viviendo en Petrogrado, donde recibía instrucción militar en el Corps des Pages. «La zona de los jóvenes» del palacio de Yusúpov del canal de Moïka estaba siendo remodelada y Félix se alojaba en el palacio de su suegro, el gran duque Alejandro Mijáilovich.

En Crimea no cesaban las lluvias. Las propiedades de los grandes duques estaban desiertas. De toda la brillante sociedad que tiempo atrás buscó allí refugio de la oscuridad otoñal de Petrogrado, sólo Zinaída Yusúpova e Irina permanecían en el palacio vacío.

---

1. Plato típico ruso a base de trigo cocido u otros cereales similares. (*N. de la t.*)

Durante todo aquel período, los «jóvenes» —Irina y Félix— habían estado intercambiando cartas de promesas de amor eterno muy similares a las de Alix y Nicky. Y aunque su amor no se parecía en absoluto al de los «zares» (debido a ciertas viejas amistades de Félix), por lo menos era el estilo al uso para misivas como aquéllas: ellos seguían el estilo. Las dolencias y la melancolía, a juzgar por sus cartas, no abandonaron a Irina, aquella frágil belleza. Pero la última carta de Félix le obligó a olvidar todas sus enfermedades.

En ésta, en lugar de las acostumbradas palabras de amor, Félix le contaba cómo se estaba planeando el asesinato. Un crimen en el que él había decidido tomar parte activa. (Envió la carta por medio de una persona de confianza.)

«Estoy terriblemente ocupado elaborando un plan para eliminar a Rasputín. Ahora esto es lo más importante, sino todo acabará. Por esta razón veo a menudo a M[unya] Gol[óvina] y a él [Rasputín]. Los dos me tienen en alta estima y se muestran muy comunicativos conmigo.» Y luego escribió lo más sorprendente:

> Tú también debes tomar parte en ello. Dim[itri] Pávl[ovich] está al corriente de todo y colabora. Tendrá lugar a mediados de diciembre, cuando Dim. regrese ... Cuánto me gustaría verte antes de todo esto. Pero será mejor que no regreses antes de lo previsto ya que las habitaciones no estarán listas hasta el 15 de diciembre, y para entonces ni siquiera todas ... y no tendrías dónde alojarte ... Ni una palabra a nadie de lo que te he escrito.

Y como colofón añadía: «Dile a mi madre que lea la carta».

Con toda probabilidad, Zinaída Yusúpova estaba implicada en la conspiración.

El 20 de noviembre, antes del encuentro de Félix con Purishkiévich, el plan urdido por Félix y Dimitri para asesinar a Rasputín estaba a punto y ya se había ensayado.

¿PASIÓN CARNAL?

Tras la muerte de Rasputín, su sirvienta Katya Pechyorkina testificó durante su interrogatorio que la primera vez que Félix acudió al apartamento de Rasputín fue «el 20 de noviembre, el día de la festividad de la Presentación de la Santísima Virgen». Recuerda la fecha exacta porque era un día de fiesta religiosa. Y Félix no había ido solo, sino que le acompañaba María Golóvina.

Como Golóvina declara en el Expediente: «Félix ... se quejaba de dolores en el pecho ... Yo le aconsejé que fuese a ver a Rasputín a su apartamento ... El príncipe y yo fuimos juntos un par de veces a finales de noviembre y a principios de diciembre. Y él se quedó con [Rasputín] menos de una hora».

Es decir, Félix visitó el apartamento de Rasputín el mismo día en que llamó a Purishkiévich. Aquella visita debió de ayudarle a realizar la parte más importante de su plan: ganarse la confianza de Rasputín.

Félix describió brevemente al funcionario que estaba al mando de la investigación relativa al asesinato de Rasputín el misterioso tratamiento al que fue sometido: «A finales de noviembre fui al apartamento de Rasputín junto con Golóvina. Rasputín hizo unos pases hipnóticos sobre mí y me pareció que sentía un cierto alivio».

Tras emigrar a París ofreció un relato mucho más detallado.

> Después de tomar el té, Rasputín me hizo pasar a su despacho, una salita con un sofá de piel, algunas sillas y un gran escritorio. El anciano me ordenó que me tumbara en el sofá y empezó a mover suavemente las manos sobre mi pecho, cuello y cabeza ... luego se arrodilló y tras colocar las manos sobre mi cabeza, empezó a susurrar una plegaria. Su cara estaba tan próxima a la mía que yo sólo veía sus ojos. Permaneció en aquella postura durante un buen rato. A continuación se levantó con un brusco movimiento y empezó a hacer pases por encima mío con las manos. El poder hipnótico de Rasputín era enorme. Sentí cómo una fuerza penetraba en mí en un cálido flujo y se apoderaba de todo mi ser, mi cuerpo se iba entumeciendo e intenté hablar, pero mi lengua no me obedecía. Ante mí brillaban los ojos de Rasputín: dos rayos fosforescentes. Entonces, sentí despertar en mí la voluntad de resistir a la hipnosis. Me di cuenta de que no le había permitido someter por completo mi voluntad.

No obstante, en el archivo de la Federación Rusa se conserva el diario de alguien que conocía bien a Félix; que escribe en él interesantes pensamientos acerca de la «curación» de Rasputín. Esta persona es el gran duque Nicolai Mijáilovich. Tras el asesinato de Rasputín intentó sonsacar un poco más a Félix.

«Félix me contó toda la historia. Grishka en seguida se había sentido atraído por él ... y poco después acabó confiando en él, confiando por completo. Se veían casi cada día y hablaban de todo ... y Rasputín le inició incluso en sus intrigas, sin mostrar recato alguno respecto a tales revelaciones.»

Reflexionando sobre la repentina fe de Rasputín en Félix, que en otro tiempo había sido un detractor suyo, el gran duque plantea una pregunta fundamental: «No puedo comprender la psique de Rasputín. ¿Cómo se explica uno, por ejemplo, la ciega confianza de Rasputín en el joven Yusúpov, la fe de alguien que no confiaba en nadie ... que tenía miedo de ser envenenado o asesinado?». Nicolai Mijáilovich tenía toda la razón para estar perplejo. Como bien sabemos, Rasputín sentía absoluto terror de ser objeto de un atentado.

El gran duque explica aquella seguridad a su manera:

Sólo queda suponer algo más bien increíble y es que [Rasputín] se hubiese encaprichado de Félix y sintiese una pasión carnal por él que obnubilase al fornido y libertino campesino conduciéndole directamente a la tumba. ¿De verdad no hacían más que hablar durante aquellas interminables conversaciones? Estoy convencido de que hubo manifestaciones físicas de amistad en forma de besos, manoseos mutuos, y puede ser que incluso algo más cínico. El sadismo de Rasputín no ofrece dudas. Pero hasta qué punto llegaban las perversiones carnales de Félix, todavía se me escapa. No obstante, antes de su boda circularon por ahí rumores equívocos acerca de su lascivia.

Así pues, el gran duque tiene sus dudas acerca de la «curación» que en el lenguaje de los jlisti y de Rasputín significaba exorcizar al demonio de la lujuria. En este caso, el demonio del que, presumiblemente, el sanador universal del pueblo de Siberia había de liberar a Félix, era el de su codicia por los hombres. Es posible que la misteriosa prehistoria de su relación, que terminó en un bofetón, hubiera confirmado a Félix desde el principio el entusiasmo de Rasputín por la «curación». Pero, como escribió el gran duque, por lo menos una cosa sí queda clara: después de estos encuentros «Rasputín acabó confiando en Félix por completo».

Sin embargo, durante aquellos encuentros, Félix ya se estaba preparando para el asesinato.

Cuando acudía al apartamento de Rasputín para su tratamiento, subía por la escalera trasera evitando así a los agentes que vigilaban al anciano. A Rasputín y a Golóvina les explicaba que subía por la escalera de atrás porque en su familia eran enemigos del anciano, y él no quería conflictos con ellos. De este modo acostumbró a Rasputín a sus llegadas furtivas al apartamento. Como observó la sirvienta en sus declaraciones para la investigación: «El "Pequeño" entraba por la puerta trasera».

EL MISTERIO DE LA ESCOLTA DE RASPUTÍN

La doncella, Katya Pechyorkina, mencionó tan sólo dos apariciones de Félix, y ambas acompañado de María Golóvina. Aunque es posible que Félix, para su «tratamiento», entrase por la puerta trasera muchas más veces, y que Rasputín se asegurase de que no hubiera testigos de aquellas visitas.

En cualquier caso, aunque Félix contestase con evasivas a los investigadores acerca del número de visitas a Rasputín, lo que sí hacía era hablar de ellas en plural: «Durante mis últimas visitas a Rasputín». Y Lili Dehn testificaría en el Expediente que según el campesino, «el príncipe visitaba a menudo a Rasputín». La zarina escribiría a Nicky el 17 de diciembre: «Félix solía visitarle muy a menudo en los últimos tiempos».

Con la intención de poner de manifiesto las dificultades que tuvieron que superar, los conspiradores mencionarían después el hecho de que Rasputín «estaba vigilado por agentes de paisano de tres organizaciones: de la emperatriz, del ministerio de interior, y por espías de los bancos».

El caso es que tras el arresto de Manásevich y la marcha de Komissarov, los únicos agentes que en realidad estaban asignados a la custodia de Rasputín pertenecían a la Sección de Seguridad. Además, después de visitar a Rasputín en secreto por la noche, Félix constataría con asombro que a partir de la medianoche no había vigilancia alguna.

Ésta era una orden secreta de Protopópov. Como testificó Beletsky, el patético ministro «solía visitar a Rasputín después de las 10.00 de la noche para consultar asuntos de especial importancia». Y como no quería que hubiera testigos de aquellas reuniones con Rasputín, Protopópov, según palabras de Beletsky, había «ordenado que los agentes de vigilancia externa se marchasen después de las 10.00». Al mismo tiempo, mintió a Tsarskoe Selo y a Rasputín, asegurándoles que los agentes asignados seguían en sus puestos. Pero dijo que a partir de las 10.00 de la noche «en lugar de seguir apostados junto a la puerta, estaban situados al otro lado de la calle fuera de la vista».

Los agentes estacionados justo al lado del apartamento abandonaban también el edificio a medianoche. Por consiguiente, Félix se enteró de que «después de medianoche Rasputín podían ser trasladado a cualquier parte sin tener que preocuparse por ningún agente». Y el plan para asesinarlo por la noche se basaba en este particular.

El señuelo real

El 21 de noviembre, Félix se reunió con Purishkiévich. Éste anotó en su diario: «[se presentó] un joven vestido de uniforme ... Me gustó su apariencia, que traslucía una indescriptible elegancia, educación y serenidad. Obviamente se trataba de una persona reservada y de férrea voluntad ... cualidades poco frecuentes en el pueblo ruso, especialmente en las personas de la aristocracia».

Félix planteó la principal paradoja a Purishkiévich, que en aquellos días todavía estaba embriagado con su arenga.

> Su discurso no alcanzará los resultados que espera. La importancia de Rasputín no sólo no disminuirá, sino que por el contrario quedará fortalecida, gracias a su total y absoluta influencia sobre Alejandra Fiódorovna, que es quien en realidad gobierna la nación entera.

Purishkiévich también estaba convencido de la «total y absoluta influencia de Rasputín». ¿Qué podemos hacer?, preguntó.

«Deshacernos de Rasputín», respondió el pariente del zar.

Purishkiévich aceptó con presteza tomar parte en el crimen. Félix le sugirió que se reuniese con los otros dos participantes.

«El 22 de noviembre a las ocho de la noche estaba en casa del príncipe», recordaba Purishkiévich. Allí se encontró con el teniente Sujotin, un joven oficial del regimiento de Preobrazhensky. A continuación, «entró en la sala un joven apuesto y majestuoso en el que reconocí al gran duque Dimitri Pávlovich». Tras las presentaciones, pusieron a Purishkiévich al corriente de sus planes para el asesinato.

Éste describió aquellos planes a su manera:

> Era evidente que hacía tiempo que Rasputín buscaba la ocasión de encontrarse con una tal condesa N., una joven belleza de Petrogrado que frecuentaba la casa de Yusúpov. A la sazón estaba en Crimea. En su última visita a Rasputín, Yusúpov le había dicho que la condesa tenía previsto regresar en breve a Petrogrado, donde permanecería algunos días, y ... que él podría presentársela en su casa.

Así pues, la condesa N., aquella belleza que vivía en Crimea, había de ser el señuelo que atrajese a Rasputín. Las memorias de Purishkiévich comenzaban así con una mentira necesaria. Pues detrás de la identidad de «condesa» y «belleza», se ocultaba la esposa de Félix, Irina. El propio Yusúpov escribiría más tarde que «hacía mucho tiempo que Rasputín deseaba conocer a mi esposa. Pensando que ella estaba en Petrogrado y mis padres en Crimea, aceptó venir a mi casa». Pero la amiga de la zarina, Lili Dehn, ofreció un relato todavía más interesante de la historia del «señuelo».

El testimonio de Lili Dehn en el Expediente:

> En el último año de vida de Rasputín, el príncipe solía visitarle a menudo ... y según Rasputín le contaba cosas sorprendentes y muy íntimas sobre su esposa. No dijo en qué consistían estas confidencias, pero Rasputín tenía que visitar al príncipe para poder curar a su esposa.

Para curar «cosas íntimas», es decir, para exorcizar al demonio de la lujuria siguiendo presumiblemente el método habitual de Rasputín. Lo cierto es que Purishkiévich no podía escribir que habían decidido utilizar a la sobrina del zar como señuelo sexual para atrapar al depravado campesino. Sus convicciones monárquicas le exigían ocultar una parte de la verdad. Habrá que recordar eso en la reconstrucción de aquella noche de Petrogrado, de la noche del asesinato. Y si las suposiciones de Nicolai Mijáilovich sobre las relaciones de Rasputín y Félix son correctas, entonces es probable que le prometieran fraudulentamente al campesino más «curaciones» en el palacio Yusúpov. Tras expulsar la lascivia del cuerpo del príncipe, ahora tenía que expulsar también la de su esposa. Aquella noche le habían prometido al campesino el cuerpo de la sobrina. Eso le hizo perder la cabeza. El astuto campesino se convirtió en un urogallo entonando su canto de apareamiento. El bosque primitivo (paganismo) y la lascivia habían vencido a la razón.

No obstante, hacia finales de noviembre, los conspiradores se vieron enfrentados a inesperadas complicaciones. Félix recibió la respuesta de Irina escrita en el mismo estilo perentorio que utilizaba Alix. Irina calificaba aquel plan de «salvaje» y «sucio».

25 de noviembre de 1916 ... Gracias por tu insensata carta. No entendí ni la mitad de lo que decías. Veo que estás planeando hacer algo tremebundo. Por favor, ten cuidado y no metas las narices en este sucio asunto. Pero lo peor de todo es que has decidido hacerlo sin contar conmigo. No veo de qué manera puedo intervenir yo, puesto que ya está todo planificado. ¿Quién es «M. Gol.»? ¡Sólo ahora que estoy escribiéndote me doy cuenta de lo que significa y de quiénes son ellos! En una palabra: cuídate. Veo por tu carta que estás en un estado de frenético entusiasmo y dispuesto a escalar montañas ... Estaré en Petrogrado el 12 o 13, no te atrevas a hacer nada sin mí, de lo contrario no iré. Te quiero, besos. Que el Señor te proteja.

Sin embargo, lo más importante no quedaba claro: ¿había aceptado participar?

El 27 de noviembre Félix le contestó:

Qué alegría me produjo tu carta. No sabes lo mucho que te necesito, sobre todo ahora que mi cabeza está a punto de estallar con todas estas ideas y planificaciones. ¡Tengo tantas ganas de contártelo todo! Tu presencia aquí a mediados de diciembre es fundamental. El plan del que te hablé ha sido elaborado hasta el más mínimo detalle y ya se ha puesto en práctica en sus tres cuartas partes, tan sólo falta el acto final, y para eso hace falta tu presencia. Ésta es la única manera [el asesinato] de salvar una situación que se ha vuelto casi irreversible ... Tú serás el señuelo ... Por supuesto, ni una palabra a nadie.

Al final de la carta (probablemente para convencerla) añadió esta frase enigmática: «Malanya también participa».

Así pues, además de Irina, una tal Malanya participaba en el asesinato.

«A MEDIANOCHE UN AMIGO IRÁ A VERLE»

Por lo tanto, Irina debía llegar a Petrogrado a mediados de diciembre: el crimen estaba planeado para aquellas fechas. Entretanto, Félix informó a Rasputín de que Irina estaba de camino. Como él mismo recordaba, Rasputín

> aceptó la idea de venir a conocer a mi esposa ... a condición de que yo mismo le recogiera y después lo devolviese a casa. Al mismo tiempo me pidió que utilizase las escaleras de la parte trasera. Comprobé horrorizado y con estupor con qué facilidad aceptaba Rasputín todas mis sugerencias ... eliminando él mismo todos los obstáculos.

Creo que, en este punto, Félix no es sincero. Fue él quien propuso a Rasputín entrar por la puerta trasera después de explicarle lo delicado de la situación: Rasputín aceptó. Pensó que los agentes que vigilaban el edificio les verían al salir por el patio y les seguirían. Si algo sucedía, siempre podría huir del edifico del mismo modo en que lo había hecho aquella velada en casa de Belling. Los agentes le protegerían. No se había percatado de que los agentes ya no le vigilaban después de las 10.00 de la noche.

Los «ensayos» habían terminado, como Félix le dijo en su carta a Irina refiriéndose a los preparativos para el asesinato. Se había elegido el palacio Yusúpov como escenario del crimen. Pero el palacio estaba en el canal del Moïka, justo enfrente de una comisaría y eso, afirmó Purishkiévich, «excluía los disparos de pistola». Por este motivo decidieron «acabar con Rasputín envenenándole».

Al principio pensaron que estarían sólo los cuatro: el gran duque, Purishkiévich, el teniente Sujotin y Félix. Pero Purishkiévich propuso la presencia de una quinta persona, puesto que necesitarían un conductor para deshacerse del cadáver. Para este menester sugirió a un tal doctor Lazavert, un médico conocido suyo que estaba al mando de un tren hospital.

El crimen se planeó para la noche del 16 al 17 de diciembre. Como el propio Purishkiévich escribió: «Escogimos aquel día porque Dimitri Pávlovich tenía todas las noches ocupadas hasta el 16». A Purishkiévich también le iba bien aquella noche; su tren hospital tenía que partir hacia el frente el 17, por lo tanto después del homicidio podría desaparecer de la capital.

EL VENENO

El 24 de noviembre tuvo lugar una de las últimas reuniones de los conspiradores en el vagón del tren hospital de Purishkiévich. Yusúpov acudió con el gran duque y aquél les presentó al doctor Lazavert. Yusúpov les mostró el cianuro potásico que le había proporcionado Maklakov, líder del partido Constitucional-Demócrata, que había pronunciado el discurso sobre el horror del «rasputinismo». Había conseguido el veneno en sus dos formas, cristalizado y disuelto en líquido en un frasco pequeño. Decidieron utilizarlo para envenenar los pastelitos y el vino de Rasputín. No queriendo tomar parte en un asesinato, Maklakov les dijo después que les había suministrado unos polvos inocuos. Pero, el doctor Lazavert sabía distinguir el cianuro potásico de cualquier otra clase de polvos.

No, el humanitarismo de Maklakov es muy posterior. En aquella época se tomó muchas molestias para poder ver muerto a Rasputín. Incluso le proporcionó a Félix la barra de una pesa, forrada de goma, por si había que terminar con el campesino. Personalmente no tomó parte en el crimen, alegando que tenía que viajar a Moscú. Había decidido escabullirse; después de todo, se trataba de un asesinato.

En aquel vagón de tren acordaron los últimos toques. Se reunirían a medianoche. A las doce y treinta se prepararían para el homicidio, espolvoreando el veneno sobre las pastas y el vino. A las doce y treinta (como Félix había acordado con Rasputín) Félix y el doctor Lazavert, disfrazado de chófer, irían a recoger al campesino para traerlo al palacio Yusúpov. Sin embargo, no entrarían por la puerta principal, sino por una entrada que daba al patio. De este modo no se verían las siluetas a través de las rejas de hierro de la verja de los que bajaban del automóvil. Por aquella puertecita del patio harían entrar al campesino.

Aquella puerta daba a una escalera de caracol por la que conducirían a Rasputín hasta el sótano. Para el 16 de diciembre el sótano se habría convertido en un comedor de estilo ruso muy acogedor. Una vez allí, Félix le explicaría que tenía que esperar un poco antes de conocer a Irina, pues arriba se habían presentado huéspedes inesperados que no tardarían en marcharse. Mientras tanto, Félix le obsequiaría las pastas envenenadas y el vino. Los otros cuatro aguardarían el desenlace en las escaleras que conducían al sótano. Preparados para «irrumpir en el salón y prestar ayuda» en caso de que ocurriese algo.

Un ensayo místico

El 28 de noviembre Purishkiévich se presentó para examinar la escena del crimen. «Me dirigí, con ansiedad, al despacho de Félix. Me sorprendí al ver la cantidad de sirvientes que poblaban la entrada precedidos de un negro que vestía librea. Félix me tranquilizó diciendo que toda aquella servidumbre estaría fuera de servicio, que sólo quedarían dos guardianes en la puerta principal.»

El comedor que iban a preparar en el sótano para recibir a su querido invitado tenía, según Purishkiévich, «un aspecto desolador, puesto que estaban llevando a cabo una completa remodelación y colocando una nueva instalación eléctrica». No obstante, la habitación le pareció muy adecuada para el propósito que tenían en mente: las paredes eran gruesas y las dos ventanas que daban al patio eran pequeñas y estaban a nivel del suelo. De modo que incluso sería posible también disparar.

En aquel entonces, Félix se alojaba en casa de su suegro, el gran duque Alejandro Mijáilovich, pero, pasaba con mucha frecuencia por el palacio Yusúpov para supervisar la decoración de la escena del crimen. Una arcada dividía el abovedado sótano en dos partes, una destinada a ser un pequeño comedor y la otra un diminuto saloncito. Félix recordaba:

> Tres jarrones de porcelana china adornaban las hornacinas de las paredes ... Habían bajado del desván sillas viejas de madera tallada y tapizadas de piel ... también habían traído valiosos cálices de marfil ... Había una alacena de la época de Catalina la Grande con incrustaciones de ébano y un laberinto de columnas de bronce y cristal tallado que ocultaban pequeños cajones. Encima había un crucifijo de talla italiana del siglo XVI de cristal de roca grabado con plata ... La enorme chimenea estaba decorada con cuencos

dorados, piezas de mayólica, y una escultura de grupo de marfil. Una alfombra persa cubría el suelo, y frente a la alacena se extendía una enorme piel de oso polar ... En el centro de la sala habían colocado la mesa en la que Rasputín había de tomar su postrera taza de té.

El sótano estaba comunicado con las habitaciones de Félix mediante una escalera de caracol. A mitad de aquella escalera se encontraba la puerta por la que habían de traer a Rasputín.

Los asesinos pasaron toda la mañana del 26 de noviembre inspeccionando las afueras de Petrogrado, en coche, buscando el mejor lugar donde practicar un agujero en el hielo para deshacerse del futuro cadáver. En el río Neva encontraron un sitio bastante alejado de la ciudad, mal alumbrado y muy apropiado para su propósito.

Mientras leía las memorias de Yusúpov y de Purishkiévich acerca de los preparativos para el asesinato, me parecía estar familiarizado con todo aquello. Cómo habían buscado con antelación un lugar adecuado para arrojar el cadáver. Porque de un modo u otro, lo más difícil no era darle muerte: lo importante era ocultar bien el cadáver. Y cómo hablaban de dónde llevar a cabo el crimen, decidiendo hacerlo en el sótano para que cualquier disparo de pistola quedase amortiguado. Sí, y el sótano mismo: pequeño, dividido en dos, con sus ventanas a nivel del suelo. Los preparativos para el asesinato de la familia real en un sótano muy parecido a aquél en la Casa Ipatiev se asemejarían mucho a los organizados para el ajusticiamiento de Rasputín. Como si la noche en que mataron a su querido campesino fuera un ensayo general para el futuro asesinato de la familia real. Como si la noche Yusúpov fuera un ensayo para la noche Ipatiev.

«NO ME ARRASTRES A PETROGRADO»

Así pues, aquella noche estaba previsto que Rasputín desapareciera, simplemente. Félix se lo llevaría de su casa cuando todos estuvieran dormidos y los hombres de la Sección de Seguridad se hubiesen marchado. Rasputín prometió no decir a nadie adónde iría aquella noche. Pero si a pesar de todo se lo contaba a alguien, los asesinos habían inventado la siguiente estratagema, tal como recordaba Félix: «Como a Rasputín le gustaba beber en el restaurante Villa Rhode, el teniente Sujotin llamaría después del asesinato al ... Villa Rhode y preguntaría: "¿En qué sala se encuentra Rasputín?". Y tras obtener una respuesta negativa, añadiría: "Ah, ¿así que todavía no ha llegado? Bueno, pronto estará aquí"». Entonces ellos podrían decir que había estado en el palacio, pero que después se había ido a Villa Rhode. La dirección del restaurante diría a las autoridades que tenía la intención de ir allí. Por lo tanto, si desaparecía por el camino, la culpa sería de alguno de sus dudosos compinches con los que andaba últimamente. Aunque las autoridades no les creyesen, bueno, tendrían que demostrarlo. Habían decidido mentir hasta el final y negar el crimen.

Pero justo antes del atentado recibieron un duro golpe. ¡Y qué golpe! ¡Y quién les infligió semejante revés! Un mensajero de Crimea les trajo una carta de Irina.

3 de diciembre ... Sé que si vengo [a Petrogrado], seguro que me pondré enferma ... Ni te imaginas cómo estoy. Tengo ganas de llorar todo el rato. Estoy de un humor terrible. Nunca me había sentido así. No quería escribir nada de esto para no preocuparte. ¡Pero ya no puedo más! No sé qué me pasa. No me arrastres a Petrogrado. En lugar de eso, ven tú aquí. Perdóname, cariño, por escribirte estas cosas. Pero ya no puedo seguir así, no sé qué me ocurre. Creo que es neurastenia. No te enfades conmigo, por favor no te enfades. Te amo con locura. No puedo vivir sin ti. Que Dios te proteja.

Era una extraña histeria. Alguna clase de terror se había apoderado de ella. Evidentemente, ella también creía en el campesino-diablo. Comprendía el terrible golpe que aquella carta supondría para Félix, pero no podía hacer otra cosa. Y no sólo se negaba a ir a Petrogrado, sino que le imploraba que se marchase él de allí: «En lugar de eso, ven tú aquí». En vísperas del asesinato, la esposa de Félix les había dejado sin su personaje principal: sin señuelo.

Irina sin Irina

Pero aquí encontramos un vacío tanto en el relato de Félix como en el de Purishkiévich. ¿Cómo reaccionaron? ¿Qué solución maquinaron?

Porque se vieron obligados a urdir toda una representación teatral, como tendremos ocasión de comprobar.

Sin embargo, en esencia el plan no varió. Se trataba de anunciar a Rasputín que Irina había llegado a Petrogrado y proceder como estaba previsto: llevar a Rasputín a las habitaciones de Félix en el palacio para encontrarse con Irina; decirle lo mismo, que Irina estaba pasando la velada con alguien que no tardaría en marcharse; que se había alargado un poco. Pedirle que esperase en la acogedora sala del sótano, donde la mesa estaría puesta. Como si los invitados de Irina, asustados por la llegada de Rasputín, hubiesen abandonado repentinamente la sala y estuviesen arriba: representaron aquella velada con música de gramófono y, naturalmente, con ruidos y voces. Así, mientras Rasputín aguardaba que terminase la fiesta para conocer a Irina, Félix lo envenenería con el vino y las pastas.

Todo estaba a punto. Sólo había que esperar al 16 de diciembre. Y a primera hora de la mañana del 17 tendría lugar el asesinato.

EN VÍSPERAS DEL «REINADO DE VOLUNTAD Y PODER»

En aquellos días «Rasputín estaba cada vez más encaprichado de Yusúpov», escribió el gran duque Nicolai Mijáilovich, «y le contó con toda franqueza sus increíbles planes para el futuro. Estaba decidida la firma de una paz unilateral con Alemania a finales de diciembre. Esto provocó en Yusúpov el deseo y la firme resolución de sacarlo de en medio a cualquier precio».

Lo mismo diría Yusúpov en sus memorias. ¿Era la mera repetición de un rumor ampliamente extendido para justificar todavía más el asesinato? ¿O eran ciertas mis suposiciones de que Alix había decidido que Rusia debía salir de la guerra antes de la nueva y definitiva ofensiva que se estaba preparando (y que podía terminar en una catástrofe cuya culpa recaería, inevitablemente, sobre el comandante en jefe)? Es muy posible que aquella decisión fuera la causa de la tristeza y el abatimiento del soberano, ya que sabía lo importante que era una paz unilateral, y sin embargo, ¡qué vergonzosa! pues supondría violar su palabra.

Pero sólo podría retirarse del conflicto si ponían en práctica las medidas que los monárquicos le habían sugerido infinidad de veces: disolver la Duma.

Durante los días de los «ensayos» finales para el asesinato del campesino, el zar abandonó Tsarskoe Selo para regresar al Cuartel General. Su última y breve estancia en casa había concluido. El 2 de diciembre, dos días antes de su partida, Nicolás vio a Rasputín por última vez. Y se despidió de él. Rasputín había tenido otro sueño que prometía éxito y prosperidad. El sueño del hombre de Dios alegró a Alix. Como siempre, el sueño había sido oportuno. Pues ella se había percatado del abatimiento de Nicky; para darle ánimo, le permitió que se llevase al zarevich con él al Cuartel General.

El 4 de diciembre el zar se marchó hacia el Cuartel General con el heredero: la carta de Alix ya le aguardaba en el tren. En dicha misiva hay indicios de las graves decisiones que entonces se estaban valorando.

> 4 de diciembre de 1916 ... un poco más de paciencia y profunda fe en las plegarias y ayuda de Nuestro Amigo, entonces todo saldrá bien. Estoy totalmente convencida de que se avecinan grandes y hermosos tiempos para tu reinado y para Rusia. Mantén el ánimo ... Muéstrales a todos que tú eres el Amo ... los tiempos de gran indulgencia y mansedumbre han terminado, ahora viene tu reinado de voluntad y poder ... Tienen que aprender a obedecer ... les has mimado a todos con tu dulzura y perdón ... Todo está cambiando para bien, el sueño de Nuestro Amigo significa tanto. Cielo, ve a encomendarte a la virgen de Moghilev, allí encontrarás paz y fortaleza ... Deja que el pueblo vea que eres un soberano cristiano.

Mientras estaban preparando su muerte, Rasputín se sentía alegre y tranquilo.

Al parecer, también él esperaba que el zar tomase importantes decisiones que se habían discutido en el «gabinete ministerial de Tsarskoe Selo». Pronto, muy pronto la Duma habría dejado de existir y con ella los maliciosos charlatanes.

Y Alix escribió a Nicky:

> 6 de diciembre ... Ayer pasamos una velada muy agradable y tranquila en la casita. La querida Lili [Dehn] llegó más tarde y también Munya Golóvina. Él estaba animado y de muy buen humor; vive y piensa por ti en todo momento, todo debería salir bien ... sé el que manda; escucha a tu leal Mujercita y a Nuestro Amigo.

Por boca de las criaturas

En aquellos días Félix ya se había resignado a la decisión de Irina y le mandó una carta. Ahora lo único que le pedía era un telegrama. «8 de diciembre ... salgo el 16 o el 17. Qué felicidad volver a estar contigo. No sabes cuánto te quiero ... Los ensayos están saliendo bien ... Envíame un telegrama el 16 diciendo que estás enferma y pídeme que vaya a Crimea, que es indispensable que acuda.»

Al igual que Purishkiévich, Félix planeaba abandonar la capital inmediatamente depués del asesinato: necesitaba un telegrama que le informase de la enfermedad de su esposa para que no pareciese que salía huyendo.

Pero, el nerviosismo de Irina no había remitido. Ni podía ser de otro modo. Comprendió que los «ensayos» pronto terminarían en un sangriento estreno. Como antes, estaba fuera de sí, aterrorizada por el encuentro de Félix con el peligroso campesino, dotado de poderes sobrenaturales. Y aquella intranquilidad había desembocado en enfermedad.

9 de diciembre ... Querido Félix ... ¿Recibiste mis desvaríos? No pienses que me lo inventé, durante estos días mi estado de ánimo ha sido el que te conté. Esta mañana mi temperatura es normal, pero todavía sigo en cama. No sé por qué pero he adelgazado terriblemente ... Perdóname por mi última carta. Fue muy desagradable. Quería ahorrártelo todo hasta tu llegada, pero no pude y tuve que sacar lo que se escondía dentro de mi corazón. Ha ocurrido algo increíble con la Nena. Hace un par de noches no durmió bien y no dejaba de repetir: «¡Guerra, tata, guerra!». Al día siguiente le preguntamos: «¿Guerra o paz?». Y la Nena contestó «¡Guerra!». A la mañana siguiente volví a recalcar: «Di "paz"». Me miró fijamente y respondió: «¡Guerra!». Es muy extraño. Espero ansiosamente volver a verte, besos.

Guerra, sangre y muerte. Estaba asustada de que «por boca de las criaturas» ...

«En aquellos días había tantas cosas extrañas»

Nuestro Amigo se mantuvo tranquilo y sosegado gracias al vino. De este modo conseguía olvidar que la muerte le estaba ganando la partida. Ahora estaba borracho a todas horas.

Del testimonio de María Golóvina que figura en el Expediente: «En los últimos tiempos bebía muchísimo y yo sentía lástima de él. La embriaguez no se reflejaba en sus capacidades intelectuales. Sus palabras eran incluso más interesantes».

Ahora el infeliz Protopópov se veía obligado a visitarle también durante sus juergas. Era el modo de poner a prueba la sumisión del ministro, cosa que a éste le resultaba insoportable.

Del testimonio de Golóvina en el Expediente:

> Hablando conmigo Protopópov se quejaba de que estaba muy cansado, de que sufría enormemente y de que sólo Dios podía ayudarle. De que si pudiera se retiraría a un pequeño monasterio en alguna parte, pero no podía hacerlo por el amor que sentía por «ellos», por el soberano y por la emperatriz, como me pareció entender ... Si uno lo piensa bien, resulta extraño que el ministro de Interior tuviese semejante conversación conmigo, ¡pero en aquellos días había tantas cosas extrañas!

No obstante, igual que antes, Rasputín se transformaba cada vez que recibía una llamada de Tsarskoe Selo. Como Komissarov declaró en el Expediente: «Aquel día no bebía ... acudía a los baños y encendía una vela ... siempre hacía lo mismo cuando tenía que ir a ver al zar personalmente. Luego pasaba el resto del día preparándose. Por el camino se concentraba y hacía acopio de toda su voluntad».

Incluso cuando lo trasladaron a ver a los «zares» después de la fiesta de la colocación de la primera piedra de la iglesia de Anya, estaba completamente sobrio, como observó la zarina en su carta. Sabía cómo despejarse, declaró Komissarov con perplejidad en más de una ocasión. Y los «zares» nunca le vieron de otra forma que no fuera sobrio.

UN ICONO PARA SU TUMBA

El 11 de diciembre, pocos días antes del asesinato de Rasputín, Alix visitó Novgorod con las grandes duquesas y, por supuesto, con la Amiga.

En Novgorod se celebró una misa en la antigua catedral de Santa Sofía. Y en el convento de Desyatina en Novgorod visitaron a una profetisa. «12 de diciembre ... Yacía en la cama en una habitación pequeña y oscura, de modo que trajeron una vela para alumbrarnos. Tiene 107 años, lleva *hierros* (ahora estaban junto a ella).»

A la temblorosa luz de las velas, la zarina pudo distinguir sus «ojos jóvenes y brillantes».

La anciana monja, que había vivido en los tiempos de los grandes Romanov, Nicolás I, Alejandro II y Alejandro III, empezó a hablar desde la más profunda oscuridad. Le dijo a la zarina: «"y tú, hermosa, no temas la pesada cruz" (varias veces)», escribió Alix a Nicky.

Así finalizó su último viaje como emperatriz. La próxima vez que saliese de Tsarskoe Selo lo haría como prisionera destronada condenada al exilio. Ella y la Amiga se trajeron de Novgorod un pequeño icono como regalo para Nuestro Amigo.

El mismo que después se encontraría en su tumba.

LOS ÚLTIMOS DÍAS

El 13 de diciembre Yusúpov llamó a Purishkiévich y le dijo: «Ha llegado Vanya». Era la manera de confirmar que todo estaba dispuesto para el 16 de diciembre.

Rasputín seguía en su más apacible estado de ánimo. Todo estaba saliendo perfectamente. Por orden de Mamá, el caso contra Manásevich-Manuílov había sido sobreseído.

Manásevich-Manuílov fue muy ingenuo en su testimonio ante la Comisión Extraordinaria en 1917: «Rasputín me dijo: "tu caso no puede ser investigado, provocaría demasiadas polémicas"». Y le pidió a la zarina que escribiese al ministro de Justicia. Tenía miedo de tener que enfrentarse a una campaña periodística ... de que su nombre se viese implicado en todo aquel asunto. Rasputín llamó inmediatamente: «Acabo de tener noticias de palacio: Mamá recibió un telegrama de su marido y el caso ha sido sobreseído».

Sucedió exactamente así, literalmente. El 10 de diciembre Alix escribió a Nicky: «En los papeles de Manuílov te ruego que hagas constar "suspended el caso" y mándalo al ministro de Justicia ... De lo contrario ... puede haber comentarios muy desagradables ... Bueno, envía de inmediato y sin dilación los papeles de Manuílov a Makarov [ministro de Justicia], si no será demasiado tarde». Pocos días después, Manásevich estaba en libertad. El secretario favorito de Rasputín volvía al apartamento de la calle Gorojovaya; también apareció otra vez por su club e hizo elevadas apuestas. Se dio una vuelta en auto por Petrogrado. Quería averiguar si todo estaba tranquilo: al parecer, quedó satisfecho. Incluso Rasputín, que hasta entonces había sentido miedo de salir a la calle, decidió dar un paseo por la ciudad.

El 15 de diciembre de 1916, el día antes del asesinato, Alix escribió a su marido:

> Muchas gracias (y de parte de A. también) por Manuílov ... Nuestro Am. hace siglos que no sale, excepto para venir aquí, pero ayer paseó por las calles con Munia, fueron a Kazán y a San Isaac (catedrales) y ni siquiera una mirada desagradable, la gente está tranquila. Dice que dentro de 3 o 4 días las cosas mejorarán en Rumania y que todo se arreglará ... Por favor, dile a Trepov que despida a la Duma hasta principios de febrero ... haz caso de los consejos de Nuestro Amigo. Incluso los Niños se dan cuenta de que las cosas no salen bien si no Le escuchas y de que en cambio van bien cuando Le escuchas.

Era la última vez que Nuestro Amigo le aconsejaría lo que ella quería: la noche anterior al último día de vida de Rasputín, el zar firmó un ucase suspendiendo las sesiones de la Duma hasta el 19 de febrero. Así empezó el último día de Rasputín. Muerte en vísperas de la victoria.

14

La noche Yusúpov
(el misterio del asesinato)

La última noche

Aquel día todo sucedió como de costumbre. Primero se presentó la dulce Munya y pasó el día entero con Rasputín. «Llegué antes de las 12.00 y me quedé hasta las 10.00 de la noche ... él estaba nervioso y dijo: "Hoy me marcho", aunque no dijo adónde», testificó Golóvina en el Expediente.

El testimonio de Badmaev ante la Comisión Extraordinaria fue distinto: «Golóvina confesó su dolor. El día anterior se había enterado de que Rasputín tenía la intención de ir a tomar algo a casa del príncipe Yusúpov».

También Vyrubova se pasó por allí. Beletsky testificó que Vyrubova había estado en casa de Rasputín hasta las ocho de la noche, y que éste le había dicho que tenía que ir con el príncipe Yusúpov para tratar a su esposa.

Vyrubova no sabía que la esposa del príncipe estaba en Petrogrado, pero le aconsejó a Rasputín que declinase la invitación. Dijo que era degradante para él que se avergonzasen de recibirlo abiertamente a la luz del día y hubiesen elegido hacerlo de noche. Él le prometió que no iría.

Así pues, tras prometerle a Félix que guardaría el secreto de su visita, el astuto campesino no quiso arriesgarse y le contó a todos sus amigos adónde pensaba ir. Creía que los agentes le acompañarían: en eso se equivocaba, gracias a la mentira de Protopopov. Por lo tanto, aunque confiaba plenamente en Félix, no dejó de tomar medidas respecto a su seguridad.

Golóvina se marchó a las diez. A continuación llegó una visita. Una de aquellas mujeres transitorias que irrumpían «en la habitación del sofá» y luego desaparecían. Como más tarde declaró el portero del edificio: «Una dama de unos veinticinco años estuvo con él desde las 10.00 hasta las 11.00 de la noche». Su sobrina Anna, que entonces se alojaba en su apartamento lo confirmó. «Alrededor de las 10.00 llegó una rubia rolliza que se hacía llamar "hermana María", aunque no era ninguna hermana de la misericordia. Al parecer, le ayudó a relajar la tensión que se había apoderado de él contra su voluntad.» Y a «refinar sus impulsos» antes de la noche tan prometedora que le esperaba. Sus hijas volvieron a las once aproximadamente.

Al día siguiente, las dos declararon ante los investigadores. Varvara comentó: «Matryona y yo estuvimos de visita y nos acostamos a las 11.00, y no vi cómo ni adónde ni con quién se marchó. Padre no me dijo nada ... de que tuviera intención de ir a algún sitio». Sin embargo, por otro lado, su hermana mayor, Matryona, testificó: «Cuando volví a casa y estaba a punto de acostarme, Padre me dijo que se iba a ver al Pequeño».

Para completar la noche, Protopópov apareció alrededor de medianoche.

«Me acerqué a visitar a Rasputín la noche en que fue asesinado ... en torno a las doce, después de despedir a Voskoboinikova en la estación», testificó Protopópov ante la Comisión Extraordinaria. (Probablemente llegó a aquella hora porque sabía que los agentes que vigilaban directamente el apartamento ya se habrían marchado del edificio a eso de las 11.30.) «Estuve ... con él unos diez minutos y estaba solo, puesto que él mismo abrió la puerta. No me dijo que tuviera intención de salir.» Rasputín, que estaba esperando a Yusúpov, se apresuró a abreviar la conversación con el ministro.

Por consiguiente, Rasputín empezó a vestirse después de las doce. Según declaró su criada, se puso una camisa azul claro con flores de aciano bordadas, pero «no podía abrocharse el cuello y yo le ayudé». Seguía nervioso. Después de vestirse, se tumbó en la cama a esperar a Félix. Sus hijas ya estaban dormidas. Pero su sobrina y la doncella, Katya Pechyorkina, todavía no se habían acostado. La sobrina le dijo al investigador: «Mi tío se tumbó en la cama justo después de las doce con la ropa puesta», y en respuesta a sus desconcertadas preguntas y a las de

Pechyorkina, dijo: «"Me marcho ... a ver al Pequeño esta noche". El "Pequeño" era cómo mi tío llamaba a Yusúpov».

Al poco rato, la sobrina se acostó en el dormitorio de las hijas de Rasputín, y Pechyorkina se dirigió a la cocina y se acostó detrás de la división que habían habilitado para la criada. Parece que los sospechosos preparativos de su señor habían suscitado su curiosidad, y no se durmió hasta ver quién iba a recogerle. Finalmente, «sonó el timbre de la puerta trasera». Apartando las cortinas que ocultaban su cama, vio a Rasputín con la persona que había llamado. Era el «Pequeño»: el príncipe Yusúpov.

UNA CRÓNICA DE LA MAÑANA

A las 8.00 de la mañana del 17 de diciembre, la sobrina de Rasputín, Anna, telefoneó a Munya Golóvina y le dijo que su tío había salido la noche anterior con el Pequeño pero que todavía no había regresado.

Aquella misma mañana, temprano, una llamada telefónica despertó a Protopópov. El alcalde de Petrogrado, Alexander Balk, le informó con voz muy inquieta de que un agente de policía que se encontraba en el canal del Moïka había oído disparos procedentes del palacio Yusúpov. A continuación, llamaron al agente y entró en el edificio, donde el miembro de la Duma, Purishkiévich, que se encontraba allí, le dijo que habían matado a Rasputín. Protopópov llamó inmediatamente al edificio de la calle Gorojovaya, donde le confirmaron que Rasputín no había pasado la noche allí y que todavía no había vuelto.

María Golóvina llegó a la calle Gorojovaya alrededor de las once. Les dijo a las hijas de Rasputín que había telefoneado al príncipe, pero que «allí todavía dormían».

Más tarde, Munya testificó que en aquellos momentos no estaba preocupada porque «Rasputín le había pedido al príncipe en mi presencia que le llevase a los gitanos, y sabiendo que estaba con él, no me preocupé». Al final, a las doce del mediodía aproximadamente, el propio Félix la llamó. Y ella tranquilizó a las hijas diciéndoles que Félix le había dado su palabra de que no había visto a su padre. ¡Cuál no sería su horror cuando la doncella Katya le juró que aquello era mentira! Que él había ido a recoger a Rasputín aquella noche, que ella misma le había visto en el apartamento.

Golóvina llamó inmediatamente a Vyrubova a su casa de Tsarskoe Selo. En el Expediente, del testimonio del ordenanza sanitario Zhuk: «Llamaron a eso de las 12.00 del mediodía y dijeron que Rasputín había salido pero que no había regresado. Vyrubova informó de inmediato a palacio y se produjo un enorme alboroto y constantes comunicaciones con Petrogrado».

Protopópov estaba en contacto directo con Tsarskoe Selo en aquellos días. Le pasó a la emperatriz y a Vyrubova la información que le había dado el agente acerca de los sucesos en el palacio Yusúpov. A continuación, la misma mañana del 17 de diciembre Protopópov convocó al general Popov y le ordenó que abriese una investigación enseguida. Así, con el número 573 se emitió una orden al general Popov «para que llevase a cabo una investigación sobre la desaparición de Grigori Yefimovich Rasputín»; y en el más absoluto secreto.

LOS VISITANTES IMPACIENTES

Aquella misma mañana temprano se presentaron visitantes en el apartamento de Rasputín, muy interesados en ciertos papeles que se encontraban en poder del desaparecido propietario.

Del interrogatorio de Manásevich por parte de la Comisión Extraordinaria:

—¿Estuvo usted en el apartamento del Rasputín la noche en que desapareció?

—Estuve allí por la mañana ... llegué ... y había una gran conmoción. Simánovich estaba allí con el obispo Isidor y dijo que habían estado con el jefe de policía en el lugar de los hechos.

—¿Examinó usted sus papeles?

—No eran de mi incumbencia. —Testificó Manásevich con naturalidad.

—¿Visitó Protopópov el apartamento de Rasputín mientras usted estaba allí?

—No mientras yo estuve allí.

(Evidentemente Protopópov había estado allí antes que Manásevich y los demás.)

Del interrogatorio de Protopópov:

—Corre el rumor de que estuvo usted en su apartamento inmediatamente después del asesinato.

—De ninguna manera ... Después de todo, la policía estaba allí.

Pero el ministro de Interior, considerando la clase de relaciones que Rasputín mantenía con él y con los «zares», no tuvo otra elección que la de presentarse allí antes que la policía y que cualquier otra persona, tan pronto como se enteró de la desaparición de Rasputín. De manera que cuando aquellos inquisitivos invitados visitasen el apartamento no pudiesen encontrar ningún papel importante.

Entretanto, los acontecimientos habían tomado otro cariz. A las 2.00 de la tarde, el general Popov recibió la información de que había manchas de sangre en el puente del Gran Petrovsky sobre el río Neva y de que habían encontrado una bota marrón atascada en la pared de la base del puente. A las 3.00 de aquella misma tarde mostraron la bota a las hijas de Rasputín, y ellas «la identificaron como perteneciente a su padre».

«NO PUEDO NI QUIERO CREER QUE LO HAYAN MATADO»

Para entonces, los rumores circulaban ya por toda la ciudad. La presunta muerte del favorito agitó a toda la alta sociedad. Los grandes duques, los embajadores, los ministros, la familia real en Tsarskoe Selo; todos discutían acaloradamente acerca de los rumores de la muerte del campesino semianalfabeto de un pueblo de Siberia.

En el diario del gran duque Nicolai Mijáilovich podemos leer:

17 de diciembre ... a las 5.30, dos llamadas telefónicas, una de la princesa Trubetskaya, y la otra del embajador británico Buchanan ... Me dijeron: «Anoche mataron a Grigori Rasputín». La inesperada noticia me dejó atónito, así que me dirigí apresuradamente en mi automóvil a casa de mi hermano Alexander en el canal del Moïka para averiguar lo que estaba sucediendo [evidentemente, le habían contado no sólo lo del asesinato, sino que también le habían hablado de la circunstancia de que Félix, que entonces estaba viviendo en casa de su hermano Alexander, estaba bajo sospecha]. Un criado me informó de que Félix regresaría tarde.

Pero el gran duque sabía dónde podría obtener información. Se dirigió al sedicioso Club Náutico. Aquel día el club estaba abarrotado. Numerosos carruajes y automóviles aguardaban en la entrada: aquel hormiguero aristocrático estaba en plena efervescencia.

«Fui a cenar al club, donde el único tema de conversación era la desaparición de Grishka», anotó.

Hacia el final de la cena entró Dimitri Pávlovich, pálido como un muerto, pero no hablé con él porque se sentó en otra mesa ... [el primer ministro] Trepov argumentaba para todo aquél que quisiese escuchar que no eran más que tonterías ... Pero Dimitri Pávlovich declaró a otros que, en su opinión, Rasputín se había marchado a alguna parte o bien lo habían matado ... Nos sentamos a jugar a las cartas, mientras que Dimitri Pávlovich se fue al teatro Mijáilov donde había una representación en lengua francesa.

De manera que todo el mundo tenía la información precisa. De algún modo, todos sabían que Dimitri estaba implicado.

Ante aquellas circunstancias, la Amiga se había trasladado a palacio, a petición de la zarina.

Del testimonio de Zhuk en el Expediente:

Vyrubova empezó a pasar las noches en palacio por orden de la zarina. Tenían miedo de que también pudiesen matarla a ella, puesto que ... había estado recibiendo cartas amenazadoras un año antes del asesinato de Rasputín ... Estaban especialmente ... asustadas por los jóvenes grandes duques. Se me ordenó que no admitiese a ningún gran duque ... Se cambiaron incluso los postigos del apartamento de Vyrubova.

Alix sospechaba que aquello no era más que el principio de una represalia contra los «nuestros» por parte de los jóvenes Romanov. Y la tarde del 17 escribió al zar:

Estamos aquí sentadas las dos juntas, puedes imaginarte muestros sentimientos, pensamientos, Nuestro Amigo ha desaparecido. Ayer A[nya] le vio y él le dijo que Félix le había pedido que fuese a su casa por la noche, que un coche le recogería para ir a ver a Irina ...

Esta noche hubo un gran escándalo en casa de Yusúpov, una gran reunión, Dimitri, Purishkiévich, etc., todos borrachos, la policía oyó diparos,

Purishkiévich salió corriendo y gritando a la policía que habían matado a Nuestro Amigo.

La policía está buscando ...

Félix quería marcharse esta noche a Crimea, rogué a Kalinin [Protopópov] que le detuviera ...

Félix asegura que Él nunca fue a su casa y que nunca se lo pidió. Parece un zarpazo [una trampa]. Sigo creyendo en la misericordia de Dios, en que alguien se Lo haya llevado a algún sitio ...

No puedo ni quiero creer que lo hayan matado. Dios ten piedad ...

... ven lo antes posible, nadie se atreverá a tocarla [Anya] ni a hacer nada si tú estás aquí.

Félix solía visitarle a menudo últimamente ...

De su telegrama del 17 de diciembre de 1916: «Seguimos creyendo en la misericordia de Dios. Félix y Dimitri están implicados». Por la noche, ya se conocía la noticia en Tsarkoe Selo.

De las memorias de la princesa Olga, madrastra de Dimitri:

El sábado por la noche, 17 de diciembre, se celebraba un concierto en Tsarskoe Selo ... Hacia las ocho sonó el teléfono. Momentos después, Vladimir [su hijo nacido del matrimonio con el gran duque] entró precipitadamente en mi habitación: «Es el fin del anciano. Acaban de llamarme. Dios, ahora podremos respirar tranquilos. Todavía se desconocen los detalles. De todas formas, hace veinticuatro horas que desapareció. Quizá averigüemos algo en el concierto» ... Nunca olvidaré aquella noche. Nadie prestaba atención ni al concierto ni a los intérpretes. Durante el intermedio observé que las miradas que nos dirigían eran especialmente significativas. Pero entonces todavía no sabía por qué.

Por último, uno de sus amigos le dijo: «"Parece que los responsables del suceso pertenecen a la alta aristocracia. Han dado los nombres de Félix Yusúpov, Purishkiévich y el gran duque". Mi corazón dio un vuelco. Al término de la noche el nombre de Dimitri estaba en boca de todos.»

EL CASO DEL CAMPESINO DESAPARECIDO GRIGORI RASPUTÍN

Llegó la mañana del 18 y Rasputín seguía sin ser hallado. Félix no pudo salir hacia Crimea aquel día porque había sido invitado a prestar declaración en el caso del «campesino desaparecido Rasputín» a cargo del general Popov. Durante los tres días posteriores al 17 de diciembre, el general Popov llevó a cabo continuos interrogatorios junto con el coronel Popel. Entre los interrogados estaban los dos agentes de policía que aquella noche estuvieron cerca del palacio Yusúpov, las hijas de Rasputín, su sobrina, la criada, y María Golóvina.

Félix fue interrogado el 18 de diciembre por el ministro de Justicia, Makarov. La declaración de Félix resulta especialmente interesante, pues fue hecha mientras la pista estaba todavía caliente, el día después.

Pero, el 19 de diciembre, el tercer día de la investigación, Protopópov emitió repentinamente una orden que daba por zanjado el caso y se apropió de todas las declaraciones. Tras la caída de los Romanov, el expediente del caso quedó en el archivo y después desapareció. En 1928 un tal Vasiliev murió en París en la más extrema pobreza. Había sido el último jefe del Departamento de Policía. Poco después de su muerte se publicó el manuscrito de un libro que él escribiera sobre la policía secreta zarista. En él se citaban (con errores) ciertos documentos del expediente desaparecido. Los documentos (junto con los errores) de su libro acabaron después engrosando las numerosas obras sobre Rasputín.

No obstante, resulta que el expediente del caso se publicó. Inmediatamente después de la revolución de febrero, la revista *Antaño* hizo público el expediente en un número dedicado a los documentos más sensacionales del derrocado régimen.

A continuación compararemos los testimonios que figuran en el expediente del caso con la historia del asesinato creada por los propios asesinos Purishkiévich y Yusúpov. Una historia generalmente aceptada.

Dicho expediente, junto con otros documentos, nos ayudará a reproducir de manera fidedigna la misteriosa noche «Yusúpov».

EL RELATO DE LA POLICÍA

Según el expediente del caso, cuando Félix fue interrogado personalmente por el ministro de Justicia, Makarov, la investigación tenía ya en su poder las interesantes declaraciones de los dos agentes de policía. El testimonio de ambos hombres figura en dicho expediente.

El agente de policía de cuarenta y ocho años, Stepan Vlasyuk, que estaba de guardia por los alrededores del palacio Yusúpov, informó: «Hacia las tres o las cuatro de la madrugada oí unos tres o cuatro disparos seguidos, uno tras otro». Vlasyuk fue a buscar al agente Efimov, que también estaba de guardia al otro lado del canal del Moïka.

[En respuesta] «A mi pregunta de dónde procedían los disparos, Efimov indicó el palacio Yusúpov.» Vlasyuk se encaminó hacia el palacio. Allí encontró al guarda del edificio, pero éste afirmó no haber oído ningún disparo. «Entonces», testificó Vlasyuk, «vi que dos hombres con chaquetas de militar, pero sin sombrero, a quienes reconocí como el príncipe Yusúpov y su mayordomo Buzhinsky, cruzaban el patio en dirección a la verja. Le pregunté a este último qué habían sido aquellos disparos. Pero me respondió que no había oído nada.» Tras esta confirmación, ya más tranquilo, regresó a su puesto.

No informé a nadie sobre lo sucedido porque ya otras veces había oído ruidos semejantes y no eran más que el estallido de neumáticos de automóviles. Pero al cabo de quince o veinte minutos, Buzhinsky vino y me dijo que el príncipe Yusúpov preguntaba por mí. Apenas hube cruzado el umbral de su despacho, el príncipe Yusúpov se me acercó con alguien a quien yo no conocía, un individuo con barba pelirroja y bigote ... y una chaqueta militar color caqui.

A continuación Vlasyuk narró una conversación extraordinaria.

Aquella persona me preguntó:
—¿Ha oído alguna vez hablar de Purishkiévich?
—Sí, claro.
—Yo soy Purishkiévich. ¿Y ha oído alguna vez hablar de Rasputín? Bueno, Rasputín está muerto. Y si usted ama a nuestra madre Rusia, guardará silencio acerca de lo ocurrido.
—Sí, señor.
—Puede marcharse.
Unos veinte minutos después, Kalyadin, el oficial de policía del distrito, me llamó y yo se lo conté todo.

EL GRITO DE UNA MUJER Y UN MISTERIOSO AUTOMÓVIL

El segundo agente, Fiodor Efimov, que estaba de guardia al otro lado del canal frente al palacio Yusúpov, tenía cincuenta y nueve años y era un policía experimentado. Ésta fue su declaración: «A las 2.30 de la madrugada oí un disparo, y tres o cuatro segundos después, oí el sonido de otros tres o cuatro disparos seguidos. Tras el primero, percibí un grito sofocado, como de una mujer».

En respuesta a la pregunta del investigador sobre si algún automóvil había llegado o salido del palacio después de los disparos, Efimov informó: «Durante veinte o treinta minutos no pasó ningún automóvil ni coche de caballos por el Moika. Sólo al cabo de media hora ... pasó un coche, pero no se detuvo para nada».

Recordaremos, pues, que los dos policías que vigilaban el edificio declararon haber oído tres o cuatro disparos en el palacio Yusúpov; que Efimov, el que estaba más cerca, oyó también «un grito sofocado, como de una mujer». Otro detalle importante: ningún coche se acercó al palacio después de los disparos. El único automóvil fue visto media hora después viniendo del palacio.

La investigación tenía este testimonio en su poder cuando Félix Felixovich, príncipe Yusúpov y conde de Sumarokov-Elston, fue interrogado el 18 de diciembre. Tras relatar la historia de su amistad con Rasputín, Félix se ciñó a «aquella noche».

«HABÍA SIDO EL GRAN DUQUE QUIEN HABÍA MATADO AL PERRO»

Estos días he estado ... arreglando una habitación en mi casa del Moïka ... y el gran duque Dimitri Pávlovich sugirió que diésemos una fiesta de inauguración de la casa. Decidimos invitar a Vladimir Mitrofanovich Purishkiévich, y a algunos oficiales y damas de la alta sociedad. La fiesta estaba prevista para el 16 de diciembre ... Por razones obvias, no daré los nombres de los oficiales ni de las damas, podría perjudicarles y levantar falsos rumores. Para no molestar a mis invitados, ordené a los criados que lo dejasen todo preparado para el té y la cena ... y que luego no volviesen a entrar. La mayoría de los invitados tenían que entrar no por la puerta principal ... sino por la entrada lateral ... cuya llave obraba en mi poder. Las personas allí reunidas bebieron y bailaron. Alrededor de las 12.30, Rasputín llamó desde algún sitio ... invitándonos a los gitanos. A esta sugerencia, los invitados respondieron con bromas y chistes ... Rasputín no me dijo desde dónde llamaba, pero a través del teléfono se oían voces y también el chillido de una mujer.

Aquí Makarov pudo haber puesto la zancadilla a Félix con las declaraciones obtenidas en casa de Rasputín. Pero el ministro no se atrevió a poner en duda el testimonio de un pariente del zar frente a las declaraciones de una criada y de las hijas de un campesino. Y el príncipe prosiguió:

> Entre las 2 y 2.30 de la madrugada las ... damas se disponían a regresar a sus casas, y el gran duque Dimitri Pávlovich se fue con ellas ... Después de marcharse, oí disparos en el patio. Salí y vi a un perro muerto junto a la verja. Su alteza imperial me informó a continuación de que había sido él quién había matado al perro ... Tras este incidente, llamé al agente de la calle y le dije que si alguien preguntaba por los disparos que le dijera que un amigo mío había matado a un perro.

Al parecer, le preguntaron a continuación por las palabras de Purishkiévich al agente de policía. La respuesta del príncipe es divertida.

> Después de aquello Purishkiévich, que se encontraba en mi estudio, empezó a hablar. No entendí todo lo que dijo ... Respecto al testimonio del agente de que supuestamente Purishkiévich le dijo en mi despacho que habían matado a Rasputín, bueno, Purishkiévich estaba borracho, y no recuerdo lo que dijo ... Por otro lado, tampoco estuve en casa de Rasputín el 16 ni por la tarde ni por la noche, como pueden corroborar mis invitados y mis criados. Al parecer, alguien se ha tomado en serio lo del asesinato y me ha implicado a mí y a la fiesta en mi casa.

UN ESPECTÁCULO EN LA ESTACIÓN

El día anterior, Félix le había mandado a la zarina una declaración similar. Después, la tarde del 18 se preparó finalmente para tomar el tren hacia Crimea. Pero ...

Del diario del gran duque Nicolai Mijáilovich del 18 de diciembre:

Al día siguiente, sin haber visto todavía a Yusúpov, me enteré de que Félix y mis sobrinos se marchaban a Crimea. No obstante, los rumores continuaron durante todo el día, y A. F. Trepov me informó el mismo día 18 por teléfono de que probablemente Rasputín había sido asesinado, y que Dimitri Pávlovich, Félix Yusúpov y Purishkiévich habían sido repetidamente señalados como los autores del crimen ... Respiré más tranquilo y relajado y me senté a jugar a las cartas, contento de que aquel sinvergüenza no pudiera ya perjudicarnos más, pero al mismo tiempo temía que la información de Trepov fuera falsa.

A las 9.00 de la noche visité a mis sobrinos y me despedí de ellos ... Cuál no sería mi sorpresa cuando a las 10.30 me llamó Félix y me dijo que había sido retenido por un oficial en la estación Nikolaev, y me rogó encarecidamente que fuera a verle. Cuando llegué, ya estaba en la cama. Pasé media hora con él escuchando sus confidencias.

Félix repitió palabra por palabra a Nicolai Mijáilovich la misma historia que le había contado al ministro de Justicia Makarov. Pero el gran duque ya conocía los rumores.

«Escuché su relato en silencio y luego le dije lo siguiente: que su invención no se sostenía ni resistiría la menor crítica, y que ... él era el asesino.»

Al día siguiente, todo Petrogrado bullía con la sensacional noticia de que el príncipe Yusúpov había sido retenido la noche anterior en la estación Nikolaev. El tren de Crimea había partido sin él.

«¡YO OS SALUDO, CABALLEROS ASESINOS!»

Félix no había sido simplemente retenido; estaba bajo arresto domiciliario. La zarina había exigido que la investigación llegase a la verdad. También el gran duque Dimitri había sido puesto bajo arresto domiciliario. No obstante, el arresto era muy peculiar. Al día siguiente, Félix se trasladó a casa de Dimitri, cosa que propició la oportunidad de elaborar una historia conjunta antes de que el investigador les llamase a declarar. Pero ya no iban a ser convocados por ningún instructor. Al zar le gustaba mucho la historia: recordaba los acontecimientos de la Revolución francesa. La investigación pública del caso que implicaba a María Antonieta en el robo del collar de la reina fue el principio del fin de Luis XVI. Por esta razón, cuando el cadáver de Rasputín afloró a la superficie del río el 19 de diciembre, el general Popov recibió la orden de concluir la investigación.

Para entonces, la policía ya había interceptado los primeros telegramas de felicitación dirigidos a Dimitri y a Félix. Los de Ella, tan temerosa de Dios, debieron de sorprender especialmente a Nicolás II. La sumisa mediadora había escrito a Dimitri: «18 de diciembre, 9.30 de la mañana ... Anoche, muy tarde, regresé de pasar una semana entera en Sarov y Diveev rezando por todos vosotros. Te ruego me mandes una carta con todos los detalles de lo sucedido. Que Dios dé fuerzas a Félix tras el patriótico acto que llevó a cabo». Asimismo, mandó otro telegrama a Crimea dirigido a Zinaída Yusúpova: «Mis más ardientes y devotas plegarias os acompañan por el patriótico acto de tu querido hijo». Así pues, Ella, recién llegada de Diveev el 18 de diciembre, ya lo sabía todo acerca del crimen y de los asesinos; los bendijo. Ignoraba sólo los detalles que Félix le contaría al gran duque Nicolai Mijáilovich el día después del ajusticiamiento.

Del diario del gran duque Nicolai Mijáilovich: «Al día siguiente, el 19 de diciembre, después de que Félix se hubiese trasladado al apartamento de Dimitri Pávlovich, irrumpí en la habitación diciendo: "¡Yo os saludo, caballeros asesinos!"». Viendo que no tenía ya «ningún sentido» seguir resistiendo, Félix empezó a contar su historia.

LA HISTORIA DEL ASESINATO CONTADA POR LOS ASESINOS

Más tarde, en París, Félix publicaría sus memorias del asesinato en distintas ediciones. En ellas repetiría básicamente lo que le contó a Nicolai Mijáilovich aquella mañana en Petrogrado.

Sin embargo, existe paralelamente otra historia de lo sucedido en el palacio Yusúpov escrita por otro de los partícipes en el crimen.

A diferencia de Félix, el miembro de la Duma, Purishkiévich, había logrado salir de la ciudad. Su tren hospital partió tranquilamente hacia el frente después del asesinato. Purishkiévich escribía afanosamente en su vagón, describiendo todo lo acontecido.

Estoy rodeado de negra noche y profundo silencio, mientras mi tren se desliza suavemente y me transporta lejos de allí ... No puedo dormir ... los sucesos de las últimas cuarenta y ocho horas giran como un trobellino en mi cabeza ... Rasputín ya no existe, ha sido asesinado ... El destino ha querido que cayese en mis manos ... Gracias a Dios que las manos del gran duque Dimitri Pávlovich no se han manchado con aquella sucia sangre.

Y aclara: «El joven de la realeza no debe ser culpable de ... ningún asunto relacionado con el derramamiento de sangre. Aunque se trate de la sangre de Rasputín». Recordemos esto: «el joven de la realeza no debe ser culpable.» Y Purishkiévich sigue su narración.

De hecho, la historia del asesinato de Rasputín se ha ido repitiendo de libro en libro, sobre la base de estas dos fuentes: las memorias de Yusúpov y las de Purishkiévich. Se trata de una historia que, como el gran duque Nicolai Mijáilovich escribió en su diario, «recuerda ... los asesinatos en la Italia medieval». O, mejor dicho, las intrigas tan corrientes en la época de Rasputín y en la nuestra, en la que los héroes humanos dan muerte a un terrible demonio. Percibiendo este elemento de novela barata, Lev Trotsky calificó la historia de «vulgar». Su parecido con la «literatura» pone ya al lector en guardia. Cuanto más detenidamente se lee, tanto más sospechosa parece.

No obstante, dejemos que los dos asesinos hablen por sí mismos.

«UNA NOCHE DE INOLVIDABLE PESADILLA»

Narra Purishkiévich: «Intentaré relatar, con exactitud fotográfica, el completo desarrollo de un drama históricamente relevante. Aquella noche ... el tiempo era templado, dos o tres grados por encima del punto de congelación, y caía una suave nevada».

Y en aquella «suave nevada» un coche militar, raro en aquellos tiempos, apareció en el palacio Yusúpov. Se detuvo unos instantes y después se marchó, luego regresó de nuevo. Por último se dirigió hacia la entrada principal del palacio. En el automóvil, como el mismo Purishkiévich indica, viajaban él y el doctor Lazavert, que hacía de conductor. Según lo acordado, tenían que entrar en el patio por la entrada lateral para introducirse en el edificio, sin ser vistos. Pero la verja del patio estaba cerrada. Purishkiévich comprendió que el tonto de Félix se había olvidado de lo convenido.

Comenta Purishkiévich: «Después de dar la vuelta dos veces nos dirigimos a la puerta principal». Desde allí accedieron al estudio de Yusúpov, donde ya se habían reunido los demás (el gran duque, Félix y el teniente Sujotin). Félix saludó a Purishkiévich y a Lazavert, como si nada. Pero ellos no estaban de humor para explicaciones. Bajaron todos rápidamente al sótano donde Purishkiévich, encantado por la transformación de aquella sala «en una elegante *bonbonnière* al estilo de los antiguos palacios rusos», olvidó su enojo.

«Aquella encantadora salita», escribió Purishkiévich, «estaba dividida en dos partes: la de delante, más próxima a la chimenea, era una especie de comedor en miniatura ... Un fuego ardía confortablemente en el hogar; sobre la repisa había un espléndido crucifijo de marfil, y debajo de la ventana había una mesita con botellas: jerez, oporto, madeira y marsala. La parte posterior de la habitación era una sala de estar con una piel de oso polar cubriendo el suelo ... delante de un sofá».

Se sentaron a la mesa del «comedor» y Yusúpov sugirió que probasen las pastas preparadas para Rasputín antes de rellenarlas de veneno. Las pastas hacían juego con la habitación: «pastitas variadas de color rosa y marrón elegidas en combinación con el color de la pared». Tomaron té y «esperaron inquietos a que fuesen las 11.30 y los espías abandonasen el apartamento de Rasputín». Félix sabía que la vigilancia externa también se marcharía a la misma hora. Después de terminar el té, «intentaron que todo pareciese como si un grupo de personas se hubiese asustado por la llegada de un huésped inesperado». Sirvieron un poco de té en tazas y esparcieron servilletas arrugadas por encima de la mesa. Entonces el doctor se puso los guantes y empezó a desmenuzar el veneno —bolitas de cianuro potásico— en un plato para introducirlas en los pastelitos rellenos de crema color de rosa. A las pastas de chocolate no se les puso veneno (según Félix). Lazavert «espolvoreó de veneno el interior de las pastas». Tras completar aquella terrible tarea, Lazavert arrojó los guantes a la chimenea, y «empezaron a echar humo, de manera que tuvieron que ventilar la habitación». Acto seguido se cambió y se puso un uniforme de chófer. Félix se echó un abrigo de pieles sobre los hombros y «se calzó el gorro de piel hasta las orejas para ocultar completamente su rostro». Poco después, los que se quedaron allí oyeron el ruido de un coche que se alejaba.

Se dirigieron hacia la casa de la calle Gorojovaya. El portero del edificio durante la investigación testificó: «Un coche se acercó hasta la puerta cerrada del edificio, pasada la medianoche. Un desconocido bajó del automóvil y se encaminó directamente hacia la puerta. En respuesta a la pregunta de adónde iba, dijo: "A casa de Rasputín"». «No llevaba barba ... pero sí tenía un bigote negro ... vestía un largo abrigo de pieles ... y en la cabeza llevaba un gorro negro de piel.» El portero le señaló la puerta principal, pero en lugar de subir por ella, el extraño se fue hacia la puerta trasera. «Era evidente que conocía de sobra la organización del edificio», confirmó el portero.

«Subí por las escaleras de la parte posterior», recordaba Félix. «Estaba oscuro y seguí el camino a tientas hasta encontrar la puerta del apartamento del anciano sin demasiada dificultad.»

La cadena tintineó, el pestillo chasqueó, Rasputín abrió la puerta, y Félix entró en la cocina.

«Estaba oscura, pero me pareció que alguien estaba espiándome desde la otra habitación. Instintivamente, me calé el gorro hasta los ojos.»

La sensación de Félix de que alguien le estaba mirando no era gratuita. Recordemos que Katya Pechyorkina, que dormía en la cocina tras una cortina, le había visto entrar. Ella declaró que cuando «pasaron los dos por la cocina para dirigirse a las otras habitaciones», apartó la cortina y vio «que se trataba del Pequeño».

«Entramos en el dormitorio, iluminado tan sólo por una lámpara que era un icono», escribió Félix.

> Rasputín encendió una vela. Vi que la cama estaba arrugada. Posiblemente había estado descansando. Su abrigo de pieles y su gorro estaban preparados junto a la cama. Rasputín llevaba ... una camisa de seda bordada con acianos y ceñida por un grueso cordón carmesí que terminaba en dos grandes borlas, pantalones de pana negros y botas altas ... De pronto, me sentí abrumado por una infinita piedad hacia aquella persona. Estaba avergonzado por la sucia y monstruosa mentira a la que estaba recurriendo. En aquel momento sentí desprecio por mí mismo. Me preguntaba cómo podía haber concebido aquel crimen tan vil ... Contemplé horrorizado a mi confiada víctima.

Sin embargo, Rasputín no se percató de la inquietud que sentía Félix. Por esto Félix se plantea las mismas preguntas que a nosotros nos gustaría hacer.

¿Qué se había hecho de su clarividencia? ¿De qué le servía aquel don de la predicción si no era capaz de ver la trampa que le habían preparado? Pero las punzadas de mi conciencia se rindieron ante la firme resolución de llevar a cabo la tarea propuesta. Salimos a la negra oscuridad de la escalera y Rasputín cerró la puerta tras sí. Sentí que sus dedos me agarraban el brazo con rudeza. «Será mejor que te guíe», dijo, conduciéndome por aquella boca de lobo.

Descendieron cogidos del brazo. Ni siquiera cuando lo asió se percató de lo inevitable. A pesar de sus poderes intuitivos, confiaba completa y ciegamente en Félix. Subieron al coche y se dirigieron al palacio Yusúpov.

Volvamos al palacio, donde, según cuenta Purishkiévich, «estaban revisando el gramófono» que tenía que crear la impresión de que se estaba celebrando una velada, y «se afanaban con un frasquito de cianuro potásico diluido», que añadieron a dos de los cuatro vasos de vino, tal como habían acordado con Félix. A continuación «esperaron, paseando arriba y abajo en silencio, pues no tenían ningún interés en charlar». Purishkiévich «extrajo el pesado revólver savage que guardaba en su bolsillo» y lo dejó encima de la mesa del despacho de Yusúpov. Según él, aquel revólver desempeñaría un papel central en la tragedia. Por fin, oyeron el ruido de un coche que entraba en el patio. «En aquel instante el teniente enchufó el gramófono y empezó a sonar la marcha americana *Yankee Doodle*», «una marcha que Purishkiévich recordaría durante el resto de su vida. Entonces oyeron la voz de Rasputín que decía: "¿dónde estás, querida?"».

Relata Yusúpov:

> Al entrar en la casa ... oí las voces de mis amigos ... el gramófono estaba tocando una alegre melodía americana ... Rasputín escuchó y preguntó: «¿Qué es esto, una juerga?». «No, mi esposa tiene compañía. Enseguida se marcharán. Entretanto, podemos tomar un té en el comedor». Y ambos bajaron al sótano convertido en «una acogedora salita comedor».

En el intervalo, el doctor Lazavert, después de quitarse el uniforme de chófer, había subido al estudio para unirse con el resto de los asesinos. Salieron todos de la habitación y se situaron junto a la barandilla de la escalera que conducía al sótano. Dio comienzo la vigilancia. A mitad de las escaleras, justo debajo de ellos se encontraba la puerta del patio por la que

Rasputín y Félix habían entrado. Asomados a la barandilla, aguardaron. «Yo con un puño de hierro en la mano, detrás de mí el gran duque, luego el teniente Sujotin y por último Lazavert», recordaba Purishkiévich. En esta posición estuvieron «escuchando el menor crujido procedente de abajo». Oyeron los ecos de la conversación y los compases del *Yankee Doodle*, pero no el sonido más importante, el de las botellas al ser descorchadas. Abajo no hacían más que hablar, pero «no bebían ni comían nada».

«Rasputín se sacó el abrigo y empezó a examinar el mobiliario con interés», recordaba Félix.

> Los cajones con el laberinto de columnas atrajeron especialmente su atención. Los admiraba como un niño ... los abría y cerraba estudiándolos por dentro y por fuera ... Le ofrecí té y vino ... para mi decepción, declinó el ofrecimiento. «¿Habrá pasado algo?», me pregunté. Nos sentamos a la mesa y charlamos de nuestras amistades mutuas. Agotado este tema, Rasputín pidió un poco de té. Le ofrecí una bandeja de pastelillos. No sé por qué, le sugerí los que no estaban envenenados. Al cabo de un rato, le pasé la bandeja con las pastitas envenenadas. Al principio las rechazó: «no quiero ninguna, son demasiado dulces».

Y éste es precisamente el momento que debemos recordar: a Rasputín rechazando las pastas después de aclarar, «no quiero ninguna, son demasiado dulces».

Pero después, según declara Félix, «cogió una y luego otra. Yo le contemplaba con horror». Sin embargo, entre estos dos sucesos pasó algo que Félix no menciona. Aunque sí lo hace Purishkiévich.

Cuando Rasputín se negó a comer las pastas «dulces», Félix, presa del pánico subió al piso de arriba. Y Purishkiévich describe con todo detalle cómo, mientras aguardaban en la escalera, oyeron el sonido de una puerta que se abría en el sótano, y cómo «retrocedieron de puntillas, sin hacer ruido, hacia el estudio de Yusúpov. Yusúpov entró y dijo: "Imagínense, caballeros, el animal no quiere comer ni beber"».

«¿De qué humor está?», inquirió Purishkiévich.

«No muy bueno. Es como si tuviera una premonición.»

Y Félix regresó al sótano con Rasputín.

Justo entonces, y por alguna extraña razón cambió de idea: empezó a beber y a engullir pastelillos. Asimismo habremos de recordar esta particular circunstancia. «Poco después oímos cómo descorchaban las botellas. "Están bebiendo", susurró el gran duque. "Ahora ya no tendremos que esperar mucho". Pero transcurrió media hora sin que nada sucediese, comenta Purishkiévich.»

«El cianuro potásico debería haber producido un efecto inmediato», recordaba Félix, «pero Rasputín ... seguía charlando como si nada.» Félix le sirvió un segundo vaso de vino y Rasputín se lo bebió, aunque «el veneno no le hizo efecto alguno». Quedaba un tercer vaso, el último. Félix, «desesperado, había empezado también a beber para forzar al campesino a que tomase la última copa».

> Estábamos sentados uno frente al otro y bebíamos en silencio. Él me miraba y sus ojos sonreían astutamente: «Ya lo ves, por más que lo intentes, no puedes hacerme nada». Entonces ... una expresión de odio sustituyó de repente aquella sonrisa hábilmente empalagosa. Nunca le había visto tan aterrador. Me miraba con ojos diabólicos ... Una extraña inmovilidad se apoderó de mí y mi cabeza empezó a dar vueltas ... al volver en mí, vi a Rasputín en el sofá, la cabeza gacha, ocultando los ojos. «Sírveme una copa, estoy sediento», dijo con un hilo de voz. Mientras vertía el vino en la copa, se levantó y caminó por la sala. Vio casualmente una guitarra que yo había olvidado en el comedor.

> «Toca algo alegre, amigo mío. Me gusta cuando cantas».

Y Félix se puso a cantar. «Cuando terminé la canción, me ... miró con expresión triste y sosegada. "Canta algo más, me encanta la música, le pones mucho sentimiento." Y de nuevo me puse a cantar ... El tiempo transcurría, el reloj marcaba las 2.30. La pesadilla había durado más de dos horas.»

Llegados a este punto, surgen dos preguntas legítimas. El caso es que debido a su deleite por las canciones de Félix, Rasputín había olvidado por completo el motivo de su visita: Irina. Aquellos «amigos» que según le habían dicho «no tardarían en marcharse» ¡llevaban arriba dos horas y media! ¡Y él no había rechistado! Durante más de dos horas había estado bebiendo, escuchando canciones y olvidándose del propósito de su visita. Además, durante aquellas dos horas y media no había notado nada extraño en el comportamiento de Félix, que era nervioso, sensible y, como veremos, extremadamente susceptible. ¿Es posible que Félix, que obviamente no era ningún asesino profesional, no revelase el menor signo de nerviosismo durante aquellas dos horas? ¡Es sumamente improbable! Y todavía queda una tercera pregunta que nos dejará atónitos a todos y que a su vez provocará otras muchas cuestiones. Una interrogante que fomentaría la leyenda acerca de las capacidades sobrehumanas de Rasputín. ¿Por qué no le hizo efecto el veneno?

No obstante, de momento, dejaremos todas estas preguntas sin respuestas y proseguiremos con nuestra narración del asesinato.

Así pues, el veneno no le hizo ningún efecto. Naturalmente, Félix estaba desconcertado ante semejante situación. «Arriba, la paciencia parecía haberse agotado», recordaba Félix. «El ruido procedente del piso de arriba era cada vez más fuerte. "¿Qué es todo ese jaleo?", preguntó Rasputín. "Los invitados probablemente se están marchando. Iré a echar un vistazo".»

Continúa Purishkiévich:

> Yusúpov subió completamente lívido. «¡No es posible! Ha bebido dos vasos con el veneno y se ha comido varios pastelillos color de rosa y nada. Es superior a mí, qué vamos a hacer ahora que ha empezado a preocuparse por la tardanza de la condesa [obsérvese que al cabo de más de dos horas «empieza a preocuparse»]. Le he explicado que para ella no es fácil ausentarse sin ser vista ... ya que arriba quedan pocos invitados, pero que no puede tardar más de diez minutos ... Está sentado con aspecto abatido ... el efecto del veneno sólo se nota porque no deja de eructar y parece que ha aumentado la salivación. Caballeros, ¿que me aconsejáis que haga?».

Los caballeros decidieron que si el veneno no le hacía efecto en los próximos cinco minutos, Félix volvería a subir y decidirían cómo acabar con el campesino.

En ese instante, Lazavert empezó a sentirse enfermo. Aunque había trabajado infinidad de veces bajo el fuego en el frente, el doctor se sentó en una silla exhausto y colorado, al borde de la apoplejía y murmuró: «No creo que pueda resistirlo». Al momento, Yusúpov volvió a subir y dijo que el veneno no estaba funcionando. De pronto preguntó: «¿Os importa si le mato de un disparo?». Y, como él mismo recordaba, cogió la pistola de Dimitri [hemos de recordar también esto] y regresó al sótano.

«¿Cómo es posible que no se diera cuenta con su perspicaz mirada de que escondía una pistola en la espalda?» (Y en eso debemos compartir el asombro de Félix.)

Félix también se sorprendió (como nosotros) de que Rasputín, que lo presentía y adivinaba todo, «no tuviera entonces la más remota sospecha de su propia muerte».

La siguiente escena, descrita por Félix, parece sin lugar a dudas un episodio de una novela de la época sobre un noble vengador.

Félix se acercó al crucifijo de cristal de roca.

«Esta Cruz me encanta.»

«Yo prefiero la alacena, es más interesante.» Y Rasputín abrió otra vez los cajones del laberinto de columnas.

«Grigori Yefimovich, harías mejor si mirases el crucifijo y le rezases.» Rasputín me miró con sorpresa y casi con miedo. Se diría que había leído en mis ojos algo que no esperaba.

Y entonces sucedió algo sumamente extraño. Rasputín, que en unos instantes lucharía furiosamente por su vida, estaba inexplicablemente sumiso, como sonámbulo. Esperó pacientemente su muerte.

«Levanté la pistola con un movimiento deliberadamente lento. Rasputín permanecía de pie frente a mí sin moverse ... sus ojos fijos en el crucifijo ... disparé. Él empezó a aullar con una voz salvaje, brutal y se desplomó pesadamente sobre la piel de oso.»

Relata Purishkiévich: «Unos minutos más tarde después de dos frases cortantes, el sonido de un disparo, seguido de un prolongado "a-ah". Y el ruido de un cuerpo cayendo al suelo». Se precipitaron todos escaleras abajo, pero al entrar en la salita tropezaron con el cable eléctrico y se apagaron las luces. A tientas encontraron el cable, lo enchufaron otra vez y contemplaron la escena: «El moribundo Rasputín yacía frente al sofá mientras Yusúpov le vigilaba, de pie, a su lado, con la pistola en la mano. "Tenemos que apartarlo de la alfombra inmediatamente, si no la sangre se filtrará y manchará la piel de oso", dijo el gran duque».

Félix y Purishkiévich trasladaron a Rasputín y lo pusieron sobre el suelo desnudo.

Comenta Purishkiévich: «Examiné a Rasputín. Seguía vivo y respiraba agónicamente. Con la mano derecha se tapaba los ojos y media nariz, larga y blanda ... y su cuerpo se retorcía convulsivamente».

«No había duda. Rasputín estaba muerto. Apagamos la luz, cerramos con llave la puerta del comedor, y subimos al estudio. Estábamos todos eufóricos», recordaba Félix.

Y ahora viene la parte absolutamente inexplicable. Según las memorias de Félix y de Purishkiévich, el gran duque Dimitri y el doctor se marcharon en el coche al tren hospital de Purishkiévich para quemar las ropas de Rasputín: su abrigo de pieles y las botas. No obstante, más tarde resultaría que no lo hicieron. Purishkiévich nos ofrece una sorprendente explicación: al parecer, su esposa, que había estado esperando ansiosa para ver cómo terminaba todo, era una mujer perezosa y caprichosa; como «el abrigo no le cabía en la estufa, no se vio capaz de hacerlo pedazos y quemarlo por partes. Incluso se enfrentó a Dimitri», escribe Purishkiévich. En pocas palabras, aquella desvergonzada mujer se negó a llevar a cabo las intrucciones de su marido y mandó de vuelta al gran duque con el abrigo de pieles y las botas como un niño pequeño. Si tenemos en cuenta que Purishkiévich era tan tirano en casa como en la Duma, entonces el comportamiento de su esposa resulta muy extraño.

Pero, mientras el gran duque no estaba, ocurrió algo extraordinario.

«Sentí un irresistible deseo de ver a Rasputín», recordaba Yusúpov. Y bajó al sótano.

El cuerpo de Rasputín yacía junto a la mesa donde lo habíamos dejado. No se movía, pero después de tocarlo me pareció que todavía estaba caliente. Me incliné sobre él y le tomé el pulso, pero no se lo pude encontrar. Todavía brotaban pequeñas gotas de sangre de la herida. No sé por qué, pero lo agarré y lo zarandeé: el cuerpo volvió a caer en su posición original. Cuando después de observarlo un rato estaba a punto de marcharme, noté un ligero movimiento en su párpado izquierdo. Su rostro se estremeció con convulsiones cada vez más fuertes. De repente, empezó a abrir el ojo derecho ... el párpado izquierdo empezó a moverse, y los dos ojos se clavaron en mí con una expresión de perversidad diabólica.

Y a continuación, una escena surgida del suspense de aquellos días (y de los nuestros) titulada «El diablo resucitado».

Sucedió algo increíble. Con un movimiento abrupto y furioso, se levantó de un salto. Echaba espuma por la boca. Era escalofriante. La habitación retumbó con su salvaje rugido, y vi de refilón sus dedos convulsivamente agarrotados que, de repente, como hierros candentes, se hundieron en mis hombros buscando el cuello ... El resucitado Rasputín repetía mi nombre en un ronco susurro. Presa de un terror sin límites, intenté liberarme, pero me sujetaba como si fuera un torno de hierro de fuerza inimaginable. En aquel cuerpo envenenado y agujereado por una bala, resucitado por poderes oscuros para vengar su muerte, había algo terrible y monstruoso ... Yo me debatía con todas mis fuerzas y en un último e increíble esfuerzo conseguí soltarme. Rasputín, jadeando y sin aliento, cayó de espaldas, arrancándome la charretera, que quedó en su mano. Me precipité escaleras arriba en busca de Purishkiévich. «¡Rápido ... la pistola! ¡Dispara! ¡Aún está vivo!»

Rasputín se arrastraba a gatas por la escaleras.

En aquel momento Purishkiévich había vuelto de fumar y «estaba arriba paseando de un lado a otro del estudio», cuando una fuerza interior le impulsó hacia la mesa donde se encontraba su savage. Guardó la pistola en el bolsillo del pantalón. Acto seguido, «dominado por una fuerza desconocida», salió de la habitación y se acercó a las escaleras. Y oyó «el grito inhumano de Félix, "¡Purishkiévich, dispara! ¡Está vivo! ¡Se está escapando!"».

Y entonces, vio a Yusúpov.

Su rostro estaba literalmente desencajado, sus hermosos ... ojos habían salido de sus órbitas ... [y] en un estado de semiconsciencia ... casi sin verme pasó corriendo por mi lado con la mirada enloquecida ... hacia la zona de sus padres [del palacio]. Oí el sonido de ... pasos que se dirigían pesadamente hacia la puerta que daba al patio.

Purishkiévich sacó su savage y se precipitó escaleras abajo. Grigori Rasputín, cuyo último aliento había contemplado hacía una hora, «corría tambaleándose a lo largo de la valla por la resbaladiza nieve del patio.

Purishkiévich «no podía creer» lo que veían sus ojos, y se oyó un grito estremecedor. Era Rasputín mientras huía: «Félix, Félix, se lo contaré todo a la zarina». «Corrió tras él y disparó ... y en la oscuridad de la noche sonó un estallido ensordecedor».

Falló. «Rasputín apresuró el paso.» Purishkiévich disparó por segunda vez a la carrera y volvió a fallar. Rasputín había llegado ya a la verja. En ese instante, Purishkiévich «se mordió la mano» para concentrarse: el tercer disparo «le dio en la espalda. Se detuvo». Disparó por cuarta vez y «le dio en la cabeza», «se desplomó como una piedra ... en la nieve y empezó a sacudir la cabeza hacia atrás y hacia adelante». Yacía con los brazos estirados clavados en la nieve. Y entonces, dominado por una furia incontenible, Purishkiévich «le dio un puntapié en la sien».

Durante aquellos angustiosos momentos Purishkiévich no había oído ni visto a Yusúpov, que corría por el patio gritándole en el silencio de la noche.

«Sonaron dos disparos», recordaba Félix.

Me deslicé por la escalera principal, corrí a lo largo del Moïka para interceptar a Rasputín en caso de que Purishkiévich fallase. Iba desarmado porque le había dado mi pistola al gran duque. Había tres verjas, pero tan sólo la del centro estaba abierta. Vi a través de la valla que el instinto animal de Rasputín le había conducido precisamente allí. Sonó un tercer disparo y luego un cuarto. Vi cómo Rasputín se tambaleaba y caía con una ráfaga de viento. Purishkiévich corrió hacia él y se detuvo junto a su cuerpo. Yo le grité pero no me oyó.

Tras el terrible incidente, Purishkiévich regresó a la casa. Al llegar a la entrada principal les dijo a los soldados que estaban allí que acababa de matar a «Grishka, el enemigo de Rusia y del zar», y después de recibir su manifestación de alegría y respaldo, ordenó que sacasen inmediatamente el cuerpo de la valla.

Entonces Félix vio en el patio «que un agente se encaminaba desde la verja hasta el lugar donde se encontraba el cuerpo».

Detuve al agente ... Mientras le hablaba, me situé, a propósito, de cara a la ventisca para que el agente se viera obligado a ponerse de espaldas al lugar en el que yacía Rasputín.

«Su Alteza, ha habido disparos. ¿Ha ocurrido algo?»

«Nada serio. Hemos celebrado una velada esta noche. Un camarada mío bebió demasiado y empezó a disparar».

Y el agente se marchó.

Tenemos otra versión de lo sucedido. Y ésta, como ya hemos visto, pertenece al propio agente de policía. El agente Vlasyuk declaró:

Vi a dos hombres con chaqueta militar pero sin sombrero cruzando el patio en dirección a la verja; reconocí en ellos al príncipe Yusúpov y a su mayordomo Buzhinsky. Le pregunté a este último qué habían sido aquellos disparos y respondió que no había oído nada ... Creo que el príncipe también dijo no haber oído nada.

Y Vlasyuk se marchó.

A continuación, según relata Félix, dos soldados arrastraron a Rasputín al interior de la casa. Lo trasladaron por las escaleras hasta el sótano donde un rato antes había estado bebiendo con su anfitrión. Félix vio a Rasputín que yacía inmóvil en las escaleras. «Sangraba profusamente de sus numerosas heridas. La lámpara arrojaba luz sobre su rostro y se podía observar con todo detalle su cara magullada y mutilada.» Pero, al parecer, algo amenazador y morboso unía todavía al príncipe y al campesino.

Me sentí irresistiblemente atraído por aquel cadáver ensangrentado. Ya no me quedaban fuerzas para luchar contra mí mismo. La rabia y el rencor me sofocaban. Un impulso que no puedo explicar se apoderó de mí. Me abalancé sobre el cadáver y empecé a golpearlo con la barra de la pesa forrada de goma [que Maklakov le había dado]. Le asestaba golpes indiscriminadamente presa de una incontenible ira y furia, transgrediendo toda ley divina y humana.

Purishkiévich ordenó a los soldados que apartasen a Félix. «Lo sentaron, salpicado de sangre por todas partes, en el sofá de su estudio ... Era horrible contemplarlo con su mirada ausente y el rostro retorcido mientras repetía mecánicamente: "Félix, Félix".» Y Purishkiévich nunca podría olvidar la imagen de Félix golpeando al campesino con la barra de la pesa forrada de goma. Pero lo más sorprendente de todo, escribiría Purishkiévich, era que Rasputín seguía vivo. «Le faltaba el aliento y la pupila de su ojo derecho oculta mostraba el blanco y dirigía hacia mí su mirada horrible y vacía ... Aún hoy sigo viendo este ojo ante mí.»

A continuación, Purishkiévich ordenó que envolviesen el cuerpo lo más rápidamente posible. Pero al parecer Buzhinsky le dijo que un agente había preguntado por los disparos.

Temiendo que el mencionado agente pudiese informar a sus superiores sobre los disparos, Purishkiévich urdió un ridículo plan. Mandó llamar al agente.

Y el agente regresó al palacio. Mantuvieron una conversación que a grandes rasgos ha sido descrita de forma idéntica por los tres: Purish-kiévich, el agente y Félix.

—Respóndame según su conciencia. ¿Ama usted a nuestro padre el zar y a nuestra madre Rusia, y desea la victoria del ejército ruso sobre los alemanes? —preguntó Purishkiévich.

—Sí, Su Excelencia.

—¿Y sabe quién es el más feroz enemigo del zar y de Rusia, aquel que impide que sigamos luchando, que nos ha hecho cargar con los diferentes Stürmer y otros alemanes en puestos de autoridad, y que tiene en sus manos a la zarina y a través de ella ha estado gobernando Rusia a su antojo?

—Sí, señor. Lo sé. Grishka Rasputín.

—Bien, hermano, ahora ya no existe. Le hemos matado y hace unos instantes le disparamos. ¿Si le preguntan será capaz de decir: "No lo sé, lo ignoro"? ¿Será capaz de guardar silencio?

Pero la respuesta del agente fue una respuesta peligrosa: «Bueno, si no me preguntan bajo juramento, no diré nada. Pero si me hacen jurar, entonces no podré evitarlo, tendré que contarles la verdad, porque mentir sería pecado». Y el agente se marchó a informar inmediatamente a sus superiores de la conversación habida con Purishkiévich.

Por fin todo había terminado: el cuerpo de Rasputín yacía junto al comedor envuelto en ropas pesadas y atado con una cuerda. Para entonces, como Félix y Purishkiévich observaron, el gran duque Dimitri Pávlovich había regresado con su automóvil de su infructuoso recado. Se prepararon para llevarse el cadáver de allí. Estaba a punto de amanecer. Tenían que apresurarse. Así pues, decidieron dejar a Félix «en manos de sus sirvientes con la recomendación de que le ayudasen a lavarse y a cambiarse de ropa».

Condujeron a través de la oscuridad de Petrogrado. La iluminación era muy deficiente, y

la carretera estaba en un estado deplorable ... y el cuerpo no dejaba de dar saltos, a pesar de que un soldado iba sentado encima. Finalmente, apareció ante nuestros ojos el puente desde el que debíamos arrojar el cuerpo de Rasputín a través de un agujero en el hielo. Estaba fuera de la ciudad, y Dimitri Pávlovich [que era quien conducía] disminuyó la marcha y se detuvo junto a la barandilla ... y durante unos instantes la garita del centinela al otro extremo del puente se iluminó. El motor seguía en marcha.

(Sucedió todo igual que en la ejecución de los Romanov: la sangre y los cadáveres trasladados secretamente, y el recuerdo del regicida Yurovsky del sonido del motor en marcha.) Sin mediar palabra, los cuatro hombres —el soldado, el teniente, Lazavert y Purishkiévich— «tras balancear hacia atrás y hacia adelante el cadáver, lo lanzaron con fuerza al agujero que había en el hielo, pero olvidaron atarle unos pesos con cadenas». Entretanto, como asegura Purishkiévich en su relato, Dimitri Pávlovich «estaba de pie mirando» delante del coche. «La mano del joven aristócrata no debe tocar el cuerpo criminal.» Buscando en el coche, encontraron una de las botas de Rasputín, y también la arrojaron desde el puente. A continuación rehicieron el camino. «En el trayecto de regreso ... el motor se calaba constantemente, y el doctor Lazavert bajaba cada vez y ajustaba el cable de las bujías. La última reparación fue delante de la fortaleza de Pedro y Pablo.»

En 1919 el padre de Dimitri Pávlovich, el gran duque Pablo, sería ejecutado en aquella misma fortaleza.

Por último, llegaron al palacio de la gran duquesa Isabel Fiódorovna, donde residía entonces el gran duque (recordemos que la propia gran duquesa se había marchado justo antes del asesinato a rezar a un monasterio en Sarov). Después, los otros tres —el teniente Sujotin, Lazavert y Purishkiévich— tomaron un taxi tirado por caballos (más adecuado que el coche del gran duque) y partieron hacia la estación de Varsovia, donde les aguardaba el tren hospital de Purishkiévich. Eran las 5.00 de la mañana. Aquel mismo día, un poco más tarde, Purishkiévich envió un telegrama a Moscú dirigido a Maklakov: «¿Cuándo llegas?», que significaba que ya habían matado a Rasputín.

La conmoción empezó la tarde siguiente. A las 5.00 el teniente Sujotin fue a ver a Purishkiévich al tren hospital para pedirle que visitase de inmediato al gran duque Dimitri en su palacio. Allí se encontró a Yusúpov y al gran duque. Ambos, «nerviosos, bebían coñac y una taza de café tras otra». Le informaron de que «Alejandra Fiódorovna ya ha sido alertada de la desaparición y muerte de Rasputín y le han dado nuestros nombres acusándonos del crimen». «Por culpa de aquel reptil», declaró Yusúpov, «tuve que matar a uno de mis mejores perros y colocarlo ahí fuera sobre la nieve manchada de sangre.»

Allí mismo, en el palacio, Yusúpov y el gran duque redactaron la carta de Yusúpov a la emperatriz, en la que le aseguraba que ni él ni el gran duque habían tenido nada que ver con la muerte de Rasputín. Una vez puesta por escrito su mentira, «se sintieron incómodos el uno con el otro». Pero tenían que seguir adelante.

Después de idear una historia para la emperatriz, se vieron obligados a inventarse otra para la sociedad, por si acaso tenían que confesar. Decidieron evitar la mentira en la medida de lo posible, y se prometieron el uno al otro guardar silencio al respecto. (Igual que los asesinos de la familia real se prometieron unos a otros guardar silencio.) Y enseguida rompieron aquellos juramentos. (Como también hicieron los otros.)

A las 8.00 de la noche del 17 de diciembre el tren de Purishkiévich salía de Petrogrado. Éste se pasó la noche entera escribiendo sobre el asesinato «para la posteridad». Yusúpov hizo exactamente lo mismo, pero en distintas obras y sólo después de haber emigrado.

En 1997, en París, Marina Grey, hija del líder blanco, el general Denikin, me dio varios recortes de periódico que había encontrado en el archivo de su madre. Eran de una entrevista al gran duque Dimitri relativa a la publicación del libro de Félix Yusúpov. En dicha entrevista, publicada en el periódico *Matin* del 19 de julio de 1928, el gran duque decía:

> perpetramos el asesinato en un arrebato de locura patriótica ... Prometimos no volver a hablar nunca más de aquel asunto ... Yusúpov no actuó correctamente publicando este libro. Hice todo lo posible por evitar que llevase a cabo su propósito, pero no lo conseguí. Aquello puso fin a nuestra amistad. Desde hace cinco años no hemos vuelto a vernos.

Otro recorte de un periódico ruso publicado en París: «Ni una sola persona, incluyendo los miembros de mi propia familia, me ha oído una palabra acerca de los sucesos de aquella terrible noche ... La misma fuerza que me impulsó a cometer el crimen me ha impedido y me impide ahora desvelar aquel asunto». Para el gran duque resultaba odioso perpetuar la mentira que habían urdido entre todos. Sin embargo, Purishkiévich y Yusúpov se aferraron ciegamente a ella en sus memorias.

En mi opinión, todo aquel relato no era más que una fábula urdida por sus partícipes con un propósito muy definido.

15

LA VERDAD SOBRE
LA «NOCHE DE LA PESADILLA»

CHERCHEZ LA FEMME

LOS ASESINOS INTRODUJERON LAS INVENCIONES, al inicio de su versión de la historia. Por nobles consideraciones, Purishkiévich decidió ocultar la identidad de la esposa de Félix, Irina, tras el nombre de «condesa N.» (no era apropiado que la sobrina del zar sirviese de señuelo para el campesino). Pero las nobles consideraciones fueron todavía más lejos. Purishkiévich y Yusúpov aseguraron que no había ninguna mujer entre los que se encontraban reunidos, en el palacio Yusúpov, la noche del crimen.

Sin embargo, la presencia de mujeres era sencillamente esencial. Cuando Irina se negó a tomar parte en el complot, se vieron obligados a inventar su presencia en la casa: lo hicieron de forma harto convincente. Todo estaba pensado para crear la impresión de que Irina estaba disfrutando de una velada con unos invitados que se habían presentado de improviso, desde el gramófono hasta las pastas que sus convidados, asustados: habían abandonado. No obstante, parece que por algún motivo se les olvidó lo más importante: su voz. La voz de mujer que presumiblemente tenía que oírse desde abajo. Evidentemente, no se les ocurrió invitar a ninguna otra mujer para representar el papel de Irina. Pero, a pesar de todo, tenía que haber una voz femenina que viniera de arriba, puesto que Yusúpov y Rasputín oyeron «voces distantes procedentes de arriba». «Al entrar en la casa con Rasputín», recordaba Félix, «oí las voces de mis amigos.» Más tarde, cuando estaban sentados en el «comedor», «el ruido de arriba era cada vez más fuerte», escribió Félix.

«¿Qué es todo ese jaleo?», le preguntó Rasputín. El astuto Rasputín, que había oído el «rumor de voces», habría sospechado algo si no hubiera habido voces de mujer en el murmullo. Y no sospechó nada. Ni siquiera durante las más de dos horas de espera. Y eso sólo es posible habiendo oído una voz de mujer procedente del piso superior.

«MALANYA TAMBIÉN PARTICIPA»

Por supuesto, los asesinos no pudieron pasar por alto el organizar la participación de mujeres. Por algo le dijo Félix a Irina, cuando estaban haciendo los preparativos para el asesinato: «Malanya también participa». Tampoco es de extrañar que la policía tuviera información de la presencia de mujeres, aquella noche. Tsarskoe Selo poseía esta misma información. En sociedad se hablaba de esto. La actriz Vera Leonidovna Yureneva habló de cierta bailarina, amante del gran duque Dimitri Pávlovich. Como ya hemos podido comprobar, el futuro enamorado de Coco Chanel era liberal en asuntos del corazón.

Me resultó fácil encontrar el nombre de la bailarina en el expediente del caso en el Departamento de Policía. En él constan varios informes sobre Vera Karalli, a quien la policía consideraba sospechosa de haber colaborado la noche del crimen. «Vera Karalli, bailarina de la compañía de ballet de los Teatros Imperiales, veintisiete años. Durante sus estancias en la capital solía recibir la visita del gran duque Dimitri Pávlovich», escribió un agente. Asimismo, Simánovich, que acudió a la comisaría del canal del Moïka el 17 de diciembre con el obispo Isidor, insistió en la presencia de Vera Karalli en el palacio Yusúpov la noche del crimen. Sin embargo, tras investigar este particular, los agentes de la Sección de Seguridad informaron de que «no había señal alguna de su ausencia [del hotel]». «No había señal alguna de su ausencia.» Por supuesto, éste era el motivo principal de todos aquellos astutos «ensayos»: la ingeniosa sustitución de Vera Karalli, en el hotel, por otra mujer, la noche del asesinato para proporcionarle una «coartada»; no es muy complicado.

Pero, por lo que parece, Vera Karalli no era la mujer que aquella noche se encontraba en el palacio Yusúpov. En Tsarskoe Selo sabían de la participación de una dama mucho más importante. Vyrubova la nombra directamente: Marianna Derfelden, de soltera Pistolkors, hija de Olga, la esposa del gran duque Pablo, habida en su primer matrimonio y hermana de Alexander Pistolkors. Aunque su hermano y su esposa se contaban entre los más fervientes devotos de Rasputín, Marianna estaba de parte de Dimitri. Odiaba al campesino por la servil devoción de su débil hermano y por la deshonra de su esposa, sobre la que circulaban los más vergonzosos rumores por sus relaciones con Rasputín. Las pruebas de que disponía la policía en contra de Marianna eran tan graves que fue arrestada, ¡ella, la hijastra de un gran duque!

¡Pero en qué terminó aquel arresto! Como recordaba su madre:

> Cuando llegamos al número 8 de la plaza del Teatro, donde vivía Marianna, dos soldados nos detuvieron y sólo nos dejaron pasar al decirles nuestros nombres. ¡La flor y nata de la alta sociedad se había congregado en casa de Marianna! Unas damas a las que apenas conocía llegaron para expresarle sus sinceras simpatías. Los oficiales se acercaban para besarle la mano.

Fue entonces cuando se puso freno en aquel caso de asesinato. Al zar no le agradaban todas aquellas muestras públicas de afecto por los autores del crimen. Además, el gran duque Pablo se tomó muy mal la implicación de su hijo, por lo que el zar no quiso causar más dolor a su achacoso tío con la prolongación del arresto de su hijastra.

Se llamaba Marianna, pero sus sarcásticos amigos modificaron, en broma, aquel nombre francés transformándolo en el sencillo nombre campesino «Malanya». Hubo mujeres allí. Pero, para protegerlas de la policía y preservar su honor, los partícipes no las identificaron.

¿ESTABAN ENVENENADAS LAS PASTAS?

El relato de Purishkiévich y de Yusúpov acerca de lo que ocurrió estaba matizado por nobles consideraciones también en otros aspectos. Ésta es la parte más interesante y misteriosa: ¿qué sucedió en realidad entre Félix y Rasputín en aquel «comedor» del acogedor sótano?

Y, sobre todo, ¿qué era toda aquella misteriosa historia del veneno?

«Protopópov me informó», testificó Beletsky, «de que Rasputín todavía estaba vivo cuando arrojaron su cuerpo en el agujero del hielo. Se puso de manifiesto en la autopsia.»

Primero lo envenenaron, pero seguía vivo. A continuación le dispararon, pero seguía vivo. La historia de un diablo. Félix hace hincapié en eso varias veces: «su diabólica maldad», «echaba espuma por la boca», todo eso se repite en las memorias de Yusúpov.

Pero el gran duque Nicolai Mijáilovich, aquel «volteriano» que no daba demasiado crédito a los demonios, escribiría en su diario: «El hecho de que el cianuro potásico no surtiera efecto se explica fácilmente ... pues lo he utilizado varias veces en el pasado, para envenenar insectos. La solución era demasiado floja». Es posible que tuviera razón en esto: con las prisas y los nervios, prepararon una solución demasiado débil para los vasos de vino. Pero aún quedaba el veneno que «habían desmenuzado e introducido en los pastelillos»: suficiente para matar a un buey. ¿Significa esto que Rasputín era realmente un superhombre? En este caso, ¿cómo es posible que se comportase como una persona normal cuando resultó gravemente herido y, en cambio, estuvo a punto de morir después de que la inexperta Guseva le apuñalase una sola vez con un cuchillo en 1914, con su débil mano de mujer? Su hija Matryona se hace la misma pregunta en sus memorias. Y nos brinda una explicación.

Rasputín no pudo haber comido ninguno de los pastelitos envenenados. Seguía una dieta especial. Su hija asegura: «Padre nunca comía dulces, carne ni pastas». Esto queda confirmado por las numerosas descripciones que tenemos de él. Simánovich escribe que Rasputín no comía dulces. Beletsky y Jvostóv en su testimonio afirman que Rasputín seguía una dieta estricta. Según explicó su amigo Filipov, Rasputín relacionaba aquella dieta con sus habilidades como sanador: pescado y evitar los dulces. Ni siquiera estando borracho se saltaba aquella dieta. Aunque sus devotas le ofrecieran cajas de caramelos, él nunca los comía. Konstantin Chijachev, vicepresidente de la Cámara Judicial de Saratov, habló de esto en el Expediente, como bien recordaremos: «En el compartimento había cajas de golosinas, que él compartía con los demás pero que no tocaba, diciendo con vulgaridad que ¡él no comía aquella "mierda"!». «Mierda», así llamaba él a los dulces. Y el propio Félix escribió: «Al cabo de un rato, le pasé la bandeja con las pastitas envenenadas. Al principio las rechazó, "no quiero ninguna, son demasiado dulces"».

Pero, luego, Félix asegura que se las comió. ¿Cómo es posible que consintiese en hacer algo que nunca hacía? ¿Y por qué motivo tenía que hacerlo? No, no pudo haber comido las pastas. La hija de Rasputín tenía razón: era otra mentira. Sólo bebió el veneno disuelto en el vino, que probablemente era demasiado flojo. Félix se inventó después la historia de las pastas como parte de una fábula sobre un diablo al que habían vencido heroicamente personas normales y corrientes.

Así pues, Rasputín nunca comió los pastelillos. Obviamente, tampoco bebió demasiado. ¿Qué ocurrió entonces en la habitación donde Rasputín, según el relato del propio Félix, pasó más de dos horas? ¿O, como el meticuloso historiador, el gran duque Nicolai Mijáilovich, escribiría en su diario, «alrededor de tres horas»? Y ¿por qué se olvidó del motivo de su visita? O, para ser más exactos, se olvidó de todo, pues es la única explicación que podemos encontrar para que el habitualmente impaciente y nervioso Rasputín esperase casi tres horas a que apareciese Irina. Es casi imposible que Félix consiguiese, sólo con sus baladas, hacerle olvidar el motivo de su visita: adormecer por completo su intuición.

UNA VERSIÓN ERÓTICA

Es posible que Félix, aquella criatura del siglo, exquisitamente corrupta, estuviese excitado por el sentido del peligro y el inminente derramamiento de sangre. Y que en el comedor se produjera un encuentro de aquellos en los que la imaginación del gran duque Nicolai Mijáilovich tanto se deleitaba. Por esta razón, Rasputín había esperado pacientemente tanto tiempo a que Irina apareciese y le ofreciese la continuación de aquel extraordinario interludio que también había cautivado a Félix. Y sólo «cuando arriba expresaron su impaciencia» se vio Félix obligado a entrar en acción. Subió e informó a sus secuaces de que Rasputín no tomaba ni pastas ni vino. Tras conseguir la pistola del gran duque, volvió a bajar al comedor del sótano. Después de todo lo que había pasado entre ellos, no se percató, Rasputín, de la pistola que Félix tenía en la mano; su intuición estaba adormecida; consiguió Félix dispararle. Pero, Félix no era ningún asesino. Él, que odiaba el servicio militar, no era, obviamente, el mejor de los tiradores. ¡Y además estaba nervioso! Por lo tanto, lo único que hizo fue herir de gravedad a Rasputín. Por desgracia, el informe de la autopsia del cuerpo de Rasputín desapareció después de la Revolución. Pero una cosa es indiscutible: Félix no le mató en aquel momento. Rasputín sólo estaba inconsciente. Los asesinos únicamente le causaron la agonía y un aparente paro en el pulso. (Los regicidas también establecerían la muerte de toda la familia real en el sótano de la casa Ipatiev exactamente del mismo modo: tomándoles el pulso. Y después las grandes duquesas empezarían a revivir.) ¡Pero Rasputín revivió! O, mejor dicho, simplemente recuperó la conciencia.

Como más tarde escribiría Nicolai Mijáilovich, haciéndose eco de las palabras de Félix, tras recuperar la conciencia, Rasputín «le arrancó la charretera». ¡Pues Félix no era merecedor de las charreteras de un oficial! ¡Félix, «el Pequeño», que le había engañado dándole amor! Por este motivo, a modo de reproche, el campesino burlado había gritado con familiaridad: «¡Félix, Félix!». Por esto, Félix no podría olvidar aquel grito ni perdonar aquellas palabras. Y por esto tuvo lugar aquella terrible escena en la que Félix comenzó de repente a golpear al moribundo Rasputín con la barra de la pesa. Repitiendo sin cesar, ¡«Félix, Félix», las palabras con las que el humilde campesino se había atrevido a denunciarle, a él, a un noble! El campesino que le había arrancado la charretera.

Una versión realista

No obstante, la versión más plausible de lo ocurrido es mucho más aburrida. Muy probablemente, todo sucedió con gran rapidez. Cuando Rasputín rehusó comer los pastelillos y beber vino, Félix salió de la sala para averiguar cuándo se marcharían los invitados. Tras deliberar con los demás asesinos, sugirió matarlo de un disparo. Entonces regresó con la pistola y disparó al momento. Al oír el ruido, los otros bajaron a toda prisa. Después al decidir que Rasputín estaba muerto subieron de nuevo a celebrar el éxito de su misión: la liberación del peligroso campesino. Todas las consideraciones de que ni el veneno ni el vino le habían afectado las inventaron con posterioridad al hecho, como prueba de lo que Félix escribiría: «Hay que recordar que nos enfrentábamos a una persona extraordinaria». ¡Habían derrotado al hombre diablo!

Tomaron una copa arriba mientras esperaban a que la ciudad estuviese en silencio y las calles completamente vacías para poder sacar el cadáver sin testigos. Durante el intervalo Rasputín recuperó sus fuerzas y recobró la conciencia. Y tal como ya había hecho antes cuando Guseva lo apuñaló, el campesino trató de salvarse, huyendo. Pero, tal como aseguran Félix y Purishkiévich, fue abatido justo al lado de la verja por el propio Purishkiévich.

Pero, esta afirmación es la tercera y la más grande de las invenciones.

¿QUIÉN LE MATÓ?

Mientras filmaba mi programa de televisión en el palacio Yusúpov, seguí los pasos que recorrió el malherido Rasputín por la empinada escalera. Salí al exterior por la misma puerta por la que él había intentado escapar.

Mirando a mi alrededor, pude imaginar a Rasputín huyendo a través de aquel recinto sin cerca junto a la casa. Purishkiévich corriendo tras el gravemente herido Rasputín y fallando los disparos a una distancia efectiva de dos o tres pasos: cosa que resulta perfectamente comprensible puesto que Purishkiévich era un civil, un historiador y filólogo, que trabajaba en la oficina de dirección del Ministerio de Interior. ¡Cuando en sus memorias quiera demostrar que era un buen tirador, lo único que puede decir es que «disparó bien a —»!

Y tendrá que demostrarlo. Porque después de los primeros disparos desesperados a Rasputín, que no estaba demasiado lejos del tirador (Purishkiévich justifica los fallos por el nerviosismo), siguieron dos tiros maestros cuando el campesino estaba ya lejos, junto a la verja. Uno «en la espalda», como escribe Purishkiévich. Y el segundo, con certera puntería, en la cabeza. No, el nerviosismo no tuvo nada que ver en todo aquello. Fue simplemente que los otros dos disparos fueron distintos, como si procediesen de un tirador completamente diferente: excelente y con sangre fría. Así pues, ¿quién de entre los cómplices se ajusta a este tipo de tirador? El gran duque Dimitri Pávlovich. Un brillante oficial de la guardia, un atleta y un antiguo competidor en los Juegos Olímpicos. Él le había dado a Félix el revólver con el que disparó a Rasputín. Por algo había acudido Dimitri a la cita con una pistola. Porque si alguien tenía razones personales para acabar con el campesino, ése era Dimitri. Fue Rasputín quien provocó la ruptura de su compromiso; contó aquellas calumnias e historias difamatorias sobre él y su prometida; destrozó la familia real en la que Dimitri se había criado; causó el cisma en la gran familia Romanov, sin mencionar el de su familia más cercana, la de su padre. No sin motivo, la mujer que no se convirtió en su esposa, la hija del zar, la gran duquesa Olga, pensó inmediatamente en todo esto. Y antes de que dieran comienzo las investigaciones oficiales escribió en su diario: «18 de diciembre ... hemos sabido por fin que el padre Grigori ha sido asesinado, tiene que haber sido Dimitri».

EL GRAN DUQUE Y EL ASESINATO

Tal como Yusúpov y Purishkiévich aseguraron, el gran duque no estaba en el palacio a la hora del crimen. Había salido a cumplir con aquel extraño y frustrado encargo de incinerar el abrigo de pieles de Rasputín. Y regresó en automóvil sólo cuando Rasputín ya estaba muerto.

Eso es lo que dijeron. Pero ambos mentían. Y es fácil demostrarlo.

Según el testimonio de los dos agentes, Vlasyuk y Efimov, después de que sonaron los disparos empezaron a vigilar el palacio Yusúpov, y ningún coche se *acercó* a la casa. No ver un automóvil en aquella calle tan absolutamente vacía habría sido imposible.

Lo único que observaron fue un coche que *salía* de la casa después de los disparos (el que transportaba el cadáver de Rasputín). La descripción de este mismo incidente (basado en las palabras de los agentes) se repite en numerosas memorias. Como escribió el general Globachyov, jefe de la Sección de Seguridad, en un telegrama codificado del 18 de diciembre, «sonaron varios disparos, se oyó un grito humano, y al rato salió un coche».

Así pues, después del asesinato ningún automóvil se acercó a palacio. Sin embargo, el gran duque estaba allí.

¿Cómo es posible? Porque nunca se fue. Estuvo en el palacio todo el rato. Se encontraba allí en el instante en que Rasputín fue asesinado. Y se marchó con todos los demás después de cometer el crimen.

Por consiguiente, el gran duque estaba en el palacio a la hora del asesinato; por esto, Purishkiévich y Yusúpov se vieron obligados a inventar aquella historia ridícula sobre Dimitri y la incineración del abrigo de pieles.

Entonces ¿qué sucedió exactamente?

El instante del asesinato (una reconstrucción)

En el primer testimonio de Félix, prestado inmediatamente después del asesinato, encontramos, en mi opinión, los vestigios de la verdad. Tras el disparo de Félix con la pistola de Dimitri, el gran duque, según Félix, volvió a coger la pistola. Después, dejaron a «Rasputín muerto» en el sótano y celebraron el acontecimiento arriba, esperando al silencio de la noche para poder llevarse el cuerpo. Pero primero había que sacar de la casa a las dos mujeres que estaban allí. Como afirmó Félix honestamente al ministro de Justicia, Makarov: «Alrededor de las 2-2.30 de la madrugada todavía quedaban dos damas y el gran duque Dimitri Pávlovich se marchó con ellas».

Al parecer, el gran duque estaba a punto de acompañarlas a casa en su automóvil cuando se produjo la monstruosa escena de la «resurrección» de Rasputín, en el momento en que Félix acudió al sótano. Loco de terror, Félix subió a toda prisa las escalera gritando: «¡Dispara! ¡Se está escapando!».

Purishkiévich estaba solo en el despacho. Cogió su pesado revólver savage y salió corriendo en pos de Rasputín. Al llegar al patio, Purishkiévich disparó dos veces y falló. Pero Dimitri ya se encontraba allí con las damas. El gran duque disparó dos veces con su browning. El primer disparo detuvo a Rasputín; el segundo, en la parte posterior de la cabeza, lo tumbó en la acuosa nieve. Una de las damas chilló aterrorizada. De ahí el grito de mujer que oyó el agente Efimov. Obviamente, hubo que aplazar la salida de las damas, y el cuerpo de Rasputín fue arrastrado rápidamente fuera del patio. Al oír los disparos, Félix se enfrentó a la situación y llamó al mayordomo para que le acompañase al patio, porque comprendió que las detonaciones habrían alertado a los agentes. Habría que dar explicaciones. Y quería que lo hiciese el mayordomo. Entonces apareció por allí el agente Vlasyuk. La tranquilidad de Félix engañó al policía. Pero le tocó pagar un alto precio por aquella tranquilidad. Y la escalofriante escena en la que Félix golpeó con saña al moribundo campesino se produjo justo después de que Vlasyuk se marchase. A pesar de todo, los asesinos comprendieron que el agente sospechaba algo. Y presumiblemente debatieron el tema. No olvidemos que estaban borrachos. A continuación, Purishkiévich, el principal experto entre los presentes en talante nacional, dio con la estrafalaria idea de contarle al agente toda la verdad. ¡Estaba convencido de que, como el resto del país, el policía tenía que odiar a Rasputín! Aquella verdad fue la perdición de todo aquel complot.

Después de darle toda clase de explicaciones al agente, se llevaron a toda prisa el cuerpo de Rasputín. O, para ser más exactos, se llevaron a Rasputín todavía con vida. Nunca antes habían intentado matar a una persona indefensa. Por lo tanto, no le habían vuelto a disparar «para asegurarse». Y Rasputín todavía respiraba. Con toda probablidad las mujeres se marcharon del palacio aquella mañana mucho más tarde.

Pero ¿qué necesidad tenía Purishkiévich (y después Yusúpov) de inventarse la historia de que había sido él quien había matado a Rasputín? Muy sencillo, porque quería poder decir (y decirlo tantas veces y tan insistentemente resultaba sospechoso) que «las manos del joven de la realeza» no se habían «manchado de ... sangre». Aunque aquí lo esencial no era solamente que ser un asesino no era digno de un gran duque. Había también un factor político. En caso de un golpe de Estado, Dimitri, el joven militar, favorito de la guardia y organizador de la liberación de la ignominia de Rasputín (pero no el asesino ejecutor), podría ser un auténtico pretendiente al trono. Sin embargo, como asesino del campesino le sería mucho más difícil convertirse en zar. Y para que al gran duque le resultase más fácil mentir, le hicieron jurar que repetiría su historia: «no hay sangre en mis manos». Si las tomamos al pie de la letra, aquellas palabras eran la verdad. La sangre estaba sólo en las manos de aquellos que habían tocado el ensangrentado cuerpo del campesino.

En la madrugada del 18 de diciembre, el tren de Purishkiévich estaba ya muy lejos de Petrogrado. Y después de haber pasado toda la noche despierto, escribió: «todavía está oscuro, pero presiento que está a punto de despuntar la luz del día. No puedo dormir. Pienso en el futuro ... qué tierra tan grandiosa es ésta ... a la que llamo Madre Patria».

Quedaban poco más de dos meses para la Revolución.

El 18 de diciembre la investigación proseguía a la expectativa de la llegada del zar a Petrogrado.

El telegrama de Alix a Nicky el 18 de diciembre: «He ordenado en tu nombre que se le prohiba a Dimitri abandonar su casa hasta tu regreso. Quería verme hoy, pero me negué. Está implicado hasta el cuello. Todavía no han encontrado el cuerpo».

El telegrama de Nicky a Alix el 18 de diciembre: «Acabo de leer tu telegrama. Estoy horrorizado y trastornado. Estoy contigo en mis pensamientos y plegarias. Llego mañana a las 5.00».

No obstante, Olga, esposa del gran duque Pablo Alexandrovich, registró el relato de su marido que acababa de regresar del Cuartel General:

> Tomó el té con el soberano y se quedó asombrado por la serenidad y dicha que expresaba su semblante. Por primera vez en mucho tiempo, el zar estaba animado ... Amaba demasiado a su mujer para ir en contra de sus deseos, pero ahora el soberano se sentía feliz de que el destino le hubiera liberado de la necesidad de tener que tomar medidas al respecto.

No, como siempre, Nicky había sido reservado acerca de sus sentimientos. Se sentía verdaderamente «horrorizado y trastornado». En su diario calificaría de «monstruos» a los asesinos.

EL HALLAZGO DEL CADÁVER

Temprano, la mañana del 19 de diciembre encontraron un cadáver flotando en el Neva, cerca del puente del Gran Petrovsky. Había salido a flote y ofrecía un aspecto tremebundo: las manos, que bajo el agua habían estado forcejeando para desatarse, estaban levantadas. Era evidente, aquel hombre tan imponente, que en el coche todavía respiraba, había fingido su muerte con la esperanza de poder liberarse de sus ataduras en el agua. Pero su fuerza humana le había fallado. Se ha conservado una fotografía: el cadáver acaba de ser sacado del agua y colocado sobre una especie de trineo. A su alrededor se observa la blanca extensión del río congelado.

El cadáver fue trasladado en automóvil a la Academia de Medicina Militar. Circuló por toda la ciudad amenazándola con las manos levantadas y tiesas. Por la noche, antes de que se le practicase la autopsia, la zarina y las hijas de Rasputín acudieron a ver el cuerpo. Cuando Alix vio aquellas manos alzadas a guisa de amenaza, un sentimiento de inevitable catástrofe se apoderó de ella.

Se desvaneció. El «gabinete ministerial de Tsarskoe Selo» había dejado de existir. Ahora ya no podría confiar en sus consejos ni en sus predicciones.

La noche del 20 de diciembre el profesor Kosorotov del Departamento de Medicina Forense de la Academia de Medicina Militar le practicó la necropsia y embalsamó sus restos. Le extrajo el corazón y lo depositó en una vasija especial. El informe de la autopsia se conservó en aquel lugar durante mucho tiempo. Pero en los años treinta desapareció. Lo único que quedó fueron las fotografías policiales del cuerpo desnudo con los agujeros de bala.

Tras la autopsia, el obispo Isidor obtuvo permiso para celebrar una misa de réquiem. A continuación, el cadáver de Rasputín fue transportado en un camión con una escolta de policías de paisano hasta la catedral de Feodorov, en Tsarskoe Selo. El funeral tuvo lugar el 21 de diciembre.

LA VERDAD SOBRE EL ENTIERRO SECRETO

El funeral secreto (al igual que después el entierro secreto de la familia real) está salpicado de rumores y leyendas.

El Expediente contiene las únicas descripciones del funeral de boca de testigos oculares.

Del testimonio del ordenanza sanitario A. Zhuk:

> Vyrubova me dijo que fuera a su casa por la mañana a las ocho y media ... Vyrubova acudió en carruaje a la nueva iglesia que estaba construyendo. Durante el viaje me dijo que el padre Grigori iba a ser enterrado allí. El día antes había oído algo al respecto por parte del arquitecto Yakovlev, que me dijo que la propia zarina había elegido el sitio ... Cuando llegamos al lugar, encontramos la tumba ya cavada y un ataúd en su interior. Estaba en el centro de la iglesia, en la parte izquierda de la nave. Allí nos encontramos con el confesor de Sus Majestades, el padre Alexander Vasiliev, el sacerdote de la enfermería, el arquitecto Yakovlev, un sacristán, el coronel Maltsev, que estaba al mando de la construcción [del santuario de Serafimov], y Laptinskaya.
>
> Ésta última nos dijo cómo yacía Rasputín y qué ropa llevaba puesta, y dijo que ella misma había traído el ataúd en el coche por la noche. Vyrubova preguntó: «¿Se puede abrir el ataúd?». Pero Laptinskaya y Yakovlev respondieron que no era posible. Unos diez minutos después de nuestra llegada a la tumba, se acercó un coche en el que viajaba el zar, la zarina, y los

niños. A eso de las nueve, el entierro había concluido. Agentes de la Sección de Seguridad, que hasta entonces habían estado apostados en el bosque, cubrieron la tumba.

Naturalmente, la Segunda Amiga de la zarina también fue a despedir a Nuestro Amigo en su último viaje. Como testificó la doncella de Vyrubova, Feodosia Voino: «Dehn iba conmigo».
El Expediente, del testimonio de Yulia Dehn:

> Cuando me enteré de la muerte de Rasputín, me dirigí a Tsarskoe Selo, pasé allí la noche y estuve presente cuando el cuerpo de Rasputín fue entregado a la tierra ... Llegué junto con la familia real ... el coronel Loman nos observaba desde los matorrales. No abrieron el ataúd ... El soberano y la emperatriz estaban anonadados por lo sucedido. Pero la emperatriz tuvo una enorme fuerza de voluntad y consolaba a Vyrubova, que lloraba sin cesar.

El que «observaba desde los matorrales» también describió el funeral.
En el Expediente, de la declaración de Loman:

> El entierro fue oficiado por el confesor, padre Alexander Vasiliev, y un monje ordenado de la enfermería de Vyrubova. No hubo coros, sólo cantó Ischenko, el ayudante del diácono de la catedral de Feodorov. El día antes, para que pudiese dar las órdenes pertinentes, el padre Vasiliev me informó de que había recibido la orden de llevar a cabo el entierro del cuerpo de Rasputín, por esto había venido de Petrogrado a pasar la noche a Tsarskoe Selo ... y por la mañana pasaría a recoger al ayudante del diácono, su casulla y otras vestimentas. Al día siguiente, el padre Vasiliev pasó por la catedral, donde yo le estaba esperando, y juntos nos dirigimos al santuario de Serafimov, es decir, al lugar donde debía erigirse la iglesia. En vez de llegar en coche hasta el emplazamiento mismo, el padre Vasiliev fue a pie hasta allí (el ataúd ya estaba en el agujero), mientras yo permanecía al margen. Así, pude verlo todo sin ser visto ... Antes de que llegase la familia real, me acerqué a la tumba y vi un ataúd de metal. En el féretro no había ninguna abertura.

(El testimonio de Vyrubova es exactamente igual. Ninguno de los testigos oculares habla de alguna abertura en el féretro. Pero el mito de una abertura en la tapa del ataúd, practicada supuestamente a petición expresa de la zarina para poder ver el rostro de Rasputín cada vez que fuese a visitarlo a su cripta, aparece en numerosas memorias y escritos.)

«El féretro fue cubierto inmediatamente con tierra, y no había proyecto alguno para la construcción de una cripta», testificó Loman.

En el diario del zar del 21 de diciembre leemos: «A las nueve nos dirigimos al ... campo, donde presenciamos una triste escena: el féretro con el cuerpo del inolvidable Grigori, asesinado la noche del 17 por unos monstruos en casa de Yusúpov, ya estaba en su tumba. El padre A. Vasiliev ofició el servicio, a cuyo término regresamos a casa».

EL CASTIGO DE LOS PRÍNCIPES

A continuación empezaron las represalias. El gran duque pidió ser juzgado por un tribunal militar. Sabía que después de semejante juicio se convertiría en un héroe para toda Rusia. Era preciso de cara al futuro hacer pública la historia que habían maquinado, que la sangre del campesino no había manchado las manos de Dimitri. El zar se dio cuenta de lo que había en juego, y no hubo juicio.

Mientras tanto, los asesinos del campesino estuvieron bajo arresto domiciliario, a la espera de que se decidiesen sus destinos. Durante aquel tiempo, los detalles del crimen se filtraron y salieron de palacio, y un rumor fue tomando cuerpo: que Yusúpov y Purishkiévich fueron los autores del crimen, no Dimitri. La gran duquesa Isabel Fiódorovna escribió a Nicky suplicando el perdón de Félix.

A mi regreso me enteré de que Félix le había matado ... Félix, que no quiso ser militar porque no quería derramar la sangre de ningún ser humano. Me imaginé lo que debió sufrir antes de tomar aquella decisión, traté de evocar cómo, arrastrado por el amor hacia su patria, decidió rescatar al soberano y a su país de alguien que tanto nos había hecho padecer a todos. El crimen debe ser considerado un acto de patriotismo.

Nicolás no respondió a la carta. Pero se tomaron medidas. Félix fue tratado con especial benevolencia. «Al principal culpable, Félix Yusúpov», dijo con gran desconcierto Olga, la madrastra de Dimitri, «tan sólo se le castigó con el exilio al campo. Mientras que al gran duque Dimitri se le ordenó que marchase a Persia.» Lo enviaron a combatir al frente, a un ejército en el campo de batalla con un clima desastroso para la salud. Obviamente, Nicolás no creyó la historia inventada por los asesinos, sino los informes secretos de sus policías. Sabía de sobra quién había matado a Rasputín. La familia imperial al completo se sintió ultrajada por la decisión del zar: «Yo misma redacté el texto de la petición», recordaba la madrastra de Dimitri. «El exilio nos parecía la máxima crueldad. La petición fue firmada por todos los miembros de la familia imperial.»

Aquella petición se ha conservado en el archivo con la respuesta del zar adjunta: «Nadie tiene derecho a cometer un crimen. Sé que las conciencias de muchos no están limpias, puesto que Dimitri Pávlovich no es el único implicado en este asunto. Me sorprende que hayáis apelado a mí». Y el gran duque, su favorito, fue enviado a Persia, a pesar de las súplicas.

Sostuve en mis manos aquella carta de la familia Romanov con sus numerosas firmas. Muchos de los firmantes de aquel documento perecerían atrapados por sorpresa en la Revolución. Pero Dimitri sobrevivió intacto, gracias al cruel exilio del que todos suplicaban que fuese liberado.

Una vez en Persia, Dimitri no olvidó a su querido amigo. «Mi muy querido, bien amado y verdadero amigo», escribió a Félix. «Puedo decir, sin miedo a exagerar, ¡mi más querido amigo!»

Félix mantuvo honorable y fielmente la historia que se habían inventado.

Pero, poco después del Año Nuevo, el peligroso Félix escribió una carta a su suegra, Xenia, hermana de Nicolás, una carta extraña que parece referirse a Dimitri:

> 2 de enero ... Me atormenta la idea de que la emperatriz María Fiódo-rovna y vos consideréis un asesino y un criminal a la persona que cometió el crimen. Aunque consideréis que la acción fue justa y también las razones que la motivaron, en el fondo de vuestro corazón debe haber todavía el sentimiento de que quien lo hizo es un asesino. Sabiendo todo lo que aquella persona hizo antes, durante y después, puedo decir con total seguridad que no es ningún asesino, sino un instrumento de la Providencia, que le asistió en la ejecución de su deber ante su madre patria y el zar destruyendo una fuerza perversa y diabólica que había deshonrado a Rusia.

«HAY QUE PONER FIN A … ALEJANDRA FIÓDOROVNA SIN FALTA»

Ocultas en Tsarskoe Selo, la zarina y Vyrubova esperaban que continuase el derramamiento de sangre: la venganza de los grandes duques. ¿Tenían fundamento sus temores? El diario del gran duque Nicolai Mijáilovich contiene una respuesta:

> Todo lo que han hecho [los asesinos de Rasputín] ha sido sin lugar a dudas colocar paños calientes, pues hay que poner fin a Alejandra Fiódorovna y a Protopópov sin falta. Así que ya ves, otra vez me asaltan ideas de asesinato, todavía vagas, pero lógicamente necesarias, porque de lo contrario será peor de lo que era … [lo suficiente] como para que a uno le dé vueltas la cabeza. A la condesa Bobrinskaya, a Misha Shakhovskoy [el príncipe Mijaíl Shakhovskoy] y a mí nos asusta entrar en acción, y hemos hostigado y suplicado, ¿pero cómo? ¿Con quién? ¡Actuar por nuestra cuenta no tendría ningún sentido! Y entretanto el tiempo va pasando, y con su partida y la de Purishkiévich, no encuentro a nadie más capaz de emprender acción alguna. Pero a decir verdad, no soy un esteta ni pertenezco a la calaña de los asesinos. Necesito salir y respirar aire fresco, lo mejor de todo sería una cacería en el bosque, porque aquí vivo en un constante estado de excitación y digo y hago tonterías.

Por lo tanto, era «lógicamente necesario» matar a la zarina de Todas las Rusias. ¡Lo había escrito un gran duque! ¡Que lamentaba no encontrar «a nadie más capaz de emprender acción alguna» después del exilio de los asesinos de Rasputín, que lamentaba no saber «cómo ni con quién» llevarla a cabo!

En las mentes más influyentes fermentaban pensamientos acerca de una nueva conspiración, de un nuevo derramamiento de sangre. No sin motivo fue exiliado Nicolai Mijáilovich a respirar «aire fresco» en su propiedad justo antes del inicio del nuevo año. Y Alix también tenía buenas razones para suplicar al zar que regresase, diciéndole que había encontrado un lugar seguro para la Amiga en palacio.

En su viaje hacia el exilio a principios de año, Nicolai Mijáilovich se encontró en el tren (y seguramente no por casualidad) a dos prominentes miembros de la oposición de la Duma, el monárquico Shulgin (que más tarde aceptaría la dimisión de Nicolás) y el fabricante Tereschenko (que acabaría siendo ministro del Gobierno Provisional después de la Revolución de Febrero). Nicolai Mijáilovich escribió:

Tereschenko está seguro de que dentro de un mes todo se desmoronará y entonces regresaré del exilio. ¡Dios quiera que así sea! Pero qué perversidad anidaba en aquellos dos hombres. ¡Ambos hablaban al unísono de la posibilidad de un regicidio! Qué tiempos estamos viviendo, qué maldición se cierne sobre Rusia.

Tales eran sus pensamientos: el gran duque pensaba en el asesinato de la zarina, los líderes de la Duma en el posible homicidio del zar. Estaba en el aire.

Se anunciaba un baño de sangre. Y se advirtió de ello al zar.

El 10 de febrero, antes de su partida al Cuartel General, el zar recibió al hermano de Nicolai Mijáilovich, el gran duque Alejandro Mijáilovich («Sandro»), un amigo de la infancia y de la juventud. Sandro le dijo: «Los acontecimientos muestran que tus consejeros están resueltos a gobernar Rusia, y esto implica, por consiguiente, tu inevitable destrucción y muerte».

El 22 de febrero el emperador abandonó su querido Tsarskoe Selo por última vez.

«SIEMPRE JUNTOS, NUNCA SOLOS»

Como de costumbre, una carta de Alix aguardaba a Nicky en el tren: «22 de febrero de 1917 ... ¡qué tiempos tan terribles estamos viviendo! y separados todavía resulta más duro, no puedo acariciarte cuando estás cansado y preocupado». Como antes, vivía pendiente de sus encuentros con Nuestro Amigo, sólo que ahora eran encuentros junto a su tumba:

> No puedo hacer otra cosa más que rezar y rezar y Nuestro querido Amigo también reza por ti desde el otro mundo, allí está todavía más cerca de nosotros, aunque anhelo oír su voz de consuelo y aliento ... Que los ángeles santos te guarden, que Cristo esté a tu lado y que la santa Virgen nunca te falte: Nuestro Amigo nos abandonó para [reunirse] con ella.

Ahora acudían a menudo a su tumba: la zarina, la Amiga y las grandes duquesas. Y los muros recién construidos de la iglesia las protegían de las miradas de los extraños.

«26 de febrero de 1917 ... Fuimos a la tumba de Nuestro Amigo. Ahora la iglesia [que se estaba construyendo sobre la sepultura de Rasputín] es tan alta que pude arrodillarme y rezar tranquilamente por todos vosotros sin ser vista por el ordenanza.» Y en su carta del 22 de febrero: «Siente cómo te rodean mis brazos, siente cómo mis labios sellan los tuyos dulcemente: siempre juntos, nunca solos».

La Revolución había empezado ya en Petrogrado. Tal como Nuestro Amigo había profetizado en aquel «serio» telegrama que mandó al zar en 1914.

Y el 2 de marzo de 1917, cuando Petrogrado estaba abarrotado de turbas embravecidas, cuando el palacio de la zarina estaba rodeado de soldados amotinados, cuando el tren con el zar indefenso estaba bloqueado en la estación de Dno y todos los comandantes del ejército exigían su abdicación; cuando Guhkov, al que Alix tanto odiaba, y Shulgin habían abandonado la Duma para recibir la renuncia, mandó a Nicky una carta desde Tsarskoe Selo con una importante posdata: «Para mi tranquilidad, ponte su cruz, aunque te resulte incómoda».

EPÍLOGO

UNA EXCURSIÓN A LA ESCENA DEL CRIMEN

UN NUEVO MUNDO ACABABA DE EMPEZAR. Tras su arresto domiciliario, el zar y la zarina continuaron viviendo en Tsarskoe Selo, donde el «Ciudadano Romanov» desbrozaba a conciencia el jardín, daba paseos por el parque, leía libros a su familia por las noches, y quizá por primera vez era feliz en su fuero interno. En cambio, Alix estaba abatida por la humillación. Más tarde escribiría en una carta cómo se había marchitado y su tez palidecido. La Amiga se hallaba retenida en la fortaleza de Pedro y Pablo, en Petrogrado.

Tal como Tereschenko había vaticinado al gran duque Nicolai Mijáilovich, todo se vino abajo con suma rapidez y el gran duque regresó del exilio. Para entonces los automóviles de los grandes duques habían sido confiscados: a mediados de marzo, Nicolai Mijáilovich se dirigió en coche de caballos al palacio Yusúpov en el canal del Moïka. El historiador había decidido echar una vistazo al lugar del crimen del que tanto le había hablado el joven Yusúpov. Félix e Irina acababan de regresar también del exilio. El asesinato de Rasputín era objeto y disfrute de la atención general. Nicolai Mijáilovich escribió en su diario: «16 de marzo de 1917 ... Irina y Félix están de espléndido humor ... Les visité, [y] examiné a conciencia el lugar de los hechos. Es increíble, pero cenan con toda tranquilidad en aquel mismo comedor». A fin de cuentas, no había sucedido nada especial: sencillamente, un noble había disparado a un campesino insolente. Cuántos otros no habrían sido azotados hasta la muerte en los establos por orden de sus antepasados en la historia de la familia Yusúpov.

GENTE Y DINERO DESAPARECIDOS

En aquellos días, la búsqueda de las riquezas de Rasputín empezó a calentarse. Simánovich echó leña al fuego. Beletsky testificó que Simánovich le había confesado en secreto «que el fallecido había dejado una suculenta suma ... que ascendía a 300.000 rublos».

El «mejor de los judíos» sabía dónde enviarles para buscar los fondos. La Comisión Extraordinaria investigó concienzudamente los bancos en busca del dinero de Rasputín. En el Expediente se han conservado las interminables pesquisas de la Comisión en todos los grandes bancos: la Unión de Bancos Comerciales Provinciales, el Banco del Cáucaso, la Asociación de Crédito Municipal de Petrogrado, el Banco Ruso-Asiático, el Banco de Comerciantes de Moscú, etc. Pero la respuesta de todos aquellos bancos que se conserva en el Expediente es siempre la misma:

> El banco tiene el honor de informar a la Comisión Extraordinaria de que en esta entidad no figuran depósitos, valores, ni cajas de seguridad a nombre de Grigori Yefimovich Rasputín-Novy, ni de su esposa Praskovia Fiódorovna Rasputina-Novaya, ni de sus hijos, Varvara, Matryona y Dimitri Rasputín, ni de su sobrina, Anna Nikolaevna Rasputina.

La riqueza de Rasputín se había desvanecido, evaporado. No dejó ni un solo rublo. La gran duquesa Olga tenía razón cuando en sus memorias escribió: «No dejó absolutamente nada, y la emperatriz les dio dinero a sus huérfanos». Los cientos de miles de rublos que habían pasado por sus manos quedaron en los restaurantes donde solía beber para ahogar su miedo a la muerte. Fueron a parar a los grupos de cíngaros y a los interminables peticionarios y, con frecuencia, a manos de mendigos a quienes entregaba ingentes sumas: cantidades que trataba con desprecio. Por supuesto, parte de dinero quedaba en el tren hospital y en las enfermerías de la zarina y de Vyrubova. Pero, sobre todo, como bien testificó Filipov, se esfumaba en manos de sus secretarios, especialmente en las de Simánovich. Y, por supuesto, en las de la escurridiza

Laptinskaya. Ésta no sólo preparó a Rasputín para su último viaje, sino que dispuso del dinero que había en la casa.

Sin embargo, tan pronto como estalló la Revolución de febrero, Akilina, que conocía todos los secretos de aquella misteriosa persona a quien había seguido siempre desde la capilla bajo el establo hasta el palacio de la emperatriz, se esfumó de Petrogrado, engullida por el caos de la nueva vida. Y «Voskoboiníkova, tan pronto como se enteró de la abdicación, abandonó Tsarskoe Selo al instante», declaró la doncella de Vyrubova, Feodosia Voino. «Voskoboiníkova salió de la enfermería el 3 de marzo y nunca regresó.»

La familia de Rasputín se encontraba en Petrogrado cuando comenzó la Revolución. Su esposa Praskovia regresó a Pokróvskoie para reclamar el derecho a su herencia. El mandato judicial de embargo inventariando la propiedad de Rasputín y ejecutado en su presencia se ha conservado. El inventario es patético. Dimitri regresaría a Pokróvskoie desde el frente tras el golpe bolchevique. Y acto seguido, todos ellos —Praskovia, Dimitri, y Varvara— serían enviados por los bolcheviques al norte, a la ciudad de Salejard. Praskovia moriría allí, al igual que Dimitri, víctima del escorbuto. Varvara regresaría a Pokróvskoie, donde se perdería su pista durante mucho tiempo. Más tarde reaparecería en Leningrado, sólo para morir en el anonimato a principios de los años sesenta.

Pero para compensar todo esto, Matryona, la hija mayor de Grigori y su favorita, demostraría ser digna de su padre. También ella desempeñaría un papel funesto en el destino de la familia real.

La vida después de la muerte

Tras su arresto en Tsarskoe Selo, Alix no podía ir a visitar su tumba. Pero ahora Nuestro Amigo podía visitarla en sus sueños. Uno de éstos resultó aterrador.

Ella se encontraba de pie en el Salón Malaquita del palacio de Invierno. Y él se le apareció junto a la ventana. Su cuerpo estaba cubierto de espantosas heridas. «Te quemarán en la hoguera», gritó, y la habitación entera ardió presa de las llamas. Él le hizo señas para que corriera, y ella se precipitó hacia él. Pero era demasiado tarde, la sala estaba en llamas. Se despertó sofocando un grito.

601

Ahora aguardaba lo inevitable presa del pánico. Y llegó. El capitán Klimov y su destacamento de soldados estacionado en Tsarskoe Selo consiguió abrir la tumba de Nuestro Amigo. Todos los periódicos escribieron sobre la tumba descubierta bajo el altar de la capilla en construcción. Los soldados, ávidos de joyas, abrieron inmediatamente la tapa del ataúd. No había joyas de ninguna clase, pero encontraron un pequeño icono de madera sin marco. En el reverso, la zarina, sus hijas y la Amiga habían firmado sus nombres con tinta indeleble. ¡Cuánto desprecio y cuánta maldicencia en los periódicos! ¡Poner un icono en una tumba, y sobre todo en la de aquel disoluto! Se habló de sacrilegio. De hecho, como el Expediente pone de manifiesto, no fue la zarina quien lo colocó allí. La amiga de la zarina, Yulia Dehn, testificó que «El icono con las firmas del que tanto se escribió le fue entregado a Rasputín en vida, y Laptinskaya, que lavó y vistió el cuerpo de Rasputín, por iniciativa propia, puso el icono en su féretro».

El pequeño icono fue enviado al sóviet de Petrogrado. Aquel mismo año, la revista *Una pequeña luz* publicó una fotografía del mismo:

> En el anverso hay una pequeña imagen de «La Madre de Dios». En el reverso están las firmas de Alejandra, Olga, Tatiana, María y Anastasia. Una debajo de otra. En un extremo debajo de las firmas hay una inscripción de Vyrubova: «11 de diciembre de 1916. Novgorod. Anna».

Sacaron el féretro de la tumba. Cubierto de maquillaje, el rostro desfigurado de Rasputín miraba al cielo. Los soldados se agolpaban a su alrededor examinando la greñuda barba que sobresalía: el enorme bulto de su frente parecido a un cuerno en ciernes, que en vida había ocultado meticulosamente bajo el pelo, como describió su hija Matryona. Entonces, como exigían aquellos tiempos revolucionarios, se celebró un mitin político junto al ataúd: los allí presentes decidieron llevarse el cadáver de Tsarskoe Selo. Llegados a este extremo, Alix, venciendo el desprecio que le inspiraba Kerensky, le pidió a través del coronel Kobylinsky, comandante de la guardia de Seguridad, que protegiese el cuerpo de futuros ultrajes. Kerensky dio orden de que se llevasen el cuerpo en secreto y lo enterrasen.

Y comenzaron los peregrinajes del cuerpo. Primero el cadáver fue transportado en camión a Petrogrado, donde permaneció en el garaje de la antigua Cancillería de la Corte junto con los carruajes de las bodas reales. A continuación fue llevado de noche a la carretera de Víborg para ser enterrado allí en secreto en la cuneta, en un sitio despoblado. Pero en la carretera de Víborg el coche que transportaba el féretro se quedó clavado de forma inesperada. Los que en él viajaban decidieron «quemar el cadáver inmediatamente, allí mismo». Acto seguido, encendieron una enorme hoguera y, tras rociar el cadáver con gasolina, le prendieron fuego. El informe de la incineración ha permanecido hasta hoy en el antiguo Museo de Lenin en Petersburgo. Durante la cremación, Rasputín no defraudó las expectativas de los espectadores: por la acción del fuego el cadáver pareció levitar para después desaparecer envuelto en llamas. Esparcieron las cenizas al viento. De este modo, Rasputín pasaba por los cuatro elementos: agua, tierra, fuego y aire.

Incluso, después de su incineración, Rasputín permaneció junto a la familia real. Siguió a su lado durante el tiempo que duró su triste confinamiento. Hermógenes estaba al frente de la eparquía de Tobolsk, exiliado allí anteriormente por los zares por haber denunciado a Nuestro Amigo. La severa autoridad y poder de aquel pastor seguían inamovibles en Tobolsk. Hermógenes quiso ayudarles a escapar y podía haberlo hecho. Pero Alix no podía olvidar que había sido uno de los enemigos de Grigori. No confiaba en él.

Pero había alguien en quien sí estaba dispuesta a confiar. Se trataba de Boris Solovyov, hijo de Nicolás Solovyov, que fuera devoto de Rasputín y tesorero del Santo Sínodo. Este granuja había comprendido la situación y se había casado con Matryona, hija de Rasputín. Con eso bastaba. Alix confió en él: era un enviado de Nuestro Amigo. Le entregó todas las joyas reales para que organizase su huida. Solovyov se quedó con todo. Y tras el acceso de los bolcheviques al poder, les entregó a los desdichados oficiales que habían acudido a Ekaterinburg para planear la liberación de la familia real. De este modo, el campesino continuó siendo su perdición desde el otro mundo.

No obstante, las joyas no llevaron riqueza a Solovyov. Todo desaparecería durante la guerra civil. El indigente Solovyov encontraría trabajo en una fábrica de automóviles en París, donde moriría víctima de la tuberculosis. Matryona Rasputina-Solovyova se labró una posición como institutriz y vivió con sus dos hijas pequeñas en un diminuto apartamento parisino. Tras la aparición de las memorias de Yusúpov, llevó a juicio al asesino de su padre. ¡Finalmente, aquella nativa de un pueblo siberiano apareció en América, donde encontró trabajo como domadora de leones! Murió en la década de los setenta.

BENDECIDOS CAMINO DE LA MUERTE

La antigua zarina escribió a Anya sobre el fallecido hombre de Dios. Achacaba la sangre derramada y los horrores de la guerra civil a un castigo de Dios por la muerte de Nuestro Amigo. El 17 de diciembre de 1917, en el aniversario de su muerte, escribió a la Amiga: «Estamos reviviéndolo juntos otra vez ... recuerdo ... aquel terrible día 17. También Rusia sufre por ello, todos tienen que sufrir por lo que han hecho, pero nadie lo comprende».

El 9 de enero de 1918, escribió: «Sin embargo, creo firmemente que Él nos salvará. Sólo Él puede hacerlo». ¿A quién se refiere? ¿A Rasputín? ¿A Dios? A veces, ya no queda claro en sus cartas.

Entonces, llegó su último viaje. Y Nuestro Amigo todopoderoso de nuevo estuvo a su lado. El zar, la zarina, y su hija María fueron conducidos vía Pokróvskoie a Ekaterinburg, la ciudad donde serían ejecutados. La carretera, de Tobolsk hasta Tiumén, todavía existe hoy en día: pasa por en medio de las casas del pueblo de Pokróvskoie y por delante de la casa de Grigori. Así, el sueño que no se había atrevido a realizar siendo zarina se hacía realidad como prisionera. Vio su río, sus árboles y su casa: los lugares donde había tenido lugar su misteriosa transformación de la que tanto les había hablado. Los antiguos zares se detuvieron un rato delante de su casa, a dos pasos de la ventana de Nuestro Amigo. Alix escribió en su diario: «Alrededor de las doce, llegamos a Pokróvskoie ... nos detuvimos largo rato ante la casa de Nuestro Amigo, vimos a su familia y a sus amigos que miraban por la ventana» (14 de abril de 1918.)

Por consiguiente, año y medio después de su asesinato, les había conducido también a una espeluznante muerte. ¿Se había cumplido su profecía?

¿HUBO UNA PROFECÍA?

Simánovich publicó en su libro las más famosa predicción de Rasputín, que se ha repetido infinidad de veces en las obras que hablan de él.

> ¡Zar de Rusia! Tengo el presentimiento de que abandonaré este mundo antes del 1 de enero. Si me matan asesinos a sueldo, entonces vos, zar, no tendréis nada que temer. Permaneced en el trono y gobernad. Pero si el crimen lo comete algún familiar vuestro, entonces ningún [miembro] de vuestra familia sobrevivirá más de dos años ... Me matarán, ya no pertenezco al mundo de los vivos ... Rezad, sed fuerte, y cuidad de vuestro selecto clan.

Este texto, supuestamente compuesto por Rasputín poco antes de su muerte, le fue entregado a la zarina de manos de Simánovich.

Aunque esta «profecía» pueda parecer correcta al ser traducida, en ruso no resiste la menor crítica. En ella no hay una sola palabra del léxico inculto de Rasputín; al contrario, utiliza un vocabulario altamente poético. Empezando por el saludo «¡Zar de Rusia!». No es que Rasputín no pudiera dirigirse al zar de este modo, es que ningún ruso podía hacerlo. Es el lenguaje de Simánovich. Esta «profecía», como muchas otras por el estilo, se publicó tras la ejecución de la familia real, y sin lugar a dudas la escribió el propio Simánovich. Es uno de los numerosos mitos que pueblan la memoria de Rasputín.

Sin embargo, las predicciones de Rasputín acerca de la muerte de la familia real en el caso de ser él asesinado han sido corroboradas por muchos testigos. El amigo de Rasputín, el doctor asiático Badmaev, habló de ellas, y también lo hizo su hija Matryona, el editor Filipov, y otros muchos. Hasta cierto punto, aquellas predicciones podían ser medidas de autodefensa para el campesino, que, sabiendo lo mucho que le odiaban sus poderosos enemigos, había decidido de este modo que los «zares» se preocupasen más por su defensa. Pero sólo hasta cierto punto. Porque no hacía falta ser profeta para predecir la muerte de los «zares» en aquellos tiempos. La idea de la caída del régimen y la muerte de la familia real estaban en el aire. La primera Revolución de 1905, tan sangrienta, ya había rugido: el posible derramamiento de sangre real ya había sido vaticinado entonces no sólo por los revolucionarios rusos, sino también por el primer ministro del zar, Witte. Los grandes duques y el presidente de la Duma Estatal hablaban sin cesar de la necesidad de «salvarnos». Por lo tanto, las predicciones de Rasputín no eran más que parte del sentir general sobre una inminente apocalipsis.

A pesar de ello, no hay duda de que Rasputín tenía visiones y hacía profecías: todo eso formaba parte de la misteriosa fuerza oscura que poseía. El 24 de febrero de 1917, acaecida ya la muerte de Rasputín, G. Shavelsky, arcipreste del ejército y la marina rusos y hombre que detestaba a Rasputín, escribió una conversación que mantuvo con el profesor Fiódorov, médico responsable del tratamiento del heredero.

«¿Qué hay de nuevo por Tsarskoe Selo? ¿Cómo te las arreglas sin el «anciano»?, le preguntó Shavelsky burlonamente.

«No deberías reírte», respondió Fiódorov muy serio.

> Aquí todo el mundo se reía de la profecía de Grigori de que el Heredero enfermaría tal y tal día después de su muerte. Por la mañana del día en cuestión acudí a palacio a toda prisa. Gracias a Dios, el Heredero estaba perfectamente sano. En la Corte empezaron a mofarse de mí, pero ... por la noche me llamaron repentinamente: «¡El Heredero está enfermo!». Corrí a palacio. ¡Era terrible! El chico tenía una grave hemorragia, me costó mucho detenerla. Éste era el anciano. Ríete de los milagros todo lo que quieras.

Así pues, entre las visiones que aquel misterioso vidente tenía hay que incluir el amenazador espectro del futuro regicidio y la muerte del desdichado muchacho. Y, por supuesto, su propia e inevitable muerte.

LA MANO SEVERA

Evidentemente, aquella personalidad mística no podía dejar de percatarse de la «severidad de su mano». No podía ignorar, a lo largo de su vida, el triste sino de los que estaban a su alrededor. Esto nos recuerda las palabras de Leonid Molchanov, hijo del exarca de Georgia, que, meditando con motivo de la muerte de su padre, observó en el Expediente: «Revisando el pasado de todas las personas que habían unido sus destinos a Rasputín —Iliodor, Hermógenes [y] Damansky, que a través de él hizo una brillante carrera y luego cayó enfermo de una dolencia incurable— llegué a la quizá supersticiosa convicción de que la mano de Rasputín era una mano severa». Beletsky utilizaría prácticamente las mismas palabras para decirle al investigador que «veía el triste fin de todas las personas que habían buscado la ayuda de Rasputín ... la fatalidad que inevitablemente acababa siendo su destino». El influyente funcionario Beletsky se refería al triste final de las carreras de aquellos que habían estado vinculados a Rasputín. Todavía no se daba cuenta de que debería referirse también al final de sus vidas, como había insinuado Molchanov respecto a la muerte de su padre y de Damansky.

La Revolución de febrero no fue más que el primer paso en el derramamiento de sangre.

Pronto llegaría octubre arrasándolo todo. Acabaría de abarrotar las celdas de la fortaleza de Pedro y Pablo. Ahora, a los ministros zaristas encarcelados durante la Revolución de febrero se añadían los instigadores de aquella otra revolución. Tenían lugar conversaciones divertidas. El mismo Tereschenko que había hablado de regicidio con el gran duque Nicolai Mijáilovich, y que, según decían, había invertido cinco millones de rublos en la Revolución de febrero, se encontró con el ministro zarista Scheglovitov. Y éste le saludó alegremente: «¡Así que eres tú, Mijail Ivanovich! Verdaderamente, no hacía falta que entregaras cinco millones de rublos a la Revolución de febrero para venir a este sitio. ¡Si me lo hubieras dicho antes, te habría dado cobijo aquí gratis!».

En su calle, Gorojovaya, como símbolo, como recuerdo de las manos alzadas y amenazadoras de Rasputín, se estableció el organismo más aterrador de Petrogrado: la Comisión Extraordinaria bolchevique o Checa, tan radicalmente distinta de la idílica Comisión Extraordinaria del Gobierno Provisional. Y desde el nuevo edificio de la Checa, en la calle Gorojovaya, muchos de los amigos de Rasputín desfilarían uno tras otro ante el pelotón de fusilamiento.

Qué atroz cementerio de personas vinculadas de alguna manera a Rasputín que murieron violentamente. El peligroso y chismoso príncipe Andronikov, que fue tan íntimo del anciano, fue ejecutado en 1919. Y toda aquella honesta colección de personas a las que Rasputín aupó al poder yacen en tumbas desconocidas con una bala en el corazón: Protopópov, Alexei Jvostóv y Beletsky. Con el traslado de la capital a Moscú, los antiguos dignatarios fueron transferidos a la prisión de Butyrki, que todavía hoy existe.

El abogado S. Kobyakov, que ejerció de defensor en los tribunales revolucionarios, recordaba:

El 5 de septiembre ... durante los días del Terror Rojo ... fueron informados de que serían ejecutados. El antiguo arcipreste Vostorgov [otro amigo de Rasputín] hizo gala de una encomiable grandeza de espíritu ante la muerte: escuchó la confesión de todos y les absolvió de sus pecados antes de que murieran.

Todos ellos fueron ajusticiados en el parque Petrovsky junto al restaurante Yar, donde tanto le gustaba beber a Rasputín. Las ejecuciones eran públicas. Unos minutos antes de ser ejecutado, Beletsky intentó huir, pero fue devuelto inmediatamente al ruedo con varas. Varnava e Isidor también perecerían. Ni siquiera el enemigo de Rasputín, el obispo Hermógenes, evitaría una muerte agónica. Pavel Jojryakov, jefe de los bolcheviques de Tobolsk, contó cómo llevó al obispo al centro del río, le colgó unos morillos al cuello y lo echó al agua: cuando el fornido Hermógenes trataba de mantenerse a flote, ellos le golpeaban con el ancla del bote hundiéndolo en el agua. Así, el enemigo declarado de Rasputín pereció, como él, en el agua: al igual que Rasputín, se hundió hasta el fondo estando aún vivo. Otro admirador de Rasputín, el periodista Menshikov, y el sacerdote real, el padre Alexander Vasiliev, murieron también; nos ocuparía mucho tiempo mencionar exhaustivamente el martirologio de los amigos de Rasputín que cayeron bajo el fuego de las balas bolcheviques. Y, por supuesto, Manásevich-Manuílov que se aprovechó hábilmente de la Revolución de Octubre para salir de la cárcel, consiguió alcanzar la frontera finlandesa antes de ser identificado allí por un marinero. «¿Es usted por casualidad Manásevich-Manuílov?». Manásevich se apresuró a negarlo: estaba a punto de abandonar la ensangrentada Rusia para siempre, olvidando la «severa mano» de Rasputín. En aquel preciso instante, su antigua actriz-amante, que también se dirigía a Finlandia, entró en la sala. Al verle, le gritó encantada: «¡Vanishka!». Lo ejecutaron allí mismo, en la frontera.

Los grandes duques Nicolai Mijáilovich y Pablo fallecerían también en 1919. Aquellos hombres cuyos familiares desempeñaron tan importante papel en la historia de Rasputín. «En la noche del 16 de enero ... me desperté de pronto y oí claramente la voz de mi marido: "Me han matado".» (De las memorias de Olga, la esposa de Pablo.) Junto a las tumbas de sus ancestros, los grandes zares rusos, encajaron las balas bolcheviques. Estas balas tampoco perdonarían a Dzhunkovsky, que consiguió sobrevivir al período revolucionario, pero no al terror del estalinismo. El antiguo jefe de la policía, con su bigote marcial, vivía entonces sumido en una apacible pobreza ejerciendo de capillero. Pero la escoba de Stalin hizo estragos. En 1938, el enemigo de Rasputín fue trasladado a la prisión de Lubyanka y colocado ante el pelotón de fusilamiento.

LOS SUPERVIVIENTES

El granuja de Simánovich logró escapar de Rusia con su familia. La «mano severa» del anciano no pudo alcanzarle. Es posible que Simánovich estuviese protegido por la gratitud de docenas de judíos a quienes había salvado del castigo y del frente con la ayuda de Rasputín, y también por la de otros cientos de judíos para los que había obtenido, siempre por medio de Rasputín, el permiso de llevar una vida normal en Petrogrado. Tanto si fue por dinero, como sostenía la policía, como si fue desinteresadamente, como él mismo aseguraba, el caso es que ayudó a los que carecían del derecho de voto. Iliodor también sobrevivió. Aunque no queda claro qué fue mejor: las balas o los tormentos por los que tuvo que pasar. Emigró a América, donde fue víctima de la caída de la Bolsa de 1929, la terrible ruina a la que se vio abocado comsumió todo el dinero que había percibido por su libro sobre Rasputín. A ello le siguió la muerte de su hijo y el divorcio de su mujer. Hizo votos monásticos e ingresó en un monasterio de Melville; más tarde fue visto en Nueva York. Murió en 1952, solo y en la más absoluta miseria.

Los Golovin siguieron viviendo tranquilamente en Petrogrado. Tras la muerte del padre Grigori aguardaron, al igual que la zarina, el castigo universal. No se sorprendieron cuando los bolcheviques accedieron al poder en octubre. Zhukovskaya recordaba:

> Encontrándome accidentalmente en Petrogrado tras la Revolución de Octubre, fui a ver a Munya en el Moika y la hallé tan sosegada y cariñosa como siempre, con su habitual mirada centelleante y su eterna chaqueta de punto. Nada había cambiado en la casa, el muchacho que trabajaba de cria-

do seguía dormitando en el vestíbulo, y el indómito caniche, *Cucaracha*, continuaba en su puesto. Me condujeron a la pequeña habitación de Munya, y allí todo estaba como antes, incluso la cama de Lojtina detrás del biombo y su bordón con las cintas, aunque después de la muerte de Rasputín vivía constantemente en Verjoturie.

En esto Zhukovskaya está equivocada. Tras la Revolución de febrero, Lojtina fue detenida. En el Expediente se conservan documentos pertenecientes a su arresto: «El 8 de marzo fue arrestada en el claustro de Oktai la conocida seguidora de Rasputín ... Olga Vladimirovna Lojtina». Ingresó en la fortaleza de Pedro y Pablo. Pero el golpe de los bolcheviques la liberó. Partió de nuevo hacia Verjoturie, pero los bolcheviques habían arrasado el monasterio. En 1923, fue vista en Petrogrado en una estación de tren. La antigua esposa del general —una vieja envuelta en informes y malolientes harapos pero sosteniendo un largo bordón— mendigaba limosna con insolencia.

También la desgracia se cebó en Zhukovskaya. Sufrió la muerte de su marido, a quien amaba apasionadamente. En 1924, siendo todavía joven, abandonó para siempre la ciudad y se instaló en el pueblo de Orekhovo en el provincia de Vladimir: allí, en aquella apartada región, pasó el resto de su vida en voluntaria reclusión, como si expiase algún pecado.

También Vyrubova vivió como una reclusa, en Finlandia. Tomó votos religiosos en secreto, y vivió completamente sola, sin salir casi nunca de su casa. Murió en un hospital de Helsinki, en 1964, en la más absoluta soledad.

A pesar de la Revolución y del terror, todos los asesinos de Rasputín lograron escapar. Ninguno de ellos sucumbió a las balas ni compartió el destino de muchos de sus amigos. Purishkiévich murió en la cama víctima de la fiebre tifoidea durante la guerra civil, y el gran duque Dimitri murió también en su cama en 1942: uno de los pocos Romanov que sobrevivió intacto a la Revolución. El príncipe Yusúpov y el doctor Lazavert fallecieron apaciblemente en París.

Pero los recuerdos del campesino les persiguieron hasta la tumba. Marina Grey, hija del general Denikin, me contó una historia acerca del doctor Lazavert. Éste había adquirido un apartamento en Francia. Y vivía allí tranquilamente, tratando de borrar de su memoria la pesadilla de aquella noche. Un verano se marchó de vacaciones. Cuando regresó, vio que habían abierto un restaurante nuevo en su edificio. El restaurante se llamaba «Rasputín».

El campesino continuaba desempeñando un papel místico en las vidas de sus hijos. La nieta de Félix Yusúpov, Xenia Nikoláievna, habló de un viaje que su madre había hecho a Grecia después de su boda, en 1946. Viajando con el nombre de su marido, conoció a la esposa del embajador de Holanda en Grecia, una encantadora mujer rusa. Se hicieron amigas inseparables. Cuando llegó la hora de despedirse, la esposa del embajador le dijo a la hija de Yusúpov: «Quiero revelarte una verdad amarga que es posible que te desagrade. El hecho es que mi abuelo era Grigori Rasputín». (Era una de las hijas de Matryona y Solovyov). «Mi verdad», respondió su amiga, «quizá te desagrade aún más. El hecho es que mi padre asesinó a tu abuelo.»

¿«SIEMPRE JUNTOS, NUNCA SOLOS»?

En la muerte y después de ella, Nuestro Amigo permaneció junto a la familia.

La familia real encontraría la muerte en un sótano muy similar al del palacio Yusúpov. Del mismo modo sus cuerpos, tras recibir las balas, serían arrojados al agua (al principio los cadáveres fueron lanzados al pozo de una mina inundada). Sólo después, como sucedería con los restos del campesino, serían devueltos a la tierra. Como el cadáver de Nuestro Amigo, también los de la familia real errarían de un lugar a otro después de la ejecución. Y mientras buscaban un lugar secreto donde enterrarlos, el camión que transportaba los cadáveres de la familia real se estropeó y quedó inmovilizado. Encendieron una hoguera para quemar sus restos. Tal como su asesino Yurovsky escribiría en su diario: «Alrededor de las 4.30 de la madrugada el vehículo se quedó totalmente clavado ... no había más remedio que enterrarlos o quemarlos. Queríamos incinerar a Alejo y a Alejandra Fiódorovna, pero en vez de ésta ... quemamos a Demidova por error».

Así, el cuerpo del heredero, por cuya salud había acudido a palacio el campesino, conocería el fuego, al igual que el cuerpo de su peligroso sanador. Balas, agua, tierra y fuego. Como símbolo de la presencia de Nuestro Amigo, Yurovsky encontró amuletos con el rostro del anciano

611

y sus plegarias en los cuerpos desnudos de las grandes duquesas: amuletos adheridos como trampas a sus cuerpos desnudos.

Por tanto, como miembro durante todos aquellos años de la Comisión Gubernamental para el Funeral de la Familia Real, pensé a menudo mientras duró aquella incomprensible, agónica y prolongada historia del no sepelio de sus restos: ¿Es posible que todavía no haya abandonado a la familia real? ¿Que, como antes, su severa mano permanezca todavía aferrada a ellos?

EL PRECURSOR

¿Quién era aquel hombre que apareció en el fuego de la primera revolución y que pereció en vísperas de la segunda? Se trataba sin duda de un hombre profundamente religioso. Y al mismo tiempo de un gran pecador. Con la secular sencillez e ignorancia del campesinado ruso, trató de combinar las misteriosas pasiones del cuerpo con las enseñanzas de Cristo. Y terminó siendo un sectario, un jlist, un libertino, pero también una persona profundamente religiosa.

Fue el paradigma de la asombrosa habilidad del pueblo ruso para mantenerse en pie estando constantemente rodeado por el pecado. Alexander Blok, que fue contratado por la Comisión Extraordinaria, escribió en 1914 un famoso poema sobre aquella mezcla de pecado y religiosidad.

> Pecar sin pudor, infinitamente,
> Perder la cuenta de los días y las noches,
> Y con la cabeza embotada por el sopor de la borrachera
> Entrar de soslayo en el templo de Dios.
>
> Inclinarse tres veces hasta el suelo,
> Hacer siete veces la señal de la cruz,
> Inclinar en secreto la frente ardiente
> Sobre el hediondo suelo.
>
> Depositar en la bandeja una moneda de cobre,
> Tres o incluso siete veces seguidas
> Besar el pobre y centenario icono
> Tantas veces besado.

Dichoso sufrimiento el obtenido del arrepentimiento del pecado. La finalidad de aquel sufrimiento (y felicidad) corresponde a la del pecado. Cristo había abandonado a Rasputín hacía ya mucho tiempo. Pero el campesino continuaba rezando sin darse cuenta de que durante largo tiempo había estado sirviendo al Anticristo. Por esta razón le fue dado destruir la leyenda misma de la santa Rus deshonrando la Iglesia y el poder del zar por ella consagrado, y uniendo su depravado nombre al del soberano ungido por Dios.

Rasputín constituye la clave para comprender tanto el alma como la brutalidad de la Rusia que emergió después de él. Fue el precursor de los millones de campesinos que, a pesar de la conciencia religiosa que anidaba en sus almas, derribarían iglesias, y que, soñando con un reino de Amor y Justicia, asesinarían, violarían e inundarían de sangre el país, destruyéndose finalmente a sí mismos.

CONCLUSIÓN

E N LA CIUDAD A LA QUE, a finales del siglo XX, le fue devuelto el nombre de San Petersburgo, aguardé el retorno de los últimos zares. Regresaban en sus féretros desde Ekaterinburg, ciudad donde fueron ejecutados, a su propia ciudad espectral, la antigua capital de la sumergida Atlántida.

De nuevo, todo volvió a ser como en los días del campesino: la familia Romanov dividida, discordia entre el pueblo y los jerarcas de la iglesia que se oponían inexplicablemente al funeral.

En el aeropuerto: la guardia de honor formaba en filas y el viento hacía ondear la bandera que sostenía su portador. Más tarde, junto al avión que acababa de llegar de Ekaterinburg, formaron los Romanov, los descendientes de aquellos grandes gobernantes que habían sobrevivido a la tormenta. En calidad de miembro de la Comisión Gubernamental para el Funeral de la Familia Real, también me encontraba allí presenciando algo extraordinario para un escritor: el funeral de sus protagonistas.

Los que habían volado con los féretros desde Ekaterinburg contaron cómo habían sido sacados de la catedral los ataúdes de los «zares», y cómo de repente se abrió el cielo dando paso a una lluvia torrencial, una cortina de agua que se precipitó sobre la iglesia. Nosotros, que estábamos aguardando los féretros, respondimos que en Petersburgo, tras un día lluvioso, había amanecido un sol radiante desde buena mañana.

Todos queríamos milagros.

Entonces dio comienzo la marcha fúnebre. El cortejo de autobuses con los féretros reales empezó a desfilar. Y el milagro se expandió. Cesaron todas las disputas. La ciudad entera salió a recibirles. La gente aguardaba de pie en una ininterrumpida hilera que se extendía a lo largo de varios kilómetros, desde el aeropuerto hasta la fortaleza de Pedro y Pablo. Había personas en las ventanas de los edificios; otros esperaban de rodillas. Y el presidente, que el día anterior se había negado a asistir al funeral, voló inesperadamente a Petersburgo para arrepentirse ante los féretros por todos nuestros perversos actos cometidos en aquel siglo que tocaba a su fin.

Encontraron su lugar de reposo en la catedral de Pedro y Pablo, al otro lado del Neva frente a su palacio y entre las tumbas de sus antepasados: toda Rusia los enterró aquel día. Una sensación de gozosa unión, de feliz y emotivo alivio, largo tiempo olvidada, recorrió el país. Como si una pesada piedra se hubiese desprendido del alma. Como si un terrible espíritu hubiese soltado por fin a los «zares» y hubiese emprendido el vuelo abandonando Rusia para siempre.

¿O era sólo por un instante? ¿Una ilusión, a fin de cuentas?

Fuentes documentales

El Expediente

Adquirido en una subasta de Sotheby en 1995. Encuadernado en tapa dura. En la cubierta figura la inscripción: «La Comisión Extraordinaria para la Investigación de Actos Ilegales por parte de los Ministros y Otras Personas Responsables del Régimen Zarista. Sección de Instrucción».

Todos los informes de la investigación que se encuentran en el Expediente están escritos en formularios de la Comisión Extraordinaria y firmados tanto por las personas interrogadas como por los instructores. Si un interrogatorio se llevaba a cabo en un lugar remoto, y el registro se remitía a la Comisión Extraordinaria, entonces lleva un sello de ésta y un número de registro del documento.

El Expediente consta de 426 folios, a doble cara, de registros de interrogatorios, por lo tanto hay de hecho 852 páginas de documentos.

En este libro se han utilizado los siguientes informes:

Feofán, obispo de Poltava y Pereyaslavl (folios 7-20). Se llevó a cabo el interrogatorio en la ciudad de Poltava por V. V. Lijopoy, investigador superior del distrito judicial de Poltava. Los posteriores interrogatorios del obispo Feofán fueron realizados en Petrogrado por T. D. Rudnev, instructor de la Comisión Extraordinaria (folios 219-20, 317-20). Texto manuscrito.

Ruschya Georgievich Mollov, antiguo viceministro de Interior (folios 22-5). El interrogado en la ciudad de Poltava por V. V. Lijopoy, instructor superior del distrito judicial de Poltava. Texto manuscrito.

María Timofeevna, doncella de Vyrubova (folios 29-30, 48-49). Su interrogatorio lo realizó I. V. Brykin, instructor de la Comisión Extraordinaria. Texto manuscrito.

Akim Ivánovich Zhuk, ordenanza sanitario que trabajaba para Vyrubova (folios 31-36). El interrogatorio fue llevado a cabo por I. V. Brykin, instructor de la Comisión Extraordinaria. Texto manuscrito.

August Ventsélovich Berchik, criado de Vyrubova (folios 37-40). El interrogatorio fue conducido a cabo por I. V. Brykin, instructor de la Comisión Extraordinaria. Texto manuscrito.

María Ivánovna Vishnyakova, empleada como niñera de los infantes (folios 43-45). El interrogatorio fue conducido por T. D. Rudnev, instructor de la Comisión Extraordinaria. Copia mecanografiada.

Zinaída Timofeevna Ivanova, doncella de Vyrubova (folios 47-48). El interrogatorio fue conducido por T. D Rudnev. Texto manuscrito.

Feodosia Stepanovna Voino, ayudante del doctor, trabajaba para Vyrubova (folios 50-52). El interrogatorio fue conducido por I. V. Brykin. Texto manuscrito.

Alexander Mijáilovich Omerg, que trabajaba de lacayo en el palacio Alexander (folios 57-58). El interrogatorio fue conducido por P. A. Korovichenko, comandante del palacio Alexander. Texto manuscrito.

Andrei Andreevich Zeyer («Zeer»), encargado de preparar los carruajes de la familia real (folio 61). El interrogatorio fue conducido por P. A. Korovichenko, comandante del palacio Alexander.

Anna Alexándrovna Vyrubova, dama de honor e íntima amiga de la zarina (folios 78-81). El interrogatorio fue conducido por G. P. Girchich, instructor de la Comisión Extraordinaria. Copia mecanografiada.

Jakov Pávlovich Kondratenko, que trabajaba de cochero para la devota de Rasputín, María Andreevna Gayer [«Gaer»] (folios 84-85). El interrogatorio fue conducido por G. P. Girchich. Texto manuscrito.

Konstantin Iakovlevich Chijachev, antiguo vicepresidente de la Cámara Judicial de Saratov (folios 86-92). El interrogatorio fue conducido por S. Filonenko-Borodin, instructor del segundo distrito judicial de la ciudad de Orel.

Olga Vladimirovna Lojtina, esposa de un diputado provincial del Estado y devota de Rasputín (folios 100-104, 109-112). El interrogatorio fue conducido por el instructor T. D. Rudnev. Copia mecanografiada.

María Evgenievna Golóvina, hija de un chambelán y devota de Rasputín (folios 113-222). El interrogatorio fue conducido por el instructor T. D. Rudnev. Texto manuscrito.

Olga Vladimirovna Lojtina (folios 130-134, 140-149). El interrogatorio fue conducido por el instructor T. D. Rudnev. Texto manuscrito.

Baronesa Vera Illarionovna Kúsova, esposa de un capitán de caballería y devota de Rasputín (folios 135-138). El interrogatorio fue conducido por T. D. Rudnev. Texto manuscrito.

Nadezhda Ivanovna Voskoboiníkova, viuda de un oficial cosaco, trabajaba en la enfermería de Vyrubova (folios 154-162). El interrogatorio fue conducido por T. D. Rudnev. Copia mecanografiada.

Vladimir Fiódorovich Dzhunkovsky, antiguo viceministro de Interior (folios 164-165). El interrogatorio fue conducido por el instructor, T. D. Rudnev. Texto manuscrito.

Dimitri Nikoláievich Loman, coronel destinado a la administración de la Corte y coadjutor de la catedral de Feodor (folios 174-181). El interrogatorio fue conducido por el instructor, T. D. Rudnev. Copia mecanografiada.

Ioann Aronovich Simánovich, hijo del secretario de Rasputín (folios 182-183). El interrogatorio fue conducido por V. M. Rudnev. Texto manuscrito.

Iván Fiódorovich Manásevich-Manuílov, antiguo oficial de servicios especiales para el primer ministro (folios 191-194). El interrogatorio fue conducido por el investigador G. P. Girchich. Copia mecanografiada.

Ksenofont, archimandrita del monasterio de Nikolaev-Verjoturie (folios 210-213, 215-216). El interrogatorio fue conducido por A. Pokrovsky, instructor judicial del Juzgado Regional de Ekaterinburg. Texto manuscrito.

Sofia Ivanovna Tyutcheva, dama de honor responsable de las infantas (folios 223-225). El interrogatorio fue conducido por el instructor F. P. Simpson. Copia mecanografiada.

Alexander Pávlovich Martynov, antiguo jefe de la Sección de Seguridad de Moscú. El interrogatorio fue conducido por el fiscal Yastrebov en las instalaciones del Centro Penitenciario de Moscú. Texto manuscrito.

Vera Iovlevna Tregúbova, amiga de Rasputín (folios 246-251). El interrogatorio fue conducido por A. I. Tsitovich, instructor judicial del Juzgado Regional de Tiflis. Copia mecanografiada.

Alexandra Georgievna Guschina [«Gushchina»]; viuda de un médico y devota de Rasputín (folio 263). El interrogatorio fue conducido por el instructor F. P. Simpson. Copia mecanografiada.

Leonid Alexeevich Molchanov, hijo del exarca de Georgia, y devoto de Rasputín (folios 264-273). El interrogatorio fue conducido por el instructor F. P. Simpson. Copia mecanografiada.

Piotr Alexandrovich Badmaev, médico (folios 274-282). El interrogatorio fue conducido por el instructor F. P. Simpson. Copia mecanografiada.

Mijaíl Stepánovich Komissarov, oficial de policía encargado de la seguridad de Rasputín (folios 286-296). El interrogatorio fue conducido por el instructor V. V. Likhopoy. Copia mecanografiada.

Lydia Ivanovna Kondyrevna, viuda de un diputado provincial del Estado (folios 297-311). El interrogatorio fue conducido por el investigador F. P. Simpson. Copia mecanografiada.

Grigory Petrovich Sazonov, economista, publicista y devoto de Rasputín (folios 298-300). El interrogatorio fue conducido por el instructor F. P. Simpson. Copia mecanografiada.

Alexei Nikoláievich Jvostóv, antiguo ministro de Interior (folios 302-310). El interrogatorio fue conducido por el instructor F. P. Simpson. Copia mecanografiada.

Alexei Frolovich Filipov, editor y devoto de Rasputín (folios 327-342). El interrogatorio fue conducido por el instructor F. P. Simpson. Copia macanografiada.

Vera Karlovna Varvarova, intérprete de baladas cíngaras y amiga de Rasputín (folios 343-344). El interrogatorio fue conducido por el instructor F. P. Simpson. Copia mecanografiada.

Anna Alexándrovna Vyrubova (folios 347-363). El interrogatorio fue conducido por el instructor F. P. Simpson. Copia mecanografiada.

Yulia Alexándrovna Dehn [«Den»], esposa de un capitán veterano, amiga de la zarina y devota de Rasputín (folios 364-367). El interrogatorio fue conducido por el instructor F. P. Simpson. Copia mecanografiada.

Sheila Gershevna Lunts, esposa de un abogado y amiga de Rasputín (folios 375-377). El interrogatorio fue conducido por el instructor F. P. Simpson. Copia mecanografiada.

Isaak Viktorovich Byjovsky, abogado (folio 378). El interrogatorio fue conducido por el instructor F. P. Simpson. Copia mecanografiada.

Alexander Stepánovich Prugavin, etnógrafo, publicista y experto en sectarismo ruso (folios 389-390). El interrogatorio fue conducido por el instructor F. P. Simpson. Copia mecanografiada.

Víctor Ivánovich Yatskevich, antiguo director de la cancillería del procurador general del Santo Sínodo (folios 391-397). El interrogatorio fue realizado por el instructor F. P. Simpson. Copia mecanografiada.

Nikolai Pávlovich Sablin, capitán veterano y capitán del yate real *Standard* (folios 419-421). El interrogatorio fue realizado por el instructor F. P. Simpson. Copia mecanografiada.

Olga Apollónovna Popova, esposa de un clérigo (folios 424-426). El interrogatorio fue realizado por Rybalsky, investigador del Juzgado Regional de Simferopol. Copia mecanografiada.

Registro de la inspección realizada por el instructor G. N. Girchich de los documentos encontrados en el apartamento de Vyrubova (folio 42). Copia mecanografiada.

Registro de la inspección del 21 de marzo de 1917 de las habitaciones ocupadas por Vyrubova, realizada por el teniente coronel Korovichenko, comandante del palacio Alexander, en Tsarskoe Selo (folios 55-56). Texto manuscrito.

Inventario de las cartas y otros materiales confiscados a O. V. Lojtina en su arresto (folio 72). Copia mecanografiada.

Memorándum del barón Budberg del 23 de diciembre de 1906, concediendo a G. Y. Rasputín el derecho a llamarse en adelante Rasputín-Novy (folio 128). Copia mecanografiada.

Copias de los documentos relativos a la pelea provocada por Rasputín en el restaurante Yar. Mecanografiadas.

Documentos en depósito en el archivo y número de expediente

ARCHIVO ESTATAL DE LA FEDERACIÓN RUSA (GARF)

601 Nicolás II
640 Emperatriz Alexandra Fiódorovna
673 Gran duquesa Olga Nikoláievna
613 Princesa Olga Valerianovna Paley («Palei»)
645 Gran duque Alexander Mijáilovich
662 Gran duquesa Xenia Alexándrovna
656 Gran duquesa Isabel Fiódorovna
660 Gran duque Constantino Constantínovich («KR»)
670 Gran duque Nicolai Mijáilovich
612 Grigori Rasputín
623 A. A. Vyrubova
102 Departamento de Policía
111 Sección de Seguridad de San Petersburgo (Petrogrado)
1467 Comisión Extraordinaria del Gobierno Provisional

SECCIÓN DE TOBOLSK DEL ARCHIVO ESTATAL
DE LA PROVINCIA DE TIUMÉN (TFGATO)

164 Expediente de la investigación sobre el intento de asesinato de Grigori Rasputín en 1914.
154 Inventario de la propiedad de Rasputín después de su muerte.
156 Expediente del Consistorio Eclesiástico de Tobolsk relativo a la acusación contra G. Y. Rasputín de «difundir falsas enseñanzas similares a las de los jlisti».

ARCHIVO ESTATAL DE LA PROVINCIA DE TIUMÉN (GATO)

205 Registro de nacimientos con la fecha de nacimiento de Rasputín.
239 Informes de los agentes de vigilancia externa acerca de las visitas de Grigori Rasputín al pueblo de Pokróvskoie.

MUSEO HISTÓRICO ESTATAL

411 Correspondencia de Nicolás y Félix Yusúpov con Marina Heiden [«Gei-
den»].
411 Correspondencia de Félix Yusúpov con María Golóvina.
411 Cartas de Félix Yusúpov a su esposa, Irina, relativas al asesinato de G. Y.
Rasputín.

ARCHIVO ESTATAL RUSO DE DOCUMENTOS ANTIGUOS

1290 Cartas de Irina a Félix Yusúpov.

ARCHIVO HISTÓRICO ESTATAL RUSO

1101 Diario de Rasputín.

ILUSTRACIONES

ENTRE LAS PÁGINAS 160 Y 161

Una de las primeras fotografías de Rasputín[1]
Escribiendo su diario[1]
Una página de su diario[2]
La casa de Rasputín en Pokróvskoie[4]
Con la zarina y los niños[2]
Dirigiéndose hacia la Duma en 1906[5]
Un acontecimiento de Estado[5]
Sergue Witte[4]; Purishkiévich[4]; Guchkov[1]; Stolypin[3]
Cuatro fotografías de Rasputín[1]

ENTRE LAS PÁGINAS 320 Y 321

Rasputín en el hospital[6]
Anna Vyrubova con las grandes duquesas[1]
Anna Vyrubova con el zar en Livadia[1]
Anna Vyrubova con la zarina[1]
Dos fotografías de grupo de Rasputín y sus amigos[4]
Mijail Rodzyanko[4]
Maurice Paléologue[2]
Departamento de Policía de San Petersburgo[2]
Caricatura contemporánea[6]
Nicolás con el káiser alemán[5]

Entre las páginas 480 y 481

El zar con el gran duque Nikolai Nikoláievich[6]
El Consejo de Ministros ruso[4]
Nicolás con Alejo[1]
Nicolás, su hermano Miguel y Dimitri Pavelovich[1]
La zarina con sus hermanas Olga y Tatiana, como hermanas de la misericordia[3]
Anna Vyrubova en un tren hospital[1]
Irina y Félix Yusúpov[1]
Félix Yusúpov[1]
Entrada trasera del palacio Yusúpov[6]
El cadáver de Rasputín[6]
Un ejemplo de las caricaturas y dibujos publicados tras la muerte de Rasputín[2]

Fuentes
1. Archivo Estatal Ruso
2. Archivo Histórico Estatal, San Petersburgo
3. Archivo Weidenfeld & Nicolson
4. Museo del Palacio Yusúpov, San Petersburgo
5. Archivo Krasnogorsk
6. Museo de Historia Política, San Petersburgo

BIBLIOGRAFÍA

FUENTES EN LENGUA RUSA

Al'bionov, Zhitie nepodobnogo startsa Grigoriia Rasputina, Petrogrado, 1917.

Aleksin, S. A., Sviatoi chert (Blagodat' Grishki Rasputina): Zhitie v 1-m deistvii, Moscú, 1917.

Alfer'ev, E. E., Pis'ma tsarskoi cem'i iz zatochen'ia, Jordanville, N. Y., 1984.

Almazov, B., Rasputin i Rossiia: Istoricheskaia spravka, San Petersburgo, 1990.

Azadovskii, K., Nikolai Kliuev, Leningrado, 1990.

Bashilov, B., Istoriia russkogo masonstva, Moscú, 1992.

Beletskii, S. P., Grigorii Rasputin (Iz zapisok), Moscú, 1923.

—, «Vospominaniia», en Arkhiv Russkoi Revoliutsii, vol. 12. Berlín, 1923.

Belling, A., Iz nedavnego proshlogo (Vospominaniia), Moscú, 1993.

Berberova, N., Liudi i lozhi. Russkie masony XX veka, Nueva York, 1986.

Betskii, K., y P. Pavlov, Russkii Rokombol' (I. F. Manásevich-Manuílov), Leningrado, 1927.

Blok, A. A., Zapisnye knizhki, Moscú, 1965.

Bogdánovich, A. V., Tri poslednikh samoderzhtsa: Dnevnik A. V. Bogdánovich, Moscú y Leningrado, 1924.

Bok (Stolypina), M. P., P. A. Stolypin. Vospominaniia o moem ottse, Moscú, 1922.

Bonch-Bruévich, V. D., «O Rasputine», Den, Petrogrado, 1 julio de 1914.

Borisov, D., Vlastiteli i chudotvortsy (Iliodor, Germogen i Rasputin), Saratov, 1926.

Bostunich, G. V., Otchego Rasputin dolzhen byl poiavit'sa: obosnobaniia psikhologicheskoi neizbezhnosti, Petrogrado, 1917.

—, Masonstvo i russkaia revoliutsiia. Pravda misticheskaia i pravda real'naia, Moscú, 1993.

Budberg, A. *Dnevnik belogvardeitsa*, Leningrado, 1929.

Bunin, I. A., *Sobranie sochinenii*, Moscú, 1988.

Chernyshov, A. V., *Grigorii Rasputin v vospominaniiakh sovremennikov*, Moscú y Tiumén, 1990.

—, «Zhitie nepodobnovo startsa», *Tiumen' literaturnaia* 2, 3, 1990.

Danilov, IU., N., *Na puti k krusheniiu*, Moscú, 1992.

«Delo ob ischeznovenii krest'ianina Grigoriia Efimovicha Rasputina» *Byloe*, I, (1917).

Diterikhs, M. K., *Ubiistvo tsarskoi sem'i i chlenov Doma Romanovykh na Urale*, cap. I., Vladivostok, 1922.

Durnovo, N. N., «Kto etot krest'ianan Grigorii Rasputin?», *Otkliki na zhizn'*, Moscú, 11-12 (septiembre-octubre 1914).

Dzhanumova, E. F., *Moi vstrechi s Rasaputinym*, Moscú, 1990.

Dzhunkovskii, V. F., *Vospominaniia*, 2 vols. Moscú, 1997.

Epanchin, N. A., *Na sluzhbe trekh imperatorov*, Moscú, 1996.

«Episkop Varnava», *Vechernii kur'er*, Moscú, 348 (1915).

Etkind, A., *Khlyst*, Moscú, 1998.

Evreinov, N. N., *Taina Rasputina*, Moscú, 1989.

Faleev, V., «Za chto ubili Grigoriia?», en *Dorogami tysiacheletii*, Vyp, 4, Moscú, 1991.

Fiulop-Miller, Rene, *Sviatoi d'iavol: Rasputin i zhenshchiny*, San Petersburgo, 1994.

Gariazin, A. L., «V. M. Skvortsovu. Otkrytoe pis'mo», *Dym Otechestva*, Petrogrado, 13 julio, 1913.

Gavrilov, A. K., «Predmet vserossiiskoi spletni», *Dym Otchestva*, 26 julio, 1914.

Grigorii Rasputin i misticheskoe rasputstvo: sbornik statei, Prefacio de M. A. No-voselov, Moscú, 1912.

Grigorii Rasputin. Sbornik istoricheskikh materialov, 4 vols., Moscú, 1997.

Grigorii Rasputin v vospominaniiakh sovremennikov, *Sbornik*, Moscú, 1990.

Grigorii Rasputin v vospominaniiakh uchastnikov i ochevidtsev: iz materialov Chrezvychainoi komissii Vremennogo pravitel'stva, Moscú. 1990.

Gurko V. I., *Tsar' i tsaritsa*, París, 1927.

Iasenetskii, G., *Za kulisami velikoi katastrofy*, San Francisco, s. f.

Iliodor (S. M. Trufanov), «Sviatoi chert», *Golos minusvshego* (1917).

Iusupov, F., *Konets Rasputina. Vospominaniia*, Moscú, 1990.

Kak joronili Rasputina, Kiev, 1917.

«"Kazn", Grishki Rasputina», en *Al'manakh «Svoboda»*, vol. I, Petrogrado, 1917.

Kerenskii, A. F., *Rossiia na istoricheskom povorote. Memuary*, Moscú, 1993.

Khersonskii, *Akafist Grishke Rasputinu*, Petrogrado, 1917.

Kokovstev, V. N., *Iz moego proshlogo. Vospominaniia*, 2 vols., Moscú, 1992.

Kovalevskii, P. *Grishka Rasputin*, Moscú, 1922.

Kovyl'-Bobyl', I., *Tsaritsa i Rasputin*, Petrogrado, 1917.

—, *Vsia pravda o Rasputine*, Petrogrado, 1917.

Kozlov, N., *Drug tsarei*, 1994.

Krivorotov, V., «*Pridvornyi iuvelir (Strashnoe igo): Rasputiniada i ee sekretar*». Madrid, 1975.

Kurlov, P. G., *Konets russkogo tsarizma: Vospominaniia byvshego komandira korpusa zhandarmov*, Moscú y Leningrado, 1923.

Lamzdorf, V. N., *Dnevnik*, Moscú, 1934.

Lemke, M. K., *250 dnei v tsarkoi stavke*, Petrogrado, 1920.

Leontovich, V. V. *Istoriia liberalizma v Rossii*, Moscú, 1995.

Lijachev, D., *et. al.*, *Smekh v Drevnei Rusi*, Leningrado, 1984.

Markov, S. V., *Pokinutaia tsarskaia sem'ia*, Viena, 1928.

Materialy k zhitiiu prepodobnoi velikomuchenitsy Elizavety Fedorovny. Pis'ma, dnevniki, vospominaniia, Moscú, 1996.

Mech (Mendelevich), R. A., *Golos s togo sveta, ili Grishka Rasputin v gostiakh u satany*, Moscú, 1917.

Mel'gunov, S. P., *Na putiakh k dvortsovomu perevorotu (zagovory pered revoliutsiei 1917 goda)*, París, 1931.

—, *Nikolai II. Materialy dlia kharakteristiki lichnosti i tsarstvovaniia*, Moscú, 1917.

Mel'gunov, S. P. y N. P. Sidorov, eds., *Masonstvo v ego proshlom i nastoiashchem*, Moscú, 1914.

Mel'nik (Botkina), T. E., *Vospominaniia o tsarskoi sem"e i ee zhizni do i posle revoliutsii*, Belgrado, 1921.

Miliukov, P. N., *Istoriia vtoroi russkoi revoliutsii*, Sofía, 1921-4.

—, *Vospominaniia*, Moscú, 1993.

Mosolov, A. A., *Pri dvore imperatora*, Moscú, 1992.

Nabokov, V. D., trad. *Pis'ma imperatritsy Aleksandry Feodorovny k imperatoru Nicolaiu II*, 2 vols. Berlín, 1922.

Nilus, S. A., *Dujovnye ochi. Iz besed so startsami*, Sergiev Posad, 1906.

—, *Na beregu Bozh'ei reki*, 2 vols. Moscú, 1969-75.

—, *Protokoly Sionskikh mudretsov*, Berlín, 1922.

—, *Sila Bozhiia i nemosh' chelovecheskaia (Optinskii starets Feodosii)*, Sergiev Posad, 1908.

—, *Velikoe v malom, i Antijrist, kak blizkaia politicheskaia vozmozhnost'*. Tsarskoe Selo, 1905.

Novaia knizhka o «sviatom cherte» Grishke, ob Nikolae bezgolovom, glupom i bestolkovom, ob Alise-nemke, chto snimala s russkikh penki, o ministraj-predateliaj i vsekh pridvornykh obitataliakh, Moscú, 1917.

Ol'denburg, S. S. *Tsarstvovanie imperatora Nikolaia 2*, Moscú, 1992.

Ostretsov, V., *Chernaia sotnia i krasnaia sotnia*, Moscú, 1991.

Padenie tsarskogo rezhima. Stenograficheskie otchety doprosov i pokazanii, dannykh v 1917 gody Chrezvychainoi sledstvennoi komissi Vremennogo pravitel'stva, 7 vols. Moscú y Leningrado, 1924-7.

Paleolog, M., *Rasputin. Vospominaniia*, Moscú, 1990.

—, *Tsarskaia Rossiia nakanune mirovoi voiny*, Moscú, 1923.

Perepiska Nikolaia 2 i Alexandry Romanovykh, vols. 3-5. Moscú y Leningrado. 1923-7.

«Perepiska Nikolaia 2 i Marii Fedorovny», *Krasnyi Arkhiv* (1927).

«Perepiska Nikolaia 2 i P. A. Stolypina», *Krasnyi Arkhiv* 5 (1924).

«Pis'ma kniagini O. V. Palei», *Istochnik* 6 (1994).

Platonov, O. A., *Ternovy venets Rossii*, Moscú. 1995.

—, *Zhizn' za tsar: Pravda o Grigorii Rasputine*, San Petersburgo, 1996.

«Poezdka v Sarov», *Golos minuvshego* 4/6 (1918).

Poslednie dni Rasputina, Arkhangel'sk, 1917.

Poslednii samoderzhets, Berlín, s. f.

«Postanovlenie sledovatelia ChSK F. Simpsona o deiatel'nosti Rasputina i ego priblizhennykh lits i vliianii ikh na Nikolaia 2 v oblasti upraveleniia gosudarstvom», *Voprosy istorii* 10, 12 (1964) y 1, 3 (1965).

Prugavin, A. S., *Leontii Egorovich i ego poklonnitsy*, Moscú, 1916.

—, *Starets Grigorii Rasputin i ego poklonnitsy*, Samara, 1993.

P. Sh., *Grigorii Rasputin: ego zhizn', rol' pri dvore imperatora Nikolaia Vtorovo i vliianie na sud'bu Rossii*, Moscú, 1917.

Purishkevich, V. M., *Dnevnik*, Moscú, 1990.

Ramazanov, V. V., *Nochnye orgii Rasputina (Tsarskii chudotvorets): Byl' v odnom deistvii*, Petrograd, 1917.

Rasputin, G. E., *Blagochestivye razmyshleniia*, San Petersburgo, 1912.

—, *Dujovnoe nasledie: Izbrannye stat'i, besedy, mysli i izrecheniia*, 1994.

—, *Moi mysli i razmyshleniia. Kratkoe opisanie puteshestviia po sviatym mestam*, Petrogrado, 1915.

—, *Velikie torzhestva v Kieve! Poseshchenie Vysochaishei Sem'i! Angel'skii privet!* San Petersburgo, 1911.

—, *Zhitie opytnogo strannika*, 1907.

Rodzianko, N., *Krushenie imperii*, Leningrado, 1927.

Romanov A. V., «Dnevnik velikogo kniazia Nikolaia Mikhailovicha», *Krasnyi Arkhiv* 4, 6, 9 (1931).

Rom-Lebedev, I. I., «Zapiski moskovskovo tsygana», *Teatr* 3, 4, 6-8 (1985).

Rudnev, V. M. «Pravda o tsarskoi sem'e», *Russkaia letopis'* 2 (1922).

Semennikov, V. P., *Romanovy i germanskie vliianiia vo vremia mirovoi voiny*, Leningrado, 1929.

—, *Monarkhiia pered krusheniem*, Leningrado, 1931.

Shavel'skii, G., *Vospominaniia poslednego protopresvitera russkoi armii i flota*, Nueva York, 1954.

Shchegolev, P. E., *Poslednii reis Nikolaia II*, Moscú y Leningrado, 1928.

Shulenberg, V. E., *Vospominaniia ob imperatritse Alexandre Fedorovne*, París, 1928.

Shul'gin, V. V., *Dni. 1920*, Moscú, 1989.

Simánovich, A., *Rasputin i evrei: Vospominaniia byvshego sekretaria Grigoriia Rasputina*, Riga, 1928.

Smertel'naia iazva russkogo samoderzhaviia (Grigorii Rasputin), Kazán, 1917.

Sokolov, N. A., *Ubiistvo tsarskoi sem'i*, Berlín, 1925.

Stolypin, P. A., *Nam nuzhna velikaia Rossiia. Polnoe sobranie rechei v Gosudarstvennoi Dume i Gosudarstvennom Sovete*, Moscú, 1991.

Struve, P. B., *Razmyshleniia o russkoi revoliutsii*, Sofía, 1931.

Sujomlinov, V. A., *Vospominaniia*, Berlín, 1924.

Shaika shpinov Rossii i gnusnye dela Grishki Rasputina, Moscú, 1917.

«Sviatoi chert»: Rasputin, Grishka, zloi genii Doma Romanovykh. Moscú, 1917.

Sviatoi chert. Taina Grigoriia Rasputina. Vospominaniia. Dokumenty. Materialy sledstvennoi komissii, Moscú, 1991.

Taina Doma Romanovykh ili Pokhozhdeniia Grigoriia Rasputina, Kiev, 1917.

Taina vliianiia Grishki Rasputina: Grishka i zhenshchiny, Petrogrado, 1917.

«Tainy Doma Romanovykh», en *Al'manakh «Svoboda»*, vol. 2, Petrogrado, 1917.

Tainy tsarskogo dvortsa i Grishka Rasputin, Moscú, 1917.

Teffi, Nadezhda (N. A. Buchinskaia), *Zhit'e-byt'e*, Moscú, 1991.

Temnye sily starogo rezhima. Grigori Rasputin, Feodosia, 1917.

Temnye sily. Tainy rasputinogo dvora. Rasputin, Petrogrado, 1917.

Tikhmenev, N., *Vospominaniia o poslednikh dniakh prebyvannia Nikolaia II v stavke*, Niza, 1925.

Tiutcheva, A. F., *Pri dvore dvykh imperatorov*, Moscú, 1990.

Tolstoi, A. N., y P. E., Shchegolev. *Zagovor imperatritsy*, *P'esa*. Moscú, 1926.

Trotskii, L. D., *Russkaia revoliutsiia*, Nueva York, 1932.

Ubiistvo Stolypina. Svidel'stva i dokumenty, Riga, 1990.

«U Grigoriia Rasputina», *Novoe vremia* 12/90 (1912).

Uspenskii, K. N., *«Ocherk tsarstvovaniia Nikolaia II»*, *Golos minuvshego* 4 (1917).

Vasilevskii, M., *Grigorii Rasputin*, Moscú, 1917.

Vin'erg, F. A., *Krestnyi put'. Chast' 1-Korni zla*, 2ª ed., Munich, 1922.

Vitte, S. IU., *Vospominaniia*, 2 vols., Moscú, 1960.

Voeikov, V. N., *S tsarem i bez tsaria*, Helsingfors, 1936.

Vonliarokii, V., *Moi vospominaniia. 1852-1939 gg*, Berlín.
«*Vospominaniia sovremennikov ob ubiistve Rasputina*», *Istochnik* 3 (1993).
Vyrubova, A. A., *Stranitsy iz moei zhizni*, Berlín, 1923.
Za kulisami tsarizma (Arkhiv tibetskogo vracha Badmaeva), Leningrado, 1925.
Zhdanov, L. G., *Nikolai Romanov-poslednii tsar'*, Petrogrado, 1917.
Zhevajov, N. D. S. A., *Nilus: Kratkii ocherk zhizni i deiatel'nosti*, Novi Sad, 1936.
Zhevajov, N. D., *Vospominaniia Tovarishcha Ober-Prokurora Sviashchennogo Sinoda kniazia Zhevakhova*, vol. I, Munich, 1923.
Zhil'iar, P., *Imperator Nikolai 2 i ego sem'ia*, Moscú, 1992.
—, *Tragicheskaia syd'ba russkoi imperatorskoi familii*, Tallin, 1921.
«*Zhitie i chudesa pravednogo Simeona Verkhoturskogo-chudotvorsta*», *Zhitia sviatykh na russkom iazyke, izlozhennye po rukovodstvu Chet'ikh-Minei Sviatogo Dmitriia Rostovskogo, Sentiabr'*, Moscú, 1902.
«*Zhitie Simeona, Khrista radi iurodivogo, i Ioanna, spostnika ego*», *Zhitiia sviatykh na russkom iazyke, izlozhennye po rukovodstvu Chet'ikh-Minei Sviatogo Dimitriia Rostovskogo*, Moscú, 1904.
Zhizn' i pokhozhdeniia Grigoriia Rasputina, Kiev, 1917.
Zhukovskaia, V. A., *Moi vospominaniia o Grigorii Efimoviche Rasputine, 1914-1916*.

FUENTES EN LENGUA INGLESA

Alexander, Grand Duke of Russia, *Once a Grand Duke*, Londres, 1932.
Alexandrov, V., *The End of the Romanovs*, Boston, 1967.
Benkendorff, P., *The Last Days of Tsarskoe Selo*, Londres, 1927.
Botkin, G., *The Real Romanovs*, Nueva York, 1931.
Buchanan, G., *My Mission to Moscow*, Londres, 1923.
Chachavadze, D., *The Grand Dukes*, Nueva York, 1990.
Cyril, Grand Duke, *My life in Russia's Service*, Londres, 1939.
Dehn, Lili, *The Real Tsaritsa*, Londres 1992.
De Jonge, Alex, *The Life and Times of Grigorii Rasputin*, Nueva York, 1982.
Fuhrmann, Jeseph T., *Rasputin: A Life*, Nueva York y Londres, 1990.
Gilliard, Pierre, *Thirteen Years at the Russian Court*, Nueva York, 1921.
Kerensky, Alexander, *The Crucifixion of Liberty*, Nueva York, 1934.
King, Greg, *The Man Who Killed Rasputin: Prince Felix Youssoupov and the Murder That Helped Bring Down the Russian Empire*, Secaucus, N. J., 1995.
Le Queux, William, *The Rascal Monk*, Londres, 1919.
Marie, Grand Duchess of Russia (Marie Pavlovna Romanova), *Education of a Princess: A Memoir*, Nueva York, 1931.

Massie, Robert K., *Nicholas and Alexandra*, Nueva York, 1967.

Maylunas, A., y S., Mironenko, *A Lifelong Passion: Nicholas and Alexandra*, Londres, 1996.

Minney, R. J., *Rasputin*, Londres, 1972.

Moynahan, Brian, *Rasputin: The Saint Who Sinned*, Nueva York, 1997.

Nicholas II, *The Secret Letters of the Tsar: The Confidential Correspondence between Nicholas and His Mother*, Nueva York, 1938.

Paley, Princess Olga, *Memories of Russia*, Londres, 1924.

Pipes, Richard, *Russia Under the Old Regime*, Nueva York, 1974.

Radziwill, Catherine, *Nicholas II: The Last of the Tsars*, Londres, 1931.

Rasputin, Maria, *My Father*, Londres, 1934.

—, y Patte Barham, *Rasputin: The Man Behind the Myth: A Personal Memoir*, Englewood Cliffs, 1977.

Richards, G., *The Hunt for the Czar*, Nueva York, 1970.

Vassilyev, A. T., *The Ochrana: The Russian Secret Police*, Philadelphia, 1930.

Wilson, Colon, *Rasputin and the Fall of the Romanovs*, Nueva York, 1964.

Yusúpov, Prince Félix, *Rasputin: His Malignant Influence and Assassination*, Nueva York, 1927.

—, *Lost Splendour*, Londres, 1953.

ÍNDICE ALFABÉTICO

Unión Soviética, 35
Utochkin, Serguei, aviador, 136

Valuev, 438
Varnava, obispo de Tobolsk,
«Recadero», 12, 427-428, 429,
443, 456, 471, 504, 608
Varvarova, Vera, 466, 470
Vasilchikova, María, dama de honor
de la zarina, 391-392
Vasiliev, Alexander, padre, 591, 592,
593, 608
Vasiliev, Alexis, jefe del
Departamento de Policía, 23,
330-331, 559
Vasiltchikov, Mary, 394
Veretennikov, Alexei Porfirievich,
general de división, 258
Verjoturie, monasterio de, 42, 159,
159, 171, 206, 320, 490, 496,
610
Victoria, reina de Inglaterra, 84
Vida de san Simeón, 55
Viejo Amigo, *véase* Stürmer, Boris
Viejos Creyentes, 59, 141
Villa Rhode, restaurante de, 475,
544-545
Vishnyakova, María, «Mary»,
niñera, 11, 130, 166, 168, 169-
172, 174, 182, 205, 217, 311, 460
Vladimir, san, 136
Vladimir Alexandrovich, gran
duque, 92, 97, 109
Vladimir Merschersky, príncipe, 373
Vladimiro Monómaco, príncipe de
Kiev, 249
Vlasyuk, Stepan, agente de policía,
560, 576, 577-578, 587, 588
Voeikov, V., gobernador de Palacio,
23, 130, 532

Voino, Feodosia, doncella de
Vyrubova, 11, 126, 345, 362,
511, 512, 592, 601
Volkonsky, príncipe, 136, 395
Volynskaya, Sofía, 13, 277-288, 285,
475
Volynsky, Antony, obispo, 291, 346
Volzhin, Alexander, procurador
general, 430, 455-456, 457
Voskoboiníkova, Nadezhda,
enfermera, 11, 510-511, 517
Vostorgov, arcipreste, 608
Voz de la Verdad, La, periódico
religioso, 241
Voz de Moscú, periódico, 216
Vyrubov, Alexander, oficial de la
Marina, 123
Vyrubova, Anya (nacida Taneeva),
dama de honor de la zarina, 11,
85-86, 99, 118, 119-132, 135,
142, 158, 163, 167, 172, 181,
198, 200-201, 212, 213, 232,
239, 240, 271, 274-279, 288,
286-287, 287, 288, 310-312,
320, 332-335, 341, 344, 391-
393, 399-400, 405-406, 407,
415, 418, 435-436, 438, 443,
445, 446, 449, 450, 452-453,
471-473, 486, 488; familia, 122-
123; carácter, 119-122; primer
encuentro con Alix, 113, 123;
encuentro con GR, 114;
matrimonio, 113, 125-126;
herida en un accidente, 360-363,
451; enfermería, 390-391, 451-
452; en 1876, 34, 490, 496-497,
507, 511, 513, 517, 552, 555,
557; después de la muerte de
GR, 34, 591, 594, 602; en 1877,
34, 35, 41, 119-122, 596, 599;

SUMARIO